新刑事诉讼法
司法适用解答

主　编／杨万明

副主编／姜启波　周加海

最高人民法院研究室刑事处／编著

人民法院出版社

图书在版编目（CIP）数据

新刑事诉讼法司法适用解答/杨万明主编.—北京：
人民法院出版社,2018.11
ISBN 978 - 7 - 5109 - 2309 - 8

Ⅰ.①新…　Ⅱ.①杨…　Ⅲ.①刑事诉讼法－法律适用
－中国－问题解答　Ⅳ.①D925.205

中国版本图书馆 CIP 数据核字(2018)第 246892 号

新刑事诉讼法司法适用解答
杨万明　主编

责任编辑	兰丽专　赵作栋　陈晓璇　**执行编辑**　马　倩　吴朔桦　杨佳瑞
出版发行	人民法院出版社
地　　址	北京市东城区东交民巷 27 号（100745）
电　　话	(010)67550626(责任编辑)　67550558(发行部查询)
	65223677(读者服务部)
客 服 QQ	2092078039
网　　址	http://www.courtbook.com.cn
E - mail	courtpress@sohu.com
印　　刷	汉印刷有限责任公司
经　　销	新华书店

开　　本	787×1092 毫米　1/16
字　　数	633 千字
印　　张	37.5
版　　次	2018 年 11 月第 1 版　2018 年 11 月第 1 次印刷
书　　号	ISBN 978 - 7 - 5109 - 2309 - 8
定　　价	148.00 元

《新刑事诉讼法司法适用解答》
编 委 会

主　　编　杨万明

副 主 编　姜启波　周加海

撰 稿 人　周加海　蒋　明　喻海松　耿　磊

　　　　　郝方昉　张　倩　王庆刚

撰稿人员简介

杨万明　最高人民法院党组成员、副院长

姜启波　最高人民法院审判委员会委员、研究室主任、法学博士

周加海　最高人民法院研究室副主任、法学博士

蒋　明　最高人民法院研究室刑事处处长、法学博士

喻海松　最高人民法院研究室刑事处副处长、法学博士

耿　磊　最高人民法院研究室刑事处调研员

郝方昉　最高人民法院研究室刑事处副调研员、法学博士

张　倩　最高人民法院研究室刑事处副调研员、法学博士

王庆刚　北京市第三中级人民法院刑一庭法官助理

出版说明

2018 年 10 月 26 日，十三届全国人大常委会六次会议审议并表决通过《关于修改〈中华人民共和国刑事诉讼法〉的决定》（以下简称《修改决定》）。本次刑事诉讼法修改，落实中央重大决策部署，及时总结刑事司法经验，完善与监察法的衔接机制，建立刑事案件缺席审判制度，通过法律的形式固定认罪认罚试点和速裁程序工作成果，对于贯彻党的十九大精神、深化国家监察体制改革、巩固反腐败斗争压倒性态势、推进以审判为中心的刑事诉讼制度改革，具有重要意义。这是我国刑事诉讼制度的重要改革与完善，影响非常深远。

《修改决定》已于 2018 年 10 月 26 日起施行。最高人民法院高度重视此次刑事诉讼法修改工作。最高人民法院研究室会同院内相关审判庭，组织地方法院刑事审判一线法官，结合人民法院刑事审判工作实践，认真就刑事诉讼法修改完善提出意见建议。最高人民法院研究室刑事处负责联络沟通及相关具体工作。

为确保修改后刑事诉讼法正确实施，早在立法修改过程中，最高人民法院即密切跟踪立法进程，同步开展修订《最高人民法院关于适用〈中华人民共和国刑事诉讼法〉的解释》（法释〔2012〕21号，以下简称《解释》）的前期准备工作。为全面总结近年来人民法院刑事审判工作经验，确保修订后《解释》符合刑事审判工作实际，最高人民法院委托 20 余家高中级人民法院和基层人民法院开展前期调研，目前全部完成。按照工作规划，最高人民法院预计在2019 年内完成《解释》的修订工作，并正式发布施行。

为帮助各级人民法院法官正确理解和适用《修改决定》，也为了社会各界及时了解和掌握相关内容，最高人民法院研究室刑事处根据院领导的要求，组织参与立法修改、司法解释修订等工作的同志撰写了《新刑事诉讼法司法适用解答》一书。本书立足司法实践，全面梳理2012年刑事诉讼法和《解释》施行以来涉刑事程序的司法解释、规范性文件，系统总结近年来刑事审判的经验和难题，从审判角度对2018年修改后刑事诉讼法要旨及司法适用中的重要问题进行提炼并做了详细深入的阐析，既注重理论分析，又注重实务操作，具有较强的指导性、实用性。希望本书的出版对各级人民法院法官学习和掌握修改后刑事诉讼法有一定裨益。

本书由最高人民法院党组成员、副院长杨万明大法官担任主编，最高人民法院审判委员会委员、研究室主任姜启波和最高人民法院研究室副主任周加海担任副主编。最高人民法院研究室刑事处处长蒋明、副处长喻海松审稿。最高人民法院研究室刑事处耿磊、郝方昉、张倩和北京市第三中级人民法院刑一庭王庆刚（最高人民法院研究室刑事处借调人员）参与编撰。

由于编撰本书时间较为仓促及编撰人员水平所限，书中的疏漏和错误之处在所难免，恳请广大读者批评指正。

最高人民法院研究室刑事处

二〇一八年十一月

凡　例

一、法律

1. 1979 年 7 月 1 日第五届全国人民代表大会第二次会议通过的《中华人民共和国刑事诉讼法》，简称 1979 年刑事诉讼法。

2. 根据 1996 年 3 月 17 日第八届全国人民代表大会第四次会议通过的《关于修改〈中华人民共和国刑事诉讼法〉的决定》第一次修正的《中华人民共和国刑事诉讼法》，简称 1996 年刑事诉讼法。

3. 根据 2012 年 3 月 14 日第十一届全国人民代表大会第五次会议通过的《关于修改〈中华人民共和国刑事诉讼法〉的决定》第二次修正的《中华人民共和国刑事诉讼法》，简称 2012 年刑事诉讼法。

4. 根据 2018 年 10 月 26 日第十三届全国人民代表大会常务委员会第六次会议通过的《关于修改〈中华人民共和国刑事诉讼法〉的决定》第三次修正的《中华人民共和国刑事诉讼》，简称刑事诉讼法。

二、司法解释

1. 《最高人民法院关于执行〈中华人民共和国刑事诉讼法〉若干问题的解释》（法释〔1998〕23 号），简称《1998 年解释》。

2. 《最高人民法院关于适用〈中华人民共和国刑事诉讼法〉的解释》（法释〔2012〕21 号），简称《解释》。

3. 《最高人民法院关于审理未成年人刑事案件的若干规定》（法释〔2001〕9 号），简称《审理未成年人刑事案件规定》。

4. 《最高人民法院关于刑事附带民事诉讼范围问题的规定》（法释〔2000〕47 号），简称《附带民事诉讼范围规定》。

5. 《最高人民法院关于审判人员在诉讼活动中执行回避制度若干问题的规定》（法释〔2011〕12 号），简称《回避规定》。

6. 《最高人民法院关于办理减刑、假释案件具体应用法律若干问题的规定》（法释〔2012〕2 号），简称《减刑假释规定》。

7.《最高人民法院关于审理拒不执行判决、裁定刑事案件适用法律若干问题的解释》（法释〔2015〕16 号），简称《拒不执行判决、裁定解释》。

8.《最高人民法院关于刑事裁判涉财产部分执行的若干规定》（法释〔2014〕13 号），简称《刑事财产执行规定》。

9.《中华人民共和国人民法院法庭规则》（法释〔2016〕7 号），简称《人民法院法庭规则》。

10.《最高人民法院、最高人民检察院关于适用犯罪嫌疑人、被告人逃匿、死亡案件违法所得没收程序若干问题的规定》（法释〔2017〕1 号），简称《没收程序规定》。

三、规范性文件

1.《最高人民法院关于规范人民法院再审立案的若干意见（试行）》（法发〔2002〕13 号），简称《再审立案意见》。

2.《最高人民法院、最高人民检察院、公安部、国家安全部、司法部关于办理死刑案件审查判断证据若干问题的规定》（法发〔2010〕20 号），简称《死刑案件证据审查规定》。

3.《最高人民法院、最高人民检察院、公安部、国家安全部、司法部关于办理刑事案件排除非法证据若干问题的规定》（法发〔2010〕20 号），简称《非法证据排除规定》。

4.《中央综治委预防青少年违法犯罪工作领导小组、最高人民法院、最高人民检察院、公安部、司法部、共青团中央关于进一步建立和完善办理未成年人刑事案件配套工作体系的若干意见》（综治委预青领联字〔2010〕1 号），简称《未成年人刑事案件配套工作意见》。

5.《最高人民法院关于进一步加强少年法庭工作的意见》（法发〔2010〕32 号），简称《少年法庭意见》。

6.《最高人民法院关于处理自首和立功若干具体问题的意见》（法发〔2010〕60 号），简称《自首立功意见》。

7.《最高人民法院、最高人民检察院、公安部关于办理网络犯罪案件适用刑事诉讼程序若干问题的意见》（公通字〔2014〕10 号），简称《网络犯罪程序意见》。

8. 《最高人民法院、最高人民检察院、公安部、国家安全部、司法部关于办理刑事案件严格排除非法证据若干问题的规定》（法发〔2017〕15号），简称《排除非法证据规定》。

9. 《最高人民法院、最高人民检察院、公安部关于办理刑事案件收集提取和审查判断电子数据若干问题的规定》（法发〔2016〕22号），简称《刑事电子数据规定》。

10. 《人民法院办理刑事案件庭前会议规程（试行）》（法发〔2017〕31号），简称《庭前会议规程》。

11. 《人民法院办理刑事案件排除非法证据规程（试行）》（法发〔2017〕31号），简称《排除非法证据规程》。

12. 《人民法院办理刑事案件第一审普通程序法庭调查规程（试行）》（法发〔2017〕31号），简称《法庭调查规程》。

| 目 录 |

第一章 管 辖

Q 问 **1. 人民法院直接受理的自诉案件包括哪些?**

答 刑事诉讼法第二百一十条规定:"自诉案件包括下列案件:(一)告诉才处理的案件;(二)被害人有证据证明的轻微刑事案件;(三)被害人有证据证明对被告人侵犯自己人身、财产权利的行为应当依法追究刑事责任,而公安机关或者人民检察院不予追究被告人刑事责任的案件。"对此,《解释》作了进一步细化,规定人民法院直接受理的自诉案件包括:

1. 刑法明确规定告诉才处理的案件。主要包括:侮辱、诽谤案(刑法第二百四十六条规定的,但严重危害社会秩序和国家利益的除外);暴力干涉婚姻自由案(刑法第二百五十七条第一款规定的);虐待案(刑法第二百六十条第一款规定的,但被害人没有能力告诉,或者因受到强制、威吓无法告诉的除外);侵占案(刑法第二百七十条规定的)。

根据1997年刑法第二百六十条规定,虐待家庭成员,情节恶劣的,构成虐待罪,告诉的才处理。2015年颁布的《刑法修正案(九)》考虑到实践中发生的重病老人、儿童等被虐待者没有能力告诉,或者因受到强制、威吓无法告诉的情况,增加规定了虐待罪告诉才处理的例外情形,即被害人没有能力告诉,或者因受到强制、威吓无法告诉的,应按照公诉案件处理,由人民检察院提起公诉。

2. 人民检察院虽没有提起公诉,但被害人有证据证明的轻微刑事案件。主要包括:故意伤害案(刑法第二百三十四条第一款规定的);非法侵入住宅案(刑法第二百四十五条规定的);侵犯通信自由案(刑法第二百五十二条规定的);重婚案(刑法第二百五十八条规定的);遗弃案(刑法第二百六十一条规定的);生产、销售伪劣商品案(刑法分则第三章第一节规定的,但严重危害社会秩序和国家利益的除外);侵犯知识产权案(刑法分则第三章第七节规定的,但严重危害社会秩序和国家利益的除外);刑法分则第四章、第五章规定的,对被告人可能判处三年有期徒刑以下刑罚的案件。

以上八类案件,被害人直接向人民法院起诉的,人民法院应当依法受理。对其中证据不足、可以由公安机关受理的,或者认为对被告人可能判处三年有期徒刑以上刑罚的，应当告知被害人向公安机关报案，或者移送公安机关立案侦查。这些案件应属于公诉和自诉可以互转的案件，具备以下两个条件的可作为自诉案件由人民法院受理：一是有证据证明；二是属于情节轻微的案件。如果不具备以上两个条件，如证据不足，并属于公安机关受理范围的，或者对被告人可能判处三年有期徒刑以上刑罚的，应当告诉被害人向公安机关报案或者由人民法院直接移送公安机关处理。

3. 被害人有证据证明对被告人侵犯自己人身、财产权利的行为应当依法追究刑事责任，且有证据证明曾经提出控告，而公安机关或者人民检察院不予追究被告人刑事责任的案件。《解释》将刑事诉讼法第二百一十条第三项规定的"而公安机关或者人民检察院不予追究被告人刑事责任的案件"明确为"且有证据证明曾经提出控告，而公安机关或者人民检察院不予追究被告人刑事责任的案件"。《解释》明确："有证据证明曾经提出控告，而公安机关或者人民检察院不予追究被告人刑事责任的案件"，人民法院应当依法受理。

关于拒不执行判决、裁定罪，《拒不执行判决、裁定解释》第三条规定："申请执行人有证据证明同时具有下列情形，人民法院认为符合刑事诉讼法第二百零四条第三项规定的，以自诉案件立案审理：（一）负有执行义务的人拒不执行判决、裁定，侵犯了申请执行人的人身、财产权利，应当依法追究刑事责任的；（二）申请执行人曾经提出控告，而公安机关或者人民检察院对负有执行义务的人不予追究刑事责任的。"此项制度是为了解决实践中存在的有案不立、有罪不究、被害人告状无门的问题，为拒执罪案件被害人多提供一个救济途径。2018 年，最高人民法院发布《关于拒不执行判决、裁定罪自诉案件受理工作有关问题的通知》（法〔2018〕147 号），明确规定：申请执行人向公安机关控告负有执行义务的人涉嫌拒不执行判决、裁定罪，公安机关不予接受控告材料或者在接受控告材料后 60 日内不予书面答复，申请执行人有证据证明该拒不执行判决、裁定行为侵犯了其人身、财产权利，应当依法追究刑事责任的，人民法院可以以自诉案件立案审理。人民法院向公安机关移送拒不执行判决、裁定罪线索，公安机关决定不予立案或者在接受案件线索后 60 日内不予书面答复，或者人民检察院决定不起诉的，人民法院可以向申请执行人释明；申请执行人有证据证明负有执行义务的人拒不执行判决、裁定侵犯了其人身、财产权利，应当依法追究刑事责任的，人民法院可以以自诉案件立案审理。公安机关接受申请执行人的控告材料或者人民法院移送的拒不执行判决、裁定罪线索，经过 60 日之后又决定立案的，对于申请执行人的自诉，人民法院未受理的，裁定不予受理；已经受理的，可以向自诉人释明让其撤回起诉或者裁定终止审理。此后再出现公安机关或者人民检察院不予追究情形的，申请执行人可以依法重新提起自诉。

Q问 2. 如何把握刑事管辖中的犯罪地？

答 刑事诉讼法第二十五条规定："刑事案件由犯罪地的人民法院管辖。如果由被告人居住地的人民法院审判更为适宜的，可以由被告人居住地的人民法院管辖。"此规定确立了我国以犯罪地管辖为主，被告人居住地管辖为辅的刑事审判管辖原则。具体适用时需要注意以下方面：

1. 《解释》第二条第一款规定："犯罪地包括犯罪行为发生地和犯罪结果发生地。"犯罪行为发生地，包括犯罪行为的实施地以及预备地、开始地、途经地、结束地等与犯罪行为有关的地点；犯罪行为有连续、持续或者继续状态的，犯罪行为连续、持续或者继续实施的地方都属于犯罪行为发生地。犯罪结果发生地，包括犯罪对象被侵害地、犯罪所得的实际取得地、藏匿地、转移地、使用地、销售地等。

对"犯罪行为发生地"和"犯罪结果发生地"，一些规范性文件作了细化规定，这些规定仍有效。例如，《最高人民法院、最高人民检察院、海关总署关于办理走私刑事案件适用法律若干问题的意见》（法〔2002〕139号）规定，犯罪行为发生地包括货物、物品的进口（境）地、报关地、核销地等。如果发生下列行为，走私货物、物品的销售地、运输地、收购地和贩卖地均属于犯罪行为发生地：（1）未经海关许可并且未补缴应缴税额，擅自将批准进口的来料加工、来件装配、补偿贸易的原材料、零件、制成品、设备等保税货物，在境内销售牟利的；（2）未经海关许可并且未补缴应缴税额，擅自将特定减税、免税进口的货物、物品，在境内销售牟利的。（3）直接向走私人非法收购国家禁止进口物品的，或者直接向走私人非法收购走私进口的其他货物、物品，数额较大的；（4）在内海、领海、界河、界湖运输、收购、贩卖国家禁止进出口物品的，或者运输、收购、贩卖国家限制进出口货物、物品，数额较大，没有合法证明的。又如，《最高人民法院、最高人民检察院、公安部、司法部关于依法惩治拐卖妇女儿童犯罪的意见》（法发〔2010〕7号）规定，拐卖妇女、儿童犯罪案件依法由犯罪地的司法机关管辖。拐卖妇女、儿童犯罪的犯罪地包括拐出地、中转地、拐入地以及拐卖活动的途经地。如果由犯罪嫌疑人、被告人居住地的司法机关管辖更为适宜的，可以由犯罪嫌疑人、被告人居住地的司法机关管辖。又如，《最高人民法院、最高人民检察院、公安部关于办理侵犯知识产权刑事案件适用法律若干问题的意见》（法发〔2011〕3号）规定，侵犯知识产权犯罪案件的犯罪地，包括侵权产品制造地、储存地、运输地、销售地，传播侵权作品、销售侵权产品的网站服务器所在地、网络接入地、网站建立者或者管理者所在地，侵权作品上传者所在地，权利人受到实际侵害的犯罪结果发生地。对于不同犯罪嫌疑人、犯罪团伙跨地区实施的涉及同一批侵权产品的制造、储存、运输、销售等侵犯知识产权犯罪行为，符合并案处理要求的，可以一并处理。又如，《最高人民法院、最高人民检察院、公安部、国家安全部、工业和信息化部、中国人民银行、中国银行业监督管理委员会关于办理流动性团伙性跨区域性犯罪案件有关问题的意见》（公通字〔2011〕14号）规定，"犯罪行为发生地"包括被害人接到诈骗、敲诈勒索电话、短信息、电子邮件、信件、传真等犯罪信息的地方，以及犯罪行为持续发生的开始地、流转地、结束地；"犯罪结果发生地"包括被害人向犯罪嫌疑人、被告人指定的账户转账或存款的地方，以及犯罪所得的实际取得地、藏匿地、转移地、使用地、销售地。再如，《最高人民法院、最高人民检察院、公安部关于信用卡诈骗犯罪管辖有关问题的通知》（公通字〔2011〕29号）规定，对以窃取、收买等手段非法获取他人信用卡信息资料后在异地使用的信用卡诈骗犯罪案件，持卡人信用卡申领地的公安机关、人民检察院、人民法院可以依法立案侦查、起诉、审判。

2. 针对当前针对和利用计算机网络所实施的犯罪不断增多，犯罪地日趋复杂的情况，《解释》第二条第二款规定，针对或者利用计算机网络实施的犯罪，犯罪地包括犯罪行为发生地的网站服务器所在地，网络接入地，网站建立者、管理者所在地，被侵害的计算机信息系统及其管理者所在地，被告人、被害人使用的计算机信息系统所在地，以及被害人财产遭受损失地。

3. 《拒不执行判决、裁定解释》第五条规定："拒不执行判决、裁定刑事案件，一般由执行法院所在地人民法院管辖。"对于拒不执行海事法院等对刑事案件没有管辖权的专门法院判决、裁定的犯罪行为，以海事法院等专门法院所在地或者所属法庭所在地的人民法院管辖为宜。

3. 如何明确被告人或者被告单位的居住地？

根据《解释》第三条，被告人为自然人的，户籍地为其居住地。经常居住地与户籍地不一致的，经常居住地为其居住地。经常居住地为被告人被追诉前已连续居住一年以上的地方，但住院就医的除外。

在单位犯罪的情况下，被告单位登记的住所地为其居住地，主要营业地或者主要办事机构所在地与登记的住所地不一致的，主要营业地或者主要办事机构所在地为其居住地。单位的分支机构、内设机构或者部门构成单位犯罪且居住地与单位的居住地不一致的，应以分支机构、内设机构或者部门登记的住所地为居住地，主要营业地或者主要办事机构所在地与住所地不一致的，应以主要营业地或者主要办事机构所在地为居住地。

4. 对在国际列车上实施的犯罪，如何确定管辖？

根据《解释》第六条，在国际列车上的犯罪，根据我国与相关国家签订的协定确定管辖；没有协定的，由该列车最初停靠的中国车站所在地或者目的地的铁路运输法院管辖。

在跨国公路运输工具上发生的犯罪，可以参照上述关于在国际列车上犯罪的管辖规定办理。即有协定的，根据协定办理；没有协定的，由该运输工具最初进入的中国车站所在地或者目的地的人民法院管辖。

5. 对于外国人犯罪案件的管辖应注意哪些问题？

司法实践中，对于外国人犯罪的管辖，应注意以下几点：

1. 刑事诉讼法中关于级别管辖的规定适用于外国人犯罪的刑事案件。1996年刑事诉讼法规定：外国人犯罪的所有第一审刑事案件由中级人民法院管辖。但是2012年刑事诉讼法已经把这一规定删除。因此，外国人实施的危害我国国家安全、恐怖活动犯罪案件，可能判处无期徒刑、死刑的刑事案件，由中级人民法院行使一审管辖权。外国人实施的其他刑事案件，除依法由最高人民法院、高级人民法院管辖的以外，一般应由基层人民法院管辖。

2. 根据《解释》第四条、第五条、第六条、第七条规定，外国人在中国驻外使领馆内、在中华人民共和国领域外的中国船舶内、在中华人民共和国领域外的中国航空器内的犯罪，属于在中华人民共和国领域内犯罪，和我国公民在上述地方的犯罪一样管辖。外国人在国际列车上实施的侵害我国国家和公民利益的犯罪，和我国公民在国际列车上实施犯罪一样管辖。

3. 根据《解释》第十条规定，对于外国人在中华人民共和国领域外实施的我国缔结或参加的国际条约规定的罪行，我国在所承担条约义务的范围内，行使刑事管辖权，此类案件由被告人被抓获地的人民法院管辖。

4. 根据《解释》第九条规定，外国人在中华人民共和国领域外实施的危害我国国家和公民利益的犯罪，依照我国刑法应受处罚的，由该外国人入境地、入境后居住地或者被害中国公民离境前居住地的人民法院管辖。

Q问 6. 对中国公民在中华人民共和国领域外的犯罪，如何管辖？

答 《解释》对此类犯罪的管辖明确了两种情况：

1. 我国公民在我国驻外使、领馆内实施的犯罪，尽管此种情况视为在我国领域内犯罪，但由于实际地处我国领域外，管辖问题没有对域内犯罪管辖那样畅通、便捷。《解释》第七条规定："中国公民在中国驻外使、领馆内的犯罪，由其主管单位所在地或者原户籍地的人民法院管辖。"

2. 根据《解释》第八条规定，对我国公民在我国领域外的犯罪，由其入境地或者离境前居住地的人民法院管辖；被害人是中国公民的，也可由被害人离境前居住地的人民法院管辖。

Q问 7. 对正在服刑罪犯的犯罪如何管辖？

答 根据《解释》第十一条规定，对正在服刑罪犯的犯罪管辖，应注意以下四种情况：

1. 发现了宣判前还有其他罪没有判决的，即发现了服刑罪犯还有漏罪的，由原审地人民法院管辖；由罪犯服刑地或者犯罪地的人民法院审判更为适宜的，可以由罪犯服刑地或者犯罪地的人民法院管辖。需要注意的是，"原审地人民法院"不一定是"原审人民法院"。因为，有可能漏罪应由中级人民法院管辖，而原审法院是基层人民法院；或者相反。因此，需要根据漏罪案件的具体情况，确定由原审地基层人民法院或者中级人民法院管辖。

2. 罪犯在服刑期间又犯罪的，即又犯新罪的，由服刑地的人民法院管辖。根据新罪案件的具体情况，确定由服刑地的基层、中级或者高级人民法院管辖。

3. 服刑罪犯在服刑期间犯脱逃罪，且脱逃期间没有实施其他犯罪的，也由服刑地的人民法院管辖。

4. 对于服刑罪犯脱逃期间又实施新的犯罪，如果是在脱逃罪犯被抓回服刑地后发现的，由服刑地人民法院管辖，对罪犯的脱逃罪、在脱逃期间实施的新的犯罪一并审判，并根据原判刑罚和已执行刑罚的情况，确定罪犯应执行的刑罚。

如果脱逃罪犯在脱逃期间实施了新的犯罪，在犯罪地被抓获并发现了其实施的新的犯罪的，由犯罪地的人民法院管辖，对罪犯的脱逃罪、在脱逃期间实施的新的犯罪一并审判，并根据原判刑罚和已执行刑罚的情况，确定罪犯应执行的刑罚。

8. 中级人民法院对人民检察院起诉的、经审理认为不需要判处无期徒刑、死刑的案件如何处理？

根据《解释》第十二条规定，人民检察院认为可能判处无期徒刑、死刑，向中级人民法院提起公诉的案件，中级人民法院受理后，认为不需要判处无期徒刑、死刑的，应当依法审判，不再交基层人民法院审判。

9. 移送管辖的情形有哪些？

根据刑事诉讼法和《解释》的规定，移送管辖主要包括下级人民法院向上级人民法院的移送管辖和同级人民法院之间的移送管辖：

（一）下级人民法院向上级人民法院移送管辖的情形

1. 全案由上级人民法院管辖的情形。《解释》第十三条规定："一人犯数罪、共同犯罪和其他需要并案审理的案件，其中一人或者一罪属于上级人民法院管辖的，全案由上级人民法院管辖。"此种情形，如果其中一人或者一罪正在由下级人民法院审判，应当移送上级人民法院。当然，对人民检察院分案起诉的，人民法院只能分案审理，实践中为诉讼效率和量刑均衡需要并案审理的，检法两家可通过协商解决。

2. 基层人民法院将案件移送中级人民法院审判的情形。

（1）应当移送的情形：《解释》第十五条第一款规定："基层人民法院对可能判处无期徒刑、死刑的第一审刑事案件，应当移送中级人民法院审判。"

（2）可以请求移送的情形：《解释》第十五条第二款规定："基层人民

法院对下列第一审刑事案件，可以请求移送中级人民法院审判：（一）重大、复杂案件；（二）新类型的疑难案件；（三）在法律适用上具有普遍指导意义的案件。需要将案件移送中级人民法院审判的，应当在报请院长决定后，至迟于案件审理期限届满十五日前书面请求移送。中级人民法院应当在接到申请后十日内作出决定。不同意移送的，应当下达不同意移送决定书，由请求移送的人民法院依法审判；同意移送的，应当下达同意移送决定书，并书面通知同级人民检察院。"

考虑到如再规定中级人民法院也可以将案件移送上级人民法院管辖，则会大量增加高级人民法院、最高人民法院的审判压力，也会削弱其审判监督职能，故仅规定了基层人民法院可以移送中级人民法院的情形。

关于移送的时间，要求"至迟于案件审理期限届满十五日前书面请求移送"，明确了最低时间限制。同时，中级人民法院同意移送的，根据刑事诉讼法第二百零八条第二款的规定，人民法院改变管辖的案件，从改变后的人民法院收到案件之日起计算审理期限。

3. 因不宜行使管辖权而移送的情形。《解释》第十六条规定："有管辖权的人民法院因案件涉及本院院长需要回避等原因，不宜行使管辖权的，可以请求移送上一级人民法院管辖。上一级人民法院可以管辖，也可以指定与提出请求的人民法院同级的其他人民法院管辖。"

审理中发现无管辖权的案件如何处理？根据《解释》第一百八十一条规定，对提起公诉的案件审查后，不属于本院管辖的，应当退回人民检察院。同理，可以认为，人民法院对刑事案件立案受理后，发现本院没有管辖权，需要移送其他人民法院管辖的，应当书面通知人民检察院，并将案件退回。

（二）同级人民法院之间移送管辖的情形

1. 都有管辖权的同级法院之间的移送。刑事诉讼法第二十六条规定："几个同级人民法院都有权管辖的案件，由最初受理的人民法院审判。在必要的时候，可以移送主要犯罪地的人民法院审判。"《解释》第十七条规定："两个以上同级人民法院都有管辖权的案件，由最初受理的人民法院审判。必要时，可以移送被告人主要犯罪地的人民法院审判。管辖权发生争议的，应当在审理期限内协商解决；协商不成的，由争议的人民法院分别层报共同的上级人民法院指定管辖。"需要注意的是：（1）不论是尚未开庭审判的，还是已经开庭的，必要的时候均可以将案件移送主要犯罪地人民法院审判。

（2）"共同的上级人民法院"不一定是"共同的上一级人民法院"。对案件有管辖权的两个以上同级人民法院可能分属不同的省、市，其上一级人民法院并不相同。

报请指定管辖的审限如何计算？经研究认为，如果上级人民法院决定改变管辖，则按照刑事诉讼法第二百零八条第二款的规定，从改变后的人民法院收到案件之日起计算审理期限。如果没有改变管辖，管辖争议期间的计算问题，应当适用《最高人民法院关于严格执行案件审理期限制度的若干规定》（法释〔2000〕29号）第九条规定："下列期间不计入审理、执行期限……（七）审理当事人提出的管辖权异议和处理法院之间的管辖争议的期间；……"

2. 向本来无管辖权的同级人民法院的移送。刑事诉讼法第二十七条规定："上级人民法院可以指定下级人民法院审判管辖不明的案件，也可以指定下级人民法院将案件移送其他人民法院审判。"《解释》第十八条规定："上级人民法院在必要时，可以指定下级人民法院将其管辖的案件移送其他下级人民法院审判。"

Q问 **10. 导致管辖改变的情形有哪些**？

答 根据刑事诉讼法和《解释》的有关规定，导致管辖改变的情形主要有三种：

1. 上级人民法院审理应由下级人民法院管辖的案件而导致的管辖改变。根据刑事诉讼法第二十四条和《解释》第十四条的规定，上级人民法院在必要的时候，可以审判下级人民法院管辖的第一审刑事案件。作出决定后，应当向下级人民法院下达改变管辖决定书，并书面通知同级人民检察院。

2. 移送导致的管辖改变。包括下级人民法院向上级人民法院的移送和同级人民法院之间的移送。向上级人民法院请求移送的，上级人民法院应当作出同意移送决定书或者不同意移送决定书。

3. 指定管辖导致的管辖改变。根据刑事诉讼法第二十七条和《解释》第十八条的规定，上级人民法院在必要时，可以指定下级人民法院将其管辖的案件移送其他下级人民法院审判，指定管辖的，上级人民法院应当制作指定其他人民法院管辖决定书。根据《解释》第二十条的规定，管辖改变的，原受理案件的人民法院在收到上级人民法院改变管辖决定书、同意移送决定书或者指定其他人民法院管辖决定书后，对公诉案件，应当书面通知同级人民检察院，并将案卷材料退回，同时书面通知当事人；对自诉案件，应当将案卷材料移送被指定管辖的人民法院，并书面通知当事人。需要注意的是：对公诉案件，人民法院之间不直接相互移送案卷。另外，本次刑事诉讼法修改时，在第二百九十一条第二款规定，对被告人在境外的缺席审判案件，由犯罪地、被告人离境前居住地或者最高人民法院指定的中级人民法院管辖。

11. 被告人及其辩护人提出管辖权异议的如何处理？

根据《庭前会议规程》（法发〔2017〕31号）第十条的规定，在庭前会议中，主持人就"是否对案件管辖有异议"的问题向控辩双方了解情况、听取意见，依法作出处理，在开庭审理前告知处理决定，并说明理由。控辩双方没有新的理由，在庭审中再次提出管辖权异议的，法庭应当依法予以驳回。

第二章 回 避

Q 问 **12. 如何把握审判人员的回避事由**？

答 回避的事由，即审判人员①不得参与案件审判的具体情形。关于审判人员回避的具体情形，大致如下：

1. 审判人员与本案当事人有其他利害关系，可能影响公正审判的。根据《解释》第二十三条的规定，审判人员具有下列情形之一的，应当自行回避，当事人及其法定代理人有权申请其回避：具体包括如下情形：（1）是本案的当事人或者是当事人的近亲属②的；（2）本人或者其近亲属与本案有利害关系的；（3）担任过本案的证人、鉴定人、辩护人、诉讼代理人、翻译人员的；（4）与本案的辩护人、诉讼代理人有近亲属关系的；（5）与本案当事人有其他利害关系，可能影响公正审判的。

2. 审判人员违反规定，有不正当行为，可能影响公正审判的。根据《解释》第二十四条的规定，审判人员违反规定，具有下列情形之一的，当事人及其法定代理人有权申请其回避：（1）违反规定会见本案当事人、辩护人、诉讼代理人的；（2）为本案当事人推荐、介绍辩护人、诉讼代理人，或者为律师、其他人员介绍办理本案的；（3）索取、接受本案当事人及其委托人的财物或者其他利益的；（4）接受本案当事人及其委托人的宴请，或者参加由其支付费用的活动的；（5）向本案当事人及其委托人借用款物的；（6）有其他不正当行为，可能影响公正审判的。

3. 审判人员由于工作原因参与过刑事诉讼的其他活动的。根据《解释》第二十五条的规定，参与过本案侦查、审查起诉工作的侦查、检察人员，如

---

① 《解释》第三十二条规定："本章所称的审判人员，包括人民法院院长、副院长、审判委员会委员、庭长、副庭长、审判员、助理审判员和人民陪审员。"根据人民法院法官员额制改革以及人民法院组织法修订的最新情况，人民法院将不再设助理审判员一职，代之以法官助理。第三十三条规定："书记员、翻译人员和鉴定人适用审判人员回避的有关规定。"因此，本节关于审判人员的论述适用于书记员、翻译人员和鉴定人。

② 根据《回避规定》，所谓近亲属，包括与审判人员有夫妻、直系血亲、三代以内旁系血亲及近姻亲关系的亲属。

果调至人民法院工作，不得担任本案的审判人员。在一个审判程序中参与过本案审判工作的合议庭组成人员①或者独任审判员，不得再参与本案其他程序的审判。但是，发回重新审判的案件，在第一审人民法院作出裁判后又进入第二审程序或者死刑复核程序的，原第二审程序或者死刑复核程序中的合议庭组成人员不受上述规定的限制。此外，根据监察法的规定，参加过职务犯罪调查的监察人员，调至人民法院工作的，也不得担任本案的审判人员。

需要注意的是，对于发回重新审判的案件，一审作出裁判后又进入第二审程序的，原第二审程序的合议庭组成人员能否再参与该案件审理。一种意见认为，原第二审程序合议庭组成人员不能再参与该案审理。理由是，发回重审的案件再次进入二审程序或者复核程序后，由原合议庭审理，固可提高效率，但似难避免先入为主问题，影响案件公正审理。经研究认为，对于发回重新审判的案件，原第二审程序的合议庭组成人员对案件情况比较熟悉，清楚发回重审的原因。因此，发回重审的案件再次进入二审程序或者复核程序后，由原合议庭审理，不会影响司法公正，而是能更好地审查一审法院是否解决了原来存在的问题，重新作出的裁判是否合法、合理，可以兼顾公正与效率。

13. 如何把握审判阶段回避申请权的告知？

为了保证当事人及其法定代理人、辩护人、诉讼代理人有效行使对审判人员申请回避的权利，确保审判公正，人民法院有义务在审判阶段告知当事人回避申请权，以便于更好地行使该项权利。《解释》第二十六条规定："人民法院应当依法告知当事人及其法定代理人有权申请回避，并告知其合议庭组成人员、独任审判员、书记员等人员的名单。"具体而言：

1. 在开庭以前，如果审判人员召集公诉人、当事人和辩护人、诉讼代理人召开庭前会议的，应当依法告知当事人及其法定代理人有申请回避的权利，以及合议庭组成人员、书记员的姓名、职务等相关信息，了解当事人及其法定代理人、辩护人、诉讼代理人是否提出回避申请。

2. 开庭的时候，审判长或者独任审判员应当告知当事人有对合议庭组成人员、书记员、公诉人、鉴定人和翻译人员申请回避的权利，并告知上述

---

① 《解释》第二十五条第二款在此处的用语是"参与过本案审判工作的合议庭组成人员"，而非"参与过本案审判工作的审判人员"。因此，审判委员会委员、书记员不在其中。

人员的具体信息。

14. 如何把握审判阶段回避的启动？

回避分为自行回避、申请回避和指令回避三种。就审判人员的回避而言，审判人员在审判活动中遇有应当回避的情形的，自己应当主动要求退出审判活动。审判人员自行回避的，可以口头或者书面提出，并说明理由，由院长决定。如果出现应当回避的情形，审判人员没有自行回避的，当事人及其法定代理人、辩护人、诉讼代理人有权申请其回避。需要注意的是，当事人及其法定代理人因审判人员实施不正当行为，依照刑事诉讼法第三十条和《解释》第二十四条规定申请回避的，应当提供证明材料。

根据《解释》第二十八条规定，当事人及其法定代理人依照刑事诉讼法第三十条和《解释》第二十四条规定申请回避的，应当提供证明材料。对于该条中的"应当提供证明材料"的理解，经研究认为，较之刑事诉讼法第二十九条的规定，显然，第三十条规定的回避情形，性质更为严重，相关审判人员已经涉及违法违规行为，主观具有明显的过错，责任追究也应当更为严厉。因此，在当事人及其法定代理人以该类事由申请审判人员回避时，需要提供相应的证明材料。我们认为，这里的"证明材料"应当作如下理解：一是提供"证明材料"是为了查明审判人员是否存在当事人及其法定代理人所提的相关违法违规的情形，这既是对当事人及其法定代理人所提回避申请的重视，也是对审判人员的负责。二是提供"证明材料"只需要提供证明相关情形可能存在的依据或者线索即可，而并非要求当事人及其法定代理人负担举证责任，提供充分的证据予以证实。三是当事人及其法定代理人所提供的材料虽不能充分证实所提出回避申请的情形存在的，并不意味着人民法院就置之不理，相反，人民法院应当对相关证明材料和理由进行分析研判，必要时，要进一步核实，确保案件得以公正审判。

当事人及其法定代理人、辩护人、诉讼代理人申请审判人员回避的，可以口头或者书面提出。此外，应当回避的审判人员没有自行回避，当事人及其法定代理人也没有申请其回避的，院长或者审判委员会应当决定其回避。

Q问 15. 如何把握审判阶段回避的决定及其复议?

答 根据审判人员的具体情形,回避的决定程序如下:审判人员自行申请回避,或者当事人及其法定代理人申请其回避的,由院长决定;院长自行申请回避,或者当事人及其法定代理人申请院长回避的,由审判委员会讨论决定。审判委员会讨论时,由副院长主持,院长不得参加。

对当事人及其法定代理人提出的回避申请,人民法院可以口头或者书面作出决定,并将决定告知申请人。① 当事人及其法定代理人申请回避被驳回的,可以在接到决定时申请复议一次。② 不属于刑事诉讼法第二十九条、第三十条规定情形的回避申请,由法庭当庭驳回,并不得申请复议。当事人及其法定代理人申请出庭的检察人员回避的,人民法院应当决定休庭,并通知人民检察院。

---

① 《解释》借鉴民事诉讼法第四十七条有关"人民法院对当事人提出的回避申请,应当在申请提出的三日内,以口头或者书面形式作出决定"的规定,对作出回避决定的形式予以明确。第三十条第一款规定:"对当事人及其法定代理人提出的回避申请,人民法院可以口头或者书面作出决定,并将决定告知申请人。"

② 《解释》借鉴民事诉讼法第四十七条有关"申请人对决定不服的,可以在接到决定时申请复议一次"的规定,第三十条第二款将申请复议的时间明确为"接到决定时"。

第三章　辩护与代理

16. 如何把握辩护人的范围？

辩护权是被告人的法定诉讼权利，被告人除自己行使辩护权以外，还可以委托其他符合法律规定的人辩护。根据《解释》第三十八条的规定，一名被告人可以委托一至二人作为辩护人。刑事诉讼法第三十三条对辩护人的范围作了规定，《解释》第三十五条作了进一步明确。据此，人民法院审判案件，应当充分保障被告人依法享有的辩护权利。但是，下列人员不得担任辩护人：（1）正在被执行刑罚或者处于缓刑、假释考验期间的人；（2）依法被剥夺、限制人身自由的人；（3）无行为能力或者限制行为能力的人；（4）人民法院、人民检察院、公安机关、国家安全机关、监狱的现职人员；（5）人民陪审员；（6）与本案审理结果有利害关系的人；（7）外国人或者无国籍人；（8）被开除公职和被吊销律师、公证员执业证书的人。需要注意的是，前述第四项至第八项规定的人员，如果是被告人的监护人、近亲属，由被告人委托担任辩护人的，可以准许。

关于此次刑事诉讼法修改，增加规定"被开除公职和被吊销律师、公证员执业证书的人"，不得作为辩护人，主要考虑有两点：一是与律师法相衔接。2017 年 9 月 1 日，第十二届全国人民代表大会常务委员会第二十九次会议对律师法作了修改，规定"被开除公职或者被吊销律师、公证员执业证书的人"，不予颁发律师执业证书，这些人员无法获取律师执业资格，自然不能作为辩护律师。二是进一步保护犯罪嫌疑人、被告人的合法权利。一段时间以来，一些被开除公职或者被吊销律师、公证员执业证书的人，以"亲友"等为名参与刑事诉讼，妨害诉讼顺利进行，侵害犯罪嫌疑人、被告人的合法权利。将"被开除公职和被吊销律师、公证员执业证书的人"排除在"辩护人"范围之外，符合刑事诉讼法的立法精神，对于案件公正审理，保障犯罪嫌疑人、被告人的合法权益，具有重要意义。

此外，根据《解释》第三十六条的规定，审判人员和人民法院其他工作人员从人民法院离任后二年内，不得以律师身份担任辩护人。审判人员和人民法院其他工作人员从人民法院离任后，不得担任原任职法院所审理案件的辩护人，但作为被告人的监护人、近亲属进行辩护的除外。审判人员和人民法院其他工作人员的配偶、子女或者父母不得担任其任职法院所审理案件的辩护人，但作为被告人的监护人、近亲属进行辩护的除外。

根据《解释》第三十七条的规定，律师，人民团体、被告人所在单位推荐的人，或者被告人的监护人、亲友被委托为辩护人的，人民法院应当核实其身份证明和授权委托书。

需要注意的是，《解释》第三十八条第二款规定："一名辩护人不得为两名以上的同案被告人，或者未同案处理但犯罪事实存在关联的被告人辩护。"主要是因为，有些案件的被告人虽然并非共同犯罪的被告人，但犯罪实施存在关联，如毒品犯罪的上下家；有些共同犯罪案件虽然系共同犯罪案件，但分案处理。如果一名辩护人同时为上述两类案件中的两名以上被告人提供辩护，势必存在"利益冲突"，可能会损害被告人的合法权利，影响案件公正审理。

17. 如何把握委托辩护人的程序？

刑事诉讼法规定，犯罪嫌疑人自被侦查机关第一次讯问或者采取强制措施之日起，有权委托律师作为辩护人，并进一步完善了委托辩护律师的程序。《解释》根据刑事诉讼法的规定，针对审判阶段的委托辩护人程序问题作了进一步规定。

1. 刑事诉讼法第三十四条第二款规定："人民法院自受理案件之日起三日以内，应当告知被告人有权委托辩护人。"为了进一步明确有关诉讼权利告知问题，《解释》第三十九条规定："被告人没有委托辩护人的，人民法院自受理案件之日起三日内，应当告知其有权委托辩护人；被告人因经济困难或者其他原因没有委托辩护人的，应当告知其可以申请法律援助；被告人属于应当提供法律援助情形的，应当告知其将依法通知法律援助机构指派律师为其提供辩护。告知可以采取口头或者书面方式。"

2. 刑事诉讼法第三十四条第二款规定："犯罪嫌疑人、被告人在押期间要求委托辩护人的，人民法院、人民检察院和公安机关应当及时转达其要求。"从司法实践来看，被告人要求委托辩护人的情况比较复杂。有的可能点明拟委托的辩护人，有的可能要求其家属代为委托，有的可能只能笼统提出要委托辩护人，等等。经研究认为，审判期间，在押的被告人要求委托辩护人的，人民法院及时向其监护人、近亲属或者其指定的人员转达要求，由上述人员代为办理相关手续。主要考虑如下：（1）根据刑事诉讼法第三十四条第三款的规定，犯罪嫌疑人、被告人在押的，也可以由其监护人、近亲属代为委托辩护人。据此，在押的被告人提出委托辩护人要求的，宜由其监护人、近亲属代为委托。（2）如果规定可向有关律师事务所、律师协会转达要求，恐会滋生推荐律师等问题。因此，《解释》第四十条明确规定："审判期间，在押的被告人要求委托辩护人的，人民法院应当在三日内向其监护人、近亲属或者其指定的人员转达要求。被告人应当提供有关人员的联系方式。有关人员无法通知的，应当告知被告人。"

3. 根据《解释》第四十六条第一款的规定，审判期间，辩护人接受被告人委托的，应当在接受委托之日起三日内，将委托手续提交人民法院。

Q问 18. 如何把握法律援助的相关问题？

答　刑事诉讼法规定，对于符合条件的犯罪嫌疑人、被告人，法律援助机构提出申请或者由人民法院、人民检察院和公安机关通知法律援助机构指派律师提供援助。《解释》根据刑事诉讼法的规定，对审判环节法律援助的相关问题作了具体规定。

1. 法律援助的适用范围。关于应当提供法律援助的情形，根据《解释》第四十二条、第四百七十二条的规定，对下列没有委托辩护人的被告人，人民法院应当通知法律援助机构指派律师为其提供辩护：（1）盲、聋、哑人；（2）尚未完全丧失辨认或者控制自己行为能力的精神病人；（3）可能被判处无期徒刑、死刑的人；（4）审判时不满18周岁的未成年人。另外，高级人民法院复核死刑案件，被告人没有委托辩护人的，也应当通知法律援助机构指派律师为其提供辩护。

关于可以提供法律援助的情形，根据《解释》第四十三条、第四百零二条的规定，具有下列情形之一，被告人没有委托辩护人的，人民法院可以通知法律援助机构指派律师为其提供辩护：（1）共同犯罪案件中，其他被告人已经委托辩护人；（2）有重大社会影响的案件；（3）人民检察院抗诉的案件；（4）被告人的行为可能不构成犯罪；（5）外国籍被告人；（6）有必要指派律师提供辩护的其他情形。

2. 法律援助的程序。根据《解释》第四十一条的规定，人民法院收到在押被告人提出的法律援助申请，应当在24小时内转交所在地的法律援助机构。

根据《解释》第四十四条的规定，人民法院通知法律援助机构指派律师提供辩护的，应当将法律援助通知书、起诉书副本或者判决书送达法律援助机构；决定开庭审理的，除适用简易程序审理的以外，应当在开庭15日前将上述材料送达法律援助机构。法律援助通知书应当写明案由、被告人姓名、提供法律援助的理由、审判人员的姓名和联系方式；已确定开庭审理的，应当写明开庭的时间、地点。根据《解释》第四十六条第二款的规定，法律援助机构决定为被告人指派律师提供辩护的，承办律师应当在接受指派之日起三日内，将法律援助手续提交人民法院。

3. 被告人拒绝法律援助机构指派的律师为其辩护的处理。根据《解释》第四十五条的规定，被告人拒绝法律援助机构指派的律师为其辩护，坚持自己行使辩护权的，人民法院应当准许。属于应当提供法律援助的情形，被告人拒绝指派的律师为其辩护的，人民法院应当查明原因。理由正当的，应当准许，但被告人须另行委托辩护人；被告人未另行委托辩护人的，人民法院应当在三日内书面通知法律援助机构另行指派律师为其提供辩护。

Q问 **19. 如何把握辩护人的权利与义务**？

答 刑事诉讼法明确了辩护人的权利和义务。《解释》对辩护人在审判阶段的权利与义务作了进一步细化。

1. 阅卷权。《解释》第四十七条根据刑事诉讼法的相关规定，对审判阶段辩护人的阅卷权予以了明确。根据该条规定，辩护律师可以查阅、摘抄、复制案卷材料。其他辩护人经人民法院许可，也可以查阅、摘抄、复制案卷材料。合议庭、审判委员会的讨论记录以及其他依法不公开的材料不得查阅、摘抄、复制。辩护人查阅、摘抄、复制案卷材料的，人民法院应当提供方便，并保证必要的时间。复制案卷材料可以采用复印、拍照、扫描等方式。需要注意如下三点：（1）为适应审判工作需要，《解释》第四十七条第一款明确"依法不公开的材料"不得查阅、摘抄、复制。这里的"依法不公开的材料"，主要是指应当归入人民法院副卷的材料。《最高人民法院关于全面深化人民法院改革的意见——人民法院第四个五年改革纲要（2014—2018）》（法发〔2015〕3 号）第 55 条规定："对于领导干部干预司法活动、插手具体案件的批示、函文、记录等信息……均应当存入案件正卷，供当事人及其代理人查询。"（2）为切实保障辩护人的阅卷权，《解释》第四十七条第二款专门规定："辩护人查阅、摘抄、复制案卷材料的，人民法院应当提供方便，并保证必要的时间。"（3）根据有关方面的意见，《解释》第四十七条第三款专门增加了复制案卷材料的具体方式。

2. 会见通信权。《解释》第四十八条根据刑事诉讼法的相关规定，对审判阶段辩护人的会见通信权予以明确。根据该条规定，辩护律师可以同在押的或者被监视居住的被告人会见和通信。其他辩护人经人民法院许可，也可以同在押的或者被监视居住的被告人会见和通信。

3. 调查取证权。刑事诉讼法第四十一条规定："辩护人认为在侦查、审查起诉期间公安机关、人民检察院收集的证明犯罪嫌疑人、被告人无罪或者罪轻的证据材料未提交的，有权申请人民检察院、人民法院调取。"据此，《解释》第四十九条进一步规定："辩护人认为在侦查、审查起诉期间公安机关、人民检察院收集的证明被告人无罪或者罪轻的证据材料未随案移送，申请人民法院调取的，应当以书面形式提出，并提供相关线索或者材料。人民法院接受申请后，应当向人民检察院调取。人民检察院移送相关证据材料后，人民法院应当及时通知辩护人。"对此，需要注意，辩护人申请人民法院调取上述证据的，应当以书面形式提出，并提供相关线索或者材料，以防止辩护人滥用此项权利。

根据《解释》第五十条的规定，辩护律师申请向被害人及其近亲属、被害人提供的证人收集与本案有关的材料，人民法院认为确有必要的，应当签发准许调查书。

根据《解释》第五十一条的规定，辩护律师向证人或者有关单位、个人收集、调取与本案有关的证据材料，因证人或者有关单位、个人不同意，申请人民法院收集、调取，或者申请通知证人出庭作证，人民法院认为确有必要的，应当同意。

根据《解释》第五十二条①的规定，辩护律师直接申请人民法院向证人或者有关单位、个人收集、调取证据材料，人民法院认为确有收集、调取必要，且不宜或者不能由辩护律师收集、调取的，应当同意。人民法院收集、调取证据材料时，辩护律师可以在场。收集、调取证据材料后，应当及时通

---

① 此外，本条第二款、第三款还针对人民法院向有关单位收集、调取证据材料的情形作了一般性规定：人民法院向有关单位收集、调取的书面证据材料，必须由提供人签名，并加盖单位印章；向个人收集、调取的书面证据材料，必须由提供人签名。人民法院对有关单位、个人提供的证据材料，应当出具收据，写明证据材料的名称、收到的时间、件数、页数以及是否为原件等，由书记员或者审判人员签名。

知辩护律师查阅、摘抄、复制，并告知人民检察院。

关于依照《解释》第五十条至第五十二条规定申请调查取证的，《解释》第五十三条对程序作了进一步明确。应当以书面形式提出，并说明理由，写明需要收集、调取证据材料的内容或者需要调查问题的提纲。对辩护律师的申请，人民法院应当在五日内作出是否准许、同意的决定，并通知申请人；决定不准许、不同意的，应当说明理由。

4. 证据开示和告知义务。根据刑事诉讼法第四十二条的规定，辩护人收集的有关犯罪嫌疑人不在犯罪现场、未达到刑事责任年龄、属于依法不负刑事责任的精神病人的证据，应当及时告知公安机关、人民检察院。

根据刑事诉讼法第四十八条的规定，辩护律师对在执业活动中知悉的委托人的有关情况和信息，有权予以保密。但是，辩护律师在执业活动中知悉委托人或者其他人，准备或者正在实施危害国家安全、公共安全以及严重危害他人人身安全的犯罪的，应当及时告知司法机关。根据《解释》第六十条的规定，辩护律师向人民法院告知其委托人或者其他人准备实施、正在实施危害国家安全、公共安全以及严重危害他人人身安全犯罪的，人民法院应当记录在案，立即转告主管机关依法处理，并为反映有关情况的辩护律师保密。

此外，根据《解释》第五十九条的规定，辩护人、诉讼代理人复制案卷材料的，人民法院只收取工本费；法律援助律师复制必要的案卷材料的，应当免收或者减收费用。

Q问 20. 如何把握诉讼代理人的相关问题？

答 根据刑事诉讼法的相关规定和精神，《解释》对委托诉讼代理人的告知程序、诉讼代理人的委托程序、诉讼代理人的责任、权利义务等问题作了明确规定。

1. 根据《解释》第五十四条的规定，人民法院自受理自诉案件之日起三日内，应当告知自诉人及其法定代理人、附带民事诉讼当事人及其法定代理人，有权委托诉讼代理人，并告知如果经济困难的，可以申请法律援助。

2. 根据《解释》第五十五条的规定，当事人委托诉讼代理人的，参照适用刑事诉讼法第三十三条和《解释》的有关规定。

3. 根据《解释》第五十六条的规定，诉讼代理人有权根据事实和法律，维护被害人、自诉人或者附带民事诉讼当事人的诉讼权利和其他合法权益。

4. 根据《解释》第五十七条的规定，经人民法院许可，诉讼代理人可以查阅、摘抄、复制本案的案卷材料。律师担任诉讼代理人，需要收集、调取与本案有关的证据材料的，参照适用《解释》第五十一条至第五十三条的规定。

5. 根据《解释》第五十八条的规定，诉讼代理人接受当事人委托或者法律援助机构指派后，应当在三日内将委托手续或者法律援助手续提交人民法院。

Q问 21. 如何把握值班律师的相关问题？

答 值班律师制度，是此次刑事诉讼法修改的重要内容。相关规定主要集中在刑事诉讼法第三十六条、第一百七十三条和第一百七十四条。

1. 值班律师制度的发展。值班律师制度，是作为速裁程序和认罪认罚从宽制度改革的配套措施提出的，其主要规范性文件是：2014 年 8 月 22 日，最高人民法院、最高人民检察院、公安部、司法部印发的《关于在部分地区开展刑事案件速裁程序试点工作的办法》（法〔2014〕220 号），建立值班律师制度。2016 年 11 月 11 日，最高人民法院、最高人民检察院、公安部、国家安全部、司法部印发《关于在部分地区开展刑事案件认罪认罚从宽制度试点工作的办法》（法〔2106〕386 号），将值班律师制度从速裁程序改革扩展到认罪认罚从宽制度改革。经过近三年的试点，2017 年 8 月，最高人民法院、最高人民检察院、公安部、国家安全部、司法部又印发了《关于开展法律援助值班律师工作的意见》，将值班律师制度从速裁程序和认罪认罚改革试点工作独立出来，作为适用于所有刑事诉讼案件的专门制度，目的是进一步保障犯罪嫌疑人、被告人的合法权益，确保案件办理的质量和效率。从值班律师制度四年多的运行情况看，这项制度对于推进以审判为中心的刑事诉讼制度改革，依法维护犯罪嫌疑人、刑事被告人诉讼权利，加强人权司法保障发挥了重要作用。此次刑事诉讼法修改，以法律形式固定了值班律师制度的改革成果。

2. 值班律师的派驻。刑事诉讼法第三十六条规定："法律援助机构可以在人民法院、看守所等场所派驻值班律师。"此条明确了两个问题：其一，值班律师只能由法律援助机构派驻，其他单位或者个人无权派驻值班律师。其二，派驻的场所，不仅包括人民法院、看守所，也包括其他场所。

3. 值班律师的适用范围。根据刑事诉讼法第三十六条的规定，只要犯罪嫌疑人、被告人没有委托辩护人，并且法律援助机构没有指派律师为其提供辩护的，都有权获得值班律师的帮助。之所以将值班律师的适用范围，限于"犯罪嫌疑人、被告人没有委托辩护人，并且法律援助机构没有指派律师为其提供辩护"的情形，主要是两个方面的考虑：一是律师资源供给有限的现实情况，难以对全部刑事案件的被告人提供值班律师服务，作此限制，可以最大程度保障没有辩护人的犯罪嫌疑人、被告人获得高质量的专业律师服务；二是由于辩护人的权利宽于值班律师，值班律师有权提供的法律帮助服务，辩护人均有权提供，因此对于已有辩护人的犯罪嫌疑人、被告人，不再需要值班律师的帮助。

4. 值班律师的权利义务。根据刑事诉讼法第三十六条、第一百七十三条和第一百七十四条等的规定，值班律师提供的服务的性质是"法律帮助"，而非"辩护"，具体有下列权利义务：（1）提供法律咨询、程序选择建议、申请变更强制措施、对案件处理提出意见等法律帮助。（2）犯罪嫌疑人、被告人约见值班律师的，值班律师有权与犯罪嫌疑人、被告人见面，人民法院、人民检察院、看守所应当提供便利。（3）人民检察院审查案件，应当听取值班律师的意见，其提出的意见，应当记录在案或者附卷，人民检察院应当提供必要的便利。（4）犯罪嫌疑人自愿认罪，同意量刑建议和程序适用，但没有委托辩护人的，签署认罪认罚具结书时，值班律师应当在场。关于值班律师是否有查阅、摘抄、复制案卷、出庭、调查取证等诉讼权利，此次刑事诉讼法修改未作明确规定。

第四章 证 据

第一节 一般规定

22. 如何把握证据裁判原则？

证据裁判原则，也被称为证据裁判主义，是现代刑事诉讼普遍奉行的基本原则，可以谓之为证据法之纲，对于强化司法人员的证据意识具有重要意义。证据裁判原则要求将证据作为认定案件事实的根据，进而作为定罪量刑的根据。在西方不少国家的刑事诉讼法中，证据裁判原则是法律的明文规定。而在我国，刑事诉讼法虽然没有明确规定证据裁判原则，但第五十条关于查证属实的证据作为定案根据的规定、第五十五条关于对一切案件的判处都要重证据的规定、第二百条关于根据已经查明的事实、证据和有关的法律规定作出判决规定，无疑都体现了证据裁判原则的精神。为了强化证据裁判意识，《死刑案件证据审查规定》第二条规定："认定案件事实，必须以证据为根据。"这一规定是我国对证据裁判原则的首次法律表述，正如有论者所指出的："这就宣布了证据裁判原则在我国的正式确立，这对于增强司法人员证据意识、完善证据规则，反对口供主义，都具有重要意义。"[①] 应该说，证据裁判规则不仅对于办理死刑案件具有重大意义，也是整个刑事诉讼证据制度的基础。因此，《解释》吸收《死刑案件证据审查规定》第二条的规定，在第六十一条明确规定："认定案件事实，必须以证据为根据。"这一规定奠定了证据裁判原则在我国刑事审判中的基础地位，确认了证据在刑事诉讼中的中心位置，意义重大而深远。

根据证据裁判原则的要求，刑事裁判必须建立在案件事实的基础上，而案件事实必须以证据为根据。具体表现为：

1. 对证据材料加强审查判断。刑事诉讼法第五十条规定："可以用于证明案件事实的材料，都是证据。"从理论上而言，刑事诉讼法在证据的概念

---

① 陈光中：《刑事证据制度改革若干理论与实践问题之探讨》，载《中国法学》2010 年第 6 期。

上放弃了"事实说",改为采用"材料说"。从实务角度而言,这一修改强调公诉机关在起诉时提交给人民法院的证据,只是"证据材料"。而对于证据材料的审查判断,是人民法院的审判职责。人民法院审查判断哪些证据材料具有证据能力,能够被作为证据使用,哪些证据材料不具有证据能力,属于应当排除的对象。而具有证据能力的材料会被留下作为证据,从而进一步审查判断其证明力,而同时具有证据能力和证明力的材料才会最终成为裁判的根据,成为定案的根据。

2. 以证据为根据认定案件事实。这实际上是要求对案件事实的认定不能建立在证据以外的其他根据之上,如人类历史上曾经存在神灵裁判等,而只能是通过证据来认定案件事实。需要注意的是,刑事裁判所依据的是根据证据所认定的案件事实,即通过严格法庭审理程序认定的法律事实,而并非原始状态的客观事实。当然,这种法律事实是建立在原始客观事实的基础之上的,是根据案件所收集和审查认定的证据,对原始客观事实的还原和重构,是由定案根据最终所拼接成的"模型"。不能排除的是,由于人类认识能力的限制,对某些证据的收集不能,从而导致最终所构建的"模型"与原始客观事实尚有差异,此时,只能按照根据证据所认定的案件事实、而非主观臆想的案件事实作出裁判。

与之相关的是,相比侦查人员、检察人员而言,审判人员是距离案件发生最远的主体。而侦查人员和检察人员,特别是侦查人员,有时可能在执行职务的过程中目睹犯罪发生,或者经历了现场勘验、收集证据等活动,对于原始客观事实的认知和还原相对容易。而随着案件被移送起诉,特别是到了审判阶段,法官距离犯罪发生时间久远,而且一般不会直接勘验现场、主动收集相关证据,其对原始案件事实的还原只能是通过公诉机关提供的相关证据。根据刑事诉讼法第七条的规定,人民法院、人民检察院和公安机关进行刑事诉讼,分工负责,互相配合,互相制约。而在审判环节,法官对原始案件事实的还原程度,很大程度上取决于侦查、公诉机关对案件证据材料的收集程度。因此,只有公安机关和人民检察院做好相关的证据收集工作,审判人员才能通过审查、判断、运用证据程序,建立起最为接近案件原始事实状态的模型,依照所认定的案件法律事实,准确定罪量刑。

Q问 23. 如何把握程序法定原则？

答 程序法定原则是刑事诉讼法的基本原则之一，其基本内容有两点：一是立法方面的要求，即刑事诉讼程序应当由法律事先明确规定，也就是刑事诉讼"有法可依"；二是司法方面的要求，即刑事诉讼活动应当依据国家法律规定的刑事诉讼程序进行，也就是刑事诉讼"有法必依"。[①] 《解释》第六十二条规定："审判人员应当依照法定程序收集、审查、核实、认定证据。"这是程序法定的刑事诉讼法基本原则在证据部分的具体化，对于审判环节乃至整个刑事诉讼切实贯彻落实程序法定原则，具有重要意义。

审判人员审查、核实和认定证据遵守程序法定原则，是现代刑事法治的必然要求，对于维护司法公正，保障公民的人权，具有重要意义。基于我国当前的司法国情，对于程序法定原则中的"法"宜作广义理解，不限于法律，还包括在法律规定的范围内对其予以细化和补充的司法解释和其他规范性文件。这实际上更为有利于规范审判人员的行为，确保其更为规范地收集、审查、核实、认定证据。基于上述考虑，为确保程序法定原则在证据部分的贯彻落实，需要注意以下几点：

1. 收集、审查、核实、认定证据的相关规定具有明确性和可操作性。程序法定要求对刑事诉讼程序作出明确和可操作的规定，从而为司法机关严格遵守法定程序进行刑事诉讼奠定基础。就法律规定而言，2012 年刑事诉讼法修改，证据部分的条文大幅增加，且相关法律规定从原则变为具体细化，可操作性明显增强。然而，任何法律规定都难以穷尽复杂的司法现实，需要通过司法解释予以补充；而且，普遍适用于纷繁复杂的司法现实的法律规定必然会具有相对的抽象性和概括性，需要司法解释予以进一步细化，以适用于具体案件。因此，在刑事诉讼法进一步丰富和发展证据部分规定之余，通过司法解释的方式进一步完善规范审查、核实、认定证据的相关规定，同程序法定原则并不冲突，相反，是落实程序法定原则的应有之义。《解释》根据刑事诉讼法相关规定和司法实践具体情况，对证据制度作出了全面、系统、具体的规定，进一步丰富和发展了证据审查、核实和认定的"有法可依"，为在证据领域切实贯彻程序法定原则创造了前提条件。

2. 审判人员必须严格遵守和执行收集、审查、核实、认定证据的相关

[①] 参见徐静村主编：《刑事诉讼法学》（第二版），法律出版社 2011 年版，第 51 页。

规定。在刑事诉讼法和《解释》对证据制度作出明确规定的情况下，审判人员应当严格执行上述规定，在审查、核实和认定证据的过程中不仅要严格遵守刑事诉讼法的相关规定，也同样应当严格遵守司法解释和其他规范性文件对证据审查、核实、认定的相关要求，真正做到"有法必依"，切实提高依法审查、核实、认定证据和认定案件事实的能力，确保刑事案件审判的质量和效率。

3. 严格遵守刑事诉讼法和司法解释关于违法取证相应法律后果的规定。程序法定原则的贯彻，必须以确立和执行违法制裁为后盾。一方面，对于违反法定程序收集、审查和运用证据的行为应当予以制裁，依法追究纪律、行政乃至刑事责任，这是当然之义。更为重要的是，审判人员在刑事案件的审判过程中，对于违反法定程序收集的证据，依法应当予以排除的，要坚决予以排除，不得作为定案的根据，以凸显程序法定原则的程序性法律后果。根据刑事诉讼法的相关规定，《解释》对各类证据的排除作出了具体规定，并设专节对非法证据排除程序作出进一步的明确规定。在司法实践中，审判人员应当严格执行上述规定，切实依照法定程序运用程序性制裁规定。除了依法排除采用刑讯逼供等非法方法收集的犯罪嫌疑人、被告人供述和采用暴力、威胁等非法方法收集的证人证言、被害人陈述外，也要对不符合法定程序，可能严重影响司法公正，不能补正或者作出合理解释的物证、书证予以排除。同时，对于《解释》规定的各类证据中不得作为定案根据的情形，也要严格执行，不得作为定案的根据。唯有如此，才是真正执行了关于证据收集、审查、核实、认定的规定，才能更加有效地对侦查人员、检察人员和审判人员的违法取证行为予以制约，切实维护司法公正。

24. 如何把握法庭质证原则？

《解释》第六十三条规定："证据未经当庭出示、辨认、质证等法庭调查程序查证属实，不得作为定案的根据，但法律和本解释另有规定的除外。"本条确立了法庭质证原则，要求证据必须经过正式的法庭调查程序查证属实，才能作为定案的根据，才能据此认定案件事实和判处刑罚。

贯彻法庭质证原则，是确保审判公开，依法维护当事人诉讼权利，规范司法者自由裁量权的必然要求，对增强裁判的说服力和正当性，提高司法公信力具有重要意义。在审判工作中贯彻落实法庭质证原则，需要注意以下问题：

1. 审判人员秉持中立立场，引导控辩双方对证据当庭出示、辨认、质证。审判人员是法庭审理的主持人员，是庭审的驾驭者，对于证据的出示、辨认、质证负有重要责任。一方面，审判人员要清醒认识自己的位置，摆正自己中立裁判者的立场，让控辩双方真正实现在庭审中对抗。审判人员应当认识到，对证据的出示、辨认和质证是控辩双方的职责，而审判人员在庭审中只需充当消极的裁判者，让控辩双方充分地举证、辨认，充分发表意见。也唯有如此，审判人员才能在证据经当庭出示、辨认和质证等法庭程序后，正确作出是否认证的决定。另一方面，审判人员要重视辩护方的意见，保障辩护方充分行使质证权和辩论权，避免与辩护方的对立。

2. 未经庭审质证的证据不得作为定案的根据。在极个别案件中，存在着审判人员将未经庭审质证的证据作为定案根据的现象。这种做法严重损害了控辩双方的质证权，违反了证据裁判原则的要求，严重违反了法律规定的诉讼程序，影响了司法公正。因此，在法庭审理过程中，无论是书证、物证等实物证据，还是证人证言、被害人陈述、被告人供述和辩解等言词证据，无论是侦查机关勘验、检查、辨认、侦查实验等笔录，还是鉴定机构出具的鉴定意见，都必须经过当庭出示、辨认、质证等法庭调查程序查证属实，否则，不得作为定案的根据。需要注意的是，对于证据的出示方式应当根据具体规定把握，可以是出示、宣读、播放，也可以是综合运用上述出示方式。顺带需要提及的是，作为定案根据的证据，应当在裁判文书中列明，以便于当事人和其他人员了解，体现司法公开原则，增强人民法院裁判的公信力。

3. 依法通知证人、鉴定人等出庭作证。庭审质证原则的重要内容之一，就是贯彻直接言词原则的要求，要求控辩双方以直接言词的方式对证据进行质证，相应，法庭以直接言词的方式对案件事实进行调查和认定。与之相关的是，控辩双方享有对证人、鉴定人进行询问的权利。刑事诉讼法对证人、鉴定人出庭的问题作出了明确规定，《解释》也进一步细化和补充了相关规定。在司法实践中，审判人员要充分认识到通知证人、鉴定人出庭作证的重要意义，认真实行相关规定，促进相关证人、鉴定人积极出庭作证，保证庭审质证的效果。

4. 坚持一证一质一辨。在司法实践中，极个别案件存在打包质证的现象，对于一些证据混杂在一起进行质证，严重影响了质证的效果和当事人诉讼权利的保护。这些案件的审判人员的初衷可能是提升质证的效率，但由于将不同的证据混杂在一起，控辩双方难以有针对性地进行辨认、质证，反而影响了诉讼效率和司法公正。因此，在司法实践中，要坚持一证一质一辨，即出示一项证据后，由对方进行辨认，进行质证，而且在质证过程中，控辩双方可以对证据的证明力等问题展开辩论。

5. 正确理解和把握法律、《解释》规定的例外情形和特殊情况。从刑事诉讼法和《解释》的规定来看，庭审质证原则大致有如下三种特殊和例外情况：（1）根据刑事诉讼法第一百五十四条的规定，采取技术侦查措施收集的材料在刑事诉讼中可以作为证据使用。如果使用该证据可能危及有关人员的人身安全，或者可能产生其他严重后果的，应当采取不暴露有关人员身份、技术方法等保护措施，必要的时候，在当庭质证的基础上，可以由审判人员在庭外对证据进行进一步的核实。因此，由于技术侦查措施收集证据材料的特殊性，对其的质证宜采取特殊的方式，包括采取相关保护措施后进行质证，甚至是由审判人员在庭外对证据进行核实。（2）根据刑事诉讼法第六十四条的规定，对于危害国家安全犯罪、恐怖活动犯罪、黑社会性质的组织犯罪、毒品犯罪等案件，可以对证人、鉴定人采取不公开真实姓名、住址和工作单位等个人信息，采取不暴露外貌、真实声音等出庭作证措施。（3）根据《解释》第二百二十条第二款的规定，对公诉人、当事人及其法定代理人、辩护人、诉讼代理人补充的和法庭庭外调查核实取得的证据，应当经过当庭质证才能作为定案的根据。但是，经庭外征求意见，控辩双方没有异议的除外。上述三种情形，特别是第一种情形，对辩护方的知情权和质证权确实有一定的限制，但这是基于利益衡量原则作出的规定，且有严格的制度和措施保障，同样能够保证证据的真实性，不会影响对案件事实的认定。

Q问 25. 如何把握刑事诉讼的证明对象？

答 刑事诉讼的目的在于确认被告人是否构成犯罪和处以何种刑事处罚。因此，刑事诉讼的证明对象主要是犯罪构成要件事实、与量刑有关的事实以及有关的案件程序事实。

《1998年解释》第五十二条对刑事诉讼的证明对象作出规定："需要运用证据证明的案件事实包括：（一）被告人的身份；（二）被指控的犯罪行为是否存在；（三）被指控的行为是否为被告人所实施；（四）被告人有无罪过，行为的动机、目的；（五）实施行为的时间、地点、手段、后果以及其他情节；（六）被告人的责任以及与其他同案人的关系；（七）被告人的行为是否构成犯罪，有无法定或者酌定从重、从轻、减轻处罚以及免除处罚的情节;(八)其他与定罪量刑有关的事实。"应当说,上述规定较为全面地概括了刑事诉讼的证明对象,既包括了犯罪构成要件事实,如被告人有无罪过、行为的动机、目的正是犯罪主观方面要件事实,而被告人的身份其中就包括了犯罪主体方面要件事实;也包括了量刑方面的事实,如有无法定或者酌定从重、从轻、减轻处罚以及免除处罚的情节等。但是,从司法实践来看,在刑事案件审理过程中,除了需要认定被告人是否构成犯罪和处以何种刑事处罚外,还需要对附带提起的民事诉讼作出裁判,对涉案财产作出处理,且还可能涉及管辖、回避、延期审理等有关的案件程序事实。无论是附带民事诉讼、涉案财物的处理,抑或与管辖、回避、延期审理等有关的案件程序事实的处理,都需要运用证据予以证明。基于此,《解释》第六十四条第一款在《1998 年解释》第五十二条规定的基础上,将"有关附带民事诉讼、涉案财物处理的事实""有关管辖、回避、延期审理等的程序事实"也列为需要运用证据证明的案件事实。此外,被告人的行为是否构成犯罪需要根据刑法规定和案件事实予以认定,而证据证明的只能是案件事实,因此"被告人的行为是否构成犯罪"不属于证明对象的范畴,予以删除。

具体而言,应当运用证据证明的案件事实包括:(1)被告人、被害人的身份;(2)被指控的犯罪是否存在;(3)被指控的犯罪是否为被告人所实施;(4)被告人有无刑事责任能力,有无罪过,实施犯罪的动机、目的;(5)实施犯罪的时间、地点、手段、后果以及案件起因等;(6)被告人在共同犯罪中的地位、作用;(7)被告人有无从重、从轻、减轻、免除处罚情节;(8)有关附带民事诉讼、涉案财物处理的事实;(9)有关管辖、回避、延期审理等的程序事实;(10)与定罪量刑有关的其他事实。

26. 如何把握刑事诉讼的证明责任?

所谓证明责任,亦称举证责任,是指"控辩双方在向法院提出自己诉讼主张的同时,应当承担提供证据加以证明的责任,使法官确信其举出的证据事实,能够证明其诉讼主张的确实性"。[①] 刑事诉讼法第五十一条规定:"公诉案件中被告人有罪的举证责任由人民检察院承担,自诉案件中被告人有罪的举证责任由自诉人承担。"刑事诉讼法就刑事诉讼中的证明责任分配原则作出明确规定,具有重要意义。司法实践中应当根据刑事诉讼法

---

① 程荣斌主编:《刑事诉讼法》,中国人民大学出版社 1999 年版,第 202 页。

的规定把握证明责任问题。

关于刑事诉讼法第五十一条使用的"举证责任"一词，有论者认为："关于证明责任的构成，学界已基本达成共识，即由行为责任和结果责任两部分组成，前者指提供证据的责任，后者指如果不提供证据将承担不利于己方的诉讼后果……如果承认证明责任的发明就是为了解决事实真伪不明的疑难情况下确定诉讼后果的需要，那么行为责任就是形式，结果责任才是实质。行为责任和结果责任相辅相成，才构成证明责任的完整内涵。基于此，笔者主张上述规定中的'举证责任'一词应当替换为'证明责任'。"① 我们认为，虽然刑事诉讼法第五十一条最终仍然使用了"举证责任"一词，而没有使用"证明责任"一词，但对"举证责任"应当理解为包括行为责任和结果责任两部分内容。具体而言，司法实践中应注意把握以下几点：

1. 刑事诉讼法确立的证明责任原则并不排斥犯罪嫌疑人应当如实回答侦查人员的提问。刑事诉讼法第一百二十条第一款规定："犯罪嫌疑人对侦查人员的提问，应当如实回答。但是对与本案无关的问题，有拒绝回答的权利。"该规定并不意味着要求被告人承担证明责任，同公诉案件中被告人有罪的证明责任由人民检察院承担并不矛盾。被告人在侦查阶段如果不如实回答侦查人员提问，甚至拒绝回答侦查人员的提问，法院既不能因此作出被告人有罪的判决，也不能在被告人构成犯罪的情况下对其加重处罚。换言之，犯罪嫌疑人如实回答侦查人员提问的规定，并不意味着被告人在侦查阶段不如实回答侦查人员的提问，就应当承担举证不能的不利后果。而且，刑事诉讼法第一百二十条第二款的规定对此作了进一步诠释，该款规定："侦查人员在讯问犯罪嫌疑人的时候，应当告知犯罪嫌疑人享有的诉讼权利，如实供述自己罪行可以从宽处理和认罪认罚的法律规定。"这意味着法律之所以规定犯罪嫌疑人如实回答侦查人员提问，是为了给犯罪嫌疑人以争取宽大处理的权利，与公诉案件中被告人有罪的证明责任由人民检察院承担的原则之间并不冲突。

2. 刑事诉讼法确立的证明责任原则包含公诉机关对量刑事实的证明责任。应当运用证据证明的案件事实，既包括被告人是否构成犯罪的定罪事实，也包括量刑事实。特别是对于死刑案件而言，量刑情节往往直接影响到案件中对特定的被告人是否适用死刑，尤须重视。尽管刑事诉讼法第五十一

---

① 汪建成：《刑事证据制度的重大变革及其展开》，载《中国法学》2011 年第 6 期。

条所明确的是"被告人有罪"即定罪事实的证明责任，未明确涉及量刑事实的证明责任。但基于我国当前司法实践的现实情况，特别是在刑事公诉案件辩护率较低的背景下，辩方收集证据的能力较弱，由公诉机关收集相关证据，更有利于查明案件事实。而且，人民检察院不仅仅是公诉机关，也是国家法律监督机关，负有客观公正的义务。因此，应当强调由公诉机关承担对量刑事实的证明责任。人民检察院不仅应当对被告人构成犯罪承担证明责任，也应当对被告人从重处罚或者从宽处罚的量刑情节承担证明责任。而人民法院要认真审查法定量刑情节和酌定量刑情节，促使人民检察院树立定罪事实与量刑事实并重的理念，认真收集与定罪量刑有关的证据材料。

3. 刑事诉讼法确立的证明责任原则并不排斥被告人对推定结论进行反证。根据法律、司法解释或者其他规范性文件的规定，司法实践中经常会根据客观实际情况对明知、故意或者目的等主观事实或其他事实进行推定，而对这种推定的否定需要由被告人证明。有论者认为，这是证明责任的倒置，即"刑事案件的证明责任一般由控方或提出具体事实主张的一方承担，但在某些情况下，法律也可以规定证明责任由辩方或者主张具体事实的相对方承担"，是"立法在特殊情况下对证明责任的非常规性配置"。[1] 我们认为，根据已有证据证实的事实直接认定另一事实的存在，这种推定具有法律真实性，对于此种推定的举证责任是由公诉方或者自诉人承担的，而对于此种推定结论的反证则应由被告人承担。这不宜将此理解为举证责任倒置，而是被告人对自己辩解主张所承担的举证责任，与刑事诉讼法确立的举证责任承担原则并不冲突。公诉案件中被告人有罪的证明责任完全且无例外地属于控方，被告人并不承担证明责任。在法律、司法解释或者其他规范性文件允许进行推定的情形下，并不意味着举证责任的转移或者倒置，只是在控方证实了相应的基础事实并形成法律上的推定时，才将提供证据责任转移给被告方，说服责任始终属于控方。

4. 刑事诉讼法确立的证明责任原则并不排斥辩护人对特定证据材料的开示义务。刑事诉讼法第四十二条规定："辩护人收集的有关犯罪嫌疑人不在犯罪现场、未达到刑事责任年龄、属于依法不负刑事责任的精神病人的证据，应当及时告知公安机关、人民检察院。"这是刑事诉讼法在规定控方证明责任的基础上，确立了辩护人对特定证据材料的开示义务。这同控方承担

---

① 参见何家弘、刘品新：《证据法学》（第四版），法律出版社 2011 年版，第 297 页。

证明责任的规定并不冲突，其宗旨在于避免证据突袭，及时开示证明被告人无罪的证据材料，更好地维护被告人的合法权益，也避免司法资源的不必要耗费。因此，辩护人在侦查、审查起诉阶段收集到上述证据材料的，应当及时告知公安机关、人民检察院；而在开庭前收集到相关证据材料的，也应当通过庭前会议或者其他方式及时告知人民法院。

27. 如何把握刑事诉讼的证明标准？

证明标准是证据规则的核心问题。所谓证明标准，就是在刑事诉讼中承担证明责任的人民检察院或者自诉人提供证据对案件事实加以证明应当达到的程度。基于对刑事证明标准高标准、严要求的宗旨，我国刑事立法规定侦查终结移送审查起诉、提起公诉、作出有罪判决的证明标准都要求达到"犯罪事实清楚，证据确实、充分"。但是，司法实践中对于"犯罪事实清楚，证据确实、充分"认识不一。为统一法律适用，刑事诉讼法第五十五条第二款规定："证据确实、充分，应当符合以下条件：（一）定罪量刑的事实都有证据证明；（二）据以定案的证据均经法定程序查证属实；（三）综合全案证据，对所认定事实已排除合理怀疑。"根据上述规定，司法适用中要注意把握以下几点：

1. "犯罪事实清楚，证据确实充分"是主、客观相结合的证明标准。该证明标准并非一个纯主观或者纯客观的证明标准，要求裁判者根据确实充分的证据达到主观上对犯罪事实认识清楚，从而实现诉讼中主观认识与客观事实的统一。① 而且，犯罪事实的认定必须以证据为根据，"证据确实、充分"与"犯罪事实清楚"之间存在着承接关系：如果经过查证属实的证据之间形成了排除合理怀疑的证据链条，达到了确实、充分的程度，则被证明的犯罪事实自然就清楚了，实现了"犯罪事实清楚"，达到了刑事诉讼法要求的证明标准。

2. 正确把握"证据确实、充分"的内涵。根据刑事诉讼法第五十五条第二款的规定，认定证据是否确实、充分，要把握以下几个条件：（1）定罪量刑的事实是否都有证据证明，这是量的方面的要求。案件事实是已经发生的事情，而对于已经发生的事情只有通过证据才能查清，故案件事实必须

① 参见陈光中主编：《刑事诉讼法》（第三版），北京大学出版社、高等教育出版社2009年版，第174页。

有证据证明。需要注意的是，对于已经发生的案件要通过证据查实全部细节事实基本不可能，因此，并不要求对案件有关的所有细节事实都有证据证明。但是，对于定罪量刑的事实，包括犯罪构成要件事实及影响刑罚裁量的事实，必须有证据证明。（2）据以定案的证据均经过法定程序查证属实，这是质的方面的要求。刑事诉讼法第五十条第三款规定："证据必须经过查证属实，才能作为定案的根据。"因此，据以定案的证据须经过法定程序查证，包括查证证据材料是否真实、收集证据的程序是否符合法律规定。（3）综合全案证据，对所认定的事实是否已排除合理怀疑，这是关于全案证据的综合判断标准。只有经过法定程序查证属实的证据证明的定罪量刑的事实已经排除合理怀疑了，证据才达到了"确实、充分"的程度。应当说，刑事诉讼法的这一规定反映了立法对证明标准的认知不断科学化，因为由于认识论的限制，对于案件事实的绝对确定的证明标准是无法达到的，即使是证明标准最为严格的刑事诉讼法也不能规定此种实际上无法实现的标准。但是，由于认定犯罪的后果的极其严厉性，要求刑事案件的证明标准必须排除合理怀疑，则无疑是妥当的，也是现实的。所谓"合理怀疑"，《美国加利福尼亚刑法典》的界定是："它不仅仅是一个可能的怀疑，而是指该案的状态在经过对所有证据的总的比较和考虑之后，陪审团的心理处于这种状态，他们不能说他们感到对指控罪行的真实性得出永久的已达到内心确信的程度。"[①] 换言之，"合理怀疑"就是综合全案证据，根据逻辑和经验规则，由证据得出的结论不具有排他性。所谓"所认定的事实已排除合理怀疑"，是指证据与证据之间、证据与案件事实之间不存在矛盾或者矛盾得以合理排除，而根据证据认定案件事实的过程符合逻辑和经验规则，由证据得出的结论具有唯一性。例如，在办理一起涉嫌贩卖毒品案中，发现公安机关对行为人买进毒品的事实，没有排除行为人本人吸食、提供给他人吸食等其他可能性，不能确定性地认定行为人就是为卖而买的贩卖毒品犯罪事实，未做到排除合理怀疑。对此，应当继续从与行为人有联系的吸食、注射毒品人员入手，继续收集证据，从而排除行为人买进毒品是为了本人吸食、提供给他人吸食等合理怀疑。

3. 区分不同的证明对象适用不同的证明标准。从审判实践来看，与定

---

① 卞建林译：《美国联邦刑事诉讼规则和证据规则》，中国政法大学出版社1996年版，第21~22页。

罪量刑相关的事实较为复杂，对所有的证明对象适用同一证明标准，既不现实，也不必要。因此，应当区分不同的证明对象适用不同的证明标准。对于认定被告人有罪和对被告人从重处罚的事实，是证明的主要对象，必须明确其适用最为严格的证据标准，即对其的证明必须达到"证据确实、充分"的程度。相应，对被告人从宽处罚的事实，以及与附带民事诉讼、涉案财物处理有关的事实等，可以适当降低证明标准，适用优势证据标准。因此，《解释》第六十四条第二款明确规定："认定被告人有罪和对被告人从重处罚，应当适用证据确实、充分的证明标准。"

4. "证据确实、充分"的证明标准并不排斥对案件事实进行推定。从立法和司法实践来看，对于明知、故意或者目的等主观事实的证明，经常运用推定这一方法。在司法实务中，对于法律、司法解释或者其他规范性文件规定允许推定的事实，可以根据客观实际情况进行推定，这种推定具有法律真实性，符合"证据确实、充分"的要求。

28. 如何把握行政机关收集的证据材料在刑事诉讼中的使用？

从司法实践来看，不少刑事案件首先是由有关行政机关在行政执法和查办案件过程中依法调查后，再移送公安机关、人民检察院立案侦查的。具体而言，行政执法机关在依法查处违法行为过程中，如发现违法事实涉及的金额、违法事实的情节、违法事实造成的后果等，根据刑法和司法解释以及其他规定，涉嫌构成犯罪，依法需要追究刑事责任的，应当依法向公安机关移送。而公安机关接受行政执法机关移送的涉嫌犯罪案件后，依照刑法、刑事诉讼法以及司法解释和其他规定，对所移送的案件进行审查，认为有犯罪事实，需要追究刑事责任的，应当依法决定立案。接下来，公安、司法机关依照刑法、刑事诉讼法以及司法解释和其他规定，依法采取强制措施、移送起诉和审判，追究犯罪嫌疑人、被告人的刑事责任。

在行政执法和刑事司法的衔接过程之中，对于行政执法机关收集的证据能否采用以及如何采用问题，1996年刑事诉讼法未作规定。而从司法实践来看，无论是行政执法部门依法收集、调取、制作的物证、书证、视听资料、检验报告、鉴定意见、勘验笔录、现场笔录，还是行政执法部门制作的证人证言、当事人陈述等调查笔录，通常都要求在移送刑事司法处理后由侦查机关重新收集。这不仅在一定程度上造成了资源的浪费，更为严重的是，一些证据材料存在灭失的可能，待进入司法程序后侦查机关无法重新收集。因此，将行政机关在行政执法和查办案件过程中收集的证据一律排除在刑事诉讼之外，不能直接作为证据使用，对于司法机关查明案件事实带来了困难，不利于刑事诉讼充分发挥打击犯罪和保障人权的职能。这一处理原则逐渐不能满足司法实践的需要，司法实务部门的规范性文件业已开始作出突破。2011 年 1 月 10 日，《最高人民法院、最高人民检察院、公安部关于办理侵犯知识产权刑事案件适用法律若干问题的意见》第一次在规范性文件中对行政执法部门收集、调取的证据在刑事诉讼中的效力问题作出了规定。根据证据的性质不同，区分两种情形进行处理：①（1）行政执法部门依法收集、调取、制作的物证、书证、视听资料、检验报告、鉴定意见、勘验笔录、现场笔录，经公安机关、人民检察院审查，人民法院庭审质证确认，可以作为刑事证据使用。主要考虑：物证、书证、视听资料、检验报告、鉴定意见、勘验笔录、现场笔录，具有较强的客观性。对于这些证据，公安机关、人民检察院在办理侵犯知识产权案件中，经过审查，认为符合证据的客观性、关联性、合法性属性的，就可以作为刑事证据使用，不需要重新调取；在审判阶段经过庭审质证确认的，就可以作为定罪量刑的依据。（2）行政执法部门制作的证人证言、当事人陈述等调查笔录，公安机关认为有必要作为刑事证据使用的，应当依法重新收集、制作。主要考虑：证人证言、当事人陈述等调查笔录属于言词证据，可变性较强，在办案中，公安机关认为有必要作为刑事证据使用的，必须依法重新收集、制作。

　　为加强行政执法与刑事司法之间的衔接，提高诉讼效率，更好地证明案件事实，2012 年刑事诉讼法修改时，增加了行政机关收集的证据材料在刑事诉讼中作为证据使用的规定。刑事诉讼法第五十四条第二款规定："行政机关在行政执法和查办案件过程中收集的物证、书证、视听资料、电子数据等证据材料，在刑事诉讼中可以作为证据使用。"《解释》第六十五条进一步规定："行政机关在行政执法和查办案件过程中收集的物证、书证、视听资料、电子数据等证据材料，在刑事诉讼中可以作为证据使用；经法庭查证属实，且收集程序符合有关法律、行政法规规定的，可以作为定案的根据。根据法律、行政法规规定行使国家行政管理职权的组织，在行政执法和查办

---

　　① 参见逄锦温、刘福谦、王志广、丛媛：《〈关于办理侵犯知识产权刑事案件适用法律若干问题的意见〉的理解与适用》，载《人民司法》2011 年第 5 期。

案件过程中收集的证据材料，视为行政机关收集的证据材料。"① 司法实践中适用上述规定需要注意以下问题：

1. 行政机关的外延。根据刑事诉讼法第五十四条第二款的规定，行政机关在行政执法和查办案件过程中收集的物证、书证、视听资料、电子数据等证据材料，在刑事诉讼中可以直接作为证据使用。所谓"行政执法"，是指执行行政管理方面的法律、法规赋予的职责，如工商、质检部门履行市场监管职责，税务部门履行税收征管职责，证券监督管理部门履行资本市场监管职责等。所谓"查办案件"，是指依法调查、处理行政违纪案件，如工商部门查办侵犯知识产权案件，税务部门查办逃税案件，行政监察机关查办行政违纪案件。② 需要注意的是，这里的"行政机关"不限于工商、税务等行政机关，也包括证券监管部门等行政机关以外根据法律、法规规定行使国家行政管理职权的组织。因此，《解释》第六十五条第二款规定："根据法律、行政法规规定行使国家行政管理职权的组织，在行政执法和查办案件过程中收集的证据材料，视为行政机关收集的证据材料。"例如，证券法第一百八十条规定："国务院证券监督管理机构依法履行职责，有权采取下列措施：（一）对证券发行人、上市公司、证券公司、证券投资基金管理公司、证券服务机构、证券交易所、证券登记结算机构进行现场检查；（二）进入涉嫌违法行为发生场所调查取证……"可见，国务院证券监督管理机构虽然不属于行政机关，但属于根据法律规定行使国家行政管理职权的组织，其在查处案件中收集的相关证据材料，可以视为行政机关收集的证据材料。但是，实践中行政主体还包括受行政机关委托代表行政机关行使职权的组织，这些组织不属于刑事诉讼法第五十二条规定的"行政机关"，其在行政执法和查办案件过程中收集的有关证据材料，不能视为行政机关收集的证据材料。

2. "物证、书证、视听资料、电子数据等证据材料"的具体内涵。对于刑事诉讼法第五十四条第二款中的"物证、书证、视听资料、电子数据等证据材料"的"等"，存在不同认识。有意见认为，应当理解为"等内"，即只包括物证、书证、视听资料、电子数据等实物证据；也有意见认为，应

---

① 所谓"作为证据使用"，是指可以直接作为证据使用，不需要再转换。需要注意的是，这里所明确的只是行政证据在刑事诉讼中的证据资格问题，即能否作为刑事证据使用；而能否作为定案的根据，还需要看能否查证属实。

② 参见王尚新、李寿伟主编：《〈关于修改刑事诉讼法的决定〉释解与适用》，人民法院出版社 2012 年版，第 48 页。

当理解为包括物证、书证、视听资料、电子数据等非言词证据；还有意见认为，应当理解为"等外"，即包括物证、书证、视听资料、电子数据等实物证据以外的言词证据。对此，《解释》第六十五条第一款规定："行政机关在行政执法和查办案件过程中收集的物证、书证、视听资料、电子数据等证据材料，在刑事诉讼中可以作为证据使用。"我们认为，对于"物证、书证、视听资料、电子数据等证据材料"，原则上应当作"等内"解释。主要考虑如下：（1）实物证据具有较强的客观性，将其直接转换为刑事诉讼中的证据，而不需要重新收集，有利于对案件事实的查明，提高诉讼效率，也不会影响到对当事人权利的保障。（2）言词证据具有较强的主观性，容易发生变化，且行政机关收集言词证据等程序明显不如公安司法机关收集言词证据严格，因此，如果直接允许行政机关收集的言词证据可以在刑事诉讼中使用，难以保障言词证据的真实性，不利于对当事人权利的保障。而且，与实物证据在行政执法和查办案件过程中不及时收集容易发生灭失不同，由公安司法机关重新收集言词证据，在司法实践中并不困难。因此，对行政机关收集的实物证据和言词证据在刑事诉讼中的使用采用不同标准，符合我国刑事诉讼的实际情况。在司法实践中，对于涉嫌构成犯罪的案件，行政机关在将案件移送公安机关时，对于收集的物证、书证、视听资料、电子数据等证据材料，可以连同案件有关材料移送公安机关立案侦查，而这些证据材料在刑事诉讼中可以作为证据使用，没有必要在进入刑事程序后由侦查机关重新收集。（3）这一认识同立法机关相关工作人员的理解也是一致的。[①] 对于行政机关在行政执法和办案过程中收集的言词证据，确因相关人员死亡、失踪或者丧失作证能力，无法重新收集，而相关言词证据来源、收集程序合法，并有其他证据相印证，经审查符合法定要求的，可以例外的在刑事诉讼中作为证据使用。

需要注意的是，对于行政机关收集的鉴定意见、勘验笔录、检查笔录等证据材料，刑事诉讼法第五十四条第二款和《解释》第六十五第一款均未明确是否可以在刑事诉讼中作为证据使用。我们认为，鉴定意见、勘验笔

---

① 参与刑事诉讼法修改的同志指出，刑事诉讼法第五十四条第二款涉及的证据材料的范围是"物证、书证、视听资料、电子数据等实物证据，不包括证人证言等言词证据"。参见王尚新、李寿伟主编：《〈关于修改刑事诉讼法的决定〉释解与适用》，人民法院出版社 2012 年版，第 48 页。

录、检查笔录等证据材料在取得方式、客观性方面与书证、物证、电子数据和视听资料有较大差别。直接承认这三类证据材料在刑事诉讼中的证据资格，不符合刑事诉讼的价值取向。因此，司法实践中，对于鉴定意见、勘验笔录、检查笔录等证据材料，如果在案件进入刑事诉讼中可以重新鉴定、收集的，应当由公安、司法机关依法重新鉴定、收集。但是，司法实践中也确实存在无法重新鉴定、收集的情况。例如，因为时过境迁，现场已经被破坏，无法重新进行勘验、检查；检材不复存在，无法重新进行鉴定。根据司法实践中的具体情况，鉴定意见和勘验笔录、检查笔录确属无法重新鉴定、收集，或者无需重新鉴定、收集的，经司法人员审查，也可以作为证据使用。

对于证人证言等言词证据材料，应当在案件进入刑事诉讼后由公安、司法机关予以重收收集或者转换。例如，经侦查机关向犯罪嫌疑人、被害人、证人当面核实其在行政机关所作证言后，相应言词证据实际上就从行政机关收集的证据转化为刑事证据，具有刑事诉讼的证据资格。当然，具体的转换方式可以根据案件具体情况把握。司法实践中的情况十分复杂。部分案件的证人可能长期居住在国外，短期内无法回国，或者已经死亡，对于这些证人证言无法当面核实，一律排除在刑事诉讼的证据以外，不符合司法实践的具体情况。因此，对行政机关收集的言词证据的具体转换方式可以由司法实践根据案件具体情况予以把握。

3. 行政机关收集的证据材料在刑事诉讼中的审查判断标准。行政机关在行政执法和查办案件过程中收集的物证、书证、视听资料、电子数据等证据材料，在刑事诉讼中可以作为证据使用的，也应当经当庭出示、辨认、质证等法庭调查程序查证属实，才能作为定案的根据。对于经审查不符合真实性、合法性、关联性标准的证据材料，应当依法予以排除。

需要注意的是，行政执法程序不同于刑事诉讼程序，适用不同的标准。那么，对于行政机关收集的可以在刑事诉讼中作为证据使用的证据材料，人民法院应当以什么标准审查判断行政机关取证程序是否合法，是适用刑事诉讼法规定的标准还是适用行政法规规定的标准？经研究认为，从逻辑上而言，行政机关在行政执法和查办案件的过程中，尚不知道所涉及的案件是否达到犯罪的程度，是否会进入刑事诉讼程序，无法也不应当适用刑事诉讼程序的规定收集相关证据材料，只能依照法律、行政法规关于行政执法和查办案件的相关规定。因此，《解释》第六十五条第一款规定："……经法庭查证属实，且收集程序符合有关法律、行政法规规定的，可以作为定案的根据。"

4. 行政机关在行政执法和查办案件过程中应当全面、规范收集证据。当前司法实践中，就行政机关移送的刑事案件而言，证据多为行政机关移送后公安机关重新收集，而行政机关往往不注重全面、规范收集相关证据，导致很多证据未被及时固定，影响了案件的办理。以生产、销售伪劣产品，假冒注册商标案件为例，行政机关一般只注重收集现场查获的产品的违法或者侵权的证据，而不太注意收集相关购买用于制造、生产侵权产品的原料及生产、销售相关的记录、发票等原始证据。这些案件在公安机关介入后，因时过境迁，导致有关证据被销毁、灭失，案件进入司法程序后无法进一步完善、固定证据，影响了案件事实的认定。[①] 因此，在刑事诉讼法已明确行政机关收集证据材料在刑事诉讼中可以使用前提下，司法机关应当积极与行政机关沟通协调，促进行政机关在行政执法和查办案件过程中应当全面、规范收集证据，为刑事诉讼查明案件事实奠定基础。

5. 监察法对监察机关收集证据在刑事诉讼中的使用问题作了专门规定。该法第三十三条第一款、第二款规定："监察机关依照本法规定收集的物证、书证、证人证言、被调查人供述和辩解、视听资料、电子数据等证据材料，在刑事诉讼中可以作为证据使用。""监察机关在收集、固定、审查、运用证据时，应当与刑事审判关于证据的要求和标准相一致。"

29. 如何把握人民法院调取、调查、核实证据问题？

刑事诉讼法第一百九十六条规定："法庭审理过程中，合议庭对证据有疑问的，可以宣布休庭，对证据进行调查核实。人民法院调查核实证据，可以进行勘验、检查、查封、扣押、鉴定和查询、冻结。"《解释》第六十六条对人民法院调查、核实证据的问题作了进一步规定。

为了保证对证据调查核实的公正性和客观性，《解释》第六十六条第一款专门规定："人民法院依照刑事诉讼法第一百九十一条（注：修改后刑事诉讼法第一百九十六条）的规定调查核实证据，必要时，可以通知检察人员、辩护人、自诉人及其法定代理人到场。上述人员未到场的，应当记录在

---

① 参见《江苏泰州：行政机关收集的证据拿来就能用》，载《检察日报》2012年5月14日第1版。

案。"需要注意的是，人民法院庭外调取、调查、核实证据活动并非庭审活动，应当考虑司法成本，不宜将参与范围规定过大、程序设计过于复杂。必要时，通知检察人员、辩护人、自诉人及其法定代理人到场，已足以保证调取、调查、核实证据的公正性和客观性。而被告人往往处于羁押状态，可以由其辩护人代为表达意见，可以不通知到场。证人参与庭外调取、调查、核实证据活动，容易受到上述活动的影响，影响其客观地陈述证言。而人民法院直接通知侦查人员到场，不符合刑事诉讼的构造。因此，本款将庭外调取、调查、核实证据活动的人员范围规定为"检察人员、辩护人、自诉人及其法定代理人"。

而人民法院依法调查核实证据时，发现对定罪量刑有重大影响的新的证据材料的，应当告知检察人员、辩护人、自诉人及其法定代理人，由上述主体依法收集。这主要是考虑到人民法院在刑事审判过程中的中立地位，原则上不主动收集相关证据。但是，在证据不及时收集可能灭失，辩护人、自诉人及其法定代理人难以收集到相关证据等必要情况下，也可以由人民法院直接提取。基于上述考虑，《解释》第六十六条第二款专门规定："人民法院调查核实证据时，发现对定罪量刑有重大影响的新的证据材料的，应当告知检察人员、辩护人、自诉人及其法定代理人。必要时，也可以直接提取，并及时通知检察人员、辩护人、自诉人及其法定代理人查阅、摘抄、复制。"需要注意的是，对于人民法院依照上述规定调取的证据，不应当移送控辩一方，但应当及时通知检察人员、辩护人、自诉人及其法定代理人查阅、摘抄、复制。而且，对于人民法院依据上述规定调取的证据，开庭审理时，出庭的检察人员和辩护人认为需要出示的，可以申请人民法院出示。

问 30. 如何把握见证人的范围？

答 在刑事诉讼中，一些刑事诉讼活动的进行需要见证人的见证，以观察、监督公安司法人员的刑事诉讼活动是否依法进行，相关笔录和清单的记录是否属实，对于确保刑事诉讼活动的公平、公正具有重要意义。例如，根据刑事诉讼法的规定，侦查人员对于与犯罪有关的场所、物品、人身、尸体应当进行勘验或者检查时，对犯罪嫌疑人以及可能隐藏犯罪嫌疑人或者犯罪证据的人的身体、物品、住处和其他有关的地方进行搜查，查封、扣押可用以证明犯罪嫌疑人有罪或者无罪的各种财物、文件，都应当邀请见证人到场，而上述活动的笔录或者清单必须由见证人签名或者盖章。而在刑事案件审理过程中，勘验、检查等笔录是否有见证人签名或者盖章是审判人员应当着重审查的内容之一。因此，无论是基于法律和相关规定，还是实务操作层面，见证人制度都是我国刑事诉讼制度的重要组成部分，具有重要地位。

然而，对于见证人制度的相关内容，刑事诉讼法和司法解释及其他规范性文件均未作出明确规定。例如，关于目前最为亟待解决的见证人范围问题，刑事诉讼法只在第一百四十条等条款中有"家属、邻居或者其他见证人"等类似规定，但是对于见证人的具体范围没有明确。司法实践中，见证人身份不当的现象时有发生。有些案件中，实施侦查活动的侦查人员以外的侦查人员、联防队员、社保队员作为见证人。还有的案件，侦查人员既是侦查活动实施者，又是侦查活动的见证人。上述案件中，见证人的身份不当，严重影响了见证人对相关侦查活动的公正见证，难以监督侦查人员合法、正确进行勘验、检查、搜查、扣押等侦查活动，上述见证人在相关侦查活动笔录或者清单上的签名或者盖章，难以保证笔录或者清单的真实客观，为刑事审判过程中对相关证据材料的审查判断带来了困难。

基于上述原因，《解释》第六十七条对见证人的范围作出明确规定。具体而言，下列人员不得担任刑事诉讼活动的见证人：

1. 生理上、精神上有缺陷或者年幼，不具有相应辨别能力或者不能正确表达的人。对于勘验、检查、搜查、扣押等侦查活动的见证，以见证人能够辨别相关活动的依法进行，表达自己的意见为前提。因此，生理上、精神上有缺陷，不具有相应辨别能力或者不能正确表达的人，自然不能担任刑事诉讼的见证人。而年幼的人由于生理、精神尚处于成长过程中，尚未发育成熟，如不具有相应辨别能力或者不能正确表达的，难以对勘验、检查、搜查、扣押等侦查活动进行正确的辨认和分析，也不宜由其担任刑事诉讼活动的见证人。

2. 与案件有利害关系，可能影响案件公正处理的人。这里包括两方面的利害关系：一是与案件当事人有利害关系，包括与被告人、被害人或者其他当事人有利害关系，如系当事人的近亲属。由于他们与案件当事人的利害关系，在刑事诉讼活动的见证过程中往往站在自身立场上最大限度地追求己方的利益，难以保证对诉讼活动的公正见证，也会使人们对相关刑事诉讼活动的公正产生怀疑或者不信任。二是与案件处理结果有利害关系，包括本人和本人的近亲属与案件的处理结果有某种利害关系，则势必影响见证的效果，不利于对案件的公正处理，也容易引起人们对刑事诉讼活动公正的怀疑或者不信任。无论是何种利害关系，只要可能影响到案件公正处理的，都不能担任刑事诉讼活动的见证人。但是，虽然与案件有利害关系，但不会影响案件公正处理的人员，可以担任刑事诉讼的见证人。例如，为了收集犯罪证据、查获犯罪人，侦查人员对犯罪嫌疑人以及可能隐藏犯罪嫌疑人或者犯罪证据的人的身体、物品、住处和其他有关的地方进行搜查，犯罪嫌疑人的家属与犯罪嫌疑人有利害关系，但是由其见证搜查过程，能够有效监督侦查人员依法行使职权，并不会影响案件的公正处理，故可以担任见证人。相反，不应由被害人的家属担任见证人，因为其担任见证人，不足以有效监督侦查人员依法进行搜查，会影响到案件公正处理。

3. 行使勘验、检查、搜查、扣押等刑事诉讼职权的公安、司法机关的工作人员或者其聘用的人员。设立见证人的目的在于监督相关刑事诉讼活动的依法进行，确保相关笔录和清单的客观公正，因此，应当由实施相关刑事诉讼活动主体以外的人进行见证，以避免"自己监督自己"的现象。而行使勘验、检查、搜查、扣押等相关刑事诉讼职权的公安、司法机关工作人员或者其聘用的辅警、保安人员等相关人员，已经参与相关刑事诉讼活动，不宜由其再担任见证人。

从目前现实情况来看，如果不允许辅警、保安人员等担任见证人，实践中有两种情形难以解决：一是在一些偏远地区的案件现场，或者深夜发现的现场，可能难以找到群众做见证人；二是在当前司法环境下，出于各种顾虑，有的群众不愿意担任证人，公安机关不可能强迫他人做见证人。基于此，《解释》第六十七条第二款专门规定："由于客观原因无法由符合条件的人员担任见证人的，应当在笔录材料中注明情况，并对相关活动进行录像。"

需要注意的是，对于专业性的刑事诉讼活动的见证人应当由具备相应专业知识或者能力的人担任，如电子数据的提取活动应当由具备相应计算机专业知识或者能力的人担任见证人，存在不同认识。持肯定意见的主要考虑是：（1）见证人仅仅是见证相关刑事诉讼活动的程序是否规范，并不见证相关活动的内容，不需要具备相应专业或者能力。（2）以电子数据提取为例，侦查实践中，通常是先查扣涉案的电子设备，然后由专业人员对设备中的内容进行筛选、甄别、发现有价值的线索和证据，所以在查扣现场，查扣的仅仅是硬件设备，见证人有没有计算机知识意义不大。（3）"相应专业知识或者能力"的表述模糊，且实践中可能存在难以找到适格见证人的情况，不利于相关案件的办理。持否定意见的主要考虑是：（1）见证人对相关刑事诉讼活动的程序和内容都负有见证任务。（2）专业性的刑事诉讼活动带有较强的专业性，见证人如果不具备相应的专业知识或者能力，则无法有效监督刑事诉讼法的开展，无法真正进行见证。（3）在专业性的刑事诉讼活动中，有无相关专业知识或者能力，对见证的作用影响重大。此种情形下，让不具备相关知识的人见证同没有见证人的情况，没有本质差异。（4）这一规定在司法实践中不会影响相关案件的处理，具备相应专业知识或者能力的人并非一定指专业人士，范围相对比较宽泛。经研究认为，由于有关方面对此问题存在不同认识，且当前确实存在部分专业性刑事诉讼活动难以由具备相应专业知识或者能力的人担任见证人的情况，故《解释》对此问题未作明确规定。但司法实践中，还是应当秉持这一精神，对于具备条件的专业性的刑事诉讼活动，尽量由具备相应专业知识或者能力的人担任见证人，以更为规范地开展相关刑事诉讼活动，更为有力地维护刑事诉讼的公正性。

31. 如何在案件审理过程中妥善处理涉及国家秘密、商业秘密、个人隐私的证据？

1996 年刑事诉讼法第四十五条第二款规定："对于涉及国家秘密的证据，应当保密。"随着市场经济的发展和人民权利意识的增强，普遍要求对证据中涉及的商业秘密和个人隐私也应当保密。[①] 2012 年刑事诉讼法修改，进一步扩展了应当保密的证据范围。刑事诉讼法第五十四条第三款规定："对涉及国家秘密、商业秘密、个人隐私的证据，应当保密。"根据这一规定，办案机关及其工作人员对在办案过程中接触到的涉及国家秘密、商业秘密、个人隐私的证据，应当妥善保管，避免泄露国家秘密、商业秘密和个人隐私的事情发生。而作为审判机关，人民法院还应当采取有效措施，在审理案件的过程中妥善处理涉及国家秘密、商业秘密、个人隐私的证据。

《解释》第六十八条规定："公开审理案件时，公诉人、诉讼参与人提出涉及国家秘密、商业秘密或者个人隐私的证据的，法庭应当制止。有关证据确与本案有关的，可以根据具体情况，决定将案件转为不公开审理，或者对相关证据的法庭调查不公开进行。"理解和适用上述规定，需要把握以下

---

① 参见王尚新、李寿伟主编：《〈关于修改刑事诉讼法的决定〉释解与适用》，人民法院出版社 2012 年版，第 47 页。

几方面的内容：

1. 公开审理案件时，公诉人、诉讼参与人提出涉及国家秘密、商业秘密或者个人隐私的证据的，审判长或独任审判员应当制止。这一处理规则统一适用于涉及国家秘密、商业秘密或者个人隐私的证据。

2. 审判长在制止公诉人、诉讼参与人在公开审理案件时提出涉及国家秘密、商业秘密或者个人隐私的证据后，如果上述证据确与本案有关的，应当区分情况处理：（1）根据刑事诉讼法第一百八十八条第一款的规定，有关国家秘密或者个人隐私的案件，不公开审理。因此，对于涉及国家秘密或者个人隐私的证据确与本案有关的，应当决定将案件转为不公开审理，或者对相关证据的法庭调查不公开进行。（2）根据刑事诉讼法第一百八十八条第一款的规定，涉及商业秘密的案件，当事人申请不公开审理的，可以不公开审理。因此，涉及商业秘密的证据确与本案有关，当事人申请不公开审理的，可以决定将案件转为不公开审理，或者对相关证据的法庭调查不公开进行。

需要注意的是，《解释》第六十八条未规定一律不公开审理，而是可以根据案件情况采取不公开审理或者局部不公开审理（即对相关证据的法庭调查不公开进行）两种方式。所谓局部不公开，主要是指对这些证据的质证不公开，让旁听人员退庭，转为不公开审理，质证不公开进行。待涉及国家秘密、商业秘密或者个人隐私的证据调查结束后，法庭审理再转为公开进行。

第二节　物证、书证的审查与认定

32. 如何把握物证、书证的审查与认定的主要内容？

与证人证言等言词证据不同，物证、书证在形成之后能够独立存在，不易发生改变，具有较强的客观性。但是，这并不意味着对物证、书证的审查可以掉以轻心；相反，对于物证、书证应当进行严格审查。《解释》第六十九条对物证、书证的审查与认定作了明确规定。具体而言，对物证、书证应当着重审查以下内容：

1. 物证、书证的真实性。对物证、书证的审查，首先应判断物证、书证是否为原物、原件，核实原物、原件本身的真实性。

根据最佳证据原则的要求，《解释》第七十条、第七十一条专门规定，据以定案的物证、书证应当是原物、原件。这是基于确保物证、书证本身真实性的要求。但是，在司法实践中，要求一概提交原物、原件，一律以原物、原件作为定案的根据，并不现实。因此，可以使用原物的照片、录像、复制品，原件的副本、复制件，但同时必须严格限制条件，并经查证属实的，才能作为定案的根据。具体而言：（1）原物不便搬运，不易保存，依法应当由有关部门保管、处理，或者依法应当返还的，可以拍摄、制作足以反映原物外形和特征的照片、录像、复制品。物证的照片、录像、复制品，不能反映原物的外形和特征的，不得作为定案的根据。物证的照片、录像、复制品，经与原物核对无误、经鉴定为真实或者以其他方式确认为真实的，可以作为定案的根据。（2）取得原件确有困难的，可以使用副本、复制件。书证有更改或者更改迹象不能作出合理解释，或者书证的副本、复制件不能反映原件及其内容的，不得作为定案的根据。书证的副本、复制件，经与原件核对无误、经鉴定为真实或者以其他方式确认为真实的，可以作为定案的根据。

因此，审判人员应当着重核实物证、书证是否为原物、原件，是否经过辨认、鉴定；物证的照片、录像、复制品或者书证的副本、复制件是否与原物、原件相符，是否由二人以上制作，有无制作人关于制作过程以及原物、原件存放于何处的文字说明和签名。

此外，物证、书证虽然具有客观性特征，在形成后不易发生改变，但物证、书证在收集、保管及鉴定过程中仍然有可能受到破坏或者改变。这可能是由于自然因素导致，也可能是由于收集方法不当、保管条件变化或者鉴定保管不佳等人为原因引发。因此，为了确保物证、书证的真实性，审判人员应当着重审查物证、书证在收集、保管、鉴定过程中是否受损或者改变。

2. 物证、书证的合法性。关于物证、书证的合法性，主要是指物证、书证的收集程序、方式是否符合法律及有关规定。侦查人员在收集物证、书证的过程违反法律及有关规定，将可能会使得所收集的物证、书证欠缺合法性的要求，被排除在定案的根据之外。因此，审判人员应当注意审查物证、书证的收集程序、方式是否符合法律、有关规定。

从司法实践来看，侦查人员经常通过勘验、检查、搜查方式提取、扣押物证、书证，对此侦查程序，刑事诉讼法和相关规定有明确规定，应当予以遵守。因此，对于经勘验、检查、搜查提取、扣押的物证、书证，应当审查是否附有相关笔录、清单，笔录、清单是否经侦查人员、物品持有人、见证人签名，没有物品持有人签名的，是否注明原因；物品的名称、特征、数量、质量等是否注明清楚。

3. 物证、书证的关联性。在确认物证、书证的真实性、合法性之余，还应审查物证、书证与案件事实的关联性，只有确认物证、书证与案件事实有关，该物证、书证才能作为定案的根据。因此，司法实践中，审判人员应当着重判断物证、书证与案件事实有无关联。

需要特别注意的是，血迹、体液、指纹、毛发等生物样本、痕迹、物品，对其与案件事实关联性的认定，具有较强的技术性，需要通过鉴定予以确认。因此，司法实践中，审判人员应当着重审查对现场遗留与犯罪有关的具备鉴定条件的血迹、体液、毛发、指纹等生物样本、痕迹、物品，是否已作 DNA 鉴定、指纹鉴定等，并与被告人或者被害人的相应生物检材、生物特征、物品等比对，以准确判明其与案件事实的相关性。

4. 物证、书证的全面性。全面收集与案件事实有关的证据，是准确认定案件事实的前提和基础。为了确保准确认定案件事实，同时确保无罪的人不受刑事追究，应当全面收集能够证实犯罪嫌疑人、被告人有罪或者无罪、犯罪情节轻重的各种物证、书证，避免因为物证、书证的遗漏而影响案件事实的认定。在审判阶段，审判人员要着重审查判断与案件事实有关联的物证、书证是否全面收集。

需要注意的是，从司法实践来看，有些侦查人员在勘验、检查、搜查中发现与案件事实可能有关联的血迹、体液、毛发、人体组织、指纹、足迹、字迹等生物样本、痕迹和物品，应当提取而没有提取，应当检验而没有检验，导致无法准确认定案件事实。可以说，这些关键证据的未提取或者未检验，导致在一些案件中无法准确认定被告人有罪，或者认定起诉指控的罪名，而如果直接作出无罪判决，在当前也未必是最佳途径。《解释》第七十二条专门规定："对与案件事实可能有关联的血迹、体液、毛发、人体组织、指纹、足迹、字迹等生物样本、痕迹和物品，应当提取而没有提取，应当检验而没有检验，导致案件事实存疑的，人民法院应当向人民检察院说明情况，由人民检察院依法补充收集、调取证据或者作出合理说明。"司法实践中，审判人员应当着重审查对与案件事实可能有关联的血迹、体液、毛发、人体组织、指纹、足迹、字迹等生物样本、痕迹和物品是否已提取和检验。对于应当提取而没有提取，应当检验而没有检验，导致案件事实存疑的，人民法院应当向人民检察院说明情况，函告或者通过其他方式要求人民检察院依法补充收集证据。需要注意的是，此处规定首先由人民检察院依法自行补充、调取证据或者退回侦查机关补充侦查，以消除案件事实方面存在的疑问；只有因客观原因无法通过上述方式补充、调取证据的，才可以对相关情况作出合理说明。实践中，对于能够通过自行补充、调取证据或者退回侦查机关补充侦查调取、收集证据的，则不能通过作出合理说明的方式予以补正。司法实践个别案件中，人民检察院对于人民法院的补查补正要求不接受、不配合，或者无法补充收集证据或者作出合理说明。此种情况下，人民法院要注意避免案件长期拖延，超期羁押。人民检察院应当依法补充收集证据，经补充收集仍存疑的，人民法院应当根据现有证据所能证明程度对案件事实作出认定，包括作出无罪判决。

Q问 33. 如何把握物证、书证的排除规则？

答 《解释》第七十三条规定，对因为收集程序存在瑕疵影响真实性和合法性的物证、书证的处理作出了明确规定。具体而言：

1. 在勘验、检查、搜查过程中提取、扣押的物证、书证，未附笔录或者清单，不能证明物证、书证来源的，不得作为定案的根据。物证、书证的来源清楚，是物证、书证作为定案根据的前提条件。对于经勘验、检查、搜查提取、扣押的物证、书证，应当附有关笔录或者清单，以证明物证、书证的具体来源。如果未附有有关笔录或者清单，不能证明物证、书证来源的，则无法确保物证、书证的真实性，无法排除伪造物证、书证的可能。因此，对于此种情形的物证、书证，应当绝对排除，不得作为定案的根据。

2. 物证、书证的收集程序、方式有下列瑕疵，经补正或者作出合理解释的，可以采用：（1）勘验、检查、搜查、提取笔录或者扣押清单上没有侦查人员、物品持有人、见证人签名，或者对物品的名称、特征、数量、质量等注明不详的；（2）物证的照片、录像、复制品，书证的副本、复制件未注明与原件核对无异，无复制时间，或者无被收集、调取人签名、盖章的；（3）物证的照片、录像、复制品，书证的副本、复制件没有制作人关于制作过程和原物、原件存放地点的说明，或者说明中无签名的；（4）有其他瑕疵的。

3. 对物证、书证的来源、收集程序有疑问，不能作出合理解释的，该物证、书证不得作为定案的根据。物证、书证的来源及收集过程有疑问，不能作出合理解释的，则影响到该物证、书证的真实性和合法性，应当绝对予以排除，不得作为定案的根据。例如，犯罪嫌疑人付某某在客运汽车上以调包的方式，窃取旅客的笔记本电脑等贵重财物。归案后，付某某拒不认罪。公安机关在其用于调包的废旧杂志上，提取了一枚指纹，经鉴定与付某某的指纹同一，因此认定了该犯罪事实。检察机关在审查案件时发现，该枚指纹没有任何提取手续或者其他记录说明，不能证明该枚指纹系付某某归案后公安机关通过合法程序提取，甚至不能排除其被抓获后才触摸废旧杂志的可能性。只有鉴定意见，没有相关勘验、检查、提取证据的程序记录，不能采信该鉴定意见。而且，侦查人员不能对该情况进行补正或者合理解释。[①] 本案中，对于违反法定程序收集的指纹，不能作出合理解释，不能作为认定犯罪嫌疑人付某某盗窃的根据。

第三节　证人证言、被害人陈述的审查与认定

34. 如何把握证人证言的审查与认定的主要内容？

证人证言系言词证据，与物证、书证等实物证据相比，客观性确实较差，易受证人的主观因素的影响，容易含有虚假成分，可能出现伪证、错证等现象。但是，不能因此否定证人证言对于证明案件事实的重要意义，从而贬低证人证言的价值和作用。况且，对于证人证言易出现伪证、错证的现象，通过认真审查、核实，完全可以分清其中真假，从而将证人证言的不利方面控制在最小范围内。《解释》第七十四条规定，对证人证言应当着重审查的内容予以明确。具体而言：

1. 证人证言的来源和内容。根据《解释》第七十四条的规定，对证人证言审查判断的第一项内容是"证言的内容是否为证人直接感知"，即审查证人证言的来源和内容，这是确定证人证言真实性，准确认定案件事实的前提条件。

（1）证人证言不同于案件线索。证人证言是证人就直接或者间接了解的案件有关情况所作陈述。无论是直接理解的情况，还是间接了解的情况，证人都应当说明其陈述的情况的来源，而不能只能估计、猜测，否则，不能作为证人证言，只能作为案件调查的线索。

（2）证人证言不包括对案件事实的分析、判断和评价。证人证言是证

[①] 参见《没有任何提取手续的指纹能采信吗》，载《检察日报》2012年7月14日第1版。

人对案件事实的客观陈述,并不包括证人对案件情况的分析、判断和评价等主观内容。正如有论者指出的:"证人证言的内容包括能够证明案件真相的一切事实。与案件无关的内容不应当成为证言。因此,证人证言只是证人就案件有关情况的感知所作的陈述,不应当包括其个人的推测或分析判断意见。"[1] 基于此,《解释》第七十五条第二款专门规定:"证人的猜测性、评论性、推断性的证言,不得作为证据使用,但根据一般生活经验判断符合事实的除外。"因此,对于证人向司法机关的陈述既有客观的案件情况内容,又有主观的分析评价内容的,要注意从中分离出作为客观情况陈述的证人证言部分。需要注意的是,有意见认为,在对于量刑事实(社会危害性程度大小)的证明,以及一些犯罪构成要件事实(如根据刑法第二百九十四条第五款的规定,认定"黑社会性质的组织"所须具备的"通过实施违法犯罪活动,或者利用国家工作人员的包庇或者纵容,称霸一方,在一定区域或者行业内,形成非法控制或者重大影响,严重破坏经济、社会生活秩序"的特征)的证明,可以而且应当使用证人的猜测性、评论性、推断性的证言(意见证据)。我们认为,上述观点确有一定道理,但对相关问题有一定的误读。实际上,应当运用一定的证据,如行为造成的危害结果、受到被指控的组织所控制的企业在该区域或者行业内的比例等证据,证明受指控行为的社会危害性大小、黑社会性质组织所要求的非法控制或者重大影响是否形成这一事实。换言之,上述观点实际上是混淆了证据与证明对象之间的关系,证明对象的意见性并不意味着证据本身的意见性,故原则上不允许使用意见性证据的规则在此处也不存在例外。

(3)证人证言只限于自然人所作的关于案件事实的陈述。证人证言属于言词证据的范畴,是自然人对案件事实情况的陈述,也是见证案件事实的自然人的义务。由于自然人以外的机关、团体、公司、企业、事业单位等非自然人不具备感知案件事实的能力,自然就无法就案件事实作出陈述。因此,任何非自然人的机关、团体、公司、企业、事业单位出具的证明文件等书面材料都不属于证人证言。

2. 证人的作证能力。刑事诉讼法第六十二条规定:"凡是知道案件情况的人,都有作证的义务。生理上、精神上有缺陷或者年幼,不能辨别是非、

---

[1] 陈光中主编:《刑事诉讼法》(第三版),北京大学出版社、高等教育出版社 2009 年版,第 200 页。

不能正确表达的人，不能作证人。"该条文是关于证人资格的规定，包括两方面的内容：（1）证人必须是了解案件情况的人。这是成为证人的前提条件，不了解案件情况的人不能成为证人。关于这一前提条件的理解和适用，不应受任何外在因素的限制。了解案件情况的人，不论其性别、年龄、民族、出生、文化程度、社会地位，都具备成为证人的前提条件。而且，除法律有特别规定外，一般公民不论他与案件有无直接利害关系都可以作为证人出庭作证。（2）证人必须是能够辨别是非、正确表达的人，这是成为证人的生理精神条件。生理上、精神上有缺陷或者年幼，不能辨别是非、不能正确表达的人，虽然了解案件情况，也不能作证人。生理上有缺陷的人，通常是指盲人、又聋又哑的人或者存在其他生理缺陷的人。精神上有缺陷的人，通常是指智力上或者精神上存在障碍的人，如智障人、精神病人等。年幼的人，则是指未成年人。此外，根据《解释》第七十五条第一款的规定，处于明显醉酒、中毒或者麻醉等状态，不能正常感知或者正确表达的证人所提供的证言，不得作为证据使用。

需要注意的是，生理上、精神上有缺陷或者年幼，并非意味着必然不能作证，关键的判断是生理精神缺陷或者年幼是否导致"不能辨别是非、不能正确表达"。例如，如果某未成年人目睹了一起故意杀人案件，虽然其年幼，但是能够辨别是非、能够正确表达，完全可以作为该起案件的证人。需要注意的是，司法实践中，有的人由于事故、疾病等原因致语言、视力、听力严重下降，甚至有的比盲、聋、哑人还要严重。对于此种情形，可以由司法实践具体把握，确实存在因疾病等原因不能准确表达自己意志的人，可以认定为"生理上有缺陷，不能辨别是非、不能正确表达"的人，排除在证人之外。

《解释》第七十四条第二项规定应当着重判断证人作证时的年龄、认知水平、记忆能力和表达能力，生理和精神状态是否影响作证，以准确判断证人证言的真实性。对于是否"不能辨别是非、不能正确表达"，应当根据具体情况予以判断，从而决定其能否成为证人。需要注意的是，《1998年解释》第五十七条规定："对于证人能否辨别是非，能否正确表达，必要时可以进行审查或者鉴定。"《解释》删除了上述规定，主要理由是上述规定考虑欠周全：第一，没有考虑社会、证人能否接受；第二，不够严谨。证人出庭一直是一个难题，如果在法庭审理过程中，控辩双方动辄申请对证人进行鉴定，不但是对证人的人格侮辱，而且还会由于无人愿意接受这种有辱人格的鉴定而拒绝作证。因此，对证人证言有异议，首先应该通过通知证人出庭接受询问来处理，如果仍不能确定的，司法机关还可以进行庭外询问和深入证人所在地调查核实，通过这两个步骤，证人能否辨别是非、能否正确表达的问题基本就能解决，根本无须考虑对证人进行鉴定。如果通过上述两个步骤都不能确认，鉴定出来的结论的可信度基本上没有，且还会引发多次鉴定、重复鉴定，使诉讼难度进一步增加。总之，在审判环节，不应再对证人的辨别是否和正确表达能力进行鉴定，而应当通过通知证人出庭等方式以准确判断其是否具有作证能力。

3. 证人与案件的利害关系。根据刑事诉讼法的规定，无论是与案件当事人具有利害关系，还是与案件处理结果具有利害关系的人，都可以成为证人。即使刑事诉讼法第一百九十三条第一款作了关于"被告人的配偶、父母、子女除外"的规定，所免除的也只是相关人员的出庭作证义务，也未赋予其作证豁免权。然而，上述人员由于与案件当事人或者案件处理结果具有利害关系，可能会影响到所作证言的真实性，在审判环节应当加以重点审查甄别，以避免对案件事实的不当认定。

《解释》第七十四条第三项规定应当着重审查证人与案件当事人、案件处理结果有无利害关系。在审判环节，审判人员应当根据要求，着重予以审查证人与案件有无利害关系，对于证人与案件具有利害关系的，还要结合案件具体情况、利害关系程序，综合全案证据，判断该利害关系对证人证言的影响程度，进而准确判断该证言的证明价值。

4. 证言的取得程序、方式。依法收集证人证言是刑事诉讼法和相关规定的明确要求，《解释》第七十四条第四至七项规定应当着重审查证言的取得程序、方式。具体而言：（1）询问证人是否个别进行。刑事诉讼法第一百二十四条第二款规定："询问证人应当个别进行。"为了确保证人能够独立地就所知道的案件情况提供证言，避免证人之间的相互影响和干扰，也为了消除证人在其他证人在场时不敢或者不愿提供真实证言的思想顾虑，该条文要求同一案件有几个证人需要询问时，侦查人员应当对每个证人分别进行询问，不允许以座谈会或者集体讨论的方式询问证人，也不允许询问某个证人的时候，其他证人在场。从司法实践来看，同一案件有几个证人的，个别询问所获取的证人证言更加真实可靠，更有助于审查和判断证人证言的真实性和关联性。（2）询问证人笔录的制作是否规范。审判人员应当审查询问笔录的制作、修改是否符合法律、有关规定，是否注明询问的起止时间和地点，首次询问时是否告知证人有关作证的权利义务和法律责任，证人对询问笔录是否核对确认。（3）询问未成年证人是否符合相关特殊要求。根据刑事诉讼法第二百八十一条的规定，询问未成年证人，应当通知未成年人的法定代理人到场。无法通知、法定代理人不能到场或者法定代理人系犯罪嫌疑人、被告人的，也可以通知未成年犯罪嫌疑人、被告人的其他成年亲属，所在学校、单位、居住地基层组织或者未成年人保护组织的代表到场，并将有关情况记录在案。因此，审判人员应当审查询问未成年证人时，是否通知其法定代理人或者有关人员到场，其法定代理人或者有关人员是否到场。（4）询问证人的禁止性规定。刑事诉讼法明确规定了非法证据排除规则，强化了禁止采用暴力、威胁等非法方法收集证人证言的规定。审判人员应当着重审查证人证言有无以暴力、威胁等非法方法收集的情形。

5. 证言的综合审查判断。《解释》第七十四条第八项规定应当着重审查"证言之间以及与其他证据之间能否相互印证，有无矛盾"。对此，在司法实践中，审判人员应当从两个方面对证言进行综合审查判断：（1）对证言与其他证言之间进行综合审查判断。主要是审查各证言之间的重合一致程度，判断各证人之间的差异及其原因，认定各证言之间是否有矛盾之处。（2）审查证言与其他证据之间的关系。如果证言与其他证据之间相互矛盾，则需要对矛盾的成因进行分析，判断证言的可信程度。

Q问 35. 如何把握证人证言的排除规则？

《解释》第七十六条针对司法实践的常见情况，就违反法定取证程序的证言的排除情形作了规定。具体而言，证人证言具有下列情形之一的，不得作为定案的根据：

1. 询问证人没有个别进行的。证人证言系主观性证据，作证主体容易受到外界影响和干扰。在询问证人的过程中，如果没有按照规定个别进行，而是同时进行询问的，一方面会使证人之间的相互影响和干扰，也可能会造成证人其他证人在场时不敢或者不愿提供真实证言的思想顾虑，影响证言的真实性。在此种情况下，无法判断证人所作证言的真实性，应当予以排除，不得作为定案的根据。

2. 书面证言没有经证人核对确认的。如前所述，要求书面证言经证人确认，是收集证言的基本要求。如果书面证言未经证人核对确认，则无法确定该书面证言是该证人所提供的，也进而无法判断该书面证言的真实性，自然无法作为定案的根据。

3. 询问聋、哑人，应当提供通晓聋、哑手势的人员而未提供的，或者询问不通晓当地通用语言、文字的证人，应当提供翻译人员而未提供的。询问聋、哑人或者不通晓当地通用语言、文字的人，上述主体无法使用正常的口头交流或者语言提供证言，需要借助通晓聋、哑手势的人员或者翻译人员。在此种情形下，如果对上述人员应当提供通晓聋、哑手势的人员或者翻译人员而未提供的，无法确保其所提供证言的真实性，自然应当予以排除，不得作为定案的根据。

关于瑕疵证人证言的补正和合理解释问题，《解释》第七十七条专门规定，证人证言的收集程序、方式有下列瑕疵，经补正或者作出合理解释的，可以采用；不能补正或者作出合理解释的，不得作为定案的根据：（1）询问笔录没有填写询问人、记录人、法定代理人姓名以及询问的起止时间、地点的；（2）询问地点不符合规定的；（3）询问笔录没有记录告知证人有关作证的权利义务和法律责任的；（4）询问笔录反映出在同一时段，同一询问人员询问不同证人的。

需要提及的是，有意见提出，询问未成年证人，法定代理人或相关人员未到场的，该未成年证人提供的证言不得作为定案的根据。经研究认为，询问未成年证人，其法定代理人或者相关人员未到场，违反了刑事诉讼法的相关规定，属于证人证言的收集程序存在瑕疵，但不宜绝对排除该证人证言，而应当根据具体情况，允许补正或者作出合理解释。如果不能补正或者作出合理解释的，该证人证言不得作为定案的根据。

36. 如何把握证人证言的采信规则？

《解释》第七十八条对证人证言的采信问题作出了规定，包括当庭证言的采信、证人改变证言情况下的证言采信、未出庭证人证言的排除。具体而言：

1. 当庭证言的采信。2012 年刑事诉讼法修改，根据司法实践的需要，对证人出庭的问题作出了较大幅度的修改完善，体现了直接言词证据原则的要求。司法实践中，应当根据刑事诉讼法的相关规定，做好证人出庭作证的相关工作。《解释》第七十八条第一款体现的正是这一立场，规定："证人当庭作出的证言，经控辩双方质证、法庭查证属实的，应当作为定案的根据。"这里使用了"应当"的用语，体现的正是对于证人出庭作证的鼓励。

司法适用中需要注意的是，此处规定的"法庭查证属实"不仅是对证言的真实性的查证，而是对证言真实性、合法性和关联性的查证。

2. 证人改变证言情况下的证言采信。对于被告人在庭前和庭中所作的证言存在差异甚至矛盾时，如何采信相关证言，我国刑事诉讼法未规定明确规则。因此，如果证人在侦查阶段和审查起诉阶段作出相关证言，但在庭审中作出与其庭前证言相矛盾的证言，如何取舍，是亟待解决的问题。《死刑案件证据审查规定》第十五条第二款规定了证人当庭作出的证言与其庭前证言矛盾，如何采信庭审证言的规则，但是对于不能对证人当庭作出的证言与其庭前证言矛盾作出合理解释，而其庭前证言有相关证据印证的，能否采信其庭前证言，未作明确规定。《解释》制定过程中，有关方面建议对此问题予以明确。因此，《解释》在《死刑案件证据审查规定》第十五条第二款规定的基础上，进一步对能否采信庭前证言的问题予以明确，规定："证人当庭作出的证言与其庭前证言矛盾，证人能够作出合理解释，并有相关证据印证的，应当采信其庭审证言；不能作出合理解释，而其庭前证言有相关证据印证的，可以采信其庭前证言。"主要有如下考虑：（1）从刑事诉讼法鼓励证人出庭的立法精神出发，宜鼓励司法实践中根据庭审证言认定案件事实，因此，该条款的基本立场是以庭审证言为基础，允许证人当庭对其当庭作出的证言与庭前证言矛盾的情形作出合理解释。（2）从实践来看，在庭审证言和庭前证言相矛盾的情况下，庭审证言未必一定是真实的，而庭前证言也未必一定是不真实的。这里专门规定只有在"证人当庭能够作出合理解释，并有相关证据印证"的，才采信其庭审证言。因此，在证人当庭改变庭前证言后，应当结合全案证据，对其当庭证言进行审查，进行有针对性的询问，判断其庭审证言的可信度。（3）在证人当庭作出的证言与其庭前证言矛盾的情况下，如果证人不能作出合理解释，而其庭前证言有相关证据印证的，可以采信其庭前证言。

需要注意的是，有意见提出，从鼓励证人出庭作证的角度出发，对于证人当庭作出的证言与庭前证言矛盾的，应当采纳庭审证言，而不应当附加"作出合理解释，并有相关证据印证"的条件。而且，很多情况下，证人当庭作出与庭前证言不同的证言是无法有证据印证的。经研究认为，上述观点确有一定道理，但从查明案件事实的角度来看，不能直接规定庭审证言与庭前证言不一致的情况下可以直接采信庭审证言，因为庭审证言也存在着不真实的可能。当然，司法实践中可能存在着无法印证与庭前不一致的庭审证言的情况。此种情况下，如果庭前证言有相关证据印证的，可以采纳庭前证言；如果庭前证言也没有相关证据印证的，则庭前证言、庭审证言均无法采信。

3. 未出庭证人证言的排除。虽然刑事诉讼法鼓励证人出庭作证，也设立了强制证人出庭作证制度。但是，从我国司法现实国情出发，要求所有的证人出庭作证，既无必要，也不现实，故将来多数情况下定案的证言仍然将是书面证言。因此，有必要加大对未出庭证人证言的审查判断。具体而言：

（1）要加大对未出庭证人证言的审查力度。由于此类证言由证人在庭前提供，庭审中未出庭作证，需要加大对此类证言的审查质证力度，才能保证其真实性。对未出庭证人的书面证言，应当听取出庭检察人员、被告人及其辩护人的意见，并结合其他证据综合判断。未出庭作证证人的书面证言，只有综合其他证据查证属实的，才能作为定案的根据。

（2）依法排除未出庭证人证言。《解释》第七十八条第三款专门规定："经人民法院通知，证人没有正当理由拒绝出庭或者出庭后拒绝作证，法庭对其证言的真实性无法确认的，该证人证言不得作为定案的根据。"与刑事诉讼法第一百九十二条明确规定拒不出庭的鉴定人的鉴定意见不得作为定案的根据不同，这里规定对证人拒绝出庭或者出庭后拒绝作证，尚不能绝对排除证言的采用。在当前的司法实践中，证人证言仍然在证明案件事实的过程中发挥着重要作用。而实践中许多证人为避免麻烦和报复，不愿出庭的情况大量存在，如果关键证人不出庭作证，其证言失去效力，会影响案件判决，故不宜绝对排除。如在行贿、受贿等案件中，证言的作用十分重要，往往是定案的关键证据，如果因为证人拒绝出庭作证绝对予以排除并不合适。因此，基于当前实际，人民法院应结合具体案情，分别作出处理：经审查，其庭前证言无法与在案其他证据相印证，如书面证言之间或者同其他证据产生矛盾且矛盾无法排除的，则不能采信，不得作为定案的根据；反之，仍可作为定案根据。

需要注意的是，有意见认为，经人民法院通知，证人没有正当理由拒绝出庭或者出庭后拒绝作证，除了法庭对其证言的真实性无法确认，应当排除该证言作为定案的根据以外，还应当存在中间状态，即根据具体情况降低该证言的证明力。经研究认为，上述观点确有道理，可以由司法实践具体把握。即经人民法院通知，证人没有正当理由拒绝出庭或者出庭后拒绝作证的，如果确认该项证据仍然有证据能力，可以作为证据使用，但是，其较之出庭证人作出的证言在证明力方面有所降低，降低的具体程度可以根据具体情况把握。

Q问 37. 如何把握被害人陈述的审查与认定？

答 被害人是犯罪行为的直接被侵害者，对案件事实、尤其是自己被犯罪行为的侵害情况有直接的感知，在刑事诉讼中，要注意充分运用被害人陈述，以最大程度地查明案件事实。《解释》第七十九条规定："对被害人陈述的审查与认定，参照适用本节的有关规定。"对于被害人陈述的审查与认定，应当注意适用前述有关证人证言的相关规定。但是，在审查与认定被害人陈述的过程中，还需要根据被害人陈述的特点，注意以下问题：

1. 正确甄别被害人陈述的范围。（1）被害人陈述不包括其在向公安机关、司法机关所作陈述中的对案件事实的分析判断和诉讼请求。证据是可以用于证明案件事实的材料，故只有与案件事实相关的材料才属于证据的范畴。由于被害人在犯罪过程中遭受了犯罪分子的侵害，故其对犯罪嫌疑人、被告人充满怨恨，在向司法机关的陈述中往往包含了要求司法机关严惩犯罪嫌疑人、被告人等案件事实以外的内容。从实践来看，"被害人陈述中往往包括三部分内容：一是对案件事实的陈述；二是对案件事实的分析判断；三是诉讼请求。"[1] 这就要求司法工作人员对被害人陈述的内容加以甄别判断，只有关于案件事实的陈述才可以作为证据在刑事诉讼中运用。被害人的猜测性、评论性、推断性的陈述，不能作为证据使用，但是根据一般生活经验判断符合事实的除外。（2）单位被害人陈述。被害人陈述是被害人向司法机关就案件情况所作陈述，因此，其以被害人具有陈述的能力为前提。在被害人是单位的情况下，由于单位缺乏向司法机关进行陈述的能力，故通常都是由其法定代表人或者其他相关人员代替单位向司法机关作陈述。上述陈述，并非上述人员的个人陈述，也并非证人证言，而是上述人员代表被害单位所作的被害人陈述。

2. 审慎审查被害人陈述。被害人往往直接历经犯罪过程，其陈述能够直接查明和证明案件事实。但是，由于被害人对犯罪嫌疑人、被告人的惩罚愿望十分强烈，且案件的处理结果与被害人具有直接利害关系，因此，被害

---

① 陈光中主编：《刑事诉讼法》（第三版），北京大学出版社、高等教育出版社2009年版，第200页。

人陈述容易受到其情感、情绪等主观因素的影响，容易夸大犯罪事实和情节，有时候容易出现失实的现象。这就要求司法工作人员加大对被害人陈述的审查力度，审慎审查和认定被害人陈述。

第四节　被告人供述和辩解的审查与认定

Q问 **38. 如何把握被告人供述的审查与判断的主要内容？**

答 刑事诉讼中，被告人供述的情况较为复杂，需要特别加以甄别判断，以尽可能地还原案件事实。一方面，犯罪嫌疑人、被告人是刑事诉讼中被追诉的对象，其与案件处理结果具有直接利害关系，为逃避法律制裁，其供述和辩解在很多情况下具有虚假性；另一方面，犯罪嫌疑人、被告人供述和辩解的形成较为复杂，甚至个别犯罪嫌疑人、被告人供述是通过采取刑事逼供等非法手段取得的。基于这两方面的考虑，在刑事诉讼中，要特别注意审查犯罪嫌疑人、被告人陈述和辩解的真伪。《解释》第八十条规定，对审判人员在法庭审理中对被告人供述和辩解应当着重审查的内容作出专门规定。具体而言，审判人员应当从以下几个方面对被告人供述和辩解加以审查：

1. 讯问程序的合法性。讯问犯罪嫌疑人是指侦查人员为了查明案件事实，依照法定程序，以言词方式就与案件有关的问题对犯罪嫌疑人进行讯问的一种侦查活动。讯问犯罪嫌疑人是一种重要的侦查活动，是侦查程序的重要组成部分，必须遵守刑事诉讼法和司法解释及其他规范性文件的规定。

（1）应当审查讯问是否符合一般程序要求，即讯问的时间、地点，讯问人的身份、人数以及讯问方式等是否符合法律、有关规定。包括：①讯问人的身份和人数。刑事诉讼法第一百一十八条第一款规定："讯问犯罪嫌疑人必须由人民检察院或者公安机关的侦查人员负责进行。讯问的时候，侦查人员不得少于二人。"②讯问的地点。对于犯罪嫌疑人的讯问，刑事诉讼法第一百一十九条第一款规定："对不需要逮捕、拘留的犯罪嫌疑人，可以传唤到犯罪嫌疑人所在市、县内的指定地点或者到他的住处进行讯问，但是应当出示人民检察院或者公安机关的证明文件。对在现场发现的犯罪嫌疑人，经出示工作证件，可以口头传唤，但应当在讯问笔录中注明。"第一百一十八条第二款规定："犯罪嫌疑人被送交看守所羁押以后，侦查人员对其进行讯问，应当在看守所内进行。"③讯问的时间。关于讯问犯罪嫌疑人的时间，刑事诉讼法第一百一十九条第二款、第三款规定："传唤、拘传持续的时间不得超过十二小时；案情特别重大、复杂，需要采取拘留、逮捕措施的，传唤、拘传持续的时间不得超过二十四小时。不得以连续传唤、拘传的形式变相拘禁犯罪嫌疑人。传唤、拘传犯罪嫌疑人，应当保证犯罪嫌疑人的饮食和必要的休息时间。"这一规定明确了传唤、拘传持续时间的限制，避免将传唤、拘传变成变相羁押，严重侵害犯罪嫌疑人的人身权利，同时兼顾了侦破犯罪的现实需要。此外，刑事诉讼法明确规定了非法证据排除规则，进一步强化了禁止采用刑讯逼供等非法方法收集犯罪嫌疑人供述的规定。因此，审判人员应当着重审查被告人的供述有无以刑讯逼供等非法方法收集的情形。

（2）应当审查讯问特殊犯罪嫌疑人是否符合规定。根据刑事诉讼法和其他相关文件的规定，讯问聋、哑的犯罪嫌疑人，不通晓当地语言文字的犯罪嫌疑人，未成年犯罪嫌疑人的，除了应当遵循关于讯问犯罪嫌疑人的一般要求外，还需要遵守以下特殊规定：①讯问聋、哑人，应当提供通晓聋、哑手势的人员。②讯问不通晓当地通用语言、文字的被告人，应当提供翻译人员。③讯问未成年的犯罪嫌疑人，应当针对未成年人的身心特点，采取不同于成年人的方式。根据刑事诉讼法第二百八十一条第一款的规定，对于未成年人刑事案件，在讯问未成年犯罪嫌疑人时，应当通知未成年犯罪嫌疑人的法定代理人或者其他合适成年人到场。因此，审判人员对特殊犯罪嫌疑人的供述和辩解，应当着重审查是否符合上述规定。

2. 讯问笔录的规范性。讯问笔录应当客观记录侦查人员的讯问和犯罪嫌疑人的供述和辩解的情况。讯问笔录制作完毕以后，应当交犯罪嫌疑人核对，对于没有阅读能力的，应当向他宣读。如果记载有遗漏或者差错，犯罪嫌疑人可以提出补充或者改正。犯罪嫌疑人承认笔录没有错误后，应当签名或者盖章。侦查人员也应当在笔录上签名。犯罪嫌疑人请求自行书写供述的，应当准许。必要的时候，侦查人员也可以要求犯罪嫌疑人亲笔书写供词。因此，审判人员应当着重审查讯问笔录的制作、修改是否符合法律、有关规定，是否注明讯问的具体起止时间和地点，首次讯问时是否告知被告人相关权利和法律规定，被告人是否核对确认。

3. 供述与辩解内容的审查。对于被告人供述和辩解，除了前述合法性的形式审查外，还应当对内容进行实质审查，以更为全面的审查。具体而言：（1）被告人的供述是否前后一致，有无反复以及出现反复的原因；被告人的所有供述和辩解是否均已随案移送；（2）被告人的辩解内容是否符合案情和常理，有无矛盾。

4. 供述与辩解的综合审查。审判人员应当着重审查被告人的供述和辩解与同案被告人的供述和辩解以及其他证据能否相互印证，有无矛盾。

此外，刑事诉讼法对讯问过程的录音录像制度作出明确，第一百二十三条规定："侦查人员在讯问犯罪嫌疑人的时候，可以对讯问过程进行录音或者录像；对于可能判处无期徒刑、死刑的案件或者其他重大犯罪案件，应当对讯问过程进行录音或者录像。录音或者录像应当全程进行，保持完整性。"因此，必要时，可以结合录音录像、记录、笔录对上述内容进行审查。

39. 如何把握被告人供述的排除规则？

《解释》第八十一条对不得作为定案的根据的被告人供述的情形作出了规定。具体而言，被告人供述具有下列情形之一的，不得作为定案的根据：

1. 讯问笔录没有经被告人核对确认的。此种情况下，由于被告人未对讯问笔录核对确认，难以保证讯问笔录中记录的内容是被告人所陈述，也自然无法保证讯问笔录记载的被告人供述的真实性，自然不得作为定案的根据。但是，从司法实践来看，目前有许多普通刑事案件被告人供述中存在以下几种情况难以获得被告人签名：（1）被告人属于文盲，不能够书写自己的名字，只能捺手印。（2）存在被告人拒不签名确认的情况，如在审理邪教案件中，被告人十分顽固，对于侦查人员、审判人员的问话及记录，置之不理；还有的犯罪嫌疑人、被告人供述后又后悔了，并拒绝签字；案件最主要的证据是被告人的供述，被告人为了破坏证据效力，坚决拒绝签名；出于其他不正当理由而拒绝签字的。上述情形下，完全排除被告人的供述不合适。经研究认为，根据《解释》第五百四十六条的规定，前一种情形下，被告人可以捺指印；后一种情形下，办案人员应当在诉讼文书或者笔录材料中注明情况，有相关见证人见证，或者有录音录像证明的，不影响讯问笔录的法律效力。

2. 讯问聋、哑人，应当提供通晓聋、哑手势的人员而未提供，或者讯问不通晓当地通用语言、文字的被告人，应当提供翻译人员而未提供的。如前所述，讯问聋、哑人或者不通晓当地通用语言、文字的人员应当提供通晓聋、哑手势的人员或者翻译人员，否则，无法保证此种情形下被告人供述的真实性，不得作为定案的根据。

此外，《解释》第八十二条对瑕疵讯问笔录的问题作出了规定。具体而言，讯问笔录有下列瑕疵，经补正或者作出合理解释的，可以采用；不能补正或者作出合理解释的，不得作为定案的根据：（1）讯问笔录填写的讯问时间、讯问人、记录人、法定代理人等有误或者存在矛盾的；（2）讯问人没有签名的；（3）首次讯问笔录没有记录告知被讯问人相关权利和法律规定的。

需要注意的是，对于讯问犯罪嫌疑人，法定代理人或者合适成年人未到场的，此种情形下不宜直接将被告人供述不作为定案的根据，而应当视为讯问笔录存有瑕疵，应当允许补正或者作出合理解释；不能补正或者作出合理解释的，不得作为定案的根据。

40. 如何把握被告人供述的采信规则？

"犯罪嫌疑人和被告人在面对司法机关和执法机关的调查和指控时，心理活动非常复杂，而且经常随着讯问人员和环节的变化而发生变化……受这些不同心理活动和状态的影响，翻供就成为司法实践中一种常见的现象，而且往往是供了又翻，翻了又供，多次反复，令人真假难辨。这种反复性也是口供复杂性的表现。"[1] 司法工作人员在处理犯罪嫌疑人、被告人翻供的问题时应当特别审慎。《解释》第八十三条专门规定审查被告人供述和辩解，应当结合控辩双方提供的所有证据以及被告人的全部供述和辩解进行：

1. 被告人庭审中翻供，但不能合理说明翻供原因或者其辩解与全案证据矛盾，而其庭前供述与其他证据相互印证的，可以采信其庭前供述。司法实践中，庭前一直作有罪供述的被告人，也可能在庭审中翻供。对于被告人庭审中翻供的，应当充分听取被告人的说明，以便结合全案案件判断被告人翻供理由或者辩解的合理与否。

2. 被告人庭前供述和辩解存在反复，但庭审中供认，且与其他证据相互印证的，可以采信其庭审供述。对于庭前供述和辩解存在反复的被告人，也可能由于法律威慑和真诚悔罪等因素，在庭审中作有罪供述。此种情况

---

① 何家弘、刘品新：《证据法学》（第四版），法律出版社 2011 年版，第 175 页。

下，也需要结合其他证据综合判断，与其他证据印证的，可以采信其庭审中的供述。

3. 被告人庭前供述和辩解存在反复，庭审中不供认，且无其他证据与庭前供述印证的，不得采信其庭前供述。对于庭前供述和辩解存在反复的被告人，在庭审中仍未供述有罪的，此种情况下，更加要注意结合其他证据进行判断。无其他证据与庭前供述相印证的，不得将其在庭前所作的有罪供述作为认定其有罪的根据。

第五节 鉴定意见的审查与认定

41. 如何正确把握鉴定意见的价值？

鉴定是指在诉讼活动中鉴定人运用科学技术或者专门知识对诉讼涉及的专门性问题进行鉴别和判断并提供意见的活动。在现代社会，由于专业的不断分工细化，要求司法人员通晓所有专业领域的知识是不可能的。而犯罪发生在社会生活的各个领域，愈来愈涉及各方面的专业性问题。这就使得在处理案件所涉及的专业性问题时，司法人员必须借助于鉴定人的专业知识，要求鉴定人就某些专门性问题提供鉴定意见。从而，鉴定人成为了司法工作人员办理案件的重要辅助人员，而鉴定意见也在证明案件事实的过程中发挥着越来越重要的作用。需要注意的是，鉴定人不是"科学的法官"，鉴定结论也不是"科学的判决"。[1] 因此，将鉴定的判断性意见称为"鉴定结论"是不妥当的，称之为"鉴定意见"才名副其实。正是基于这一考虑，2005 年全国人大常委会出台的《关于司法鉴定管理问题的决定》将"鉴定结论"修改为"鉴定意见"，2012 年刑事诉讼法修改对上述修改作出了确认。将"鉴定结论"修改为"鉴定意见"，这表明鉴定意见只是证据的一种，并不具有预定的证明力。司法实践中，对于鉴定意见要持正确的态度，要相信科学，尊重鉴定人的专业知识，但切不可盲目轻信、甚至依赖鉴定意见。《解释》第四章第五节"鉴定意见的审查与认定"对鉴定意见的审查内容、排除、鉴定人不出庭鉴定意见的处理、检验报告等问题作了具体规定。司法实践中，审判人员应当严格按照相关规定，准确审查判断鉴定意见。

---

[1] 参见陈光中主编：《刑事诉讼法学》（新编），中国政法大学出版社 1996 年版，第 176 页。

Q问 **42. 如何把握鉴定意见的审查与判断的主要内容?**

答 鉴定意见是证据的种类之一,和其他证据种类一样,必须经过司法人员的审查判断,确定其属实的,才能作为定案的根据。受主客观因素的影响,实践中鉴定意见也时常出现差错。因此,审判人员应当注意审查判断鉴定意见是否属实,从而准确判断是否可以作为定案的根据。《解释》第八十四条对鉴定意见应当着重审查的内容作出明确规定。具体而言:

1. 鉴定机构和鉴定人法定资质的审查。由于鉴定是解决刑事诉讼中的专门性问题,而解决专门性问题的鉴定机构和鉴定人应当具有相应的资质,才能确保鉴定意见的可靠性。因此,《解释》第八十四条第一项规定应当着重审查"鉴定机构和鉴定人是否具有法定资质"。根据这一规定,在审判的过程中,要注重对鉴定人和鉴定机构资格的审查,鉴定人和鉴定机构不具备法定资质的鉴定意见不得作为定案的根据。

我国的司法鉴定体制是从新中国成立初期开始起步,不断发展完善起来的。在这一发展过程中,有一个标志性的事件,就是2005年2月28日十届全国人大常委会通过的《关于司法鉴定管理问题的决定》(自2005年10月1日起施行)。在此之前,人民法院、人民检察院和公安机关各自组建了本部门的司法鉴定组织体系。此外,司法行政机关的部分附属机构、部分科研院校也建有司法鉴定机构。[①] 为了加强对鉴定人和鉴定机构的管理,适应司法机关和公民、组织进行诉讼的需要,保障诉讼活动的顺利进行,《关于司法鉴定管理问题的决定》对司法鉴定工作进行统一规范管理:人民法院和司法行政部门不得设立鉴定机构;侦查机关根据侦查工作的需要设立的鉴定机构,不得面向社会接受委托从事司法鉴定业务;国务院司法行政部门主管全国鉴定人和鉴定机构的登记管理工作,省级人民政府司法行政部门依照规定,负责对鉴定人和鉴定机构的登记、名册编制和公告。

根据《关于司法鉴定管理问题的决定》第二条的规定,国家对从事下列司法鉴定业务的鉴定人和鉴定机构实行登记管理制度:(1)法医类鉴定,

---

[①] 虽然这些司法鉴定机构在刑事诉讼中为解决案件中的专门问题起到了非常重要的作用,但也遭到了批判:(1)鉴定机关重复建设现象严重,导致办案机关盲目信赖自己系统鉴定机构的鉴定结论,对鉴定结论的审查流于形式。(2)鉴定机构隶属于公、检、法机关使鉴定机构失去中立性,难以保证鉴定结论的客观公正。(3)重复鉴定频繁,影响诉讼效率。参见樊崇义等:《刑事诉讼法修改专题研究报告》,中国人民公安大学出版社2004年版,第280页。

包括法医病理鉴定、法医临床鉴定、法医精神病鉴定、法医物证鉴定和法医毒物鉴定；（2）物证类鉴定，包括文书鉴定、痕迹鉴定和微量鉴定；（3）声像资料鉴定，包括对录音带、录像带、磁盘、光盘、图片等载体上记录的声音、图像信息的真实性、完整性及其所反映的情况过程进行的鉴定和对记录的声音、图像中的语言、人体、物体作出种类或者同一认定；（4）根据诉讼需要由国务院司法行政部门商最高人民法院、最高人民检察院确定的其他应当对鉴定人和鉴定机构实行登记管理的鉴定事项①。需要注意的是，法律对上述事项的鉴定人和鉴定机构的管理另有规定的，从其规定。

由于在刑事诉讼中，鉴定是对专门性问题的鉴别和判断，需要鉴定人具有某方面的专业性知识。对此，根据《关于司法鉴定管理问题的决定》第四条的规定，具备下列条件之一的人员，可以申请登记从事司法鉴定业务：（1）具有与所申请从事的司法鉴定业务相关的高级专业技术职称；（2）具有与所申请从事的司法鉴定业务相关的专业执业资格或者高等院校相关专业本科以上学历，从事相关工作五年以上；（3）具有与所申请从事的司法鉴定业务相关工作十年以上经历，具有较强的专业技能。但是，虽然具备上述专业条件，因故意犯罪或者职务过失犯罪受过刑事处罚的，受过开除公职处分的，以及被撤销鉴定人登记的人员，不得从事司法鉴定业务。

与之相关的是，根据《关于司法鉴定管理问题的决定》的规定，鉴定人应当在一个鉴定机构中从事司法鉴定业务，且鉴定人从事司法鉴定业务，由所在的鉴定机构统一接受委托。因此，还必须注意鉴定机构的资格问题。根据《关于司法鉴定管理问题的决定》的规定，法人或者其他组织申请从事司法鉴定业务的，应当具备下列条件：（1）有明确的业务范围；（2）有在业务范围内进行司法鉴定所必需的仪器、设备；（3）有在业务范围内进行司法鉴定所必需的依法通过计量认证或者实验室认可的检测实验室；（4）每项司法鉴定业务有三名以上鉴定人。

具备上述资格后，申请从事司法鉴定业务的个人、法人或者其他组织，由省级人民政府司法行政部门审核，对符合条件的予以登记，编入鉴定人和

---

① 2016年1月，最高人民法院、最高人民检察院、司法部和环境保护部就环境损害司法鉴定实行统一登记管理和规范环境损害司法鉴定工作作出明确规定。这是《关于司法鉴定管理问题的决定》施行以来，就"其他应当对鉴定人和鉴定机构实行登记管理的鉴定事项"作出的唯一具体规定。

鉴定机构名册并公告。省级人民政府司法行政部门应当根据鉴定人或者鉴定机构的增加和撤销登记情况,定期更新所编制的鉴定人和鉴定机构名册并公告。

需要注意的是,1996年刑事诉讼法第一百二十条第二款规定,对人身伤害的医学鉴定有争议需要重新鉴定或者对精神病的医学鉴定,由省级人民政府指定的医院进行。有意见提出,根据《关于司法鉴定管理问题的决定》,对法医类鉴定应当委托列入鉴定人名册的鉴定人进行,① 可不再规定由省级人民政府指定的医院进行。基于上述考虑,2012年刑事诉讼法删除了1996年刑事诉讼法第一百二十条第二款的规定。据此,对人身伤害的医学鉴定有争议需要重新鉴定或者对精神病的医学鉴定,应当委托列入鉴定人名册的鉴定人进行。

2. 鉴定人回避的审查。根据刑事诉讼法和相关规定,作为诉讼参与人的鉴定人应当遵守法律有关回避的规定,以确保鉴定人的中立客观,确保所作出的鉴定意见的真实性。因此,《解释》第八十四条第二项规定应当着重审查"鉴定人是否存在应当回避的情形"。司法实践中,审判人员应当依据相关规定审查判断鉴定人是否具有法律规定的应当回避的情形,对于鉴定人应当回避而未回避的,鉴定意见不得作为定案的根据。

3. 鉴定检材的审查。检材是鉴定的基础,其来源和质量直接影响到鉴定意见的科学性和可靠性,直接影响到鉴定意见能否作为定案的根据。因此,《解释》第八十四条第三项规定应当着重审查"检材的来源、取得、保管、送检是否符合法律、有关规定,与相关提取笔录、扣押物品清单等记载的内容是否相符,检材是否充足、可靠"。具体而言,应当从以下方面审查鉴定检材:(1)检材的来源、取得、保管、送检是否符合法律及有关规定,与相关提取笔录、扣押物品清单等记载的内容是否相符。这实际上是要求对检材的来源、取得、保管、送检的合法性进行审查。实践中,侦查机关可能未及时将相关检材送交鉴定,以及送交鉴定的检材在收集、保管、送检等方面存在问题,审判环节要注意审查,依法排除此类鉴定意见。(2)检材是否充足、可靠。这实际上是对检材质量方面的要求。检材未达到充足、可靠

---

① 《关于司法鉴定管理问题的决定》规定,法律对鉴定人和鉴定机构的管理另有规定的,从其规定。因此,在1996年刑事诉讼法第一百二十条被删除之前,应当理解为刑事诉讼法对法医类鉴定中对人身伤害的重新医学鉴定和对精神病的医学鉴定作出了特别规定。

要求的，将会导致鉴定意见建立在不充足的基础之上，可靠性难以保证。

4. 鉴定意见的形式审查。刑事诉讼法第一百四十七条规定："鉴定人进行鉴定后，应当写出鉴定意见，并且签名。"《关于司法鉴定管理问题的决定》第十条规定："鉴定人应当独立进行鉴定，对鉴定意见负责并在鉴定书上签名或者盖章。多人参加的鉴定，对鉴定意见有不同意见的，应当注明。"上述规定明确了鉴定意见的形式要求。《解释》第八十四条第四项专门对鉴定意见的形式审查提出要求，规定应当着重审查"鉴定意见的形式要件是否完备，是否注明提起鉴定的事由、鉴定委托人、鉴定机构、鉴定要求、鉴定过程、鉴定方法、鉴定日期等相关内容，是否由鉴定机构加盖司法鉴定专用章并由鉴定人签名、盖章"。应当指出的是，对于鉴定意见的上述内容的审查，不仅影响到鉴定意见本身的合法性与规范性，而且也会影响到鉴定意见的真实性。

5. 鉴定程序的合法性审查。作为一项诉讼活动，鉴定应当按照法律和有关规定进行。因此，《解释》第八十四条第五项规定应当着重审查"鉴定程序是否符合法律、有关规定"。具体而言，司法实践中审判人员可以从以下方面审查鉴定程序的合法性：（1）司法鉴定程序的启动。在侦查和审查起诉的过程中，公安机关、人民检察院均可以就某些专门性问题委托进行司法鉴定。而在提起公诉后，人民法院对鉴定结论有疑问，可以聘请有专门知识的鉴定人或者鉴定机构对案件中的某些专门性问题进行补充鉴定或者重新鉴定。而当事人对侦查机关的鉴定结论不服的，可以申请补充鉴定或者重新鉴定。需要注意的是，各鉴定机构之间没有隶属关系；鉴定机构接受委托从事司法鉴定业务，不受地域范围的限制。鉴定人从事司法鉴定业务，由所在的鉴定机构统一接受委托。而且，侦查机关可以指派自身所设立的鉴定机构中的鉴定人进行鉴定。但侦查机关根据侦查工作的需要设立的鉴定机构，不得面向社会接受委托从事司法鉴定业务。（2）鉴定人的选任。根据《关于司法鉴定管理问题的决定》的规定，司法鉴定实行鉴定人负责制度，而人民法院、人民检察院、公安机关需要鉴定的，应当委托列入鉴定人名册的鉴定人进行鉴定。也就是说，人民法院、人民检察院和公安机关委托鉴定的，应当直接委托给特定的鉴定人。（3）鉴定人依法鉴定。鉴定人依照法律、法规、职业道德和职业纪律，基于专业知识，遵守技术操作规范，就专业性事项进行鉴定。鉴定人应当独立进行鉴定，对鉴定意见负责并在鉴定书上签名或者盖章。多人参加的鉴定，对鉴定意见有不同意见的，应当注明。（4）

重新鉴定或者补充鉴定程序。根据相关规定，重新鉴定、委托鉴定都应当依照法律规定进行，要注意依法保护当事人申请重新鉴定或者补充鉴定的权利。

6. 鉴定的规范性审查。鉴定的过程和方法过程是否符合相关专业的规范要求，才能就刑事诉讼过程中的专门性问题作出准确判断。因此，《解释》第八十四条第六项规定应当着重审查"鉴定的过程和方法是否符合相关专业的规范要求"。因此，在审判环节，审判人员应当对鉴定程序、方法、分析过程进行审查，判断其是否符合相应的规范要求，从而判断所得出意见的科学与否。

7. 鉴定意见的明确性审查。在司法实践中，鉴定人运用专业知识对刑事诉讼中的专门性问题进行鉴别和判断后，需要作出明确的意见。因此，《解释》第八十四条第七项专门对鉴定意见的明确性提出要求，规定应当着重审查"鉴定意见是否明确"。当然，由于鉴定对象的不同，鉴定意见的表述也各不相同，但都应当提出明确的判断意见。

8. 鉴定意见的关联性审查。所有的鉴定意见都必须与案件事实有关联，有助于证明案件事实，否则，就会丧失鉴定意见应有的价值。因此，《解释》第八十四条第八项专门对鉴定意见的关联性提出要求，规定应当着重审查"鉴定意见与案件待证事实有无关联"。如果经审查认为鉴定意见与案件待证事实之间并无关联性，则该鉴定意见不具有证明价值，应当予以排除。

9. 鉴定意见的综合审查。综合全案证据对某个单项证据进行审查判断，是证据审查判断的基本要求和方法。对于鉴定意见的审查与判断亦应如此，应当注意结合其他证据审查判断其余鉴定意见之间能否印证，是否存在矛盾。因此，《解释》第八十四条第九项规定应当着重审查"鉴定意见与勘验、检查笔录及相关照片等其他证据是否矛盾"。

10. 鉴定意见告知程序的审查。刑事诉讼法第一百四十八条规定："侦查机关应当将用作证据的鉴定意见告知犯罪嫌疑人、被害人。如果犯罪嫌疑人、被害人提出申请，可以补充鉴定或者重新鉴定。"因此，《解释》第八十四条第十项规定应当着重审查"鉴定意见是否依法及时告知相关人员，当事人对鉴定意见有无异议"。司法实践中，审判人员要注意审查鉴定意见是否告知相关人员，当事人对鉴定意见是否有异议，异议是否得到处理等事项。

43. 如何把握鉴定意见的排除规则？

根据《解释》第八十五条的规定，鉴定意见具有下列情形之一的，不得作为定案的根据：（1）鉴定机构不具备法定资质，或者鉴定事项超出该鉴定机构业务范围、技术条件的；（2）鉴定人不具备法定资质，不具有相关专业技术或者职称，或者违反回避规定的；（3）送检材料、样本来源不明，或者因污染不具备鉴定条件的；（4）鉴定对象与送检材料、样本不一致的；（5）鉴定程序违反规定的；（6）鉴定过程和方法不符合相关专业的规范要求的；（7）鉴定文书缺少签名、盖章的；（8）鉴定意见与案件待证事实没有关联的；（9）违反有关规定的其他情形。

需要注意的是，在司法实践中，许多案件存在多次补充鉴定或者重新鉴定的现象，但是，通过多次补充鉴定或者重新鉴定并未能够解决刑事诉讼中的这些待证的专门性问题。而且，2012年刑事诉讼法将"鉴定结论"修改为"鉴定意见"，这一证据种类名称的改变，表明鉴定意见同其他证据一样，并不具有更高的证明价值，必须通过审判人员综合全案证据审查判断，才能作为定案的根据。这也是从立法层面要求改变过去司法鉴定中唯鉴定结论是从，多次鉴定、重复鉴定的现象。因此，应当不鼓励，或者说不支持寄希望于通过多次补充鉴定或者重新鉴定解决问题，而应当清醒认识到人民法院是刑事案件的裁判者，负有对鉴定意见进行审查判断的权力和职责，应当通过结合全案证据、通知鉴定人出庭作证、通知有专门知识的人出庭就鉴定意见提出意见等方式，准确评判鉴定意见的证明价值和可靠性，妥善解决刑事诉讼中的专门性问题，准确认定案件事实。

司法实践中还需要注意的是多份不同鉴定意见并存时的处理方法。在当前的司法实践中，多份不同鉴定意见并存的现象比较普遍，且难以在短时间内得到完全改变，这为审判人员取舍鉴定意见增大了难度。对此，我们认为，应当充分运用刑事诉讼法增加的相关制度，立足当前的司法实践，妥善解决这一问题：（1）充分适用鉴定人出庭和有专门知识的人出庭制度，根据控辩双方的申请通知有专门知识的人出庭，以促使控辩双方对专门性问题形成共识，增强审判人员对鉴定意见审查判断的内心确信。（2）对于通过鉴定人、有专门知识的人出庭也未能形成结论的情形，人民法院也应当慎用重新鉴定制度。在可能的情况下，可以由控辩双方合意选定鉴定人进行鉴定，从而尽可能地消除双方的分歧，促使双方就鉴定意见形成共识。当然，如果控辩双方无法达成合意，人民法院可以依法指定鉴定人进行重新鉴定。重新鉴定的意见仍然需要通过法庭质证、法庭审查判断。

44. 如何把握检验报告的审查与判断?

对于根据诉讼需要由国务院司法行政部门商最高人民法院、最高人民检察院确定的其他应当对鉴定人和鉴定机构实行登记管理的鉴定事项，目前，并未有相关规范性文件对此作出明确规定。而且，我国改革后的司法鉴定体制也正处于建设之中，原有的鉴定机构需要重新进行资质审查和等级注册。这样一来，在我国刑事诉讼中出现了很多需要鉴定的领域欠缺具有资质的司法鉴定机构的现象，导致刑事诉讼中的许多专门性问题无法获取有资质的鉴定人出具的鉴定意见，影响了对案件事实的查实和诉讼程序的顺利进行。我们认为，这是我国司法鉴定体制从过去的多元局面，向目前的规范管理迈进所必然要历经的阶段，不会影响我国司法鉴定体制改革的良好局面。但是，对于目前存在的一些领域司法鉴定机关缺失或者较少的现象，宜采取如下措施：

1. 根据诉讼需要，由国务院司法行政部门商有关部门，尽快确定其他应当对鉴定人和鉴定机构实行登记管理的鉴定事项，并尽快促成相关司法鉴定机构的成立和运行。

2. 部分司法解释针对司法实践中的现实情况，规定可以委托一些尚不具备司法鉴定资质的机构对一些专门性问题进行检验。[①] 这些部门经检验提出的意见，不能称之为"鉴定意见"，而只能称之为"检验报告"。此外，在办理案件的过程中，在对于所要处理的专门性问题没有鉴定机构的情形下，侦查机关或者有关部门委托一些实际上具备这方面的专业知识、但尚未取得鉴定资质的机构进行检验并出具意见的，司法机关可以结合案件情况对所出具的意见进行审查，并根据情况可以作为证明案件事实的参考。需要注

---

① 2011 年 8 月 1 日《最高人民法院、最高人民检察院关于办理危害计算机信息系统安全刑事案件应用法律若干问题的解释》第十条规定："对于是否属于刑法第二百八十五条、第二百八十六条规定的'国家事务、国防建设、尖端科学技术领域的计算机信息系统''专门用于侵入、非法控制计算机信息系统的程序、工具''计算机病毒等破坏性程序'难以确定的，应当委托省级以上负责计算机信息系统安全保护管理工作的部门检验。司法机关根据检验结论，并结合案件具体情况认定。"司法解释之所以作出这样的规定，就是考虑到司法实践中没有或者很少有能够对这些事项进行鉴定的司法鉴定机构。

意的是，在前述情形下，司法机关并不是依据鉴定意见对案件事实进行证明，而且，检验报告也只能作为定罪量刑的参考，这点必须认识到。因此，《解释》第八十七条第一款规定："对案件中的专门性问题需要鉴定，但没有法定司法鉴定机构，或者法律、司法解释规定可以进行检验的，可以指派、聘请有专门知识的人进行检验，检验报告可以作为定罪量刑的参考。"

需要注意的是，有意见提出，刑事诉讼法第五十条中列举的证据种类不包括"检验报告"，这里规定的"检验报告"是什么性质，在诉讼中能否作为定罪量刑的参考，需要斟酌。经慎重研究认为，上述规定符合有关法律规定，符合实践需要，予以保留。主要考虑：在我国刑事诉讼中存在部分需要鉴定的领域欠缺具有资质的司法鉴定机构的现象，导致刑事诉讼中的许多专门性问题无法获取有资质的鉴定人出具的鉴定意见，影响了对案件事实的查实和诉讼程序的顺利进行。因此，对于案件中某些专门性问题，没有法定司法鉴定机构，或者法律、司法解释和规定可以进行检验的，可以指派、聘请有专门知识的人进行检验，检验报告可以作为定罪量刑的参考，是解决这一问题的妥善办法。而且，这里只是规定"可以"作为定罪量刑的参考，可以由审判人员根据案件的具体情况予以把握，确保案件审理的稳妥、正确。

3. 司法机关对于这些检验报告应当进行审查。允许进行检验，是应对当前实际情况的应急之策，为了进一步规范实践中的相关做法，《解释》第八十七条第二款规定："对检验报告的审查与认定，参照适用本节的有关规定。"因此，要参照前述对鉴定意见的审查要求，认真审查判断检验报告的真实性、关联性和合法性。

4. 依法通知检验人出庭作证。在刑事诉讼法已经要求鉴定人出庭作证的情况下，针对本来已作例外规定的检验报告，没有理由赋予检验人不出庭的特权。因此，《解释》第八十七条第三款规定："经人民法院通知，检验人拒不出庭作证的，检验报告不得作为定罪量刑的参考。"因此，司法实践中，人民法院应当参照鉴定人出庭作证的相关规定，及时通知检验人出庭作证。

第六节 勘验、检查、辨认、侦查实验等笔录的审查与认定

Q问 **45. 如何正确把握勘验、检查、辨认、侦查实验等笔录的价值?**

答 笔录是指侦查机关、司法机关工作人员在调查案件事实的过程中所作的各种记录,记录了调查案件事实的过程中所发现的各种情况,对于查明案件事实具有重要意义。刑事诉讼中的笔录形式多样。在1996年刑事诉讼法中,被列入证据范畴的笔录形式只有勘验、检查笔录,辨认、侦查实验等笔录的证据地位没有予以明确,故在司法实践中无法直接将勘验、检查笔录以外的笔录直接作为证据使用,难以在法庭上出示和质证。很多情况下,对于侦查实验笔录、辨认笔录等非证据笔录,都是将其纳入勘验、检查笔录的范畴,从而用以证明案件事实的。① 这就影响了勘验、检查笔录以外的其他笔录对案件事实证明作用的充分发挥。基于此,2012年刑事诉讼法根据司法实践发展需要,扩大了作为证据种类的笔录的范围,将"勘验、检查笔录"修改为"勘验、检查、辨认、侦查实验等笔录"。

《解释》第四章第六节"勘验、检查、辨认、侦查实验等笔录的审查与认定"对勘验、检查、辨认、侦查实验等笔录的审查内容与排除作出了明确规定。审判实践中,要根据上述规定,严格审查判断勘验、检查、辨认、侦查实验等笔录,既要重视对此类证据的运用,也要防止对此类证据"客观性"的片面认识。诚然,与证人证言、被害人陈述等主观言词证据相比,勘验、检查、辨认、侦查实验等笔录是司法工作人员对自己在调查过程中所记录的客观事实情况,具有客观性的特点。但是,这种"客观性"也是相对的,并不意味着一定符合客观实际情况。受主客观因素影响,勘验、检查、辨认、侦查实验等笔录失实甚至被篡改、伪造的现象也存在。勘验、检查、辨认、侦查实验等笔录只有经查证属实的,才能作为定案的根据。

---

① 例如有论者认为,"侦查实验是为验证在某种条件下某一事件或现象是否发生和后果如何,而实验性地重演该事件的侦查行为。由于其目的、方式和参加人员与勘验、检查基本相同,而且常与勘验、检查同时进行,因此,侦查实验笔录也应归入勘验、检查笔录。"参见程荣斌主编:《刑事诉讼法》,中国人民大学出版社1999年版,第186页。

46. 如何把握勘验、检查笔录的审查与认定？

勘验、检查是指侦查人员、司法人员为了查明案件事实，对与犯罪有关的场所、物品、人身、尸体进行勘查、检验、检查的侦查活动。勘验、检查的性质相同，区别在于对象不同：勘验的对象为现场、物品和尸体；检查的对象为活人的身体。根据刑事诉讼法的规定，勘验、检查可以分为现场勘验、物证检验、尸体检验和人身检查。① 勘验、检查是侦查活动的重要组成部分。勘验、检查笔录是侦查人员、司法人员在对与案件有关的场所、物品、人身、尸体进行勘验、检查过程中，制作的关于勘验、检查中发现的与案件有关的事实情况的记录，对于查明案件事实具有重要意义。《解释》第八十八条对审判人员在审理案件过程中对勘验、检查笔录应当着重的内容予以明确规定。具体而言：

1. 勘验、检查是否依法进行，笔录的制作是否符合法律、有关规定，勘验、检查人员和见证人是否签名或者盖章。刑事诉讼法第一百二十八条规定："侦查人员对于与犯罪有关的场所、物品、人身、尸体应当进行勘验或者检查。在必要的时候，可以指派或者聘请具有专门知识的人，在侦查人员的主持下进行勘验、检查。"第一百九十六条规定："法庭审理过程中，合议庭对证据有疑问的，可以宣布休庭，对证据进行调查核实。人民法院调查核实证据，可以进行勘验、检查、查封、扣押、鉴定和查询、冻结。"无论是侦查机关在侦查活动中进行勘验、检查，还是人民法院为调查核实证据进行勘验、检查，都应当依照法律和司法解释、其他规范性文件进行，应当严格遵守批准程序，规范制作笔录。

2. 勘验、检查笔录是否记录了提起勘验、检查的事由，勘验、检查的时间、地点，在场人员、现场方位、周围环境等，现场的物品、人身、尸体

① 在1996年刑事诉讼法施行期间，有论者将侦查实验也纳入勘验、检查的范围，这一方面是因为侦查实验的相关内容在刑事诉讼法中被规定在"勘验、检查"一节，侦查实验与勘验、检查的目的、方式、参加人员基本相同，且经常同时进行；另一方面是围于当时能够作为证据使用的笔录只有勘验、检查笔录，为扩大作为证据的笔录范围而作出的应对。参见程荣斌主编：《刑事诉讼法》，中国人民大学出版社1999年版，第186页，第283页；徐静村主编：《刑事诉讼法学》（第二版），法律出版社2011年版，第120页、第207页。而刑事诉讼法第五十条第二款已经将侦查过程中的各种笔录都规定为法定证据，并将"勘验、检查"与"侦查实验"明确并列，故不宜认为侦查实验属于勘验、检查的范围。

等的位置、特征等情况，以及勘验、检查、搜查的过程；文字记录与实物或者绘图、照片、录像是否相符；现场、物品、痕迹等是否伪造、有无破坏；人身特征、伤害情况、生理状态有无伪装或者变化等。这主要是要求审查勘验、检查笔录规范性。在审查过程中，要注意审查笔录所记载的内容是否真实，是否由符合法定资格的司法人员制作，笔录格式、用语、签名是否符合规范要求，以及制作过程是否符合法定程序的要求。

3. 补充进行勘验、检查的，是否说明了再次勘验、检查的原由，前后勘验、检查的情况是否矛盾。刑事诉讼法第一百三十四条规定："人民检察院审查案件的时候，对公安机关的勘验、检查，认为需要复验、复查时，可以要求公安机关复验、复查，并且可以派检察人员参加。"而且，根据刑事诉讼法第一百九十七条的规定，法庭审理过程中，当事人和辩护人、诉讼代理人有权申请重新勘验。无论是何种情形，对于案件存在再次勘验、检查的，应当注意审查再次勘验、检查的原因，并注意审查前后勘验、检查的情况是否矛盾。

此外，毫无疑问的是，根据《解释》第一百零四条第一款的规定，对证据的真实性，应当综合全案证据进行审查。因此，应当注意审查判断勘验、检查笔录中记载的情况与被告人供述、被害人陈述、鉴定意见等其他证据能否印证，有无矛盾。

根据《解释》第八十九条的规定，经过上述审查，如果勘验、检查笔录存在明显不符合①法律、有关规定的情形，如主体不合法或者未依法回避的，勘验未经依法批准进行的，勘验笔录不合规范等，法庭应当要求相关人员作出合理解释或者说明，结合案件其他证据，审查其真实性和关联性；不能作出合理解释或者说明，或者虽经解释或者说明，仍然无法确定其真实性和关联性的，不得作为定案的根据。

Q问 47. 如何把握辨认笔录的审查与认定？

答 辨认是侦查过程中经常使用的一种手段和方式，是指侦查人员为了查明案件事实，在必要的时候让被害人、犯罪嫌疑人或者证人对与犯罪

---

① 需要注意的是，有意见认为，此处"明显"的表述属多余，同时不便掌握，建议删除。经研究认为，勘验、检查笔属于非言词的客观证据，不能轻易排除，加上"明显"的表述更利于根据具体情况予以把握。

有关的物品、文件、尸体、场所或者犯罪嫌疑人进行辨别、确认的侦查活动。辨认的内容主要包括：（1）让被害人、证人和犯罪嫌疑人对与犯罪有关的物品、文件、尸体进行辨认；（2）让被害人、证人对犯罪嫌疑人进行辨认；（3）让犯罪嫌疑人对其他犯罪嫌疑人进行辨认。辨认经过和结果，应当制作辨认笔录，由侦查人员签名，辨认人、见证人签字或者盖章。1996年刑事诉讼法对辨认该种侦查行为及其结果未作规定，2012年刑事诉讼法根据司法实践的需要，明确将辨认笔录与勘验、检查、侦查实验等笔录并列，共同作为一类法定证据形式。需要注意的是，刑事诉讼法对于辨认的具体程序未作规定，而勘验、检查、侦查实验等其他方式在刑事诉讼法中都有具体程序。因此，要结合相关司法解释和规范性文件的规定，对辨认的具体程序注意把握，以注意审查判断辨认笔录。《解释》第九十条对辨认笔录的审查判断作出了明确规定。具体而言，辨认笔录具有下列情形之一的，不得作为定案的根据：

1. 辨认不是在侦查人员主持下进行的。辨认是一项侦查措施，应当由侦查人员主持机关组织进行。为了查明案情，公安机关组织对犯罪嫌疑人进行辨认，应当经办案部门负责人批准。人民检察院组织对犯罪嫌疑人进行辨认，应当经检察长批准。因此，根据相关规定，辨认应当在人民检察院或者公安机关的侦查人员的主持下进行，主持辨认的侦查人员不得少于二人，以利于互相协助、互相监督。如果辨认不是在侦查人员主持下进行的，辨认不具有合法性，也无法确定辨认笔录的真实性，辨认笔录自然不能作为定案的根据。

2. 辨认前使辨认人见到辨认对象的。在辨认前，应当向辨认人详细询问被辨认人或者被辨认物的具体特征，禁止辨认人见到被辨认人或者被辨认物，并应当告知辨认人有意作假辨认应负的法律责任。如果辨认前使辨认人见到辨认对象，则会使后续的辨认流于形式，影响辨认结果的真实性。

3. 辨认活动没有个别进行的。在组织几名辨认人对同一被辨认人或者同一物品进行辨认时，应当由辨认人个别进行，在某个辨认人进行辨认时，其他的辨认人不能在场，以避免辨认人之间的相互干扰，确保辨认结果的客观性。必要的时候，可以有见证人在场。

4. 辨认对象没有混杂在具有类似特征的其他对象中，或者供辨认的对象数量不符合规定的。辨认时，应当将辨认对象混杂在其他对象中。具体辨认的数量应当根据最高人民检察院、公安部的司法解释和规范性文件的规定予以确定。

需要注意的是，从司法实践来看，有关证据不具备混杂辨认条件的情形有以下几种：一是难以找到类似特征参照物的情形，比如尸体、场所；二是参照物特征几乎完全相同的情形，比如人民币等种类物，根本无法区分；三是辨认人能够准确描述物品独有特征的情形。如对手机的辨认，辨认人能够说出手机内短信息内容、手机外观磨损细节及部位等特征，可不用混杂辨认。再如对车辆进行辨认，辨认人能够描述车辆外观某些特定位置被碰撞过，车内某些不为外人所知的损坏、车架号等独有特征的，也不需采用混杂辨认。需要注意的是，对尸体、场所等特定辨认对象没有必要进行辨认，自然不涉及混杂辨认规则的问题。具体而言：其一，对于种类物的辨认可以依附于其他物品，如偷的钱包里面的钱，往往是直接对钱包进行辨认；也可以不走辨认的程序，丢了几百块钱，数额对上了就可以了。而如果无法依附于其他物品，对于种类物的辨认则没有意义，无需进行辨认。其二，对于尸体、场所等难以找到类似特征参照物的情形和辨认人能够准确描述物品独有特征的情形，则无须进行辨认，由相关人员直接指认即可。

5. 辨认中给辨认人明显暗示或者明显有指认嫌疑的。辨认时，不得给辨认人任何暗示，否则，给辨认人明显暗示或者明显有指认嫌疑的，则无法保证辨认结果的真实性。

6. 违反有关规定、不能确定辨认笔录真实性的其他情形。需要注意的是，对于其他一些情形，如主持辨认的侦查人员少于三人，辨认笔录无见证人签名、记录过于简单等情形，通过有关办案人员的补正或者作出合理解释，确认辨认笔录真实性的，辨认笔录可以作为证据使用。

Q问 48. 如何把握侦查实验笔录的审查与认定？

答 刑事诉讼法第一百三十五条第一款规定："为了查明案情，在必要的时候，经公安机关负责人批准，可以进行侦查实验。"因此，侦查实验，是指侦查人员为了查明与案件有关的某一事件或者事实在某种情况下能否发生或者如何发生，而模拟案件原有条件，将该事件或者事实实验性地加以演示的侦查活动。侦查实验是侦查活动的组成部分，只能由侦查机关的侦查人员实施。在必要的时候，侦查机关可以指派或者聘请具有专门知识的人，在侦查人员的主持下进行侦查实验，也可以通知犯罪嫌疑人、被害人、证人参加。此外，公安机关进行侦查实验，也可以商请人民检察院派员参加。从实践来看，通常是指有必要通过侦查实验完成以下任务：（1）确定在一定条件下能否听到或者看到；（2）确定在一定时间内能否完成某一行为；（3）确定在什么条件下能够发生某种现象；（4）确定在某种条件下某种行为和某种痕迹是否吻合一致；（5）确定在某种条件下使用某种工具可能或者不可能留下某种痕迹；（6）确定某种痕迹在什么条件下会发生变异；（7）确定某种事件是怎样发生的。例如，2010 年 12 月至 2011 年 10 月，李某与他人在运输煤炭过程中，趁人不备将块煤掺到煤矸石中，多次盗窃煤矿的块煤。案发后，4 名被告人对盗窃数量的供述相差很大，被害单位监控录像在案发时因超过保存时间已灭失，也没有其他方法可以证实被盗块煤的具体数量，案件办理一时陷入困境。后来，侦查机关利用侦查实验的方法确定本案的犯罪数，即利用被告人作案时使用的车辆、依照被告人供述的作案方式做了侦查实验，最后确定被告人盗窃块煤的数量和价值。法院最终采纳侦查实验得出的结论，依法判处李某有期徒刑五年。① 总之，侦查实验是一项重要的侦查措施，可以在勘验、检查的过程中进行，也可以单独进行，对于验证某些特定事件或者事实的发生可能性及过程，审查证人证言、被害人陈述、犯罪嫌疑人供述和辩解等证据材料的真实性，从而更好地查明案件事实，具有重要意义。需要注意的是，侦查实验的结论在性质上属于补强性证据，通常不能单独作为定案的根据。

刑事诉讼法第一百三十五条第二款规定："侦查实验的情况应当写成笔录，由参加实验的人签名或者盖章。"据此，侦查实验的情况应当写成笔录，由参加实验的人签名或者盖章。侦查实验笔录应当全面、详细、准确、规范，要记录提起侦查实验的事由、时间、地点、在场人员等情况；记录侦查实验的条件、经过和结果；必要时，应当通过绘图、拍照、摄像等方式记录侦查实验的过程。特别是，刑事诉讼法第五十条第二款将侦查实验笔录与勘验、检查、辨认等笔录一起被列入了法定证据种类的范畴，故应当注意对其审查。《解释》第九十一条第一款规定："对侦查实验笔录应当着重审查实验的过程、方法，以及笔录的制作是否符合有关规定。"

需要注意的是，侦查实验是一种特殊的侦查措施，是实验性地演示与案件相关事实、事件的发生可能性及过程。因此，必须确保实验时的各项条件与原来的条件相同，如时间段、地点、光线、风向等条件，才能确保侦查实

---

① 参见《莱芜莱城：侦查实验确定犯罪数量》，载《检察日报》2012 年 7 月 6 日第 1 版。

验结论的客观性和科学性。因此，《解释》第九十一条第二款专门规定："侦查实验的条件与事件发生时的条件有明显差异，或者存在影响实验结论科学性的其他情形的，侦查实验笔录不得作为定案的根据。"因此，审判过程中，对于侦查实验笔录应当着重审查上述内容，以确定能否作为定案的根据。

第七节　视听资料、电子数据的审查与认定

49. 如何把握视听资料的范围与特点？

视听资料，又称音像证据，是指以录音、录像等音像信息证明案件事实情况的证据材料，包括储存有音像资料的磁带、录像带、VCD、DVD等。1996年刑事诉讼法开始将视听资料作为一类独立的刑事证据种类加以规定。目前，不仅刑事诉讼法，而且民事诉讼法和行政诉讼法都将视听资料设置为一类独立的证据种类。视听资料的广泛运用与现代科学技术的发展息息相关。特别是，随着视频监控设施的广泛运用及其在侦查破案方面的作用日益凸显，视听资料也必然会越来越多地出现在刑事诉讼中。

视听资料的形式多种多样，有录音资料、录像资料等多种形式。对此，需要注意：（1）视听资料不同于物证。物证是以外部特征、物质属性、存在情形等证明案件事实的一切物品和痕迹的证据材料。视听资料虽然也表现为磁带、录像带、VCD、DVD等实物，但用以证明案件事实的并非磁带、录像带、VCD、DVD等实物本身的外部特征、物质属性、存在情形等，而是通过实物所记录和储存的声音、图像等信息来证明案件事实的，所以，视听资料不同于物证，而是一类独立的证据种类。当然，磁带、录像带、VCD、DVD等实物当然可能被用作物证使用。① （2）刑事诉讼过程中的录音录像资料并不都属于视听资料的范畴。随着刑事侦查手段的不断发展，对证人、被害人陈述、犯罪嫌疑人、被告人供述和辩解所作的录音录像资料就不属于视听资料的范围，而应当被作为证人证言、被害人陈述、犯罪嫌疑人、被告人供述和辩解使用。基于同样的道理，以视听资料形式对勘验、检查、辨认、侦查实验等活动情况的记录，也应当被作为勘验、检查、辨认、侦查

---

① 例如，行为人贩卖淫秽磁带、录像带、VCD、DVD等物品被当场抓获，或者从住处搜查出上述物品的，这些淫秽磁带、录像带、VCD、DVD等物品是证明案件事实的物证，而非以其中所存储内容证明案件事实的视听资料。

实验等笔录。（3）视听资料不同于电子数据。视听资料的出现本身是现代科学技术发展的产物，而科学技术特别是信息技术的发展，又导致了音像资料本身的进一步发展：传统的音像资料主要储存在磁带、录像带、VCD、DVD 等实物中，但现在越来越多的音像资料是以电子数据的形式而存在的。在 1996 年刑事诉讼法施行期间，由于电子数据未被规定为独立的证据种类，电子数据在很多情况下都是被纳入视听资料的范畴，从而用以证明犯罪事实的。① 这种做法是法学理论和实务针对立法局限的有效举措，无可厚非。但是，在刑事诉讼法已经将电子数据独立作为证据种类的背景下，对于以电子数据的形式而存在的音像资料不能再纳入视听资料的范畴，而应当作为电子数据加以运用。

视听资料是一种具有较高技术含量的证据，与其他证据种类相比，视听资料存储的信息量较大，且能够连续动态地记录事件发生的过程，可以更为直观查明案件事实，在刑事诉讼中发挥着越来越重要的作用。在随着技术发展产生的视听资料带给我们证明案件事实便利的同时，这种证据种类也具有容易被剪辑、增加、删改、编辑等伪造、变造，从而造成内容失实的特点。② 我们认为，视听资料确实容易被伪造、变造，但这并非视听资料本身的缺陷，书证等其他种类的证据都存在着被伪造、变造的问题。相反，司法实践中，对视听资料的变造总会留下痕迹，司法工作人员能够通过技术手段等方法审查该视听资料的内容和制作过程是否真实，从而避免将失实的视听资料作为证据使用。因此，一方面，不能因为视听资料具有较高的技术含量，就认为运用高科技证据证明案件事实可以"高枕无忧"，盲目迷信视听资料的技术性，放松对视听资料的审查；另一方面，也不能因为技术性带来的视听资料变造、伪造的"表明无痕"，就在刑事诉讼中不敢运用视听资料查实和证明案件事实。事实上，只要在刑事诉讼中对视听资料认真审查判

---

① 例如，有论者认为："视听资料是载有能够证明有关案件事实的内容的录音带、录像带、电影胶片、电子计算机的磁盘等，以其所载的音响、活动影像和图形，以及电子计算机所存储的资料等来证明案件事实的证据。"参见陈光中主编：《刑事诉讼法》（第三版），北京大学出版社、高等教育出版社 2009 年版，第 205 页。在这一界定中，至少有一部分电子数据，即电子计算机所存储的资料，被纳入视听资料的范畴。

② 有论者在讨论视听资料的特性时认为："在现代科技条件下，伪造、变造视听资料并非难事，而视听资料一旦被伪造，不易分辨和甄别，这也正是视听资料这种证据的缺点。"参见陈光中主编：《刑事诉讼法》（第三版），北京大学出版社、高等教育出版社 2009 年版，第 205 页。

断，完全能够发挥这类证据在证明案件事实过程中的重大作用。

50. 如何把握视听资料的审查与认定？

《解释》第九十二条就审判人员对于视听资料应当着重审查的内容予以明确。具体而言，对于视听资料，应当着重审查以下内容：

1. 是否附有提取过程的说明，来源是否合法。这实际上是要求注重对视听资料的来源的审查。视听资料的来源与其真实性密切相关，因此，审查视听资料的来源是查证视听资料的重要内容。

通常情况下，视听资料是由控辩双方向法庭提供的。从实践来看，控方提供的资料通常是由侦查机关制作的视听资料或者向有关视听资料的制作者调取的与案件事实有关的视听资料。而辩护方也可以依照法定程序向证人或者其他单位和个人、被害人或者其近亲属等收集与案件事实相关的视听资料。无论是何方提供的视听资料，法庭首先应当审查其来源是否合法。具体而言，应当从如下方面审查视听资料来源的合法性：视听资料的制作是否依法进行，提取、收集视听资料的过程是否符合相关规定。

需要注意的是，视听资料的提取过程对于该证据的真实性有着非常重要的意义，故《解释》第九十二条第一项规定审查"是否附有提取过程的说明"。据此，应当审查提取机关是否提交了关于视听资料提取过程的记录。

2. 是否为原件，有无复制及复制份数；是复制件的，是否附有无法调取原件的原因、复制件制作过程和原件存放地点的说明，制作人、原视听资料持有人是否签名或者盖章。同书证、物证等传统证据一样，视听资料也适用最佳证据原则。为了防止视听资料被伪造和在复制的过程中被剪辑、增加、删改、编辑，收集、调取的视听资料应当是原件。但是，无法提取原件的，可以复制。在刑事诉讼中，对于上述复制有着严格的要求：无法提取视听资料原件的，可以复制；制作复制件的，制作人不得少于二人；应附有复制件和复制份数的说明，无法调取原件的原因、制作过程和原件存放地点的说明，制作人和原视听资料持有人签名或者盖章。因此，在法庭审查证据的过程中，也应当审查上述信息。

3. 制作过程中是否存在威胁、引诱当事人等违反法律、有关规定的情形。如果制作过程中当事人受到威胁、引诱等违反法律及有关规定的，所制作的视听资料也不具有合法性。

4. 是否写明制作人、持有人的身份，制作的时间、地点、条件和方法。

上述信息对于判断视听资料的真实性具有重要意义，故在审查过程中要着重审查有无相关信息：制作人或者持有人的身份有助于核实视听资料的制作或者持有主体；视听资料制作的时间、地点、条件以及制作方法，有助于更为全面地了解视听资料的制作过程，判断内容和制作过程是否真实，是否被伪造、变造。

5. 内容和制作过程是否真实，有无剪辑、增加、删改等情形。为了判断视听资料的真实性，需要特别注意对视听资料的内容和制作过程的审查，主要是判断有无伪造、变造情形。

在法庭审查过程中，审判人员应当通过听取控辩双方意见、询问相关人员等多种方式审查视听资料的内容和制作过程的真实性，必要时可以进行庭外调查。但是，由于视听资料的技术性较强，一般的伪造、变造情形难以通过审判人员的观察作出认定，需要外力的辅助。因此，《解释》第九十二条第二款规定："对视听资料有疑问的，应当进行鉴定。"对视听资料有疑问的，应当进行鉴定，即声像资料鉴定，包括对录音带、录像带、磁盘、光盘等载体上记录的声音、图像信息的真实性、完整性及其所反映的情况过程进行的鉴定和对记录的声音、图像中的语言、人体、物体作出种类或者同一认定。一般而言，对视听资料进行鉴定主要有两个目的：（1）录音带、录像带、磁盘、光盘等视听资料上记录的声音、图像信息的真实性、完整性，即对该视听资料是否系伪造、变造进行鉴定；（2）视听资料所记录的声音、图像中的语言、人体、物体是否与案件所涉及的犯罪嫌疑人、被告人、被害人等具有关联。

6. 内容与案件事实有无关联。通过前述审查，在判断视听资料的合法性和真实性之余，还应当对视听资料与案件事实的关联性进行审查。只有与案件事实有关联性的视听资料，才能作为证据使用；不具有关联性的，不应当作为证据使用。需要注意的是，视听资料的部分内容与案件事实具有关联性的，可以通过技术手段提取该部分内容作为证据使用。

7. 对于采取技术侦查措施收集的视听资料，要按照对技侦证据的相关规定进行审查。在实践中，国家安全机关、公安机关侦查人员可能经批准采取监听或者监视措施制作相应的视听资料。对于这类视听资料，除了按照前述的规定审查其真实性、合法性和关联性外，更要注重对该类视听资料的合法性进行判断，审查是否经过严格的批准手续，取证过程是否符合法律和有关规定。

51. 如何把握视听资料的排除规则？

经过对视听资料的审查，根据《解释》第九十四条的规定，视听资料具有下列情形之一的，不得作为定案的根据：

1. 经审查无法确定真伪的。对于视听资料应当着重审查其真实性，除了结合证人证言、被告人供述、被害人陈述等其他证据材料进行审查外，还可以进行庭外调查核实，进行鉴定。如果通过上述调查方法，仍然无法确定真实性的，则应当依法予以排除。

2. 制作、取得的时间、地点、方式等有疑问，不能提供必要证明或者作出合理解释的。制作和取得的时间、地点、方式等有疑问的视听资料属于来源不明的视听资料，自然在真实性方面存在疑问，难以直接作为定案的根据。因此，如果对方对视听资料的制作和取得的时间、地点、方式等有疑问，或者法庭在审查过程中发现视听资料的制作和取得的时间、地点、方式等存有疑问，都应当要求提供证据的一方提供必要证明或者作出合理解释，以便于查证该视听资料。如果不能提供必要证明或者作出合理解释的，法庭应当依法予以排除，不得作为定案的根据。

52. 如何把握我国刑事电子数据的规制体系？

1996 年刑事诉讼法第四十二条第一款规定："证明案件真实情况的一切事实，都是证据。"但该条第二款却将证据限定为七种，而其中并未包括电子数据。这就导致司法实践中对电子数据的运用处于两难境地：电子数据无疑可以证明案件事实，但具体应当确定为何种类的证据又于法无据。应对这一局面，司法实务采取了一些变通处理的举措，主要是如下两类：一类举措是在规范性文件中直接将电子数据作为一类证据形式。例如，《死刑案件证据审查规定》在"证据的分类审查与认定"部分直接规定了对电子邮件、电子数据交换、网上聊天记录、网络博客、手机短信、电子签名、域名等电子证据的审查内容。另一类举措则是将电子数据转化为法定证据种类再予以使用，而且不少都是转化为勘验、检查笔录予以使用。例如，2010 年 8 月最高人民法院、最高人民检察院、公安部《关于办理网络赌博犯罪案件适用法律若干问题的意见》在"关于电子证据的收集与保全"部分规定："侦查机关对于能够证明赌博犯罪案件真实情况的网站页面、上网记录、电子邮件、电子合同、电子交易记录、电子账册等电子数据，应当作为刑事证据予以提取、复制、固定。侦查人员应当对提取、复制、固定电子数据的过程制作相关文字说明，记录案由、对象、内容以及提取、复制、固定的时间、地点、方法，电子数据的规格、类别、文件格式等，并由提取、复制、固定电子数据的制作人、电子数据的持有人签名或者盖章，附所提取、复制、固定的电子数据一并随案移送。"从这一规定可以看出，该规范性文件实际上是要求对电子数据按照勘验、检查笔录这一法定证据种类进行提取和转换的。以上两类举措都是司法实务部门囿于电子数据未作为法定证据种类，不得已而为之的举措。近年来，电子数据在刑事诉讼中的广泛应用已是不争的事实。2012 年刑事诉讼法第四十八条第二款对证据种类的规定进行了补充，将电子数据明确列为法定证据种类，进一步丰富了证据的外延。

2012 年刑事诉讼法虽然将电子数据增列为法定证据种类，但并未进一步细化规定电子数据的收集提取与审查判断规则。根据刑事诉讼法的规定，有关司法解释和规范性文件确立了电子数据的收集与提取、移送与展示、审查与判断规则。大致发展脉络如下：

1. 电子数据审查判断规则的确立。《解释》第九十三条、第九十四条对电子数据的审查判断和排除规则作了明确规定。

2. 电子数据收集提取规则的确立。2014 年 5 月最高人民法院、最高人民检察院、公安部发布的《网络犯罪程序意见》第五部分"关于电子数据的取证与审查"，对电子数据的收集、移送和审查作出全面规定。可以说，《解释》关于电子数据的规定，主要是基于刑事审判审查判断电子数据的角度；而《网络犯罪程序意见》的相关规定，则是将《解释》的相关规定落实到了电子数据的收集提取与移送展示环节。一言以蔽之，按照"审什么，取什么"的原则，《网络犯罪程序意见》对电子数据取证人员资质与技术要求、电子数据取证原则、收集提取电子数据的笔录制作要求、电子数据的移送规则和电子数据的鉴定与检验等问题作了明确规定，初步构建了电子数据的收集提取与移送展示规则。

3. 电子数据规则的丰富发展。总体而言，《解释》和《网络犯罪程序意见》关于电子数据的收集提取和审查判断的规定较为原则，操作性有待增强。而随着云计算、大数据等技术的发展，收集、提取电子数据的难度增加，取证的信息网络技术要求进一步增强，有必要作出新的针对性规定。基于此，为顺利开展涉电子数据刑事诉讼活动，2016 年 9 月最高人民法院、最高人民检察院、公安部发布的《刑事电子数据规定》进一步统一和细化了电子数据证据规则。可以说，《刑事电子数据规定》以刑事诉讼法为依据，沿用了《解释》和《网络犯罪程序意见》关于电子数据收集、提取、移送、审查的相关规定，同时针对司法实践出现的新情况、新问题，进一步贯彻证据裁判原则的要求，不断丰富发展电子数据收集提取和审查判断的规则。

53. 如何把握电子数据的范围与特点？

根据刑事诉讼法第五十条第二款的规定，电子数据是独立的证据种类。但是，电子数据实际上是传统证据种类的电子数据化。"同七种传统证据形式相比，应该说电子证据来源于七种证据，是将各种传统证据部分地剥离出来而泛称的一种新证据形式。"[①] 例如，过去共同犯罪人之间的共谋经常是当面或者通过电话、书信等方式进行，而现在很多共同犯罪人之间通过即时通讯工具进行共谋。信息化时代所获取的通讯记录这种书证的形式与传统的书证具有相当的差异，但如果抛去具体外在形式不论，这种通讯记录也是通过其所表示的内容来证明案情的，其实就是电子书证，即以电子数据形式存在的书证。因此，电子数据实际上就是电子数据形式的传统证据。如果不考虑存在形式，电子数据实际上并非独立的证据种类，任何电子数据都可以还原为其他证据种类。

目前，对于如何科学划分电子数据与其他证据种类的界限，存在不同认识。按照《刑事电子数据规定》第一条第一款"电子数据是案件发生过程中形成的，以数字化形式存储、处理、传输的，能够证明案件事实的数据"的规定，电子数据形式的实物证据属于电子数据的范畴，应当没有疑义。这实际上也反映了证据种类随着现代科学技术发展而变化的趋势。例如，视听资料的出现本身是现代科学技术发展的产物，而科学技术特别是信息技术的发展，又导致了音像资料本身的进一步发展：传统的音像资料主要储存在磁带、录像带、VCD、DVD 等实物中，但现在越来越多的音像资料是以电子数据的形式而存在的。在 1996 年刑事诉讼法施行期间，由于电子数据未被规定为独立的证据种类，电子数据在不少情况下都是被纳入视听资料的范

---

① 何家弘、刘品新：《证据法学》（第四版），法律出版社 2011 年版，第 185 页。

畴，从而用以证明犯罪事实的。① 这种做法是法学理论和实务针对立法局限的有效举措，无可厚非。但是，在刑事诉讼法已经将电子数据作为独立证据种类的背景下，对于以电子数据的形式而存在的音像资料不能再纳入视听资料的范畴，而应当作为电子数据加以运用。电子数据虽然与视听资料同列于刑事诉讼法第五十条第二款第八项，但并不能否认二者之间的区别，不能否认电子数据是独立的证据种类。我们认为，根据现行法律规定，电子数据不同于视听资料，二者之间存在明显区别，不存在交叉重合的地方。视听资料是指以录音、录像等形式储存，通过声音、图像来证明案件事实的证据材料。视听资料成为证据种类也是现代科学技术发展的产物，是录音磁带、录像带、唱片、CD、光盘等音像资料存储介质出现后被运用于证明案件事实的。如果说在电子数据成为独立的证据种类之前，有主张将以电子数据形式存在的视听资料也纳入视听资料的范畴的话，那么在 2012 年刑事诉讼法施行后，这类视听资料应当被纳入电子数据的范畴。因此，可以认为，电子数据是现代科学技术进一步发展的产物：以录音磁带、录像带、唱片、CD、光盘等实物存储介质存储的音像资料是视听资料；但是以电子数据形式存在的电子视听资料，则是电子数据。例如 QQ 视频语音聊天记录，虽然是音像资料，但是因为是以电子数据形式存在的，故不属于视听资料，而是电子数据。

　　实践中，对于电子数据形式的言词证据的种类归属，则存在较大争议。例如，讯问过程的录音录像究竟应归为"犯罪嫌疑人、被告人供述和辩解"，还是应归为"视听资料""电子数据"，或者既是"犯罪嫌疑人、被告人供述和辩解"也是"视听资料""电子数据"？实际上，按照《刑事电子数据规定》第一条第一款将电子数据限定为"案件发生过程中"的规定，案件发生后形成的证人证言、被害人陈述以及犯罪嫌疑人、被告人供述和辩

----

① 例如，有论者认为："视听资料是载有能够证明有关案件事实的内容的录音带、录像带、电影胶片、电子计算机的磁盘等，以其所载的音响、活动影像和图形，以及电子计算机所存储的资料等来证明案件事实的证据。"参见陈光中主编：《刑事诉讼法》（第三版），北京大学出版社、高等教育出版社 2009 年版，第 205 页。在这一界定中，至少有一部分电子数据，即电子计算机所存储的资料，被纳入视听资料的范畴。

解等电子化的言词证据应当排除在外。①②我们认为，上述规定将电子数据形式的言词证据不纳入电子数据的范畴是妥当的。主要理由有二：一是从长期刑事诉讼实践来看，对于言词证据就不宜单纯根据载体划入其他证据种类的范畴。以笔录形式记载的证人证言、被害人陈述以及犯罪嫌疑人、被告人供述和辩解等言词证据，虽然记载形式是笔录，但在证据分类上应纳入言词证据而非笔录的范畴。同理，以数字化形式记载的言词证据，虽然载体是电子数据，但在证据分类上也应纳入言词证据而非电子数据的范畴。二是将上述证据作为言词证据，更加符合人权保障的要求。根据刑事诉讼法的规定，不同类型的证据在取证方法、取证程序上有不同的要求，对有关证据审查判断的要点也不同。例如，对于以录像形式反映的犯罪嫌疑人口供，不仅要审查录像提取、保管、移送等是否符合相应要求，更要审查讯问的主体、方法、程序等是否符合法律规定。因此，将电子数据形式的言词证据作为言词证据进行审查判断，可以更为充分地保护刑事诉讼相关主体的合法权益。

54. 如何保护电子数据的完整性？

传统证据法认为，证据具有三性，即客观性、关联性和合法性。作为证据的种类之一，电子数据也无疑具有上述三性。在此，有必要探讨电子数据的真实性、特别是其下位概念"完整性"的有关问题。

与物证、书证等传统证据种类不同，电子证据以电子数据形式存在，本质上而言是以电子形式存储或者传输的数据。正是由于电子数据的存在形式，只需要敲击键盘，即可对其进行增加、删除、修改，故一般认为其具有易变性的特征。因此，如何防止电子数据被篡改或者破坏，即保证电子数据的完整性，是电子数据收集提取和审查判断过程中需要特别把握的一个问题。

完整性是指收集、提取的电子数据保持未被篡改、破坏的状态。从

---

① 当然，基于实践需要，对于"案件发生过程中"不应作过于狭义的把握，从而理解为必须是实行行为发生过程中。例如，性侵害犯罪发生前行为人与被害人往来的短信、网络诈骗实施前行为人设立的钓鱼网站等，只要与案件事实相关的，均可以视为"案件发生过程中"形成的电子数据。

② 特别是《刑事电子数据规定》第一条第三款进一步规定："以数字化形式记载的证人证言、被害人陈述以及犯罪嫌疑人、被告人供述和辩解等证据，不属于电子数据。确有必要的，对相关证据的收集、提取、移送、审查，可以参照适用本规定。"

《刑事电子数据规定》第二十二条、第二十三条的规定可以明显看出，电子数据完整性是真实性的要素之一，甚至是最重要的要素。基于此，《刑事电子数据规定》第 5 条规定了完整性的保护方法。具体而言，对作为证据使用的电子数据，应当采取以下一种或者几种方法保护电子数据的完整性：（1）扣押、封存电子数据原始存储介质。存储介质，是指具备数据信息存储功能的电子设备、硬盘、光盘、U 盘、记忆棒、存储卡、存储芯片等载体。原始存储介质即存储电子数据的原始载体。司法实践中，对于有条件扣押电子数据原始存储介质的，应当依法扣押并封存原始存储介质。（2）计算电子数据完整性校验值。完整性校验值，是指为防止电子数据被篡改或者破坏，使用散列算法等特定算法对电子数据进行计算，得出的用于校验数据完整性的数据值。实践中要求第一时间计算完整性校验值，并在笔录中注明。当需要验证电子数据是否完整，是否被增加、删除、修改时，便可以采用同一算法对电子数据再计算一次，将两次所得的值进行比较，如果一致则证明电子数据没有发生变化，如果不一致则证明电子数据发生了变化。（3）制作、封存电子数据备份。具体操作中，可以制作多个备份，封存其中部分备份件，将其余备份件用于进一步的侦查。（4）冻结电子数据。即通过技术手段，锁定相关电子数据，防止对其进行增加、删除、修改等操作。（5）对收集、提取电子数据的相关活动进行录像。鉴于录音相较于录像反映的信息量不足，此处要求录像，而非录音或者录像。（6）其他保护电子数据完整性的方法。需要强调的是，收集、提取电子数据的情形复杂多样，实践中应当灵活掌握相应的完整性保护方法，至少采取一种，有条件的情况下应当采取多种。

55. 如何把握初查过程中收集、提取的电子数据的使用？

目前，对于初查，有关司法解释和规范性文件规定了可以采取询问、查询、勘验、检查、鉴定、调取证据材料等不限制初查对象人身、财产权利的措施，但不得对初查对象采取强制措施和查封、扣押、冻结财产。但对于在初查过程中收集的电子数据是否能够作为证据使用，没有明确规定，实践中存在不同认识。经研究认为，根据刑事诉讼法和有关司法解释的规定，初查有相应法律依据。因此，在初查过程中依法收集调取的电子数据理当可以在刑事诉讼中作为证据使用。有的电子数据一旦收集、提取在案就无法重复收集、提取，如认为初查过程中收集、提取的电子数据不能作为证据使用，将严重影响依法追诉和惩治犯罪。因此，《刑事电子数据规定》第六条明确规定："初查过程中收集、提取的电子数据……可以作为证据使用。"需要特别注意的是，强制侦查措施、技术侦查措施只有在刑事立案后才能采取，故而，初查过程中采取上述侦查措施收集、提取的电子数据不具有合法性，应当依法排除。

56. 如何把握电子数据的取证主体与取证方法要求？

关于取证主体，《网络犯罪程序意见》第十三条要求："收集、提取电子数据，应当由二名以上具备相关专业知识的侦查人员进行。"但是，随着信息网络技术的发展，收集、提取电子数据已经成为一项基础性、普遍性侦查工作。例如，过去公安机关内部通常由网络安全保卫部门负责收集、提取电子数据，但在越来越多类型的案件涉及电子数据的情况下，经侦、治安、刑侦、禁毒等警种甚至派出所都需要承担相应的电子数据收集、提取任务，电子数据取证呈现普及化趋势。在这种情况下，《刑事电子数据规定》第七条顺应当前司法实践的发展变化，未再明确要求侦查人员具备相关专业知识，即"收集、提取电子数据，应当由二名以上侦查人员进行"。当然，对于技术性强的取证活动，应尽量选派具有相关专业知识的侦查人员收集、提取电子数据，以更好地完成相关取证工作。另需说明的是，实践中存在吸收社会技术人员协助提取电子数据的情况，此种情形下取证主体仍然是侦查人员，技术人员只是提供协助。

关于取证方法，《网络犯罪程序意见》第十三条规定："取证设备和过程应当符合相关技术标准。"但是，实践中发现，由于网络技术的发展和取证设备的发展日新月异，不断有新式取证设备投入实战，相关技术标准很难跟得上取证设备的发展；且还存在没有现成取证设备，需要现场研发的情形。为此，《刑事电子数据规定》第七条未再要求取证设备符合相关技术标准，仅要求"取证方法应当符合相关技术标准"。

57. 如何把握电子数据的取证规则？

为确保电子数据的真实性和完整性，《解释》第九十三条对电子数据的审查判断作了明确要求，其中确立的规则就是"以收集原始存储介质为原则，以直接提取电子数据为例外"。《网络犯罪程序意见》沿用上述原则，并作了进一步明确。《刑事电子数据规定》第八条、第九条对此进行了重申，并作了具体细化和进一步补充，正式确立了"以扣押原始存储介质为原则，以提取电子数据为例外，以打印、拍照、录像等方式固定为补充"的规则。

1. "原始存储介质"的概念。传统证据法坚持原始证据的优先性，要求据以定案的物证应当是原物，据以定案的书证应当是原件，从而限制物证复制品、书证复制件的证明力，以保障物证、书证的真实性，防止物证、书证在传播、复制过程中出现失真的现象，避免法官在采纳证据、认定事实方面出现错误的判断。[①] 然而，与传统证据种类不同，电子数据没有"原始电子数据"的概念，只有"原始存储介质"的概念。由于电子数据的电子性，电子数据不同于物证、书证等其他证据种类，其可以完全同原始存储介质分离开来。例如，存储在计算机的电子文档，可以同计算机这一存储介质分来开来，存储于移动硬盘、U 盘等存储介质之中。而且，对电子数据的复制可以确保与原数据的完全一致性，复制后的电子数据与原数据没有任何差异。与此不同，物证、书证等证据无法同原始存储介质完全区分开来，更无法采取确保与原物、原件完全一致的方式予以复制。例如，一封作为书证使用的书信，书信的原始内容无法同原始载体完全分离开来，只能存在于原始的纸张这一载体之上，即使采取彩色复印等方式进行复制，也无法确保复制后的书信同原件的完全一致性。不仅物证、书证等传统证据如此，视听资料这一随着技术发展而兴起的新型证据亦是如此。[②] 基于上述考虑，使用"原始电子数据"这个概念没有任何意义，对于电子数据而言，不存在"原始电子数据"的概念。但是，"电子数据原始存储介质"这个概念是有意义的，这表明电子数据是存储在原始的介质之中，即取证时是将存储介质予以扣押，并作为证据移送，而非运用移动存储介质将该电子数据从原始介质中提取，如直接从现场扣押行为人使用的电脑中提取。因此，可以将电子数据区分为电子数据是随原始存储介质移送，还是在无法移送原始存储介质的情况下（如大型服务器中的电子数据）通过其他存储介质予以收集。为保证电子数据的完整性，收集电子数据时应尽量获取电子数据原始存储介质，对于无法获取或者封存原始存储介质的，应当通过见证人、录音录像等方式确保其完

---

① 参见陈瑞华：《刑事证据法学》（第二版），北京大学出版社 2014 年版，第 114～115 页。
② 需要注意的是，这一论断的前提是，随着电子数据成为独立的证据种类，以电子数据形式存在的视听资料是电子数据，不再属于视听资料的范畴。

整性。

2. 扣押、封存原始存储介质。《刑事电子数据规定》第八条第一款规定："收集、提取电子数据，能够扣押电子数据原始存储介质的，应当扣押、封存原始存储介质，并制作笔录，记录原始存储介质的封存状态。"实践中，在可行的情况下，应尽量封存原始存储介质，以保证其完整性和真实性。同时，《刑事电子数据规定》第八条第二款、第三款对原始存储介质的封存要求作了专门规定："封存电子数据原始存储介质，应当保证在不解除封存状态的情况下，无法增加、删除、修改电子数据。封存前后应当拍摄被封存原始存储介质的照片，清晰反映封口或者张贴封条处的状况。""封存手机等具有无线通信功能的存储介质，应当采取信号屏蔽、信号阻断或者切断电源等措施。"需要强调的是，实践中对原始存储介质的封存方法灵活多样，既可以装入物证袋封存，又可以通过对电源接口以及机箱螺钉处加贴封条达到封存目的。但是，对于手机等具有无线通信功能的存储介质，除采取普通封存方式（如装入物证袋封存）外，还应当附加其他保护措施，如拔出电池，设置为飞行模式且关闭"寻回"功能，或者直接装入屏蔽袋（盒）。

3. 提取电子数据。《刑事电子数据规定》第九条规定可以在无法扣押原始存储介质的情况下提取电子数据（包括直接提取电子数据和通过网络在线提取电子数据）。具体包括如下情形：（1）原始存储介质不便封存的。从实践来看，有些情况下难以将原始存储介质封存或者全盘复制、提取，比如网络服务器一般采取集中存储的方式，其硬盘动辄成百上千T，但其中很多内容与案件无关，不必收集，在这种情况下一般只提取与案件相关的部分数据。（2）提取计算机内存数据、网络传输数据等不是存储在存储介质上的电子数据的。由于这些数据不是存储在存储介质之上，自然无法封存原始存储介质。而且，这些信息必须在开机运行的状态下获取，一旦关机或者重新启动系统，电子数据就会消失，难以再次获取。当然，此处的"存储介质"以稳定存储为前提，如果不作此限定，则传输电子数据的网线也可能瞬间存储电子数据，可以成为存储介质。这有悖于一般人的认知，明显不妥。（3）原始存储介质位于境外的。对位于境外的服务器无法直接获取原始存储介质，一般只能通过网络在线提取电子数据。对于远程计算机信息系统上的电子数据，也可以通过网络在线提取。（4）其他无法扣押原始存储介质的情形。

4. 通过打印、拍照、录像等方式固定。《刑事电子数据规定》对实践中存在的既不能扣押原始存储介质又不能提取电子数据情形下电子数据的固定方法作了补充规定。具体而言，实践中，数额较小的网络侵财类案件不仅数量大，而且涉及老百姓切身利益，社会广泛关注。这类案件大部分由派出所管辖，往往没有专业取证设备，无法提取电子数据，而受害人即使报案也不愿将手机交公安机关。再如，目前市场上出现了一种"阅后即焚"的通信模式，越来越多的即时通信软件具备了"阅后即焚"功能（比如"支付宝"和"钉钉"即时通信软件）。信息接收者收到信息后，点击阅读信息后数秒后自动删除，无法及时提取数据，并且难以恢复，即使扣押封存了也毫无意义。又如，船舶的导航系统等部分工控系统，只有操作界面，无接口可以导出数据，也无法把整个船舶或者大型系统扣押。基于此，《刑事电子数据规定》第十条明确规定："由于客观原因无法或者不宜依据第八条、第九条的规定收集、提取电子数据的，可以采取打印、拍照或者录像等方式固定相关证据，并在笔录中说明原因。"自此，电子数据取证确立了"以扣押原始存储介质为原则，以直接提取电子数据为例外，以打印、拍照、录像等方式固定为补充"的原则。

58. 如何把握网络远程勘验与通过网络在线提取电子数据的关系？

网络在线提取基本可以理解为是一个下载动作，既包括对公开的门户网站上的网页信息进行下载，也包括经网络远程勘验后下载。网络远程勘验是指通过网络对远程计算机信息系统实施勘验，发现、提取与犯罪有关的电子数据，记录计算机信息系统状态，判断案件性质，分析犯罪过程，确定侦查方向和范围，为侦查破案、刑事诉讼提供线索和证据的侦查活动。可以说，网络远程勘验的最终目的也是在线提取电子数据，但它有一个勘验的过程，甚至涉及技术侦查措施的使用。

鉴此，《刑事电子数据规定》第九条第二款、第三款对通过网络在线提取电子数据和网络远程勘验作了明确，即"对于原始存储介质位于境外或者远程计算机信息系统上的电子数据，可以通过网络在线提取。""为进一步查明有关情况，必要时，可以对远程计算机信息系统进行网络远程勘验。进行网络远程勘验，需要采取技术侦查措施的，应当依法经过严格的批准手续。"需要注意的是，网络远程勘验如涉及技术侦查措施的适用，必须按照有关规定依法经过严格的批准手续。

59. 如何把握电子数据的冻结？

随着云计算等信息技术的发展，越来越多的电子数据存储在云系统中。为适应实践需要，针对云计算、大数据环境下难以将海量数据封存、扣押，以及数据难以提取的问题，《刑事电子数据规定》第十一条、第十二条规定了电子数据的冻结。

具体而言，具有下列情形之一的，经县级以上公安机关负责人或者检察长批准，可以对电子数据进行冻结：（1）数据量大，无法或者不便提取的。如在一起传播淫秽物品牟利案中，涉案 70 个网络云盘涉及淫秽视频 150 余万部，共 1000T，如均需下载到硬盘中，将不必要地耗费大量资源。（2）提取时间长，可能造成电子数据被篡改或者灭失的。（3）通过网络应用可以更为直观地展示电子数据的。如在一起非法集资案中，大量电子数据是从云系统提取的，这些数据只有在云环境下才能方便地查看、筛选，为提取后查看、筛选这些数据，侦查机关不得已耗费了大量人力物力又搭建了一个相同的云环境，增加了不必要的办案成本。（4）其他需要冻结的情形。

关于冻结电子数据的具体操作，《刑事电子数据规定》第十二条明确规定："冻结电子数据，应当制作协助冻结通知书，注明冻结电子数据的网络应用账号等信息，送交电子数据持有人、网络服务提供者或者有关部门协助办理。解除冻结的，应当在三日内制作协助解除冻结通知书，送交电子数据持有人、网络服务提供者或者有关部门协助办理。""冻结电子数据，应当采取以下一种或者几种方法：（一）计算电子数据的完整性校验值；（二）锁定网络应用账号；（三）其他防止增加、删除、修改电子数据的措施。"实践中，部分服务提供商已经面向用户开展冻结服务，并且具备相关技术操作规范，技术上可行。下一步，有关部门将就冻结的具体技术问题制定相应行业标准，进一步保证适用的效果。

60. 如何把握收集、提取电子数据的笔录与见证要求？

《刑事电子数据规定》第十四条对收集、提取电子数据的笔录要求作了明确，规定："收集、提取电子数据，应当制作笔录，记录案由、对象、内容、收集、提取电子数据的时间、地点、方法、过程，并附电子数据清单，注明类别、文件格式、完整性校验值等，由侦查人员、电子数据持有人（提供人）签名或者盖章；电子数据持有人（提供人）无法签名或者拒绝签名的，应当在笔录中注明，由见证人签名或者盖章。有条件的，应当对相关活动进行录像。"

《刑事电子数据规定》第十五条对收集、提取电子数据的见证人问题作了明确，规定："收集、提取电子数据，应当根据刑事诉讼法的规定，由符合条件的人员担任见证人。由于客观原因无法由符合条件的人员担任见证人的，应当在笔录中注明情况，并对相关活动进行录像。""针对同一现场多个计算机信息系统收集、提取电子数据的，可以由一名见证人见证。"

Q问 61. 如何把握电子数据的检查？

答 电子数据同传统证据存在不同，传统物证、书证等在侦查过程中一般只涉及两个阶段，即现场勘验、搜查、提取、扣押阶段以及鉴定检验阶段，一般工作在现场即可完成，对于专门性技术问题通过鉴定检验就可以解决。但是，电子数据仅两个阶段并不能实现所有侦查目的，实践中，电子数据的形式与来源复杂多样，通过简单收集、提取的电子数据很难清晰证明某一犯罪事实，如提取了一个加密文件，需要解密后才能移送。对于这些问题，也不宜都作为专门性问题进行鉴定、检验。为此，对于电子数据需要在现场取证和鉴定、检验之间增加一个阶段，即扣押后由侦查人员对电子数据的进一步恢复、破解、统计、关联、比对等处理。该阶段处于现场取证和鉴定、检验之间，是现场取证工作的自然延续，不属于专门性技术问题的检验、鉴定。《刑事电子数据规定》第十六条第一款将这个过程规定为电子数据检查，即"对扣押的原始存储介质或者提取的电子数据，可以通过恢复、破解、统计、关联、比对等方式进行检查。必要时，可以进行侦查实验"。

上述规定施行以来，司法实践中争论较大的问题是，对于电子数据的检查是否需要见证人。见证人制度是我国刑事诉讼制度的重要组成部分。在刑事诉讼中，一些活动需要见证，以观察、监督公安、司法人员的刑事诉讼活动是否依法进行，相关笔录和清单的记录是否属实，确保刑事司法公正。《刑事电子数据规定》对收集、提取电子数据的见证人问题作了明确，第十五条第一款规定："收集、提取电子数据，应当根据刑事诉讼法的规定，由符合条件的人员担任见证人。由于客观原因无法由符合条件的人员担任见证人的，应当在笔录中注明情况，并对相关活动进行录像。"需要注意的是，相关电子数据取证活动是否需要由见证人进行见证，应当依据刑事诉讼法的规定予以确定。① 目前，并无规定明确要求见证人对电子数据检查进行见证，故不能以电子数据的检查环节没有见证人为由而认为其所获取的电子数据不具有完整性、真实性。从实践来看，要求电子数据的检查环节由见证人进行见证，不符合现实情况，且国外电子数据的检查环节也未见到此类规定和要求。但是，《刑事电子数据规定》对检查过程电子数据的真实性、完整性的保护问题作了专门规定。根据《刑事电子数据规定》第十六条第二款的规定，电子数据检查，应当对电子数据存储介质拆封过程进行录像，② 并将电子数据存储介质通过写保护设备接入到检查设备进行检查；有条件的，应当制作电子数据备份，对备份进行检查；无法使用写保护设备且无法制作备份的，应当注明原因，并对相关活动进行录像。实际上，上述规定严于见证人制度的要求，只要落到实处，可以确保电子数据的完整性。

62. 如何把握电子数据侦查实验？

刑事诉讼法第一百三十五条第一款规定："为了查明案情，在必要的时候，经公安机关负责人批准，可以进行侦查实验。"但是，当前是否可以进行电子数据侦查实验，缺乏明确规定。随着信息技术的发展，犯罪手法借助新技术不断翻新，电子数据侦查实验已经成为公安机关查明案情的重要侦查方法。例如，在一起手机木马吸费案中，行为人在手机生产时植入硬件级木马，不仅恶意吸收用户话费，而且利用用户手机大量发送诈骗短信，实施诈骗活动，单笔诈骗金额高达 500 万元。但是，当前对于生产时植入手机的木马实施诈骗的犯罪手法尚无专门的鉴定、检验技术，没有一家公安机关或者鉴定机构具备提取或者分析硬件级木马的能力，公安机关只有利用侦查实验分析硬件级手机木马功能，证明了被控制的手机数量等事实。基于此，

---

① 刑事诉讼法要求见证人对侦查活动进行见证的规定，主要有第一百三十三条"勘验、检查的情况应当写成笔录，由参加勘验、检查的人和见证人签名或者盖章"，第一百三十九条第一款"在搜查的时候，应当有被搜查人或者他的家属，邻居或者其他见证人在场"，第一百四十条"搜查的情况应当写成笔录，由侦查人员和被搜查人或者他的家属，邻居或者其他见证人签名或者盖章"，第一百四十二条"对查封、扣押的财物、文件，应当会同在场见证人和被查封、扣押财物、文件持有人查点清楚，当场开列清单一式二份，由侦查人员、见证人和持有人签名或者盖章，一份交给持有人，另一份附卷备查"。

② 与之相呼应的是，如前所述，《刑事电子数据规定》第八条第二款针对电子数据存储介质规定"封存前后应当拍摄被封存原始存储介质的照片，清晰反映封口或者张贴封条处的状况"。

《刑事电子数据规定》第十六条明确对电子数据可以进行侦查实验，并要求"进行侦查实验的，应当制作侦查实验笔录，注明侦查实验的条件、经过和结果，由参加实验的人员签名或者盖章"。

Q问 63. 如何把握电子数据的鉴定与检验？

办理网络犯罪案件，经常会涉及电子数据的专门性问题，如对电子数据存在疑问的，需要由司法鉴定机构出具鉴定意见。但是，目前具有电子数据鉴定资质的机构较少，难以满足办案实践需求。基于此，《刑事电子数据规定》第十七条确立了电子数据的专门性技术问题"鉴定与检验两条腿走路"原则，即"对电子数据涉及的专门性问题难以确定的，由司法鉴定机构出具鉴定意见，或者由公安部指定的机构出具报告。对于人民检察院直接受理的案件，也可以由最高人民检察院指定的机构出具报告"。关于这一制度的具体操作规定，下一步由公安部、最高人民检察院分别制定。

Q问 64. 如何把握电子数据的移送？

《刑事电子数据规定》第十八条、第十九条对电子数据的移送问题作了专门规定。具体而言：（1）考虑到电子数据存在易丢失的问题，同时也为了便于审查电子数据是否被改动，要求原始存储介质或者提取的电子数据以封存状态移送，并制作电子数据的备份一并移送。对于此处规定的备份，可以根据案件情况具体把握，不要求是全部电子数据，主要是与案件事实相关的电子数据。对于虽存储在已封存的存储介质中，但明显与案件事实无关的电子数据，可以不制作备份；而对于直接提取的电子数据，原则上应当全部制作备份。（2）对电子文档、图片等可以直接展示的电子数据，可以不移送打印件。但是，人民法院、人民检察院因设备等条件限制无法直接展示电子数据的，侦查机关应当随案移送打印件，或者附展示工具和展示方法说明。（3）对冻结的电子数据，应当移送被冻结电子数据的清单，注明类别、文件格式、冻结主体、证据要点、相关网络应用账号，并附查看工具和方法的说明。（4）对侵入、非法控制计算机信息系统的程序、工具以及计算机病毒等无法直接展示的电子数据，应当附电子数据属性、功能等情况的说明。（5）对于数据统计数量、数据同一性等证据审查判断中经常出现且审查的难度较大的问题，由侦查机关出具说明。

65. 如何把握电子数据的补充移送和补正？

针对实践中电子数据移送不规范的问题，《刑事电子数据规定》第二十条作了有针对性的规定："公安机关报请人民检察院审查批准逮捕犯罪嫌疑人，或者对侦查终结的案件移送人民检察院审查起诉的，应当将电子数据等证据一并移送人民检察院。人民检察院在审查批准逮捕和审查起诉过程中发现应当移送的电子数据没有移送或者移送的电子数据不符合相关要求的，应当通知公安机关补充移送或者进行补正。""对于提起公诉的案件，人民法院发现应当移送的电子数据没有移送或者移送的电子数据不符合相关要求的，应当通知人民检察院。""公安机关、人民检察院应当自收到通知后三日内移送电子数据或者补充有关材料。"

66. 如何把握庭审电子数据的展示？

《刑事电子数据规定》第二十一条规定可以根据电子数据的具体类型，借助多媒体设备出示、播放或者演示。必要时，可以聘请具有专门知识的人进行操作，并就相关技术问题作出说明。

67. 如何审查判断电子数据的真实性？

电子数据具有开放性特征，越来越与日益开放的互联网联系在一起，而网络电子数据的一个重要特点是可以不受时空限制获取数据。同时，电子数据又有易变性与稳定性并存的特征，一方面，只需要敲击键盘，即可对其进行增加、删除、修改；另一方面，绝大多数情况下对于电子数据的增加、删除、修改都会留有一定的痕迹，而且多数情况被破坏的数据都可以通过技术手段恢复到破坏前的状况。这些特征决定了对电子数据真实性审查不可避免要具有一定的技术性，同时，司法实务也希望能够出台更具操作性的审查规范。基于此，《刑事电子数据规定》第二十二条规定从五个方面审查电子数据的真实性：

1. 是否移送原始存储介质；在原始存储介质无法封存、不便移动时，有无说明原因，并注明收集、提取过程及原始存储介质的存放地点或者电子数据的来源等情况。

2. 电子数据是否具有数字签名、数字证书等特殊标识。数字签名，是指利用特定算法对电子数据进行计算，得出的用于验证电子数据来源和完整性的数据值。数字证书，是指包含数字签名并对电子数据来源、完整性进行认证的电子文件。实践中，可以通过对电子数据附带的数字签名或者数字证书进行认证，以验证电子数据的真实性。例如，从某黑客教学网站通过网络在线提取了一个公开下载的恶意软件，当审查该软件的真实性时，一般可以通过重复提取进行验证，但是可能出现该软件已经被网站删除而无法重复提取的情况。如果最初提取该软件时同时提取了该软件附带的数字签名（通常包含数字签名和网站证书，一般网站均带有证书），即使在网站上软件已被删除的情况下，通过验证数字签名仍然可以证明该软件来自该网站。实践中，对数字签名、数字证书的验证既可以由审判人员通过简单的软件工具进行验证，也可以请具有专门知识的人帮助验证，还可以请有关侦查人员进行验证演示。需要强调的是，并非所有的电子数据都有数字签名或者数字证书，不能因为电子数据没有数字签名或者数字证书就否定其真实性。

3. 电子数据的收集、提取过程是否可以重现。电子数据即使已经被提取，其提取过程仍然可以被完全、准确、一致地重现，审查电子数据时，也可以充分利用该特性通过复现收集、提取过程进行审查，比如审查电子数据检查过程中从扣押的原始存储介质中恢复的电子数据真实性时，除了审查扣押时的有关笔录和原始存储介质的封存状态外，还可以再次进行数据恢复，并比较两次数据恢复的内容是否相同。鉴于此，《刑事电子数据规定》提出了复现性审查来判断电子数据真实性的相应规则。需要强调的是，实践中并非所有的电子数据收集、提取过程都可以复现，比如拒绝服务攻击案件中从网络截取的攻击数据包，或者从计算机内存中提取的电子数据，这些数据在拒绝服务攻击结束或者计算机关机后就会消失，收集、提取过程无法复现，不能因收集、提取过程不能重现就否定电子数据的真实性。

4. 电子数据如有增加、删除、修改等情形的，是否附有说明。一般情况下，电子数据发生增加、删除、修改，其真实性必然受到质疑。但是，电子数据发生增加、删除、修改的，并不必然导致其不真实，例如：为了使部分损坏的视频文件能够正常播放，在视频文件的文件头增加某些信息；为了查看乱码电子文档，修改文档文件头的某些字节；或者为了打开部分损坏的电子图片，对文件错误的字节进行修改（通常修改的数据很少，目的是为了正常展示图片，不会影响图片的内容）。为此，在审查电子数据真实性时，当发现电子数据存在增加、删除、修改的情形时，应当作进一步审查：如果增删改是为了顺利展示或者分析电子数据，对电子数据所承载的内容或者证明的事实没有影响，可以认为其是真实的；如果故意篡改或者保管不当导致增删改，则无法保证电子数据所承载的内容不受影响，也就无法保证其真实性。

5. 电子数据的完整性是否可以保证。电子数据完整性是保证电子数据真实的重要因素，如果电子数据完整性遭到破坏，则意味着电子数据可能被篡改或者破坏，其真实性也无法保证。鉴于此，《刑事电子数据规定》在审查电子数据时，仍然从证据的三性出发，从真实性、合法性、关联性地角度提出审查要点。同时，将电子数据完整性纳入了真实性范畴，在进行真实性审查时必须进行完整性审查。《刑事电子数据规定》第二十三条以第五条规定的电子数据完整性保护方法为基础，规定了审查电子数据完整性的方法。具体而言：（1）对于扣押、封存电子数据原始存储介质的，应当审查原始存储介质的扣押、封存状态；（2）对收集、提取电子数据的相关活动进行录像的，应当审查电子数据的收集、提取过程，查看录像；（3）对计算电子数据的完整性校验值的，应当比对电子数据完整性校验值；（4）对制作、封存电子数据备份的，应当与备份的电子数据进行比较；（5）对冻结的电子数据，应当审查冻结后的访问操作日志（访问操作日志，是指为审查电子数据是否被增加、删除或者修改，由计算机信息系统自动生成的对电子数据访问、操作情况的详细记录）；（6）其他方法。

Q问 68. 如何审查判断电子数据的合法性？

答 对于收集、提取电子数据合法性的审查判断，《刑事电子数据规定》第二十四条从以下几个方面作了规定：（1）收集、提取电子数据是否由二名以上侦查人员进行，取证方法是否符合相关技术标准。（2）收集、提取电子数据，是否附有笔录、清单，并经侦查人员、电子数据持有人（提供人）、见证人签名或者盖章；没有持有人（提供人）签名或者盖章的，是否注明原因；对电子数据的类别、文件格式等是否注明清楚。（3）是否依照有关规定由符合条件的人员担任见证人，是否对相关活动进行录像。审查见证人签名或者录像，是核实电子数据完整性的必要手段，应当对上述情况进行审查。需要注意的是，通常只有在刑事诉讼法及有关规定要求见证人见证的情况下，才应审查是否由符合条件的人员担任见证人，在无见证人的情况下，审查是否对相关活动进行了录像。（4）对于进行电子数据检查的，还应当审查检查过程是否将电子数据存储介质通过写保护设备接入到检查设备；有条件的，是否制作电子数据备份，并对备份进行检查；无法制作备份且无法使用写保护设备的，是否附有录像。

69. 如何审查判断电子数据的关联性？

司法实践中经常遇到虚拟身份与真实身份对应以及存储介质的关联判断问题。例如，经常出现一人使用多个虚拟身份，或一个虚拟身份多人使用，多人共享同一上网线路的情况。同时由于部分网络服务提供商不保存日志，或移动上网日志中只保存 IP 地址和时间，不保存端口号，导致 IP 地址无法对应到唯一当事人或 IP 地址无法落地，虚实身份关联的唯一性难以认定。为方便司法适用，《刑事电子数据规定》第二十五条规定："认定犯罪嫌疑人、被告人的网络身份与现实身份的同一性，可以通过核查相关 IP 地址、网络活动记录、上网终端归属、相关证人证言以及犯罪嫌疑人、被告人供述和辩解等进行综合判断。""认定犯罪嫌疑人、被告人与存储介质的关联性，可以通过核查相关证人证言以及犯罪嫌疑人、被告人供述和辩解等进行综合判断。"需要注意的是，对于存储介质的关联性判断，还可以提取必要的指纹、DNA 等痕迹物证进行综合判断。

70. 如何把握电子数据的补正与排除？

结合司法实践，《刑事电子数据规定》第二十七条列举了五种收集、提取电子数据存在瑕疵的情形：（1）未以封存状态移送的；（2）笔录或者清单上没有侦查人员、电子数据持有人（提供人）、见证人签名或者盖章的；（3）对电子数据的名称、类别、格式等注明不清的；（4）有其他瑕疵的。对于具有上述情形之一的电子数据，经补正或者作出合理解释的，可以采用；不能补正或者作出合理解释的，不得作为定案的根据。

此外，《刑事电子数据规定》第二十八条规定电子数据具有下列情形之一的，应当予以排除：（1）对电子数据结合证人证言、被告人供述、被害人陈述等其他证据材料，通过庭外调查核实及鉴定、检验等方式综合审查后，确定电子数据系篡改、伪造或者无法确定真伪的，应当排除。（2）经综合审查，证明电子数据确被增加、删除、修改，并且影响电子数据真实性的（即非前文所述的善意增删改情形），应当排除。（3）其他无法保证电子数据真实性的情形。对于电子数据应当着重审查其真实性，如果通过综合审查判断，仍然无法保证真实性的，则应当排除。

第八节 非法证据排除程序

Q 问 Question **71. 如何正确认识刑事诉讼法关于非法证据排除程序规定的意义?**

答 1996 年刑事诉讼法虽然没有明确规定非法证据排除规则，但立法和司法实践都体现和贯彻了非法证据排除规则的精神。1996 年刑事诉讼法第四十三条规定:"严禁刑讯逼供和以威胁、引诱、欺骗以及其他非法的方法收集证据。"而司法解释和其他规范性文件更是进一步对非法证据排除作出了规定，如《1998 年解释》第六十一条规定:"严禁以非法的方法收集证据。凡经查证确实属于采用刑讯逼供或者威胁、引诱、欺骗等非法的方法取得的证人证言、被害人陈述、被告人供述，不能作为定案的根据。"[1]而《非法证据排除规定》就办理刑事案件排除非法证据若干问题的规定作出了具体规定。[2] 从这些规定可以看出，虽然还存在诸如未将非法证据排除规则写入刑事诉讼法、未明确规定非法实物证据排除规则等不完善的地方，但总体而言，在这一阶段，我国实际上初步确立并在刑事司法实践中坚持了非法证据排除规则。

为从制度上进一步遏制刑讯逼供和其他非法收集证据的行为，维护司法公正和刑事诉讼参与人的合法权利，2012 年刑事诉讼法修改，进一步完善

---

[1] 此外，1999 年 1 月 18 日最高人民检察院颁布的《人民检察院刑事诉讼规则》第二百六十五条规定:"严禁以非法的方法收集证据。以刑讯逼供或者威胁、引诱、欺骗等非法的方法收集的犯罪嫌疑人供述、被害人陈述、证人证言，不能作为指控犯罪的根据。人民检察院审查起诉部门在审查中发现侦查人员以非法方法收集犯罪嫌疑人供述、被害人陈述、证人证言的，应当提出纠正意见，同时应当要求侦查机关另行指派侦查人员重新调查取证，必要时人民检察院也可以自行调查取证。侦查机关未另行指派侦查人员重新调查取证的，可以依法退回侦查机关补充侦查。"1998 年 5 月 14 日公安部颁布的《公安机关办理刑事案件程序规定》第八条规定:"公安机关办理刑事案件，必须重证据，重调查研究，不轻信口供，严禁刑讯逼供。"第五十一条规定:"公安机关必须依照法定程序，收集能够证实犯罪嫌疑人有罪或者无罪、犯罪情节轻重的各种证据。严禁刑讯逼供和以威胁、引诱、欺骗或者其他非法的方法收集证据。必须保证一切与案件有关或者了解案情的公民，有客观充分地提供证据的条件，除特殊情况外，并且可以吸收他们协助调查。"

[2] 该规定在维持前述最高人民法院司法解释关于非法言词证据绝对排除的原则的基础上，首次对非法实物证据的排除规则予以明确，第十四条规定:"物证、书证的取得明显违反法律规定，可能影响公正审判的，应当予以补正或者作出合理解释，否则，该物证、书证不能作为定案的根据。"

了非法证据排除制度：（1）在 1996 刑事诉讼法关于严禁刑讯逼供和以威胁、引诱、欺骗以及其他非法方法收集证据的规定后，增加不得强迫任何人证实自己有罪的规定。（2）规定采用刑讯逼供等非法方法收集的犯罪嫌疑人、被告人供述和采用暴力、威胁等非法方法收集的证人证言、被害人陈述，应当予以排除；收集物证、书证不符合法定程序，可能严重影响司法公正的，对该证据也应当予以排除。同时，规定人民法院、人民检察院和公安机关都有排除非法证据的义务，并规定法庭审理过程中对非法证据排除的调查程序。（3）针对司法实践中刑讯逼供行为多发生于将犯罪嫌疑人送交看守所之前的情况作出了针对性的规定。

应当说，在刑事诉讼法中明确规定非法证据排除规则，使得我国关于非法证据排除规定的效力位阶从司法解释、规范性文件上升到国家基本法律的高度，进一步完善我国的非法证据排除制度，有利于防范侦查人员对公民权利的不当侵犯，规范刑事侦查行为，维护司法公正，也符合国际刑事诉讼立法趋势，应当予以充分肯定。根据立法规定，《解释》第四章设置了第八节"非法证据排除"专节，对非法证据的外延、非法证据排除程序等问题作出了明确规定。

党的十八届三中全会明确提出，严禁刑讯逼供、体罚虐待，严格实行非法证据排除规则；四中全会进一步要求，健全落实非法证据排除等法律原则的法律制度，加强对刑讯逼供和非法取证的源头预防。这是党中央在全面推进依法治国、加快建设社会主义法治国家背景下作出的重大司法改革部署。这项改革事关依法惩罚犯罪、切实保障人权，是保证司法公正、提高司法公信力的重要举措，对证据制度乃至刑事诉讼制度改革具有深远影响。2017 年 4 月 18 日，中央全面深化改革领导小组第 34 次会议审议通过《排除非法证据规定》，最高人民法院、最高人民检察院、公安部、国家安全部、司法部共同会签并正式下发执行。2017 年 11 月，最高人民法院印发《排除非法证据规程》，重申中央改革文件对非法证据范围的规定，重点针对非法证据排除程序适用中存在的启动难、证明难、认定难、排除难等问题，进一步明确人民法院审查和排除非法证据的具体规则和流程。

Q问 72. 如何把握非法证据的标准？

答 所谓排除非法证据，是指在刑事诉讼中，对于以非法方法收集的证据，应当予以排除，不得作为认定被告人有罪的根据。依据刑事诉讼法第五十六条的规定，非法证据包括非法言词证据和非法实物证据。

1. 非法言词证据。对于采用刑讯逼供等非法方法收集的犯罪嫌疑人、被告人供述和采用暴力、威胁等非法方法收集的证人证言、被害人陈述，应当一律予以排除。证人证言、被害人陈述、犯罪嫌疑人、被告人供述系言词证据，可变性较强，容易受到外界的干扰形成有违案件事实的证据。因此，各国对采用刑讯逼供、暴力、威胁等方法非法收集的言词证据，通常都是规定绝对排除。刑事诉讼法也坚持了这一立场，对非法言词证据予以绝对排除。

概言之，所谓非法言词证据，就是违反法律规定收集的证人证言、被害人陈述、犯罪嫌疑人、被告人供述等证据。根据刑事诉讼法第五十六条的规定，非法言词证据可以大致划分为两类：（1）采用刑讯逼供等非法方法收集的犯罪嫌疑人、被告人供述。根据《排除非法证据规程》第一条第一款的规定，采用下列非法方法收集的被告人供述，应当予以排除：①采用殴打、违法使用戒具等暴力方法或者变相肉刑的恶劣手段，使被告人遭受难以忍受的痛苦而违背意愿作出的供述；②采用以暴力或者严重损害本人及其近亲属合法权益等进行威胁的方法，使被告人遭受难以忍受的痛苦而违背意愿作出的供述；③采用非法拘禁等非法限制人身自由的方法收集的被告人供述。对于重复性供述的排除，《排除非法证据规程》第一条第二款规定，采用刑讯逼供方法使被告人作出供述，之后被告人受该刑讯逼供行为影响而作出的与该供述相同的重复性供述，应当一并排除，但下列情形除外：①侦查期间，根据控告、举报或者自己发现等，侦查机关确认或者不能排除以非法方法收集证据而更换侦查人员，其他侦查人员再次讯问时告知诉讼权利和认罪的法律后果，被告人自愿供述的；②审查逮捕、审查起诉和审判期间，检察人员、审判人员讯问时告知诉讼权利和认罪的法律后果，被告人自愿供述的。（2）采用暴力、威胁等非法方法收集的证人证言、被害人陈述。《排除非法证据规程》第二条规定："采用暴力、威胁以及非法限制人身自由等非法方法收集的证人证言、被害人陈述，应当予以排除。"

2. 非法实物证据。对于违反法律规定收集的物证、书证，应当有选择地予以排除。物证、书证属于实物证据的范畴，实物证据不同于言词证据，具有不以人的意志为转移的客观性，故不宜根据其获取手段的非法性作一律排除。正如有学者所指出的，通过对欧美国家证据排除规则的考察，绝对的非法证据排除规则存在诸多弊端，相对的非法证据排除规则具有极大的优越性，我国应确立相对的非法证据排除规则。① 基于对我国经济社会发展情况和现实司法实践，刑事诉讼法采纳了相对的非法证据排除规则，第五十六条第一款规定："收集物证、书证不符合法定程序，可能严重影响司法公正的，应当予以补正或者作出合理解释；不能补正或者作出合理解释的，对该证据应当予以排除。"《排除非法证据规程》第三条进一步规定："采用非法搜查、扣押等违反法定程序的方法收集物证、书证，可能严重影响司法公正的，应当予以补正或者作出合理解释；不能补正或者作出合理解释的，对有关证据应当予以排除。"

之所以对书证、物证相对排除，而非绝对排除，主要考虑如下：（1）实物证据不同于言词证据的特点，在很多案件中这些证据具有唯一性，往往不可替代，而且实物证据具有一定的客观性，能够较真实地反映案件事实，一律排除不符合实际，不利于对犯罪的惩治。（2）非法收集物证、书证的情况比较复杂，有的情节比较轻微，且可以通过补正和说明情况，解决证据的合法性和真实性问题，不宜一律排除。（3）当前，我国取得实物证据的手段、条件尚不完备，刑事侦查的科学技术手段尚落后于同刑事犯罪斗争的实际需要。所以，对非法实物证据只能实行有限、附条件的排除。（4）从世界范围来看，即使在英美等发达国家，也不是对非法收集的物证、书证一律排除。例如，20 世纪 80 年代以来，面对日益汹涌的犯罪浪潮，美国联邦最高法院对非法证据排除规则逐步设立了一些例外规则，如"最终或者必然发现的例外""善意的例外""在国外取得的证据的例外"等。②目前，世界各国对于非法获取的证人证言等言词证据通常都规定一律予以排除，但是

---

① 此种主张的主要考虑是：国民的心理承受能力决定了不能将所有的非法证据全部予以排除；刑事诉讼的目的决定了对一些非法获得的物证不可能绝对排除；物证不以人的主观意志的客观实在性决定了获取不当一般不能改变物证的这一属性；确立相对的非法证据排除规则也是国际上的通例。参见樊崇义等：《刑事诉讼法修改专题研究报告》，中国人民公安大学出版社2004 年版，第 258 ~ 259 页。

② 参见陈光中主编：《刑事诉讼法》（第三版），北京大学出版社、高等教育出版社 2009 年版，第 182 页。

对于非法实物证据的排除各国有不同的规定。

对于刑事诉讼法第五十六条第一款规定的违反法定程序收集物证、书证，是否"可能严重影响司法公正"，可以根据案件的具体情况予以判断。《解释》第九十五条第二款规定："认定刑事诉讼法第五十四条（修改后刑事诉讼法第五十六条）规定的'可能严重影响司法公正'，应当综合考虑收集物证、书证违反法定程序以及所造成后果的严重程度等情况。"一般而言，可以考量以下情节：（1）收集物证、书证行为违反法定程序的程度。非法收集物证、书证的行为，可能是违反法律规定的违法行为，也可能是涉嫌或者构成刑讯逼供罪、暴力取证罪或者其他犯罪的犯罪行为。因此，可以从收集物证、书证行为的非法性程度判断该收集行为是否可能严重影响司法公正。通常而言，收集物证、书证行为涉嫌或者构成犯罪的，该违反法定程序收集物证、书证的行为可以认定为"可能严重影响司法公正"。（2）违反法定程序收集物证、书证手段所侵害的法益及其程度。违反法律规定收集物证、书证可能有多种手段，有直接针对生命、健康的侵害，也有针对其他人身权利的侵害，还有仅仅是采用威胁、欺骗等手段；程度也可能有多种，有严重的侵害，也有较为轻微的侵害。一般而言，非法收集物证、书证的手段对于生命、健康造成严重侵害的，应认定为"可能严重影响司法公正"。（3）违反法定程序收集物证、书证的司法工作人员的主观罪过。司法工作人员在非法收集物证、书证的过程中，既可能存在故意，也可能存在过失。对于违反法定程序收集物证、书证的行为，主观罪过程度轻，且没有其他严重情节的，一般不宜认定为"可能严重影响司法公正"。（4）违反法定程序收集物证、书证的重要性程度。非法收集物证、书证的情况较为复杂，可能是整个案件的关键性证据，也可能是一般证据，甚至是一些无关紧要的证据。如果关键性证据系违反法律规定收集的，则"可能严重影响司法公正"。

73. 如何把握非法证据排除申请？

刑事诉讼法第五十八条第二款规定："当事人及其辩护人、诉讼代理人有权申请人民法院对以非法方法收集的证据依法予以排除。申请排除以非法方法收集的证据的，应当提供相关线索或者材料。"根据上述规定，对于非法证据排除申请，需要注意以下问题：

1. 申请排除非法证据的主体。为了更好地发挥非法证据排除制度的功能，依法保证当事人的合法权益，刑事诉讼法规定申请的主体包括当事人及其辩护人、诉讼代理人。

2. 申请排除非法证据的形式。根据《排除非法证据规程》第五条第二款的规定，被告人及其辩护人申请排除非法证据，应当向人民法院提交书面申请。被告人书写确有困难的，可以口头提出申请，但应当记录在案，并由被告人签名或者捺印。

3. 申请排除非法证据的时间。法律对权利人提出申请规定了较为宽泛的时间，但通过实践操作发现，如果不对权利人提出申请的时间进行适度引导和恰当的限制，很容易导致相关人在庭审中滥用权利。一旦权利人当庭提出的线索促使审判人员启动调查程序，公诉人员面对突然来袭的非法证据申请，很难即刻举证证明，而休庭准备相关证据势必会拖延诉讼进程。而且，从司法实践来看，个别案件中，非法证据排除占据开庭审理过多时间，导致庭审主次不分。完全的庭中排除使得庭审活动偏离了定罪量刑的主题，审判人员及控辩双方忽视了对案件事实真相的调查，庭审的中心功能没有实现。为避免诉讼资源被无谓地浪费，非法证据排除申请的提出应当被适度引导。刑事诉讼法第一百八十七条第二款规定了庭前会议制度，专门规定审判人员在开庭以前可以召集公诉人、当事人和辩护人、诉讼代理人，就非法证据排除问题，了解情况，听取意见。因此，有必要充分利用庭前会议程序，尽量在庭前解决非法证据排除问题。因此，《排除非法证据规程》第九条规定："被告人及其辩护人申请排除非法证据，应当在开庭审理前提出，但在庭审期间发现相关线索或者材料等情形除外。"

4. 非法证据排除申请的条件。为了保证对非法证据调查的顺利进行，避免申请和启动非法证据排除程序的随意性，规定申请非法证据排除应当提供线索或者材料。而且，提供线索或者材料均可，而线索的范围比较广泛，申请人提供应当不困难。考虑到被告方提供材料难以做到，才规定了被告方承担举证责任的最低要求，即提供线索即可。这不仅是应当的，而且是能够做到的。《排除非法证据规程》第五条第一款规定："被告人及其辩护人申请排除非法证据，应当提供相关线索或者材料。'线索'是指内容具体、指向明确的涉嫌非法取证的人员、时间、地点、方式等；'材料'是指能够反映非法取证的伤情照片、体检记录、医院病历、讯问笔录、讯问录音录像或者同监室人员的证言等。"

5. 证据收集合法性的庭前审查。根据《排除非法证据规程》第七条的规定，开庭审理前，承办法官应当阅卷，并对证据收集的合法性进行审查：（1）被告人在侦查、审查起诉阶段是否提出排除非法证据申请；提出申请的，是否提供相关线索或者材料；（2）侦查机关、人民检察院是否对证据收集的合法性进行调查核实；调查核实的，是否作出调查结论；（3）对于重大案件，人民检察院驻看守所检察人员在侦查终结前是否核查讯问的合法性，是否对核查过程同步录音录像；进行核查的，是否作出核查结论；（4）对于人民检察院在审查逮捕、审查起诉阶段排除的非法证据，是否随案移送并写明为依法排除的非法证据。人民法院对证据收集的合法性进行审查后，认为需要补充证据材料的，应当通知人民检察院在3日内补送。

6. 申请非法证据排除的权利告知。根据《排除非法证据规程》第八条的规定，人民法院向被告人及其辩护人送达起诉书副本时，应当告知其有权在开庭审理前申请排除非法证据并同时提供相关线索或者材料。上述情况应当记录在案。被告人申请排除非法证据，但没有辩护人的，人民法院应当通知法律援助机构指派律师为其提供辩护。

7. 非法证据排除申请的审查。根据《排除非法证据规程》第十条、第十一条的规定，人民法院受理被告人及其辩护人的非法证据排除申请后，对申请的审查处理可以分为以下三种情形：（1）被告人及其辩护人申请排除非法证据，并提供相关线索或者材料的，人民法院应当召开庭前会议，并在召开庭前会议3日前将申请书和相关线索或者材料的复制件送交人民检察院。（2）被告人及其辩护人申请排除非法证据，未提供相关线索或者材料的，人民法院应当告知其补充提交。被告人及其辩护人未能补充的，人民法院对申请不予受理，并在开庭审理前告知被告人及其辩护人。上述情况应当记录在案。（3）对于可能判处无期徒刑、死刑或者黑社会性质组织犯罪、严重毒品犯罪等重大案件，被告人在驻看守所检察人员对讯问的合法性进行核查询问时，明确表示侦查阶段没有刑讯逼供等非法取证情形，在审判阶段又提出排除非法证据申请的，应当说明理由。人民法院经审查对证据收集的合法性没有疑问的，可以驳回申请。驻看守所检察人员在重大案件侦查终结前未对讯问的合法性进行核查询问，或者未对核查询问过程全程同步录音录像，被告人及其辩护人在审判阶段提出排除非法证据申请，提供相关线索或者材料，人民法院对证据收集的合法性有疑问的，应当依法进行调查。

Q 问 **74. 如何把握庭前会议就非法证据排除申请了解情况、听取意见?**

答 根据刑事诉讼法第一百八十七条第二款的规定,在开庭以前,审判人员可以召集公诉人、当事人和辩护人、诉讼代理人,对非法证据排除问题,了解情况,听取意见。《排除非法证据规程》规定,被告人及其辩护人申请排除非法证据,并提供相关线索或者材料的,人民法院应当召开庭前会议。具体而言:

1. 庭前会议对证据合法性审查的步骤。在庭前会议中,人民法院对证据收集的合法性进行审查的,一般按照以下步骤进行:(1)被告人及其辩护人说明排除非法证据的申请及相关线索或者材料;(2)公诉人提供证明证据收集合法性的证据材料;(3)控辩双方对证据收集的合法性发表意见;(4)控辩双方对证据收集的合法性未达成一致意见的,审判人员归纳争议焦点。

2. 庭前会议证明证据合法性的方式。在庭前会议中,人民检察院应当通过出示有关证据材料等方式,有针对性地对证据收集的合法性作出说明。人民法院可以对有关材料进行核实,经控辩双方申请,可以有针对性地播放讯问录音录像。

3. 庭前会议对证据收集合法性争议的处理方式。(1)在庭前会议中,人民检察院可以撤回有关证据。撤回的证据,没有新的理由,不得在庭审中出示。(2)被告人及其辩护人可以撤回排除非法证据的申请。撤回申请后,没有新的线索或者材料,不得再次对有关证据提出排除申请。(3)控辩双方在庭前会议中对证据收集的合法性达成一致意见的,法庭应当在庭审中向控辩双方核实并当庭予以确认。对于一方在庭审中反悔的,除有正当理由外,法庭一般不再进行审查。(4)控辩双方在庭前会议中对证据收集的合法性未达成一致意见,人民法院应当在庭审中进行调查,但公诉人提供的相关证据材料确实、充分,能够排除非法取证情形,且没有新的线索或者材料表明可能存在非法取证的,庭审调查举证、质证可以简化。

需要注意的是,审判人员应当在庭前会议报告中说明证据收集合法性的审查情况,主要包括控辩双方的争议焦点以及就相关事项达成的一致意见等内容。

75. 如何把握法庭审理阶段对非法证据排除申请的调查？

根据刑事诉讼法、《解释》和《排除非法证据规程》的规定，法庭审理阶段对非法证据排除申请的调查应当注意以下问题：

1. 对当庭提出的非法证据排除申请的处理。被告人及其辩护人在开庭审理前未申请排除非法证据，在庭审过程中提出申请的，应当说明理由。人民法院经审查，对证据收集的合法性有疑问的，应当进行调查；没有疑问的，应当驳回申请。人民法院驳回排除非法证据的申请后，被告人及其辩护人没有新的线索或者材料，以相同理由再次提出申请的，人民法院不再审查。

2. 先行当庭调查原则与例外。人民法院决定对证据收集的合法性进行法庭调查的，应当先行当庭调查。对于被申请排除的证据和其他犯罪事实没有关联等情形，为防止庭审过分迟延，可以先调查其他犯罪事实，再对证据收集的合法性进行调查。需要注意的是，《排除非法证据规程》第四条规定："依法予以排除的非法证据，不得宣读、质证，不得作为定案的根据。"第十八条第二款进一步强调："在对证据收集合法性的法庭调查程序结束前，不得对有关证据宣读、质证。"

3. 证据收集合法性的法庭调查步骤。法庭决定对证据收集的合法性进行调查的，一般按照以下步骤进行：（1）召开庭前会议的案件，法庭应当在宣读起诉书后，宣布庭前会议中对证据收集合法性的审查情况，以及控辩双方的争议焦点；（2）被告人及其辩护人说明排除非法证据的申请及相关线索或者材料；（3）公诉人出示证明证据收集合法性的证据材料，被告人及其辩护人可以对相关证据进行质证，经审判长准许，公诉人、辩护人可以向出庭的侦查人员或者其他人员发问；（4）控辩双方对证据收集的合法性进行辩论。

4. 证据收集合法性的证明责任与证明方式。刑事诉讼法第五十九条第一款规定："在对证据收集的合法性进行法庭调查的过程中，人民检察院应当对证据收集的合法性加以证明。"根据这一规定，在法庭调查中，对证据收集的合法性的证明责任由人民检察院承担，人民检察院应当对证据收集的合法性加以证明。这种举证责任倒置的规定是国际通行的做法。据此，《排除非法证据规程》第六条进一步规定："证据收集合法性的举证责任由人民检察院承担。""人民检察院未提供证据，或者提供的证据不能证明证据收集的合法性，经过法庭审理，确认或者不能排除以非法方法收集证据情形的，对有关证据应当予以排除。"

刑事诉讼法第五十九条第二款规定："现有证据材料不能证明证据收集的合法性的，人民检察院可以提请人民法院通知有关侦查人员或者其他人员出庭说明情况；人民法院可以通知有关侦查人员或者其他人员出庭说明情况。有关侦查人员或者其他人员也可以要求出庭说明情况。经人民法院通知，有关人员应当出庭。"《排除非法证据规程》进一步规定，公诉人对证据收集的合法性加以证明，可以出示讯问笔录、提讯登记、体检记录、采取强制措施或者侦查措施的法律文书、侦查终结前对讯问合法性的核查材料等证据材料，也可以针对被告人及其辩护人提出异议的讯问时段播放讯问录音录像，提请法庭通知侦查人员或者其他人员出庭说明情况。不得以侦查人员签名并加盖公章的说明材料替代侦查人员出庭。庭审中，公诉人当庭不能举证或者为提供新的证据需要补充侦查，建议延期审理的，法庭可以同意。

此外，《排除非法证据规程》进一步规定了被告人及其辩护人出示和申请调取相关材料以及申请通知相关人员出庭的问题。被告人及其辩护人可以出示相关线索或者材料，并申请法庭播放特定讯问时段的讯问录音录像。被告人及其辩护人向人民法院申请调取侦查机关、人民检察院收集但未提交的讯问录音录像、体检记录等证据材料，人民法院经审查认为该证据材料与证据收集的合法性有关的，应当予以调取；认为与证据收集的合法性无关的，应当决定不予调取，并向被告人及其辩护人说明理由。被告人及其辩护人申请人民法院通知侦查人员或者其他人员出庭说明情况，人民法院认为确有必要的，可以通知上述人员出庭。

需要注意的是，播放同步录音录像资料应当具有一定的针对性，不宜全程播放。根据法律规定和司法实践，讯问被告人的同步录音录像，动辄十几个小时，甚至更长的时间，如果全程播放录音录像资料，会严重影响庭审效率，而且，全程播放也没有必要。因此，如果围绕当事人及其辩护人、诉讼代理人提出的相关线索或者材料，进行有针对性的播放审查，既能对被告人供述的合法性进行有效审查，也能促进庭审效率的提升。例如，江苏省常州市高新区法院在审理被告人钱某一案中，关于"侦查人员是否用警棍打击被告人膝盖和有无伤痕"，侦查人员出庭作证说，案发后曾带被告人回家搜查，并允许其在家中脱下秋衣、换上冬衣，当时被告人家人均在现场，未看见膝伤。随后，公诉人播放当日的同步录音录像，并将画质定格在其完好无损的两膝上。最终，法庭采纳了侦查人员的证言。①

5. 法庭对证据收集合法性调查的审查方法。法庭对证据收集的合法性进行调查的，应当重视对讯问录音录像的审查，重点审查以下内容：（1）讯问录音录像是否依法制作。对于可能判处无期徒刑、死刑的案件或者其他重大犯罪案件，是否对讯问过程进行录音录像。（2）讯问录音录像是否完整。是否对每一次讯问过程录音录像，录音录像是否全程不间断进行，是否有选择性录制、剪接、删改等情形。（3）讯问录音录像是否同步制作。录音录像是否自讯问开始时制作，至犯罪嫌疑人核对讯问笔录、签字确认后结束；讯问笔录记载的起止时间是否与讯问录音录像反映的起止时间一致。（4）讯问录音录像与讯问笔录的内容是否存在差异。对与定罪量刑有关的内容，讯问笔录记载的内容与讯问录音录像是否存在实质性差异，存在实质性差异的，以讯问录音录像为准。

此外，侦查人员或者其他人员出庭的，应当向法庭说明证据收集过程，并就相关情况接受发问。对发问方式不当或者内容与证据收集的合法性无关的，法庭应当制止。经人民法院通知，侦查人员不出庭说明情况，不能排除以非法方法收集证据情形的，对有关证据应当予以排除。

人民法院对控辩双方提供的证据来源、内容等有疑问的，可以告知控辩双方补充证据或作出说明；必要时，可以宣布休庭，对证据进行调查核实。法庭调查核实证据，可以通知控辩双方到场，并将核实过程记录在案。对于控辩双方补充的和法庭庭外调查核实取得的证据，未经当庭出示、质证等法庭调查程序查证属实，不得作为证明证据收集合法性的根据。

6. 对证据收集合法性的调查决定。人民法院对证据收集的合法性进行调查后，应当当庭作出是否排除有关证据的决定。必要时，可以宣布休庭，由合议庭评议或者提交审判委员会讨论，再次开庭时宣布决定。

经法庭审理，具有下列情形之一的，对有关证据应当予以排除：（1）确认以非法方法收集证据的；（2）应当对讯问过程录音录像的案件没有提供讯问录音录像，或者讯问录音录像存在选择性录制、剪接、删改等情形，现有证据不能排除以非法方法收集证据的；（3）侦查机关除紧急情况外没有在规定的办案场所讯问，现有证据不能排除以非法方法收集证据的；（4）驻看守所检察人员在重大案件侦查终结前未对讯问合法性进行核查，或者未

---

① 参见《侦查人员出庭拆穿逼供谎言》，载《检察日报》2012 年 8 月 20 日第 1 版。

对核查过程同步录音录像,或者录音录像存在选择性录制、剪接、删改等情形,现有证据不能排除以非法方法收集证据的;(5)其他不能排除存在以非法方法收集证据的。

人民法院对证据收集合法性的审查、调查结论,应当在裁判文书中写明,并说明理由。

76. 如何把握二审阶段对证据收集合法性争议的处理?

《排除非法证据规程》第三十二条规定:"第二审人民法院对证据收集合法性的调查,参照上述第一审程序的规定。"根据刑事诉讼法以及《解释》和《排除非法证据规程》的规定,二审阶段对证据收集合法性争议的处理应当注意以下问题:

1. 人民检察院、被告人及其法定代理人提出抗诉、上诉,对第一审人民法院有关证据收集合法性的审查、调查结论提出异议的,第二审人民法院应当审查。

2. 被告人及其辩护人在第一审程序中未提出排除非法证据的申请,在第二审程序中提出申请,有下列情形之一的,第二审人民法院应当审查:(1)第一审人民法院没有依法告知被告人申请排除非法证据的权利的;(3)被告人及其辩护人在第一审庭审后发现涉嫌非法取证的相关线索或者材料的。

3. 人民检察院应当在第一审程序中全面出示证明证据收集合法性的证据材料。人民检察院在第一审程序中未出示证明证据收集合法性的证据,第一审人民法院依法排除有关证据的,人民检察院在第二审程序中不得出示之前未出示的证据,但在第一审程序后发现的除外。

4. 第一审人民法院对被告人及其辩护人排除非法证据的申请未予审查,并以有关证据作为定案的根据,可能影响公正审判的,第二审人民法院应当裁定撤销原判,发回原审人民法院重新审判。

5. 第一审人民法院对依法应当排除的非法证据未予排除的,第二审人民法院可以依法排除相关证据。排除非法证据后,应当按照下列情形分别作出处理:(1)原判决认定事实和适用法律正确、量刑适当的,应当裁定驳回上诉或者抗诉,维持原判;(2)原判决认定事实没有错误,但适用法律有错误,或者量刑不当的,应当改判;(3)原判决事实不清或者证据不足的,可以在查清事实后改判;也可以裁定撤销原判,发回原审人民法院重新审判。

第九节　证据的综合审查与运用

Q问 **77. 如何把握证据的综合认证？**

答 在案件审理过程中，审判人员需要依照法定程序，对控辩双方提供的证据以及人民法院依职权收集的证据，依照一定规则进行证据能力和证明力的综合判断，这被称为认证，是证据审查判断活动的重要环节。严格依照法定程序，全面、客观地审查、核实和认定证据，是审判人员的基本职责。而认证的前提，是证据经当庭出示、辨认、质证等法定调查程序查证属实。

认证的对象是证据，包括单个证据和全案证据。因此，认证既包括对单个证据的证据能力和证明力的认证，还包括对全案证据的综合认证，对单个证据的认证是对全案证据综合认证的基础。《解释》第一百零四条对刑事案件中审判人员的认证活动作出了规范。具体而言：

1. 证据证明力与证据综合认证前提。《解释》第一百零四条第二款规定的对单个证据证明力的审查判断，以及第三款规定的对全案证据的综合审查判断，所针对的是具备证据能力的证据材料，即所审查判断的证据都是具备进入法庭调查资格的证据材料。因此，这里有必要讨论一下证据的证据能力问题。

根据刑事诉讼法第五十条的规定，可以用于证明案件事实的材料，都是证据。证据必须经过查证属实，才能作为定案的根据。因此，从逻辑角度而言，控辩双方向法庭提供或者法庭依职权收集的首先是证据材料，这些材料能否被作为证据进入法庭调查，就在于其是否具有证据能力，具有法律上可采纳为证据的资格。对于证据的证据能力，需要从客观性、关联系和合法性三个角度进行判断。对于某项证据材料，如果系伪造，或者与案件待证事实无关，或者系非法取得应当排除的，都应当认为该证据材料欠缺证据能力，否认其证据资格。

关于证据能力需要注意两个问题：（1）根据《解释》第一百零四条第一款的规定，对证据的真实性，应当综合全案证据进行审查。这主要是因为对于某项证据的真实性，无法从该项证据的自身作出判断，需要结合其他证据的内容进行，审查同全案其他证据之间是否存在矛盾，从而准确判断其真实性。（2）对于某项证据，经审查确认其不具有证据能力的，其属于应当依法排除的证据,则无需对其进行证明力的判断。例如,确认或者不能排除相关证据存在刑事诉讼法第五十六条规定的以非法方法收集证据情形的,应当否认其证据资格,对有关证据应当予以排除,而不再进行证明力的判断,更不得作为定案的根据。

2. 证据证明力与证据综合认证原则。对于经过法庭调查的证据,审判人员需要对其证明力作进一步的审查判断。证明力实际上就是证据与案件事实之间关联关系,"这种关联性是一种客观存在,需要而且还可以在个案中通过人类的认识能力去把握,法律没有必要也不可能对其作出硬性规定。"[1]因此,证据证明力的判断以及进一步对全案证据的综合认证,实际上是法官自由心证的过程。

(1) 单个证据证明力的审查判断规则。《解释》第一百零四条第二款规定:"对证据的证明力,应当根据具体情况,从证据与待证事实的关联程度、证据之间的联系等方面进行审查判断。"这实际上是指单个证据的证明力的判断规则。对此,需要注意以下几点:①审查判断证据的证明力,应当从各证据与待证事实之间的关联程度方面进行审查。证据的证明力实际上就是确认其与案件事实的关联作用及关联程度,对此要通过证据本身所负载的有关案件事实情况的信息量、证据本身的属性等情况综合考虑。②审查判断证据的证明力,应当从各证据之间的联系方面进行审查判断。对单个证据证明力的审查判断,不应当是孤立地从该证据与待证事实之间的关系方面进行,还应当将该证据与其他证据加以对照,进行综合分析,以判断相互之间是否印证、是否协调,进而更好地确认证据的证明力。

(2) 全案证据综合判断规则。《解释》第一百零四条第三款规定:"证据之间具有内在联系,共同指向同一待证事实,不存在无法排除的矛盾和无法解释的疑问的,才能作为定案的根据。"这实际上是指全案证据的综合判断规则。在对全案证据进行综合认证时,根据该规定,需要注意以下几个判断:①证据之间是否具有内在联系,各项证据是否共同指向同一待证事实,即各证据之间能否形成闭合的证据锁链。如果各证据之间没有内在联系,或者指向不同的事实,则各项证据之间没有形成闭合的证据锁链,不能将其作为定案的根据。②各证据之间是否存在矛盾,如果存在矛盾,矛盾是否被合理排除或者作出合理解释。如果各证据之间存在矛盾,且矛盾无法被排除或

---

[1] 孙远:《刑事证据能力导论》,人民法院出版社 2007 年版,第 17 页。

者作出解释的，则不能作为定案的根据。全案的证据只有同时符合上述条件，才能作为定案的根据。

3. 认证的具体方法。认定包括当庭认证和庭后认证两种方式。前者是指审判法官对经过质证的证据在法庭上作出的认证；后者则是裁判认证，即将认证结果直接在裁判文书中表达出来。① 证据经当庭出示、辨认、质证等法定调查程序查证属实是硬性规定，在这一前提下，审判人员对证据的认定要严格遵守法定程序，但并不需要法官对任何案件的任何证据都当庭认证，而是可以根据案件情况在开庭后合议时进行。但是，对证据的认证（无论是否先经过当庭认证）必须在裁判文书中予以体现，即所有作为定案根据的证据必须经过裁判认证，不得将在裁判文书中未公开确认的证据作为定案的根据。

Q问 78. 如何把握间接证据定案规则？

答 根据证据与案件主要事实的证明关系的不同，可以将证据划分为直接证据与间接证据。直接证据是指能够单独地直接指明案件主要事实的证据，间接证据是指不能单独地直接指明案件主要事实，需要与其他证据相结合才能证明的证据。② 刑事案件的情况非常复杂，在部分案件未能收集到直接证据的情况下，就需要通过间接证据判断案件认定犯罪行为是否系被告人实施，对被告人作出是否构成犯罪的认定。相对于直接证据已经查证属实，案件的主要事实便可确认的过程而言，在没有直接证据证明案件事实的情况下，完全依靠间接证据认定案件事实的过程是一个复杂的推理过程。在这一过程中，不仅要求各项间接证据被查证属实，而且要求各项间接证据能够形成认定案件事实的完整体系，最终依据逻辑推理规则证明案件事实。因此，完全依靠间接证据定案必然要遵循一定的规则，以确保定案的准确。

在长期的司法实践中，司法实务部门对于完全依靠间接证据定案总结出了规则，而证据学界也进行了理论论证和总结，相对比较成熟。《解释》第一百零五条对依靠间接证据定案规定作出了规定。具体而言，没有直接证据，但间接证据同时符合下列条件的，可以认定被告人有罪：

1. 证据已经查证属实。证据必须经过查证属实，才能作为定案的根据。

---

① 参见张军主编：《刑事证据规则理解与适用》，法律出版社 2010 年版，第 247 页。
② 参见樊崇义主编：《刑事诉讼法学》（第二版），法律出版社 2009 年版，第 191 页。

特别是在依靠间接证据定案的过程中，如果某项间接证据未经查证属实，会影响到整个证据体系的可靠性，进而导致对案件事实的认定出现错误。因此，要格外注意对每项据以定案的间接证据依照法定程序查证属实，确定其真实性，为依靠间接证据定案奠定良好的基础。

2. 证据之间相互印证，不存在无法排除的矛盾和无法解释的疑问。在对每项据以定案的间接证据查证属实的基础上，要进一步审查各项间接证据之间的内在联系，审查其是否相互印证，是否存在无法排除的矛盾或者无法解释疑问。当发现间接证据之间存在矛盾时，需要进一步判断矛盾是否可以排除，排除掉虚假的证据。而发现间接证据之间存在疑问，通过公安机关、检察机关的合理解释排除疑问的，可以采信，否则不得作为定案的根据。

3. 全案证据已经形成完整的证明体系。依靠间接证据定案，要求各项证据查证属实和相互印证，排除矛盾和疑问，这是质的方面的要求，而认定被告人有罪还要求各项间接证据具有量的要求，即彼此之间形成完成的证明体系，形成完整的证据锁链。间接证据必须形成一个完整的证明体系，即有关犯罪的时间、地点、过程、手段、工具、后果、目的、动机、被告人的个人情况等，都有相应在证据证明。[1]

4. 根据证据认定案件事实足以排除合理怀疑，结论具有唯一性。依靠各项间接证据形成的完整证明体系进行逻辑推理，得出的只能是犯罪行为系被告人实施的唯一结论，且足以排除合理怀疑，这是对证明标准在依靠间接证据定案过程中的进一步强调。只有证据达到确实、充分的程度，才可以认定被告人有罪，而只有对所认定的事实排除合理怀疑的，才能认为证据确实、充分。依靠间接证据认定的案件事实必须是排除被告人以外的人实施犯罪行为的可能，才可以认定为足以排除合理怀疑。

5. 运用证据进行的推理符合逻辑和经验。最后，运用间接证据进行的推理要求既符合逻辑规则，还要符合经验判断。如果运用间接证据形成的证据体系本身不符合通常的思维过程与客观规律，或者虽然各项证据之间的体系形成本身符合逻辑和经验，但运用这一体系得出的结论有违逻辑和经验，都不可以用于定案。

依靠间接证据定案的过程是一个复杂的逻辑推理和思维过程，必须严格遵守相关规则，反复审查证据的真实性和推理的逻辑性，才能最大限度地保

---

[1]　参见樊崇义主编：《刑事诉讼法学》（第二版），法律出版社2009年版，第192页。

证推理的严密性和认定案件事实的准确性。即使如此，相对于依靠直接证据定案而言，依靠间接证据定案在可靠性程度上仍然略显不足，特别是容易受到具体适用过程的人的主观因素的影响。需要注意的是，《死刑案件证据审查规定》第三十三条第二款"根据间接证据定案的，判处死刑应当特别慎重"的规定则仍然有效，在司法实践中应当得到切实遵守，而且，对于普通刑事案件，对于全案依靠间接证据定案的，也应当持审慎的态度，避免出现疏漏，以求最大限度地确保刑事案件的质量，确保裁判的公正。

79. 如何把握口供补强规则？

补强证据规则是指为了保护当事人尤其是刑事被告人的权利，防止误认案件事实，对一些证明力明显薄弱的证据（主要是被告人供述等言词证据），要求另有其他证据予以辅证才能作为定案根据的规则。[1] 刑事诉讼法第五十五条第一款规定："对一切案件的判处都要重证据，重调查研究，不轻信口供。只有被告人供述，没有其他证据的，不能认定被告人有罪和处以刑罚；没有被告人供述，证据确实、充分的，可以认定被告人有罪和处以刑罚。"这一规定被认为确定了我国刑事诉讼中的口供补强规则。不能仅凭口供定案，"这一方面是因为口供的虚假可能性，另一方面也是有违口供的不确定性，如果仅以口供定案，而缺乏其他证据，那被告人无论在何时翻供，本案都将处于定罪无一根据的被动状态。"[2] 根据这一规则，在办理刑事案件时要破除对口供的片面迷信，不能以被告人的供述作为认定被告人有罪和处以刑罚的唯一根据，而必须运用其他符合法律规定的证据予以强化，以防止冤假错案的发生。对于只有被告人供述，没有其他法定证据相互印证的案件，不能认定被告人有罪，对此没有疑义。但是，在实践中，有两种情形亟待作进一步明确：一是被告人供述其实施了犯罪行为，根据被告人的供述、指认提取到了隐蔽性很强的物证、书证，且与其他证明犯罪事实发生的证据互相印证，并排除串供、逼供、诱供等可能的，能否认定被告人有罪；二是被告人的供述与同案其他被告人的供述相互印证，并排除诱供、逼

---

[1] 参见宋英辉主编：《刑事诉讼法修改问题研究》，中国人民公安大学出版社 2007 年版，第 157 页。

[2] 胡康生、李福成主编：《中华人民共和国刑事诉讼法释义》，法律出版社 1996 年版，第 56～57 页。

供、串供等可能性的，能否作为定案的根据。对于这两种情形中的口供补强问题，实践中存在一定的争议，亟待作进一步明确。《解释》第一百零六条根据法律规定，在以往司法解释和规范性文件的基础上，对口供补强规则作了进一步的具体细化。

1. 依靠被告人供述定罪问题。根据《解释》第一百零六条的规定，对口供补强规则应当把握以下几点：

（1）关于被补强口供的范围问题。这实际上是如何理解《解释》第一百零六条规定的"被告人供述"的具体涵义问题。从逻辑角度而言，只有在依靠被告人供述可以认定被告人有罪的情况下，才有对该口供进行补强的必要。否则，如果被告人供述仅仅是对犯罪事实非主要部分的承认，除非找到能够证明被告人实施犯罪行为的其他证据，否则无法认定被告人有罪。而此种情形下的其他证据实际上可以独立证明被告人的主要犯罪事实，谈不上是对口供的补强，而且，实践中，此种情形下认定被告人有罪没有任何疑义，不属于口供补强规则的适用范围。因此，被补强的口供是指被告人对全部或者主要犯罪事实予以承认的口供。而且，被告人供述本身要求排除串供、逼供、诱供的可能性，否则口供本身系非法证据，也就不存在被补证的价值。

（2）关于补强证据的范围问题。在被告人承认全部或者主要犯罪事实的情况下，原则上口供以外的其他证据都可以用来补强口供，既可以是物证、书证等实物证据，也可以是证人证言等其他言词证据；既可以是直接证据，也可以是间接证据。从本条规定来看，这里被用作补强口供的证据包括物证、书证和其他证据。但是，需要注意对补强证据合法性的审查，非法证据不得被用作补强证据。

（3）关于补强证据的证明程度问题。如前所述，补强证据并无特定的范围限制，但补强证据的证明达到何种程度，才能认定被告人有罪，是一个迫切需要解决的问题。对此，主要存在两种观点：第一种观点认为补强证据应当大体上能够独立证明犯罪事实的存在；第二种观点认为补强证据应当与口供一致，必能达到保证有罪供述真实性的程度。[①] 我们认为，后一种观点更为可取，因为"从补强规则的要求出发，补强证据的运用是为了保证据以定案的口供的真实性，并且在此之前单独的口供就足以认定被告人有罪，

---

① 龙宗智：《相对合理主义》，中国政法大学出版社1999年版，第459页。

要求补强证据单独达到证明案件事实的程度显无必要"。① 因此，补强证据的证明力应当达到确保口供真实性的程度。就本条规定的情形而言，只有补强证据的证明力达到排除口供虚假性的程度，才能认定被告人有罪。具体而言：被告人本人供述实施了犯罪行为，且存在其他证据犯罪事实发生的证据互相印证，实际上是其他证明犯罪事实发生的证据对口供进行了补强，但由于该补强证据尚不能证明被告人是实施犯罪行为的主体，故不能排除口供虚假的可能，尚未达到口供补强规则所要求的程度，不能认定被告人有罪；但是，如果根据被告人的供述、指认提取到了隐蔽性很强的物证、书证，且被告人的供述与其他证明犯罪事实发生的证据相互印证，并排除串供、逼供、诱供等可能性的，如根据被告人的供述、指认在某偏僻区域的地下挖出了被害人的尸体，则具有较强的证明力，能够印证被告人供述的真实性，建立被告人与犯罪事实之间的关联，则补强证据达到了所要求的程度，可以认定被告人有罪。

2. 被告人供述相互补强问题。在司法实践中，对于使用口供以外的其他证据补强被告人供述的问题，前文已经解决。但是，在部分案件中，由于各种原因，没有其他证据，而只有同案被告人的供述互相印证。因此，同案被告人之间的供述能否相互补强，直接影响到能否认定被告人有罪。由于毒品犯罪案件中，往往由于毒品、毒资等证据已不存在，导致审查证据和认定事实困难，迫切需要解决这一问题。因此，最高人民法院于 2008 年 12 月 1 日发布的《全国部分法院审理毒品犯罪案件工作座谈会纪要》（法〔2008〕324 号）专门规定："只有被告人的口供与同案其他被告人供述吻合，并且完全排除诱供、逼供、串供等情形，被告人的口供与同案被告人的供述才可以作为定案的证据。仅有被告人口供与同案被告人供述作为定案证据的，对被告人判处死刑立即执行要特别慎重。"根据这一规定，在毒品犯罪案件中，被告人的口供可以由同案其他被告人的供述予以补强，如果相互印证，并排除诱供、逼供、串供等可能性的，也可以作为定案的根据。

需要注意的是，司法实践中处理具体案件时，即使认为同案其他被告人的供述可以互相补强，但能否认定被告人有罪，还需要适用前述口供补强规则和一般证据规定。特别需要注意的是，由于同案被告人与被告人具有利害冲突关系，应当慎重使用，审慎采信。

---

① 徐美君：《口供补强法则的基础与构成》，载《中国法学》2003 年第 6 期。

80. 如何把握技侦证据材料在我国法律体系中的规范历程？

随着社会发展和现代科学技术的不断进步，犯罪手段和方式也不断发生变异，常规的侦查措施难以应对一些日益隐蔽和智能的犯罪行为。为有效侦查犯罪，在不断应用和改进常规侦查措施的同时，电子监听、电话监听、电子监控、秘密拍照、秘密录像等技术侦查措施逐渐兴起。在我国首次规定"技术侦查措施"的立法是 1993 年制定的《中华人民共和国国家安全法》，[1] 1995 年制定的《中华人民共和国人民警察法》也对"技术侦查措施"加以规定[2]。1996 年刑事诉讼法未规定技术侦查措施。从司法实践来看，国家安全机关和公安机关已经依据国家安全法和人民警察法的规定开展技术侦查工作多年。[3] 应该说，技术侦查措施是发现、控制和防范隐蔽犯罪活动、获取犯罪证据必不可少的重要手段，故不少国家立法都允许侦查机关使用技术侦查措施，国际公约也对技术侦查措施进行了专门规定。[4] 然而，在我国，作为基本法律的刑事诉讼法未对技术侦查措施加以规定，不利于对

---

[1] 1993 年《中华人民共和国国家安全法》第十条规定："国家安全机关因侦察危害国家安全行为的需要，根据国家有关规定，经过严格的批准手续，可以采取技术侦察措施。"

[2] 1995 年《中华人民共和国人民警察法》第十六条规定："公安机关因侦查犯罪的需要，根据国家有关规定，经过严格的批准手续，可以采取技术侦察措施。"

[3] 实际上，早在 1993 年之前，有关机关就已经采用了技术侦查措施，而且公安机关也在协助检察机关对贪污贿赂案件和重大的经济犯罪使用技术侦查手段。可以佐证以上判断的是 1989 年最高人民检察院、公安部《关于公安机关协助人民检察院对重大经济案件适用技侦手段有关问题的通知》，该通知规定：对经济犯罪案件，一般不要使用技术侦查手段。对于极少数重大经济犯罪案件主要是贪污贿赂案件和重大的经济犯罪嫌疑分子必须使用技术侦查手段的，要十分慎重地经过严格批准程序后，由公安机关协助使用。

[4] 《联合国打击跨国有组织犯罪公约》和《联合国反腐败公约》均作了专门规定。《联合国打击跨国有组织犯罪公约》第二十条第一款规定："各缔约国均应在其本国法律基本原则许可的情况下，视可能并根据本国法律所规定的条件采取必要措施，允许其主管当局在其境内适当使用控制下交付并在其认为适当的情况下使用其他特殊侦查措施，如电子或其他形式的监控和特工行动，以有效打击有组织犯罪。"《联合国反腐败公约》第五十条第一款规定："为有效打击腐败，各缔约国均应当在其本国法律制度基本原则许可的范围内并根据本国法律规定的条件在其力所能及的情况下采取必要措施，允许其主管机关在其领域内酌情使用控制下交付和其他认为适当时使用诸如电子或其他监视形式和特工行动等其他侦查手段，并允许法庭采信由这些手段产生的证据。"参见宋英辉主编：《刑事诉讼法修改问题研究》，中国人民公安大学出版社 2007 年版，第 332~333 页。

此类侦查措施使用的规范。① 基于此，2012 年刑事诉讼法修改，总结国家安全机关和公安机关多年来开展技术侦查工作的实践经验，在"立案、侦查和提起公诉"编"侦查"章增设了"技术侦查措施"一节，用五个条文对技术侦查措施加以规定，以规范技术侦查措施的使用和管理，规范执法行为。特别是，对采取技术侦查措施收集的证据材料在刑事诉讼中的使用作出了规定，这一条文既从立法层面明确了技侦材料在刑事诉讼中的证据资格，同时，也对审判人员在案件审判过程中对技侦材料的查证属实提出了明确要求。根据刑事诉讼法的相关规定，结合司法实践的具体情况，《解释》第一百零七条及相关条文对技侦材料的审查判断作出了明确规定。

81. 如何把握技术侦查措施的概念和范围？

明确技术侦查措施的具体内容，是讨论采用技术侦查措施收集的证据材料在法庭审理中使用问题的前提条件。技术侦查存在广义和狭义之分：② 广义的技术侦查是指利用现代科学知识、方法和技术的各种侦查手段的总称，不仅包括电子监听、电话监听、电子监控、秘密邮件检查等各种秘密使用的特殊技术手段，而且包括在一般性侦查中存在技术运用的侦查手段，如在勘验、检查中某些仪器设备的使用，为鉴定和判断某些事实而进行的鉴定等。从这个意义上讲，多数案件都存在技术侦查。狭义的技术侦查是一种特殊的秘密侦查，不但以特定的侦查技术为支撑，而且强调不为行为对象所知，即秘密性，是以特定技术所进行的侦查，它不等于侦查技术。刑事诉讼法规定的"技术侦查措施"，都是指狭义的技术侦查所采取的措施，即国家安全机关、公安机关等侦查机关为了侦查某些特定犯罪，而秘密采取的特殊侦查措施或者侦查手段，包括电子监听、电话监听、电子监控、秘密拍

---

① 对于技术侦查措施，国外有三种立法模式：（1）诉讼法律模式，即在刑事诉讼法中对技术侦查措施作出规定；（2）综合法律模式，即在以打击和控制犯罪为基本内容的综合性法律中对技术侦查措施作出规定；（3）专门法律模式，即通过专门立法对技术侦查措施作出规定。参见何家弘：《秘密侦查立法之我见》，载《法学杂志》2004 年第 6 期。在 2012 年刑事诉讼法修改之前，我国虽然在国家安全法和人民警察法中有规定，但规定过于粗疏，未对技术侦查措施的启动、期限、限制、所获取证据的效力等问题作出规定，对技术侦查措施使用的规制有待加强。而刑事诉讼法对技术侦查措施作出较为具体明确的规定，既有利于技术侦查措施进一步充分发挥其侦查案件的作用，也有利于对其的规范运用、避免滥用，应予充分肯定。

② 参见宋英辉主编：《刑事诉讼法学研究述评（1978－2008）》，北京师范大学出版社 2009 年版，第 281 页。

照、秘密录像、秘密邮件检查等专门技术手段以及控制下交付等特殊侦查手段。

关于技术侦查措施的范围，还需要注意秘密侦查的问题。所谓秘密侦查，是指为了查明案情，在必要的时候，经公安机关负责人决定，由有关人员隐匿其身份所进行专门调查工作或者采取有关强制性措施的活动。秘密侦查与技术侦查具有一定的交叉包容关系，在进行秘密侦查的过程中往往需要采用一些技术侦查措施。正是基于二者之间的这种关系，刑事诉讼法将秘密侦查规定在"技术侦查措施"一节。但是，秘密侦查与技术侦查措施的区别也是明显的：秘密侦查是一种侦查方法，主要强调该种侦查方法下相关人员对身份、目的的隐蔽性；技术侦查措施是侦查手段，主要强调在侦查活动中运用的一些技术性措施。因此，不能因为秘密侦查被规定在"技术侦查措施"一节，就当然地认为秘密侦查方法的采取也应当受刑事诉讼法规定的技术侦查措施的适用案件范围、批准决定期限等规定的限制。实际上，秘密侦查不同于技术侦查措施，有其特别的适用程序规定。需要注意的是，秘密侦查可以大致分为两类：一类是隐匿侦查，即侦查人员或者其他人员隐匿其身份开展的调查取证活动，如侦查人员卧底侦查、特情侦查等形式；另一类是秘密监控，即不派出有关人员隐匿身份实施侦查，但对犯罪嫌疑人或者相关人员的犯罪活动进行监控，典型的形式就是控制下交付。

Q问 82. 如何把握技侦证据材料审查与判断？

答 采取技术侦查措施收集的证据材料，是指通过采取技术侦查措施、隐匿侦查、控制下交付等手段所收集的能够证明案件事实情况的材料。与一般证据材料相比，该种证据材料具有如下特点：（1）秘密性。采取技术侦查措施、秘密侦查方法所收集的证据材料，是在被侦查对象不知情的情况下所收集的，具有秘密性的特征。（2）技术性。在收集该种证据材料的过程中，往往运用了电子监听、电话监听、电子摄像等技术手段。（3）特殊性。采取技术侦查措施、秘密侦查方法所收集的材料，往往对公民的隐私、通信等权利构成了侵犯，这也是过去关于该类侦查措施所收集材料能否作为证据使用存在争议的原因所在。

采取技术侦查措施收集的证据材料在庭审中的使用问题，是一个世界性的难题。根据刑事诉讼法第一百五十四条的规定，采取技术侦查措施所收集的材料在刑事诉讼中可以作为证据使用。但是，这并不意味着采取技术侦查措施收集的证据材料当然具有证据能力和证明力，能够作为定案的根据，而是仍然必须由审判人员依照一定规则查证属实。因此，在刑事诉讼中如何审查采取技术侦查措施收集的材料，以及在裁判文书中如何体现和表述该类证据，值得作进一步探讨。

1. 技侦证据材料的表述。由于技术侦查措施收集的证据材料并非刑事诉讼法第五十条规定的证据种类，而只是由于此类证据材料的收集方法特殊而对其的概括而已。因此，对于技术措施收集的证据材料应当表述为特定的证据形式，例如通过窃听措施收集的电话录音，应当作为视听资料使用；通过网络技术手段截取的网络聊天记录，应当作为电子数据使用；通过秘密拍照获取的相片，应当作为书证使用。

2. 技侦材料的核实方法。刑事诉讼法第五十条第三款规定："证据必须经过查证属实，才能作为定案的根据。"第一百五十四条对采取技术侦查措施收集的证据材料的核实方法的规定本身暗含的就是对此类证据须进行查证属实。但是，由于采取技术侦查措施收集的证据材料本身的特殊性，对其的查证属实有别于一般证据材料。根据刑事诉讼法第一百五十四条的规定，如果使用采取技术侦查措施收集的证据可能危及有关人员的人身安全，或者可能产生其他严重后果的，应当采取不暴露有关人员身份、技术方法等保护措施，必要的时候，可以由审判人员在庭外对证据进行核实。因此，《解释》第一百零七条规定："采取技术侦查措施收集的证据材料，经当庭出示、辨认、质证等法庭调查程序查证属实的，可以作为定案的根据。使用前款规定的证据可能危及有关人员的人身安全，或者可能产生其他严重后果的，法庭应当采取不暴露有关人员身份、技术方法等保护措施，必要时，审判人员可以在庭外核实。"根据上述规定，结合司法实践的具体情形，对于采取技术侦查措施收集的证据材料的核实，通常有以下三种方式：

（1）对于采取技术侦查措施收集的证据材料，通过当庭出示、辨认、质证等法庭调查程序进行核实。对于采取技术侦查措施收集的证据材料，如果进行当庭出示、辨认、法庭质证等，并不会危及有关人员的人身安全或者产生其他严重后果的，就应当采取上述方法，以更好地对技术侦查措施进行查证核实。采取技术侦查措施、秘密侦查方法所收集的材料，原则上应当经过当庭出示、质证等法庭调查程序查证属实，才能作为定案的根据，这应当是对技侦材料进行核实的常态方式。①

（2）对于采取技术侦查措施收集的证据材料，采取不暴露有关人员的身份、技术方法等保护措施进行核实。要求使用技术侦查措施、秘密侦查方法所收集的证据材料一律在法庭上公开进行出示、质证等法庭调查程序，一方面，可能会暴露侦查人员、特情人员等相关人员，容易招致不法分子的报复，危及有关侦查人员和特情人员的人身安全；另一方面，这可能会泄露公安机关技术侦查手段，影响今后该类措施在侦查犯罪过程中效果的发挥。因此，刑事诉讼法第一百五十四条规定，此种情况下应当采取不暴露有关人员身份、技术方法等保护措施。采取上述核实方法，前提要求使用该证据可能危及有关人员的人身安全，或者可能产生其他严重后果。从实践来看，所谓"有关人员的人身安全"，是指相关侦查人员、线人的人身安全。而"其他严重后果"，主要是指使用该证据会造成泄密、提高罪犯的反侦查能力、妨碍对其他案件的侦破等后果。② 如毒品案件中的秘密侦查员一旦暴露身份，就可能面临人身危险。所谓"不暴露有关人员身份"，是指不公开有关人员

---

① 在 1996 年刑事诉讼法施行期间，由于国家安全法、人民警察法对技术侦查措施也作了规定，因此，相关部门采取技术侦查措施也是合法的。而且，在司法实践中也对采取技侦措施收集的证据材料采取了当庭出示、辨认、质证等法庭调查程序进行核实，并采信了相关证据材料。例如，2004 年 5 月 19 日，被告人方某某授意被告人吴某前往广州市购买毒品海洛因。当日，被告人吴某即前往广州市并于次日到达。后被告人方某某通知海洛因供货人与被告人吴某见面并进行海洛因交易。2004 年 5 月 21 日，被告人吴某携带购买的海洛因坐长途汽车离开广州。次日上午，被告人吴某到达南京市并在其住处（南京市秦淮区仁厚里××号×××室）截留部分海洛因。后被告人吴某与被告人方某某约定：在南京市江宁路附近将运输回本市的海洛因交给被告人方某某。当日上午 9 时许，两被告人将运输回南京的海洛因移交完毕后欲离开现场时，被公安机关抓获，当场缴获海洛因 704.5 克。江苏省南京市人民检察院以被告人方某某、吴某犯贩卖、运输毒品罪，于 2004 年 11 月 15 日向江苏省南京市中级人民法院提起公诉。在审理过程中，公诉机关当庭出示了南京市公安局技侦电话录音、技侦电话记录等证据，这些技术侦查措施所收集的证据与被告人吴某在侦查阶段的有罪供述一致，另与相关的证人证言、抓获经过材料、物证鉴定书、书证、刑事摄影照片等证据相吻合，被用以认定了关于被告人方某某指使被告人吴某运输毒品海洛因 704.5 克的事实。南京市中级人民法院于 2005 年 6 月 17 日判决：被告人方某某犯贩卖、运输毒品罪，判处死刑，缓期二年执行，剥夺政治权利终身，并处没收个人全部财产；被告人吴某犯运输毒品罪，判处无期徒刑，剥夺政治权利终身，并处没收个人全部财产。一审宣判后，两被告人在法定期间内均未上诉。南京市中级人民法院依法送江苏省高级人民法院复核。江苏省高级人民法院依法作出核准裁定。参见《方某某、吴某贩卖、运输毒品案》，载中国审判法律应用支持系统。

② 参见王尚新、李寿伟主编：《〈关于修改刑事诉讼法的决定〉释解与适用》，人民法院出版社 2012 年版，第 163 页。

的真实姓名、住址和工作单位等个人信息，使用化名或者代号，以对上述人员进行隐名保护。而且，相关人员确需出庭作证的，也应当在庭审活动中采取不暴露外貌、真实声音等出庭作证措施，即在有关人员出庭作证时，用脸罩或隔离板等遮蔽上述人员的外貌，通过技术手段改变上述人员的声音，以避免为其他庭审参加人员知悉，对其进行遮蔽保护。所谓"不暴露有关技术方法"，是指对所采取的技术侦查措施的技术方法不向庭审人员和外界透露，以防止该类信息的泄露。

（3）对于采取技术侦查措施收集的证据材料，由审判人员在庭外对证据进行核实。根据刑事诉讼法第一百五十四条的规定，采取上述核实方法，限于"必要的时候"。需要注意的是，刑事诉讼法第五十条第三款规定："证据必须经过查证属实，才能作为定案的根据。"第一百九十八条第一款规定："法庭审理过程中，对于定罪、量刑有关的事实、证据都应当进行调查、辩论。"根据以上规定，技术侦查证据材料也必须经当庭调查，才能作为定案根据。未经当庭调查，不能将技术侦查证据材料作为定案根据。以庭外核实代替当庭调查，缺乏法律依据。如未经当庭调查，只作庭外核实，即便庭外核实时有律师参与，由于相关证据未向被告人出示、未经被告人质证，依法也不能作为定案根据。因此，根据刑事诉讼法第一百五十四条的规定，对技术侦查证据材料经过当庭调查后，必要时，审判人员可以在庭外对有关证据材料进行核实，而不宜未经当庭调查径行进行庭外核实。

司法实践中，对于庭外核实需要注意以下几个问题：①庭外核实与采取不暴露有关人员的身份、技术方法等保护措施核实，可以根据案件情况综合进行。换言之，该两种核实技侦材料的方法并非互相排斥，而是可以结合使用。在使用该证据可能危及有关人员的人身安全，或者可能产生其他严重后果的情况下，采取不暴露有关人员身份、技术方法等保护措施对证据材料进行核实，如果审判人员仍然无法判断该证据材料的真实性、合法性和关联性的，可以进一步采取庭外核实的方法。②庭外核实的具体方法。庭外核实可以要求侦查人员在庭外展示侦查的方法、过程、收集的证据材料及相关录音录像资料。审判人员通过对侦查方法、过程等进行核实，查看收集的证据材料，观看相关录音录像，以及向侦查人员、线人等相关人员了解情况，从而对证据材料进行审查判断。③参加庭外核实的人员范围。必要的时候，审判人员可以召集有关人员在庭外对采取技术侦查措施收集的证据材料进行核实。有关人员的范围由审判人员根据案件情况确定。需要注意的是，从国外的情况来看，参加庭外核实的人员范围一般较小。庭外核实时，根据具体情况通知辩护律师到场的，到场的辩护人应当签署保密承诺书。而采取这些特殊方法对采取技术侦查措施、秘密侦查方法所收集的材料的核实审查，并不影响该类证据才能的证明效力，只要核实其真实性、合法性和关联性的，就可以作为定案的根据。

4. 技侦证据材料审查的主要内容。根据刑事诉讼法的规定和司法实践的具体情形，对于技侦证据材料，除了对于各类证据审查应当注意的审查事项外，对于该类证据应着重审查以下内容：

（1）技术侦查措施的适用对象是否符合刑事诉讼法的相关规定。由于技术侦查措施涉及对公民基本权利的侵犯，因此，必须将技术侦查措施控制的适用控制在必要的范围内，即限于常规侦查措施通常收效甚微的犯罪种类，并严格限制该类措施所指向的对象。①技术侦查措施适用的案件。根据刑事诉讼法第一百五十条第一款、第二款的规定，技术侦查措施适用的案件有两类：一类是公安机关管辖的危害国家安全犯罪、恐怖活动犯罪、黑社会性质的组织犯罪、重大毒品犯罪或者其他严重危害社会的犯罪案件；另一类是人民检察院管辖的利用职权实施的严重侵犯公民人身权利的重大犯罪案件。之所以将上述案件列为技术侦查措施的适用范围，主要有两个方面的考虑：一方面，技术侦查措施较一般侦查措施更为严厉，这就要求其所适用的犯罪种类对于社会具有较大的危害性，不能适用于对社会危害不大的一般犯罪，这是比例原则的要求。毫无疑问，以上犯罪都是严重危害国家和社会的犯罪，犯罪危害性程度大；另一方面，技术侦查措施是常规侦查措施的补充措施，即在常规侦查措施无法取得理想侦查效果的情况下使用的侦查措施。因此，技术侦查措施要适用于那些确实需要技术侦查措施的犯罪种类。而从司法实践来看，无论是危害国家安全犯罪、恐怖活动犯罪、黑社会性质的组织犯罪、重大毒品犯罪或者其他严重危害社会的犯罪案件，还是利用职权实施的严重侵犯公民人身权利的重大犯罪案件，其犯罪形式越来越隐蔽，作案手段越来越智能化，运用常规侦查手段难以获取充分证据和有效线索，确有必要运用技术侦查措施。②技术侦查措施适用的对象。即使根据侦查犯罪的需要，对于刑事诉讼法第一百五十条规定的案件采用技术侦查措施的，也只宜针对上述案件中的犯罪嫌疑人和被告人采取技术侦查措施，一般不宜对案件中的被害人、证人或者可能与案件有某种关系的其他人员采取技术侦查措施。

此外，根据刑事诉讼法第一百五十条第三款的规定，追捕被通缉或者被批准、决定逮捕的在逃的犯罪嫌疑人、被告人，经过批准，可以采取追捕所必需的技术侦查措施。据此，适用该条款有严格的限制：①适用对象限于被通缉或者被批准、决定逮捕的在逃的犯罪嫌疑人、被告人。详言之，只有在逃犯罪嫌疑人、被告人被通缉或者被批准、决定逮捕，才能对其采用技术侦查措施。如果犯罪嫌疑人仅仅被有关部门采取了监视居住、取保候审等其他强制措施后逃跑的，且未被通缉的，不得对其采取技术侦查措施。②此种情形下技术侦查措施的范围有严格限制，即只能采用追捕所必需的技术侦查措施，如电子监控等技术侦查措施，而不能采用其他非追捕所必需的技术侦查措施。

（2）技术侦查措施的提起和实施是否符合刑事诉讼法的相关规定。由于技术侦查措施涉及对公民权利的严重侵犯，因此，必须实现对技术侦查措施的法治化规制，严格限制其提起程序。根据刑事诉讼法的规定，技术侦查措施的提起需要履行以下程序：①案件已经被立案。无论是公安机关管辖的能够适用技术侦查措施的案件，还是检察机关管辖的能够适用技术侦查措施的案件，都应当是在立案后才能进行技术侦查。而针对在逃犯罪嫌疑人、被告人采取追捕所必需的技术侦查措施的，也必须在犯罪嫌疑人被通缉或者被批准、决定逮捕之后进行。②技术侦查措施的审批主体分别为公安机关和人民检察院。可以适用技术侦查措施的案件在立案后，分别经过公安机关和人民检察院严格的批准手续，可以采取技术侦查措施。③技术侦查措施批准决定的内容。批准决定应当根据侦查犯罪的需要，确定采取技术侦查措施的种类和适用对象。需要注意的是，在技术侦查措施批准决定中，其所载明的技术侦查措施的种类和适用对象应当明确具体，不能笼统地写上"采取各类技术侦查措施""针对犯罪嫌疑人、被告人采取技术侦查措施"等概括性表述，而应当写明所批准采取的技术侦查措施的具体种类、适用对象的具体姓名等内容。④技术侦查措施批准决定的期限。批准决定自签发之日起3个月以内有效。对于不需要继续采取技术侦查措施的，应当及时解除；对于复杂、疑难案件，期限届满后仍有必要继续采取技术侦查措施的，经过批准，有效期可以延长，每次不得超过3个月。⑤技术侦查措施的实施主体。刑事诉讼法第一百五十条第二款规定："人民检察院在立案后，对于利用职权实施的严重侵犯公民人身权利的重大犯罪案件，根据侦查犯罪的需要，经过严格的批准手续，可以采取技术侦查措施，按照规定交有关机关执行。"可见，技术侦查措施只能由公安机关（包括国家安全机关）实施。⑥技术侦查措施的实施。采取技术侦查措施，必须严格按照批准的措施种类、对象和期限执行。在采取技术侦查措施的过程中，不能超过批准决定所载明的措施种类使用技术侦查措施，不能针对技术侦查措施批准对象以外的人采取技术侦查措施，也不能超出批准期限实施。例如，在采取技术侦查措施的过程中，发现被批准适用技术侦查措施对象以外的犯罪嫌疑人确有必要采取技术侦查措施的，虽然其是犯罪嫌疑人，也不能直接对其采取技术侦查措施，而应当在经过严格的批准手续后才能实施。

此外，监察法第二十八条规定："监察机关调查涉嫌重大贪污贿赂等职务犯罪，根据需要，经过严格的批准手续，可以采取技术调查措施，按照规定交有关机关执行。""批准决定应当明确采取技术调查措施的种类和适用对象，自签发之日起三个月以内有效；对于复杂、疑难案件，期限届满仍有必要继续采取技术调查措施的，经过批准，有效期可以延长，每次不得超过三个月。对于不需要继续采取技术调查措施的，应当及时解除。"

5. 裁判文书中技侦证据的表述。经法定程序查证的技侦材料，无论是否通过当庭出示、辨认、质证等法庭调查程序进行核实，均应当在裁判文书中予以表述，作为定案的根据。为了避免公开技术侦查措施的过程及方法，在裁判文书中一般只概述证据的名称及其证明的内容，而不说明该证据的收集过程、有关人员身份和技术方法。实际上，对于普通证据材料，在裁判文书中一般也不会表述是通过何种具体途径获得该类证据材料。

83. 如何把握到案经过、抓获经过等说明材料的审查判断？

每一本刑事案卷中基本上都有"情况说明"的存在，"情况说明"在刑事司法实践中大量存在并广泛应用，其中以侦查机关出具的到案经过或者抓获经过等材料最为常见。有论者曾经对检察机关的案卷进行了调研，"全部98件案件，共计170份情况说明，其中每件案件平均就约有1.8份情况说明。其中可能判处无期徒刑以上的案件20件，共计情况说明57份，每件案件平均约有3份情况说明；一般案件78件，共计情况说明113份，每件案件平均约有1.4份情况说明"。①

---

① 黄维智：《刑事案件中"情况说明"的适当定位》，载《法学》2007年第7期。

关于到案经过、抓获经过等"情况说明"的属性，即"情况说明"是否属于证据，学术界和实务界存在不同看法，形成不同意见：（1）第一种观点认为，"情况说明"仅仅是一种证据材料，而非法定证据形式。[①]（2）第二种观点认为，从内容上看，多数"情况说明"应属于证据，但形式上或多或少存在瑕疵，与案件具有关联性的"情况说明"，根据内容和形式综合考虑应当保留的可以分别归入证人证言、鉴定结论、书证、勘验检查笔录、视听资料等法定证据形式。[②]（3）第三种观点认为，多数"情况说明"仅仅是证据材料而不是证明案件事实的证据，能成为刑事证据的"情况说明"大多数应归入证人证言，少数可归入视听资料。[③] 我们赞同第一种观点，即侦查机关出具的到案经过等"情况说明"在属性上难以归入刑事诉讼法第五十条规定的证据种类。

到案经过或者抓获经过等"情况说明"虽然不属于法定的证据种类，但其中的大部分内容对于准确认定案件事实和确定程序性事项具有重要意义。例如，其中有关到案经过的说明，描述了被告人主动投案的过程，如果被告人到案后如实供述罪行，则该"情况说明"对于准确认定被告人的自首情节具有重要意义。又如，在一些类型的案件中，被告人的抓获地点同时可能是确定案件管辖权的重要依据。而且，这些"情况说明"对于印证案件证据的真实性，准确认定案件事实，增加法官的内心确信具有重要意义，可以作为加强法官内心确信的辅助材料使用。

如前所述，侦查机关出具的到案经过、抓获经过等材料的广泛运用，具有其内在的合理性。然而，随着司法实践的广泛运用，此类材料的规范问题应当引起重视。《解释》第一百零八条规定："对侦查机关出具的被告人到案经过、抓获经过等材料，应当审查是否有出具该说明材料的办案人、办案机关的签名、盖章。对到案经过、抓获经过或者确定被告人有重大嫌疑的根据有疑问的，应当要求侦查机关补充说明。"根据这一规定，结合司法实践，应当从如下几个方面对情况说明予以规范：

1. 形式上的规范。侦查机关出具的被告人到案经过等材料，需要注意

---

① 参见徐晖：《"情况说明"作为证据应严格规范》，载《检察日报》2004 年 1 月 19 日第 3 版。

② 参见黄维智：《刑事案件中"情况说明"的适当定位》，载《法学》2007 年第 7 期。

③ 参见张少林：《刑事案件中的"情况说明"之我见》，载《贵州警官职业学院学报》2008 年第 5 期。

签字、盖章处的规范问题。目前，在到案经过等材料的落款处，有些是出具该说明材料的办案人签名，有些是无出具该说明材料的办案人签名但盖有办案机关的公章，有些既有出具该说明材料的办案人签名也盖有侦查机关的公章。我们认为，侦查机关出具的到案经过等材料，应当由出具该说明材料的办案人、办案机关的签名或者盖章，即同时办案人的签名和办案机关的盖章。一方面，这便于人民法院和有关部门对说明材料进行审查和核实，有利于确保说明材料的真实性，也便于对不合法"说明材料"的相关责任人员的追责；另一方面，在说明材料上加盖办案人、办案机关的签名或者盖章，有利于强化出具说明材料的侦查机关和办案人员的责任意识，防止说明材料的滥用。

2. 内容上的规范。侦查机关出具的到案经过、抓获经过等材料的内容也亟待作进一步规范。目前，有的说明材料过于简单，未能全面反映被告人有重大犯罪嫌疑、侦查破案的整个过程等情节，不利于准确认定事实。而且，有的案件还存在多份彼此不一致甚至矛盾的说明材料，给法院对到案经过等的审查判断带来了困难。从实践来看，对于侦查机关出具的到案经过等说明材料的内容需要在以下几个方面加以规范：（1）说明材料所说明的问题应当属于加盖公章的侦查机关的职责范围内，如果说明的问题超出了该侦查机关的职责范围，则属于无效说明。（2）有关说明材料应当相对详细，较为全面地反映对案件事实有关的情节，特别是对认定被告人自首、立功等情节有直接关系的到案经过等内容，应当具体详细。（3）依照刑事诉讼法第二编第二章第八节规定采取技术侦查措施的案件，由于技术侦查措施的使用、特别是毒品犯罪案件中有关人员隐匿身份实施侦查可能影响到被告人的刑罚裁量，需要侦查机关出具到案经过、抓获经过等说明材料。根据刑事诉讼法的相关规定，侦查机关不应以需要保密为由，而不出具相关情况说明。当然，如果相关说明材料需要保密的，可以单独列卷，表明密级移送，而审判人员在审查上述说明材料时也应当予以保密。

3. 补充说明的规范。为确保正确认定案件事实，人民法院在审查过程中，对到案经过、抓获经过或者确定被告人有重大嫌疑的根据有疑问的，应当要求侦查机关补充说明。

Q问 84. 如何把握特殊言词证据的采信规则？

答 被告人供述与辩解、被害人供述、证人证言是刑事诉讼中重要的证据种类，被统称为言词证据，又被称为人证。言词证据是刑事诉讼中的常见证据形式，本身往往含有较大的信息量，具有较强的证明力，很多情况下能够证明案件的全部或者主要事实，能够作为直接证据使用。但是，言词证据是以作证主体的言词形式存在，故容易受到作证主体自身因素的影响，容易发生变化甚至出现虚假的情况。因此，对言词证据的审查需要根据其特点认真进行，特别是对特殊作证主体出具的言词证据，更是应当慎重使用，审慎采信。《解释》第一百零九条规定："下列证据应当慎重使用，有其他证据印证的，可以采信：（一）生理上、精神上有缺陷，对案件事实的认知和表达存在一定困难，但尚未丧失正确认知、表达能力的被害人、证人和被告人所作的陈述、证言和供述；（二）与被告人有亲属关系或者其他密切关系的证人所作的有利被告人的证言，或者与被告人有利害冲突的证人所作的不利被告人的证言。"根据这一规定，对于特殊言词证据的采信应当注意以下问题：

1. 作证主体的能力存在特殊性的言词证据的采信。根据刑事诉讼法第六十二条第二款的规定，生理上、精神上有缺陷，但尚未丧失辨别是非、正确表达能力的人，仍然可以作为证人。然而，这类人尚未丧失正确认知、表达能力，但由于生理上、精神上有缺陷，在对案件事实的认知和表达上存在一定困难，其所作证言的真实性容易受到影响，容易出现失真的情形。从实践来看，尚不能完全否认这类证言的证据资格，很多情况下此类主体作出的证言仍然能够反映案件真实情况。因此，妥当的做法就是审查判断此类证言应当更加谨慎，着重结合在案的物证、书证、鉴定意见、勘验、检验笔录等其他证据判断其真实性，相互印证的才予以采信。基于同样的考虑，对于生理上、精神上有缺陷，在对案件事实的认知和表达上存在一定困难，但尚未丧失正确认证、表达能力的被害人和被告人所作的陈述和供述，也应当采取上述处理原则，注重与其他证据的印证，慎重采信。

2. 作证主体与被告人有特殊关系的言词证据的采信。除了言词证据主体的认知和表达能力存在困难导致言词证据的可信度受到影响外，证人与被告人具有特殊关系，也可能影响到证人证言的真实性，进而影响到能否认定被告人有罪。由于我国并未确立与被告人有特殊关系的证人的拒证权，刑事诉讼法第一百九十三条第一款所确立的也只是被告人的配偶、父母、子女的拒绝出庭作证权，但并未免除其作证义务。因此，在司法实践中，不少刑事案件中都存在与被告人具有特殊关系的证人提供的证言，且与普通证人证言混在一起，进行审查判断的难度较大。因此，这类证言的作证主体虽然不存在生理、精神缺陷，但也存在失真的较大可能性，故运用和采信此类证言亦应慎之又慎。具体而言，此类证言包括两方面的情形：（1）与被告人有亲属关系或者其他密切关系的证人所作的有利被告人的证言，如被告人的父亲所作的案发时被告人在家睡觉、未在案发现场的证言；（2）与被告人有利害冲突的证人所作的不利被告人的证言。第（1）种证言的主体与被告人有密切关系，所作证言往往是对被告人有利的证言，可能为被告人开脱；而第（2）种证言的主体与被告人有利害冲突关系，往往是对被告人不利的证言，容易加大被告人的罪责。总之，对于这两类证人证言，应认真审查和慎重采信，注重要综合全案证据，着重审查该证言与在案的其他证据之间是否相互印证，是否指向同一待证事实，相互之间是否存在矛盾，全案证据能够形成完整证明体系，从而慎重决定是否采信该证言，准确认定案件事实。

需要说明的是，上述言词证据由于作证主体的特殊性而可能影响证据的真实性，因而需要慎重使用和采信。但是，本条规定并非限制此类特殊言词证据的证明力，更非排斥此类证据作为定案的根据，只是要求法官在审查判断这类证据时要着重审查其能否与在案其他证据相互印证，如果能相互印证的，仍然可以采信为认定案件事实的根据。

85. 如何把握法定量刑证据材料的审查判断？

在刑事诉讼中，需要运用证据证明的案件事实既包括认定被告人有罪和构成何种罪名的事实的证明，也包括在认定被告人有罪的基础上据以对被告人裁量刑罚的事实的证明。在具体办案实践中，犯罪构成要件事实以外的据以决定被告人刑罚轻重和免予刑罚处罚的各种量刑情节较多，包括法定量刑情节和酌定量刑情节。而法定量刑情节是刑法明文规定在量刑时必须综合考虑的各种犯罪事实情况，包括总则性法定量刑情节和分则性法定量刑情节两大类。[①] 从司法实践来看，自首、坦白、立功、累犯、毒品再犯等法定量刑情节较为常见，对被告人的量刑具有重大影响，应当高度重视对证

---

① 高铭暄、马克昌主编：《刑法学》，中国法制出版社 2007 年版，第 308 页。

明上述量刑情节的证据的审查判断。因此，《解释》第一百一十条、第一百一十一条在以往司法解释和规范性文件规定的基础上，对此类证据的审查判断问题专门作出规定。

1. 自首、坦白、立功证据材料的审查判断与补充查证。我国刑法第六十七条、第六十八条对自首和立功的条件和对刑罚裁量的影响作出了明确的规定。为规范司法实践中对自首和立功制度的运用，最高人民法院先后发布了《关于处理自首和立功具体应用法律若干问题的解释》（法释〔1998〕8号）、《自首立功意见》（法发〔2010〕60号），对自首、立功的认定标准、查证程序和从宽处罚幅度等作出了进一步明确。《刑法修正案（八）》进一步完善了自首的法律后果，并将坦白从酌定量刑情节上升为法定量刑情节，为司法机关处理此类案件提供了法律依据。根据刑法规定，自首、坦白、立功对于被人量刑有重大影响：认定被告人自首的，可以从轻或者减轻处罚，其中，犯罪较轻的，可以免除处罚；认定被告人如实供述自己罪行的，可以从轻处罚，因其如实供述自己罪行，避免特别严重后果发生的，可以减轻处罚；认定被告人立功的，可以从轻或者减轻处罚；有重大立功表现的，可以减轻或者免除处罚。

鉴于自首、坦白、立功等情节对被告人量刑的重大影响，《死刑案件证据审查规定》第三十九条针对办理可能判处被告人死刑的重大刑事案件时对此类证据的查证问题作出了规定。①《自首立功意见》则对自首、立功证

---

① 《死刑案件证据审查规定》第三十九条第一款针对自首情节证据的查证规定："被告人及其辩护人提出有自首的事实及理由，有关机关未予认定的，应当要求有关机关提供证明材料或者要求相关人员作证，并结合其他证据判断自首是否成立。"第二款、第三款针对立功情节证据的查证规定："被告人是否协助或者如何协助抓获同案犯的证明材料不全，导致无法认定被告人构成立功的，应当要求有关机关提供证明材料或者要求相关人员作证，并结合其他证据判断立功是否成立。""被告人有检举揭发他人犯罪情形的，应当审查是否已经查证属实；尚未查证的，应当及时查证。"

据材料的审查作出了进一步规定。①《解释》第一百一十条在上述规定的基础上，根据《刑法修正案（八）》增设坦白的新情况，对自首、坦白、立功证据的审查判断中的突出问题作出了统一规定。具体而言：

（1）证明被告人自首、坦白、立功的证据材料，没有加盖接受被告人投案、坦白、检举揭发等的单位的印章，或者接受人员没有签名的，不得作为定案的根据。根据刑法和相关规定，自首必须向有关单位自动投案，坦白虽不具有自首情节，也必须向有关单位如实供述自己罪行，而立功中也必定是向有关单位揭发或者提供侦破其他案件的线索，因此，实践中往往是由接受被告人投案、坦白、检举的单位出具相关证据材料。但是，由于自首、坦白、立功的证据材料并无规范的法律文书格式，各地的相关证据材料制作样式存在较大差异，甚至存在不规范的地方。有些机关出具的自首、坦白、立功的证据材料，没有接受被告人投案、坦白、检举揭发单位的盖章，或者没有接受人的签名，导致上述证据材料的真实性缺乏保障。因此，《解释》第一百一十条第一款专门对接受单位出具证据材料的签名盖章问题作出规定，证明被告人自首、坦白、立功的证据材料，没有加盖接受被告人投案、坦白、检举揭发等的单位的印章，或者接受人员没有签名的，不得作为定案的根据。

（2）被告人自首、坦白、立功②的证据材料的补充查证问题。司法实践中，部分自首、坦白、立功的证据材料需要作进一步的补充查证，方能作为

---

① 《自首立功意见》第七部分对自首、立功证据材料的审查作出规定："人民法院审查的自首证据材料，应当包括被告人投案经过、有罪供述以及能够证明其投案情况的其他材料。投案经过的内容一般应包括被告人投案时间、地点、方式等。证据材料应加盖接受被告人投案的单位的印章，并有接受人员签名。""人民法院审查的立功证据材料，一般应包括被告人检举揭发材料及证明其来源的材料、司法机关的调查核实材料、被检举揭发人的供述等。被检举揭发案件已立案、侦破，被检举揭发人被采取强制措施、公诉或者审判的，还应审查相关的法律文书。证据材料应加盖接收被告人检举揭发材料的单位的印章，并有接收人员签名。""人民法院经审查认为证明被告人自首、立功的材料不规范、不全面的，应当由检察机关、侦查机关予以完善或者提供补充材料。""上述证据材料在被告人被指控的犯罪一、二审审理时已形成的，应当经庭审质证。"此外，第六部分还对立功线索的查证程序和具体认定作出了详细规定。

② 需要注意的是，《死刑案件证据审查规定》第三十九条原本表述是"被告人是否协助或者如何协助抓获同案犯的证明材料不全，导致无法认定被告人构成立功的"。《解释》征求意见过程中，有意见提出，实践中，立功还包括提供重要线索、侦破其他案件的情形，认定被告人立功的证据材料不应当仅限于"被告人是否协助、如何协助抓获同案犯"的情形。经研究，采纳上述意见，对表述作了调整。

证据使用，从而准确判断自首、坦白、立功是否成立。具体而言：①被告人及其辩护人提出有自首、坦白、立功的事实和理由，有关机关未予认定，人民法院应当要求有关机关提供证明材料，或者要求相关人员作证，并结合其他证据作出认定。自首、坦白是对被告人有利的量刑情节，为贯彻刑事诉讼的人权保障原则，这里规定对于有关机关未予认定被告方提出的构成自首、坦白、立功的辩护主张和理由的，人民法院应当要求有关机关（通常是公安机关、检察机关）提供证明材料予以证明或者要求有关人员作证，以突出对被告人的保护。这里的有关人员，是指要求办案人员或者对被告人自首、坦白、立功有所了解的相关证人；其作证的方式，既可以是庭外作证，也可以是出庭作证。① 当然，对于有关机关提供的相关证明材料或者相关人员的作证，需要结合在案其他证据经综合审查判断，最终判断自首、坦白、立功是否成立。需要注意的是，对于自首、立功这些对被告人从宽处罚的情节，应当准确认定，但对其证明并不要求一定达到"证据确实、充分"程度。②有关机关提出被告人有自首、坦白、立功表现，但证据材料不全的，人民法院应当要求有关机关提供证明材料，或者要求相关人员作证，并结合其他证据作出认定。这里强调的是对证据材料不全的情形的补证，具体方式同上。

需要说明的是，《解释》第一百一十条关于自首、坦白、立功证据材料的审查判断相对比较原则，主要是就一些共性问题作出规定，具体办案过程中应当结合《死刑案件证据审查规定》《自首立功意见》的相关规定，正确审查判断相关证据。

2. 累犯、毒品再犯证据材料的审查判断。累犯分为一般累犯和特殊累犯，刑法第六十五条针对一般累犯，规定："被判处有期徒刑以上刑罚的犯罪分子，刑罚执行完毕或者赦免以后，在五年以内再犯应当判处有期徒刑以上刑罚之罪的，是累犯，应当从重处罚，但是过失犯罪和不满十八周岁的人

---

① 在《死刑案件证据审查规定》起草过程中，对于自首、立功材料补证中，对于要求相关机关提供证明材料并无异议，但有关部门对于要求相关人员作证持有不同意见。从有利于被告人的角度出发，经过权衡，该规定最终仍然规定人民法院可以要求相关人员作证，以避免遗漏对被告人有利的量刑情节而作出错误的裁判。参见张军主编：《刑事证据规则理解与适用》，法律出版社2010年版，第283页。无疑，上述考虑是符合刑事诉讼保障人权的基本价值理念的。《解释》第一百一十条在《死刑案件证据审查规定》相关规定的基础上，进一步规定对于被告人自首、坦白、立功的证据材料的补充查证均可以要求有关人员作证。

犯罪的除外。前款规定的期限，对于被假释的犯罪分子，从假释期满之日起计算。"第六十六条针对特殊累犯，规定："危害国家安全犯罪、恐怖活动犯罪、黑社会性质的组织犯罪的犯罪分子，在刑罚执行完毕或者赦免以后，在任何时候再犯上述任一类罪的，都以累犯论处。"刑法第三百五十六条针对毒品再犯，规定："因走私、贩卖、运输、制造、非法持有毒品罪被判过刑，又犯本节规定之罪的，从重处罚。"累犯、毒品再犯是对被告人不利的法定量刑情节，根据刑法规定，应当从重处罚。因此，司法实践中，对于累犯证据材料的审查判断应当从严掌握，以有效保障被告人的合法权益。根据刑法规定，无论是累犯还是毒品再犯，都是指被判处一定刑罚的犯罪分子，在刑罚执行完毕或者赦免后，在一定时间内再犯特定之罪的情形。相应，首先应当有前罪的裁判文书证明被告人所犯的前罪为何种罪名、被判处刑罚的情况，以确定是否符合累犯所要求的前罪条件。其次，应当有释放证明，以证明被告人刑罚执行完毕的时间，从而审查判断被告人犯后罪是否处于前罪刑罚执行完毕的特定时间内实施后罪。此外，还应当要求其他相关的证明被告人构成累犯的证据材料，如被告人的前罪是被赦免的，则应当提供相关材料。因此，《解释》第一百一十一条规定："证明被告人构成累犯、毒品再犯的证据材料，应当包括前罪的裁判文书、释放证明等材料；材料不全的，应当要求有关机关提供。"①

需要注意的是，由于认定被告人具有累犯情节，将对其从重处罚，故对被告人是否构成累犯的证明应当适用最严格的证明标注，要求达到"证据确实、充分"的程度。根据《解释》第一百一十一条的规定，证明被告人构成累犯、毒品再犯的证据材料不全的，应当要求有关机关提供。对于经过有关机关补充证明材料，对于被告人构成累犯仍不能排除合理怀疑的，不得认定被告人构成累犯和对其从重处罚。

---

① 本条原本的表述是："被告人的累犯材料，应当包括前罪的裁判文书、释放证明书以及能够证明构成累犯的其他材料。"征求意见过程中，有意见提出：（1）该条中使用了"以及"一词，从文意上理解应当是同时具备，即构成累犯的材料必须同时具备前罪的裁判文书、释放证明书和能够证明构成累犯的其他材料，有歧义：首先，其他材料的具体内涵是什么并不明确；其次，在司法实践中认定累犯一般只需要裁判文书、释放证明书即可。建议将"以及"更改为顿号更加合适。（2）建议将"释放证明书"改为"释放证明"。理由：因为司法实践中，关于前罪刑罚执行完毕的时间主要根据监狱管理机关出具的证明材料予以认定，因此，应将"释放证明书"改为"释放证明"。（3）建议扩大本条的适用范围，将"被告人的累犯材料"修改为"被告人的累犯及毒品再犯材料"。经研究，采纳上述意见，调整成现在的表述。

Q问 86. 如何把握被告人年龄的审查方式与原则?

答 行为人的年龄状况与其刑事责任能力密切相关,因此,刑法从年龄上划定了一个负刑事责任的范围,解决了不同年龄人刑事责任的有无和从宽处罚与否问题。世界各国刑事立法关于责任年龄的规定各有不同,但大都根据一个人心智发育的实际历程,把刑事责任年龄划分为几个阶段。我国亦不例外,刑法第十七条对刑事责任年龄作出了集中规定。未满 18 周岁的人尚未成年,体力和智力发育尚未完全成熟,辨认和控制自己行为的能力尚不完全具备,为了贯彻对未成年人教育、感化、挽救的方针,我国刑法对未成年犯刑事责任作出了专门规定。根据刑法第十七条的规定,不满 14 周岁的人不负刑事责任;已满 14 周岁不满 16 周岁的人,犯故意杀人、故意伤害致人重伤或者死亡、强奸、抢劫、贩卖毒品、放火、爆炸、投毒罪的,应当负刑事责任;已满 16 周岁的人犯罪,应当负刑事责任。同时,已满 14 周岁不满 18 周岁的人犯罪,应当从轻或者减轻处罚。为了体现对老年人的体恤和刑法的谦抑,2011 年 2 月 25 日《刑法修正案(八)》第一条对已满 75 周岁的人的刑事责任问题作出专门规定。刑法第十七条之一规定:"已满七十五周岁的人故意犯罪的,可以从轻或者减轻处罚;过失犯罪的,应当从轻或者减轻处罚。"此外,在死刑的适用方面,刑法第四十九条也对上述两类人作出特殊规定:对于犯罪的时候不满 18 周岁的人,不论其犯何种罪、罪行何等严重,均不适用死刑;审判的时候已满 75 周岁的人,除以特别残忍手段致人死亡的外,亦不适用死刑。

因此,在办理刑事案件过程中,查明被告人是否处于已满 14 周岁不满 16 周岁、已满 16 周岁不满 18 周岁或者已满 75 周岁等法定责任年龄,对于确定行为人的刑事责任年龄阶段,从而正确认定行为人是否需要负刑事责任和准确定罪量刑,具有十分关键的作用。早在 1991 年,最高人民法院研究室就针对广东省高级人民法院的请示作出过电话答复,对于认定被告人实际年龄问题作出了要求。①《死刑案件证据审查规定》第四十条在该电话答复的基础上，根据法律规定，对审查被告人的年龄的方式问题作出了进一步规定。② 该条规定"一方面明确了审查被告人实施犯罪时是否已满十八周岁的方式和相关原则，另一方面确立了对被告人实施犯罪时是否已满十八周岁这一事实应当适用的证明标注，对司法实践具有重要意义"。③ 随着时间推移，上述规定的内容有必要作进一步扩展，以满足全部刑事案件对被告人年龄审查判断的要求。上述规定主要是针对死刑案件作出的规定，故主要集中在对被告人实施犯罪时是否已满18周岁的内容。然而，从实践来看，已满14周岁不满16周岁、已满16周岁不满18周岁的人在承担刑事责任方面有所不同，故审查被告人实施犯罪时是否处于已满14周岁不满16周岁、已满16周岁不满18周岁法定责任年龄，同样具有十分重要的意义。此外，在《刑法修正案（八）》对已满75周岁的人的刑事责任问题作出专门规定后，还有必要对审查被告人实施犯罪时是否处于已满75周岁法定责任年龄的方法和原则作出规定。基于上述考虑，《解释》第一百一十二条专门对审查被告人年龄的方式和原则作出了规定。具体而言：

1. 根据《解释》第一百一十二条第一款的规定，审查被告人实施被指控的犯罪时或者审判时是否达到相应法定责任年龄，应当根据户籍证明、出生证明文件、学籍卡、人口普查登记、无利害关系人的证言等证据综合判

---

① 《最高人民法院研究室关于如何认定被告人犯罪时年龄问题的电话答复》（1991年7月22日，已失效）全文如下："广东省高级人民法院：你院粤法刑一（1991）9号《关于如何认定被告人犯罪时年龄问题的请示》已收阅。经研究，答复如下：在审判中，特别是在处理死刑案件时，必须把被告人犯罪时的实际年龄作为案件的重要事实予以查清。在一般情况下，认定被告人的实际年龄应当以户口登记为基本依据，结合人口普查登记和其他有关资料，并经过认真调查核实后加以确定。对被告人实际年龄有异议或者疑义时，更应当多方查证核实。如果有足够证据认定户口登记册上记载的年龄有误，就应以查明的实际年龄来认定。如果经反复调查，确实查不清的，应当按照从宽的原则予以掌握，以留有余地。"

② 《死刑案件证据审查规定》第四十条规定："审查被告人实施犯罪时是否已满十八周岁，一般应当以户籍证明为依据；对户籍证明有异议，并有经查证属实的出生证明文件、无利害关系人的证言等证据证明被告人不满十八周岁的，应认定被告人不满十八周岁；没有户籍证明以及出生证明文件的，应当根据人口普查登记、无利害关系人的证言等证据综合进行判断，必要时，可以进行骨龄鉴定，并将结果作为判断被告人年龄的参考。未排除证据之间的矛盾，无充分证据证明被告人实施被指控的犯罪时已满十八周岁且确实无法查明的，不能认定其已满十八周岁。"

③ 张军主编：《刑事证据规则理解与适用》，法律出版社2010年版，第285页。

断。在司法实践中，审查被告人实施犯罪时的年龄，一般应以户籍证据为依据；对户籍证明有异议，通常根据其出生证明文件等证据，经过查证属实后予以确定；没有户籍证明以及出生证明文件的，应当根据人口普查登记、学籍卡、无利害关系人的证言等证据综合进行判断。然而，上述判断过程只是实践中具体案件的通常情形，并非绝对不变，具体办案中可以从案件具体情况出发，根据户籍证明、出生证明文件、学籍卡、人口普查登记、无利害关系人的证言等证据综合进行判断。必要时，可以进行骨龄鉴定，并将结果作为判断被告人年龄的参考。骨龄就是骨骼年龄，是一项人体生长发育的指标尺度。骨龄可以准确地反映人体发育的生理成熟程度。但是，人的生长发育受遗传因素影响，不同的人发育规律不尽一致，而且，营养水平、饮食习惯、气候环境、人文环境等多种因素也决定了不同的人在同一年龄阶段的骨骼发育状况可能也不完全相同，因此，骨龄与实际年龄可能会产生一定的误差。因此，实践中需要注意的是，骨龄鉴定结果只能是作为判断被告人年龄的参考，而不能作为判断根据。①

2. 根据《解释》第一百一十二条第二款的规定，证明被告人处于相应法定责任年龄的证据不足的，应当作出有利于被告人的认定。由于对被告人处于相应法定责任年龄的认定，影响到被告人是否负刑事责任或者刑事责任的大小，影响到具体刑罚裁量，故而，应当采取严格的标准，要求认定的证据确实充分、排除合理怀疑，而不能适用优势证据标准。这实际上是最高人民法院的一贯立场。早在最高人民法院研究室1991年作出的电话答复中，就已经明确，如果经反复调查，确实无法查清被告人实际年龄的，应当按照从宽原则予以掌握，留有余地。而《死刑案件证据审查规定》第四十条则主要针对办理死刑案件，进一步明确未排除证据之间的矛盾，无充分证据证明被告人实施被指控的犯罪时已满18周岁且确实无法查明的，不能认定其已满18周岁。《解释》第一百一十二条第二款则针对办理所有刑事案件，

---

① 2000年《最高人民检察院关于"骨龄鉴定"能否作为确定刑事责任年龄证据使用的批复》规定："犯罪嫌疑人不讲真实姓名、住址，年龄不明的，可以委托进行骨龄鉴定或其他科学鉴定，经审查，鉴定结论能够准确确定犯罪嫌疑人实施犯罪行为时的年龄的，可以作为判断犯罪嫌疑人年龄的证据使用。如果鉴定结论不能准确确定犯罪嫌疑人实施犯罪行为时的年龄，而且鉴定结论又表明犯罪嫌疑人年龄在刑法规定的应负刑事责任年龄上下的，应当依法慎重处理。"该批复实际上也承认骨龄鉴定等鉴定结果并非总能准确反映行为人的年龄，存在误差的可能，应当慎重处理。

明确规定:"证明被告人已满十四周岁、十六周岁、十八周岁或者不满七十五周岁的证据不足的,应当认定被告人不满十四周岁、不满十六周岁、不满十八周岁或者已满七十五周岁。"因此,如果无充分证据证明被告人实施被指控的犯罪时已满 18 周岁的,则应当认定其不满 18 周岁;如果无充分证据证明被告人实施指控的犯罪时已满 16 周岁的,则应当认定其不满 16 周岁;如果无充分证据证明被告人实施指控的犯罪时已满 14 周岁的,则应当认定其不满 14 周岁。相反,如果无充分证据证明行为人实施指控的犯罪时不满 75 周岁的,则应当认定其已满 75 周岁。

第五章　强制措施

87. 实践中适用拘传应注意哪些问题？

刑事诉讼法第六十六条规定："人民法院、人民检察院和公安机关根据案件情况，对犯罪嫌疑人、被告人可以拘传、取保候审或者监视居住。"第一百一十九条第二款规定："传唤、拘传持续的时间不得超过十二小时；案情特别重大、复杂，需要采取拘留、逮捕措施的，传唤、拘传持续的时间不得超过二十四小时。"第一百一十九条第三款规定："不得以连续传唤、拘传的形式变相拘禁犯罪嫌疑人。传唤、拘传犯罪嫌疑人，应当保证犯罪嫌疑人的饮食和必要的休息时间。"

拘传，是指人民法院、人民检察院和公安机关根据案件情况，对未被羁押的犯罪嫌疑人、被告人，依法强制其到案接受讯问的一种强制措施。与传唤相比，拘传具有强制性，在一定的时间内限制了犯罪嫌疑人、被告人的人身自由。拘传应在立案后适用，目的不限于获取犯罪嫌疑人、被告人的口供，还包括核对案件相关证据，进一步了解案情，为办案机关的下一步活动提供认知。

1. 适用拘传的机关和程序。决定适用拘传的主体是人民法院、人民检察院和公安机关，国家安全机关、军队保卫部门以及其他法律授权的机关根据案件情况，可以决定适用拘传。适用拘传，应由案件承办人员提出书面意见，并附相关材料，经部门负责人审核后，报请人民法院院长、人民检察院检察长或者公安机关负责人批准，由人民法院院长、人民检察院检察长或者公安机关负责人签发拘传证（票）后实施。拘传的执行人员不得少于二人。拘传时，应向被拘传人出示拘传证（票），并责令被拘传人在拘传证（票）上签名（盖章）、捺指印。被拘传人拒绝签名（盖章）、捺指印的，执行人员应在拘传证（票）注明。对抗拒拘传的，可以使用约束性警械。拘传未成年人不得使用警械，但是确有行凶、逃跑、自杀、自残等现实危险的除外。

2. 拘传的时间。一次拘传持续的时间一般不得超过十二小时，从被拘传人到案时起算。被拘传人到案后，应当责令其在拘传证（票）填写到案时间。讯问结束后，应当由其在拘传证（票）填写讯问结束时间。被拘传人拒绝填写的，由执行人员在拘传证（票）注明，不得以连续拘传的形式变相拘禁被拘传人。经讯问，发现案情特别重大、复杂，需要变更为拘留、逮捕措施，办理相关审批手续的，拘传的时间可以延长，但是不得超过二十四小时。拘传应当保证被拘传人的饮食和必要的休息时间。对于"案情特别重大、复杂"的情况，难以具体列举，由实践中具体把握。关于两次拘传的间隔时间和连续拘传的次数，也由实践具体把握。

3. 拘传的地点。对被拘传人讯问的地点，应是被拘传人所在市、县内的指定地点或者他的住处，不得进行异地拘传。被拘传人的工作单位、户籍地和居住地不在同一市、县的，拘传应当在被拘传人工作单位所在的市、县进行；特殊情况下，也可以在被拘传人户籍地和居住地所在的市、县内进行。

Q问 88. 拘传人大代表、政协委员应注意哪些问题？

答　拘传人民代表大会代表或者政协委员的，应当履行相关的报请许可或者通报手续。拘传本级人民代表大会代表的，人民代表大会举行会议期间，应当书面报请该代表所属的人民代表大会主席团许可；闭会期间，应当报请该代表所属的人民代表大会常务委员会许可。拘传上级人民代表大会代表的，应当层报与该代表所属的人民代表大会同级的人民法院、人民检察院或者公安机关报请许可。拘传下级人民代表大会代表的，可以直接报请该代表所属的人民代表大会主席团或者常务委员会许可，也可以由与该代表所属的人民代表大会同级的人民法院、人民检察院或者公安机关报请许可。拘传乡、民族乡、镇的人民代表大会代表的，由县级人民法院、人民检察院或者公安机关报告其所属的乡、民族乡、镇的人民代表大会。拘传政治协商委员会委员的，应当将有关情况通报给该委员所属的政协组织。拘传中，发现被执行人是县级以上人民代表大会代表的，应当暂缓执行，履行相关的报告手续；执行后发现被执行人是县级以上人民代表大会代表的，应当立即解除，并履行相关的报告手续。

Q问 89. 对具有哪些情形的被告人可以采取取保候审措施？

答　取保候审，是指人民法院、人民检察院、公安机关根据案件情况，责令犯罪嫌疑人、被告人通过提出保证人或者交纳保证金方式，保证自已不逃避相关刑事诉讼活动的强制措施。根据刑事诉讼法第六十七条的规定，人民法院、人民检察院、公安机关对具有下列情形之一的被告人，可以取保候审：（1）可能判处管制、拘役或者独立适用附加刑的；（2）可能判处有期徒刑以上刑罚，采取取保候审不致发生社会危险性的；（3）患有严重疾病、生活不能自理，怀孕或者正在哺乳自己婴儿的妇女，采取取保候审不致发生社会危险性的；（4）羁押期限届满，案件尚未办结，需要采取取保候审的。

90. 采用保证金形式取保候审应注意哪些问题？

根据刑事诉讼法第六十八条、第七十一条第三款、第七十二条、第七十三条的规定，保证金保证和保证人保证是取保候审的两种形式，决定对同一犯罪嫌疑人、被告人取保候审时，不能同时适用保证人保证和保证金保证。

1. 保证金形式取保候审的决定机关和执行机关。能否采取保证金形式取保候审由人民法院、人民检察院、公安机关、国家安全机关及其他法律授权的机关依法决定。人民法院、人民检察院决定的，由公安机关执行；国家安全机关决定取保候审的，以及人民法院、人民检察院在办理国家安全机关移送的犯罪案件时决定取保候审的，由国家安全机关执行。走私犯罪侦查机关决定对走私犯罪嫌疑人采取取保候审的，应通知并移送走私犯罪嫌疑人居住地公安机关执行。执行包括保证金的统一收取和管理，没收、退还保证金决定的作出等。提供保证金的人根据决定机关送达的《取保候审决定书》，将保证金一次性存入执行机关指定银行的专门账户。

2. 以保证金形式保证的取保候审人应具有的条件。刑事诉讼法没有对以保证金形式保证和以保证人形式保证应具有的条件作出区分，《解释》仅明确了几种可以采取保证人形式保证的情形，第一百一十七条规定："对下列被告人决定取保候审的，可以责令其提出一至二名保证人：（一）无力交纳保证金的；（二）未成年或者已满七十五周岁的；（三）不宜收取保证金的其他被告人。"采取保证金形式保证的，被取保候审人除符合法律规定的条件外，其本人或者其法定代理人、亲友、所在单位等可以代其交纳保证金。如果被取保候审人没有经济来源、无力交纳保证金或者依靠他人生活，一般不适用保证金保证。如被取保候审人是未成年人或者已满七十五周岁的老人，身体残疾依靠他人扶养等，应适用保证人保证。

3.保证金的数额和币种。刑事诉讼法第七十二条规定，确定保证金数额应考虑保证诉讼活动正常进行的需要，被取保候审人的社会危险性，案件的性质、情节，可能判处刑罚的轻重，被取保候审人的经济状况等情况，但没有规定保证金数额的上限和下限，也没有限定币种。《解释》第一百一十九条规定："对决定取保候审的被告人使用保证金保证的，应当依照刑事诉讼法第七十二条第一款的规定确定保证金的具体数额，并责令被告人或者为其提供保证金的单位、个人将保证金一次性存入公安机关指定银行的专门账户。"

4.以保证金形式取保候审的具体程序。提供保证金的人应当将银行出具的交纳保证金的凭证交决定机关核实。决定机关核实无误后，将《取保候审决定书》《取保候审执行通知书》、银行出具的收款凭证以及案由、犯罪人的基本情况等相关材料一并送交执行机关执行。执行机关核实后，通知被取保候审人居住地派出所执行。负责具体执行的派出所应当指定专人负责对被取保候审人的监督考察。执行时，执行人员应当告知被取保候审人应当遵守的法律规定，主要是刑事诉讼法第七十一条的规定，以及违反规定和重新犯罪应承担的法律后果，并责令被取保候审人交出护照等出境证件和驾驶证件。负责监督考察的人员应定期将执行情况报告县级公安机关和通知决定机关。执行时，被取保候审人有正当理由要求离开居住的市、县的，应当经县级执行机关批准。执行机关批准时，应征求决定机关的意见。

Q问 91. 取保候审期间，被告人应遵守哪些规定？

答　根据刑事诉讼法第七十一条规定，被取保候审的犯罪嫌疑人、被告人应遵守以下规定：（1）未经执行机关批准不得离开所居住的市、县；（2）住址、工作单位和联系方式发生变动的，在二十四小时以内向执行机关报告；（3）在传讯的时候及时到案；（4）不得以任何形式干扰证人作证；（5）不得毁灭、伪造证据或者串供。人民法院、人民检察院和公安机关可以根据案件情况，责令被取保候审的犯罪嫌疑人、被告人遵守以下一项或者多项规定：（1）不得进入特定的场所；（2）不得与特定的人员会见或者通信；（3）不得从事特定的活动；（4）将护照等出入境证件、驾驶证件交执行机关保存。被取保候审的犯罪嫌疑人、被告人违反前两款规定，已交纳保证金的，没收部分或者全部保证金，并且区分情形，责令犯罪嫌疑人、被告人具结悔过，重新交纳保证金、提出保证人，或者监视居住、予以逮捕。对违反取保候审规定，需要予以逮捕的，可以对犯罪嫌疑人、被告人先行拘留。

Q 问 92. 对被取保候审人适用禁止性规定应注意哪些问题？

答 刑事诉讼法第七十一条第二款第一、二、三项是可以对被取保候审人适用的禁止性规定，类似于刑法第三十八条第二款、第七十二条第二款的禁止性规定，因此，可以借鉴刑法及相关司法解释关于禁止令的规定来把握和运用：

1. 要把握针对性，防止滥用。责令被取保候审人在取保候审期间不得从事的行为，必须与涉嫌的犯罪行为具有关联性、针对性，既能保障诉讼活动的顺利进行，也能防止被取保候审人再次违法犯罪。如可以根据案情，禁止犯罪分子接触控告人、批评人、举报人、同案犯及其他可能遭受其侵害、滋扰的人或者可能诱发其再次危害社会的人。同时，要尽可能控制禁止从事行为的范围，避免不区分案情，将法律列举的所有行为都予以禁止的做法。

2. 运用的时间应与取保候审的时间一致。为保障诉讼活动的顺利进行，禁止行为的时间应当与取保候审的时间一致，短于取保候审的期限，可能无法发挥禁止的应有作用，过长则显然多余。

3. 有策略性地加强保密工作。在向被取保候审人宣布被禁止的事项时，应强化保密意识，对于被取保候审人不知晓的控告人、举报人、证人等，要注意保护方式，防止因强调禁止事项而出现泄密。

Q 问 93. 违反以保证金形式取保候审规定的后果和处理程序有哪些？

答 被取保候审人违反刑事诉讼法关于取保候审的规定，应当依法没收部分或者全部保证金的，应由县级以上执行机关作出决定，制作《没收保证金决定书》，《没收保证金决定书》应向被取保候审人宣读，并通知决定机关；需要变更强制措施的，执行机关应提出书面意见，连同相关材料送交决定机关。决定机关发现被取保候审人违反相关规定，应当依法没收部分或者全部保证金的，应当提出书面意见，连同相关材料送交县级以上执行机关决定，执行机关作出是否没收的决定后，通知决定机关。被取保候审人没有违反刑事诉讼法关于取保候审的规定，但在取保候审期间涉嫌重新犯罪而被立案侦查的，执行机关应暂扣保证金，待人民法院判决生效后，决定是否没收保证金。对构成故意犯罪的，应当没收保证金；对过失犯罪或者不构成犯罪的，应当退还保证金。决定机关收到执行机关变更强制措施的意见，或者已没收保证金的书面通知后，应当在五日内作出变更强制措施或者责令被取保候审人重新交纳保证金、提出保证人的决定，并通知执行机关。

执行机关向被取保候审人宣读没收保证金的决定时，应告知其如不服没收决定，可以在收到决定书后的五日以内，向执行机关的上一级主管机关申请复核一次。上一级主管机关收到复核申请后，应在七日内作出决定。没收保证金的决定已过复核申请期限或者经复核后维持没收决定的，县级以上执行机关应当通知银行按照国家的有关规定上缴国库。没收取保候审保证金是刑事司法行为，不能提起行政诉讼，当事人不服复核决定的，可以依法向有关机关提出申诉。

94. 如何退还取保候审的保证金？

被取保候审人在取保候审期间没有违反刑事诉讼法的有关规定，也没有故意重新犯罪，在解除取保候审、变更强制措施或者执行刑罚时，县级以上执行机关应当制作《退还保证金决定书》，通知银行如数退还保证金，并通知决定机关。《退还保证金决定书》应及时向被取保候审人宣读，被取保候审人或者他的亲友、法定代理人等可以凭《退还保证金决定书》到银行领取退还的保证金。如案件由侦查向审查起诉或者由审查起诉向审判阶段移送，侦查阶段已采取保证金的方式取保候审，受案机关仍决定继续采取的，原则上不变更保证金数额，不再重新收取保证金。如果被取保候审人被判处罚金、没收财产或者应当承担附带民事赔偿责任，依法应当解除取保候审退还保证金的，保证金如属于其个人财产，人民法院可以书面通知执行机关将保证金移交人民法院执行刑罚或者刑事附带民事诉讼生效判决，但剩余部分应当退还被取保候审人。

《解释》第一百二十四条规定："对被取保候审的被告人的判决、裁定生效后，应当解除取保候审、退还保证金的，如果保证金属于其个人财产，人民法院可以书面通知公安机关将保证金移交人民法院，用以退赔被害人、履行附带民事赔偿义务或者执行财产刑，剩余部分应当退还被告人。"

95. 确定取保候审保证人应注意哪些问题？

保证人保证，是指犯罪嫌疑人、被告人提出保证人，由保证人监督犯罪嫌疑人、被告人遵守取保候审的相关规定，担保其不逃避有关诉讼活动的取保候审方式。保证人保证是与保证金保证并列的取保候审方式。对犯罪嫌疑人、被告人适用保证人方式取保候审，主要应把握好保证人的选取和保证人未履行保证义务的后果处理等问题。刑事诉讼法第六十九条规定了保证人应符合的条件，司法实践中，选取保证人除应把握刑事诉讼法规定的条件外，还应注意以下几个方面：

1. 保证人是否具有担任保证人的意愿。自愿担任保证人才能很好地履行监督保证义务，保证人应出具自愿保证书。防止将不愿担任保证人的人确定为保证人，更不能因为犯罪嫌疑人、被告人无力交纳保证金而随意确定保证人，使保证人保证成为无法适用保证金保证的变通替代方式。

2. 保证人是否具有较好的监督保证能力。保证义务除了监督考察犯罪嫌疑人、被告人的日常活动，使其不逃避刑事诉讼活动的正常进行，还应对犯罪嫌疑人、被告人进行必要的遵纪守法教育，促其认罪悔罪，配合相关诉讼活动的开展。因此，保证人应具有较好的身体条件、行为能力、语言能力以及明辨是非的能力。

3. 保证人与被保证人的关系是否密切。保证人最好是与被保证人较近的亲属或者关系密切的同学、朋友。这样，一方面，便于对被保证人的监督；另一方面，也能够加大被保证人重新实施犯罪的顾虑，不会轻易再实施犯罪。

4. 保证人是否具有良好的社会声誉。具有良好社会声誉的保证人在被保证人面前才会具有较高的威望，才能取得被保证人的信服，才能具有一定的监督管理教育力度。禁止将具有不良品行记录的人作为保证人。

为更好地发挥保证人保证的作用，可以采用双保证人的方式。一方面，能够更为有效地履行保证义务，加强担保力量；另一方面，保证人之间也可以相互监督、相互督促，不能履行保证义务的，要承担连带责任。

96. 保证人未履行保证义务应承担哪些法律责任？

刑事诉讼法第七十条规定了保证人应当履行的义务及未履行保证义务的法律责任，第二款中规定，保证人未履行保证义务的，对保证人处以罚款，构成犯罪的，依法追究刑事责任。司法实践中，对保证人处以罚款的，主要是由于其对被保证人违反取保候审期间规定的行为不报告或者不及时报告。具体的罚款数额应根据未履行保证义务的情况而定，但不能低于人民币一千元。《最高人民法院、最高人民检察院、公安部、国家安全部关于取保候审若干问题的规定》第十六条规定的罚款数额为"一千元以上二万元以下"。罚款决定应当向保证人宣布，保证人不服的，可以向执行机关的上一级主管机关申请复核一次。由于对保证人的罚款属于刑事司法行为，保证人对罚款决定不能提起行政诉讼，但可以申诉。为了打击保证人对被保证人的犯罪行为予以窝藏、包庇的犯罪行为，《解释》第一百二十二条规定："根据案件事实，认为已经构成犯罪的被告人在取保候审期间逃匿的，如果系保证人与被告人串通，协助其逃匿的，或者保证人明知被告人藏匿地点但拒绝向司法机关提供的，对保证人应当依法追究刑事责任。"

Q问 97. 可以适用监视居住措施的情形有哪些？

答 监视居住是人民法院、人民检察院和公安机关责令犯罪嫌疑人、被告人在诉讼过程中未经批准不得离开住处或指定的居所并对其行动加以监视，保证随传随到的一种强制措施。刑事诉讼法区分了取保候审和监视居住的适用条件，将监视居住设计为减少羁押的一种替代措施，即符合逮捕条件，但是由于具有法定的特殊情形，而代替逮捕的一种强制措施。同时，在特定情形下，也可以作为取保候审的一种替代措施。

刑事诉讼法第七十四条规定："人民法院、人民检察院和公安机关对于符合逮捕条件，有下列情形之一的犯罪嫌疑人、被告人，可以监视居住：（一）患有严重疾病、生活不能自理的；（二）怀孕或者正在哺乳自己婴儿的妇女；（三）系生活不能自理的人的唯一抚养人；（四）因为案件的特殊情况或者办理案件的需要，采取监视居住措施更为适宜的；（五）羁押期限届满，案件尚未办结，需要采取监视居住措施的。对于符合取保候审条件，但犯罪嫌疑人、被告人不能提出保证人，也不交纳保证金的，可以监视居住。监视居住由公安机关执行。"

根据刑事诉讼法的规定，将监视居住作为减少羁押的替代措施适用，应满足以下条件：一是符合刑事诉讼法规定的逮捕条件，即根据刑事诉讼法第八十一条的规定，是本应当逮捕的犯罪嫌疑人、被告人。二是具有刑事诉讼法第七十四条规定的五种情形之一。关于"患有严重疾病、生活不能自理的"情形，可以参照最高人民法院、最高人民检察院、公安部、司法部、国家卫生计生委《暂予监外执行规定》（司法通〔2014〕112 号）所附《保外就医严重疾病范围》予以把握，进行病情鉴定。同时，结合犯罪嫌疑人、被告人犯罪前的一贯表现、看守所的羁押条件等综合考虑。关于"怀孕和正在哺乳自己婴儿的妇女"，婴儿应是指未满一周岁的婴儿，对哺乳超过一周岁婴儿的妇女，一般不能适用监视居住。"系生活不能自理的人的唯一抚养人"，应是指离开犯罪嫌疑人、被告人，依靠犯罪嫌疑人、被告人抚养的人就无法生活，一般情况下，被告人是年老、年幼、严重残疾人或者患有严重疾病人的唯一抚养人。认定是否正在哺乳不满一周岁的婴儿或者是生活不能自理人的唯一抚养人，要对相关的医院、犯罪嫌疑人、被告人的亲属、单位或者社区等进行专门的调查了解。当上述情形消失时，应根据需要及时变更强制措施。

作为取保候审的替代措施适用时，应把握的条件是：一是符合刑事诉讼法第六十七条关于适用取保候审的条件。二是不能提出保证人，也不交纳保证金。对此，应认真讯问犯罪嫌疑人、被告人，确认其不能提出保证人和不交纳保证金，并制作笔录，作为适用监视居住的依据。防止对符合取保候审条件但无力交纳保证金的人随意适用监视居住措施。

98. 指定居所监视居住应注意哪些问题？

刑事诉讼法较为详细地规定了指定居所监视居住制度，对于充分发挥监视居住在惩治犯罪，保障犯罪嫌疑人、被告人诉讼权利方面具有重要作用。根据刑事诉讼法规定，适用指定居所监视居住，应注意以下几个问题：

1. 根据刑事诉讼法的规定，指定居所监视居住仅适用于两种情形：一是犯罪嫌疑人、被告人无固定住处的；二是因涉嫌危害国家安全犯罪、恐怖活动犯罪，在住处执行可能有碍侦查的，但要经上一级公安机关批准。

2. 监视居住应优先选择犯罪嫌疑人、被告人的住处，住处和指定的居所不是可任意选择的并列关系，只有在无固定住处和法律规定的特定情形下才可以指定居所监视居住。从刑事诉讼法的规定看，因涉嫌危害国家安全犯罪、恐怖活动犯罪而需要指定监视居住的，主要在侦查阶段进行，人民法院因无侦查权，一般不会适用指定监视居住。办案机关决定对被告人监视居住的，应当首先核实被告人的住处，被告人没有固定住处的，才可以考虑为其指定居所。司法实践中，一些办案单位为了有利于讯问犯罪嫌疑人、顺利破案，不论犯罪嫌疑人有无固定住处，一律在指定的居所内监视居住，如指定的宾馆、招待所等，二十四小时有值班人员看守，犯罪嫌疑人的一举一动都在办案人员的监视之下，犯罪嫌疑人基本失去了人身自由，这种做法和羁押无异，和法律本意相悖。

3. 因涉嫌危害国家安全犯罪、恐怖活动犯罪而需要指定居所监视居住的，一是涉嫌的犯罪应符合刑法规定的具体罪名的犯罪构成。如危害国家安全罪，应符合刑法分则第一章"危害国家安全罪"中的某一种具体犯罪。二是在住处执行有碍侦查进行，即与犯罪嫌疑人、被告人共同居住的家属可能与犯罪嫌疑人、被告人有共同犯罪关系，或者有为犯罪嫌疑人、被告人通风报信等妨碍侦查办案的可能。

4. 不得指定在专门的羁押场所、办案场所执行监视居住。例如，不能在看守所、拘役所以及办案机关的办公区域内执行监视居住，也不能在专门用于控制犯罪嫌疑人、被告人并有专门全天候值守的宾馆、招待所内执行。

5. 由于犯罪嫌疑人、被告人在指定监视居住期间，会与其共同生活的亲属分离，因此，办案机关应当把指定监视居住的原因和处所在二十四小时内通知被监视居住人的家属，除无法通知或者涉嫌危害国家安全犯罪、恐怖活动犯罪通知可能有碍侦查的情形以外。所谓"无法通知"，一般是指因为客观原因而无法通知，如由于自然灾害无法与被监视居住人的家属取得联系或者被监视居住人提供虚假信息而无法找到被监居住人的家属等。

6. 指定居所监视居住的期限应当折抵刑期，刑事诉讼法专门规定了这一内容。如果犯罪分子被判处管制的，指定居所监视居住一日折抵刑期一日；被判处拘役、有期徒刑的，指定居所监视居住二日折抵刑期一日。

关于监视居住的日期为单日的，如何折抵刑期的问题，我们认为，在实际操作中，最后的单日可以折抵刑期一日。

Q问 99. 逮捕犯罪嫌疑人应符合哪些条件？

答　逮捕是将犯罪嫌疑人、被告人羁押，剥夺其人身自由，以保证诉讼活动顺利进行的最为严厉的强制措施。修改后刑事诉讼法细化了逮捕的条件，使逮捕的适用更为审慎、严格、规范。

刑事诉讼法第八十一条规定："对有证据证明有犯罪事实，可能判处徒刑以上刑罚的犯罪嫌疑人、被告人，采取取保候审尚不足以防止发生下列社会危险性的，应当予以逮捕：（一）可能实施新的犯罪的；（二）有危害国家安全、公共安全或者社会秩序的现实危险的；（三）可能毁灭、伪造证据，干扰证人作证或者串供的；（四）可能对被害人、举报人、控告人实施打击报复的；（五）企图自杀或者逃跑的。批准或者决定逮捕，应当将犯罪嫌疑人、被告人涉嫌疑犯罪的性质、情节，认罪认罚等情况作为是否可能发生社会危险性的考虑因素。对有证据证明有犯罪事实，可能判处十年有期徒刑以上刑罚的，或者有证据证明有犯罪事实，可能判处徒刑以上刑罚，曾经故意犯罪或者身份不明的，应当予以逮捕。被取保候审、监视居住的犯罪嫌疑人、被告人违反取保候审、监视居住规定，情节严重的，可以予以逮捕。"

从刑事诉讼法的规定看，逮捕分为应当逮捕和可以逮捕两类。应当逮捕又包括三种情况：一是有证据证明有犯罪事实，可能判处徒刑以上刑罚，采取取保候审措施，尚不足以防止发生刑事诉讼法第八十一条第一款规定的社会危险性的。所谓"有证据证明有犯罪事实"，一般是指同时具备以下三种情形：（1）有证据证明发生了犯罪事实；（2）有证据证明该犯罪事实是犯罪嫌疑人实施的；（3）证明犯罪嫌疑人实施犯罪行为的证据已经查证属实的。"有证据证明有犯罪事实"，并不要求查清全部犯罪事实，其中"犯罪事实"既可以是单一犯罪行为的事实，也可以是数个犯罪行为中任何一个犯罪行为的事实。判断是否具有"社会危险性"，应当将犯罪嫌疑人、被告人涉嫌犯罪的性质、情节，认罪认罚等情况作为考虑因素，具体可以参考《最高人民检察院、公安部关于逮捕社会危险性条件若干问题的规定（试行）》作出认定。二是有证据证明有犯罪事实，可能判处十年有期徒刑以上刑罚的。三是可能判处徒刑以上刑罚，曾经故意犯罪或者身份不明的。"曾经故意犯罪"，并不是指故意犯罪以后的任何时候再犯可能判处徒刑以上刑罚之罪的都应当逮捕，而应当区分案情。如再次所犯之罪为过失犯罪的，则不宜一律逮捕；再如再犯之罪情节较轻的，也不宜一律逮捕。

可以逮捕包括两种情况：一是取保候审期间违反取保候审规定，情节严重的。二是监视居住期间违反规定，情节严重的。实践中，对于违反取保候审、监视居住规定，情节严重，需要逮捕的，是否还需符合一般逮捕条件中的可能判处徒刑以上刑罚的条件？对此，《全国人民代表大会常务委员会关于〈中华人民共和国刑事诉讼法〉第七十九条第三款（修改后刑事诉讼法第八十一条第四款）的解释》的规定："对于被取保候审、监视居住的可能判处徒刑以下刑罚的犯罪嫌疑人、被告人，违反取保候审、监视居住规定，严重影响诉讼活动正常进行的，可以予以逮捕。"也就是说，不需要符合一般逮捕条件中的可能判处徒刑以上刑罚的条件。这是因为，犯罪嫌疑人、被告人有逃跑、干扰证人作证、毁灭、伪造证据或者串供等违反取保候审、监视居住规定的行为，妨碍刑事诉讼的正常进行，甚至可能引发新的犯罪，是典型的具有社会危险性的情形。刑事诉讼法第八十一条第四款的规定，是针对被取保候审、监视居住人违反取保候审、监视居住规定，严重影响诉讼活动正常进行，可以予以逮捕的专门规定，既适用于可能判处徒刑以上刑罚被取保候审、监视居住的犯罪嫌疑人、被告人，也适用于可能判处徒刑以下刑罚被取保候审、监视居住的犯罪嫌疑人、被告人。

Q问 100. 如何把握被取保候审的被告人违反取保候审规定，情节严重？

答 刑事诉讼法第八十一条第四款中规定，被取保候审的犯罪嫌疑人、被告人违反取保候审规定，情节严重的，可以予以逮捕。哪些情形属于"情节严重"？《解释》第一百二十九条规定："被取保候审的被告人具有下列情形之一的，人民法院应当决定逮捕：（一）故意实施新的犯罪的；（二）企图自杀、逃跑的；（三）毁灭、伪造证据，干扰证人作证或者串供的；（四）对被害人、举报人、控告人实施打击报复的；（五）经传唤，无正当理由不到案，影响审判活动正常进行的；（六）擅自改变联系方式或者居住地，导致无法传唤，影响审判活动正常进行的；（七）未经批准，擅自离开所居住的市、县，影响审判活动正常进行，或者两次未经批准，擅自离开所居住的市、县的；（八）违反规定进入特定场所、与特定人员会见或者通信、从事特定活动，影响审判活动正常进行，或者两次违反有关规定的；（九）依法应当决定逮捕的其他情形。"

Q问 101. 如何把握被监视居住的被告人违反监视居住规定，情节严重？

答 刑事诉讼法第八十一条第四款中规定，被监视居住的犯罪嫌疑人、被告人违反监视居住规定，情节严重的，可以予以逮捕。哪些情形属于"情节严重"？《解释》第一百三十条规定："被监视居住的被告人具有下列情形之一的，人民法院应当决定逮捕：（一）具有第一百二十九条第一项至第五项规定情形之一的；（二）未经批准，擅自离开执行监视居住的处所，影响审判活动正常进行，或者两次未经批准，擅自离开执行监视居住的处所的；（三）未经批准，擅自会见他人或者通信，影响审判活动正常进行，或者两次未经批准，擅自会见他人或者通信的；（四）对因患有严重疾病、生活不能自理，或者因怀孕、正在哺乳自己婴儿而未予逮捕的被告人，疾病痊愈或者哺乳期已满的；（五）依法应当决定逮捕的其他情形。"

102. 逮捕犯罪嫌疑人、被告人应注意哪些问题？

办案机关逮捕犯罪嫌疑人、被告人除应严格把握刑事诉讼法规定的逮捕条件外，还应注意以下问题：

1. 人民法院决定逮捕被告人的，应当制作逮捕决定书，交公安机关执行；人民检察院决定逮捕自侦案件的犯罪嫌疑人的，也要制作决定书，交公安机关执行；公安机关决定逮捕犯罪嫌疑人的，应当写出提请批准逮捕意见书，连同案卷材料、证据，一并移送同级人民检察院审查批准。人民检察院不批准逮捕的，公安机关可以要求复议，但是必须将人犯释放。

2. 犯罪嫌疑人、被告人被逮捕后，决定机关或者建议机关应当在犯罪嫌疑人、被告人被逮捕后二十四小时内通知被逮捕人的家属；确实无法通知的，应当将原因记录在卷。

《解释》第一百三十一条规定："人民法院作出逮捕决定后，应当将逮捕决定书等相关材料送交同级公安机关执行，并将逮捕决定书抄送人民检察院。逮捕被告人后，人民法院应当将逮捕的原因和羁押的处所，在二十四小时内通知其家属；确实无法通知的，应当记录在案。"

3. 办案机关对于被逮捕的人，如需要讯问，必须在逮捕后二十四小时以内进行讯问。在发现不应当逮捕的时候，应当变更强制措施或者立即释放。《解释》第一百三十二条规定："人民法院对决定逮捕的被告人，应当在逮捕后二十四小时内讯问。发现不应当逮捕的，应当变更强制措施或者立即释放。"

103. 已经逮捕的犯罪嫌疑人、被告人，具有哪些情形，办案机关可以变更强制措施，变更为监视居住或者取保候审？

《解释》第一百三十三条规定："被逮捕的被告人具有下列情形之一的，人民法院可以变更强制措施：（一）患有严重疾病、生活不能自理的；（二）怀孕或者正在哺乳自己婴儿的；（三）系生活不能自理的人的唯一扶养人。"

104. 已经逮捕的犯罪嫌疑人、被告人，具有哪些情形，办案机关应当变更强制措施或者释放？

《解释》第一百三十四条规定："第一审人民法院判决被告人无罪、不负刑事责任或者免除刑事处罚，被告人在押的，应当在宣判后立即释放。被逮捕的被告人具有下列情形之一的，人民法院应当变更强制措施或者予以释放：（一）第一审人民法院判处管制、宣告缓刑、单独适用附加刑，判决尚未发生法律效力的；（二）被告人被羁押的时间已到第一审人民法院对其判处的刑期期限的；（三）案件不能在法律规定的期限内审结的。"

105. 人民法院对申请变更强制措施的如何处理？

刑事诉讼法第九十七条规定："犯罪嫌疑人、被告人及其法定代理人、近亲属或者辩护人有权申请变更强制措施。人民法院、人民检察院和公安机关收到申请后，应当在三日以内作出决定；不同意变更强制措施的，应当告知申请人，并说明不同意的理由。"《解释》第一百三十七条规定："被告人及其法定代理人、近亲属或者辩护人申请变更强制措施的，应当说明理由。人民法院收到申请后，应当在三日内作出决定。同意变更强制措施的，应当依照本解释规定处理；不同意的，应当告知申请人，并说明理由。"

第六章　刑事附带民事诉讼

Q问 **106. 哪些情况下被害人或者其法定代理人、近亲属可以提起附带民事诉讼？**

答 刑事诉讼法第一百零一条规定："被害人由于被告人的犯罪行为而遭受物质损失的，在刑事诉讼过程中，有权提起附带民事诉讼。被害人死亡或者丧失行为能力的，被害人的法定代理人、近亲属有权提起附带民事诉讼。"据此，同时依照刑法、国家赔偿法以及有关《解释》的规定，理解时，需要注意以下几点：

1. 被害人因人身权利受到犯罪侵犯而遭受物质损失，或者财物被犯罪分子毁坏而遭受物质损失的，有权在刑事诉讼过程中提起附带民事诉讼；被害人死亡或者丧失行为能力的，其法定代理人、近亲属有权提起附带民事诉讼。

2. 对因受到犯罪侵犯提起附带民事诉讼或者单独提起民事诉讼，要求赔偿精神损失的，人民法院不予受理。对此需要说明的是，有关方面曾提出：刑事诉讼法规定的附带民事诉讼仅限于物质损失，但对于因犯罪行为遭受精神损失的，能否在有关刑事案件审结后，另行提起精神损害赔偿的民事诉讼，各方面存在不同认识，情况也很复杂，建议再慎重研究。经研究：其一，刑事诉讼法第一百零一条明确规定："被害人由于被告人的犯罪行为而遭受物质损失的，在刑事诉讼过程中，有权提起附带民事诉讼。"若认为对精神损失可以另行提起民事诉讼，则意味着刑事诉讼法第一百零一条有关只有遭受物质损失的才能提起附带民事诉讼的规定将失去实际意义。绝大部分被害人肯定会选择在刑事案件审结后，另行提起民事诉讼，要求同时赔偿物质损失和精神损失，这样，势必导致附带民事诉讼制度被架空、虚置，附带民事诉讼制度有利于切实维护被害方合法权益、有利于化解社会矛盾、有利于贯彻宽严相济刑事政策、有利于节约司法资源等重要功能无法发挥。其二，若认为对精神损失可以另行提起民事诉讼，则意味着，就同一犯罪行为，被害方可以同一理由，两次提出损失赔偿要求，势必存在"一事两诉"的问题。其三，从司法实践看，刑事案件审结后，特别是被告人被送监服刑或者执行死刑后，往往连有关赔偿被害方物质损失的附带民事判决都难以得到实际执行。如果赋予被害方对精神损失可以另行提起民事诉讼的权利，只会制造"空判"，引发新的社会矛盾。其四，对于因犯罪行为遭受的精神损失能否在有关刑事案件审结后另行提起精神损害赔偿的民事诉讼问题，是一个普遍性问题。相关规定系沿用 2002 年《最高人民法院关于人民法院是否受理刑事案件被害人提请精神损害赔偿民事诉讼有关问题的批复》（法释〔2002〕17 号）。由于此前司法解释已经有过明确规定，在执行中并没有较大争议。

3. 被告人非法占有、处置被害人财产的，应当依法予以追缴或者责令退赔。被害人提起附带民事诉讼的，人民法院不予受理。追缴、退赔的情况，可以作为量刑情节考虑。对此需要说明的是：其一，刑法第六十四条规定："犯罪分子违法所得的一切财物，应当予以追缴或者责令退赔；对被害人的合法财产，应当及时返还。"在被告人非法占有、处置被害人财产的情况下，司法机关依法负有追缴被告人的违法所得或者责令其退赔职责、义务，无需由被害人通过附带民事诉讼要求被告人返还或者赔偿；由司法机关予以追缴或者责令退赔，也更有利于维护被害人合法权益。其二，《最高人民法院关于刑事附带民事诉讼范围问题的规定》（法释〔2000〕47 号，现已失效）曾规定："犯罪分子非法占有、处置被害人财产而使其遭受物质损失的，人民法院应当依法予以追缴或者责令退赔……经过追缴或者退赔仍不能弥补损失，被害人向人民法院民事审判庭另行提起民事诉讼的，人民法院可以受理。"《解释》删除了以上规定，主要考虑：如经司法机关追缴或者责令退赔，仍不能弥补被害人损失，通常表明被告人已无退还或者赔偿能力，被害人另行提起民事诉讼后，只会获得无执行可能的"空判"，既增加当事人诉累，又影响裁判权威，影响案结事了；如发现被告人仍有违法所得未能追缴或者仍有退赔能力的，由司法机关继续依法追缴或者责令退赔即可，也不必由被害人另行提起附带民事诉讼。其三，《刑事财产执行规定》已经明确，对于发生法律效力的刑事裁判主文确定的追缴、责令退赔的涉财产部分的执行，由第一审人民法院立案执行。被告人非法占有、处置被害人财产的，经人民法院生效判决确定，移交人民法院执行部门立案执行即可，另行提起民事诉讼，反而有可能引起不必要的重复执行立案问题。

4. 国家机关工作人员在行使职权时，侵犯他人人身、财产权利构成犯罪，被害人或者其法定代理人、近亲属提起附带民事诉讼的，人民法院不予受理，但应当告知其可以依法申请国家赔偿。

为有效维护被害方合法权益，人民法院受理刑事案件后，对符合刑事诉讼法及《解释》规定条件的，可以告知被害人或者其法定代理人、近亲属有权提起附带民事诉讼。如果有权提起附带民事诉讼的人放弃诉讼权利的，应当准许，并记录在案。

107. 哪些情况下人民检察院可以提起附带民事诉讼？人民检察院提起附带民事诉讼的，应当如何确定其诉讼地位，如何作出判决？

刑事诉讼法第一百零一条第二款规定："如果是国家财产、集体财产遭受损失的，人民检察院在提起公诉的时候，可以提起附带民事诉讼。"在适用该条规定中，应当注意：（1）对国家财产、集体财产因犯罪遭受损失的，只有被害单位未提起附带民事诉讼的情况下，人民检察院才可以提起附带民事诉讼。（2）如被告人非法占有、处置国家财产、集体财产的，应当依法予以追缴或者责令退赔，不能提起附带民事诉讼。

在人民检察院提起附带民事诉讼的情况下，如何界定其诉讼地位、如何判令被告人履行赔偿义务，存在不同认识和做法。为统一、规范法律适用，《解释》对此作出了明确，规定：（1）人民检察院提起附带民事诉讼的，应当列为附带民事诉讼原告人。有意见认为，检察机关代表国家追诉犯罪的同时，按照法律的授权提起附带民事诉讼，对诉讼标的不享有实体上的权利和义务，其诉讼结果并不归于检察机关，因此不应把检察机关视为附带民事诉讼原告人。经研究，在人民检察院提起附带民事诉讼的情况下，只能将其身份表述为附带民事诉讼原告人，并无其他选择。（2）人民检察院提起附带民事诉讼的，人民法院经审理，认为附带民事诉讼被告人依法应当承担赔偿责任的，应当判令附带民事诉讼被告人直接向遭受损失的单位作出赔偿；遭受损失的单位已经终止，有权利义务继受人的，应当判令其向继受人作出赔偿；没有权利义务继受人的，应当判令其向人民检察院交付赔偿款，由人民检察院上缴国库。

Q问 **108. 哪些人员在附带民事诉讼中依法负有赔偿责任？被害人或者其法定代理人、近亲属仅对部分共同致害人提起附带民事诉讼的，应当如何处理？**

答 为方便被害人依法提起附带民事诉讼，《解释》对在附带民事诉讼中依法负有赔偿责任的人的范围作了具体规定，包括：（1）刑事被告人以及未被追究刑事责任的其他共同侵害人。这里的"未被追究刑事责任的其他共同侵害人"，是指与被告人共同实施致使被害人遭受物质损失的行为，但因未达到刑事责任年龄、不具有刑事责任能力而依法不负刑事责任，或者因犯罪情节显著轻微依法未追究其刑事责任的人等。（2）刑事被告人的监护人。具体是指未成年或者限制刑事责任能力被告人的监护人。（3）死刑罪犯的遗产继承人。其应当在所继承的遗产范围内承担赔偿责任。（4）共同犯罪案件中，案件审结前死亡的被告人的遗产继承人。（5）对被害人的物质损失依法应当承担赔偿责任的其他单位和个人。附带民事诉讼被告人的亲友自愿代为赔偿的，应当准许。

被害人或者其法定代理人、近亲属仅对部分共同致害人提起附带民事诉讼的，人民法院应当告知其可以对其他共同致害人，包括没有被追究刑事责任的共同致害人，一并提起附带民事诉讼，但共同犯罪案件中同案犯在逃的除外。被害人或者其法定代理人、近亲属放弃对其他共同致害人的诉讼权利的，人民法院应当告知其相应法律后果，并在裁判文书中说明其放弃诉讼请求的情况。

需要说明的是，有意见认为，应当明确规定，未尽到安全保障义务的公共场所管理人，以及承担机动车交强险、商业险的保险公司也可以作为附带民事诉讼被告人。另有意见认为，交通肇事等犯罪引发的赔偿诉讼，法律关系日益复杂，刑事法官难以把握，建议规定此类案件应当另行提起民事诉讼，由民庭审理。经研究，上述意见不妥，主要考虑：其一，因交通肇事等致人物质损失的案件，仍应通过附带民事诉讼解决，以有利案件的通盘把握，有利节约诉讼资源。其二，依法应当对被害人因犯罪行为遭受的物质损失承担赔偿责任的人员范围较为广泛，难以一一列举，正是因此，解释设置了兜底条款。审判实践中，需要根据侵权责任法等有关法律的规定，结合具体案件情况，确定附带民事被告人的具体范围。例如，被害人是在娱乐场所遭到第三人的犯罪行为侵害，如果娱乐场所管理人确未尽到安全保障义务的，根据侵权责任法第三十七条的规定，娱乐场所管理人对被害人的物质损失承担相应的补充赔偿责任，此时，其就可以成为附带民事诉讼的共同被告人。又如，因交通肇事造成人身伤亡、财产损失的，根据道路交通安全法第七十六条的规定，由保险公司在机动车第三者责任强制保险责任限额范围内予以赔偿；不足的部分，由肇事人根据过错情况予以赔偿。如案发后，保险公司未在保险责任限额范围内作出赔偿的，也可以将其作为附带民事诉讼的共同被告人。

109. 共同犯罪案件中同案犯在逃的，附带民事诉讼应当如何处理？

1999 年《全国法院维护农村稳定刑事审判工作座谈会纪要》明确，"在逃的同案犯不应列为附带民事诉讼的被告人"。经研究，此次刑事诉讼法修改前已有的"犯罪嫌疑人、被告人逃匿、死亡案件违法所得的没收程序"，以及此次刑事诉讼法修正增加的"缺席审判程序"，都是针对几类特殊的犯罪案件，而且适用对象仅限于犯罪嫌疑人、被告人潜逃境外、死亡或者逃匿经通缉一年后不到案的特殊情况，而其他普通刑事案件并不适用缺席审判程序。鉴于此，我们认为《纪要》的上述精神是合理的，《解释》吸收了上述规定。因为附带民事诉讼对刑事诉讼具有依附性，如同案犯在逃，其刑事责任尚不明确的情况下，不能将其作为附带民事诉讼被告人，对其进行缺席审判；如日后逃跑的同案犯自动投案或者被抓获的，被害人或者其法定代理人、近亲属可以对其再行提起附带民事诉讼。当然，如被害人或者其法定代理人、近亲属已从其他先归案的共同犯罪人处获得了足额赔偿的，则不能再提起附带民事诉讼，要求重复赔偿。

此类案件中，各共同致害人的赔偿责任如何确定、在裁判文书中如何表述？这一问题较为复杂。有的共同致害人之间应承担连带赔偿责任，有的是不真正连带责任的关系；此外，有的案件中，有关单位和个人只承担补充赔偿责任，故无法作出统一规定。审判实践中，应当根据侵权责任法等民事法律的相关规定，结合案件具体情况加以把握。

110. 被害人或者其法定代理人、近亲属可以提起附带民事诉讼的时间是否有限制？

《解释》规定："附带民事诉讼应当在刑事案件立案后及时提起。"据此，被害人或者其法定代理人、近亲属在一审宣告判决以前都可以提起附带民事诉讼，但是为了诉讼的顺利进行，被害人或者其法定代理人、近亲属应当及时提起附带民事诉讼。

有意见认为，这样不利于提高诉讼效率，建议将提起附带民事诉讼的时间限定在一审法庭辩论结束前，这样既能保障被害方的诉讼权利，也能提高诉讼效率。实践中确实存在因为解决附带民事诉讼的问题而降低诉讼效率的现象，这是客观事实。但是我们应当看到，附带民事诉讼制度能够在刑事诉讼过程中，在解决被告人刑事责任的同时，一并解决被害人物质损失的赔偿问题，有利于节约诉讼资源，便于诉讼参与人参加诉讼；有利于有效维护被害方的合法权益，及时弥补被害方因犯罪行为造成的物质损失；有利于有效化解社会矛盾，切实贯彻宽严相济刑事政策，实现"案结事了"。经研究认为，被害人及其法定代理人、近亲属提起附带民事诉讼的时间不应当作太多限制，主要考虑：其一，有利于充分发挥附带民事诉讼制度的优势，化解矛盾，实现"案结事了"。实践中也存在一些查找被害人及其法定代理人、近亲属等确有困难的现实，有的几经查询方才找到，如果一旦错过庭审调查、辩论阶段即认为其没有提起附带民事诉讼的权利，显然不利于发挥附带民事诉讼制度的功能，也会增加被害方对司法的不信任。其二，对被害人及其法定代理人、近亲属提起附带民事诉讼的时间作此限制，一旦错过提起附带民事诉讼的起诉时间，被害方也会另行提起民事诉讼，整体上并不能节约司法资源，相反，民事诉讼还要以刑事诉讼查明的犯罪事实为基础，反而不利于节约司法资源。综上，我们认为，附带民事诉讼应当在刑事案件立案后及时提起，一审宣告判决前，被害人及其法定代理人、近亲属都可以提起附带民事诉讼，不应作过多限制。

Q问 111. 一审期间未提起附带民事诉讼，二审期间提起的，应当如何处理？

答　附带民事诉讼应当在人民法院受理刑事案件后、一审判决宣告前提起。

对于在一审判决宣告前未提起附带民事诉讼的如何解决，《解释》规定，一审期间未提起附带民事诉讼，在二审期间提起的，二审法院可以依法进行调解，调解不成的，告知当事人可以在刑事判决、裁定生效后，另行提起民事诉讼。这样，一是可以最大限度发挥附带民事诉讼节约司法资源、减轻当事人诉累的功能，有利于及时维护被害人权益；二是有利于最大限度贯彻调解优先原则，二审法院结合附带民事调解情况，通盘把握案件处理，更好贯彻宽严相济刑事政策，化解社会矛盾。

112. 对在侦查、审查起诉期间当事人已达成赔偿协议并已给付，被害人又提起附带民事诉讼的，应当如何处理？

侦查、审查起诉期间，有权提起附带民事诉讼的人提出赔偿请求，经公安机关、人民检察院调解，当事人双方已经达成协议并全部履行，被害人或者其法定代理人、近亲属又提起附带民事诉讼的，人民法院不予受理，但有证据证明调解违反自愿、合法原则的除外。主要考虑：（1）在侦查、审查起诉期间，有权提起附带民事诉讼的人提出赔偿请求的，公安机关、人民检察院可以依法进行调解，积极促进双方调解的达成，对于认罪认罚的案件，符合适用速裁程序条件的，可以适用速裁程序，减少当事人诉累，节约司法资源，有利于社会矛盾的及时有效化解和宽严相济刑事政策的贯彻落实。（2）如被害方因犯罪行为遭受的损失已得到了赔偿，相应也就丧失了再起诉要求赔偿的权利。此外，对此类案件，如仍规定人民法院要受理的话，势必会"鼓励"不诚实、不守信的行为，助长人们投机取巧、得寸进尺的心理，也会影响公安、检察机关做调解工作的积极性，不利于社会矛盾及时有效化解。

同时，对此规定需要注意以下问题：其一，如被告人已经按照调解协议约定，实际履行全部赔偿义务的，即使赔偿数额低于法律、《解释》规定的数额，人民法院也可以不受理被害人或者其法定代理人、近亲属提出的附带民事诉讼，除非有证据证明调解违反自愿、合法原则。其二，如有证据证明调解协议的达成存在乘人之危（如利用被害方急需获得赔偿款用以支付医疗费用，而大大压低赔偿数额）、显失公平（如在造成人身伤害的情况下，约定的赔偿数额远不足以支付被害人的后续治疗费用）等问题，则应当认定调解违反自愿、合法原则，如被害人及其法定代理人、近亲属提起附带民事诉讼的，人民法院应当受理。其三，被害方与被告人一方在侦查或者审查起诉阶段达成的调解协议并实际履行的，调解协议、履行协议的证明等作为证据材料应当附卷随案移送人民法院。

113. 如何适用附带民事诉讼中的保全措施？

刑事诉讼法第一百零二条对附带民事诉讼中的保全措施问题作了规定，主要明确以下几方面内容：一是明确了查封、扣押、冻结被告人的财产在性质上属于"保全措施"；二是明确附带民事原告人和人民检察院可以向人民法院申请采取保全措施；三是规定人民法院采取保全措施的，适用民事诉讼法的有关规定。上述规定有利于保障附带民事诉讼判决能够得到切实履行，强化对被害方合法权益的维护。根据该条规定：

1. 人民法院受理附带民事诉讼后，可以根据附带民事诉讼原告人（包括在提起公诉时，提起附带民事诉讼的人民检察院）的申请采取保全措施，查封、扣押或者冻结被告人的财产。为便于及时、有效执行保全措施，人民法院可以要求申请人提供被告人的财产线索。当然，为维护被害方合法权益，保障附带民事裁判得到执行，必要时，即使附带民事诉讼原告人未提出保全申请或者不能提供财产线索的，人民法院也可以采取保全措施。

2. 紧急情况下，如已发现被告人的财产有被隐匿、转移等情形的，有权提起附带民事诉讼的人可以在人民法院受理附带民事诉讼前，申请采取保全措施。申请人在人民法院受理刑事案件后十五日内未提起附带民事诉讼的，人民法院应当解除保全措施。

3. 人民法院采取保全措施，适用民事诉讼法第一百条至第一百零五条的有关规定，但民事诉讼法第一百零一条第三款的规定除外。主要是：其一，附带民事诉讼原告人在诉讼中向人民法院提出采取保全措施申请的，人民法院可以要求其提供担保；有权提起附带民事诉讼的人在人民法院受理案件前申请采取保全措施的，人民法院应当要求其提供担保。其二，考虑到对于公诉案件，附带民事诉讼的启动需待侦查、审查起诉工作的完结，被害人无法自主掌控，故对被害人、人民检察院申请人民法院采取诉前保全措施的，不适用民事诉讼法有关"申请人在人民法院采取保全措施后三十日内不起诉的，人民法院应当解除财产保全"的规定。

114. 如何确定附带民事诉讼的赔偿范围和赔偿标准？

刑事诉讼法第一百零三条规定："人民法院审理附带民事诉讼案件，可以进行调解，或者根据物质损失情况作出判决、裁定。"但是，对于究竟如何理解和把握"根据物质损失情况作出判决、裁定"，司法实践中仍存在一些疑惑和争议。主要是：对附带民事诉讼，应否适用与单纯民事诉讼相同的赔偿范围和标准？应否将死亡赔偿金、残疾赔偿金也纳入附带民事诉讼的赔偿范围？我们认为，应当立足现实国情，着眼案件裁判的实际效果，合理确定附带民事诉讼的赔偿范围和标准。具体而言：

1. 对于附带民事诉讼，应当切实加大调解工作力度，如通过调解结案，在不违反自愿、合法原则的前提下，赔偿范围和数额不受限制。调解工作有效开展，才能避免不切实际、根本没有执行可能的空判，才能使被害人的权益得到切实维护；同时，通过附带民事部分的调解结案，能够有效化解社会矛盾，避免申诉、上访，实现案结事了，对于被告人认罪认罚的案件，符合速裁程序适用条件的，可以适用速裁程序。

2. 如调解不成，通过判决结案，则应当充分考虑刑事案件被告人多为没有正常收入的无业人员和进城务工人员、赔偿能力很低的实际，实事求是地仅就被害人遭受的物质损失作出判决。对犯罪行为造成被害人人身损害的，应当赔偿医疗费、护理费、交通费等为治疗和康复支付的合理费用，以及因误工减少的收入。造成被害人残疾的，还应当赔偿残疾生活辅助具费等费用；造成被害人死亡的，还应当赔偿丧葬费等费用。

3. 对因驾驶机动车致人伤亡或者公私财产遭受重大损失，构成犯罪的，要根据道路交通安全法第七十六条的规定确定赔偿责任，即"机动车发生交通事故造成人身伤亡、财产损失的，由保险公司在机动车第三者责任强制保险责任限额范围内予以赔偿；不足的部分，按照下列规定承担赔偿责任……"

4. 对符合条件的被害方，可以根据 2009 年 3 月最高人民法院联合中政委等八部门制发的《关于开展刑事被害人救助工作的若干意见》给予相应国家救助。

确立以上法律适用原则，是基于：

其一，根据法律、法理以及我国的法文化传统，对附带民事诉讼不应适用与单纯民事诉讼相同的标准。刑事诉讼法规定："被害人由于被告人的犯罪行为而遭受物质损失的，在刑事诉讼过程中，有权提起附带民事诉讼。"而根据有关民事法律的规定，对民事侵权行为，还可判令被告人承担精神损害赔偿责任。由此可见，附带民事诉讼与单纯民事诉讼存在明显不同；依据法律规定，对二者不能适用相同赔偿标准。立法对附带民事诉讼与单纯民事诉讼的赔偿责任作出不同规定，是与两类不同诉讼的性质和我国的法文化传统相适应的。单纯民事案件，责令被告人作出相应赔偿，是对被害方进行抚慰、救济的唯一手段，故有理由要求被告人承担相应更重的赔偿责任；由于无需承担刑事责任，被告人往往也有意愿、有能力作出相应赔偿。而附带民事诉讼则不同，被告人不仅要在民事方面承担赔偿责任，还要承担相应的刑事责任。判决被告人承担刑事责任,既是对犯罪的惩处、重新犯罪的预防,也是对被害方抚慰、救济的主要方式。以故意杀人案件为例,如判处被告人死刑,实已让其"以命抵命",显然不应再要求其作出与单纯民事案件相同的精神损害赔偿,否则势必存在双重处罚的问题。传统上"打了不罚、罚了不打"的观念、做法,正是根源于此。

其二,应当深刻认识我国国情与其他国家存在的重大差异。有观点提出,在一些发达国家,因犯罪行为引发的赔偿和单纯民事赔偿适用的是同一标准。在这些国家,被告人也大多无力赔偿,也存在"空判"问题。因此,我国没有理由"特殊"。这种观点没有充分认识其他国家在经济社会发展和司法权威方面与我国存在的巨大差异:在发达国家,由于有相对完善的社会保障制度,被害人国家救助工作开展早、力度大,被害方往往无需寄望被告人作出赔偿,国家会给予其生活救济;由于能得到国家的救济,即使形成"空判",也不会引发缠讼闹访问题。而我们国家的情况则完全不同,判决得不到执行就会引发申诉、上访,影响社会和谐稳定。

其三,按单纯民事案件的经济赔偿标准判赔导致"空判"现象突出,严重影响案件的裁判效果。如依照民事案件的赔偿标准判赔,则意味着,对命案,被害人是城镇居民的,仅死亡赔偿金一项,多则高达上百万;是农村居民的,一般也要赔三五十万元。而刑事案件被告人绝大多数都是经济状况差、赔偿能力弱的农民和无业人员,有的被执行死刑或者其他刑罚后,更无法承担如此高额的赔偿责任,相关判决往往成为"法律白条"。据调研,凡套用民事标准判赔的,赔偿到位率都极低。

其四,赔偿标准过高,实际极不利于维护被害人的合法权益,不利于矛盾化解。表面上看,设定高额赔偿标准似乎对被害人有利,但实际情况是:由于刑事被告人的实际赔偿能力很低,甚至没有,而被害方的期待、"要价"又过高,远远超过被告人的承受能力,导致不少案件中原本愿意代赔的被告人亲属索性不再代赔,结果导致被害方反而得不到任何赔偿,"人财两空"。严重犯罪中这种情况尤为普遍。赔偿数额虚高,还导致附带民事调解和矛盾化解的工作难度大大增加。套用单纯民事案件的赔偿标准确定附带民事案件的赔偿数额,常常使被害方对巨额赔偿抱有不切实际的期待,一旦被告人不能足额赔偿,就认为其没有悔罪诚意和表现,以致民事调解工作、矛盾化解工作根本无法开展。此外,根据《最高人民法院关于加强和规范人民法院国家司法救助工作的意见》(法发〔2016〕16 号),对刑事被害人的救助金额需要综合考虑多种因素，从实践调研的情况看，国家给予司法救助金额一般在几万元左右。如将死亡赔偿金、残疾赔偿金也纳入附带民事赔偿范围，两者相差悬殊，显然救助工作也无法发挥实际作用。

其五，对侵权责任法的有关规定应当正确理解。侵权责任法第四条规定："侵权人因同一行为应当承担行政责任或者刑事责任的，不影响依法承担侵权责任。因同一行为应当承担侵权责任和行政责任、刑事责任，侵权人的财产不足以支付的，先承担侵权责任。"有同志据此认为，对附带民事诉讼应适用与单纯民事诉讼相同的赔偿标准。我们认为，对该条规定应当准确理解，应当将该条规定和侵权责任法第五条规定结合起来分析。侵权责任法第五条规定："其他法律对侵权责任另有特别规定的，依照其规定。"犯罪是严重的、特殊的侵权行为，刑法和刑事诉讼法是专门规定这种侵权行为的基本法。显然，处理犯罪行为的赔偿问题，应当优先适用刑法和刑事诉讼法的相关规定，而不应当适用主要规定民事侵权的侵权责任法规定，否则，势必还要将精神损害纳入附带民事诉讼的赔偿范围。

115. 被害人或者其法定代理人、近亲属在刑事诉讼过程中未提起附带民事诉讼，另行提起民事诉讼的，应当如何处理？

对于被害人或者其法定代理人、近亲属在刑事诉讼过程中未提起附带民事诉讼，其后另行提起民事诉讼的，应当如何确定赔偿范围和标准，存在不同认识。一种意见认为，应当适用与单纯民事诉讼相同的赔偿范围和标准；另一种意见则认为，应当适用与附带民事诉讼相同的赔偿范围和标准。由于认识存在分歧，实践中判法不一，既影响了法律的统一实施，也影响了相关案件的处理效果。

我们认为，对被害人或者其法定代理人、近亲属在刑事诉讼过程中未提起附带民事诉讼，另行提起民事诉讼的，人民法院也应当加大调解工作力度，如能在不违反自愿、合法原则的前提下达成调解协议，赔偿范围和数额可以不受限制；如调解不成的，则参照适用刑事诉讼法第一百零一条的规定，根据物质损失情况作出判决。主要考虑：其一，对被害人等在刑事诉讼过程中未提起附带民事诉讼，另行提起民事诉讼的，理应适用与附带民事诉讼相同的赔偿范围和标准。否则，势必会导致同样行为不同处理的问题，既有违基本法理，也会导致附带民事诉讼制度被架空，影响该制度重要功能的发挥。其二，对另行提起民事诉讼的，适用不同的赔偿范围和标准，表面上看似乎对被害人等有利，实际恰恰相反：一旦刑事部分审结，被告人被送交执行刑罚，甚至执行死刑，就根本不可能再对被害人等作出赔偿，其亲友也不愿意再代为赔偿。

实践中，有的被害人或者其法定代理人、近亲属可能会放弃提起附带民事诉讼，甚至在提起附带民事诉讼后又主动撤回，以期日后另行提起民事诉讼，获得"更多"赔偿。对此，审判人员应当向其做必要的法律释明工作，告知其可能的后果，以切实维护其合法权益。

第七章　期间、送达、审理期限

Q问 116. 如何把握期间问题？

答　刑事诉讼中的期间，是指刑事诉讼中的专门机关和诉讼参与人进行刑事诉讼活动所应当遵循的时间期限。严格遵循刑事诉讼期限，是保障刑事诉讼程序正常运行，有效实现当事人及其他诉讼参与人诉讼权利的前提。根据刑事诉讼法和《解释》的有关规定，在审判实践中，对于期间要注意以下问题：

1. 期间的计算单位。刑事诉讼法第一百零五条第一款规定："期间以时、日、月计算。"据此，期间的计算单位为时、日、月，年、分钟等其他时间计算单位不是刑事诉讼期间的计算单位。

2. 期间的计算方法。根据刑事诉讼法第一百零五条第二款的规定，期间开始的时和日不算在期间以内。例如，被告人于某年12月1日收到判决书，其上诉期限从12月2日开始计算。根据《解释》第一百六十五条的规定，以月计算的期限，自本月某日至下月同日为一个月。期限起算日为本月最后一日的，至下月最后一日为一个月。半个月一律按十五日计算。因此，以月为计算单位的，按照上述规定，开始月应计算在期间内。需要注意的是，实践中存在本月的起算日非为本月最后一日、但下月同日不存在的情况，如1月30日开始的一个月的审理期限是2月28日或者29日。因此，为了使规定更加周延，《解释》第一百六十五条增加规定："下月同日不存在的，自本月某日至下月最后一日为一个月。"

刑事诉讼法还专门对期间计算中的特殊情况作出了规定：（1）根据刑事诉讼法第一百零五条第三款的规定，法定期间不包括路途上的时间。上诉状或者其他文件在期满前已经交邮的，不算过期。换言之，只要上诉状或者其他文件的交邮时间即当地邮局盖邮戳的时间在期满前，就视为在期间内。（2）刑事诉讼法第一百零五条第四款规定："期间的最后一日为节假日的，以节假日后的第一日为期满日期，但犯罪嫌疑人、被告人或者罪犯在押期间，应当至期满之日为止，不得因节假日而延长。"例如，被告人上诉期间的最后一日为10月2日，则应当顺延至节假日后的第一日为期满之日，即通常而言上诉期间届满之日为 10 月 8 日（假定十一节假日为 10 月 1 日至 7 日）。但是，如果犯罪嫌疑人侦查期限届满，应当释放之日为 10 月 2 日，则应当在当天释放，不得因节假日而延长。

3. 期间的恢复。刑事诉讼法第一百零六条规定："当事人由于不能抗拒的原因或者有其他正当理由而耽误期限的，在障碍消除后五日以内，可以申请继续进行应当在期满以前完成的诉讼活动。前款申请是否准许，由人民法院裁定。"《解释》第一百六十六条进一步规定："当事人由于不能抗拒的原因或者有其他正当理由而耽误期限，依法申请继续进行应当在期满前完成的诉讼活动的，人民法院查证属实后，应当裁定准许。"根据上述规定，期间恢复的条件的是：（1）只有当事人有权提出恢复期间的申请。期间恢复的申请须由当事人提出，其他诉讼参与人不能提出期间恢复的申请。（2）当事人在法定期间内未能完成特定诉讼行为，是由于不能抗拒的原因或者其他正当理由，如地震、洪水、战争、患有严重疾病等情形。如果当事人是由于自身原因而耽误期限的，不能提出期间恢复的申请。（3）当事人恢复期间的申请应当在障碍消除后五日以内提出。（4）当事人关于恢复期间的申请须由人民法院裁定。人民法院接到当事人申请后，应当进行审查，如果查实当事人系由于不能抗拒的原因或者有其他正当理由而耽误期限，依法申请继续进行应当在期限届满以前完成的诉讼活动的，人民法院应当裁定准许；而如果查实当事人系因其他原因耽误期限的，应当裁定驳回申请。

117. 如何把握送达问题？

送达是指人民法院、人民检察院和公安机关等专门机关按照法定的程序和方式将诉讼文书送交收件人的诉讼活动。对于送达的程序和方式，刑事诉讼法和《解释》作出了明确规定。在司法实践中，实施送达行为要严格按照法律规定的程序和方式进行。根据相关规定，结合司法实践中的具体情况，对于刑事诉讼中各种送达方式需要注意如下问题：

1. 直接送达。直接送达是指专门机关将诉讼文书直接送交本人或者其成年家属、所在单位负责人员的方式。根据刑事诉讼法第一百零七条第一款的规定，送达传票、通知书和其他诉讼文件应当交给收件人本人；如果本人不在，可以交给他的成年家属或者所在单位的负责人员代收。送达诉讼文书，应当由收件人签收。收件人不在的，可以由其成年家属或者所在单位负责收件的人员代收。收件人或者代收人在送达回证上签收的日期为送达日期。

2. 留置送达。留置送达是指在收件人本人或者代收人拒绝接收或者拒绝签名、盖章的情形下，送达人依法将诉讼文书留在收件人住处或者单位的送达方式。根据刑事诉讼法第一百零七条第二款的规定，留置送达的前提是收件人本人或者代收人拒绝接收或者拒绝签名、盖章，如果因为找不到收件人或者代收人，不能适用留置送达方式。收件人本人或者代收人拒绝接收或者拒绝签名、盖章的时候，送达人可以邀请他的邻居或者其他见证人到场，说明情况，把文件留在他的住处，在送达证上记明拒绝的事由、送达的日期，由送达人签名，即认为已经送达。需要注意的是，《解释》第一百六十七条进一步规定，收件人或者代收人拒绝签收的，"也可以把诉讼文书留在受送达人的住处，并采用拍照、录像等方式记录送达过程，即视为送达"。

3. 委托送达。根据《解释》第一百六十八条、第一百六十九条的规定，直接送达诉讼文书有困难的，可以委托收件人所在地的人民法院代为送达。委托送达的前提是，收件人所在地与送达主体的所在地不一致，直接送达有困难。如果收件人与送达主体所在地相同的，不能适用委托送达方式。委托送达的，应当将委托函、委托送达的诉讼文书及送达回证寄送受托法院。受托法院收到后，应当登记，在十日内①送达收件人，并将送达回证寄送委托法院；无法送达的，应当告知委托法院，并将诉讼文书及送达回证退回。

4. 邮寄送达。根据《解释》第一百六十八条、第一百七十条的规定，在直接送达有困难的情形下也可以采取邮寄送达的方式。邮寄送达是指专门机关通过邮局将诉讼文书用挂号方式邮寄给收件人的送达方式。邮寄送达的，应当将诉讼文书、送达回证挂号邮寄给收件人。挂号回执上注明的日期为送达日期。

5. 转交送达。转交送达是专门机关将诉讼文书通过特定部门代收后转交收件人的送达方式。根据《解释》第一百七十一条的规定，适用转交送达的主要有三种：（1）诉讼文书的收件人是军人的，可以通过其所在部队团级以上单位的政治部门转交。（2）收件人正在服刑的，可以通过执行机关转交。（3）收件人正在被采取强制性教育措施的，可以通过强制性教育机构转交。需要注意的是，由有关部门、单位代为转交诉讼文书的，应当请

---

① 《解释》第一百六十九条规定："受托法院收到后，应当登记，在十日内送达收件人，并将送达回证寄送委托法院。"

有关部门、单位收到后立即交收件人签收，并将送达回证及时寄送人民法院。

118. 如何把握审理期限问题？

根据刑事诉讼法第二百零八条第一款的规定，人民法院审理公诉案件，应当在受理后二个月以内宣判，至迟不得超过三个月。对于可能判处死刑的案件或者附带民事诉讼的案件，以及有刑事诉讼法第一百五十八条规定情形之一的，经上一级人民法院批准，可以延长三个月；因特殊情况还需要延长的，报请最高人民法院批准。人民法院改变管辖的案件，从改变后的人民法院收到案件之日起计算审理期限。人民检察院补充侦查的案件，补充侦查完毕移送人民法院后，人民法院重新计算审理期限。

根据刑事诉讼法第二百四十三条的规定，第二审人民法院受理上诉、抗诉案件，应当在二个月以内审结。对于可能判处死刑的案件或者附带民事诉讼的案件，以及有刑事诉讼法第一百五十八条规定情形之一的，经省、自治区、直辖市高级人民法院批准或者决定，可以延长二个月；因特殊情况还需要延长的，报请最高人民法院批准。最高人民法院受理上诉、抗诉案件的审理期限，由最高人民法院决定。

需要注意的是，根据《解释》第一百七十三条的规定，申请上级人民法院批准延长审理期限，应当在期限届满十五日前层报。[①] 有权决定的人民法院不同意延长的，应当在审理期限届满五日前作出决定。[②] 因特殊情况申请最高人民法院批准延长审理期限，最高人民法院经审查，予以批准的，可以延长审理期限一至三个月。期限届满案件仍然不能审结的，可以再次提出申请。

根据《解释》第一百七十二条的规定，指定管辖案件的审理期限，自被指定管辖的人民法院收到指定管辖决定书和有关案卷、证据材料之日起计算。从司法实践来看，一般是上级法院作出指定管辖决定后，公诉机关才开始将案卷移送给人民法院立案庭进行审查，二者之间相隔的时间有时候长达

---

① 之所以限制在"期限届满十五日前"层报上级法院批准延长审限，旨在防止在审限临近届满时报请上级法院批准延长审限，从而迫使上级法院批准延长审限。根据目前规定，上级法院有裁量空间，可以作出不批准的决定。

② 之所以规定有权决定的人民法院不同意延长的，应当在"审理期限届满五日前"作出决定，旨在保证上级法院作出不批准决定后，审理案件的法院可以在审理期限内审结。

二三个月。因此，对于指定管辖的案件，不能自被指定管辖的人民法院收到上级人民法院指定管辖决定书之日起计算审理期限，而是应当在指定管辖决定书和有关案卷、证据材料均收到开始计算。

此外，《解释》第一百七十四条规定："审判期间，对被告人作精神病鉴定的时间不计入审理期限。"从实践反映的情况看，精神病鉴定一般需要较长时间，根据刑事诉讼法及《解释》的规定，对被告人作精神病鉴定的时间不计入审理期限。

第八章　审判组织

119. 审判组织有哪几种形式？

审判组织是指人民法院审判案件的组织形式。根据刑事诉讼法和人民法院组织法的有关规定，我国的刑事审判组织有独任庭、合议庭、审判委员会三种。审判组织代表人民法院行使审判权，在审判案件活动中具有重要作用。《解释》第八章"审判组织"，根据刑事诉讼法规定和司法实践的需要，对审判组织形式组成、职权、程序等相关问题作了明确规定。

120. 如何理解合议庭？

根据刑事诉讼法第一百八十三条的规定，人民法院审判刑事案件的基本组织包括合议庭和独任庭。合议庭是由三名以上审判人员集体审判案件的组织形式。合议庭是最为常见的刑事审判组织形式。根据刑事诉讼法的规定，除适用简易程序、速裁程序审理可能判处三年有期徒刑以下刑罚的案件可以由审判员一人独任审理外，其他案件的审判应当组成合议庭进行。合议庭可以全部由审判员组成，也可以由审判员和陪审员混合组成。合议庭的成员人数应当是单数，但具体组成人员、人数因法院级别、管辖案件的性质等不同而有异：基层人民法院、中级人民法院审判第一审案件，应当由审判员三人或者由审判员和人民陪审员共三人或者七人组成合议庭进行，但是基层人民法院适用简易程序、速裁程序的案件可以由审判员一人独任审判。高级人民法院审判第一审案件，应当由审判员三人至七人或者由审判员和人民陪审员共三人或者七人组成合议庭进行。最高人民法院审判第一审案件，应当由审判员三人至七人组成合议庭进行。人民法院审判上诉和抗诉案件，由审判员三人或者五人组成合议庭进行。

人民陪审员依法参加人民法院的审判活动，除法律另有规定外，同法官有同等权利。人民陪审员依法享有参加审判活动、独立发表意见、获得履职保障等权利。人民陪审员和法官组成合议庭审判案件，由法官担任审判长，可以组成三人合议庭，也可以由法官三人与人民陪审员四人组成七人合议庭。

Q问 **121. 如何理解刑事诉讼法修改人民陪审员相关规定的背景和重要意义?**

答 人民陪审员制度是社会主义民主政治在司法领域的具体体现，也是中国特色社会主义司法制度的重要内容。长期以来，人民陪审员制度在推进司法民主、促进司法公正、提高司法公信等方面一直发挥着重要作用，但仍存在一些需要改进和完善的地方。如人民陪审员的广泛性和代表性不足，"陪而不审、审而不议"现象曾经长期存在，一定程度上影响了人民陪审员制度的功能发挥。

党的十八届三中全会决定指出，要广泛实行人民陪审员制度，拓宽人民群众有序参与司法的渠道。十八届四中全会决定进一步提出，完善人民陪审员制度，保障公民陪审权利，提高人民陪审制度公信度，逐步实行人民陪审员不再审理法律适用问题，只参与审理事实认定问题。这些都为人民陪审员制度改革指明了发展方向。

根据中央深改组审议通过的《人民陪审员制度改革试点方案》（以下简称《试点方案》）和全国人大常委会授权，2015 年 5 月，最高人民法院会同司法部在全国 50 个中级、基层人民法院开展人民陪审员制度改革试点工作。在试点过程中，不少人大代表、政协委员、专家学者提出，应在总结改革试点经验的基础上，制定一部专门的人民陪审员法。特别是经过三年试点，各地法院已经探索出不少可复制、可推广的经验做法，其中所涉重点难点问题也基本形成共识，立法条件已经具备。制定一部专门的人民陪审员法，既是完善中国特色社会主义法律体系的必然要求，也是充分发挥人民陪审员制度功能作用的客观需要，对于扩大司法领域的人民民主，切实保障人民群众对审判工作的知情权、参与权、监督权，实现司法专业化判断与老百姓朴素认知的有机统一，让人民群众在每一个司法案件中感受到公平正义具有重要意义。

2018 年 4 月 27 日，第十三届全国人民代表大会常务委员会第二次会议已审议通过人民陪审员法并于同日公布施行。人民陪审员法的出台是中国特色社会主义法治建设的一件大事，也是保障公民民主权利、推进司法民主建设新的里程碑。人民陪审员法全面总结了《全国人大常委会关于完善人民陪审员制度的决定》施行十三年来的实践经验，以单行法律形式将十八届三中、四中全会以来的改革试点经验固定下来，对人民陪审员的选任、参审、管理等方面作了进一步完善，标志着我国人民陪审员制度进入一个新的发展阶段。

122. 如何理解人民陪审员参审案件的范围？

人民陪审员法在起草和审议的过程中，一致认为人民陪审员的参审范围应当"扩容"。合理界定人民陪审员参审案件的范围，既要让人民陪审员制度在国家治理和司法体系中发挥应有作用，又要解决实践中曾经长期存在的"陪而不审、审而不议"等问题。人民陪审员法第十五条确定了人民陪审员参审案件的范围。人民法院审判第一审刑事、民事、行政案件，有下列情形之一的，由人民陪审员和法官组成合议庭进行：（一）涉及群体利益、公共利益的；（二）人民群众广泛关注或者其他社会影响较大的；（三）案情复杂或者有其他情形，需要由人民陪审员参加审判的。人民法院审判前款规定的案件，法律规定由法官独任审理或者由法官组成合议庭审理的，从其规定。此外，人民陪审员法第十七条还规定：第一审刑事案件被告人、民事案件原告或者被告、行政案件原告申请由人民陪审员参加合议庭审判的，人民法院可以决定由人民陪审员和法官组成合议庭审判。需要指出的是，死刑案件是否纳入人民陪审员参审范围曾存在争议。否定观点认为，死刑案件大多重大敏感，事实认定和法律适用要求严格，且为了统一把握死刑政策，均须经审判委员会讨论决定，故不支持将死刑案件列入参审范围。肯定观点认为，死刑案件肯定比判处十年以上有期徒刑甚至无期徒刑的影响更大，且将死刑案件列入参审范围与死刑案件均须提交审委会并不矛盾，如果合议庭中四个陪审员与三个法官意见不一致，这个时候恰恰就应该提交审判委员会讨论。死刑案件正是因为重大敏感、社会影响大才应有陪审员参与，以起到增强司法公信力、增加司法工作和庭审活动透明度的作用。经过认真研究认为，将死刑案件列入陪审案件范围既可以对审判人员进行监督，又可以对家属和社会做好宣传和教育工作，是推进司法民主的体现，最终人民陪审员法正式将死刑案件纳入了人民陪审员参审范围。

123. 如何理解"七人合议庭制度"？

人民陪审员法第十六条规定，人民法院审判下列第一审案件，由人民陪审员和法官组成七人合议庭进行：可能判处十年以上有期徒刑、无期徒刑、死刑，社会影响重大的刑事案件；根据民事诉讼法、行政诉讼法提起的公益诉讼案件；涉及征地拆迁、生态环境保护、食品药品安全，社会影响大的刑事案件；其他社会影响重大案件。对于如何界定"其他社会影响重大案件"，人民陪审员法草案原来根据试点情况规定了几种案件类型，但是审议时常委委员和有关方面认为，七人合议庭的审判在实践中效果很好，但是案件的类型很多，除了列举这几种以外，可能还有一些案件，人民法院在审判遇到的时候如果组成大的合议庭来审会更有利于解决社会矛盾，更有利于保证案件质量，希望再留一个口子，就规定了"其他社会影响重大的案件"，不再写具体种类，作为一个兜底条款。在实践中由各人民法院根据案件的情况，根据案件涉及的问题，如果是事实问题比较复杂，社会影响比较大，就由人民陪审员来进行审判，也可能有的案件是法律问题非常复杂，人民陪审员参加审理也不一定效果好，在一定意义上给法院一种自由裁量权，增加一种灵活性。另外，实践中人民法院应当注意把握"社会影响重大案件"与"疑难、复杂案件"的区别，注重考虑案件与群体利益、社会公共利益的关联度、人民群众关注度和社会影响度等因素。

124. 如何理解人民陪审员参与审判的两种审判组织模式？

为了贯彻中央改革精神，有效提高参审质效，人民陪审员法在合理界定并适当扩大参审范围的基础上，规定了两种审判组织模式，并妥善区分事实审与法律审。人民陪审员法第二十一条、第二十二条分别确定了三人合议庭和七人合议庭两种审判组织模式，人民陪审员参加三人合议庭审判案件，对事实认定、法律适用独立发表意见、行使表决权，人民陪审员参加七人合议庭审理社会影响重大的案件，只参与审理事实认定问题，不再审理法律适用问题，以充分发挥人民陪审员熟悉社情民意，长于事实认定的优势。人民陪审员法还专门作出规定，特别强调了审判长对人民陪审员的指引、提示等义务，但不得妨碍人民陪审员对案件的独立判断。

125. 如何理解人民陪审员的权利和地位？

人民陪审员依法参加人民法院的审判活动，除法律另有规定外，同法官有同等权利。可以从两个角度理解这一原则：一个角度是在一般情况下陪审员和法官同等权利。比如说，人民陪审员和法官共同参加法庭审理，向当事人或向其他的诉讼参与人发问，审查判断证据，听取辩论意见，合议的时候陪审员要发表意见，表决的时候一人一票，共同形成裁判结果。

这些权利都是一致的。另外一个角度，"除法律另有规定外"，这主要考虑到人民陪审员毕竟不是职业法官，在行使权利的时候跟法官有以下区别：第一个区别是审判案件范围不同，所有的案件都是法官来审的，但是有一些案子陪审员是不参加的，比如刑事诉讼法、民事诉讼法里规定的独任审判的案件都是法官来审，单个陪审员是不能审案子的。另外，还有一些案子法律规定只能由法官组成合议庭审判，包括所有的二审案件，这些案件陪审员也不能参加。第二个区别就是审判长只能是法官，主持庭审的只能是法官。第三个区别，在审判案件时，法庭审理后面的合议，原则上他们是同权的，但是在七人合议庭中有一个区分，对于七人合议庭里面的事实问题，陪审员和法官是同权的，包括发表意见，包括表决，但是对法律适用问题陪审员不参加表决，只发表意见。

Q问 126. 如何理解合议庭的评议原则？

答　刑事诉讼法对合议庭的评议原则作了明确，第一百八十四条规定："合议庭进行评议的时候，如果意见分歧，应当按多数人的意见作出决定，但是少数人的意见应当写入笔录。评议笔录由合议庭的组成人员签名。"《解释》第一百七十六条作了进一步明确规定。具体而言：开庭审理和评议案件，必须由同一合议庭进行。合议庭成员在评议案件的时候，应当表明自己的意见。合议庭评议案件时，先由承办法官介绍案件涉及的相关法律、审查判断证据的有关规则，后由人民陪审员及合议庭其他成员充分发表意见，审判长最后发表意见并总结合议庭意见。如果意见分歧，应当按多数人的意见作出决定，但是少数人的意见应当写入笔录。人民陪审员同合议庭其他组成人员意见分歧，要求合议庭将案件提请院长决定是否提交审判委员会讨论决定的，应当说明理由；人民陪审员提出的要求及理由应当写入评议笔录。评议笔录由合议庭的组成人员在审阅确认无误后签名。评议情况应当保密。合议庭开庭审理并且评议后，应当作出判决或者裁定。

Q问 127. 如何理解独任庭？

答　独任庭是基层人民法院的一种审判组织形式。刑事诉讼法第一百八十三条规定，基层人民法院适用简易程序、速裁程序的案件可以由审判员一人独任审判。也就是说，人民法院审理刑事案件适用独任审判的情形有两种，分别是简易程序案件和速裁程序案件。刑事诉讼法分两条予以具体规定：

（1）根据刑事诉讼法第二百一十六条的规定，基层人民法院适用简易程序审理案件，对可能判处三年以下有期徒刑以下刑罚的，可以由审判员一人独任审判。在此种情况下，可以由一名审判员独任审理。根据《解释》第一百七十七条规定，审判员依法独任审判时，行使与审判长相同的职权。

（2）根据刑事诉讼法第二百二十二条的规定，基层人民法院管辖的可能判处三年有期徒刑以下刑罚的案件，案件事实清楚，证据确实、充分，被告人认罪认罚并同意适用速裁程序的，可以适用速裁程序，由审判员一人独任审判。

Q问 128. 如何理解合议庭、独任庭与审判委员会的关系？

答 刑事诉讼法第一百八十五条规定："合议庭开庭审理并且评议后，应当作出判决。"《解释》第一百七十八条第一款进一步规定："合议庭审理、评议后，应当及时作出判决、裁定。"这表明合议庭具有独立作出判决的权力。但是，为了确保案件质量，对于疑难、复杂、重大的案件，合议庭认为难以作出决定的，由合议庭提请院长决定提交审判委员会讨论决定。合议庭提请院长决定提交审判委员会讨论决定的案件，院长认为不必要的，可以建议合议庭复议一次。同样，独任审判的案件，审判员认为有必要的，也可以提请院长决定提交审判委员会讨论决定。《解释》第一百七十八条第二款规定："拟判处死刑的案件、人民检察院抗诉的案件，合议庭应当提请院长决定提交审判委员会讨论决定。"第三款规定："对合议庭成员意见有重大分歧的案件、新类型案件、社会影响重大的案件以及其他疑难、复杂、重大的案件，合议庭认为难以作出决定的，可以提请院长决定提交审判委员会讨论决定。"

《解释》第一百七十八条第四款规定："人民陪审员可以要求合议庭将案件提请院长决定是否提交审判委员会讨论决定。"人民陪审员法第二十三条第二款重审了此规定，明确合议庭组成人员意见有重大分歧的，人民陪审员可以要求合议庭将案件提请院长决定是否提交审判委员会讨论决定。

审判委员会委员超过半数时，方可开会。审判委员会会议由院长或院长委托的副院长主持。人民检察院检察长可以列席同级人民法院审判委员会会议。检察长不能列席时，可以委托副检察长列席同级人民法院审判委员会会议。审判委员会讨论案件，合议庭应当提交案件审理报告。案件审理报告应当符合规范要求，客观、全面反映案件事实、证据以及双方当事人或控辩双方的意见，说明合议庭争议的焦点、分歧意见和拟作出裁判的内容。案件审理报告应当提前发送审判委员会委员。审判委员会讨论案件按照听取汇报、询问、发表意见、表决的顺序进行。案件由承办人汇报，合议庭其他成员补充。审判委员会委员在听取汇报、进行询问和发表意见后，其他列席人员经主持人同意可以发表意见。审判委员会讨论案件实行民主集中制。审判委员会委员发表意见的顺序，一般应当按照职级高的委员后发言的原则进行，主持人最后发表意见。审判委员会应当充分、全面地对案件进行讨论。审判委员会委员应当客观、公正、独立、平等地发表意见，审判委员会委员发表意见不受追究，并应当记录在卷。审判委员会委员发表意见后，主持人应当归纳委员的意见，按多数意见拟出决议，付诸表决。审判委员会的决议应当按照全体委员二分之一以上多数意见作出。少数人的意见可以保留并记录在卷。审判委员会的决定，合议庭、独任审判员应当执行；有不同意见的，可以建议院长提交审判委员会复议。

第九章 公诉案件第一审普通程序

Q问 **129. 此次刑事诉讼法修改对认罪认罚从宽制度作了哪些规定？**

答 此次刑事诉讼修改总结认罪认罚从宽制度和速裁程序试点经验，对刑事诉讼法关于认罪认罚从宽制度作出完善，对于推广试点工作成效，合理配置司法资源，推进以审判为中心的刑事诉讼制度改革具有重要意义。具体而言，此次刑事诉讼法修改对认罪认罚从宽制度作出如下规定：

1. 在总则部分明确规定了认罪认罚从宽处理的原则。修改后刑事诉讼法第十五条规定："犯罪嫌疑人、被告人自愿如实供述自己的罪行，承认指控的犯罪事实，愿意接受处罚的，可以依法从宽处理。"需要注意的是，起草过程中，对于认罪认罚从宽到底是独立的量刑情节，还是需要受到刑法从宽处罚规定的限制，存在不同认识。从修改后刑事诉讼法的规定来看，此处的"从宽处罚"应当是独立的量刑情节，即可以依据认罪认罚的情节直接予以从轻、减轻或者免除处罚。

2. 在刑事诉讼各阶段明确规定了认罪认罚从宽规定和法律后果的告知义务。具体而言：（1）侦查阶段。第一百二十条第二款规定："侦查人员在讯问犯罪嫌疑人的时候，应当告知犯罪嫌疑人享有的诉讼权利，如实供述自己罪行可以从宽处理和认罪认罚的法律规定。"第一百六十二条第二款规定："犯罪嫌疑人自愿认罪的，应当记录在案，随案移送，并在起诉意见书中写明有关情况。"（2）审查起诉阶段。第一百七十三条规定："人民检察院审查案件，应当讯问犯罪嫌疑人，听取辩护人或者值班律师、被害人及其诉讼代理人的意见，并记录在案。辩护人或者值班律师、被害人及其诉讼代理人提出书面意见的，应当附卷。""犯罪嫌疑人认罪认罚的，人民检察院应当告知其享有的诉讼权利和认罪认罚的法律规定，听取犯罪嫌疑人、辩护人或者值班律师、被害人及其诉讼代理人对下列事项的意见，并记录在案：（一）涉嫌的犯罪事实、罪名及适用的法律规定；（二）从轻、减轻或者免除处罚等从宽处罚的建议；（三）认罪认罚后案件审理适用的程序；（四）其他需要听取意见的事项。""人民检察院依照前两款规定听取值班律师意见的，应当提前为值班律师了解案件有关情况提供必要的便利。"第一百七十四条规定："犯罪嫌疑人自愿认罪，同意量刑建议和程序适用的，应当在辩护人或者值班律师在场的情况下签署认罪认罚具结书。""犯罪嫌疑人认罪认罚，有下列情形之一的，不需要签署认罪认罚具结书：（一）犯罪嫌疑人是盲、聋、哑人，或者是尚未完全丧失辨认或者控制自己行为能力的精神病人的；（二）未成年犯罪嫌疑人的法定代理人、辩护人对未成年人认罪认罚有异议的；（三）其他不需要签署认罪认罚具结书的情形。"（3）审判阶段。第一百九十条第二款规定："被告人认罪认罚的，审判长应当告知被告人享有的诉讼权利和认罪认罚的法律后果，审查认罪认罚的自愿性和认罪认罚具结书内容的真实性、合法性。"

3. 对认罪认罚案件的判决。刑事诉讼法第一百七十六条第二款规定："犯罪嫌疑人认罪认罚的，人民检察院应当在就主刑、附加刑、是否适用缓刑等提出量刑建议，并随案移送认罪认罚具结书等材料。"第二百零一条进一步规定："对于认罪认罚案件，人民法院依法作出判决时，一般应当采纳人民检察院指控的罪名和量刑建议，但有下列情形的除外：（一）被告人的行为不构成犯罪或者不应当追究其刑事责任的；（二）被告人违背意愿认罪认罚的；（三）被告人否认指控的犯罪事实的；（四）起诉指控的罪名与审理认定的罪名不一致的；（五）其他可能影响公正审判的情形。""人民法院经审理认为量刑建议明显不当，或者被告人、辩护人对量刑建议提出异议的，人民检察院可以调整量刑建议。人民检察院不调整量刑建议或者调整量刑建议后仍然明显不当的，人民法院应当依法作出判决。"

Q问 130. 如何把握我国公诉案件移送方式的沿革？

答 2012 年刑事诉讼法修改对公诉案件的移送方式作了较大改动，从 1996 年刑事诉讼法借鉴"起诉书一本主义"而设立的"起诉复印件主义"重新恢复到 1979 年刑事诉讼法所设立的"卷宗移送主义"。此次刑事诉讼法修改未作调整。

1. 1996 年刑事诉讼法：从卷宗移送主义到起诉复印件主义。1979 年刑事诉讼法第一百零八条规定："人民法院对提起公诉的案件进行审查后，对于犯罪事实清楚、证据充分的，应当决定开庭审判；对于主要事实不清、证据不足的，可以退回人民检察院补充侦查；对于不需要判刑的，可以要求人民检察院撤回起诉。"根据该条规定，由人民法院在开庭审判前要对犯罪事实和证据进行审查，以判断是否符合"犯罪事实清楚、证据充分"的开庭审判条件，自然要求人民检察院在提起公诉时，一并将案卷材料、证据移送人民法院。可见，1979 年刑事诉讼法采取的是卷宗移送主义。该种移送方式是与法院在开庭审判前对案件进行实体审查和法官在刑事审判活动中的主导地位联系在一起的。在 1979 年刑事诉讼法中，人民法院在庭前审查中，将调查犯罪事实，核实证据作为主要内容，经过一系列的审阅卷宗和核实证据的活动，审判人员确信犯罪事实清楚、证据确实充分，才决定开庭审判。由于审判人员在庭审前通过接触案卷材料和卷宗，已经对案件的相关情况有所了解，能够更好地引导控辩双方进行庭审活动，控制庭审进程，保证庭审活动的效率。

　　然而，1996 年刑事诉讼法对公诉案件移送方式进行了根本性变革，取消了卷宗移送主义，代之以起诉复印件主义。这--修改的主要原因是，1979年刑事诉讼法第一百零八条的规定在执行中存在较大的问题，混淆了庭前审查与法庭审判的任务，把调查犯罪事实，核实证据作为庭前审查的主要内容，而卷宗在开庭审判前移送法院，由审判人员进行一系列预先调查和审查核实证据的活动，势必造成实际办案中审判工作的"先入为主""先判后审"的现象，开庭审判也成为走过场。①② 1996 年刑事诉讼法第一百五十条规定："人民法院对提起公诉的案件进行审查后，对于起诉书中有明确的指控犯罪事实并且附有证据目录、证人名单和主要证据复印件或者照片的，应当决定开庭审判。"可见，1996 年刑事诉讼法将庭审前的审查明确规定为着重于对案件程序要件的审查，即不再要求对于"犯罪事实清楚、证据充分"的才决定开庭审判，只要"起诉书中有明确的指控犯罪事实并且附有证据目录、证人名单和主要证据复印件或者照片"的，就应当决定开庭审判。这自然就不再要求检察机关在提起公诉时向人民法院移送案卷材料和证据，而只需要在起诉书中附有证据目录、证人名单和主要证据复印件或者照片即可。

　　2. 2012 年刑事诉讼法修改：从起诉复印件主义重回卷宗移送主义。经

---

　　① 参见胡康生、李福成主编：《中华人民共和国刑事诉讼法释义》，法律出版社 1996 年版，第 171 页。

　　② 立法机关对于 1979 年刑事诉讼法第一百零八条的修改，无疑受到了理论界的影响。当时，除极少数学者主张保留卷宗移送主义外，主流性的观点是废除卷宗移送制度，代之以起诉状一本主义，并进行适当的改造。

过十多年的实践，由于缺乏相关制度的配套，基于"避免法官先入为主，庭审流于形式，保证审判质量，实现审判客观公正"的目的设置的起诉复印件主义在我国的实施效果并不理想，既未能够有效防止被视为卷宗移送主义弊端的审判人员先入为主现象，反而滋生了新的问题。主要表现在：（1）起诉复印件主义并不契合我国的刑事诉讼模式，与我国的司法国情存在隔阂。（2）起诉复印件主义不利于防止公诉机关滥用公诉权，缺乏对公诉权的有效制约。（3）起诉复印件主义不利于审判人员有效获悉案件情况，影响诉讼效率。（4）起诉复印件主义不利于辩方在庭审前有效获悉案件相关情况，不利于辩方辩护权的行使。（5）起诉复印件主义并不能有效避免法官先入为主，实现审判客观公正，有违起诉复印件主义的设立初衷的。从实践来看，1996年刑事诉讼法第一百五十条所确立的起诉复印件主义的公诉案件移送方式在司法实践中很大程度上被虚置，未被切实贯彻执行。根据有关人员的调研，起诉复印件主义在司法实践中并未得到切实贯彻：检察机关对大部分公诉案件实行的是全案移送的方式；对极少部分案件采取了复印件移送主义的案件，也往往会在开庭时或者开庭之后、合议之前移送全部案卷材料。①

　　正是基于上述认识，刑事诉讼法理论界在1996年刑事诉讼法实行期间就呼吁对公诉案件移送方式的改革，② 在这一讨论过程中，在对起诉复印件主义的弊端认识不断清晰的同时，对于卷宗移送主义的优点的认识也得以深化。2012年刑事诉讼法修改对1996年刑事诉讼法的相关规定进行了较大改动，取消了起诉复印件主义，恢复了卷宗移送主义。

　　根据刑事诉讼法第一百七十六条、第一百八十六条的规定，人民检察院

---

　　① 参见陈卫东主编：《刑事诉讼法实施问题对策研究》，中国方正出版社2002年版，第229页；仇晓敏：《"刑事公诉方式"复印件移送主义、起诉状一本主义抑或全案移送主义》，载《中国地质大学学报（社会科学版）》2007年第3期。

　　② 关于对1996年刑事诉讼法确立的公诉案件移送方式的改革，具体有两种方案：（1）从起诉复印件主义重新回归卷宗移送主义并稍作改造。参见仇晓敏：《"刑事公诉方式"复印件移送主义、起诉状一本主义抑或全案移送主义》，载《中国地质大学学报（社会科学版）》2007年第3期；李新枝：《恢复案卷移送主义不会影响裁判公正》，载《检察日报》2005年10月10日第3版。（2）从起诉复印件主义到彻底的起诉书一本主义，或者对起诉书一本主义进行适当改造。参见陈卫东、郝银钟：《我国公诉方式的结构性缺陷及矫正》，载《法学研究》2000年第4期；李奋飞：《从"复印件主义"走向"起诉状一本主义"——对我国刑事公诉方式改革的一种思考》，载《国家检察官学院学报》2003年第2期。

在提起公诉时，应当将案卷材料、证据在向人民法院移送。在司法实践中，正确理解和把握这一重大修改需要注意以下问题：（1）充分认识法律修改的旨趣。恢复卷宗移送制度，不是简单地回归原规定，更不是观念上的倒退，而是否定之否定的发展过程，是认识和实践深化的结果。恢复卷宗移送制度，包括新增庭前会议制度，绝不是为了重走"先定后审"的老路，而是为了更加有力地保障和尊重被告人的辩护权和知情权，也使法官和控辩双方能够在庭前对案件的争点、疑点、难点问题有所了解，能够带着问题有针对性地主持或参与庭审，从而使庭审活动能够做到重点突出、有序高效，庭审功能能够得以切实发挥。从法院而言，应当把卷宗移送制度的优势用好用足，合议庭、独任审判员在开庭前就应当熟悉案卷，吃透案情，把握关键，把控辩双方的争点和需要重点审理的疑点、难点问题明确在庭前，从而为庭审做好准备、打好基础。（2）认真审查移送材料是否齐全。人民检察院在作出起诉决定，按照审判管辖的规定，向人民法院提起公诉时，应当将全部案卷材料、证据移送人民法院，而不能再仅仅在起诉书中附有证据目录、证人名单和主要证据复印件或者照片，也不能只移送部分案卷材料和主要证据。人民法院对提起公诉的案件进行审查时，应当审查人民检察院是否移送了全部案卷材料、证据。经审查，发现人民检察院没有移送全部案卷材料的，包括犯罪嫌疑人、被告人或者证人等的翻供、改变证言材料，应当向人民检察院调取。对于采取技术侦查措施收集的材料，作为证据使用的，也应当随案移送，如果直接使用该证据可能危及有关人员的人身安全或者产生其他严重后果的，可以单独列卷、标注密级后移送。

131. 如何把握公诉案件庭前审查程序的历史沿革？

对公诉案件的庭前审查，是指人民法院对人民检察院提起公诉的案件依法进行审查，从而决定是否开庭审判的诉讼活动。自1979年刑事诉讼法至今，公诉案件移送方式历经了重大变革。

1979年刑事诉讼法第一百零八条规定："人民法院对提起公诉的案件进行审查后，对于犯罪事实清楚、证据充分的，应当决定开庭审判；对于主要事实不清、证据不足的，可以退回人民检察院补充侦查；对于不需要判刑的，可以要求人民检察院撤回起诉。"可见，根据该条规定，1979年刑事诉讼法对公诉案件的庭前审查实行实体性审查，只对提起公诉的案件达到"犯罪事实清楚、证据充分"标准的，才能决定开庭审判。这一规定在司法实践中存在较大的问题，"主要是混淆了对公诉案件的庭前审查与开庭审判之间的关系，将调查犯罪事实，核实证据作为庭前审查的主要内容，造成了负责案件审判的审判人员不仅要预先讯问被告人、询问证人、鉴定人，而且必要时进行勘验、检查、搜查、扣押等一系列补充收集证据、审查核实证据的活动。经过一系列预先调查和审查核实证据的活动，审判人员确信犯罪事实清楚、证据确实充分，才决定开庭审判。这样势必造成实际办案中审判工作的'先入为主''先判后审'的现象，开庭审判也成为走过场。"[①]

基于保证审判质量，避免法官先入为主，庭审流于形式的修法目的，1996 年刑事诉讼法第一百五十条规定："人民法院对提起公诉的案件进行审查后，对于起诉书中有明确的指控犯罪事实并且附有证据目录、证人名单和主要证据复印件或者照片的，应当决定开庭审判。"从这一规定可以看出，1979 年刑事诉讼法对公诉案件的庭前审查由实质性审查改为主要是程序性审查，只要提起公诉的案件达到"起诉书中有明确的指控犯罪事实并且附有证据目录、证人名单和主要证据复印件或者照片"标准的，就应当决定开庭审判。与之相配套，公诉案件的移送方式也由 1979 年刑事诉讼法规定的案卷移送制度转变为移送"证据目录、证人名单和主要证据复印件或者照片"。这是我国刑事诉讼改革的一项重要内容，将对公诉案件的庭前审查同开庭审理明确区分开来，二者承担不同的诉讼任务，从而进一步完善了我国的刑事审判程序，进一步充实了开庭审理的具体内容，有利于诉讼当事人在庭审活动中充分发挥作用，充分保障诉讼当事人、特别是辩护方的合法权益，实现客观公正的刑事诉讼价值取向。

2012 年刑事诉讼法进一步完善了对公诉案件的庭前审查程序，对 1996 年刑事诉讼法第一百五十条的规定进行了扬弃，在第一百七十二条（修改后刑事诉讼法第一百七十六条）规定人民检察院向人民法院提起公诉时应当将案卷材料、证据移送人民法院的同时，第一百八十一条（修改后刑事诉讼法第一百八十六条）规定："人民法院对提起公诉的案件进行审查后，对于起诉书中有明确的指控犯罪事实的，应当决定开庭审判。"可见，刑事诉讼法虽然将公诉案件移送方式回归案卷移送制度，但对于对公诉案件的庭前审查程序主要是程序性审查的立场没有改变。

---

① 参见胡康生、李福成主编：《中华人民共和国刑事诉讼法释义》，法律出版社 1996 年版，第 171 页。

132. 如何把握公诉案件庭前审查的内容和方法?

《解释》第一百八十条、第一百八十一条对公诉案件的庭前审查的内容和方法、审查后的处理作出具体规定,具体而言:

1. 审查的内容。对提起公诉的案件,人民法院应当在收到起诉书(一式八份,每增加一名被告人,增加起诉书五份)和案卷、证据后,指定审判人员审查以下内容:(1)是否属于本院管辖;(2)起诉书是否写明被告人的身份,是否受过或者正在接受刑事处罚,被采取强制措施的种类、羁押地点,犯罪的时间、地点、手段、后果以及其他可能影响定罪量刑的情节。考虑到人民法院在审判过程中认定被告人是否有前科需要查明被告人曾受过或者正在接受刑事处罚情况,因此,与《1998年解释》的规定相比,《解释》第一百八十条第二项将"是否受过或者正在接受刑事处罚"明确为审查的内容。(3)是否移送证明指控犯罪事实的证据材料,包括采取技术侦查措施的批准决定和所收集的证据材料。刑事诉讼法规定第一百七十六条规定应当将案卷材料、证据移送人民法院。因此,《解释》第一百八十条第三项明确规定审查"是否移送证明指控犯罪事实的证据材料,包括采取技术侦查措施的批准决定和所收集的证据材料"。需要特别注意的是,采取技术侦查措施收集的批准决定和所收集的证据材料都应当随案移送,当然,为了避免暴露有关人员的身份、技术方法,可以单独列卷移送。(4)是否查封、扣押、冻结被告人的违法所得或者其他涉案财物,并附证明相关财物依法应当追缴的证据材料。根据刑事诉讼法第二百四十五条的规定,人民法院作出的判决,应当对查封、扣押、冻结的财物及其孳息作出处理。因此,人民法院在庭前审查程序中即应当审查是否查封、扣押、冻结被告人的违法所得及其他涉案财物。而且,公诉机关自然负有证明查封、扣押、冻结的财物是否应当追缴的义务。《解释》第一百八十条第四项专门增加规定审查是否"附相关财物依法应当追缴的证据材料"。(5)是否列明被害人的姓名、住址、联系方式;是否附有证人、鉴定人名单;是否申请法庭通知证人、鉴定人、有专门知识的人出庭,并列明有关人员的姓名、性别、年龄、职业、住址、联系方式;是否附有需要保护的证人、鉴定人、被害人名单。(6)当事人已委托辩护人、诉讼代理人,或者已接受法律援助的,是否列明辩护人、诉讼代理人的姓名、住址、联系方式。(7)是否提起附带民事诉讼;提起附带民事诉讼的,是否列明附带民事诉讼当事人的姓名、住址、联系方式,是否附有相关证据材料。（8）侦查、审查起诉程序的各种法律手续和诉讼文书是否齐全。（9）有无刑事诉讼法第十六条第二项至第六项规定的不追究刑事责任的情形。

2. 审查的方法。对公诉案件的庭前审查，应当以书面审查为主，即通过审阅移送的案卷材料，了解起诉书所指控的犯罪事实情况，把移送的证据同案件事实、情节加以对照。需要注意的是，人民法院在庭前审查程序中一般不应提审被告人和询问证人、被害人和鉴定人，同时也不宜使用勘验、检查、扣押、鉴定、查询、冻结等方式调查核实证据。

133. 如何把握对公诉案件庭前审查后的处理？

《解释》第一百八十一条第一款的规定，人民法院对提起公诉的案件审查后，应当按照下列情形分别处理：（1）属于告诉才处理的案件，应当退回人民检察院，并告知被害人有权提起自诉；（2）不属于本院管辖或者被告人不在案的，应当退回人民检察院；（3）不符合《解释》第一百八十条第二项至第八项规定之一，需要补充材料的，应当通知人民检察院在三日内补送；（4）依照刑事诉讼法第一百九十五条第三项规定宣告被告人无罪后，人民检察院根据新的事实、证据重新起诉的，应当依法受理；（5）依照《解释》第二百四十二条的规定裁定准许撤诉的案件，没有新的事实、证据，重新起诉的，应当退回人民检察院；（6）符合刑事诉讼法第十五条第二项至第六项规定情形的，应当裁定终止审理或者退回人民检察院；（7）被告人真实身份不明，但符合刑事诉讼法第一百五十八条第二款规定的，应当依法受理。

司法实践中需要准确把握庭前审查权责。法律规定，人民法院对提起公诉的案件进行审查后，对于起诉书中有明确的指控犯罪事实的，应当决定开庭审判。在立案审查阶段，人民法院对公诉案件的审理，不是实体审查，仍然是程序审查。按照现行立法规定，人民法院对于人民检察院提起公诉的案件，没有驳回起诉的权力，即没有不立案审理的权力。所以，只要起诉书中有明确的指控犯罪事实的，就应当决定开庭审判，而不能以材料不全、证据不足等理由不受理案件。当然，对于人民检察院应当移送的材料、证据而未移送的，可以要求人民检察院补送。

Q问 134. 如何把握庭前准备程序的具体操作?

答 根据刑事诉讼法第一百八十七条的规定,《解释》对庭前准备程序作出明确规定。具体而言,对于决定开庭审理的案件,人民法院应当进行下列工作:

1. 确定审判长及合议庭组成人员。依照有关规定确定审判长及其合议庭组成人员。

2. 开庭十日前将起诉书副本送达被告人、辩护人。根据刑事诉讼法第一百八十七条的规定,起诉书副本的送达对象为"被告人及其辩护人"。如要求送达所有的当事人,不仅不必要,而且会导致诉讼程序的拖延。因此,《解释》第一百八十二条第一款第二项将起诉书副本的送达对象从《1998年解释》第一百一十八条第一款第二项规定的"当事人"调整为"被告人及其辩护人"。

3. 通知当事人、法定代理人、辩护人、诉讼代理人在开庭五日前提供证人、鉴定人名单,以及拟当庭出示的证据;申请证人、鉴定人、有专门知识的人出庭的,应当列明有关人员的姓名、性别、年龄、职业、住址、联系方式。通常情况下,人民法院开庭审理案件时,被告人处于羁押状态,无法向法庭提供上述名单和材料。为了便于司法实践操作,防止在开庭时出现证据突袭情况,此处将提供相关名单和材料的事项规定交由当事人、法定代理人、辩护人、诉讼代理人进行。

4. 开庭三日前将开庭的时间、地点通知人民检察院。

5. 开庭三日前将传唤当事人的传票和通知辩护人、诉讼代理人、法定代理人、证人、鉴定人等出庭的通知书送达;通知有关人员出庭,也可以采取电话、短信、传真、电子邮件等能够确认对方收悉的方式。为了保证法庭审理的顺利进行,也给参与法庭审理活动的相关人员以充分的准备时间,人民法院在确定开庭日期后,上述行为应当在开庭三日以前进行。需要注意的是,为了便于司法实践操作,提高诉讼效率,《解释》第一百八十二条第一款第五项专门规定"通知有关人员出庭,也可以采取电话、短信、传真、电子邮件等能够确认对方收悉的方式"。据此,除对当事人传唤必须使用书面形式外,通知辩护人、法定代理人、证人、鉴定人等出庭,可以选择使用书面通知书形式,也可以采取电话、短信、邮件等方式,但采取后一种方式的,应当及时获得对方的确认。

6. 开庭审理的案件，在开庭三日前公布案由、被告人姓名、开庭时间和地点。为了使人民群众、新闻媒体了解公开审判的案件，更好地对案件进行报道和旁听，体现司法公开原则，对于公开审理的案件应当在三日前发布公告，公告的内容包括案由、被告人姓名、开庭时间和地点。

根据《解释》第一百八十六条的规定，审判案件应当公开进行。案件涉及国家秘密或者个人隐私的，不公开审理；涉及商业秘密，当事人提出申请的，法庭可以决定不公开审理。不公开审理的案件，任何人不得旁听，但法律另有规定的除外。这里的法律另有规定的除外，主要是指未成年人刑事案件诉讼程序对不公开审理案件的旁听问题有例外规定。

依法公开审理的案件，我国公民可以持有效证件旁听；因审判场所、安全保卫等客观因素需要限制旁听人数的，人民法院应当说明理由，旁听人员持人民法院发出的旁听证进入法庭。根据《解释》第一百八十七条的规定，精神病人、醉酒的人、未经人民法院批准的未成年人以及其他不宜旁听的人不得旁听案件审理。

7. 合议庭拟出法庭审理提纲。根据《解释》第一百八十五条的规定，开庭审理前，合议庭可以拟出法庭审理提纲，提纲一般包括下列内容：（1）合议庭成员在庭审中的分工。（2）起诉书指控的犯罪事实的重点和认定案件性质的要点。（3）讯问被告人时需了解的案情要点。（4）出庭的证人、鉴定人、有专门知识的人、侦查人员的名单。（5）控辩双方申请当庭出示的证据的目录。（6）庭审中可能出现的问题及应对措施。

8. 书记员在开庭审理前作相应工作。根据《解释》第一百八十九条的规定，开庭审理前，书记员应当依次进行下列工作：（1）受审判长委托，查明公诉人、当事人、证人及其他诉讼参与人是否到庭。（2）宣读法庭规则。（3）请公诉人及相关诉讼参与人入庭。（4）请审判长、审判员（人民陪审员）入庭。（5）审判人员就座后，向审判长报告开庭前的准备工作已经就绪。

此外，还需要注意的是：（1）人民检察院在提起公诉后向人民法院借阅案卷材料的问题。由于 2012 年刑事诉讼法要求人民检察院在提起公诉时将所有案卷证据材料移送人民法院，有意见建议对人民检察院要求借阅案卷材料以备出庭支持公诉的问题作出规定。经研究认为，人民检察院在将案卷和证据材料移送人民法院之时，可以通过复印等方式为出庭支持公诉做好准备，而不能再向人民法院借阅案卷材料。当然，人民法院开庭审理公诉案件时，出庭的检察人员可以申请法庭出示、宣读、播放已移交人民法院的证据。（2）辩护人经人民法院通知，无正当理由，拒不到庭的问题。《1998年解释》第一百二十三条规定："被害人、诉讼代理人、证人、鉴定人经人民法院传唤或者通知未到庭，不影响开庭审判的，人民法院可以开庭审理。"对此，《解释》第一百八十八条第一款予以吸收，规定："被害人、诉讼代理人经传唤或者通知未到庭，不影响开庭审理的，人民法院可以开庭审理。"从司法实践来看，个别辩护人经人民法院通知，无正当理由，拒不到庭，影响了法庭审理活动的正常开展，有必要予以规范。经研究认为，这一问题的解决需要在维护被告人权益的前提下兼顾诉讼效率的问题，故通常情况下应当以被告人的意思为准决定是否开庭审理。因此，《解释》第一百八十八条第二款专门规定："辩护人经通知未到庭，被告人同意的，人民法院可以开庭审理，但被告人属于应当提供法律援助情形的除外。"

135. 如何看待庭前会议程序的意义？

2012年刑事诉讼法修改关于庭前准备程序修改的亮点在于设立了庭前会议程序。所谓庭前会议，就是在开庭审理前，人民法院召集公诉人、当事人和辩护人、诉讼代理人，对与审判相关的问题，了解情况和听取意见，以为开庭审判程序作准备的预备性程序。刑事诉讼法第一百八十七条第二款规定："在开庭以前，审判人员可以召集公诉人、当事人和辩护人、诉讼代理人，对回避、出庭证人名单、非法证据排除等与审判相关的问题，了解情况，听取意见。"刑事诉讼法正式设立庭前会议制度，是基于我国现实刑事诉讼情况对庭前程序的重大改革，对于提高庭审效率，确保司法公正，具有重要意义。

1. 设立庭前会议制度彰显了司法公正的价值。司法公正是刑事诉讼的重要价值，是衡量一个国家刑事法治状况的重要标志。毋庸讳言，1996年刑事诉讼法在开庭前准备程序中对当事人的程序性权利的保护确有进一步加强的必要。① 庭前准备程序需要吸收控辩双方尤其是辩护方的参与，以体现刑事诉讼的程序正义要求。设立庭前会议制度，在开庭审判前听取公诉人、当事人和辩护人、诉讼代理人对回避、出庭证人名单、非法证据排除等与审判相关的程序性问题的意见，有利于保障各方在程序方面的各项权利，特别是有利于辩护人有效行使辩护权，促进控辩双方平等对抗，从而彰显程序公正。

2. 设立庭前会议制度可以提升高刑事审判效率。现代刑事诉讼主张开庭审判的集中性。在审判环节，庭审活动是否集中、高效，将直接影响到审判效率。然而，从我国的刑事诉讼实践来看，因为程序性问题影响审理的集中和效率的现象并不鲜见。例如，在庭审中，由于辩护方提出回避申请、管辖异议、非法证据排除等事由，经常会引发休庭或者延期审理，影响了刑事审判的集中和效率。而设立庭前会议制度，通过审判人员召集公诉人、当事人和辩护人、诉讼代理人对与审判相关的程序性问题，了解情况和听取意见，以解决回避申请、出庭证人名单、非法证据排除等问题，能够有效避免在开庭审理后解决上述问题所导致的庭审不集中和诉讼效率低下。

3. 庭前会议有利于审判人员对庭审活动做充分准备。在庭前会议中，公诉人、当事人和辩护人、诉讼代理人在审判人员的主持下，对与审判相关的问题进行信息交换，意见交锋，能够进一步明晰案件的争议点，有效获悉案件事实。这样一来，一方面，有利于审判人员全面把握案件的相关情况，更好把握庭审重点，更好地制定庭审策略，合理引导庭审活动围绕争议的焦点问题，有序和高效进行；另一方面，公诉人、当事人和辩护人、诉讼代理人有效获悉了审判的相关情况，也能够更为有效地参与庭审活动，确保庭审集中、有序、高效开展。

4. 庭前会议制度对证据开示制度作了合理扬弃。毋庸讳言，证据开示制度确实有其合理之处，可以为我国刑事诉讼吸收和改造。而庭前会议制度就是吸收了证据开示制度的合理因素，加强控辩双方在庭审前的信息交流，

① 正如有论者所指出的："我国正式庭审前准备程序过于简陋，也不利于保障包括被告人在内的当事人的诉讼权利。比如，按照我国刑事诉讼法的规定，人民法院在合议庭组成之后，不需要及时告知申请权人合议庭组成人员，在开庭之前就解决回避申请问题，而是要等到开庭之后才告知合议庭组成人员和申请回避的权利。这种做法不利于保障被告人及时行使申请回避的权利。"参见宋英辉主编：《刑事诉讼法修改问题研究》，中国人民公安大学出版社2007年版，第391页。

确保控辩双方有效获取案件情况，同时对证据开示制度的不合理之处予以抛弃。这种扬弃是契合我国国情，符合我国刑事诉讼中所奉行的职权主义诉讼模式的，应当予以充分肯定。需要注意的是，庭前会议不能弱化庭审，更不能取代庭审。庭前会议可以进行证据展示，但不能以证据展示取代庭审举证和质证；可以整理事实和证据争点，但不能弱化和取代庭审调查、辩论等。

Q问 **136. 如何把握庭前会议的适用范围？**

答 根据《解释》和《庭前会议规程》的规定，庭前会议的适用范围如下：

1. 根据《庭前会议规程》第一条第一款规定："人民法院适用普通程序审理刑事案件，对于证据材料较多、案情疑难复杂、社会影响重大或者控辩双方对事实证据存在较大争议等情形的，可以决定在开庭审理前召开庭前会议。"据此，对于下列案件，可以决定召开庭前会议：（1）证据材料较多，案情疑难复杂的案件。如涉及多个罪名、多起事实或者多名被告人的涉黑犯罪案件、职务犯罪案件等，庭审的事实、证据调查工作量较大，有必要召开庭前会议整理事实、证据争点。通过庭前会议有效区分存在争议和无争议的事实、证据，以提升庭审的针对性，提高庭审效率。（2）社会影响重大，舆论广泛关注的案件。一些事实并不复杂的案件，由于当事人身份等情况引起社会高度关注，如一些重大贪污受贿犯罪，有必要召开庭前会议就相关问题听取相关当事人等的意见，确保庭审顺利进行。（3）控辩双方对事实证据存在较大争议的案件。此类案件召开庭前会议，一方面，可以听取控辩双方对事实证据的意见，整理案件争议焦点；另一方面，听取控辩双方就有关问题的意见，可以为庭审辩论做好充分准备，实现控辩双方平等、有效对抗，有利于提高庭审质量。

2. 根据《庭前会议规程》第一条第三款的规定，被告人及其辩护人在开庭审理前申请排除非法证据，并依照法律规定提供相关线索或者材料的，人民法院应当召开庭前会议。

3. 当事人提出的申请或者异议可能导致庭审中断的案件。《庭前会议规程》列举了对案件管辖提出异议，申请有关人员回避等可能导致庭审中断的情形。如果控辩双方对上述事项存在较大争议并提出异议，人民法院可召开庭前会议，在庭前妥善解决争议，避免庭审被迫中断。

Q问 **137. 如何把握庭前会议的基本规程？**

答 根据《解释》和《庭前会议规程》的相关规定，对庭前会议的基本规程可从以下几方面把握：

1. 庭前会议的启动。人民法院适用普通程序审理刑事案件，对于证据材料较多、案情疑难复杂、社会影响重大或者控辩双方对事实证据存在较大争议等情形的，可以决定在开庭审理前召开庭前会议。控辩双方可以申请人民法院召开庭前会议，但不必然导致庭前会议召开。申请召开庭前会议的，应当说明需要处理的事项。人民法院经审查认为有必要的，应当决定召开庭前会议；决定不召开庭前会议的，应当告知申请人。被告人及其辩护人在开庭审理前申请排除非法证据，并依照法律规定提供相关线索或者材料的，人民法院应当召开庭前会议。

2. 庭前会议的召开方式。庭前会议一般不公开进行。同时，考虑到部分案件庭前会议可能仅解决回避、管辖、不公开审理等争议较为简单的程序性问题，当事人、辩护人等可能一时不在当地，根据案件情况，庭前会议可以采用视频会议等方式进行。

3. 庭前会议的主持人员。庭前会议由承办法官主持，其他合议庭成员也可以主持或者参加庭前会议。根据案件情况，承办法官可以指导法官助理主持庭前会议。

4. 庭前会议的参与人员。公诉人、辩护人应当参加庭前会议。根据案件情况，被告人可以参加庭前会议；被告人申请参加庭前会议或者申请排除非法证据等情形的，尤其可能涉及刑讯逼供、诱供等情形，被告人本人最为清楚，更需要听取被告人意见，故人民法院应当通知被告人到场；有多名被告人的案件，主持人可以根据案件情况确定参加庭前会议的被告人。被告人参加庭前会议，应当有法警在场。被告人申请排除非法证据，但没有辩护人的，人民法院应当通知法律援助机构指派律师为被告人提供帮助。庭前会议中进行附带民事调解的，人民法院应当通知附带民事诉讼当事人到场。被告人不参加庭前会议的，辩护人应当在召开庭前会议前就庭前会议处理事项听取被告人意见。

5. 庭前会议召开的时间、地点。一般而言，庭前会议应当在开庭审理之前召开。但是，休庭后，可以在再次开庭前召开庭前会议。庭前会议应当在法庭或者其他办案场所召开。被羁押的被告人参加的，可以在看守所办案场所召开。

138. 如何把握庭前会议的主要内容？

根据《解释》和《庭前会议规程》的相关规定，庭前会议的主要内容如下：

1. 处理程序性事项。庭前会议中，主持人可以就下列事项向控辩双方了解情况，听取意见：（1）是否对案件管辖有异议。被告人及其辩护人对案件管辖提出异议，应当说明理由。人民法院经审查认为异议成立的，应当依法将案件退回人民检察院或者移送有管辖权的人民法院；认为本院不宜行使管辖权的，可以请求上一级人民法院处理。人民法院经审查认为异议不成立的，应当依法驳回。（2）是否申请有关人员回避。被告人及其辩护人申请审判人员、书记员、翻译人员、鉴定人等回避，应当说明理由。人民法院经审查认为申请成立的，应当依法决定有关人员回避；认为申请不成立的，应当依法驳回申请。被告人及其辩护人申请回避被驳回的，可以在接到决定时申请复议一次。对于不属于刑事诉讼法第二十九条、第三十条规定情形的，回避申请被驳回后，不得申请复议。被告人及其辩护人申请检察人员回避的，人民法院应当通知人民检察院。（3）是否申请不公开审理。被告人及其辩护人申请不公开审理，人民法院经审查认为案件涉及国家秘密或者个人隐私的，应当准许；认为案件涉及商业秘密的，可以准许。（4）是否申请排除非法证据。被告人及其辩护人在开庭审理前申请排除非法证据，并依照法律规定提供相关线索或者材料的，人民检察院应当在庭前会议中通过出示有关证据材料等方式，有针对性地对证据收集的合法性作出说明。人民法院可以对有关证据材料进行核实；经控辩双方申请，可以有针对性地播放讯问录音录像。人民检察院可以撤回有关证据，撤回的证据，没有新的理由，不得在庭审中出示。被告人及其辩护人可以撤回排除非法证据的申请，撤回申请后，没有新的线索或者材料，不得再次对有关证据提出排除申请。控辩双方在庭前会议中对证据收集的合法性未达成一致意见，人民法院应当通过庭审调查，但公诉人提供的相关证据材料确实、充分，能够排除非法取证情形，且没有新的线索或者材料表明可能存在非法取证的，庭审调查举证、质证可以简化。（5）是否申请提供新的证据材料。（6）是否申请重新鉴定或者勘验。控辩双方申请重新鉴定或者勘验，应当说明理由。人民法院经审查认为理由成立，有关证据材料可能影响定罪量刑且不能补正的，应当准许。（7）

是否申请调取在侦查、审查起诉期间公安机关、人民检察院收集但未随案移送的证明被告人无罪或者罪轻的证据材料。被告人及其辩护人书面申请调取公安机关、人民检察院在侦查、审查起诉期间收集但未随案移送的证明被告人无罪或者罪轻的证据材料，并提供相关线索或者材料的，人民法院应当调取，并通知人民检察院在收到调取决定书后三日内移交。（8）是否申请向证人或有关单位、个人收集、调取证据材料。被告人及其辩护人申请向证人或有关单位、个人收集、调取证据材料，应当说明理由。人民法院经审查认为有关证据材料可能影响定罪量刑的，应当准许；认为有关证据材料与案件无关或者明显重复、没有必要的，可以不予准许。（9）是否申请证人、鉴定人、侦查人员、有专门知识的人出庭，是否对出庭人员名单有异议。控辩双方申请证人、鉴定人、侦查人员、有专门知识的人出庭，应当说明理由。人民法院经审查认为理由成立的，应当通知有关人员出庭。控辩双方对出庭证人、鉴定人、侦查人员、有专门知识的人的名单有异议，人民法院经审查认为异议成立的，应当依法作出处理；认为异议不成立的，应当依法驳回。人民法院通知证人、鉴定人、侦查人员、有专门知识的人等出庭后，应当告知控辩双方协助有关人员到庭。（10）与审判相关的其他问题。

2. 组织展示证据。召开庭前会议前，人民检察院应当将全部证据材料移送人民法院。被告人及其辩护人应当将收集的有关被告人不在犯罪现场、未达到刑事责任年龄、属于依法不负刑事责任的精神病人等证明被告人无罪或者依法不负刑事责任的全部证据材料提交人民法院。人民法院收到控辩双方移送或者提交的证据材料后，应当通知对方查阅、摘抄、复制。庭前会议中，对于控辩双方决定在庭审中出示的证据，人民法院可以组织展示有关证据，听取控辩双方对在案证据的意见，梳理存在争议的证据。对于控辩双方在庭前会议中没有争议的证据材料，庭审时举证、质证可以简化。人民法院组织展示证据的，一般应当通知被告人到场，听取被告人意见；被告人不到场的，辩护人应当在召开庭前会议前听取被告人意见。

3. 归纳事实和证据争点。人民法院可以在庭前会议中归纳控辩双方的争议焦点。对控辩双方没有争议或者达成一致意见的事项，可以在庭审中简化审理。人民法院可以组织控辩双方协商确定庭审的举证顺序、方式等事项，明确法庭调查的方式和重点。协商不成的事项，由人民法院确定。

4. 开展附带民事调解。对于被害方提起附带民事诉讼的，人民法院可以在庭前会议中进行调解。

5. 选择审理程序。对于被告人在庭前会议前不认罪，在庭前会议中又认罪的案件，人民法院核实被告人认罪的自愿性和真实性后，对于符合简易程序或者速裁程序适用条件的案件可以依法适用简易程序或者速裁程序审理。

6. 建议撤回起诉。人民法院在庭前会议中听取控辩双方对案件事实证据的意见后，对于明显事实不清、证据不足的案件，可以建议人民检察院补充材料或者撤回起诉。建议撤回起诉的案件，人民检察院不同意的，人民法院开庭审理后，没有新的事实和理由，一般不准许撤回起诉。

139. 如何把握庭前会议的效力？

根据《解释》和《庭前会议规程》的相关规定，对于庭前会议的效力需要把握如下几点：

1. 对于可能导致庭审中断的程序性事项，人民法院应当依法作出处理，在开庭审理前告知处理决定，并说明理由。控辩双方没有新的理由，在庭审中再次提出有关申请或者异议的，法庭应当依法予以驳回。

2. 对于庭前会议中达成一致意见的事项，法庭向控辩双方核实后当庭予以确认；对于未达成一致意见的事项，法庭可以归纳控辩双方争议焦点，听取控辩双方意见，依法作出处理。控辩双方在庭前会议中就有关事项达成一致意见，在庭审中反悔的，除有正当理由外，法庭一般不再进行处理。

140. 如何把握宣布开庭阶段的程序？

刑事诉讼法第一百九十条对开庭阶段的程序作了规定，《解释》和《法庭调查规程》予以进一步细化。具体而言，宣布开庭阶段的程序有：

1. 审判长宣布开庭，传被告人到庭后，应当查明被告人的下列情况：（1）姓名、出生日期、民族、出生地、文化程度、职业、住址，或者被告单位的名称、住所地、诉讼代表人的姓名、职务；（2）是否受过法律处分及处分的种类、时间；（3）是否被采取强制措施及强制措施的种类、时间；（4）收到起诉书副本的日期；有附带民事诉讼的，附带民事诉讼被告人收到附带民事起诉状的日期。

从审判实践来看，部分案件被告人众多，审判长在开庭后一一查明被告人的情况，占用庭审的时间较长，影响了法庭审理效率，可以在开庭前核实。而且，开庭前的核实当事人身份等基本情况的工作，不必都由审判长承担，由合议庭的其他审判人员也应当允许。经研究认为，上述意见确有道理，予以采纳。因此，《解释》第一百九十条第二款增加规定："被告人较多的，可以在开庭前查明上述情况，但开庭时审判长应当作出说明。"据此，对于被告人众多的案件，审判长或者受审判长委托的其他审判人员、法官助理、书记员可以在开庭前先核实被告人的情况，开庭传被告人到庭后，审判长当庭说明已在庭前核实被告人情况，不再当庭查明。但是，被告人有异议的，仍然应当由审判长当庭对被告人的情况予以查明。

2. 审判长宣布案件的来源、起诉的案由、附带民事诉讼当事人的姓名及是否公开审理；不公开审理的，应当宣布理由。

3. 审判长宣布合议庭组成人员、书记员、公诉人名单及辩护人、鉴定人、翻译人员等诉讼参与人的名单。

4. 审判长应当告知当事人及其法定代理人、辩护人、诉讼代理人在法庭审理过程中依法享有下列诉讼权利：（1）可以申请合议庭组成人员、书记员、公诉人、鉴定人和翻译人员等回避；（2）可以提出证据，申请通知新的证人到庭、调取新的证据，申请重新鉴定或者勘验、检查；（3）被告人可以自行辩护；（4）被告人可以在法庭辩论终结后作最后陈述。

被告人认罪认罚的，审判长应当告知被告人享有的诉讼权利和认罪认罚的法律后果，审查认罪认罚的自愿性和认罪认罚具结书内容的真实性、合法性。

对于召开庭前会议的案件，在庭前会议中处理诉讼权利事项的，可以在开庭后告知诉讼权利的环节，一并宣布庭前会议对有关事项的处理结果。

5. 审判长应当询问当事人及其法定代理人、辩护人、诉讼代理人是否申请回避、申请何人回避和申请回避的理由。当事人及其法定代理人、辩护人、诉讼代理人申请回避的，依照刑事诉讼法及有关规定处理。同意或者驳回回避申请的决定及复议决定，由审判长宣布，并说明理由。必要时，也可以由院长到庭宣布。

Q问 141. 如何把握讯问、发问程序的相关问题？

答　根据刑事诉讼法和《解释》《法庭调查规程》的规定，讯问、发问程序的步骤和程序如下：

1. 公诉人宣读起诉书。审判长宣布法庭调查开始后，应当先由公诉人宣读起诉书；有附带民事诉讼的，再由附带民事诉讼原告人或者其法定代理人、诉讼代理人宣读附带民事起诉状。

公诉人宣读起诉书后，对于召开庭前会议的案件，法庭应当宣布庭前会议报告的主要内容。有多起犯罪事实的案件，法庭可以在有关犯罪事实的法庭调查开始前，分别宣布庭前会议报告的相关内容。对于庭前会议中达成一致意见的事项，法庭可以向控辩双方核实后当庭予以确认；对于未达成一致意见的事项，法庭可以在庭审涉及该事项的环节归纳争议焦点，听取控辩双方意见，依法作出处理。

2. 听取被告人的供述和辩解。公诉人宣读起诉书后，审判长应当询问被告人对起诉书指控的犯罪事实是否有异议，听取被告人的供述和辩解。对于被告人当庭认罪的案件，应当核实被告人认罪的自愿性和真实性，听取其供述和辩解。

3. 讯问被告人和向被告人发问。审判长主持下，公诉人可以就起诉书指控的犯罪事实讯问被告人，为防止庭审过分迟延，就证据问题向被告人的讯问可在举证、质证环节进行。经审判长准许，被害人及其法定代理人、诉讼代理人可以就公诉人讯问的犯罪事实补充发问；附带民事诉讼原告人及其法定代理人、诉讼代理人可以就附带民事部分的事实向被告人发问；被告人的法定代理人、辩护人，附带民事诉讼被告人及其法定代理人、诉讼代理人可以在控诉一方就某一问题讯问完毕后向被告人发问。有多名被告人的案件，辩护人对被告人的发问，应当在审判长主持下，先由被告人本人的辩护人进行，再由其他被告人的辩护人进行。

有多名被告人的案件，对被告人的讯问应当分别进行。被告人供述之间存在实质性差异的，法庭可以传唤有关被告人到庭对质。审判长可以分别讯问被告人，就供述的实质性差异进行调查核实。经审判长准许，控辩双方可以向被告人讯问、发问。审判长认为有必要的，可以准许被告人之间相互发问。根据案件审理需要，审判长可以安排被告人与证人、被害人依照前款规定的方式进行对质。

4. 被害人陈述和向被害人发问。申请参加庭审的被害人众多，且案件不属于附带民事诉讼范围的，被害人可以推选若干代表人参加或者旁听庭审，人民法院也可以指定若干代表人。对被告人讯问、发问完毕后，其他证据出示前，在审判长主持下，参加庭审的被害人可以就起诉书指控的犯罪事实作出陈述。经审判长准许，控辩双方可以在被害人陈述后向被害人发问。

此外，需要注意的是：（1）为解决被告人供述和辩解中的疑问，审判人员可以讯问被告人，也可以向被害人、附带民事诉讼当事人发问。（2）有多起犯罪事实的案件，对被告人不认罪的事实，法庭调查一般应当分别进行。被告人不认罪或者认罪后又反悔的案件，法庭应当对与定罪和量刑有关的事实、证据进行全面调查。被告人当庭认罪的案件，法庭核实被告人认罪的自愿性和真实性，确认被告人知悉认罪的法律后果后，可以重点围绕量刑事实和其他有争议的问题进行调查。

142. 如何把握出庭作证程序的相关问题？

根据刑事诉讼法和《解释》《法庭调查规程》的规定，出庭作证程序的步骤和程序如下：

1. 依申请和依职权通知出庭作证。控辩双方可以申请法庭通知证人、鉴定人、侦查人员和有专门知识的人等出庭。被害人及其法定代理人、诉讼代理人，附带民事诉讼原告人及其诉讼代理人也可以提出上述申请。控辩双方对证人证言、被害人陈述有异议，申请证人、被害人出庭，人民法院经审查认为证人证言、被害人陈述对案件定罪量刑有重大影响的，应当通知证人、被害人出庭。控辩双方对鉴定意见有异议，申请鉴定人或者有专门知识的人出庭，人民法院经审查认为有必要的，应当通知鉴定人或者有专门知识的人出庭。控辩双方对侦破经过、证据来源、证据真实性或者证据收集合法性等有异议，申请侦查人员或者有关人员出庭，人民法院经审查认为有必要的，应当通知侦查人员或者有关人员出庭。为查明案件事实、调查核实证据，人民法院可以依职权通知上述人员到庭。

2. 出庭作证的程序和保障机制。（1）协助到庭。人民法院通知证人、被害人、鉴定人、侦查人员、有专门知识的人等出庭的，控辩双方协助有关人员到庭。（2）视频作证。应当出庭作证的证人，在庭审期间因身患严重疾病等客观原因确实无法出庭的，可以通过视频等方式作证。证人视频作证的，发问、质证参照证人出庭作证的程序进行。上述规定适用于被害人、鉴定人、侦查人员。（3）强制证人出庭。人民法院通知出庭的证人，无正当理由拒不出庭的，可以强制其出庭，但是被告人的配偶、父母、子女除外。强制证人出庭的，应当由院长签发强制证人出庭令，并由法警执行。必要时，可以商请公安机关协助执行。（4）出庭作证保护。证人、鉴定人、被害人因出庭作证，本人或者其近亲属的人身安全面临危险的，人民法院应当采取不公开其真实姓名、住址和工作单位等个人信息，或者不暴露其外貌、真实声音等保护措施。决定对出庭作证的证人、鉴定人、被害人采取不公开个人信息的保护措施的，审判人员应当在开庭前核实其身份，对证人、鉴定人如实作证的保证书不得公开，在判决书、裁定书等法律文书中可以使用化名等代替其个人信息。审判期间，证人、鉴定人、被害人提出保护请求的，人民法院应当立即审查，确有必要的，应当及时决定采取相应的保护措施。必要时，可以商请公安机关采取专门性保护措施。（5）出庭费用补助。证人、鉴定人和有专门知识的人出庭作证所支出的交通、住宿、就餐等合理费用，除由控辩双方支付的以外，列入出庭作证补助专项经费，在出庭作证后由人民法院依照规定程序发放。

3. 出庭作证的具体流程。（1）到庭核实程序。证人、鉴定人出庭，法庭应当当庭核实其身份、与当事人以及本案的关系，审查证人、鉴定人的作证能力、专业资质，并告知其有关作证的权利义务和法律责任。证人、鉴定人作证前，应当保证向法庭如实提供证言、说明鉴定意见，并在保证书上签名。（2）发问程序。证人出庭后，先向法庭陈述证言，然后先由举证方发问；发问完毕后，经审判长允许，对方也可以发问。根据案件审理需要，也可以先由申请方发问。控辩双方向证人发问完毕后，可以发表本方对证人证言的质证意见。控辩双方如有新的问题，经审判长准许，可以再行向证人发问。审判人员认为必要时，可以询问证人。法庭依职权通知证人出庭的情形，审判人员应当主导对证人的询问。经审判长准许，被告人可以向证人发问。向证人发问应当遵循以下规则：①发问内容应当与案件事实有关；②不得采用诱导方式发问；③不得威胁或者误导证人；④不得损害证人人格尊严；⑤不得泄露证人个人隐私。控辩一方发问方式不当或者内容与案件事实无关，违反有关发问规则的，对方可以提出异议。对方当庭提出异议的，发问方应当说明发问理由，审判长判明情况予以支持或者驳回；对方未当庭提出异议的，审判长也可以根据情况予以制止。审判长认为证人当庭陈述的内容与案件事实无关或者明显重复的，可以进行必要的提示。有多名证人出庭作证的案件，向证人发问应当分别进行。多名证人出庭作证的，应当在法庭指定的地点等候，不得谈论案情，必要时可以采取隔离等候措施。证人出庭作证后，审判长应当通知法警引导其退庭。证人不得旁听对案件的审理。被害人作为当事人，只愿意出庭陈述案件事实的，可以参照有关规定执行。对被害人、鉴定人、侦查人员的发问，参照适用证人的有关规定。（3）对质程序。证人证言之间存在实质性差异的，法庭可以传唤有关证人到庭对质。审判长可以分别询问证人，就证言的实质性差异进行调查核实。经审判长准许，控辩双方可以向证人发问。审判长认为有必要的，可以准许证人之间相互发问。（4）庭前证言的出示。证人出庭作证的，其庭前证言一般不再出示、宣读，但下列情形除外：①证人出庭作证时遗忘或者遗漏庭前证言的关键内容，需要向证人作出必要提示的；②证人的当庭证言与庭前证言存在矛盾，需要证人作出合理解释的。为核实证据来源、证据真实性等问题，或者帮助证人回忆，经审判长准许，控辩双方可以在询问证人时向其出示物证、书证等证据。（5）有专门知识的人出庭。控辩双方可以申请法庭通知有专门知识的人出庭，协助本方就鉴定意见进行质证。有专门知识的人可以与鉴定人同时出庭，在鉴定人作证后向鉴定人发问，并对案件中的专门性问题提出意见。申请有专门知识的人出庭，应当提供人员名单，并且不得超过二人。有多种类鉴定意见的，可以相应增加人数。对有专门知识的人的发问，参照适用证人的有关规定。同一鉴定意见由多名鉴定人作出，有关鉴定人以及对该鉴定意见进行质证的有专门知识的人，可以同时出庭，不受分别发问规则的限制。对此，需要特别注意的是：鉴定人出庭与证人出庭作证不完全相同，由于同一鉴定意见都由多名鉴定人共同作出，共同对鉴定意见负责。所以，《法庭调查规程》进一步明确同一鉴定意见的鉴定人出庭可以不受分别发问规则的限制，可以同时出庭。

问 143. 如何把握举证、质证程序的相关问题？

答　根据刑事诉讼法和《解释》《法庭调查规程》的规定，举证、质证程序的步骤和程序如下：

1. 举证、质证的一般规则。（1）举证、质证的基本顺序。开庭讯问、发问结束后，公诉人先行举证。公诉人举证完毕后，被告人及其辩护人举证。公诉人出示证据后，经审判长准许，被告人及其辩护人可以有针对性地出示证据予以反驳。控辩一方举证后，对方可以发表质证意见。必要时，控辩双方可以对争议证据进行多轮质证。被告人及其辩护人认为公诉人出示的有关证据对本方诉讼主张有利的，可以在发表质证意见时予以认可，或者在发表辩护意见时直接援引有关证据。（2）法庭提示和审查。控辩双方随案移送或者庭前提交，但没有当庭出示的证据，审判长可以进行必要的提示；对于其中可能影响定罪量刑的关键证据，审判长应当提示控辩双方出示。对于案件中可能影响定罪量刑的事实、证据存在疑问，控辩双方没有提及的，审判长应当引导控辩双方发表质证意见，并依法调查核实。（3）对证据收集合法性的审查。法庭应当重视对证据收集合法性的审查，对证据收集的合法性有疑问的，应当调查核实证明取证合法性的证据材料。对于被告人及其辩护人申请排除非法证据，依法提供相关线索或者材料，法庭对证据收集的合法性有疑问，决定进行调查的，一般应当先行当庭调查。（4）区分证据类型举证、质证。对于可能影响定罪量刑的关键证据和控辩双方存在争议的证据，一般应当单独举证、质证，充分听取质证意见。对于控辩双方无异议的非关键性证据，举证方可以仅就证据的名称及其证明的事项作出说明，对方可以发表质证意见。召开庭前会议的案件，举证、质证可以按照庭前会议确定的方式进行。根据案件审理需要，法庭可以对控辩双方的举证、质证方式进行必要的提示。

2. 各类证据的举证方式。（1）最佳证据原则。物证、书证、视听资料、电子数据等证据，应当出示原物、原件。① 取得原物、原件确有困难的，可以出示照片、录像、副本、复制件等足以反映原物、原件外形和特征以及真实内容的材料，并说明理由。对于鉴定意见和勘验、检查、辨认、侦查实验等笔录，应当出示原件。（2）举证与证明对象。控辩双方出示证据，应当重点围绕与案件事实相关的内容或者控辩双方存在争议的内容进行。出示证据时，可以借助多媒体设备等方式出示、播放或者演示证据内容。（3）书面言词证据的出示。控辩双方对证人证言、被害人陈述、鉴定意见无异议，有关人员不需要出庭的，或者有关人员因客观原因无法出庭且无法通过视频等方式作证的，可以出示、宣读庭前收集的书面证据材料或者作证过程录音录像。被告人当庭供述与庭前供述的实质性内容一致的，可以不再出示庭前供述；当庭供述与庭前供述存在实质性差异的，可以出示、宣读庭前供述中存在实质性差异的内容。（4）技侦证据的举证。采用技术侦查措施收集的证据，应当当庭出示。当庭出示、辨认、质证可能危及有关人员的人身安全，或者可能产生其他严重后果的，应当采取不暴露有关人员身份、不公开技术侦查措施和方法等保护措施。法庭决定在庭外对技术侦查证据进行核实的，可以召集公诉人和辩护律师到场。在场人员应当履行保密义务。

3. 证据疑问和异议的处理程序。（1）法庭对证据有疑问的，可以告知

---

① 我们认为，此处电子数据的原件应当是指电子数据的原始存储介质。

控辩双方补充证据或者作出说明；必要时，可以在其他证据调查完毕后宣布休庭，对证据进行调查核实。法庭调查核实证据，可以通知控辩双方到场，并将核实过程记录在案。（2）对于控辩双方补充的和法庭庭外调查核实取得的证据，应当经过庭审质证才能作为定案的根据。但是，对于不影响定罪量刑的非关键性证据和有利于被告人的量刑证据，经庭外征求意见，控辩双方没有异议的除外。（3）控辩双方申请出示庭前未移送或提交人民法院的证据，对方提出异议的，申请方应当说明理由，法庭经审查认为理由成立并确有出示必要的，应当准许。对方提出需要对新的证据作辩护准备的，法庭可以宣布休庭，并确定准备的时间。（4）法庭审理过程中，控辩双方申请通知新的证人到庭，调取新的证据，申请重新鉴定或者勘验的，应当提供证人的基本信息、证据的存放地点，说明拟证明的案件事实、要求重新鉴定或者勘验的理由。法庭认为有必要的，应当同意，并宣布延期审理；不同意的，应当说明理由并继续审理。

4. 量刑事实的法庭调查。法庭除应当审查被告人是否具有法定量刑情节外，还应当根据案件情况审查以下影响量刑的情节：（1）案件起因；（2）被害人有无过错及过错程度，是否对矛盾激化负有责任及责任大小；（3）被告人的近亲属是否协助抓获被告人；（4）被告人平时表现，有无悔罪态度；（5）退赃、退赔及赔偿情况；（6）被告人是否取得被害人或者其近亲属谅解；（7）影响量刑的其他情节。

审判期间，被告人及其辩护人提出有自首、坦白、立功等法定量刑情节，或者人民法院发现被告人可能有上述法定量刑情节，而人民检察院移送的案卷中没有相关证据材料的，应当通知人民检察院移送。审判期间，被告人及其辩护人提出新的立功情节，并提供相关线索或者材料的，人民法院可以建议人民检察院补充侦查。被告人当庭不认罪或者辩护人作无罪辩护的，法庭对定罪事实进行调查后，可以对与量刑有关的事实、证据进行调查。被告人及其辩护人可以当庭发表质证意见，出示证明被告人罪轻或者无罪的证据。被告人及其辩护人参加量刑事实、证据的调查，不影响无罪辩解或者辩护。

5. 其他问题。（1）公开审理案件时，控辩双方提出涉及国家秘密、商业秘密或者个人隐私的证据的，法庭应当制止。有关证据确与本案有关的，可以根据具体情况，决定将案件转为不公开审理，或者对相关证据的法庭调查不公开进行。（2）审判期间，公诉人发现案件需要补充侦查，建议延期审理的，法庭可以同意，但建议延期审理不得超过两次。人民检察院将补充收集的证据移送人民法院的，人民法院应当通知辩护人、诉讼代理人查阅、摘抄、复制。辩护方提出需要对补充收集的证据作辩护准备的，法庭可以宣布休庭，并确定准备的时间。补充侦查期限届满后，经人民法院通知，人民检察院未建议案件恢复审理，且未说明原因的，人民法院可以决定按人民检察院撤诉处理。（3）人民法院向人民检察院调取需要调查核实的证据材料，或者根据被告人及其辩护人的申请，向人民检察院调取在侦查、审查起诉期间收集的有关被告人无罪或者罪轻的证据材料，应当通知人民检察院在收到调取证据材料决定书后三日内移交。

Q问 144. 如何把握认证规则？

答 根据刑事诉讼法和《解释》《法庭调查规程》的规定，对于认证规则应当注意以下问题：

1. 证据认证的基本要求。经过控辩双方质证的证据，法庭应当结合控辩双方质证意见，从证据与待证事实的关联程度、证据之间的印证联系、证据自身的真实性程度等方面，综合判断证据能否作为定案的根据。证据与待证事实没有关联，或者证据自身存在无法解释的疑问，或者证据与待证事实以及其他证据存在无法排除的矛盾的，不得作为定案的根据。

2. 证据排除、补正、采信规则。（1）通过勘验、检查、搜查等方式收集的物证、书证等证据，未通过辨认、鉴定等方式确定其与案件事实的关联的，不得作为定案的根据。法庭对鉴定意见有疑问的，可以重新鉴定。（2）收集证据的程序、方式不符合法律规定，严重影响证据真实性的，人民法院应当建议人民检察院予以补正或者作出合理解释；不能补正或者作出合理解释的，有关证据不得作为定案的根据。（3）证人没有出庭作证，其庭前证言真实性无法确认的，不得作为定案的根据。证人当庭作出的证言与其庭前证言矛盾，证人能够作出合理解释，并与相关证据印证的，应当采信其庭审证言；不能作出合理解释，而其庭前证言与相关证据印证的，可以采信其庭前证言。（4）经人民法院通知，鉴定人拒不出庭作证的，鉴定意见不得作为定案的根据。有专门知识的人当庭对鉴定意见提出质疑，鉴定人能够作出合理解释，并与相关证据印证的，应当采信鉴定意见；不能作出合理解释，无法确认鉴定意见可靠性的，有关鉴定意见不能作为定案的根据。（5）被告人的当庭供述与庭前供述、自书材料存在矛盾，被告人能够作出合理解释，并与相关证据印证的，应当采信其当庭供述；不能作出合理解释，而其庭前供述、自书材料与相关证据印证的，可以采信其庭前供述、自书材料。法庭应当结合讯问录音录像对讯问笔录进行全面审查。讯问笔录记载的内容与讯问录音录像存在实质性差异的，以讯问录音录像为准。

3. 事实证据争议的处理。对于控辩双方提出的事实证据争议，法庭应当当庭进行审查，经审查后作出处理的，应当当庭说明理由，并在裁判文书中写明；需要庭后评议作出处理的，应当在裁判文书中说明理由。

4. 证明标准。法庭认定被告人有罪，必须达到犯罪事实清楚，证据确实、充分，对于定罪事实应当综合全案证据排除合理怀疑。定罪证据不足的案件，不能认定被告人有罪，应当作出证据不足、指控的犯罪不能成立的无罪判决。定罪证据确实、充分，量刑证据存疑的，应当作出有利于被告人的认定。

Q问 **145. 如何把握法庭辩论的相关问题？**

答　　合议庭认为案件事实已经调查清楚的，应当由审判长宣布法庭调查结束，进入法庭辩论阶段。刑事诉讼法第一百九十八条第二款规定："经审判长许可，公诉人、当事人和辩护人、诉讼代理人可以对证据和案件情况发表意见并且可以互相辩论。"通过赋予控辩双方对证据和案件情况发表意见和互相辩论的权利，旨在从程序上保证控辩双方的诉讼权利，有利于法庭依法查明案件事实，依法作出公正裁决。

根据《解释》第二百二十八条的规定，合议庭认为案件事实已经调查清楚的，应当由审判长宣布法庭调查结束，开始就定罪、量刑的事实、证据和适用法律等问题进行法庭辩论。根据《解释》第二百二十九条的规定，法庭辩论应当在审判长的主持下，按照下列顺序进行：（1）公诉人发言；（2）被害人及其诉讼代理人发言；（3）被告人自行辩护；（4）辩护人辩护；（5）控辩双方进行辩论。需要注意的是，有多名被告人并有辩护人参加诉讼的，宜在被告人自行辩护后，即由该被告人的辩护人发表辩护意见，以使被告人及其委托辩护人的辩解、辩护意见连贯、紧凑。

根据《解释》第二百三十二条的规定，附带民事部分的辩论应当在刑事部分的辩论结束后进行。先由附带民事诉讼原告人及其诉讼代理人发言，后由附带民事诉讼被告人及其诉讼代理人答辩。

需要注意的是，《解释》第二百三十三条规定："法庭辩论过程中，审判长应当充分听取控辩双方的意见，对控辩双方与案件无关、重复或者指责对方的发言应当提醒、制止。"这一规定旨在提醒审判长进一步提高驾驭庭审的技巧和方法。实践中，直接制止控辩双方与案件无关、重复或者指责对方的发言容易遭致被制止方的不满，造成被制止方与审判人员的对立，因此，应当先提醒再制止，尽量缓和庭审气氛，保证庭审顺利进行。此外，从审判实践来看，个别案件中控辩双方发言过于冗长，不利于法庭审理的顺利进行。对此，过于冗长的发言如果是无关、重复的发言，可以纳入"无关、重复的发言"；如果没有无关、重复，审判长不能仅仅因为发言长而制止。

根据《解释》第二百三十四条的规定，法庭辩论过程中，合议庭发现与定罪、量刑有关的新的事实，有必要调查的，审判长可以宣布暂停辩论，恢复法庭调查，在对新的事实调查后，继续法庭辩论。

146. 如何把握法庭辩论中的量刑程序？

根据刑事诉讼法及《解释》的相关规定，把握法庭辩论中的量刑程序应当注意以下问题：

1. 量刑建议与量刑意见。《解释》第二百三十条对量刑建议和量刑意见作出规定，明确："人民检察院可以提出量刑建议并说明理由，量刑建议一般应当具有一定的幅度。当事人及其辩护人、诉讼代理人可以对量刑提出意见并说明理由。"

人民检察院可以提出量刑建议。人民检察院是公诉机关，依法行使公诉权，人民检察院依法提起公诉，意味着对被告人的行为应当追究刑事责任，而刑事责任的追究自然包括认定罪名和科处刑罚。可见，量刑建议应当是提起公诉的重要内容，也是充分发挥其公诉职责的必备环节，而量刑建议权是公诉权的重要组成部分。因此，人民检察院在提起公诉时，可以就案件的刑罚裁量问题提出建议。需要注意的是，量刑建议一般应当具有一定的幅度。人民检察院提出量刑建议，一般应当制作量刑建议书，与起诉书一并移送人民法院；根据案件的具体情况，人民检察院也可以在公诉意见书中提出量刑建议。量刑建议书中一般应当载明人民检察院建议对被告人处以刑罚的种类、刑罚幅度、刑罚执行方式及其理由和依据。换言之，人民检察院在提起量刑建议时不宜采用建议法院对被告人"从轻""减轻"或者"免除"处罚这种模糊的表述方式，而是一般应当提出相对明确的建议，写明建议对被告人处以刑罚的种类、刑罚幅度、刑罚执行方式，并说明理由和依据。

　　根据刑事诉讼法第一百零八条的规定，刑事诉讼中的当事人包括被害人、自诉人、犯罪嫌疑人、被告人、附带民事诉讼的原告人和被告人。当事人是刑事诉讼程序的主体，享有一系列诉讼权利，自然包括参与法庭审理程序中的量刑程序并发表意见的权利。让当事人参与量刑调查和辩论，了解量刑程序的情况，并发表量刑意见，切实保障了当事人在刑事诉讼中的主体地位，是司法民主的重要体现。同时，也有利于查明与量刑有关的事实、证据，促进量刑过程的公开、透明，规范刑罚裁量权的行使。因此，在诉讼过程中，当事人和辩护人、诉讼代理人可以提出量刑意见，并说明理由。人民法院应当采取切实有效的措施，保障当事人和辩护人、诉讼代理人参与与量刑有关的事实、证据的调查，在量刑辩论环节在审判长的主持下就量刑发表意见，并知悉量刑的结果和理由。

　　需要注意的是，量刑建议与量刑裁量是不同的概念，量刑裁量是专属于人民法院的司法权力，无论是检察机关的量刑建议，还是当事人和辩护人、诉讼代理人的量刑意见，对于人民法院都不具有强制约束力，只具有参考价值。因此，人民法院应当以法律为依据，在查明的量刑事实的前提下，充分考虑公诉人、当事人和辩护人、诉讼代理人发表的量刑建议、意见，独立作出刑罚裁量。

　　2. 法庭辩论中的量刑程序。在法庭辩论程序中围绕与量刑有关的事实、证据进行辩论。2012 年刑事诉讼法修改时，不仅将量刑调查纳入了法庭调查程序，也将与量刑有关的事实、证据的辩论纳入了法庭辩论程序。因此，法庭辩论不仅要围绕与被告人是否构成犯罪进行辩论，也应当围绕被告人罪重、罪轻的事实进行辩论，并且要保证量刑辩论的相对独立性。

　　在法庭辩论过程中进行量刑辩论要注意如下问题：（1）根据《解释》第二百三十一条的规定，应当区分情况处理：对被告人认罪的案件，法庭辩论时，可以引导控辩双方主要围绕量刑和其他有争议的问题进行。对被告人不认罪或者辩护人作无罪辩护的案件，法庭辩论时，可以引导控辩双方先辩论定罪问题，后辩论量刑问题。（2）量刑辩论活动应当在审判长的主持下，按照下列顺序进行：①公诉人、自诉人及其诉讼代理人发表量刑建议或意见。公诉人代表人民检察院，在总结法庭调查的与定罪量刑有关的事实、证据的基础上，根据法律，集中阐释人民检察院对被告人的量刑建议，即建议对被告人处以刑罚的种类、刑罚幅度、刑罚执行方式，并说明理由和依据。在自诉案件中，自诉人及其代理人也可以就对被告人处以刑罚的种类、刑罚幅度、刑罚执行方式表达意见，并说明理由和根据。②被害人（或者附带民事诉讼原告人）及其诉讼代理人发表量刑意见。被害人是刑事诉讼的当事人和犯罪行为直接侵害的对象，保障其参与量刑辩论的权利，是被害人作为刑事诉讼程序主体应有的权利，具有重要意义。因此，被害人及其诉讼代理人可以就对被告人科处刑罚的种类、刑罚幅度、刑罚执行方式等问题发表意见，并说明理由和根据。而且，在被害人已经死亡的情况下，附带民事诉讼原告人参与庭审时，也可以就与量刑有关的问题发表意见。③被告人及其辩护人进行答辩并发表量刑意见。作为被告人，量刑问题是继定罪问题之后其最为关心的问题之一。无论是对人民法院的量刑过程，还是量刑结果，被告人都予以关注。因此，被告人及其辩护人在量刑辩论环节也应进行答辩并发表量刑意见。尤其是辩护人，应当以法庭调查的事实为基础，综合全案情况，依据相关法律规定，从维护被告人权益的角度出发，阐明对被告人应当适用的刑罚的种类、刑罚幅度、刑罚执行方式，说明被告人应当罪轻、从轻、减轻、免除处罚的情况，并对说明相关理由和根据。

147. 如何把握最后陈述的相关问题？

刑事诉讼法第一百九十八条第三款规定："审判长在宣布辩论终结后，被告人有最后陈述的权利。"因此，被告人最后陈述是法庭审理的独立环节，也是法律赋予被告人的重要诉讼权利。

根据《解释》第二百三十五条的规定，审判长宣布法庭辩论终结后，合议庭应当保证被告人充分行使最后陈述的权利。被告人在最后陈述中多次重复自己的意见的，审判长可以制止。陈述内容蔑视法庭、公诉人，损害他人及社会公共利益，或者与本案无关的，应当制止。在公开审理的案件中，被告人最后陈述的内容涉及国家秘密、个人隐私或者商业秘密的，应当制止。

根据《解释》第二百三十六条的规定，被告人在最后陈述中提出新的事实、证据，合议庭认为可能影响正确裁判的，应当恢复法庭调查；被告人提出新的辩解理由，合议庭认为可能影响正确裁判的，应当恢复法庭辩论。

148. 如何把握评议案件的相关问题？

被告人最后陈述后，审判长应当宣布休庭，由合议庭进行评议。根据刑事诉讼法第二百条和《解释》第二百四十条的规定，合议庭评议案件，应当根据已经查明的事实、证据和有关法律规定，在充分考虑控辩双方意见的基础上，确定被告人是否有罪、构成何罪，有无从重、从轻、减轻或者免除处罚情节，应否处以刑罚、判处何种刑罚，附带民事诉讼如何解决，查封、扣押、冻结的财物及其孳息如何处理等，并依法作出判决、裁定。

合议庭的评议由审判长主持，但应当充分发挥民主，充分评议案件审理过程中出现的各种情况和控辩双方的意见，认证研究分析，切实避免实践中一定程度上存在的"合而不议"等现象的出现。合议庭进行评议的时候，如果意见分歧，应当按多数人的意见作出决定，但是少数人的意见应当写入笔录。评议笔录由合议庭的组成人员签名。经过评议后，应当作出判决。对于疑难、复杂、重大的案件，合议庭认为难以作出决定的，由合议庭提请院长决定提交审判委员会讨论决定。审判委员会的决定，合议庭应当执行。

149. 如何把握法庭笔录的相关问题？

根据《解释》第二百三十八条的规定，开庭审理的全部活动，应当由书记员制作笔录；笔录经审判长审阅后，分别由审判长和书记员签名。

根据《解释》第二百三十九条的规定，法庭笔录应当在庭审后交由当事人、法定代理人、辩护人、诉讼代理人阅读或者向其宣读。法庭笔录中的出庭证人、鉴定人、有专门知识的人的证言、意见部分，应当在庭审后分别交由有关人员阅读或者向其宣读。上述人员认为记录有遗漏或者差错的，可以请求补充或者改正；确认无误后，应当签名，拒绝签名的，应当记录在案；要求改变庭审中陈述的，不予准许。

150. 如何把握判决的相关问题？

判决是人民法院通过审理，根据已经查明的事实、证据和有关的法律规定对案件的实体问题作出的处理决定，是人民法院代表国家行使审判权和执行国家法律的具体结果。

根据刑事诉讼法第二百条的规定，刑事判决分为有罪判决和无罪判决两种。有罪判决是指人民法院对案件事实清楚、证据确实充分的，依据法律认定被告人有罪的判决。无罪判决是指人民法院作出的认定被告人无罪或者证据不足、指控犯罪不能成立的判决，包括：依据法律认定被告人无罪的无罪判决；证据不足、不能认定被告人有罪而作出的证据不足、指控的犯罪不能成立的无罪判决。《解释》第二百四十一条第一款对判决的形式作了进一步细化明确。根据上述规定，对第一审公诉案件，人民法院审理后，应当按照下列情形分别作出判决、裁定：（1）起诉指控的事实清楚，证据确实、充分，依据法律认定指控被告人的罪名成立的，应当作出有罪判决；（2）起诉指控的事实清楚，证据确实、充分，指控的罪名与审理认定的罪名不一致的，应当按照审理认定的罪名作出有罪判决；（3）案件事实清楚，证据确实、充分，依据法律认定被告人无罪的，应当判决宣告被告人无罪；（4）证据不足，不能认定被告人有罪的，应当以证据不足、指控的犯罪不能成立，判决宣告被告人无罪；（5）案件部分事实清楚，证据确实、充分的，应当作出有罪或者无罪的判决；对事实不清、证据不足部分，不予认定；（6）被告人因不满十六周岁，不予刑事处罚的，应当判决宣告被告人不负刑事责任；（7）被告人是精神病人，在不能辨认或者不能控制自己行为时造成危害结果，不予刑事处罚的，应当判决宣告被告人不负刑事责任；（8）犯罪已过追诉时效期限，且不是必须追诉或者经特赦令免除刑罚的，应当裁定终止审理；（9）被告人死亡的，应当裁定终止审理；根据已查明的案件事实和认定的证据，能够确认无罪的，应当判决宣告被告人无罪。

需要特别注意的是判决认定罪名与指控罪名不一致的问题。判决是人民法院依据审理查明的案件事实，依法对案件作出的实体认定，认定的主体是人民法院，因此，判决认定的罪名不受起诉指控罪名的限制，如指控的罪名是故意杀人，人民法院经审理查明被告人并不具有故意杀人的故意，而是持有故意伤害的故意，依法认定被告人构成故意伤害罪。故而，人民法院通过审理认定的罪名与指控的罪名不一致的，应当按照审理认定的罪名作出有罪判决。需要注意的是，由于法庭审理是围绕指控的罪名进行，特别是控辩双方主要围绕指控的罪名能否成立开展辩论，因此，人民法院作出与指控的罪名不一致的有罪判决的，应当设法保障被告方的辩护权。基于这一考虑，《解释》第二百四十一条第二款专门规定："具有前款第二项规定情形的，人民法院应当在判决前听取控辩双方的意见，保障被告人、辩护人充分行使辩护权。必要时，可以重新开庭，组织控辩双方围绕被告人的行为构成何罪进行辩论。"审判实践中，人民法院拟根据审判认定的罪名作出有罪判决前，应当采取多种方式就变更罪名问题听取控辩双方的意见，既可以召集控辩双方在庭外共同听取意见，也可以在庭外分别听取控辩双方的意见。根据案件的具体情况，在案件社会影响较大、拟认定的罪名重于指控罪名等必要时，可以重新开庭，组织控辩双方围绕罪名确定问题进行辩论。

Q问 151. 如何把握建议人民检察院补充或者变更起诉的问题？

答 《解释》第二百四十三条规定："审判期间，人民法院发现新的事实，可能影响定罪的，可以建议人民检察院补充或者变更起诉；人民检察院不同意或者在七日内未回复意见的，人民法院应当就起诉指控的犯罪事实，依照本解释第二百四十一条的规定作出判决、裁定。"这里规定了人民检察院回复的时间，旨在防止人民检察院对人民法院的建议久拖不决的情况。

从司法实践来看，人民检察院通常无法在七日内作出是否补充或者变更起诉的决定，这往往需要通过补充侦查后才能作出判断。而且，补充起诉或变更起诉，相当于一次全新起诉，需要重新组织开庭。因此，此种情形下，人民法院宜协调人民检察院作出建议补充侦查的回复，从而，在案件重新移送人民法院后重新计算审理期限，也能避免此种情况下案件审理期限不够的问题。

Q问 152. 如何把握判决书的相关问题？

答 判决必须制作判决书，判决书是人民法院判决的书面表现形式，是刑事诉讼中最为重要的法律文书，必须严格按照规定的格式和要求制作。判决书应当由审判人员和书记员署名，并且写明上诉的期限和上诉的法院。有意见认为当前裁判文书说理不够，对控辩双方提出的意见的采纳与否往往一笔带过，缺乏具体理由，建议进一步对裁判文书的说理作出针对性的规定，如要求对控辩双方的理由作逐一论证等。经研究认为，确有必要加强裁判文书的说理，以更好的息诉服判，故作出原则规定，以更好地规范司法实务。《解释》第二百四十六条规定："裁判文书应当写明裁判依据，阐释裁判理由，反映控辩双方的意见并说明采纳或者不予采纳的理由。"

此外，根据《解释》第二百四十四条的规定，对依照《解释》第一百八十一条第一款第四项规定受理的案件，人民法院应当在判决中写明被告人曾被人民检察院提起公诉，因证据不足，指控的犯罪不能成立，被人民法院依法判决宣告无罪的情况；前案依照刑事诉讼法第一百九十五条第三项规定作出的判决不予撤销。具体可以表述为："被告人××曾于×年×月×日被××人民检察院以××罪向××人民法院提起公诉。因证据不足，指控的犯罪不能成立，被××人民法院依法判决宣告无罪。"

此外，还需要注意的是，除判决外，人民法院行使国家审判权，依据事实和法律对刑事案件的实体问题和程序问题作出对诉讼参与人及其他机构和个人均具有法律约束力的裁定、决定。与针对实体问题的判决不同，裁定除解决部分实体性问题外，主要解决程序性问题，如对于犯罪已过追诉时效期限，且不是必须追诉或者经特赦令免除刑罚的案件，应当裁定终止审理。不服判决的上诉、抗诉期限为十日，而不服裁定的上诉、抗诉期限为五日。而且，裁定可以采用书面和口头两种形式。人民法院在审理案件过程中，也可能依法对某些诉讼程序问题以决定的方式作出处理，主要包括：开庭审判的决定；是否回避的决定；将案件转为不公开审理的决定；对证人、鉴定人、被害人采取保护措施的决定；庭审对证据收集的合法性进行法庭调查的决定；变更强制措施的决定；对当事人和辩护人、诉讼代理人申请通知新的证人到庭、调取新的证据、申请重新鉴定或者勘验、检查是否同意的决定；对违反法庭秩序的诉讼参与人和旁听人员的处理决定；等等。决定包括书面形式和口头形式。决定通常一经作出即发生法律效力，不能上诉或者抗诉，但为了保护当事人的诉讼权利，防止可能出现的错误，对于部分决定可以申请复议、复核，如对驳回回避申请的决定可以申请复议。

问 153. 如何把握宣判的相关问题？

答 审判公开是我国重要的审判制度，公开宣告判决是其中的重要内容。无论案件是否公开审理，宣告判决都应当公开进行。宣告判决，一律公开进行。公诉人、辩护人、诉讼代理人、被害人、自诉人或者附带民事诉讼原告人未到庭的，不影响宣判的进行。宣告判决结果时，[①] 法庭内全体人员应当起立。

公开宣判包括当庭宣判和定期宣判两种形式。对于案件相对简单，处罚较轻的案件，通常适用当庭宣判形式；对于案件比较重大、复杂的案件，往往适用定期宣判方式。无论采取何种宣判方式，都应当及时送达判决书。1996 年刑事诉讼法第一百九十六条规定应当向当事人和提起公诉的人民检察院送达判决书。2012 年修改刑事诉讼法时，有关方面提出，由于法律未

---

① 《1998 年解释》第一百八十三条第二款规定："宣告判决时，法庭内全体人员应当起立。"审判实践中，各地法院宣告判决时，何时全体起立不一致，有必要统一全体起立的时间。因此，《解释》第二百四十八条第二款进一步将起立时间明确为"宣告判决结果时"。

规定判决书应当送达辩护人、诉讼代理人，实践中经常发生辩护人、诉讼代理人在判决宣告很长时间不知道已经判决和判决结果的情况，不利于辩护人、诉讼代理人帮助其委托人提出上诉、申诉或者依法行使其他诉讼权利。[①] 因此，刑事诉讼法第二百零二条增加"判决书应当同时送达辩护人、诉讼代理人"的规定。实际上，《1998年解释》第一百八十二条对判决书送达范围的规定远大于1996年刑事诉讼法第一百六十三条规定的范围，也大于2012年刑事诉讼法第一百九十六条规定的送达范围。例如，1996年刑事诉讼法和2012年刑事诉讼法均未规定判决书应当送达被告人近亲属，但《1998年解释》基于对被告人关心，为吸纳被告人近亲属参与更好地对被告人进行帮教，作出了将判决书送达被告人近亲属的规定。对此，有意见认为，被告人的近亲属非法定刑事诉讼参与人，规定送达增加法院负担，同时也没有必要。甚至，极个别情况下，将判决书送达被告人近亲属会引发不良后果（如亲人受刺激死亡等）。也有意见认为，将判决书送达被告人近亲属本质上是对被告人有利的，有利于保障其近亲属的知悉权，也有利于被告人近亲属更好地关心被告人，参与对被告人的帮教。至于司法实践中的极其个别情况，可由司法实践具体把握，不宜规定不应送达。经研究认为，《解释》宜根据刑事诉讼法的规定，不将被告人的近亲属列为判决书应当送达对象，是否送达，由人民法院根据案件具体情况处理。根据《解释》第二百四十七条的规定，当庭宣告判决的，应当在五日内送达判决书。定期宣告判决的，应当在宣判前，先期公告宣判的时间和地点，传唤当事人并通知公诉人、法定代理人、辩护人和诉讼代理人；判决宣告后，应当立即送达判决书。判决书应当送达人民检察院、当事人、法定代理人、辩护人、诉讼代理人，并可以送达被告人的近亲属。判决生效后，还应当送达被告人的所在单位或者原户籍地的公安派出所，或者被告单位的注册登记机关。

154. 如何把握法庭纪律的相关规定？

《人民法院法庭规则》对法庭纪律作出了规定。具体而言，全体人员在庭审活动中应当服从审判长或独任审判员的指挥，尊重司法礼仪，遵守法庭纪律，不得实施下列行为：（1）鼓掌、喧哗；（2）吸烟、进食；

---

① 参见王尚新、李寿伟主编：《〈关于修改刑事诉讼法的决定〉释解与适用》，人民法院出版社2012年版，第195页。

（3）拨打或接听电话；（4）对庭审活动进行录音、录像、拍照或使用移动通信工具等传播庭审活动；（5）其他危害法庭安全或妨害法庭秩序的行为。

此外，检察人员、诉讼参与人发言或提问，应当经审判长或独任审判员许可。旁听人员不得进入审判活动区，不得随意站立、走动，不得发言和提问。媒体记者经许可传播庭审活动的，应当在指定的时间及区域进行，不得影响或干扰庭审活动。

155. 如何把握违反法庭纪律的处理问题？

《人民法院法庭规则》对违反法庭纪律的处理问题作了明确规定。具体而言：

1. 审判长或独任审判员对违反法庭纪律的人员应当予以警告；对不听警告的，予以训诫；对训诫无效的，责令其退出法庭；对拒不退出法庭的，指令司法警察将其强行带出法庭。行为人违反规则传播庭审活动的，人民法院可以暂扣其使用的设备及存储介质，删除相关内容。

2. 行为人实施下列行为之一，危及法庭安全或扰乱法庭秩序的，根据相关法律规定，予以罚款、拘留；构成犯罪的，依法追究其刑事责任：（1）非法携带枪支、弹药、管制刀具或者爆炸性、易燃性、放射性、毒害性、腐蚀性物品以及传染病病原体进入法庭；（2）哄闹、冲击法庭；（3）侮辱、诽谤、威胁、殴打司法工作人员或诉讼参与人；（4）毁坏法庭设施，抢夺、损毁诉讼文书、证据；（5）其他危害法庭安全或扰乱法庭秩序的行为。

3. 检察人员违反本规则的，人民法院可以向人民检察院通报情况并提出处理建议。律师违反本规则的，人民法院可以向司法行政机关及律师协会通报情况并提出处理建议。

此外，根据《最高人民法院、司法部关于依法保障律师诉讼权利和规范律师参与庭审活动的通知》（司发通〔2018〕36号）第三条规定："法庭审理过程中，法官应当尊重律师，不得侮辱、嘲讽律师。审判长或者独任审判员认为律师在法庭审理过程中违反法庭规则、法庭纪律的，应当依法给予警告、训诫等，确有必要时可以休庭处置，除当庭攻击党和国家政治制度、法律制度等严重扰乱法庭秩序的，不采取责令律师退出法庭或者强行带出法庭措施。确需司法警察当庭对律师采取措施维持法庭秩序的，有关执法行为要规范、文明，保持必要、合理限度。律师被依法责令退出法庭、强行带出法庭或者被处以罚款后，具结保证书，保证服从法庭指令、不再扰乱法庭秩序的，经法庭许可，可以继续担任同一案件的辩护人、诉讼代理人；具有擅自退庭、无正当理由不按时出庭参加诉讼、被拘留或者具结保证书后再次被依法责令退出法庭、强行带出法庭的，不得继续担任同一案件的辩护人、诉讼代理人。人民法院应当对庭审活动进行全程录像或录音，对律师在庭审活动中违反法定程序的情形应当记录在案。"

156. 如何把握延期审理的问题？

延期审理是指在法庭审理过程中，出现影响审判继续进行的情形，法庭决定将案件的审理推迟至其他期日进行的法律制度。刑事诉讼法第二百零四条对法庭审理过程中可以延期审理的情形作出了相应规定。《解释》根据法律规定和司法实践中的具体情况，对延期审理情形和处理予以进一步具体规定。

1. 补充证据引发的延期审理。根据刑事诉讼法第二百零四条的规定，在法庭审判过程中，需要通知新的证人到庭，调取新的物证，重新鉴定或者勘验，影响审判进行的，可以延期审理。此种情形下的延期审理是为了保证控辩双方的相关诉讼权利，也为了法庭更好地查明案件事实。

从司法实践来看，此种情形下的延期审理通常由当事人和辩护人、诉讼代理人的申请而引发。因此，《解释》第二百二十二条专门规定："法庭审理过程中，当事人及其辩护人、诉讼代理人申请通知新的证人到庭，调取新的证据，申请重新鉴定或者勘验的，应当提供证人的姓名、证据的存放地点，说明拟证明的案件事实，要求重新鉴定或者勘验的理由。法庭认为有必要的，应当同意，并宣布延期审理；不同意的，应当说明理由并继续审理。"

关于此种情形下延期审理的时间，《1998年解释》第一百五十六条第二款规定："依照前款规定延期审理的时间不得超过1个月，延期审理的时间不计入审限。"《解释》第二百二十二条第二款经综合各方面意见，将这一规定调整为："延期审理的案件，符合刑事诉讼法第二百零二条第一款（注：修改后刑事诉讼法第二百零八条第一款）规定的，可以报请上级人民法院批准延长审理期限。"主要考虑如下：（1）严格执行法律规定。刑事诉讼法没有规定延期审理的期限不计入审理期限，由《解释》规定不计入审理期限不妥。经研究，上述观点确有道理，未在司法解释中规定延期审理的期限不计入审理期限。（2）注重维护辩护方的合法权益。本条所涉延期审理情形主要是为了维护辩护方的权益，保证辩护方在补充证据方面的权益。此种情形下主要是辩护方申请通知新的证人到庭，调取新的证据，申请重新鉴定或者勘验，如果通过协调控方提出补充侦查建议的方式解决审限问题，不具有可操作性，也不利于维护辩方的权益。（3）正确把握立法精神。刑事诉讼法虽然未明确延期审理期限的性质，但从立法精神角度看，将此段期间不应无条件计入人民法院的审理期限。其一，司法实践中有不少案件，其中不乏有社会影响的案件，控辩双方在法庭审理过程中提出不少新的事实、证据，申请重新鉴定或者勘验，有的申请并无意义，目的在于拖延诉讼。如果对此种情形的延期审理的期限不作出相应处理，将会使人民法院陷入被动局面：要么通过各种变通方法违法或者不正当地延长审限，要么严格按照审理期限的规定对被告人变更强制措施，可能造成被告人再次危害社会。这些案件都是敏感性案件，国际国内均高度关注，处理不慎易造成被动。其二，根据刑事诉讼法第一百四十九条的规定，只有对犯罪嫌疑人进行精神病鉴定的时间不计入办案期限，但实践中，不少案件在进入审判阶段后也需要作各种专门性鉴定，如 DNA 鉴定、毒品含量鉴定、伤情鉴定、年龄鉴定、弹痕鉴定等等。有关鉴定结论往往是决定案件准确定罪、适当量刑的关键性证据。而所有专门性鉴定均需委托司法鉴定机构进行，法院根本无法自行掌控。其三，由于刑法对检举揭发他人犯罪事实、构成立功的时间未作限制，实践中，在审判环节，提出新的立功线索的现象普遍存在。对被告人提出的新的立功线索，需要公安、检察机关进行调查、取证，往往要占用较长时间。这一时间，法院同样无法自主掌控。（4）充分考虑司法实践的中具体情况。根据审判经验，重新鉴定的时间一般都会超过一个月，而《1998 年解释》规定延期审理的时间不得超过 1 个月，实际上未能完全解决司法实践中的问题。因此，有必要明确延期审理的期限应当根据案件具体情况确定，不宜限制在 1 个月的范围内。综合上述考虑，经研究认为，对于延期审理所占用的期限，唯一的路径是充分利用刑事诉讼法第二百零八条的规定，报请上一级人民法院批准延长审理期限。而且，这一解决方案具有可操作性。由于证据原因需要延期审理的案件，通常可以认为是"犯罪涉及面广，取证困难的重大复杂案件"，可以依照刑事诉讼法第二百零八条的规定经上一级人民法院批准延长 3 个月；因特殊情况还需要延长的，报请最高人民法院批准。

2. 补充侦查引发的延期审理。根据刑事诉讼法第二百零四条的规定，在法庭审理过程中，检察人员发现提起公诉的案件需要补充侦查，提出建议的，可以延期审理。《解释》第二百二十三条第一款进一步明确："审判期间，公诉人发现案件需要补充侦查，建议延期审理的，合议庭应当同意，但建议延期审理不得超过两次。"

为了明确补充侦查所获得证据材料的移送和辩护方的查阅问题，《解释》第二百二十三条第二款专门规定："人民检察院将补充收集的证据移送人民法院的，人民法院应当通知辩护人、诉讼代理人查阅、摘抄、复制。"

为了避免此种情形下延期审理的无限延期，刑事诉讼法第二百零五条规定，根据检察人员补充侦查建议决定延期审理的案件，人民检察院应当在一个月以内补充侦查完毕。但是，司法实践中存在人民检察院未及时提请人民法院恢复法庭审理，导致此种情形下延期审理的无限延期现象。因此，《1998年解释》第一百五十七条第二款专门规定："法庭宣布延期审理后，人民检察院在补充侦查的期限内没有提请人民法院恢复法庭审理的，人民法院应当决定按人民检察院撤诉处理。"上述规定实施十余年来，效果良好，故予以保留。主要考虑如下：（1）根据刑事诉讼法第二百零八条的规定，人民检察院补充侦查的案件，补充侦查完毕移送人民法院后，人民法院重新计算审理期限。根据这一规定，如果人民检察院对于补充侦查的案件未移送人民法院的，人民法院无法确定开庭日期，进行开庭相应准备工作。（2）法庭宣布延期审理后，人民检察院应当在补充侦查完毕后将案件移送人民法院，及时提请人民法院恢复法庭审理，此乃其法定的、当然的职责。实践中，上级检察机关对下级检察机关的考评，对于撤回的案件，有法律文书的，视为错案。因此，对于部分案件，经过补充侦查，人民检察院认为事实仍然不清、证据仍然不足，再次将案件移送人民法院也无法对被告人作出有罪判决，但又囿于当前的考评机制不愿意撤回案件，故采取不再提起人民法院恢复庭审的方式"撤回案件"，希望以此种方式结案，而此种情况下，人民法院按人民检察院撤诉处理，实际上是支持其以不提请人民法院恢复法庭审理的形式表达的撤回案件的意见，是对其自主权的尊重，能够实现"案结事了"。（3）对于人民检察院补充侦查的案件未移送人民法院，如不决定按人民检察院撤诉处理，将无法结案，只有将此类案件长期"挂"下去，无法对案件有所"说法"，不利于对被告人合法权益的维护。（4）在补充侦查期限届满后，人民法院已经通知人民检察院移送案件，人民检察院未移送且不说明理由，对此种情形予以一定制约，也符合刑事诉讼各部门分工合作制约的原则。基于上述考虑，《解释》第二百二十三条第三款对《1998 年解释》第一百五十七条第二款的规定予以保留并作适当调整，规定："补充侦查期限届满后，经法庭通知，人民检察院未将案件移送人民法院，且未说明原因的，人民法院可以决定按人民检察院撤诉处理。"

3. 申请回避引发的延期审理。根据刑事诉讼法的规定，当事人、辩护人、诉讼代理人均有权申请回避。由于当事人、辩护人、诉讼代理人申请回避导致审判缺乏必要的人员，无法进行的，法庭应当作出延期审理的决定。

157. 如何把握中止审理的问题？

根据刑事诉讼法第二百零六条的规定，审判实践中对于公诉案件的中止审理应当注意以下问题：

1. 公诉案件中止审理的原因。在审判过程中，有下列情形之一，致使公诉案件案件在较长时间内无法继续审理的，可以中止审理：（1）被告人患有严重疾病，无法出庭的。需要注意的是，对此处的"患有严重疾病"应当作狭义理解，即理解为"因患严重疾病无法辨认、控制自己的行为，无法表达自己的真实意思，一旦出庭可能影响其生命安全等，而不是一患重病，即可中止审理"。[①] 此次刑事诉讼法针对此种长期中止审理的案件的处理作了进一步明确，第二百九十六条规定："由于被告人患有严重疾病，无法出庭的原因中止审理超过六个月，被告人仍无法出庭，被告人及其法定代理人申请或者同意恢复审理的，人民法院可以在被告人不出庭的情况下缺席审理，依法作出判决。"（2）被告人脱逃的。无论是被羁押的被告人，还是未被羁押的被告人，其脱逃逃避审判的行为都可能导致法庭审理在较长实践无法继续进行可以中止审理。（3）自诉人患有严重疾病，无法出庭，未委托诉讼代理人出庭的。（4）由于不能抗拒的原因。在审判过程中，出现了自然灾害、突发事件等不可抗拒的原因，致使案件在较长实践内无法继续审理的，也可以中止审理。

2. 共同犯罪案件的中止审理问题。司法实践中，共同犯罪案件中部分被告人存在刑事诉讼法第二百条零六条第一款规定的情形，如部分被告人患有严重疾病，无法出庭的，是全案中止审理还是仅对该被告人中止审理，存

---

① 王尚新、李寿伟主编：《〈关于修改刑事诉讼法的决定〉释解与适用》，人民法院出版社 2012 年版，第 199 页。

在不同认识。《解释》第二百五十七条规定："有多名被告人的案件，部分被告人具有刑事诉讼法第二百条第一款（注：修改后刑事诉讼法第二百零六条）规定情形的，人民法院可以对全案中止审理；根据案件情况，也可以对该部分第一款被告人中止审理，对其他被告人继续审理。对中止审理的部分被告人，可以根据案件情况另案处理。"据此，对于共同犯罪案件部分被告人出现法定中止审理情形，是否需要全案中止审理，应区分情况处理：（1）原则上，对于全案应当中止审理。因为如果部分被告人患有严重疾病，无法出庭的，如果只对该被告人中止审理，而对其他被告人的审理继续进行，可能对影响到该被告人的合法权益，导致由于其未出席法庭审理而遭致不利。（2）根据案件情况，也可以对该被告人中止审理，对其他被告人继续审理。所谓"根据案件情况"应具体把握，如果共同犯罪案件因为中止审理的被告人身体情况等原因可能导致审判拖延较长时间，超过了法定的审理期限，也可以针对该被告人中止审理，其他被告人的审理工作继续进行。这种情况，可以视同其没有到案的情形处理。此外，如果部分被告人脱逃的，也可以对该被告人中止审理，而对于其他被告人的审理继续进行。（3）对部分被告人中止审理的，可以根据案件具体情况另案处理。具体操作举例如下：人民检察院作为对五名共同犯罪人一起起诉，人民法院审理过程中，有一名被告人重病或者脱逃，人民法院可以对其他四名被告人继续审理，作出判决。而对该名被告人的审理另案进行，单独作出判决。在这一过程中，人民检察院不需要重新起诉或者变更起诉，但作出两个判决（可以标为同一案号，但区分为 -1、-2）。

3. 中止审理的原因消失后的处理。中止审理的原因消失后，应当恢复审理。中止审理的期间不计入审理期限。

158. 如何把握拒绝辩护的问题？

司法实践中，还可能出现被告人当庭拒绝辩护人为其辩护或者辩护人当庭拒绝为被告人辩护，从而导致审判障碍的情形。《1998 年解释》第一百六十四条、第一百六十五条规定，对于上述情形，合议庭同意的，只能做出延期审理的决定。从审判实践来看，上述规定过于绝对，不利于保证案件审理的顺利进行，宜区分不同情况作出不同处理。因此，《解释》第二百五十四条至第二百五十六条作了相应修改完善，具体而言：

1. 被告人当庭拒绝辩护人为其辩护的，区分情况处理：被告人当庭拒绝辩护人辩护，要求另行委托辩护人或者指派律师的，合议庭应当准许。被告人拒绝辩护人辩护后，没有辩护人的，应当宣布休庭；仍有辩护人的，庭审可以继续进行。因此，如果被告人委托有两名辩护人，只拒绝其中一名辩护人为其辩护的，此种情况下，可以由另一名辩护人为其辩护，仍然可以保障其辩护权，故庭审可以继续进行；被告人只委托有一名辩护人，或者同时拒绝两名辩护人为其辩护的，此种情况下无法保证被告人辩护权的有效行使，应当宣布休庭，择日开庭。

2. 对于有多名被告人的案件，部分被告人拒绝辩护人辩护的，确立处理原则：有多名被告人的案件，部分被告人拒绝辩护人辩护后，没有辩护人的，根据案件情况，可以对该被告人另案处理，对其他被告人的庭审继续进行。因此，对于有多名被告人的案件，部分被告人当庭拒绝辩护人为其辩护的，依照前述规定处理，即区分是否拒绝全部辩护人为其辩护作出不同处理。如果该被告人只委托一名辩护人，或者同时拒绝两名辩护人为其辩护的，可以宣布休庭，择日开庭，由其另行委托辩护人；也可以根据案件的具体情况，为了保证案件审理的效率，对该被告人另案处理，对其他被告人的庭审继续进行。司法实践中对另案处理的具体操作同前述共同犯罪案件中对部分被告人另案处理的情形，兹不赘言。

3. 重新开庭后，被告人再次当庭拒绝辩护人辩护的，可以准许，但被告人不得再次另行委托辩护人或者要求另行指派律师，由其自行辩护。被告人属于应当提供法律援助的情形，重新开庭后再次当庭拒绝辩护人辩护的，不予准许。

4. 法庭审理过程中，辩护人拒绝为被告人辩护的，应当准许；是否继续庭审，参照适用上述规定。

5. 依照前两条规定另行委托辩护人或者指派律师的，自案件宣布休庭之日起至第 15 日止，由辩护人准备辩护，但被告人及其辩护人自愿缩短时间的除外。

第十章 自诉案件第一审程序

Q问 **159. 如何把握提起自诉的条件和程序？**

答 根据刑事诉讼法及《解释》的相关规定，提起自诉的条件和程序应当注意以下问题：

1. 提起自诉的条件。自诉人提起自诉必须符合相应条件，否则，人民法院不予受理。《解释》第二百五十九条对人民法院受理自诉案件必须符合的条件予以明确。具体而言：（1）属于自诉案件的范围。刑事诉讼法第二百一十条、《解释》第一条对自诉案件的范围作了明确规定。根据上述规定，自诉案件包括告诉才处理的案件、被害人有证据证明的轻微刑事案件，以及被害人有证据证明对被告人侵犯自己人身、财产权利的行为应当依法追究刑事责任，而公安机关或者人民检察院不予追究被告人刑事责任的案件。（2）属于本院管辖。自诉人提起自诉的案件只有属于受诉人民法院管辖范围，该人民法院才能受理。（3）被害人告诉。根据刑事诉讼法及有关规定，自诉人享有自诉权，自诉案件原则上应当由被害人提起自诉。但是，根据《解释》第二百六十条的规定，如果被害人死亡、丧失行为能力或者因受强制、威吓等无法告诉，或者是限制行为能力人以及因年老、患病、盲、聋、哑等不能亲自告诉，其法定代理人、近亲属告诉或者代为告诉的，人民法院应当依法受理。被害人的法定代理人、近亲属告诉或者代为告诉，应当提供与被害人关系的证明和被害人不能亲自告诉的原因的证明。（4）有明确的被告人、具体的诉讼请求和证明被告人犯罪事实的证据。

2. 提起自诉的程序。《解释》第二百六十一条、第二百六十二条对提起自诉的程序作出了规定。具体而言：提起自诉应当提交刑事自诉状；同时提起附带民事诉讼的，应当提交刑事附带民事自诉状。自诉状应当包括以下内容：（1）自诉人（代为告诉人）、被告人的姓名、性别、年龄、民族、出生地、文化程度、职业、工作单位、住址、联系方式；（2）被告人实施犯罪的时间、地点、手段、情节和危害后果等；（3）具体的诉讼请求；（4）致送的人民法院和具状时间；（5）证据的名称、来源等；（6）证人的姓名、住址、联系方式等。此外对两名以上被告人提出告诉的，应当按照被告人的人数提供自诉状副本。

Q 问 160. 如何把握自诉案件的审查受理?

答 自诉人提起自诉后,人民法院对自诉案件要进行审查,符合自诉案件受理条件的,才予以受理和进行审判。对于自诉案件的受理,应当注意以下几点:

1. 自诉案件的审查。根据刑事诉讼法第二百一十一条的规定,人民法院对自诉案件进行审查后,犯罪事实清楚,有足够证据的案件,应当依法受理,并开庭审判。需要注意的是,人民法院对提起的自诉案件应当进行全面审查,既包括对自诉材料是否符合形式要求的审查,也包括审查犯罪事实是否清楚,证据是否足够。但是,对于自诉的审查并非实体审查,更不是判断被告人是否构成犯罪,故不得以"被告人的行为不构成犯罪"为由,说服自诉人撤回起诉或者裁定不予受理,对于此类自诉案件,仍然应当开庭审判并作出裁判。

2. 自诉案件的不予受理。根据《解释》第二百六十三条的规定,对于自诉案件,人民法院应当在 15 日内审查完毕。经审查,符合受理条件的,应当决定立案,并书面通知自诉人或者代为告诉人。具有下列情形之一的,应当说服自诉人撤回起诉;自诉人不撤回起诉的,裁定不予受理:(1)不属于《解释》第一条规定的案件的;(2)缺乏罪证的;(3)犯罪已过追诉时效期限的;(4)被告人死亡的;(5)被告人下落不明的;①(6)除因证据不足而撤诉的以外,自诉人撤诉后,就同一事实又告诉的;(7)经人民法院调解结案后,自诉人反悔,就同一事实再行告诉的。根据这一规定,对于不符合自诉案件立案条件而自诉人又不愿意撤回起诉的,人民法院应当裁定不予受理,而不能在审查立案阶段径直驳回起诉。

3. 自诉案件不予受理或者驳回起诉裁定的上诉和处理。自诉人对不予受理或者驳回起诉的裁定不服的,理所当然具有上诉的权利。而且,由于第一审人民法院没有作出实体判决,应当作出发回重审的裁定,指令第一审人

---

① 有意见认为,对于被告人下落不明的,但犯罪事实、证据充分,需要追究刑事责任的,不应说服自诉人撤诉或者"不予受理",应当决定立案,作出逮捕决定,被告人归案前裁定中止审理,或者建议由公安机关侦查或拘捕。经研究认为,对于被告人下落不明的案件,人民法院无法受理,无法作出逮捕决定,也无法将此种情况下的自诉案件转为公诉案件处理。

民法院开庭审理。因此，《解释》第二百六十五条规定："自诉人对不予受理或者驳回起诉的裁定不服的，可以提起上诉。第二审人民法院查明第一审人民法院作出的不予受理裁定有错误的，应当在撤销原裁定的同时，指令第一审人民法院立案受理；查明第一审人民法院驳回起诉裁定有错误的，应当在撤销原裁定的同时，指令第一审人民法院进行审理。"

4. 自诉案件的审查期限。根据《解释》第二百六十三条第一款的规定，对自诉案件，人民法院应当在 15 日内审查完毕。需要注意的是，2015 年 5 月 1 日人民法院开始实行立案登记制度，根据当日起施行的《最高人民法院关于人民法院推行立案登记制改革的意见》（法发〔2015〕6 号），对于刑事自诉案件，并非"零门槛"全部受理、立案，人民法院仍然需要依法进行审查，对于符合刑事诉讼法以及《解释》规定受案条件的，才能进行受理、立案。对于不符合自诉案件立案条件而自诉人又不愿意撤回起诉的，应当依法裁决不予受理，并载明理由。

5. 自诉案件受理的几个特殊问题。在司法实践中，对于自诉案件受理还需要注意以下几个问题：（1）根据《解释》第二百六十四条的规定，对已经立案，经审查缺乏罪证的自诉案件，自诉人提不出补充证据的，人民法院应当说服其撤回起诉或者裁定驳回起诉；自诉人撤回起诉或者被驳回起诉后，又提出了新的足以证明被告人有罪的证据，再次提起自诉的，人民法院应当受理。（2）根据《解释》第二百六十六条的规定，自诉人明知有其他共同侵害人，但只对部分侵害人提起自诉的，人民法院应当受理，并告知其放弃告诉的法律后果；自诉人放弃告诉，判决宣告后又对其他共同侵害人就同一事实提起自诉的，人民法院不予受理。共同被害人中只有部分人告诉的，人民法院应当通知其他被害人参加诉讼，并告知其不参加诉讼的法律后果。被通知人接到通知后表示不参加诉讼或者不出庭的，视为放弃告诉。第一审宣判后，被通知人就同一事实又提起自诉的，人民法院不予受理。但是，当事人另行提起民事诉讼的，不受《解释》限制。需要提及的是，对于自诉人只对共同侵害人中的部分侵害人提起自诉或者共同被害人中只有部分人告诉的，人民法院应当向自诉人或者其他未提起自诉的被害人释明相关法律后果，以确保当事人的诉讼权利。

Q问 161. 如何把握自诉案件的审理方式?

答 《解释》第二百七十条第一款规定:"自诉案件,符合简易程序适用条件的,可以适用简易程序审理。"① 因此,对于受理的告诉才处理的案件和被告人有证据证明的轻微刑事案件,案件事实清楚、证据确实充分,被告人承认自己所犯罪行,对自诉书指控的犯罪事实没有异议,且对适用简易程序没有异议的,人民法院可以适用简易程序审判。同理,对于基层人民法院管辖的可能判处三年有期徒刑以下刑罚的自诉案件,事实清楚,证据确实、充分,被告人认罪认罚并同意适用速裁程序的,可以适用速裁程序。但是,对于被害人有证据证明对被告人侵犯自己人身、财产权利的行为应当依法追究刑事责任,而公安机关或者人民检察院不予追究被告人刑事责任的案件,通常难以符合简易程序、速裁程序的适用条件,一般不宜适用简易程序、速裁程序审理。根据《解释》第二百七十条第二款的规定,不适用简易程序审理的自诉案件,参照适用公诉案件第一审普通程序的有关规定。②

《解释》第二百六十七条规定:"被告人实施两个以上犯罪行为,分别属于公诉案件和自诉案件,人民法院可以一并审理。对自诉部分的审理,适用本章的规定。"据此,被告人实施的两个以上的犯罪行为,分别属于公诉案件和自诉案件的,人民法院可以在审理公诉案件时,对自诉案件一并审理。需要注意的是,此种情况下自诉案件虽然被并入公诉案件一并审理,但对自诉案件的处理仍然适用自诉案件的相关规定,当事人享有自诉案件规定的相应诉讼权利,如自诉案件的被告人可以针对自诉人提出反诉等。实践中不能因为自诉案件被并入公诉案件一并审理,就对自诉案件也适用公诉案件的相关规定,无视自诉案件的特殊规定。

人民法院对于决定受理的自诉案件,无论适用简易程序、速裁程序还是普通程序,都应当开庭审理。《解释》第二百六十九条规定:"对犯罪事实清楚,有足够证据的自诉案件,应当开庭审理。"因此,具有《解释》第二百六十四条规定的情形,自诉人未撤回起诉的,人民法院应当在开庭审理后

---

① 修改后的刑事诉讼法第二百二十二条规定了速裁程序,自诉案件符合速裁程序适用条件的,也可以适用速裁程序审理。

② 根据修改后的刑事诉讼法规定,不适用简易程序、速裁程序审理的自诉案件,参照适用公诉案件第一审普通程序的有关规定。

驳回起诉。

162. 如何把握自诉案件的调查核实证据？

根据刑事诉讼法及《解释》的相关规定，自诉案件的调查核实证据应当注意下列问题：

1. 人民法院调取自诉案件证据的相关规定。《解释》第二百六十八条规定："自诉案件当事人因客观原因不能取得的证据，申请人民法院调取的，应当说明理由，并提供相关线索或者材料。人民法院认为有必要的，应当及时调取。"对于这一规定，有两个问题值得注意：（1）人民法院依当事人申请调取证据不再限于受理自诉案件后，当事人在提起自诉时即可申请人民法院调取因客观原因不能取得的证据。这在很大程度上解决了实践中存在的自诉人收集证据能力差的困境，有利于维护当事人的合法权益。（2）自诉案件的当事人申请人民法院调取的证据限于"因客观原因不能取得的证据"，且应当说明理由，并提供相关线索或者材料。这有利于避免当事人滥用这一条款，限制申请人民法院调取证据的情形和范围，也避免因为这一规定给人民法院增加过多的工作量。（3）人民法院对于当事人所提调取证据的申请，应当进行审查，认为确有必要的，应当及时调取。此规定可以避免当事人滥用该项申请权，是否启动调查取证权，人民法院具有一定的裁量空间。

此外，对于公安机关等部门掌握的自诉案件证据材料，当事人无法收集的，属于"当事人因客观原因不能取得证据"，依据本条规定可以申请人民法院调取，如果符合相关条件的，人民法院应当依法及时调取。

2. 法庭审理过程中，审判人员对证据有疑问，需要调查核实的，可以宣布休庭，通过勘验、检查、查封、扣押、鉴定和查询、冻结等方式，对证据进行调查核实。

163. 如何把握自诉案件的结案方式？

刑事诉讼法第二百一十二条第一款规定："人民法院对自诉案件，可以进行调解；自诉人在宣告判决前，可以同被告人自行和解或者撤回自诉。本法第二百一十条第三项规定的案件不适用调解。"根据这一规定，《解释》对自诉案件的结案方式作出了进一步明确规定。具体而言：

1. 调解。根据《解释》第二百七十一条的规定，人民法院审理自诉案件，可以在查明事实、分清是非的基础上，根据自愿、合法的原则进行调解。调解达成协议的，应当制作刑事调解书，由审判人员和书记员署名，并加盖人民法院印章。调解书经双方当事人签收后，即具有法律效力。需要注意的是，调解不是自诉案件审理的必经程序，调解没有达成协议，或者调解书签收前当事人反悔的，应当及时作出判决。经人民法院调解结案后，自诉人不得就同一事实再行告诉。

但是，对于被害人有证据证明对被告人侵犯自己人身、财产权利的行为应当依法追究刑事责任，而公安机关或者人民检察院不予追究被告人刑事责任的案件，不适用调解。这类案件原本为公诉案件，且被害人向公安、检察机关报案、控告或者举报，要求依法追究被告人的刑事责任，而有关公安机关或者人民检察院已经作出不予追究被告人刑事责任的书面决定。对于这类案件，如果进行调解，不利于查明案件事实，作出正确、公正的处理。因此，对于这类案件不适用调解，而应当依法审判，以维护法律的公正性和严肃性。

2. 和解。刑事诉讼法规定了当事人和解的公诉案件诉讼程序。而对于自诉案件，根据刑事诉讼法和《解释》的规定，当事人也可以进行和解。自诉案件中，当事人的和解有利于修复被犯罪破坏的社会关系，有利于社会和谐，人民法院应当积极予以鼓励和支持。

考虑到刑事诉讼法规定了"当事人和解的公诉案件诉讼程序"，允许对部分公诉案件进行和解。那么，对于相对更轻微的自诉案件而言，也应当允许、鼓励当事人自行和解。因此，《解释》第二百七十二条第一款规定："判决宣告前，自诉案件的当事人可以自行和解，自诉人可以撤回自诉。"这有利于最大限度化解社会矛盾，修复被犯罪破坏的社会关系，维护社会和谐，争取良好的社会效果与法律效果。需要特别注意的是，自诉案件的当事人和解又不完全等同于刑事诉讼法规定"当事人和解的公诉案件诉讼程序"，自诉案件的当事人和解不受刑事诉讼法"当事人和解的公诉案件诉讼程序"有关案件范围等规定的限制。在自诉案件中，包括公诉转自诉案件，双方当事人都可以自行和解，并可以撤回起诉，只要确属自愿的，应当准许。根据《解释》第二百七十三条的规定，当事人自行和解的自诉案件，被告人被采取强制措施的，人民法院应当立即解除。

3. 撤回自诉。提起自诉是自诉人的诉讼权利，自诉人在宣告判决前可以撤回起诉。但是，人民法院对于自诉人撤回自诉，不应当仅仅是消极允许，而应当积极审查，以防止自诉人由于被告人及相关人员强迫、威吓而撤回自诉，确保自诉人撤回自诉的自愿性。因此，《解释》第二百七十二条第二款规定："人民法院经审查，认为和解、撤回自诉确属自愿的，应当裁定准许；认为系被强迫、威吓等，并非出于自愿的，不予准许。"根据《解释》第二百七十三条的规定，人民法院对裁定准许撤诉的自诉案件，被告人被采取强制措施的，应当立即解除。对于撤回自诉的案件，不得就同一事实再次提起自诉。

与和解相同，基于同样的考虑，《解释》第二百七十二条第一款规定，对于所有自诉案件，自诉人在宣告判决前可以撤回起诉。包括被害人有证据证明对被告人侵犯自己人身、财产权利的行为应当依法追究刑事责任，而公安机关或者人民检察院不予追究被告人刑事责任的案件，自诉人在宣告判决前也可以撤回自诉。

此外，根据《解释》第二百七十四条的规定，自诉人经两次传唤，[1] 无正当理由拒不到庭，或者未经法庭准许中途退庭的，人民法院应当裁定按撤诉处理。[2] 由于各种原因，自诉人在向人民法院提起自诉后，又改变主意，不再要求人民法院追究被告人刑事责任，或者由于证据方面出现变化，要求追究被告人刑事责任的证据已经不足，便放弃要求人民法院追究被告人的刑事责任。此种情形下，自诉人未主动撤回自诉，但拒不到庭。此外，实践中还有自诉人未经法庭许可中途退庭的情况发生。对于上述情形，应当按照按自诉人撤诉处理。需要注意的是，部分自诉人撤诉或者被裁定按撤诉处理的，不影响案件的继续审理。

4. 判决。对于未能以调解、撤回自诉结案的自诉案件，应当参照刑事诉讼法第二百条和《解释》第二百四十一条的有关规定作出判决。对依法宣告无罪的案件，其附带民事部分应当依法进行调解或者一并作出判决。

---

① 曾有意见建议将"自诉人经两次依法传唤"的限制条件删除，即自诉人经依法传唤无正当理由不到庭的，即可以按自诉人撤诉处理。经研究认为，关于"自诉人经两次依法传唤"的限制条件的规定是为了更好地维护自诉人的权益，且自诉案件的开庭较之于公诉案件开庭相对容易，故现有规定不会耗费过多司法资源。

② 刑事诉讼法第二百一十一条第二款规定："自诉人经两次依法传唤，无正当理由拒不到庭的，或者未经法庭许可中途退庭的，按撤诉处理。"但是，第二百零六条规定："自诉人患有严重疾病，无法出庭，未委托诉讼代理人出庭的"，可以中止审理。对于上述两处规定应当综合理解适用，二者之间是相互协调的。审判实践中，对于自诉人患有严重疾病，无法出庭的，也可以由其诉讼代理人代为参加诉讼。如果未委托诉讼代理人的，可以依法决定中止审理，而不宜将其理解为"无正当理由拒不到庭"情形，按照撤诉处理。

Q问 164. 如何把握自诉案件的中止审理？

答 中止审理是指人民法院在受理案件后，作出判决前，出现了一些使审判在一定时期内无法继续进行的情况，决定暂时停止案件审理，待相关情形消失后，再恢复审理的活动。刑事诉讼法第二百零六条综合考虑了自诉案件、公诉案件的情况，规定了中止审理的情形。由于立法已经对中止审理作出了明确，为避免与立法的不必要重复，《解释》对自诉案件中止审理的情形作了补充性规定。《解释》第二百七十五条规定："被告人在自诉案件审判期间下落不明的①，人民法院应当裁定中止审理。被告人到案后，应当恢复审理，必要时应当对被告人依法采取强制措施。"

根据刑事诉讼法和《解释》的相关规定，自诉案件适用中止审理主要包括下列情形：（1）被告人下落不明，致使案件在较长时间内无法继续审理的。这里既包括被告人被羁押的情况下脱逃的，也包括未被羁押的被告人脱逃，还包括由于其他原因被告人下落不明的。无论何种原因，由于被告人下落不明导致案件在较长时间内无法继续审理的，应当裁定中止审理。（2）自诉人患有严重疾病，无法出庭，未委托诉讼代理人出庭的。自诉人不到庭的，可以委托诉讼代理人参加诉讼。因此，自诉人患有严重疾病，无法出庭的，可以委托诉讼代理人出庭，只有在未委托诉讼代理人出庭的情况下，才可以中止审理。（3）其他不能抗拒的原因。

中止审理的原因消失后，应当恢复审理。由于被告人下落不明而中止审理的，被告人归案后，必要时，应当对被告人依法采取强制措施，以防止由于被告人脱逃致使案件再度无法继续审理。此外，中止审理的期限不计入审判期限。

Q问 165. 如何把握自诉案件的反诉？

答 刑事诉讼法第二百一十三条规定："自诉案件的被告人在诉讼过程中，可以对自诉人提起反诉。反诉适用自诉的规定。"根据这一规定，自诉

---

① 需要注意的是，自诉案件的被告人在审理期间下落不明与自诉人在提起自诉时的下落不明，人民法院处理方式不同。前者已经进入诉讼程序，无法再裁定不予受理，只能将案件中止审理，待被告人到案后再继续审理；后者因为缺乏自诉的条件，人民法院可以采用裁定不予受理的方式处理。

案件在审理过程中，被告人可以对自诉人提出反诉，即被告人可以针对自诉人起诉其构成犯罪的事实，反诉自诉人侵犯其合法权益的行为构成犯罪，请求人民法院依法追究自诉人的刑事责任。《解释》第二百七十七条对反诉的条件作出了明确规定。具体而言，应当注意以下问题：

1. 可以提起反诉的自诉案件范围。如前所述，自诉案件包括三种类型，并非所有的自诉案件被告人都可以提起反诉，告诉才处理和被害人有证据证明的轻微刑事案件的被告人或者其法定代理人在诉讼过程中，可以对自诉人提起反诉。对于被害人有证据证明对被告人侵犯自己人身、财产权利的行为应当依法追究刑事责任，而公安机关或者人民检察院不予追究被告人刑事责任的案件，由于此类案件系公诉转自诉案件，原本属于公诉案件的范畴，因此，被告人在诉讼过程中不可以对自诉人提起反诉。此类案件的被告人如果认为自诉人侵犯其合法权益的行为构成犯罪的，应当请求公安机关立案处理，符合自诉条件的，也可以向人民法院单独提出自诉。

2. 对于告诉才处理和被害人有证据证明的轻微刑事案件，反诉必须符合下列条件：（1）反诉的对象必须是本案自诉人。反诉是与自诉相关联的诉讼，针对本案自诉人以外的人无法提起反诉，只能单独提起自诉或者请求公安机关立案处理。（2）反诉的内容必须是与本案有关的行为。如果是针对与本案无关的行为提起诉讼，无论是针对本案自诉人，抑或其他主体，均不能提起反诉。（3）反诉的案件必须符合《解释》第一条第一项、第二项的规定。

3. 由于反诉案件的事实与自诉案件的事实具有相关性，将二者一并审理，有利于查明案件事实，也有利于提高诉讼效率。因此，《解释》第二百七十七条第二款规定："反诉案件适用自诉案件的规定，应当与自诉案件一并审理。"在司法实践中，对于提起反诉的条件、对提起反诉的审查、反诉案件的审理等都适用自诉案件的相关规定。需要注意的是，在自诉案件与反诉案件一并审理的过程中，双方当事人都既是自诉人又是被告人，具有双重身份，在诉讼中具有相同的诉讼地位和诉讼权利。

4. 反诉是一个独立的诉讼，是在自诉案件审理的过程中，被告人就自诉人实施的与本案有关联的犯罪行为，要求人民法院追究其刑事责任的诉讼。因此，反诉以自诉的存在为前提，但是，这并未否定反诉是一个独立的诉讼。因此，《解释》第二百七十七条第二款规定："自诉人撤诉的，不影响反诉案件的继续审理。"因此，自诉案件审理过程中，自诉人撤回起诉的，人民法院应当继续审理反诉案件。

166. 如何把握自诉案件的审理期限？

为更好地完善诉讼程序，使司法机关能够依法办案，确保当事人的诉讼权利和其他利益，刑事诉讼法对人民法院审理自诉案件的期限作了明确规定。刑事诉讼法第二百一十二条第二款规定："人民法院审理自诉案件的期限，被告人被羁押的，适用本法第二百零八条第一款、第二款的规定；未被羁押的，应当在受理后六个月以内宣判。"根据这一规定，人民法院审理自诉案件，被告人未被羁押的，应当在受理后6个月以内宣判；被告人被羁押的，应当按照审理公诉案件的期限进行，即应当在受理后2个月以内宣判，至迟不得超过3个月。我们认为，由于自诉案件受理的前提条件之一是"有明确的被告人、具体的诉讼请求和能证明被告人犯罪事实的证据"，故证据充分、案件事实相对清楚，从提高审判效率、切实保护当事人合法权益的角度出发，审理自诉案件一般不应申请延长审理期限。对于适用简易程序、速裁程序审理的自诉案件，审理期限应当适用何规定，存在不同意见。经认真研究，我们认为，适用简易程序、速裁程序审理的自诉案件也应当适用公诉案件普通审限的规定，不应当适用公诉案件简易程序、速裁程序较短审限的规定。主要考虑如下：与公诉案件移送到法院前公诉机关已收集好相关证据不同，不少自诉案件都是案件起诉到法院后申请人民法院调取证据，因此，人民法院需要适用较长的审限，以更好地调取相关证据、查明案件事实。正是基于上述考虑，立法对自诉案件设置了较长的审理期限。对于适用简易程序、速裁程序审理的自诉案件亦是如此，不能直接适用公诉案件简易程序、速裁程序的审限，以更好地贯彻立法精神，更为准确地定罪量刑，维护当事人权益。

第十一章　单位犯罪案件的审理

Q问
167. 如何把握单位犯罪案件的审查受理？

答　人民法院对人民检察院提起公诉的单位犯罪案件，应当在收到起诉书和案卷材料、证据后，依照有关规定进行审查。与自然人犯罪案件的卷宗移送方式一样，对于单位犯罪案件，人民检察院也应当将全部案卷材料、证据移送人民法院。《解释》第二百七十八条规定："人民法院受理单位犯罪案件，除依照本解释第一百八十条的有关规定进行审查外，还应当审查起诉书是否列明被告单位的名称、住所地、联系方式，法定代表人、主要负责人以及代表被告单位出庭的诉讼代表人的姓名、职务、联系方式。"需要注意的是，对于单位犯罪案件的审查，确有必要审查起诉书是否列明被告单位的法定代表人或者主要负责人（被告单位可能不是法人，则应当列明主要负责人）；而对于单位的机构编码或者营业执照的内容，可以由司法实践具体把握，没有必要列为应在起诉书中列明的内容。

人民法院对提起公诉的案件进行审查后，应当根据不同情况分别处理：（1）对于起诉书中有明确的指控犯罪事实，并将案卷材料、证据移送人民法院的，应当决定开庭审判；（2）对于不属于本院管辖的，应当退回人民检察院；（3）需要补送材料的，应当通知人民检察院在3日内补送；（4）对于根据刑事诉讼法第二百条第三项规定宣告被告单位无罪，人民检察院依据新的事实、证据材料重新起诉的，应当依法受理；（5）对于在宣告判决前，人民法院裁定准许人民检察院撤回起诉的案件，没有新的事实、证据，人民检察院重新起诉的，应当退回人民检察院；（6）对于符合刑事诉讼法第十六条规定的情形的，应当裁定终止审理或者退回人民检察院。

关于在起诉书中列明被告单位的问题，有两个问题值得注意：（1）对未作为单位犯罪起诉的单位犯罪案件的处理。司法实践中存在的现象是，检察机关在起诉书中未将涉案单位列为被告单位，而只将自然人列为被告人。对此，可能有两种情形：一种情形是，检察机关和人民法院对某些案件是单位犯罪还是自然人犯罪存在不同认识，即对于某些应当认定为单位犯罪的案件，检察机关只作为自然人犯罪起诉；另一种情形是，检察机关和人民法院对某些案件是单位犯罪未产生不同认识，但检察机关基于各种考虑未将涉案单位列为被告单位，而只起诉了自然人。对此，《解释》第二百八十三条吸收了 2001 年《全国法院审理金融犯罪案件工作座谈会纪要》的相关规定，明确规定："对应当认定为单位犯罪的案件，人民检察院只作为自然人犯罪起诉的，人民法院应当建议人民检察院对犯罪单位补充起诉。人民检察院仍以自然人犯罪起诉的，人民法院应当依法审理，按照单位犯罪中的直接负责的主管人员或者其他直接责任人员追究刑事责任，并援引刑法分则关于追究单位犯罪中直接负责的主管人员和其他直接责任人员刑事责任的条款。"需要注意的是，根据"不告不理"的刑事诉讼原理，如果经建议检察机关仍未补充起诉犯罪单位的，人民法院只能按单位犯罪中的直接负责的主管人员和其他直接责任人员追究被起诉的自然人的刑事责任，不能在判决结果中认定单位构成犯罪并判处罚金。[①]（2）对外国公司、企业、事业单位列为被告单位的问题。根据 2003 年 10 月 15 日《最高人民法院研究室关于外国公司、企业、事业单位在我国领域内犯罪如何适用法律问题的答复》（法研〔2003〕153 号）的规定，符合我国法人资格条件的外国公司、企业、事业单位，在我国领域内实施危害社会的行为，依照我国刑法构成犯罪的，应当依照我国刑法关于单位犯罪的规定追究刑事责任。因此，外国公司、企业、事业单位构成单位犯罪的，对外国公司、企业、事业单位应当列为被告单位。

此外，还需要说明两点：一是人民法院对单位犯罪案件的审查期限，参照自然人犯罪案件的有关规定执行，即应当在七日内审查完毕，审查的期间应当计入审理期限。二是在立案审查阶段，人民法院对单位犯罪案件的审查，不是实体审查，仍然是程序审查。按照现行立法规定，人民法院对于人民检察院提起公诉的单位犯罪案件，没有驳回起诉的权力，即没有不立案受理的权力。所以，只要起诉书中有明确的指控犯罪事实，案卷材料、证据移送齐全的，就应当决定开庭审判。

---

① 当然，被害人或者被害单位认为单位构成犯罪，侵犯其人身权利、财产权利的，可以向上一级人民检察院申诉，请求将犯罪单位列为被告单位，对于人民检察院维持不将犯罪单位列为被告单位决定的，被害人或者被害单位可以向人民法院提起自诉。被害人或者被害单位也可以不经申诉，直接向人民法院起诉。只要被害人或者被害单位有证据证明被告单位构成犯罪应当追究刑事责任，符合自诉案件的受理条件的，人民法院应当受理，必要时，可以同人民检察院对自然人提起公诉的案件一并审理。

Q 问 168. 如何把握诉讼代表人的相关问题？

答 单位的表现主体为公司、企业、事业单位、机关、团体，不可能像自然人一样参与诉讼，必须借助诉讼代表人参与诉讼活动。因此，被告单位诉讼代表人的确定成为了单位犯罪审理中的一个重要问题。从司法实践来看，关于被告单位诉讼代表人的确定较为混乱：有的是单位的法定代表人代表被告单位出庭；有的是委托代理人代表被告单位出庭；较多情况下是单位法定代表人既被列为被告，同时作为被告单位的诉讼代表人出庭；还有的是没有诉讼代表人代表被告单位出庭。实践中出现较多的被指控为直接负责的主管人员的被告人作为被告单位诉讼代表人的作法明显是不妥当的。一方面，在诉讼过程中，该自然人既要承担被告人的角色，又要充当被告单位诉讼代表人的角色，在庭审中无法正常行使诉讼权利，不利于刑事审判的顺利进行；另一方面，由于被追诉的直接负责的主管人员和被告单位在刑事责任的承担上具有一定的利益冲突，该自然人当然无法起到维护被告单位合法权益的作用，对被告单位显然不利。因此，为规范被告单位诉讼代表人的问题，《解释》第二百七十九条规定："被告单位的诉讼代表人，应当是法定代表人或者主要负责人；法定代表人或者主要负责人被指控为单位犯罪直接负责的主管人员或者因客观原因无法出庭的，应当由被告单位委托其他负责人或者职工作为诉讼代表人。但是，有关人员被指控为单位犯罪的其他直接责任人员或者知道案件情况、负有作证义务的除外。"对此需要注意以下几点：

1. 被告单位诉讼代表人的范围。被告单位的诉讼代表人不应限于法定代表人、主要负责人或者单位其他负责人。主要考虑：如果其他负责人虽未参与单位犯罪，但在案发前知道单位犯罪的相关情况，根据刑事诉讼法第六十二条第一款的规定，上述人员负有作证的义务。证人是在刑事诉讼活动开始前了解案件事实情况的人，是自然形成的，具有不可替代性和不可指定性。因此，应当优先保证了解案件情况的人作为证人参与刑事诉讼。由于在单位犯罪案件中担任证人与担任被告单位诉讼代表人具有相互排斥性，考虑到后者具有可选择和替换性，应当保证了解案件情况的人的证人地位，不再担任诉讼代表人的角色。这样一来，对于一些小规模的犯罪单位而言，可能出现法定代表人或者主要负责人被指控为单位犯罪直接负责的主管人员，而其他负责人由于事先知道单位犯罪情况，被作为刑事诉讼证人，从而无负责人能够作为被告单位的诉讼代表人出庭的情况。为了避免出现上述情况，需要扩大被告单位诉讼代表人的范围，不应当局限于单位的法定代表人、主要负责人及其他负责人。在前述人员无法担任被告单位诉讼代表人的情况下，可以考虑委托职工代表作为单位的诉讼代表人出庭。

2. 被告单位诉讼代表人的确定。对于被告单位的诉讼代表人能否有人民检察院直接确定问题，有论者指出：诉讼代表人由检察机关指定的做法，弊端明显：其一，由于诉讼代表人是受检察院的指派，被告单位可能不承认其代表资格，他在整个诉讼过程中都可能得不到被告单位的信任和支持，他在法庭上的陈述和辩解，也将得不到被告单位的认可，这样的诉讼代表人实际上是没有代表性的。其二，由于诉讼代表人是受检察院的指派，被告单位既不承认又不信任他，他就可能倾向对检察院负责，而不可能尽心尽责地对被告单位的利益负责。这样，被告单位的合法权益就得不到充分的保护。所以，诉讼代表人必须由被告单位正式授权或委托。我们基本赞同上述观点，司法实践证明，由人民检察院确定被告单位的诉讼代表人确实存在一定的弊端，需要作进一步的完善。因此，《解释》第二百七十九条实际上规定诉讼代表人原则上应当由被告单位自行委托。但是，对于没有诉讼代理人参与诉讼（包括没有委托诉讼代表人代表被告单位出庭和所委托的诉讼代表人不符合相关规定），到底应当由人民法院确定还是要求人民检察院确定，存在不同认识。经研究认为，基于人民法院的居中裁判地位，不宜由人民法院确定被告单位的诉讼代表人。此种情况下，由人民检察院确定被告单位的诉讼代表人是合适的。因此，《解释》第二百八十条第一款规定："开庭审理单位犯罪案件，应当通知被告单位的诉讼代表人出庭；没有诉讼代表人参与诉讼的，应当要求人民检察院确定。"

3. 诉讼代表人的人数。关于被告单位诉讼代表人的人数，国外立法中有不同规定。我们认为，为保证单位犯罪案件审理的顺利进行，被告单位的诉讼代表人以一人为宜。

169. 如何确定单位犯罪的直接负责的主管人员和其他直接责任人员？

除了确定被告单位的诉讼代表人外，还应当依据相关规定，确定单位犯罪的直接负责的主管人员和其他直接责任人员。直接负责的主管人员，是在单位实施的犯罪中起决定、批准、授意、纵容、指挥等作用的人员，一般是单位的主管负责人，包括法定代表人。其他直接责任人员，是在单位犯罪中具体实施犯罪并起较大作用的人员，既可以是单位的经营管理人员，也可以是单位的职工，包括聘任、雇佣的人员。

170. 如何把握被告单位委托辩护人的问题？

作为刑事诉讼的主体，被告单位同被告自然人一样，享有包括辩护权在内的广泛诉讼权利。无疑，被告单位既可以由诉讼代表人代为行使辩护权，还可以委托辩护人。《解释》第二百八十二条规定："被告单位委托辩护人，参照适用本解释的有关规定。"在司法实践中，对于被告单位委托辩护人，需要注意以下几个问题：

1. 被告单位和被指控的单位直接负责的主管人员、其他直接责任人员不能委托同一名辩护人。关于这一问题，存在不同的认识：有观点主张，在刑事诉讼中，只需作为犯罪主体的犯罪单位以单位名义为直接负责的主管人员或者其他直接责任人员委托律师，辩护人即可达到维护两个诉讼主体合法权益的目的，而无需两个主体分别委托；也有观点主张，被告个人的辩护人应当由被告人或家属委托或法院指定，被告单位的辩护人一般由被告单位委托，单位犯罪直接负责的主管人员或者其他直接责任人员的辩护人和被告单位的辩护人不能是同一人。经认真研究，我们赞同后一种观点，主要考虑是：（1）单位犯罪直接负责的主管人员和其他直接责任人员，与被告单位在刑事诉讼中充当着不同的角色，委托同一名辩护人行使辩护权，会造成角色的混乱，不利于刑事诉讼的有序进行。（2）单位犯罪直接负责的主管人员和其他直接责任人员，与被告单位在刑事责任的承担上具有一定的"此消彼长"，由同一名辩护人同时行使辩护权，势必存在"利益冲突"，不利于维护两个主体的合法权益，也会影响到案件的公正审理。（3）《解释》第三十八条第二款规定："一名辩护人不得为两名以上的同案被告人，或者未同案处理但犯罪事实存在关联的被告人辩护。"根据这一规定，对于被告单位和被指控的单位直接负责的主管人员、其他直接责任人员委托同一名辩护人的情形，自然应当不被允许。

2. 及时告知被告单位委托辩护人的诉讼权利。人民法院在受理单位犯罪案件后，对于被告单位未委托辩护人，或者同单位犯罪直接负责的主管人员或者其他直接责任人员委托同一名辩护人的，要及时告知被告单位除由诉讼代表人行使辩护权外，还可以委托一至二人作为辩护人，但不得同直接负责的主管人员或者其他直接责任人员委托同一名辩护人。

171. 如何把握单位犯罪案件的庭前会议的问题？

刑事诉讼法第一百八十七条第二款规定了庭前会议制度，明确在开庭以前，审判人员可以召集公诉人、当事人和辩护人、诉讼代理人，对回避、出庭证人名单、非法证据排除等与审判相关的问题，了解情况，听取意见。我们认为，庭前会议制度同样适用于单位犯罪案件，审理单位犯罪案件可以根据具体情况，由审判人员主持召开庭前会议，就案件的程序性争议问题集中听取意见，以确定庭审重点，保证庭审集中，提高庭审效率。从司法实践来看，对于审理的下列单位犯罪案件可以考虑召开庭前会议：申请排除非法证据的；证据材料较多、案情重大复杂的；社会影响重大的；具有需要召开庭前会议的其他情形，如需要庭前协调有关开庭事宜的，等等。

172. 如何把握诉讼代表人在法庭中的位置的问题？

在单位犯罪案件的审理中，被告单位的诉讼代表人是代表被告单位出庭，其在刑事审判中具有独立的诉讼地位，而且，诉讼代表人只是代表被告单位出庭，其本身并不涉嫌犯罪，故不应将诉讼代表人席与被告人席并列，而应当与辩护人席并列。因此，《解释》第二百八十一条专门规定："被告单位的诉讼代表人享有刑事诉讼法规定的有关被告人的诉讼权利。开庭时，诉讼代表人席位置于审判台前左侧，与辩护人席并列。"

173. 如何把握被告单位的诉讼代表人出庭问题？

诉讼代表人经被告单位委托或者人民检察院确定后，应当代表被告单位出庭，非经法定事由和法定程序，不得随意更换。否则，有违法庭审理的严肃性，易造成法庭审理的拖延和无序。人民法院决定开庭审理单位犯罪案件，应当通知被告单位的诉讼代表人出庭。从司法实践来看，对于能否拘传被告单位诉讼代表人的问题，应当分不同情况有所区别。经研究认为，法定代表人和主要负责人负有代表被告单位出庭的法定义务，而其他诉讼代表人的义务程度不如前者。特别是在单位其他人员被人民检察院指定为诉讼代表人的情况下，强制这些人员出庭就更加不合适。因此，《解释》第二百八十条第二款规定："被告单位的诉讼代表人不出庭的，应当按照下列情形分别处理：（一）诉讼代表人系被告单位的法定代表人或者主要负人，无正当理由拒不出庭的，可以拘传其到庭；因客观原因无法出庭，或者下落不明的，应当要求人民检察院另行确定诉讼代表人；（二）诉讼代表人系被告单位的其他人员的，应当要求人民检察院另行确定诉讼代表人出庭。"具体而言：

1. 诉讼代表人系被告单位的法定代表人或者主要负责人的，只有因客观原因无法出庭的，才可以由人民检察院另行确定诉讼代表人。从实践来看，所谓正当理由，可能包括下列情形：诉讼代表人在庭审期间身患严重疾病或者行动极为不便的；诉讼代表人因自然灾害等不可抗力无法代表被告单位出庭的；在庭审中发现诉讼代表人涉嫌所代表单位的犯罪或者事先知道案件情况，依法不应继续担任诉讼代表人的；有其他客观原因，确实无法代表被告单位出庭的。此外，此种情形下被告单位的诉讼代表人下落不明的，也应当要求人民检察院另行确定诉讼代表人。此种情形下的诉讼代表人无正当理由拒不出庭的，可以拘传其到庭。

2. 诉讼代表人系被告单位的其他负责人或者职工等其他人员的，不出庭的，不论是否基于客观原因，也不论是否有正当理由，人民法院均不得拘传其到庭，而应当要求人民检察院另行确定诉讼代表人出庭。

Q问 174. 如何看待单位犯罪案件缺席判决的问题？

答 对于单位犯罪案件，有观点主张建立单位犯罪缺席判决制度，认为人民法院在审判单位犯罪案件时，不以单位委派诉讼代表人参与诉讼为必要程序，对被告单位放弃诉讼权利，不委托诉讼代表人到庭或者诉讼代表人经依法通知拒不到庭的，人民法院可以在查明案件事实后，对被告单位作出判决。经研究认为，对于单位犯罪案件缺席判决制度可以作理论上的进一步探讨，但是，在刑事诉讼法中尚未规定一般犯罪案件可以进行缺席审判的情况下，一般单位犯罪案件也不得进行缺席审判。目前，应当根据前述确定被告单位诉讼代表人的原则，妥善确定被告单位诉讼代表人，及时通知被告单位的诉讼代表人出庭，对于拒不出庭的，依照相关规定处理，以保证诉讼代表人在庭审中代表被告单位行使各项诉讼权利，保证庭审活动的顺利进行。

Q问 175. 如何把握单位犯罪案件适用简易程序或者速裁程序的问题？

答 对于单位犯罪案件能否适用简易程序或者速裁程序，存在不同认识。有论者认为，可以根据刑事诉讼法的相关规定，对单位犯罪案件适用简易程序审理，但对被告单位和直接负责的主管人员及其他直接责任人员必须进行统一的诉讼程序。也有论者认为，单位犯罪的案件体现的是单位意志的犯罪，认定起来比自然人犯罪难度要大，同时要实行双罚制，不宜适用简易程序审理，应适用普通程序审理，以保证案件的质量。我们认为，对于单位犯罪案件能否适用简易程序或者速裁程序审理，不能绝对化。一方面，对于基层人民法院管辖的事实清楚、证据确实充分的单位犯罪案件，被告单位（由诉讼代表人代表）和直接负责的主管人员及其他直接责任人员均承认所犯罪行，对指控的犯罪事实没有异议，认罪认罚，且同意适用简易程序或者速裁程序的，在这种情况下，完全可以适用简易程序或者速裁程序；另一方面，对于符合简易程序、速裁程序适用条件的案件选择是否适用相应程序，是被告单位和直接负责的主管人员及其他直接责任人员的权利，且选择简易程序或者速裁程序其能够获得迅速完成审判程序的益处，甚至能够获得从轻处罚的好处，故排除简易程序的适用对其也不利。因此，对于单位犯罪案件能否适用简易程序或者速裁程序审理，不能一概而论，应当根据案件具体情况予以判断。

Q问 176. 如何把握单位犯罪案件法庭审理顺序的问题？

答 与自然人犯罪案件的审理程序不同，单位犯罪案件的审理既有诉讼代表人代表被追诉单位出庭，也有直接负责的主管人员和其他直接责任人员作为被告人出庭。因此，在法庭审理的宣布开庭、法庭调查、法庭辩论、最后陈述等阶段，如何安排顺序，需要特别把握。我们认为，由于所审理的是单位犯罪案件，应当将被告单位安排在前，以突出被告单位的诉讼地位。具体而言：（1）宣布开庭阶段，应查明被告单位的诉讼代表人及直接负责的主管人员和其他直接责任人员是否到庭，宣布案由，查明被告单位的名称、住所地、诉讼代表人的姓名、工作单位及职务，被告单位授权委托证明以及被告人的身份情况，告知被告单位和被告人的诉讼权利和义务。（2）法庭调查阶段。公诉人宣读起诉书后，应当先由被告单位诉讼代表人陈述，然后由被告人陈述；而回答讯问和发问，也应当按照被告单位诉讼代表人、被告人的顺序依次进行。（3）法庭辩论阶段。应当先由被告单位的诉讼代表人及其辩护人为被告单位辩护，然后由被告人及其辩护人发表辩护意见，并互相辩论。（4）最后陈述阶段。在审判长宣布辩论终结后，应当先由被告单位诉讼代表人代表被告单位作最后陈述，再由被告人进行最后陈述。

177. 如何把握被告单位终结的处理问题？

被告单位被追诉后，可能出现被告单位终结的情形，对此，应当注意以下问题：

1. 根据 2002 年 7 月 4 日《最高人民检察院关于涉嫌犯罪单位被撤销、注销、吊销营业执照或者宣告破产的应如何进行追诉问题的批复》（高检发释字〔2002〕4 号）的规定，涉嫌犯罪的单位被撤销、注销、吊销营业执照或者宣告破产的，应当根据刑法关于单位犯罪的相关规定，对实施犯罪行为的该单位直接负责的主管人员和其他直接责任人员追究刑事责任，对该单位不再追诉。

2.《解释》第二百八十六条规定："审判期间，被告单位被撤销、注销、吊销营业执照或者宣告破产的，对单位犯罪直接负责的主管人员和其他直接责任人员应当继续审理。"需要注意的是，被告单位虽然被撤销、注销、吊销营业执照或者宣告破产，但其仍然有条件承担相应刑事责任的（仍然有财产可以执行罚金刑），仍然应当对被告单位判处罚金，以防止被告单位在审判期间通过上述方式逃脱承担刑事责任。

3. 被告单位合并或者分立情形的处理。人民法院审理单位犯罪案件，对于被告单位合并的，应当将原单位列为被告，对此不存在争议。《最高人民法院研究室关于企业犯罪后被合并应当如何追究刑事责任问题的答复》（1998 年 11 月 18 日）规定："人民检察院起诉时该犯罪企业已被合并到一个新企业的，仍应依法追究原犯罪企业及其直接负责的主管人员和其他直接人员的刑事责任。人民法院审判时，对被告单位应列原犯罪企业名称，但注明已被并入新的企业，对被告单位所判处的罚金数额以其并入新的企业的财产及收益为限。"但对于被告单位分立的，是应当将原单位列为被告，还是将分立后单位列为被告，存在不同意见。经研究认为，对于人民法院审理单位犯罪案件，被告单位合并分立的，亦应参考执行被告单位被合并的处理原则，即仍应依法追究原犯罪单位及其直接负责的主管人员和其他直接人员的刑事责任。因此,《解释》第二百八十七条规定:"审判期间,被告单位合并、分立的,应当将原单位列为被告单位,并注明合并、分立情况。对被告单位所判处的罚金以其在新单位的财产及收益为限。"

Q问 178. 如何把握单位犯罪案件的查封、扣押、冻结措施的适用问题?

答 根据《解释》第二百八十四、第二百八十五条的规定,被告单位的违法所得及其孳息,尚未被依法追缴或者查封、扣押、冻结的,人民法院应当决定追缴或者查封、扣押、冻结。为保证判决的执行,人民法院可以先行查封、扣押、冻结被告单位的财产,或者由被告单位提出担保。

Q问 179. 如何把握单位犯罪案件的裁判文书问题?

答 由于单位犯罪案件具有同自然人犯罪案件不同的情况,在判决书的表述上亦有特殊之处:(1)对于被指控的犯罪单位应当表述为"被告单位",其下要列出诉讼代表人、辩护人等事项,再下要列出被指控的直接负责的主管人员和直接责任人员等"被告人"的相关情况。(2)在判决书的表述中,要增加被告单位的法定代表人、辩护人在法庭调查、法庭辩论等阶段的陈述、辩护等事项。(3)要注意引用刑法关于单位犯罪的总则和分则规定,论证被指控的单位犯罪是否成立,构成何罪,具体理由。(4)在判决结果部分,宜先写明被告单位犯何罪,判处罚金人民币多少,其次写明被告单位的直接负责的主管人员和其他直接责任人员(被告人)构成何罪,判处刑罚情况。例如,经审理认定被告单位某某音像制品公司犯侵犯著作权罪,判处罚金人民币20万元,对被告单位的法人代表李某某判处有期徒刑一年,并处罚金人民币5万元,被告单位的部门经理岳某某被作为直接责任人员判处有期徒刑一年,并处罚金人民币3万元,则该判决书在判决结果部分应当表述为:

"一、被告单位某某音像制品公司犯侵犯著作权罪,判处罚金人民币二十万元。

"(罚金自判决生效之日起三个月内向本院缴纳。)

"被告人李某某犯侵犯著作权罪,判处有期徒刑一年,并处罚金人民币五万元。

"(刑期从判决执行之日起计算。判决执行以前先行羁押的,羁押一日折抵刑期一日，即自××××年×月×日起至××××年×月×日止。罚金自判决生效之日起三个月内向本院缴纳。）

"被告人岳某某犯侵犯著作权罪，判处有期徒刑一年，并处罚金人民币三万元。

"（刑期从判决执行之日起计算。判决执行以前先行羁押的，羁押一日折抵刑期一日，即自××××年×月×日起至××××年×月×日止。罚金自判决生效之日起三个月内向本院缴纳。）"

需要注意的是，对于第一审判决、裁定，被告单位和被告个人均有权提出上诉。因此，地方各级人民法院在宣告第一审判决、裁定时，应当明确告知被告单位诉讼代表人、被告个人，如果不服判决或者裁定，有权在法定期限内以书状或者口头形式向上一级人民法院提出上诉。而且，被告单位是否提出上诉，情况可能比较复杂，应当以被告单位在上诉期满前最后一次的意思表示为准。

第十二章　简易程序

Q问 **180. 符合哪些条件的案件可以适用简易程序审理?**

答 　刑事诉讼法第二百一十四条规定:"基层人民法院管辖的案件,符合下列条件的,可以适用简易程序审判:(一)案件事实清楚、证据充分的;(二)被告人承认自己所犯罪行,对指控的犯罪事实没有异议的;(三)被告人对适用简易程序没有异议的。人民检察院在提起公诉的时候,可以建议人民法院适用简易程序。"根据本条规定,适用简易程序审理的案件应同时符合以下条件:

1. 属于基层人民法院管辖。根据相关规定,基层人民法院管辖的可以适用简易程序的案件包括:一罪或者数罪可能被宣告判处的刑罚为有期徒刑、拘役、管制、单处罚金、单处剥夺政治权利、免予刑事处罚的案件。

2. 案件必须事实清楚、证据充分。即指人民法院根据起诉书指控的事实,认为案件事实简单明确,易于审理,定罪量刑的证据客观全面,足以认定被告人有罪。应当明确的是,决定是否适用简易程序审理的案件,并不需要证据确实,证据确实需要在法庭审理中认定。

3. 被告人承认自己所犯罪行,对起诉书指控的犯罪事实没有异议。即被告人认罪,对起诉书指控的犯罪行为供认不讳。如果承认指控的主要犯罪事实,仅对个别细节提出异议;或者对犯罪事实没有异议,仅对罪名认定提出异议的,不属于不认罪,仍然可以适用简易程序,但庭审中应针对被告人有异议的部分重点调查、辩论。

4. 被告人对适用简易程序没有异议。即被告人在了解了简易程序的相关规定和适用该程序可能导致的后果后,仍同意适用简易程序。了解的内容应是刑事诉讼法关于简易程序的相关规定,如对可能判处三年以下有期徒刑刑罚的案件,适用简易程序审理的,可以组成合议庭进行审判,也可以由审判员一人独任审判;对可能判处三年以上有期徒刑刑罚的,应当组成合议庭进行审判等。也就是说,被告人可以根据上述法律规定和自己所犯罪行的情况进行考虑和权衡,尤其是由审判员一人独任审判的规定,对自己是否公平、有利,作出最后的选择等等。

Q问 181. 决定是否适用简易程序审理案件，需要开展哪些工作？

答《解释》第二百八十九条的规定："基层人民法院受理公诉案件后，经审查认为案件事实清楚、证据充分的，在将起诉书副本送达被告人时，应当询问被告人对指控的犯罪事实的意见，告知其适用简易程序的法律规定。被告人对指控的犯罪事实没有异议并同意适用简易程序的，可以决定适用简易程序，并在开庭前通知人民检察院和辩护人。对人民检察院建议适用简易程序审理的案件，依照前款的规定处理；不符合简易程序适用条件的，应当通知人民检察院。"

Q问 182. 适用简易程序审理案件，由哪个机关决定？

答根据刑事诉讼法第二百一十四条的规定，适用简易程序的决定机关为基层人民法院，基层人民法院可以对符合法律规定条件的案件决定适用简易程序。采用何种方式审判和如何审判属于人民法院审判职权的范围，规定由人民法院决定是否适用简易程序，是人民法院独立行使审判权的体现。

人民检察院具有适用简易程序的建议权。提起公诉前，人民检察院经审查，认为被告人符合刑事诉讼法第二百一十四条规定的条件的，在提起公诉时，可以书面建议人民法院适用简易程序审理。对于最终是否适用简易程序，由人民法院根据案件情况和被告人的意见作出决定。但是对人民检察院的建议，人民法院应当认真考虑。

需要注意的是，刑事诉讼法仅将被告人是否同意适用简易程序作为适用简易程序的条件之一，没有规定被告人及其辩护人可以申请适用，也没有规定需要征求被害人意见。

Q问 183. 具有哪些情形的案件不应适用简易程序审理？

答刑事诉讼法第二百一十五条规定："有下列情形之一的，不适用简易程序：（一）被告人是盲、聋、哑人，或者是尚未完全丧失辨认或者控制自己行为能力的精神病人的；（二）有重大社会影响的；（三）共同犯罪案件中部分被告人不认罪或者对适用简易程序有异议的；（四）其他不宜适用简易程序审理的。"

可以看出，刑事诉讼法规定的不应适用简易程序的情形主要有三种：一是可能影响被告人的诉讼权利。二是难以取得较好的社会效果。三是对案件事实和程序适用存在争议，不符合刑事诉讼法明确规定的适用条件的。据此，《解释》第二百九十条规定："具有下列情形之一的，不适用简易程序：（一）被告人是盲、聋、哑人；（二）被告人是尚未完全丧失辨认或者控制自己行为能力的精神病人；（三）有重大社会影响的；（四）共同犯罪案件中部分被告人不认罪或者对适用简易程序有异议的；（五）辩护人作无罪辩护的；（六）被告人认罪但经审查认为可能不构成犯罪的；（七）不宜适用简易程序审理的其他情形。"

184. 适用简易程序审理案件，如何保障被告人的辩护权？

与适用普通程序相比，适用简易程序审理案件，只是程序上的简化和省略，以提高诉讼效率，但不是对被告人应有诉权的简化和省略。对于被告人的辩护权，应和适用普通程序审理一样，予以充分保障。实践中，应注意以下几点：

1. 开庭审理前，依法告知被告人可以委托辩护人。被告人符合法律援助条件的，应通知法律援助机构指派律师为被告人提供辩护。在自诉案件中，人民法院自受理案件之日起三日以内，应当告知被告人有权委托辩护人。《解释》第二百九十一条规定："适用简易程序审理的案件，符合刑事诉讼法第三十四条（注：修改后刑事诉讼法第三十五条）第一款规定的，人民法院应当告知被告人及其近亲属可以申请法律援助。"

2. 开庭审理案件，被告人有辩护人的，应通知其出庭。《解释》第二百九十三条规定："适用简易程序审理案件，被告人有辩护人的，应当通知其出庭。"辩护人出庭，是因为刑事诉讼法要求公诉案件公诉人应当出庭，辩护人出庭，有利于控辩平衡和充分保障被告人辩护权。

3. 应保障被告人及其辩护人在庭审中和控方的辩论权，辩护人的辩护权，出示、宣读证据以及请求证人出庭作证等要求，应和普通程序一样得到维护。刑事诉讼法第二百一十八条规定："适用简易程序审理案件，经审判人员许可，被告人及其辩护人可以同公诉人、自诉人及诉讼代理人互相辩论。"第二百一十九条中规定，适用简易程序审理案件，不受本章第一节关于送达期限、讯问被告人、询问证人、鉴定人、出示证据、法庭辩论程序规定的限制。此处的法庭辩论程序的规定，应是指辩论顺序等程序性规定，被告人辩护的时间等应予充分保障。

Q问 185. 适用简易程序审理案件对审判组织有哪些要求？

答 刑事诉讼法第二百一十六条第一款规定："适用简易程序审理案件，对可能判处三年有期徒刑以下刑罚的，可以组成合议庭进行审判，也可以由审判员一人独任审判；对可能判处的有期徒刑超过三年的，应当组成合议庭进行审判。"这一规定，根据案情的不同明确了不同的审判组织，同时兼顾了案件审理质量和诉讼效率。

1. 对可能判处三年有期徒刑以下刑罚的案件，可以组成合议庭进行审判，也可以由审判员一人独任审判。刑事诉讼法没有直接规定可以适用简易程序的种类，而是规定了可以适用简易程序的条件，符合条件的都可以适用简易程序。对于"可能判处三年有期徒刑以下刑罚"的案件，我们认为应当包括：可能对被告人宣告判处的刑罚为三年及其以下有期徒刑、拘役、管制、单处罚金、单处剥夺政治权利的案件。可能判处免予刑事处罚的案件，符合刑事诉讼法第二百一十四条规定条件的，人民法院可以适用简易程序由审判员一人独任审判。

可能判处三年有期徒刑以下刑罚的案件，一般来说，罪行和刑罚都较轻，可以组成合议庭审判，也可以由审判员一人独任审判。对于需要组成合议庭进行审判的，合议庭的组成人员可以根据刑事诉讼法的规定，由审判员三人或者由审判员和人民陪审员共三人组成合议庭进行。一般情况下，对于被告人少、案情简单清楚、证据充分，被告人认罪、适用法律定罪量刑也较为明确，可能判处三年有期徒刑以下刑罚的案件，人民法院可以适用独任审判的形式。另一种是对案情相对复杂、证据之间存在疑问，人民法院认为需要组成合议庭进行审判的可能判处三年有期徒刑以下刑罚的案件，可以组成合议庭进行审判。是组成合议庭还是独任审判，由人民法院根据案件的不同情况选择确定。

2. 对可能判处的有期徒刑超过三年的，应当组成合议庭进行审判。刑事诉讼法规定，基层人民法院管辖的所有刑事案件，都可以适用简易程序审理，不仅包括了可能判处较轻刑罚的案件，也包括了可能判处较重刑罚、较长时间剥夺被告人人身自由的案件。根据《刑法修正案（八）》的规定，在数罪并罚的情况下，被告人被判处有期徒刑的最高刑罚可达二十五年有期徒刑，即基层人民法院对被告人最高可判处二十五年有期徒刑。有期徒刑超过三年（不包括三年）的案件，属于性质比较严重的犯罪案件，规定应当组成合议庭进行审理是必要的，有利于对案件的充分讨论和公正审判。

3.《解释》第二百九十六条规定："适用简易程序独任审判过程中，发现对被告人可能判处的有期徒刑超过三年的，应当转由合议庭审理。"

186. 适用简易程序审理公诉案件，为什么要求公诉人必须出庭？

刑事诉讼法第二百一十六条第二款规定："适用简易程序审理公诉案件，人民检察院应当派员出席法庭。"主要考虑：

1. 控辩双方出庭参加法庭调查、辩论等庭审活动是对抗式庭审模式的基本要求。如果公诉人员不出庭，审判人员既要宣读起诉书，代行公诉人职能，又要履行审判职能，在庭审中的地位就较为尴尬，中立性就会遭到质疑，即便裁判结果公正，也难以使被告人信服，司法的权威就难以树立。

2. 提起公诉并支持公诉是检察机关的法定职责，同时，支持公诉有利于法庭查明案件事实，正确定罪量刑。

3. 适用简易程序的范围扩大至最高可能判处二十五年有期徒刑的案件，为体现对被告人人身权利和诉讼权利的重视，体现公正审判原则，检察机关派员出庭是必要的。

4. 检察机关派员出庭可以对庭审活动依法进行监督，更好发挥法律监督职能。

187. 适用简易程序审理案件，应主要把握哪些庭前准备工作和庭审程序？

1. 人民法院收案后决定适用简易程序审理的，应确定审判组织形式：拟独任审判的，确定独任审判员；拟由合议庭审判的，确定合议庭组成人员。

2. 将人民检察院的起诉书副本送达被告人、辩护人，并将开庭的时间、地点在开庭三日前通知人民检察院、自诉人、被告人、辩护人，也可以通知其他诉讼参与人。通知可以用简便方式，但应当记录在卷。根据刑事诉讼法第二百一十九条的规定，适用简易程序审理案件，送达不受关于送达期限规定的限制。《解释》第二百九十二条规定："适用简易程序审理案件，人民法院应当在开庭三日前，将开庭的时间、地点通知人民检察院、自诉人、被告人、辩护人，也可以通知其他诉讼参与人。通知可以采用简便方式，但应当记录在案。"

3. 对于公开审理的简易程序案件，应当在开庭前先期公布案由、被告人姓名、开庭时间和地点。关于公告的时间是否应受刑事诉讼法第一百八十七条第三款规定的"开庭3日以前"的限制，考虑到实践中的做法不一，为充分体现简易程序的简易性，《解释》没有明确，但是适用简易程序审判的案件，必须在开庭前先期公布案由、被告人姓名和开庭的时间、地点。

4. 根据案件情况，审判人员可以召集公诉人、当事人和辩护人、诉讼代理人，对回避、出庭证人名单等问题，了解情况，听取意见。庭前会议并非必须召开，由审判人员根据情况掌握。由于适用简易程序审理的案件都是事实清楚、被告人认罪的案件，一般情况下无召开庭前会议的必要。

5. 适用简易程序审理案件，审判人员宣布开庭，传被告人到庭后，应当查明被告人的基本情况，然后依次宣布案由、审判人员、书记员、公诉人、辩护人、诉讼代理人、鉴定人和翻译人员的名单，并告知被告人、辩护人可以申请回避等各项诉讼权利。

6. 被告人有辩护人的，辩护人应当出庭辩护。

7. 公诉人或者自诉人宣读或者摘要宣读起诉书后，审判人员应当询问被告人对起诉书指控的犯罪事实的意见，告知被告人适用简易程序审理的法律规定，确认被告人是否同意适用简易程序审理。

8. 被告人可以就起诉书指控的犯罪事实进行陈述和辩护。公诉人、自诉人应当根据需要出示、宣读主要证据。被告人及其辩护人有证据出示的，审判人员应当准许。

9. 控辩双方对无异议的证据，可以仅就证据的名称及所要证明的事项作出说明，并可当庭确认。对于法庭认为有必要调查核实的证据，控辩双方有异议的证据，或者控方、辩方要求出示、宣读的证据，应当出示、宣读，并进行质证。

10. 经审判人员准许，被告人及其辩护人可以同公诉人、自诉人及其诉讼代理人互相辩论。控辩双方应主要围绕量刑及其他有争议的问题进行辩论。

11. 审判人员认为有必要的，可以讯问被告人。

12. 公诉人、被告人、自诉人、辩护人、诉讼代理人要求证人、鉴定人出庭的，人民法院可以准许。

13. 在审理案件过程中，发现对被告人可能判处的有期徒刑超过三年的，如果系由审判员一人独任审判的，应当转为普通程序重新审理。

14. 适用简易程序审理案件，应当在宣告判决前听取被告人的最后陈述意见。

15. 适用简易程序审理的案件，人民法院一般应当当庭宣判，并在五日内将判决书送达当事人、提起公诉的人民检察院，并同时抄送辩护人、诉讼代理人。《解释》第二百九十七条规定："适用简易程序审理案件，一般应当当庭宣判。"

Ｑ问 188. 适用简易程序审理案件，可以简化或者不受普通程序规定限制的程序有哪些？

答 设置简易程序的目的在于构建科学的简繁分流机制，简化办案程序，提高办案效率。因此，必须体现出"简易"，否则就失去了意义。刑事诉讼法第二百一十九条规定："适用简易程序审理案件，不受本章第一节关于送达期限、讯问被告人、询问证人、鉴定人、出示证据、法庭辩论程序规定的限制。但在判决宣告前应当听取被告人的最后陈述意见。"《解释》第二百九十五条规定："适用简易程序审理案件，可以对庭审作如下简化：（一）公诉人可以摘要宣读起诉书；（二）公诉人、辩护人、审判人员对被告人的讯问、发问可以简化或者省略；（三）对控辩双方无异议的证据，可以仅就证据的名称及所证明的事项作出说明；对控辩双方有异议，或者法庭认为有必要调查核实的证据，应当出示，并进行质证；（四）控辩双方对与定罪量刑有关的事实、证据没有异议的，法庭审理可以直接围绕罪名确定和量刑问题进行。适用简易程序审理案件，判决宣告前应当听取被告人的最后陈述。"

综合上述规定，适用简易程序审理案件可以简化或者不受限制的程序有：

1. 不受刑事诉讼法第一百八十七条规定的应当将人民检察院的起诉书副本至迟在开庭十日前送达被告人及其辩护人的限制。

2. 公诉人可以摘要宣读起诉书。

3. 公诉人、辩护人、审判人员对被告人的讯问、发问可以简化或者省略

4. 对控辩双方无异议的证据，可以仅就证据的名称及所证明的事项作

出说明。

5. 控辩双方对与定罪量刑有关的事实、证据没有异议的，法庭审理可以直接围绕罪名确定和量刑问题进行。

Q问 **189. 适用简易程序审理案件过程中，遇有哪些情形应当转为普通程序重新审理？**

答 《解释》第二百九十八条规定："适用简易程序审理案件，在法庭审理过程中，有下列情形之一的，应当转为普通程序审理：（一）被告人的行为可能不构成犯罪的；（二）被告人可能不负刑事责任的；（三）被告人当庭对起诉指控的犯罪事实予以否认的；（四）案件事实不清、证据不足的；（五）不应当或者不宜适用简易程序的其他情形。转为普通程序审理的案件，审理期限应当从决定转为普通程序之日起计算。"

第十三章　速裁程序

190. 如何理解速裁程序的发展和意义？

答　2014 年 6 月 27 日，第十二届全国人大常委会第九次会议通过决定，授权最高人民法院、最高人民检察院在北京等 18 个城市开展刑事案件速裁程序试点工作。同年 8 月 26 日，最高人民法院、最高人民检察院、公安部、司法部联合印发了《关于在部分地区开展刑事案件速裁程序试点工作的办法》（法〔2014〕220 号，简称《试点办法》）。2016 年，最高人民法院、最高人民检察院、公安部、国家安全部、司法部又印发了《关于在部分地区开展刑事案件认罪认罚从宽制度试点工作的办法的通知》（法〔2016〕386 号），对速裁程序做了进一步完善。四年多来，试点工作平稳有序，提高了诉讼效率和办案质量，社会反映良好。此次刑事诉讼法修改，吸收了试点工作成果，固定试点工作经验，正式在刑事诉讼中设置了刑事速裁程序。

速裁程序，对符合条件的案件，在简易程序基础上，进一步简化审判程序，法官独任审判，可以不进行法庭调查、法庭辩论，当庭宣判，办案期限相应缩短。其最大的制度意义，在于构建了案件的繁简分流机制，对相对简单的案件，最大限度提高诉讼效率，从而使更多的司法资源投入到一些重大、疑难、复杂案件，确保案件质量。

191. 适用速裁程序的条件有哪些？

答　刑事诉讼法第二百二十二条规定："基层人民法院管辖的可能判处三年有期徒刑以下刑罚的案件，案件事实清楚，证据确实、充分，被告人认罪认罚并同意适用速裁程序的，可以适用速裁程序……"根据本条规定，适用速裁程序，需要同时满足以下条件：

第一，只适用基层人民法院管辖的案件，中级人民法院、高级人民法院和最高人民法院管辖的案件不得适用程序。由于基层人民法院只能审理第一审案件，所以第二审案件等其他案件也不得适用速裁程序。

第二，可能判处三年有期徒刑以下刑罚的案件。包括：可能对被告人宣告判处的刑罚为三年及以下有期徒刑、管制、拘役、单处罚金、单处剥夺政治权利的案件，自然也包括可能定罪免刑的案件。

第三，案件事实清楚，证据确实、充分，具体指人民法院认为公诉书指控的事实比较明确，影响定罪量刑的证据客观全面，法庭即使不进行调查、辩论等，也可以客观、准确地认定案件事实。

第四，被告人认罪认罚。速裁程序一直作为认罪认罚制度的程序性机制来把握的。从实际情况看，被告人不认罪认罚的，一般情况下案件事实、情节等较为复杂，控辩双方具有较强的对抗性，甚至可能存在不应当追究被告人刑事责任的情形，通过速裁程序，难以妥善处理此类案件。

第五，被告人同意适用速裁程序。即被告人充分了解速裁程序的法律后果，仍同意适用速裁程序。这里的法律后果，主要是速裁程序与简易程序、普通程序的区别，特别是可能限制被告人诉讼权利的部分，例如应当由审判员一人独任审判，可以不进行法庭调查、法庭辩论，不受送达期限的限制等。

Ｑ问 192. 哪些案件不能适用速裁程序？

答　根据刑事诉讼第二百二十三条、第二百二十六条的规定，有下列情形之一的，不适用速裁程序：（1）被告人是盲、聋、哑人，或者是尚未完全丧失辨认或者控制自己行为能力的精神病人的；（2）被告人是未成年人的；（3）案件有重大社会影响的；（4）共同犯罪案件中部分被告人对指控的犯罪事实、罪名、量刑建议或者适用速裁程序有异议的；（5）被告人与被害人或者其法定代理人没有就附带民事诉讼赔偿等事项达成调解或者和解协议的；（6）被告人违背意愿认罪认罚；（7）被告人否认指控的犯罪事实；（8）被告人的行为不构成犯罪或者不应当追究刑事责任；（9）其他不宜适用速裁程序审理的。

前六项规定，实践中有没有原则性争议。主要是因为这些案件，有的被告人可能不具有签署认罪认罚具结书所需要的认知能力，适用速裁程序不利于保护这些被告人的合法权益；有的是因为案件较为复杂，速裁程序难以查明案件事实，准确认定共同犯罪人的地位作用和量刑；有的是因为刑事附带民事诉讼的当事人对赔偿等问题未能达成一致，速裁程序难以处理刑事附带民事诉讼等。

关于"其他不宜适用速裁程序审理的"的理解。其一，从刑事诉讼法

第二百二十六条的规定看，不适用速裁程序的案件主要包括以下四种情形：一是可能影响被告人的诉讼权利。二是认罪认罚不真实。三是难以取得较好的社会效果。四是对案件关键情节存在争议。我们认为，对于实质上具有以上四种情形之一的，都不宜适用速裁程序。其二，考虑到速裁程序是对简易程序的再简化，不适用简易程序的案件，一般也不能适用速裁程序，据此，《解释》第二百九十条规定的下列情形不宜适用速裁程序：（1）辩护人作无罪辩护的；（2）被告人认罪但经审查认为可能不构成犯罪的；（3）其他情形。

根据刑事诉讼第二百二十六条的规定，人民法院在审理过程中发现不应当适用速裁程序情形的，应当转为普通程序或者简单程序审理。

193. 速裁程序如何保障犯罪嫌疑人、被告人的权利？

速裁程序的主要功能是提高诉讼效率，但效率必须服从于公正。为最大限制的保障被告人权利，刑事诉讼法做了如下安排：

第一，赋予被告人程序选择权。根据刑事诉讼法第二百二十二条的规定，适用速裁程序，必须经过被告人同意，被告人不同意的，不得适用速裁程序。这里的"同意"，应当是指被告人的真实意思表示，如果被告人具有不知悉适用速裁程序的法律后果、被欺骗或者强迫等情况，其"同意"不具有法律效力。

第二，建立值班律师制度，为没有辩护人的被告人提供法律帮助。值班律师不仅有权提供法律咨询、程序选择建议、申请变更强制措施、对案件处理提出意见等，而且被告人可以约见值班律师，特别是在签署认罪认罚具结时，必须有值班律师在场见证。

第三，判决宣告前，应当听取辩护人的意见和被告人的最后陈述意见。

194. 速裁程序在哪些方面进一步简化了审判程序？

第一，简化审判组织。根据刑事诉讼法第二百二十二条的规定，速裁程序审理的案件，可以全部由审判员一人独任审判，无需组成合议庭。

第二，简化送达程序。根据刑事诉讼法第二百二十四条的规定，适用速裁程序审理案件，不受刑事诉讼法第一百八十七条、第二百零二条规定的送达期限的限制，即无需在开庭十日以前送达起诉书副本、无需在开庭三日以前送达传票和开庭通知书、无需在当庭审判后五日内送达判决书等。

第三，简化法庭程序。根据刑事诉讼法第二百二十四条的规定，适用速裁程序审理案件，一般不进行法庭调查、法庭辩论。这里"一般"，是指原则性规定，在特殊情形下，例如需要查明一些具体细节性问题，也可以进行法庭调查和辩论，具体由独任审判员根据案件情况决定。

第四，简化宣判程序。根据刑事诉讼法第二百二十四条的规定，适用速裁程序，应当当庭宣判，不得择日宣判。

第五，缩短审判期限。根据刑事诉讼法第二百二十五条的规定，适用速裁程序审理案件，人民法院应当在受理后 10 日以内审结，对可能判处的有期徒刑超过一年的，可以延长至 15 日。

第十四章　第二审程序

195. 可以提出上诉的主体有哪些？

刑事诉讼法第二百二十七条规定："被告人、自诉人和他们的法定代理人，不服地方各级人民法院第一审的判决、裁定，有权用书状或者口头向上一级人民法院上诉。被告人的辩护人和近亲属，经被告人同意，可以提出上诉。附带民事诉讼的当事人和他们的法定代理人，可以对地方各级人民法院第一审的判决、裁定中的附带民事诉讼部分，提出上诉。对被告人的上诉权，不得以任何借口加以剥夺。"《解释》第二百九十九条规定："地方各级人民法院在宣告第一审判决、裁定时，应当告知被告人、自诉人及其法定代理人不服判决、裁定的，有权在法定期限内以书面或者口头形式，通过本院或者直接向上一级人民法院提出上诉；被告人的辩护人、近亲属经被告人同意，也可以提出上诉；附带民事诉讼当事人及其法定代理人，可以对判决、裁定中的附带民事部分提出上诉。被告人、自诉人、附带民事诉讼当事人及其法定代理人是否提出上诉，以其在上诉期满前最后一次的意思表示为准。"根据以上规定，可以提出上诉的主体包括：

1. 被告人、自诉人和他们的法定代理人。被告人、自诉人和他们的法定代理人都可以以自己的名义对第一审的判决、裁定提出上诉，具有平等的上诉权。第一审的判决、裁定包括附带民事诉讼判决、裁定。根据规定，自诉人的诉讼代理人和近亲属没有上诉权。

2. 被告人的辩护人和近亲属，经被告人同意，可以提出上诉。辩护人和近亲属的上诉必须经被告人同意，且应以被告人的名义提出。也就是说，被告人的辩护人和近亲属具有不完全的上诉权。关于近亲属的范围，根据刑事诉讼法第一百零八条的规定，是指夫、妻、父、母、子、女、同胞兄弟姊妹。

3. 附带民事诉讼的当事人及其法定代理人可以对一审判决、裁定中的附带民事诉讼部分提出上诉。如果被告人既是刑事附带民事诉讼中刑事部分的被告人，也是附带民事部分的被告人，那么被告人及其法定代理人既可以对刑事部分上诉，也可以对附带民事部分上诉；而原告人及其法定代理人只能对附带民事部分提出上诉，不能对刑事部分提出上诉。如果被告人仅是附带民事部分的被告人，那么被告人及其法定代理人只能对附带民事部分提出上诉。

上诉权是被告人、自诉人、附带民事诉讼当事人和他们的法定代理人的应有权利，任何人不得以任何借口剥夺。第一审人民法院在宣告判决、裁定时应明确告知他们应有的上诉权以及上诉的方式、期限、途径等问题。需要注意的是：（1）被告人、自诉人、附带民事诉讼当事人以及他们的法定代理人的上诉权是独立的，并不依赖于被告人、自诉人以及附带民事诉讼的当事人是否上诉，即便被告人、自诉人、附带民事诉讼当事人明确表示不上诉，但是他们的法定代理人也可以单独提起上诉。（2）被告人的辩护人、近亲属不具有完整的上诉权，其提起上诉应当经得被告人同意，当被告人与其辩护人、近亲属就是否上诉问题意见不一致时，应当以被告人的意见为准。

196. 符合哪些条件的上诉必然启动二审？

根据刑事诉讼法的规定，有效的上诉应符合以下条件：

1. 上诉人具有上诉资格。根据以上论述，被告人、自诉人、附带民事诉讼当事人和他们的法定代理人具有上诉资格，被告人的辩护人和近亲属经被告人同意并以被告人名义，可以上诉。

2. 上诉应当以书状或者口头形式提出。《解释》第三百条规定："人民法院受理的上诉案件，一般应当有上诉状正本及副本。上诉状内容应当包括：第一审判决书、裁定书的文号和上诉人收到的时间，第一审人民法院的名称，上诉的请求和理由，提出上诉的时间。被告人的辩护人、近亲属经被告人同意提出上诉的，还应当写明其与被告人的关系，并应当以被告人作为上诉人。"

对于被告人、自诉人及其法定代理人书写上诉状确有困难而口头提出上诉的，第一审人民法院应当根据其所陈述的理由和请求制作笔录，由上诉人阅读或者向其宣读后，上诉人应当签名、盖章或者捺指印。

3. 上诉应在法定期限内提出。刑事诉讼法第二百三十条规定："不服判决的上诉和抗诉的期限为十日，不服裁定的上诉和抗诉的期限为五日，从接到判决书、裁定书的第二日起算。"《解释》第三百零一条规定："上诉、抗诉必须在法定期限内提出。不服判决的上诉、抗诉的期限为十日；不服裁定的上诉、抗诉的期限为五日。上诉、抗诉的期限，从接到判决书、裁定书的第二日起计算。对附带民事判决、裁定的上诉、抗诉期限，应当按照刑事部分的上诉、抗诉期限确定。附带民事部分另行审判的，上诉期限也应当按照刑事诉讼法规定的期限确定。"

4. 上诉应通过第一审人民法院或者直接向第二审人民法院提出。刑事诉讼法第二百三十一条规定："被告人、自诉人、附带民事诉讼的原告人和被告人通过原审人民法院提出上诉的，原审人民法院应当在三日以内将上诉状连同案卷、证据移送上一级人民法院，同时将上诉状副本送交同级人民检察院和对方当事人。被告人、自诉人、附带民事诉讼的原告人和被告人直接向第二审人民法院提出上诉的，第二审人民法院应当在三日以内将上诉状交原审人民法院送交同级人民检察院和对方当事人。"《解释》第三百零二条规定："上诉人通过第一审人民法院提出上诉的，第一审人民法院应当审查。上诉符合法律规定的，应当在上诉期满后三日内将上诉状连同案卷、证据移送上一级人民法院，并将上诉状副本送交同级人民检察院和对方当事人。"第三百零三条规定："上诉人直接向第二审人民法院提出上诉的，第二审人民法院应当在收到上诉状后三日内将上诉状交第一审人民法院。第一审人民法院应当审查上诉是否符合法律规定。符合法律规定的，应当在接到上诉状后三日内将上诉状连同案卷、证据移送上一级人民法院，并将上诉状副本送交同级人民检察院和对方当事人。"

《解释》第三百零二条、第三百零三条将上诉的主体直接表述为"上诉人"，这里应当包括被告人、自诉人、附带民事诉讼当事人以及他们的法定代理人。

5. 关于提起上诉的理由。刑事诉讼法第二百二十七条规定："被告人、自诉人和他们的法定代理人，不服地方各级人民法院第一审的判决、裁定，有权用书状或者口头向上一级人民法院上诉。"《解释》第二百九十九条规定："地方各级人民法院在宣告判决、裁定时，应当告知被告人、自诉人及其法定代理人不服判决、裁定的，有权在法定期限内以书面或者口头形式，通过本院或者直接向上一级人民法院提出上诉……"据此，刑事诉讼法及《解释》为最大限度地保障当事人的上诉权，没有对提起上诉的理由作出具体规定，而明确相关当事人只要"不服"第一审的判决、裁定，就有权利在法定期限内提起上诉。

197. 上诉人要求撤回上诉的，如何处理？

对上诉人要求撤回上诉的，人民法院应根据要求撤回上诉的阶段不同，分别作出处理：

1. 在上诉期满前要求撤回上诉的，人民法院应当准许。《解释》第三百零四条规定："上诉人在上诉期限内要求撤回上诉的，人民法院应当准许。"需要注意的是，对于上诉期内撤回上诉的，第一审人民法院无需再移送案件。

2. 在上诉期满后要求撤回上诉的，应当由二审人民法院进行审查。审查后的结果有两种：一是认为原判决认定事实和适用法律正确，量刑适当的，应当裁定准许撤回上诉。一审判决、裁定应当自二审人民法院裁定书送达原上诉人之日起生效。二是认为原判决事实不清，证据不足或者将无罪判为有罪、轻罪重判等，应当不准许撤回上诉，并按照上诉程序进行审理。《解释》第三百零五条第一款规定："上诉人在上诉期满后要求撤回上诉的，第二审人民法院应当审查。经审查，认为原判认定事实和适用法律正确，量刑适当的，应当裁定准许撤回上诉；认为原判事实不清、证据不足或者将无罪判为有罪、轻罪重判等的，应当不予准许，继续按照上诉案件审理。"第三百零八条规定，在上诉、抗诉期满后要求撤回上诉、抗诉，第二审人民法院裁定准许的，第一审判决、裁定应当自第二审裁定书送达上诉人或者抗诉机关之日起生效。

3. 一审被判处死刑立即执行的被告人提出上诉，在上诉期满后二审开庭前要求撤回上诉的，二审人民法院除了应当进行书面审查外，还应当采取特别的审查方式，即讯问被告人，听取其他当事人、辩护人、诉讼代理人的意见。经审查认为原判认定事实和适用法律正确，量刑适当的，应当裁定准许撤回上诉；认为原判事实不清、证据不足或者将无罪判为有罪、轻罪重判等的，应当不予准许，继续按照二审程序开庭审理。最高人民法院、最高人民检察院2010年施行的《关于对死刑判决提出上诉的被告人在上诉期满后宣判前提出撤回上诉人民法院是否准许的批复》中规定："第一审被判处死刑立即执行的被告人提出上诉，在上诉期满后第二审开庭以前申请撤回上诉的，依照《最高人民法院、最高人民检察院关于死刑第二审案件开庭审理程序若干问题的规定（试行）》第四条的规定处理……"而最高人民法院、最高人民检察院2006年施行的《关于死刑第二审案件开庭审理程序若干问题的规定（试行）》第四条规定："对死刑判决提出上诉的被告人，在上诉期满后第二审开庭前要求撤回上诉的，第二审人民法院应当进行审查。合议庭经过阅卷、讯问被告人、听取其他当事人、辩护人、诉讼代理人的意见后，认为原判决事实清楚，适用法律正确，量刑适当的，不再开庭审理，裁定准许被告人撤回上诉；认为原判决事实不清，证据不足或者将无罪判为有罪，轻罪重判等的，应当不准许撤回上诉，按照第二审程序开庭审理。"

此外，关于第二审人民法院裁定准许被告人撤回上诉后，是否还需要启动死刑复核程序以及如何启动死刑复核程序的问题。经研究认为，死刑复核程序与上诉程序是性质不同的两种程序，为确保慎重适用死刑，死刑复核程序还需另行启动，《解释》其他章节已有规定。

4. 一审被判处死刑立即执行的被告人提出上诉，在二审开庭以后宣告裁判前申请撤回上诉的，第二审人民法院应当不准许撤回上诉，继续按照上诉程序审理。《解释》第三百零五条第二款规定："被判处死刑立即执行的被告人提出上诉，在第二审开庭后宣告裁判前申请撤回上诉的，应当不予准许，继续按照上诉案件审理。"本规定来源于2010年《最高人民法院、最高人民检察院关于对死刑判决提出上诉的被告人在上诉期满后宣判前提出撤回上诉人民法院是否准许的批复》：第一审被判处死刑立即执行的被告人提出上诉，在第二审开庭以后宣告裁判前申请撤回上诉的，第二审人民法院应当不准许撤回上诉，继续按照上诉程序审理。规定本内容在于强调对死刑立即执行上诉案件的慎重，开庭后宣判前不再允许撤回上诉。

198. 人民法院受理抗诉案件应注意哪些问题？

刑事诉讼法第二百三十二条规定："地方各级人民检察院对同级人民法院第一审判决、裁定的抗诉，应当通过原审人民法院提出抗诉书，并且将抗诉书抄送上一级人民检察院。原审人民法院应当将抗诉书连同案卷、证据移送上一级人民法院，并且将抗诉书副本送交当事人。上级人民检察院如果认为抗诉不当，可以向同级人民法院撤回抗诉，并且通知下级人民检察院。"《解释》第三百零六条规定："地方各级人民检察院对同级人民法院第一审判决、裁定的抗诉，应当通过第一审人民法院提交抗诉书。第一审人民法院应当在抗诉期满后三日内将抗诉书连同案卷、证据移送上一级人民法院，并将抗诉书副本送交当事人。"第三百零七条规定："人民检察院在抗诉期限内撤回抗诉的，第一审人民法院不再向上一级人民法院移送案件；在抗诉期满后第二审人民法院宣告裁判前撤回抗诉的，第二审人民法院可以裁定准许，并通知第一审人民法院和当事人。"

根据以上规定，人民法院受理抗诉案件应注意以下问题：

1. 抗诉是通过第一审人民法院提出，向第一审人民法院提交抗诉书。

2. 第一审人民法院在抗诉期满后三日内将抗诉书连同案卷、证据移送上一级人民法院，并将抗诉书副本送交当事人。

3. 对人民检察院撤回抗诉或者按撤回抗诉情形的处理：

一是人民检察院在抗诉期限内撤回抗诉的，一审人民法院不再向上一级人民法院移送案件，一审判决、裁定在抗诉期满之日起生效。

二是在抗诉期满后二审人民法院宣告裁判前撤回抗诉的，二审人民法院可以裁定准许，并通知一审人民法院和当事人。裁定准许的，一审判决、裁定应当自二审人民法院裁定书送达抗诉的检察机关之日起生效。上级人民检察院如果认为抗诉不当，可以向同级人民法院撤回抗诉，并且通知下级人民检察院。

三是开庭审理抗诉案件，人民检察院接到开庭通知后不派员出庭，且未说明原因的，人民法院可以裁定按人民检察院撤回抗诉处理，并通知一审人民法院和当事人。《解释》第三百二十一条规定："开庭审理上诉、抗诉的公诉案件，应当通知同级人民检察院派员出庭。抗诉案件，人民检察院接到开庭通知后不派员出庭，且未说明原因的，人民法院可以裁定按人民检察院撤回抗诉处理，并通知第一审人民法院和当事人。"有意见认为，人民检察院提起抗诉后不派员出庭的，是严重违反职责的行为，但人民检察院是国家法律监督机关，规定按撤回抗诉处理不妥。也有意见认为，检察机关抗诉，一方面是行使法律监督职能，另一方面是行使控诉职能，抗诉后出庭是履行其控诉职能的应有之义，提出控诉后而不出庭是不履行控诉职责的表现。作为中立的裁判者，人民法院无法强迫不出庭支持自己意见的控诉方出庭。不出庭支持自己的抗诉意见，表明检察机关原来的抗诉意见发生了转变，裁定按其撤诉处理，实际上是支持其以不出庭形式表达的不抗诉的意见，是对其控诉自主权的尊重，这在法理上并无不当。从实践中看，检察机关不出庭支持其抗诉意见的，多为抗诉意见没有法律依据或者抗诉错误，在错案责任追究制的制约下，抗诉后不便主动撤回。如不裁定按撤回抗诉处理，有些案件长期无法处理，影响了司法权威，由此带来的超审限等问题也有很大的负面作用。综合多方面意见，《解释》明确"可以裁定按人民检察院撤回抗诉处理"。

Q问 **199. 第一审人民法院向第二审人民法院移送的上诉、抗诉案卷、证据应包括哪些**？

答 《解释》第三百零九条规定："第二审人民法院对第一审人民法院移送的上诉、抗诉案卷、证据，应当审查是否包括下列内容：（一）移送上诉、抗诉案件函；（二）上诉状或者抗诉书；（三）第一审判决书、裁定书八份（每增加一名被告人增加一份）及其电子文本；（四）全部案卷、证据，包括案件审理报告和其他应当移送的材料。前款所列材料齐全，第二审人民法院应当收案；材料不全的，应当通知第一审人民法院及时补送。"

Q问 **200. 二审人民法院审查上诉、抗诉案件，应坚持什么原则**？

答 刑事诉讼法第二百三十三条规定："第二审人民法院应当就第一审判决认定的事实和适用法律进行全面审查，不受上诉或者抗诉范围的限制。共同犯罪的案件只有部分被告人上诉的，应当对全案进行审查，一并处理。"该条规定了第二审人民法院对一审判决的全面审查原则，一直是二审程序中的重要原则。根据该条规定，二审人民法院应当对一审判决认定的事实和适用法律进行全面审查，全面审查是实质审查，而不同于二审人民法院受理上诉、抗诉案件时的立案审查，立案审查是形式审查。《解释》第三百一十条进一步强调了这一原则，规定："第二审人民法院审理上诉、抗诉案件，应当就第一审判决、裁定认定的事实和适用法律进行全面审查，不受上诉、抗诉范围的限制。"

贯彻全面审查原则，需注意以下两个方面的问题：

1. 根据《解释》第三百一十一条的规定："共同犯罪案件，只有部分被告人提出上诉，或者自诉人只对部分被告人的判决提出上诉，或者人民检察院只对部分被告人的判决提出抗诉的，第二审人民法院应当对全案进行审查，一并处理。"

2. 根据《解释》第三百一十二条的规定："共同犯罪案件，上诉的被告人死亡，其他被告人未上诉的，第二审人民法院仍应对全案进行审查。经审查，死亡的被告人不构成犯罪的，应当宣告无罪；构成犯罪的，应当终止审理。对其他同案被告人仍应作出判决、裁定。"

需要注意的是，对全案进行审查包含对附带民事部分的全案审查。部分原告人上诉的，对于其他没有上诉的原告人的民事判决部分也要等二审完毕后才能确定发生法律效力。

201. 二审人民法院审查刑事附带民事诉讼的上诉、抗诉案件，应注意哪些问题？

刑事附带民事诉讼的上诉、抗诉案件，包括：一是只对刑事部分上诉、抗诉的；二是只对民事部分上诉的；三是既对刑事部分上诉、抗诉，又对民事部分上诉的。审查刑事附带民事诉讼的上诉、抗诉案件，仍应坚持全面审查的原则。《解释》第三百一十三条规定："刑事附带民事诉讼案件，只有附带民事诉讼当事人及其法定代理人上诉的，第二审人民法院应当对全案进行审查。经审查，第一审判决的刑事部分并无不当的，第二审人民法院只需就附带民事部分作出处理；第一审判决的附带民事部分事实清楚，适用法律正确的，应当以刑事附带民事裁定维持原判，驳回上诉。"第三百一十四条规定："刑事附带民事诉讼案件，只有附带民事诉讼当事人及其法定代理人上诉的，第一审刑事部分的判决在上诉期满后即发生法律效力。应当送监执行的第一审刑事被告人是第二审附带民事诉讼被告人的，在第二审附带民事诉讼案件审结前，可以暂缓送监执行。"

上述规定，包含以下几个方面的内容：

1. 无论是对刑事附带民事诉讼全案提出上诉、抗诉还是只对刑事部分上诉、抗诉，或者只对民事部分上诉的，均应当进行全面审查。

2. 只对附带民事部分提出上诉的，第二审人民法院应当对全案进行审查。经审查，第一审判决的刑事部分并无不当的，第二审人民法院只需就附带民事部分作出处理；第一审判决的附带民事部分也事实清楚，适用法律正确的，第二审人民法院应当以刑事附带民事裁定维持原判，驳回上诉。

3. 只对附带民事部分提出上诉的，第一审刑事部分的判决在上诉期满后即发生法律效力。应当送监执行的第一审刑事被告人是第二审附带民事诉讼被告人的，在第二审附带民事诉讼案件审结前，可以暂缓送监执行。

针对上述规定，有意见认为，本部分既然规定了全案审查原则，似表明二审裁判作出前，全案应当没有生效；又规定仅对民事部分上诉的，刑事部分在上诉期满后即发生法律效力，二者之间似有矛盾。经研究，我们认为，这是由刑事附带民事诉讼案件的特点决定的，刑事附带民事诉讼案件在本质上是刑事案件和民事案件的结合，是由于特殊的关联性将两个案件放在一起审理，但两者的性质仍然不同。对部分判决提出上诉、抗诉，说明对其他部分的判决是认可的，被认可的判决在上诉、抗诉期满后生效，并不影响对全案的审查，经审查被当事人认可的部分确实存在问题的，可以通过审判监督程序予以纠正。《解释》第三百三十条、第三百三十一条专门规定了对分别生效问题的处理，因此，本部分规定并不存在矛盾。

Q问 202. 第二审人民法院审查上诉、抗诉案件，应着重审查哪些内容？

答 《解释》第三百一十五条规定："对上诉、抗诉案件，应当着重审查下列内容：（一）第一审判决认定的事实是否清楚，证据是否确实、充分；（二）第一审判决适用法律是否正确，量刑是否适当；（三）在侦查、审查起诉、第一审程序中，有无违反法定诉讼程序的情形；（四）上诉、抗诉是否提出新的事实、证据；（五）被告人的供述和辩解情况；（六）辩护人的辩护意见及采纳情况；（七）附带民事部分的判决、裁定是否合法、适当；（八）第一审人民法院合议庭、审判委员会讨论的意见。"

Q问 203. 如何保障被告人在二审期间的辩护权？

答 辩护权是被告人的应有诉讼权利，一审期间关于保障被告人辩护权的规定同样适用于二审期间，被告人在二审期间拥有和一审期间一样的辩护权。为强调在二审期间对被告人辩护权的保障，特别是在特殊情形下辩护权的保障，《解释》第三百一十六条规定："第二审期间，被告人除自行辩护外，还可以继续委托第一审辩护人或者另行委托辩护人辩护。共同犯罪案件，只有部分被告人提出上诉，或者自诉人只对部分被告人的判决提出上诉，或者人民检察院只对部分被告人的判决提出抗诉的，其他同案被告人也可以委托辩护人辩护。"

Q问 204. 第二审人民法院审理上诉、抗诉案件，哪些应当开庭审理？

答 2012 年刑事诉讼法明确了二审应开庭审理案件的种类：（一）被告人、自诉人及其法定代理人对第一审认定的事实、证据提出异议，可能影响定罪量刑的上诉案件；（二）被告人被判处死刑的上诉案件；（三）人民检察院抗诉的案件；（四）其他应当开庭审理的案件。为进一步明确上述规定，《解释》第三百一十七条规定："下列案件，根据刑事诉讼法第二百二十三条（注：修改后刑事诉讼法第二百三十四条）的规定，应当开庭审理：（一）被告人、自诉人及其法定代理人对第一审认定的事实、证据提出异议，可能影响定罪量刑的上诉案件；（二）被告人被判处死刑立即执行的上诉案件；（三）人民检察院抗诉的案件；（四）应当开庭审理的其他案件。被判处死刑立即执行的被告人没有上诉，同案的其他被告人上诉的案件，第二审人民法院应当开庭审理。被告人被判处死刑缓期执行的上诉案件，虽不属于第一款第一项规定的情形，有条件的，也应当开庭审理。"

　　针对《解释》的规定，有意见认为，下列案件也应当开庭审理：一是死刑包括死刑缓期执行，死刑缓期执行的上诉案件应当开庭审理。二是辩护人对第一审认定的事实、证据提出异议，可能影响定罪量刑的上诉案件。三是辩护人在一审中作无罪辩护的上诉案件。四是拟改变原判认定的罪名的案件。五是对不作为定案根据的非法证据提出异议，人民法院认为可能影响定罪量刑的上诉案件。六是原审适用法律明显错误或者原审量刑明显不当的案件。也有意见认为，应当将不开庭审理的案件详细列举，然后规定除此之外的二审案件都应当开庭审理。

　　针对上述意见，经研究认为，关于死刑缓期执行案件是否应一律开庭的问题，暂不能"一刀切"似的规定，主要考虑：其一，刑法、刑事诉讼法中"死刑"的含义，根据语境不同，有两种含义，有的仅指死刑立即执行，有的则还包括死刑缓期执行。如刑法第四十八条有关"死刑除依法由最高人民法院判决的以外，都应当报请最高人民法院核准"、刑事诉讼法第二百五十九条有关"最高人民法院核准的死刑的判决和高级人民法院核准的死刑缓期二年执行的判决"规定中的"死刑"显然均只是指死刑立即执行。刑事诉讼法第二百三十四条第一款第二项规定的"死刑"具体明确为死刑立即执行并不违反法律规定。其二，死刑立即执行的二审案件一律开庭是经各方面作出巨大努力，在人财物方面作出巨大投入才得以落实的。目前，死刑缓期二年执行案件的总数已多于死刑立即执行，再将死刑缓期二年执行的二审案件一律纳入二审开庭范围，现实条件确有困难。其三，根据刑事诉讼法第二百三十四条第一款第一项的规定，对死刑缓期二年执行案件，如被告人对一审认定的事实、证据存有异议提出上诉的，可以适用本条第一款第一项的规定，开庭审理；如被告人仅就法律适用、量刑问题上诉的，则开庭审理并无实际必要，不开庭并不会影响案件公正审理。经深入研究并征求多方意见，《解释》虽没有要求对死刑缓期执行的上诉案件一律开庭审理，但本条第三款规定，具备开庭审理条件的，应当开庭审理。

关于对辩护人提出异议的案件应否开庭审理的意见，刑事诉讼法没有规定对此类案件应当开庭审理，辩护人有异议的可通过被告人提出，通过被告人提出又符合开庭审理条件的，应当开庭审理，对仅由辩护人提出异议的案件不开庭审理，不会影响上诉案件的公正审理。对于其他意见，从刑事诉讼法的规定看，应当开庭审理的案件主要是对事实、证据存在异议以及可能判处死刑、检察院抗诉等犯罪性质严重或者司法机关存在不同意见的案件，除此之外的其他类型案件，似没有必要一律开庭审理。另外，当前，人民法院"案多人少"的矛盾非常突出，规定过多应当开庭审理的案件类型，反不利于保障确有争议以及其他重点案件的审理质量。

针对人民检察院抗诉的案件一律开庭审理的规定，有意见建议修改为"人民检察院对判决认定的案件事实有异议提出抗诉的案件"。理由是：实践中，人民检察院对一审判决认定的事实有异议，控辩双方通过法庭辩论，公开审查证据，便于查明案件事实，但人民检察院对法律适用有异议或者仅对量刑轻重有异议提出抗诉，控辩双方通过提出书面意见完全可以达到辩论目的，开庭容易流于形式，作用不大，尤其是在共同犯罪案件中，已被取保候审且未被提出抗诉的被告人，认为人民检察院提出的抗诉并非针对自己，因而对到庭应诉很不积极，对取保候审人员事实上的疏于监管，造成二审开庭长时间找不到人，法律要求开庭审理必须所有被告人到案的规定，使二审法院面临两难，因此，要求一律开庭审理，不利于案件繁简分流，提高效率。经研究认为，此意见虽有一定道理，但与法律规定不一致。

《解释》第三百一十七条第二款"被判处死刑立即执行的被告人没有上诉，同案的其他被告人上诉的案件，第二审人民法院应当开庭审理"，主要吸收了2010年《最高人民法院关于被判处死刑的被告人未提出上诉、共同犯罪的部分被告人或者附带民事诉讼原告人提出上诉的案件应适用何种程序审理的批复》。批复规定："中级人民法院一审判处死刑的案件，被判处死刑的被告人未提出上诉，共同犯罪的其他被告人提出上诉的，高级人民法院应当适用第二审程序对全案进行审查，并对涉及死刑之罪的事实和适用法律依法开庭审理，一并处理。"

205. 经审查，第二审人民法院对于哪些案件可以决定不开庭审理？

《解释》第三百一十八条规定："对上诉、抗诉案件，第二审人民法院经审查，认为原判事实不清、证据不足，或者具有刑事诉讼法第二百二十七条（注：修改后刑事诉讼法第二百三十八条）规定的违反法定诉讼程序情形，需要发回重新审判的，可以不开庭审理。"从本条可以看出，可以不开庭审理的案件主要是需要发回重审的案件，包括两类：

1. 因事实不清、证据不足而发回。经审查，认为原判明显事实不清、证据不足，需要发回重审的，可以不开庭审理。本规定主要来源于刑事诉讼法第二百三十六条第一款第三项"原判决事实不清楚或者证据不足的，可以在查清事实后改判；也可以裁定撤销原判，发回原审人民法院重新审判"。虽然本规定是指审理后才可以采取的处理方式，但是我们认为，经审查，明显事实不清、证据不足的，可以不用开庭直接发回原审人民法院重新审判。

2. 因一审程序存在问题而发回。经审查，一审人民法院的审理具有刑事诉讼法第二百三十八条规定的违反法定诉讼程序情形，需要发回重新审判的，可以不开庭审理。本规定主要来源于刑事诉讼法第二百三十八条的规定，该条规定："第二审人民法院发现第一审人民法院的审理有下列违反法律规定的诉讼程序的情形之一的，应当裁定撤销原判，发回原审人民法院重新审判：（一）违反本法有关公开审判的规定的；（二）违反回避制度的；（三）剥夺或者限制了当事人的法定诉讼权利，可能影响公正审判的；（四）审判组织的组成不合法的；（五）其他违反法律规定的诉讼程序，可能影响公正审判的。"

206. 二审期间，第二审人民法院对人民检察院、当事人提交的新证据以及重新鉴定、补充鉴定的要求或者意见如何处理？

《解释》第三百一十九条规定："第二审期间，人民检察院或者被告人及其辩护人提交新证据的，人民法院应当及时通知对方查阅、摘抄或者复制。"本条源于最高人民法院、最高人民检察院2006年施行的《关于死刑第二审案件开庭审理程序若干问题的规定》第十二条第一款第八项、第九项。该规定的内容仍然有效。

　　有意见认为，当事人及其诉讼代理人、辩护人申请重新鉴定、补充鉴定并经第二审人民法院同意的，人民法院应当及时委托鉴定，在开庭前将鉴定意见告知对方，并通知人民检察院。理由是：对于重新鉴定、补充鉴定，当事人及其诉讼代理人或者辩护人只有申请权，人民法院有决定权，是适格的委托主体，为诉讼效率起见，人民法院同意的，应及时委托。经研究认为，此意见虽有一定道理，但其他文件已有规定，直接依照相关文件的规定办理即可。

　　也有意见认为，对于证人、鉴定人出庭的问题，刑事诉讼法都规定了相应的强制或者处置方法，但对于驳回申请人申请强制证人出庭、鉴定人出庭的救济措施如何，刑事诉讼法并没有规定，第二审法院应当贯彻全面审查原则，审查第一审人民法院对申请人申请证人、鉴定人出庭的处理情况。可规定："第一审人民法院已经就相关证人、鉴定人出庭作出处理的，二审期间，申请人没有新的事实和理由再次申请相关证人、鉴定人出庭的，第二审人民法院经审查后，相关证人、鉴定人出庭没有必要的，可以直接驳回申请人的申请；相关证人、鉴定人确有出庭必要的，应当以事实不清、证据不足为由发回重审，也可以参照一审证人、鉴定人出庭程序查清事实后改判。"经研究认为，证人、鉴定人出庭的问题较为复杂，在刑事诉讼法没有规定相关内容的情况下，司法解释不宜作出规定。另外，刑事诉讼法第二百四十二条已规定，审理中的问题可以参照第一审程序中的相关规定。

207. 人民法院开庭审理上诉、抗诉案件，可以在哪些地方进行？

　　刑事诉讼法第二百三十四条第三款规定："第二审人民法院开庭审理上诉、抗诉案件，可以到案件发生地或者原审人民法院所在地进行。"《解释》第五百四十四条规定："人民法院讯问被告人，宣告判决，审理减刑、假释案件，根据案件情况，可以采取视频方式进行。"据此，人民法院根据案件具体情形可以作出选择，在被告人的羁押场所开庭审理，或者采用远程视频的方式开庭审理。需要注意的是，对于采用视频方式庭审的，应当保障被告人的诉讼权利，如可能影响被告人诉讼权利的，则不能采用视频方式。

208. 开庭审理上诉、抗诉案件，除应当参照适用第一审程序的有关规定外，还应当注意哪些程序性问题？

刑事诉讼法第二百四十二条规定："第二审人民法院审判上诉或者抗诉案件的程序，除本章已有规定的以外，参照第一审程序的规定进行。"《解释》第三百二十二条规定："开庭审理上诉、抗诉案件，除参照适用第一审程序的有关规定外，应当按照下列规定进行：（一）法庭调查阶段，审判人员宣读第一审判决书、裁定书后，上诉案件由上诉人或者辩护人先宣读上诉状或者陈述上诉理由，抗诉案件由检察员先宣读抗诉书；既有上诉又有抗诉的案件，先由检察员宣读抗诉书，再由上诉人或者辩护人宣读上诉状或者陈述上诉理由；（二）法庭辩论阶段，上诉案件，先由上诉人、辩护人发言，后由检察员、诉讼代理人发言；抗诉案件，先由检察员、诉讼代理人发言，后由被告人、辩护人发言；既有上诉又有抗诉的案件，先由检察员、诉讼代理人发言，后由上诉人、辩护人发言。"

209. 开庭审理上诉、抗诉案件过程中，如何突出重点，保障庭审质效？

为突出重点，确保庭审质效，一般情况下，二审不需要对一审判决、裁定认定的所有事实、证据都再审理一遍，对控辩双方无异议的部分可以简化审理，对有异议的部分重点审理。《解释》第三百二十三条规定："开庭审理上诉、抗诉案件，可以重点围绕对第一审判决、裁定有争议的问题或者有疑问的部分进行。根据案件情况，可以按照下列方式审理：（一）宣读第一审判决书，可以只宣读案由、主要事实、证据名称和判决主文等；（二）法庭调查应当重点围绕对第一审判决提出异议的事实、证据以及提交的新的证据等进行；没有异议的事实、证据和情节，可以直接确认；（三）对同案审理案件中未上诉的被告人，未被申请出庭或者人民法院认为没有必要到庭的，可以不再传唤到庭；（四）被告人犯有数罪，对其中事实清楚且无异议的犯罪，可以不在庭审时审理。同案审理的案件，未提出上诉、人民检察院也未对其判决提出抗诉的被告人要求出庭的，应当准许。出庭的被告人可以参加法庭调查和辩论。"

210. 如何保证未开庭审理案件的审理质量？

刑事诉讼法第二百三十四条第二款规定："第二审人民法院决定不开庭审理的，应当讯问被告人，听取其他当事人、辩护人、诉讼代理人的意见。"《解释》第三百二十四条规定："第二审案件依法不开庭审理的，应当讯问被告人，听取其他当事人、辩护人、诉讼代理人的意见。合议庭全体成员应当阅卷，必要时应当提交书面阅卷意见。"《解释》综合吸收了刑事诉讼法第二百三十四条和2010年最高人民法院施行的《关于进一步加强合议庭职责的若干规定》第四条的内容。第四条规定："依法不开庭审理的案件，合议庭全体成员均应当阅卷，必要时提交书面阅卷意见。"

有意见提出，一是讯问被告人、听取其他当事人的意见可以采用远程视频的方式。二是目前人民法院案多人少，对不开庭的案件，规定合议庭全体阅卷不太现实，可将"合议庭全体成员均应当阅卷，必要时应当提交书面阅卷意见"修改为"必要时合议庭全体成员均应阅卷，并提交书面阅卷意见。"三是规定对于事实清楚，证据确实、充分的，可以不再传唤听取对一审判决没有异议的其他当事人意见。理由是：司法实践中，经常遇到二审中找不到相关当事人的情况，但是经过阅卷，听取上诉人及其他相关当事人的意见后，案件事实清楚，证据确实、充分的，是否必须全面听取找不到的其他当事人的意见显得微不足道，且二审开庭审理的案件，具体情况下，也可以不再传唤未上诉的被告人到庭。综上，应当允许二审法院可以不再传唤听取对一审判决没有异议的当事人意见。四是增加一条："对一审判决的公诉案件，二审法院发现系告诉才处理的案件，应当裁定撤销原判，终止审理，并告知被害人可以按照自诉案件的规定向有管辖权的人民法院提起自诉。"

经研究，关于可以采用远程视频方式讯问的问题，已在附则中作了原则性规定，具体条文中不再规定。意见二、三虽有道理，但为确保不开庭审理案件的审理质量，没有采纳。关于意见四，涉及公诉和自诉的转换问题，争议较大，刑事诉讼法没有相关规定，对于实践中出现的具体案件，可由人民法院视情掌握，司法解释暂不宜明确规定。

211. 二审中坚持不加重上诉被告人刑罚原则，应当注意哪些方面？

不加重上诉被告人刑罚原则是二审中应坚持的一条重要原则。刑事诉讼法第二百三十七条规定："第二审人民法院审理被告人或者他的法定代理人、辩护人、近亲属上诉的案件，不得加重被告人的刑罚。第二审人民法院发回原审人民法院重新审判的案件，除有新的犯罪事实，人民检察院补充起诉的以外，原审人民法院也不得加重被告人的刑罚。人民检察院提出抗诉或者自诉人提出上诉的，不受前款规定的限制。"《解释》第三百二十五条规定："审理被告人或者其法定代理人、辩护人、近亲属提出上诉的案件，不得加重被告人的刑罚，并应当执行下列规定：（一）同案审理的案件，只有部分被告人上诉的，既不得加重上诉人的刑罚，也不得加重其他同案被告人的刑罚；（二）原判事实清楚，证据确实、充分，只是认定的罪名不当的，可以改变罪名，但不得加重刑罚；（三）原判对被告人实行数罪并罚的，不得加重决定执行的刑罚，也不得加重数罪中某罪的刑罚；（四）原判对被告人宣告缓刑的，不得撤销缓刑或者延长缓刑考验期；（五）原判没有宣告禁止令的，不得增加宣告；原判宣告禁止令的，不得增加内容、延长期限；（六）原判对被告人判处死刑缓期执行没有限制减刑的，不得限制减刑；（七）原判事实清楚，证据确实、充分，但判处的刑罚畸轻、应当适用附加刑而没有适用的，不得直接加重刑罚、适用附加刑，也不得以事实不清、证据不足为由发回第一审人民法院重新审判。必须依法改判的，应当在第二审判决、裁定生效后，依照审判监督程序重新审判。人民检察院抗诉或者自诉人上诉的案件，不受前款规定的限制。"第三百二十六条规定："人民检察院只对部分被告人的判决提出抗诉，或者自诉人只对部分被告人的判决提出上诉的，第二审人民法院不得对其他同案被告人加重刑罚。"

212. 原审人民法院对经二审人民法院裁定发回重新审判的案件，能否加重被告人的刑罚？

刑事诉讼法第二百三十七条中规定，第二审人民法院发回原审人民法院重新审判的案件，除有新的犯罪事实，人民检察院补充起诉的以外，原审人民法院也不得加重被告人的刑罚。《解释》第三百二十七条又重申了这一规定。由此可知，对发回重审的案件，原审人民法院不得加重被告人的刑罚；有新的犯罪事实、人民检察院补充起诉的，原审人民法院可以改判加重，但应慎重把握。

有意见提出，一是除"补充起诉"外，"变更起诉"也应当不受上诉不加刑原则的限制。理由是：实践中，发回重审后，人民检察院完全有可能变更指控罪名，尤其是变更为重罪名重新起诉。在此情况下，若仍然限制原审人民法院不得加重被告人的刑罚，显然不符合罪刑相适应原则。二是对"新的犯罪事实"实践中存在不同认识。例如，某一盗窃案件因一审程序违法而被发回重审，同时认定事实有误，应是盗窃数额巨大而一审法院错误认定为较大，对此是否属于"新的犯罪事实"，被发回重审后，能否加重被告人的刑罚？经研究上述意见认为，意见一关于"变更起诉"不受上诉不加刑原则限制的主张于法无据。从立法的规定看，原审法院重审只能在有新的犯罪事实、人民检察院补充起诉的情况下才可以加重原判刑罚，否则不能加重。人民检察院变更起诉的，没有新的犯罪事实出现，人民法院判决时可以改变罪名，但不能加重原判刑罚。关于意见二，根据通常的理解，"新的犯罪事实"应是指原起诉书中没有的犯罪事实，对于认定数额有误的情况，不属于发现了"新的犯罪事实"，确需改判的，可通过审监程序进行。

　　此外，需要注意的是，《最高人民法院研究室关于上诉发回重审案件重审判决后确需改判的应当通过何种程序进行的答复》（法研〔2014〕26号）提出："根据刑事诉讼法第二百二十六条（注：修改后刑事诉讼法第二百三十七条）第一款规定，对被告人上诉、人民检察院未提出抗诉的案件，第二审人民法院发回原审人民法院重新审判的，只要人民检察院没有补充起诉新的犯罪事实，原审人民法院不得加重被告人的刑罚。原审人民法院对上诉发回重新审判的案件依法作出维持原判的判决后，人民检察院抗诉的，第二审人民法院也不得改判加重被告人的刑罚。"主要考虑：一是刑事诉讼法第二百三十七条第二款中的"抗诉"应当理解为人民检察院对一审人民法院第一次审判结果提出的抗诉，而非对二审人民法院发回重新审判结果的抗诉。二是如果允许人民检察院对原一审判决未予抗诉，而对二审人民法院发回重审结果进行抗诉，增加被告人刑罚的话，那么"上诉不加刑原则"必将被架空，无法保障被告人合法权益。

Q问
Question **213. 第二审人民法院审理上诉、抗诉案件后，应当如何处理?**

答　刑事诉讼法第二百三十六条规定："第二审人民法院对不服第一审判决的上诉、抗诉案件，经过审理后，应当按照下列情形分别处理：（一）原判决认定事实和适用法律正确、量刑适当的，应当裁定驳回上诉或者抗诉，维持原判；（二）原判决认定事实没有错误，但适用法律有错误，或者量刑不当的，应当改判；（三）原判决事实不清楚或者证据不足的，可以在查清事实后改判；也可以裁定撤销原判，发回原审人民法院重新审判。原审人民法院对于依照前款第三项规定发回重新审判的案件作出判决后，被告人提出上诉或者人民检察院提出抗诉的，第二审人民法院应当依法作出判决或者裁定，不得再发回原审人民法院重新审判。"

根据本条并结合其他相关规定，二审人民法院审理上诉、抗诉案件后，应当作出以下处理：

1. 裁定驳回上诉或者抗诉，维持原判。这适用于原判决认定事实和适用法律正确、量刑适当的情形。

2. 改判。这适用于三种情形：一是原判决认定事实没有错误，但适用法律有错误的情形。二是原判决认定事实没有错误，适用法律也正确，但量刑不当的情形。三是原判决事实不清楚或者证据不足，二审人民法院经审理可以查清的情形。此种情形也可以发回，但如果能够查清事实、证据的，一般应直接改判，不予发回。

3. 裁定撤销原判，发回重审。这适用于两种情形：一是原判决事实不清楚或者证据不足，二审人民法院经审理不能够查清事实的情形。二是二审人民法院发现一审人民法院的审理有刑事诉讼法第二百三十八条规定的、违反诉讼程序的情形之一的。二审人民法院作出发回重审裁定时，应当在裁定书中详细阐明发回重审的理由及法律依据。

4. 判决宣告无罪。被告人死亡，根据已查明的案件事实和认定的证据材料，能够确认被告人无罪的，应当判决宣告被告人无罪。

5. 裁定终止审理。被告人死亡，审查后认为构成犯罪的，应当裁定终止审理。

6. 如因限制发回重审而应当作出判决、裁定的，应当根据《解释》第二百四十一条的相关规定依法处理。

214. 坚持限制发回重审原则，应注意哪些问题？

为避免案件被反复发回，久拖不决，影响司法权威和当事人权益，刑事诉讼法对因原判决事实不清楚或者证据不足而发回的情形予以了限制，第二百三十六条第二款规定：原审人民法院对于依照前款第三项规定（原判决事实不清楚或者证据不足的，可以在查清事实后改判；也可以裁定撤销原判，发回原审人民法院重新审判。）发回重新审判的案件作出判决后，被告人提出上诉或者人民检察院提出抗诉的，第二审人民法院应当依法作出判决或者裁定，不得再发回原审人民法院重新审判。根据本款规定，对因事实不清、证据不足而发回原审人民法院重新审判的，二审法院只能发回一次。

为贯彻限制发回重审原则，《解释》第三百二十八条强调了刑事诉讼法第二百三十六条第三款的规定。第三百二十八条规定："原判事实不清、证据不足，第二审人民法院发回重新审判的案件，原审人民法院重新作出判决后，被告人上诉或者人民检察院抗诉的，第二审人民法院应当依法作出判决、裁定，不得再发回重新审判。"根据以上规定，《解释》又明确了限制发回重审的例外情况，第三百二十九条规定："第二审人民法院发现原审人民法院在重新审判过程中，有刑事诉讼法第二百二十七条（注：修改后刑事诉讼法第二百三十八条）规定的情形之一，或者违反第二百二十八条（注：修改后刑事诉讼法第二百三十九条）规定的，应当裁定撤销原判，发回重新审判。"

根据上述规定，理解限制发回重审原则，应把握以下方面：

1. 限制发回重审原则仅适用于因原判事实不清楚、证据不足被发回，原审人民法院重审后，被告人二次上诉或者人民检察院二次抗诉，二审人民法院经审理，仍然认为事实不清、证据不足这种情况。二审人民法院第二次审理，仍然认为事实不清、证据不足的，应当依法作出判决或者裁定，不能再发回原审人民法院。

2. 具有刑事诉讼法第二百三十八条规定的情形之一，或者违反第二百三十九条规定的，不受限制发回重审的限制，即二审法院经审理，认为一审法院在重新审判中违反刑事诉讼法第二百三十八条、第二百三十九条规定的程序性事项，可以再次发回。

有意见认为，对于裁判文书漏列诉讼当事人和判项的，可以发回重审。

经研究认为，此种情形，如是裁判错误，应当通过相关程序纠正；如是失误所致或打印疏忽，可由原审法院通过裁定纠正。

有意见认为，因刑事附带民事部分不符合法律规定而发回重新审判的案件，除可能影响公正审判的，不得再发回重新审判。理由是：实践中，发回重审的案件中一部分是因为刑事附带民事问题不符合法律规定而发回重审：一方面，发回重审，必将导致被告人被长期羁押、诉讼效率低下、司法公信和权威受损，进而影响刑事部分判决的公正性；另一方面，附带民事部分因为存在调解、和解可能性，且根据自愿、合法原则，刑事附带民事部分违法后法律救济措施相对刑事部分灵活。因此，应当限制因附带民事部分不符合法律规定而发回重审的次数。经研究，我们认为，刑事附带民事诉讼的情形较为复杂，是否需要发回重审，还应根据案情决定。刑事诉讼法对限制发回重审作了明确规定，应当严格依照法律的规定处理，不符合应当限制情形的，如不属于事实不清楚、证据不足或者没有违反相关程序性规定的，可以不受限制发回重审原则的限制。因此，不能对附带民事诉讼的情况一律限制发回重审。

215. 第二审人民法院对刑事附带民事诉讼的上诉、抗诉案件如何处理？

第二审人民法院对刑事附带民事诉讼上诉、抗诉案件的处理，可分为四种情况：

1. 对刑事附带民事诉讼全案上诉的，审理期间，刑事部分和附带民事部分均不生效，第二审人民法院发现两者均有错误的，应当一并发回原审人民法院重新审判或者依法改判。

2. 仅对刑事部分上诉、抗诉的，附带民事部分在刑事部分的上诉、抗诉期满后即生效。第二审人民法院在审理刑事部分时发现民事部分有错误的，应在审理刑事部分时，对民事部分的错误依照审判监督程序纠正。《解释》第三百三十条规定："第二审人民法院审理对刑事部分提出上诉、抗诉，附带民事部分已经发生法律效力的案件，发现第一审判决、裁定中的附带民事部分确有错误的，应当依照审判监督程序对附带民事部分予以纠正。"

3. 仅对民事部分提出上诉的，根据《解释》第三百一十四条的规定，刑事部分在上诉期满后即生效。第二审人民法院在审理民事部分时，发现刑事部分有错误的，应对刑事部分依照审判监督程序提审或指令再审，由于刑事部分的审理是民事部分的基础，应将附带民事部分和刑事部分一并审理。如对刑事部分提审，应由第二审人民法院对全案审理；如将刑事部分指令再审，应将民事部分一并指令。《解释》第三百三十一条规定："第二审人民法院审理对附带民事部分提出上诉，刑事部分已经发生法律效力的案件，发现第一审判决、裁定中的刑事部分确有错误的，应当依照审判监督程序对刑事部分进行再审，并将附带民事部分与刑事部分一并审理。"

4. 第二审期间，第一审附带民事诉讼原告人增加独立的诉讼请求或者第一审附带民事诉讼被告人提出反诉的，第二审人民法院可以根据自愿、合法的原则进行调解；调解不成的，告知当事人另行起诉。

216. 刑事诉讼法是如何规定二审期限的？

刑事诉讼法第二百四十三条规定："第二审人民法院受理上诉、抗诉案件，应当在二个月以内审结。对于可能判处死刑的案件或者附带民事诉讼的案件，以及有本法第一百五十六条（注：修改后刑事诉讼法第一百五十八条）规定情形之一的，经省、自治区、直辖市高级人民法院批准或者决定，可以延长二个月；因特殊情况还需要延长的，报请最高人民法院批准。最高人民法院受理上诉、抗诉案件的审理期限，由最高人民法院决定。"该条具体规定了二审案件的审理期限。

针对实践中二审审限普遍不足，特别是一些重大复杂案件审限不足，影响办案质量的问题，刑事诉讼法作了明确：

1. 一般上诉、抗诉案件的审理期限为二个月。

2. 可以延长审限的案件类型共有六种：一是可能判处死刑的案件；二是附带民事诉讼的案件；三是交通十分不便的边远地区的重大复杂案件；四是重大的犯罪集团案件；五是流窜作案的重大复杂案件；六是犯罪涉及面广，取证困难的重大复杂案件。

3. 可以延长的审理期限幅度为二个月。

4. 因案件特殊情况还需要延长的，报请最高人民法院批准，以应对实践中可能出现的特殊情况。

另外，刑事诉讼法还规定了二审期间人民检察院的阅卷时间。第二百三十五条中规定："人民检察院应当在一个月以内查阅完毕。人民检察院查阅案卷的时间不计入审理期限。"

第十五章 在法定刑以下判处刑罚和特殊假释的核准

Q问 217.《解释》对"法定刑以下判处刑罚"案件核准制度的主要内容?

答 最高人民法院在2011年修改刑法时,曾建议将法定刑以下判处刑罚案件的核准权下放高级人民法院行使,但未被立法机关采纳。因此,为确保这一制度在司法实务中有效适用,《解释》规定了相关程序,以切实提高复核法定刑以下判处刑罚案件的效率。

1. 理顺复核性质。刑法将法定刑以下判处刑罚案件的核准权赋予最高人民法院,而刑事诉讼法又未对具体核准程序作出规定。那么,上一级人民法院"复核"法定刑以下判处刑罚案件,究竟是什么性质?由此牵涉到上一级人民法院不同意原判的,能否改判?同意原判的,是否作出裁定书?我们认为,上一级人民法院同意原判的,不必作出裁定,但应当制作书面报告。主要考虑:法定刑以下判处刑罚的核准程序不同于死刑复核程序。刑事诉讼法明确规定死刑案件应当逐级复核;而刑事诉讼法未规定法定刑以下判处刑罚案件也应当逐级核准。根据刑法第六十三条第二款"经最高人民法院核准,也可以在法定刑以下判处刑罚"的规定,法定刑以下判处刑罚案件的核准权专属于最高人民法院,上一级人民法院只是根据最高人民法院司法解释的授权代为"审查""把关",防止大量不符合条件的案件直接报送最高人民法院,切实减轻最高人民法院的办案压力。因此,上一级人民法院对于同意原判的,不宜作出同意原判的裁定,但要制作载明审查把关过程和结论的内部报告,连同案卷材料,一并报送上级法院。据此,《解释》第三百三十六条规定:"……上一级人民法院同意原判的,应当书面层报最高人民法院核准;不同意的,应当裁定发回重新审判,或者改变管辖按照第一审程序重新审理……"对于上一级人民法院能否直接改判的问题。一种意见认为,上一级人民法院不能对案件实体问题作出处理,只能在程序上作出同意或者不同意的决定,如果可以改判,则引申出当事人是否可以参与复核程序、复核审理是否应当开庭审理、检察机关能否抗诉等一系列问题。另一种意见认为,上一级人民法院对于同意在法定刑以下判处刑罚,但认为原判量刑仍过重的，可以直接改判，以提高审判效率，维护司法公正。经研究，我们同意第一种意见。

2. 简化重审程序。有意见认为，对于原判认定事实清楚、证据确实充分，仅仅是量刑过重的，最高人民法院应当有权改判，以切实提高审判效率。死刑核准案件和法定刑以下判处刑罚核准案件的性质有些类似，既然最高人民法院复核死刑案件可以改判，同理，最高人民法院复核法定刑以下判处刑罚案件应当也可以改判。如果此类案件只能发回重审或者提审后改判，而后再次报请核准，确实浪费司法资源，也无益于司法公正。我们认为，最高人民法院复核改判缺乏法律依据，即使在死刑复核案件中，最高人民法院也是极其慎用改判的，范围也极其有限。但是，对于原判认定事实清楚、证据确实充分，仅仅是量刑不当的，最高人民法院发回重审后，若仍须开庭审理，也确实浪费司法资源，不利于及时实现公正。因此，借鉴死刑复核程序的相关规定，《解释》第三百三十九条规定："依照本解释第三百三十六条、第三百三十八条规定发回第二审人民法院重新审判的案件，第二审人民法院可以直接改判；必须通过开庭查清事实、核实证据或者纠正原审程序违法的，应当开庭审理。"另外，对于事实清楚、证据确实、程序合法的案件，发回重新审判的，第二审人民法院也可不必另行组成合议庭审理。因为，刑事诉讼法只是在第二审程序和审判监督程序中分别规定："原审人民法院对于发回重新审判的案件，应当另行组成合议庭，依照第一审程序进行审判。""人民法院按照审判监督程序重新审判的案件，由原审人民法院审理的，应当另行组成合议庭进行。"对于法律没有明确规定应当另行组成合议庭的，根据案件情况，不影响案件公正审理的，可以不另行组成合议庭，以提高审判效率。

3. 明确审理期限。由于核准的时间不确定，导致一些案件的核准时间过长，有些下级法院为了及时结案，不愿报核。为妥善解决现实中问题，提高复核效率，《解释》第三百四十条规定："最高人民法院和上级人民法院复核在法定刑以下判处刑罚案件的审理期限，参照适用刑事诉讼法第二百三十二条（注：修改后刑事诉讼法第二百四十三条）的规定。"主要考虑是，此类案件一般仅涉及法律适用问题，事实清楚、证据充分，且不开庭审理，参照适用二审程序的审理期限可以满足办案需要。

Q问 **218. 复核法定刑以下判处刑罚案件的其他问题**？

答 主要有复核法定刑以下判处刑罚案件的审判组织、是否应当讯问被告人、辩护律师可否参与、复核裁定书是否送达当事人等问题。

1. 审判组织。刑事诉讼法第二百四十九条规定："最高人民法院复核死刑案件，高级人民法院复核死刑缓期执行的案件，应当由审判员三人组成合议庭进行。"据此，我们认为，复核法定刑以下判处刑罚案件，也宜由审判员三人组成合议庭进行。

2. 是否应当讯问被告人及律师可否参与。我们认为，由于复核阶段不能直接改判，原则上无须讯问被告人，也不主动听取律师意见，但为了提高案件质量，取得更好的效果，对于律师要求当面反映意见的，可以在办公场所听取其意见，并制作笔录；律师提出书面意见的，应当审查并附卷。另外，上一级人民法院和最高人民法院复核法定刑以下判处刑罚的案件，必要时可以讯问被告人。

3. 复核结果是否送达当事人。为保障当事人及其近亲属的知情权，我们认为，上一级人民法院和最高人民法院的裁定书，应当送达当事人。

4. 原审人民法院重新审判，是否受"上诉不加刑"原则的限制？我们认为，不宜受"上诉不加刑"原则的限制。主要考虑是，对于在法定刑以下判处刑罚的案件，不管被告人是否上诉，依法都应当报最高人民法院核准后才发生法律效力。因此，无论第二审是否同意在法定刑以下判处刑罚，以及在法定刑以下判处的刑罚是否适当，也不论被告人是否提出上诉，上一级人民法院都要依法进行审查复核。如果被告人提出了上诉，则第二审人民法院兼具二审和复核审功能。对于依照复核程序发回原审人民法院重新审判的案件，不管被告人是否提出了上诉，均不再受"上诉不加刑"原则的限制。

Q问 **219. 如何理解与适用特殊假释案件的核准程序**？

答 《解释》第三百四十一条至第三百四十三条对此作了规定，根据该规定，特殊假释案件的复核程序主要包括以下几个步骤：

1. 被判处有期徒刑或无期徒刑的罪犯，因罪犯具有特殊情况，应当依法予以假释的时候，由执行机关提出假释建议书，报请中级人民法院或者高级人民法院审核裁定。

2. 中级人民法院依法作出假释裁定后，应当报请高级人民法院复核。

高级人民法院同意的，应当书面报请最高人民法院核准；不同意的，应当裁定撤销中级人民法院的假释裁定。高级人民法院依法作出假释裁定的，应当报请最高人民法院核准。

3. 对因罪犯具有特殊情况，不受执行刑期限制的假释案件，最高人民法院予以核准的，应当作出核准裁定书；不予核准的，应当作出不核准裁定书，并撤销原裁定。

另外，在 2012 年《减刑假释规定》的基础上，《解释》对假释的具体程序进行了完善。办理特殊假释案件也应当遵循一般假释案件的办理程序。比如，人民法院应当组成合议庭审理假释案件，应当对有关内容予以公示，有条件的地方可以面向社会公示，等等。

220. 特殊假释中的"特殊情况" 与在法定刑以下判处刑罚案件中的"特殊情况" 是否一致？

我国刑法仅在两处规定了"特殊情况"，即刑法第六十三条第二款规定的"犯罪分子虽然不具有本法规定的减轻处罚情节，但是根据案件的特殊情况，经最高人民法院核准，也可以在法定刑以下判处刑罚"。与刑法第八十一条后段的规定，即"如果有特殊情况，经最高人民法院核准，可以不受上述执行刑期的限制"。如何理解这两个"特殊情况"？有观点认为：既然同为"特殊情况"，应当理解为具有同样的内涵。且鉴于立法机关和最高人民法院至今尚未就刑法第六十三条第二款中的"特殊情况"的内涵加以明确，而刑法第八十一条中的"特殊情况"，《减刑假释规定》已作出明确界定，主张在适用刑法第六十三条第二款时，参照适用《减刑假释规定》对"特殊情况"的界定。笔者认为这种观点值得商榷。刑法第六十三条第二款中的"特殊情况"区别于刑法第八十一条中的"特殊情况"，主要表现在：

1. 两者分属于不同的刑罚制度，决定了判断二者的时间区间不同。刑法第六十三条第二款中"特殊情况"，是适用酌定减轻处罚制度的实质要件，是法官对被告人裁量刑罚时所考虑的对象，从属于刑罚裁量范畴，这就决定了判断这一"特殊情况"的时间区间：截至法官作出判决时。换言之，在法官作出裁判之前，案件具有特殊情况的，应该适用刑法第六十三条第二款的规定；刑法第八十一条中的"特殊情况"从属于刑罚执行制度，是刑罚执行期间出现了"特殊情况"，即判断该条中的"特殊情况"，时间区间起自裁判发生法律效力后，罪犯已开始执行刑罚时。在此期间具有"特殊情况"的，可以特殊假释。

2. 两者的内涵与外延不同。《减刑假释规定》已对刑法第八十一条中的"特殊情况"作出明确界定，即"与国家、社会利益有重要关系的情况"；而刑法第六十三条第二款中"特殊情况"的内涵与外延，至今尚未明确。有观点认为，所谓"特殊情况"，主要是对一些案件的判决关系到国家的重大利益，如国防、外交、民族、宗教、统战以及重大经济利益。这一观点得到了最高立法机关的认同。在冯洲受贿案中，全国人大法工委在答复最高人民法院的意见中指出：因"特殊情况"在法定刑以下判处刑罚的规定，主要是针对涉及国防、外交、民族、宗教等极个别特殊案件的需要，不是对一般刑事案件的规定。随着时间推移，司法实践中的情况不断变化发展，这种限缩解释已不能完全满足审判实践的需要。目前，从最高人民法院复核法定刑以下判处刑罚的案件情况看，实际上已经不局限于上述情况。以许霆盗窃案为典型例证，本案广州中院起初以盗窃罪判处许霆无期徒刑，剥夺政治权利终身，并处没收个人全部财产，宣判后，许霆提出上诉。广东高院撤销原判，发回重审，广州中院又以许霆犯盗窃罪，在法定刑以下判处有期徒刑五年，并处罚金人民币2万元，宣判后，许霆提出上诉。广东高院维持原判，并报最高人民法院核准。最高人民法院裁判认为："许霆盗窃金融机构，数额特别巨大，依法本应判处无期徒刑以上刑罚。但考虑到许霆是在发现自动柜员机发生故障的情况下临时起意盗窃，其行为具有一定的偶然性，与有预谋、有准备盗窃金融机构的犯罪相比，主观恶性相对较小；许霆是趁自动柜员机发生故障之机，采用输入指令取款的方法窃取款项，与采取破坏手段盗取钱财相比，犯罪情节相对较轻，对许霆可以适用刑法第六十三条第二款的规定，在法定刑以下判处刑罚。"不难看出，最高人民法院通过个案复核已丰富了对"特殊情况"的阐释，而本案裁判实现了法律效果与社会效果的有机统一，这也说明将"特殊情况"解释为个案中的特殊情况是得到社会公众认同的。如果认为刑法第六十三条第二款中"特殊情况"的内涵、外延不能超出刑法第八十一条中"特殊情况"的范围，无疑不利于发挥酌定减轻处罚制度的作用。

第十六章　死刑复核程序

Q问 221. 如何把握死刑立即执行案件的报请复核？

答　死刑复核程序是以作出死刑判决、裁定的法院报请复核开始的。根据刑事诉讼法和《解释》的相关规定，报请最高人民法院核准死刑案件，应当按照下列情形分别处理：

1. 中级人民法院判处死刑的第一审案件，被告人未上诉、人民检察院未抗诉的，在上诉、抗诉期满后 10 日内报请高级人民法院复核。高级人民法院同意判处死刑的，应当在作出裁定后 10 日内报请最高人民法院核准；不同意的，应当依照第二审程序提审或者发回重新审判。

2. 中级人民法院判处死刑的第一审案件，被告人上诉或者人民检察院抗诉，高级人民法院裁定维持的，应当在作出裁定后 10 日内报请最高人民法院核准。需要注意的是，为提高诉讼效率，更好地维护被告人的合法权益，《解释》第三百四十四条第一款第二项明确了此种情形下高级人民法院向最高人民法院报核的时限。

3. 高级人民法院判处死刑的第一审案件，被告人未上诉、人民检察院未抗诉的，应当在上诉、抗诉期满后 10 日内报请最高人民法院核准。

Q问 222. 如何把握死刑立即执行案件报请复核的要求？

答　根据《解释》第三百四十六条的规定，报请复核的死刑、死刑缓期执行案件，应当一案一报。报送的材料包括报请复核的报告，第一、二审裁判文书，死刑案件综合报告各五份以及全部案卷、证据。死刑案件综合报告，第一、二审裁判文书和审理报告应当附送电子文本。同案审理的案件应当报送全案案卷、证据。曾经发回重新审判的案件，原第一、二审案卷应当一并报送。同时，根据《解释》第三百四十七条的规定，报请复核的报告、死刑案件综合报告还应当符合以下要求：

1. 报请复核的报告，应当写明案由、简要案情、审理过程和判决结果。

2. 死刑案件综合报告应当包括以下内容：（1）被告人、被害人的基本情况。被告人有前科或者曾受过行政处罚的，应当写明；（2）案件的由来和审理经过。案件曾经发回重新审判的，应当写明发回重新审判的原因、时间、案号等；（3）案件侦破情况。通过技术侦查措施抓获被告人、侦破案件，以及与自首、立功认定有关的情况，应当写明；（4）第一审审理情况。包括控辩双方意见，第一审认定的犯罪事实，合议庭和审判委员会意见；（5）第二审审理或者高级人民法院复核情况。包括上诉理由、检察机关意见，第二审审理或者高级人民法院复核认定的事实，证据采信情况及理由，控辩双方意见及采纳情况；（6）需要说明的问题。包括共同犯罪案件中另案处理的同案犯的定罪量刑情况，案件有无重大社会影响，以及当事人的反应等情况；（7）处理意见。写明合议庭和审判委员会的意见。

223. 如何把握死刑立即执行案件的复核？

根据刑事诉讼法及《解释》的相关规定，死刑立即执行案件的复核应当注意以下问题：

1. 合议庭的组成。根据刑事诉讼法第二百四十九条的规定，最高人民法院复核死刑案件，应当由审判员三人组成合议庭进行。

2. 复核方法。根据刑事诉讼法第三百四十条第一款的规定，最高人民法院复核死刑案件，应当讯问被告人。《解释》第三百四十四条第二款进一步规定："高级人民法院复核死刑案件，应当讯问被告人。"根据《解释》第五百四十四条的规定，最高人民法院复核死刑案件，讯问被告人，可以当面讯问，也可以采取视频方式讯问。

根据刑事诉讼法第二百五十一条第一款的规定，最高人民法院复核死刑案件，应当讯问被告人，辩护律师提出要求的，应当听取辩护律师的意见。《解释》第三百五十六条进一步规定："死刑复核期间，辩护律师要求当面反映意见的，最高人民法院有关合议庭应当在办公场所听取其意见，并制作笔录；辩护律师提出书面意见的，应当附卷。"

根据刑事诉讼法第二百五十一条第二款的规定，在复核死刑案件过程中，最高人民检察院可以向最高人民法院提出意见。最高人民法院应当将死刑复核结果通报最高人民检察院。《解释》第三百五十七条进一步规定："死刑复核期间，最高人民检察院提出意见的，最高人民法院应当审查，并将采纳情况及理由反馈最高人民检察院。"

3. 复核审查的内容。根据《解释》第三百四十八条的规定，复核死刑、死刑缓期执行案件，应当全面审查以下内容：（1）被告人的年龄，被告人有无刑事责任能力、是否系怀孕的妇女；（2）原判认定的事实是否清楚，证据是否确实、充分；（3）犯罪情节、后果及危害程度；（4）原判适用法律是否正确，是否必须判处死刑，是否必须立即执行；（5）有无法定、酌定从重、从轻或者减轻处罚情节；（6）诉讼程序是否合法；（7）应当审查的其他情况。

4. 对死刑立即执行案件复核后的处理。根据《解释》第三百五十条及相关规定，最高人民法院复核死刑案件，应当按照下列情形分别处理：

（1）原判认定事实和适用法律正确、量刑适当、诉讼程序合法的，应当裁定核准。

（2）原判认定的某一具体事实或者引用的法律条款等存在瑕疵，但判处被告人死刑并无不当的，可以在纠正后作出核准的判决、裁定。

（3）原判事实不清、证据不足的，应当裁定不予核准，并撤销原判，发回重新审判。

（4）复核期间出现新的影响定罪量刑的事实、证据的，应当裁定不予核准，并撤销原判，发回重新审判。

（5）原判认定事实正确，但依法不应当判处死刑的，应当裁定不予核准，并撤销原判，发回重新审判。

（6）原审违反法定诉讼程序，可能影响公正审判的，应当裁定不予核准，并撤销原判，发回重新审判。

（7）根据《解释》第三百五十一条的规定，对一人有两罪以上被判处死刑的数罪并罚案件，最高人民法院复核后，认为其中部分犯罪的死刑判决、裁定事实不清、证据不足的，应当对全案裁定不予核准，并撤销原判，发回重新审判；认为其中部分犯罪的死刑判决、裁定认定事实正确，但依法不应当判处死刑的，可以改判，并对其他应当判处死刑的犯罪作出核准死刑的判决。

（8）根据《解释》第三百五十二条的规定，对有两名以上被告人被判处死刑的案件，最高人民法院复核后，认为其中部分被告人的死刑判决、裁定事实不清、证据不足的，应当对全案裁定不予核准，并撤销原判，发回重新审判；认为其中部分被告人的死刑判决、裁定认定事实正确，但依法不应当判处死刑的，可以改判，并对其他应当判处死刑的被告人作出核准死刑的判决。

5. 不予核准死刑，发回重新审判案件的处理。根据《解释》第三百五十三条的规定，最高人民法院裁定不予核准死刑的，根据案件情况，可以发回第二审人民法院或者第一审人民法院重新审判。第一审人民法院重新审判的，应当开庭审理。第二审人民法院重新审判的，可以直接改判；必须通过开庭查清事实、核实证据或者纠正原审程序违法的，应当开庭审理。

《最高人民法院关于适用刑事诉讼法第二百二十五条（注：修改后刑事诉讼法第二百三十六条）第二款有关问题的批复》（法释〔2016〕13号），确立了最高人民法院不核准死刑的案件，第二审人民法院的发回重审规则，即："对于最高人民法院依据《中华人民共和国刑事诉讼法》第二百三十九条（注：修改后刑事诉讼法第二百五十条）和《最高人民法院关于适用〈中华人民共和国刑事诉讼法〉的解释》第三百五十三条裁定不予核准死刑，发回第二审人民法院重新审判的案件，无论此前第二审人民法院是否曾以原判决事实不清楚或者证据不足为由发回重新审判，原则上不得再发回第一审人民法院重新审判；有特殊情况确需发回第一审人民法院重新审判的，需报请最高人民法院批准。""对于最高人民法院裁定不予核准死刑，发回第二审人民法院重新审判的案件，第二审人民法院根据案件特殊情况，又发回第一审人民法院重新审判的，第一审人民法院作出判决后，被告人提出上诉或者人民检察院提出抗诉的，第二审人民法院应当依法作出判决或者裁定，不得再发回重新审判。"

其一，发回重审的次数仅限一次。不能以死刑案件特殊为由，无限制地发回重审。

其二，无论此前第二审人民法院是否曾以原判决事实不清楚或者证据不足为由发回重新审判，原则上均不得再发回第一审人民法院重新审判。这是因为，既然最高人民法院没有直接发回一审，而是发回二审重新审判，第二审人民法院就应当切实履行二审的监督、纠错职能，依法作出判决或者裁定，从司法实践看，无论不核准死刑的原因是什么，由高级人民法院自行开展相关工作，并要求中级人民法院协助，更有效果，也更容易达到目的。

其三，特殊情况下，经最高人民法院批准，可以发回第一审人民法院重新审判一次。以适应死刑案件疑难复杂的特殊情况，确保案件质量和矛盾化解。这里的"特殊情况",主要是指原判事实不清、证据不足的情形,具体包括:一是高级人民法院第一次发回重审时明确提出了核实证据、查清事实的具体要求,中级人民法院未予查实又作出死刑判决的;二是最高人民法院发回重审时提出了核实新的证据、查清新的事实的要求,高级人民法院认为发回中级人民法院重新审判,更有利于查清事实的;三是其他因事实、证据问题,发回中级人民法院重新审判更有利于查清事实、保障案件审理质量和效果的。关于对"报请最高人民法院批准"的理解。批准程序的目的是从严控制发回重审。在操作上,可以参照申请批准延长审限的做法,报请批准文书只需重点说明发回重审的理由即可。接到高级人民法院申请后,宜由最高人民法院原负责复核该死刑案件的审判庭进行审查,且原则上应由原合议庭审查办理。根据《解释》第三百五十五条的规定,最高人民法院裁定不予核准死刑,发回重新审判的案件,原审人民法院应当另行组成合议庭审理,但《解释》第三百五十条第四项、第五项规定的案件除外。详言之,因复核期间出现新的影响定罪量刑的事实、证据,或者因原判认定事实正确,但依法不应当判处死刑,裁定不予核准,并撤销原判,发回重新审判的案件,原审人民法院可以不另行组成合议庭,而由原合议庭审理。

6. 死刑复核结果的通报。刑事诉讼法第二百五十一条规定,最高人民法院应当将死刑复核结果通报最高人民检察院。《解释》第三百五十八条进一步规定:"最高人民法院应当根据有关规定向最高人民检察院通报死刑案件复核结果。"

224. 如何把握死刑案件中被告人的辩护权?

刑事诉讼法第三十三条的规定:"犯罪嫌疑人、被告人除自己行使辩护权以外,还可以委托一至二人作为辩护人。"第二百五十一条第一款规定:"最高人民法院复核死刑案件,应当讯问被告人,辩护律师提出要求的,应当听取辩护律师的意见。"《解释》第三百五十六条规定:"死刑复核期间,辩护律师要求当面反映意见的,最高人民法院有关合议庭应当在办公场所听取其意见,并制作笔录;辩护律师提出书面意见的,应当附卷。"据此,在死刑复核案件中,被告人可以委托辩护律师,最高人民法院有义务为辩护律师开展工作提供必要的便利。

为进一步保护辩护律师依法行使辩护权,切实提高死刑复核案件的质量，2015 年最高人民法院下发了《关于办理死刑复核案件听取辩护律师意见的办法》（法〔2014〕346 号），明确了律师查询立案信息，提交书面材料，查阅、摘抄、复制案卷材料，当面反映意见，送达裁判文书等内容。

第一，关于辩护律师查询立案信息。死刑复核案件的辩护律师可以向最高人民法院立案庭查询立案信息。辩护律师查询时，应当提供本人姓名、律师事务所名称、被告人姓名、案由，以及报请复核的高级人民法院的名称及案号。

第二，关于提交委托或者法律援助手续和书面材料。律师应当在接受委托或者指派之日起三个工作日提交有关手续，应当在接受委托或者指派之日起一个半月内提交辩护意见。提交相关材料，既可以经高级人民法院同意后代收并随案移送，也可以寄送至最高人民法院相关部门。需要说明的是：其一，律师提交委托、指派手续，以及书面意见的，应当在规定期限内进行，既可以确保死刑复核工作的顺利进行，又能使其辩护意见能够充分发挥作用，确保其辩护权落到实处。其二，根据刑事诉讼法和《关于办理死刑复核案件听取辩护律师意见的办法》的相关规定，可以由法律援助机构指派律师，为死刑复核案件的被告人提供辩护。

第三，辩护律师有权查阅、摘抄、复制案卷材料，但地点限于最高人民法院办公场所。查阅、摘抄、复制案卷材料是辩护律师的基本权利，是辩护律师提出辩护意见的基础。将地点限于最高人民法院办公场所，主要是为了提高阅卷效率，确保死刑复核工作顺利进行。

第四，关于辩护律师当面反映意见。（1）听取意见的主体，一般是承办法官、法官助理与书记员，也可以是合议庭其他成员或者全体成员与书记员。随着司法改革的深入，有的合议庭还配备了法官助理，我们认为，法官助理在合议庭或者承办法官的指导下，也可以当面听取辩护律师的意见。（2）听取意见的地点，应当在最高人民法院或者地方人民法院办公场所进行，这里的"地方人民法院"，一般是指被告人羁押地的人民法院或者原审法院等，以确保听取、反映意见的过程公正、规范，减轻辩护律师的奔波之苦。（3）辩护律师可以携律师助理参加。需要明确两点：一是辩护律师必须本人到场，律师助理不能单独反映意见；二是律师助理的人数不宜超过二人。

Q 问 225. 如何把握死刑缓期二年执行的复核程序?

死刑缓期二年执行,是我国特有的刑罚执行制度,其并非独立的刑罚种类,而是死刑的一种特殊执行方式。根据刑事诉讼法和《解释》的相关规定,死刑缓期二年执行的复核程序应当注意以下问题:

1. 死刑缓期二年执行案件的核准权。刑事诉讼法第二百四十八条规定:"中级人民法院判处死刑缓期二年执行的案件,由高级人民法院核准。"由此可见,死刑缓期二年执行的案件的核准权由高级人民法院统一行使。

2. 死刑缓期二年执行案件的报请复核。根据《解释》第三百四十五条的规定,中级人民法院判处死刑缓期执行的第一审案件,被告人未上诉、人民检察院未抗诉的,应当报请高级人民法院核准。需要注意的是,刑法第四十八条规定:"死刑缓期执行的,可以由高级人民法院判决或核准。"因此,中级人民法院判处死刑缓期执行的第一审案件,被告人上诉或者人民检察院抗诉的,高级人民法院应当按照第二审程序进行审理,维持原判的,即为生效判决,不需要再进行复核。

3. 死刑缓期二年执行案件的复核。根据刑事诉讼法第二百四十九条的规定,高级人民法院复核死刑缓期执行的案件,应当由审判员三人组成合议庭进行。根据《解释》第三百四十九条的规定,高级人民法院复核死刑缓期执行案件,应当按照下列情形分别处理:

(1) 原判认定事实和适用法律正确、量刑适当、诉讼程序合法的,应当裁定核准;

(2) 原判认定的某一具体事实或者引用的法律条款等存在瑕疵,但判处被告人死刑缓期执行并无不当的,可以在纠正后作出核准的判决、裁定;

(3) 原判认定事实正确,但适用法律有错误,或者量刑过重的,应当改判;

(4) 原判事实不清、证据不足的,可以裁定不予核准,并撤销原判,发回重新审判,或者依法改判。需要注意的是,《1998年解释》第二百七十八第二款第二项规定,高级人民法院对于报请核准的死刑缓期二年执行的案件,认为原判事实不清、证据不足的,应当裁定发回重新审判。经研究认为,对于事实不清、证据不足的,高级人民法院可以查清事实和证据的,可以依法改判,没有必要再发回重审,以提升审判效率、节约诉讼资源。因此,《解释》第三百四十九条第一款第四项规定:"原判事实不清、证据不足的,可以裁定不予核准,并撤销原判,发回重新审判,或者依法改判。"

(5)复核期间出现新的影响定罪量刑的事实、证据的,可以裁定不予核准,并撤销原判,发回重新审判,或者依照《解释》第二百二十条规定审理后依法改判。例如,对于死缓复核期间,被告人有揭发他人犯罪或者提供重要线索,从而得以侦破其他案件等立功表现的,在查证属实的情况下可以改判,以节约司法资源。考虑到此种情况系出现在复核期间,而非法庭审理过程中,专门规定可以依据《解释》第二百二十条规定,庭外征求意见。

(6)原审违反法定诉讼程序,可能影响公正审判的,应当裁定不予核准,并撤销原判,发回重新审判。

需要注意的是,根据《解释》第三百四十九条第二款的规定,高级人民法院复核死刑缓期执行案件,不得加重被告人的刑罚。

第十七章　查封、扣押、冻结财物及其处理

Q问 226. 如何把握人民法院查封、扣押、冻结在案财物的具体程序和要求？

答 刑事诉讼法第一百四十一条规定，在侦查活动中发现的可用以证明犯罪嫌疑人有罪或者无罪的各种财物、文件，应当查封、扣押；第一百四十四条规定，人民检察院、公安机关根据侦查犯罪的需要，可以依照规定查询、冻结犯罪嫌疑人的存款、汇款、债券、股票、基金份额等财产。可见，查封、扣押、冻结在案财物是侦查、公诉机关的职责。同时，第一百九十六条第二款规定："人民法院调查核实证据，可以进行勘验、检查、查封、扣押、鉴定和查询、冻结。"故对于作为证据使用的财物，人民法院也可以查封、扣押、冻结。为此，《解释》第三百五十九条对人民法院查封、扣押、冻结财物的程序和要求作了规范：

1. 查封不动产、车辆、船舶、航空器等财物，应当扣押其权利证书，经拍照或者录像后原地封存，或者交持有人、被告人的近亲属保管，登记写明财物的名称、型号、权属、地址等详细情况，并通知有关财物的登记、管理部门办理查封登记手续。

2. 扣押物品，应当登记写明物品名称、型号、规格、数量、重量、质量、成色、纯度、颜色、新旧程度、缺损特征和来源等。扣押货币、有价证券，应当登记写明货币、有价证券的名称、数额、面额等，货币应当存入银行专门账户，并登记银行存款凭证的名称、内容。扣押文物、金银、珠宝、名贵字画等贵重物品以及违禁品，应当拍照，需要鉴定的，应当及时鉴定。对扣押的物品应当根据有关规定及时估价。

3. 冻结存款、汇款、债券、股票、基金份额等财产，应当登记并写明编号、种类、面值、张数、金额等。

人民法院对查封、扣押、冻结的被告人财物及其孳息，应当妥善保管，并制作清单，附卷备查。任何单位和个人不得挪用或者自行处理。

227. 对被害人的合法财产应当如何处理?

《解释》第三百六十条规定,对被害人的合法财产,权属明确的,应当依法及时返还,但须经拍照、鉴定、估价,并在案卷中注明返还的理由,将原物照片、清单和被害人的领取手续附卷备查;权属不明的,应当在人民法院判决、裁定生效后,按比例返还被害人,但已获退赔的部分应予扣除。具体而言:

1. 权属明确,可以确认属于特定被害人所有的,应当依法及时返还。对权属明确的财物,公安、司法机关应当依法及时返还,不必等到判决生效后再返还。当然,如果必须作为证据使用,且须当庭出示的物证,则应当暂缓返还,并向被害人说明原因。比如,被告人盗窃被害人的一辆汽车,该车显然不必在法庭上出示,故应当在辨认、拍照后及时返还被害人。

2. 权属不明的,应当在判决生效后,按比例返还被害人。在具有多名被害人的案件中,如果在案财物涉及多名被害人,权属不明确,不能确认系哪一被害人所有,且在案财物不足以清偿所有被害人损失的,就应当在判决生效后,按比例返还被害人。比如,在案财物是作为种类物的货币或者存款等,就应当按照各被害人因犯罪而损失的财物占全部在案财物的比例返还给被害人,但已获退赔的应予扣除。

需要指出的是,对于当前一些地方司法实践中常见的集资类刑事案件,除了涉及被害人集资款的本金之外,还可能涉及较大数额的利息。由于此类非法集资通常涉及高额利息,并由此严重干扰金融管理秩序,因此,一般认为,对于非法集资款的本金,应当及时返还被害人,但对于超出本金部分的利息,则不予保护。实际上,非法集资类案件在资金链断裂之后,公安、司法机关查封、扣押、冻结的犯罪嫌疑人、被告人财物已经无法偿还所有被害人投入的本金,此种情况下,应当优先考虑按比例偿还各被害人的本金,确保各被害人最大限度地收回本金。

228. 对扣押、查封、冻结在案的特殊财产能否先行处理?

刑事诉讼法第二百四十五条第一款规定:"对违禁品或者不宜长期保存的物品,应当依照国家有关规定处理。"但对其他特殊财物却没有规定可以先行处理。司法实践中,股票、债券、基金、权证、期货、仓单、黄金等权证或贵金属的价值,受市场影响明显,处理的时机非常重要,如果非要等到案件审理终结后再行处理，有可能出现价值明显受损的情况。因此，权利人提出出售的请求，只要不损害国家利益，也不损害被害人利益，且不影响诉讼正常进行的，均可以同意出售；汇票、本票、支票等的兑付一般有期限要求，如果不在有效期限内进行处理，将给之后的财物处理工作增添不必要的麻烦。据此，《解释》第三百六十一条规定："审判期间，权利人申请出卖被扣押、冻结的债券、股票、基金份额等财产，人民法院经审查，认为不损害国家利益、被害人利益，不影响诉讼正常进行的，以及扣押、冻结的汇票、本票、支票有效期即将届满的，可以在判决、裁定生效前依法出卖，所得价款由人民法院保管，并及时告知当事人或者其近亲属。"

特殊财产先行处理后，如何保管？对于证券类资产，除交易所开设的证券交易账户外，都有与其相对应的银行资金账户，证券出售后，所得价款自然进入其对应的资金账户；而对于汇票、本票、支票，出票人与持票人往往不是同一人，且现金支票无须转账，见票即付，无须银行账户，故《解释》原则规定"所得价款由人民法院保管"，至于人民法院是保管存单、现金，还是冻结账户等，可根据案件情况灵活决定。

Q问 229. 不宜移送的实物的范围是什么？

答 对于什么财物应当随案移送，实践中容易出现公安、司法机关互相扯皮的问题。对此，《解释》第三百六十二条规定，对作为证据使用的实物，包括作为物证的货币、有价证券等，应当随案移送。第一审判决、裁定宣告后，被告人上诉或者人民检察院抗诉的，第一审人民法院应当将上述证据移送第二审人民法院。第三百六十三条规定，大宗的、不便搬运的物品，易腐烂、霉变和不易保管的物品，枪支弹药、剧毒物品、易燃易爆物品以及其他违禁品、危险物品，属于不宜移送的实物。

有意见提出，将危害国家安全的传单、标语、信件和其他宣传品，秘密文件、图表资料，珍贵文物、珍贵动物及其制品、珍稀植物及其制品，也应明确规定为不宜移送的实物。经研究，上述所列物品均是重要证据，或者涉赃，能否在案件审结前就处理，值得研究。而且，如果确实不宜移送的，可以适用《解释》第三百六十三条的规定，或者个案协商处理。

Q问 **230. 如何把握查封、扣押、冻结财物的审查认定和处理程序？**

答 对查封、扣押、冻结财物的审查认定和处理程序，《解释》进行了三方面的完善：

1. 完善审查程序。为了引导法官在庭审中专门对在案财物进行调查，以转变"重人身轻财产"观念，《解释》第三百六十四条要求在法庭审理过程中，对查封、扣押、冻结的财物及其孳息，应当调查其权属情况，是否属于违法所得或者依法应当追缴的其他涉案财物。并明确规定，对于经审查，不能确认查封、扣押、冻结的财物及其孳息属于违法所得或者依法应当追缴的其他涉案财物的，不得没收，以保护被告人、被害人及相关财产所有权人的合法权益。

2. 设置异议程序。在刑事追赃涉及善意第三人的案件中，赋予善意第三人表达异议的渠道，要求法官倾听善意第三人的声音，并依法作出处理，是实现案件公正审理的必要条件。为此，《解释》原则规定："案外人对查封、扣押、冻结的财物及其孳息提出权属异议的，人民法院应当审查并依法处理。"根据《刑事财产执行规定》第十五条的规定，执行过程中，案外人向人民法院提出异议的，无法通过裁定补正的，应当告知异议人通过审判监督程序处理。人民法院可以通过庭前会议等形式，听取当事人、辩护人、案外人提出的涉案财物是否属于赃款赃物、是否属于被告人合法财产的意见。

3. 细化判决处理。刑事诉讼法第二百四十五条第三款明确规定："人民法院作出的判决，应当对查封、扣押、冻结的财物及其孳息作出处理。"为此，不管财物是否随案移送，法院均应当审查处理。但对于未随案移送的财物，法院判决后自己无法执行。为解决此矛盾，《解释》第三百六十五条规定："对查封、扣押、冻结的财物及其孳息，应当在判决书中写明名称、金额、数量、存放地点及其处理方式等。涉案财物较多，不宜在判决主文中详细列明的，可以附清单。""涉案财物未随案移送的，应当在判决书中写明，并写明由查封、扣押、冻结机关负责处理。"第三百六十六条第一款规定："查封、扣押、冻结的财物及其孳息，经审查，确属违法所得或者依法应当追缴的其他涉案财物的，应当判决返还被害人，或者没收上缴国库，但法律另有规定的除外。"实践中，一般而言，追缴的赃款赃物、对价或价值转化物应当全部返还被害人或上缴国库，被告人的案外债权人不得参与分配。追缴所得的特定物，应当返还特定的被害人。对执行责令退赔所得的被告人财产，被害人依比例参加与被告人的案外债权人共同分配。被告人财产已设定抵押的，抵押权人优先受偿。涉案财产上有未偿还贷款、借款等正当债务的，应预留该项债务的应得份额。当然，对于查封、扣押、冻结的财物与本案无关但已列入清单的，不宜在判决中处理，应当由查封、扣押、冻结机关依法处理。

对于涉案财物巨大、复杂的涉众型犯罪，如非法集资、非法吸收公众存款等犯罪案件，确实难以在判决时完全查明权属关系的，可以在判决书中对财物的处理作概括表述，待案件生效后以执行清单的方式移送执行部门处理，必要时可以作出补充判决或者裁定。

对于在判决时确实难以查清财产性质的，不宜简单地判决返还被告人，可以暂不判决没收，待查清后再作处理。

对于尚未追缴到案的违法所得，法院应当依法判决予以追缴或者责令退赔。主要考虑：刑法第六十四条明确规定："犯罪分子违法所得的一切财物，应当予以追缴或者责令退赔；对被害人的合法财产，应当及时返还"，《附带民事诉讼范围规定》第五条也明确规定："犯罪分子非法占有、处置被害人财产而使其遭受物质损失的，人民法院应当依法予以追缴或者责令退赔。"而且，对于犯罪分子非法占有、处置被害人财产而使其遭受物质损失的，被害人不能提起附带民事诉讼。如果法院不依法判处继续追缴或者责令退赔，被害人的权益就无法得到保护。因此，应当依法判决继续追缴或者责令退赔。根据《刑事财产执行规定》的规定，人民法院刑事裁判涉财产部分的执行如追缴、责令退赔等由人民法院依法执行。

对于违法所得或者依法应当追缴的其他涉案财物的处置，主要是判决返还被害人，或者没收上缴国库。此外，因为实践中，对查扣财物的处置措施多种多样，情况较为复杂。还可能有其他处置。例如，比如，在走私废物罪中，有些查封、扣押在案的废物按照规定应当退回出口地。此外，在没收上缴的过程中，没收财物的价值可能有合法的"流失"，如支付拍卖费用、鉴定费用以及用于奖励等必要开支，可见没收财物与最终上缴国库财物的价值也不一定相等。因此，《解释》在第三百六十六条第一款规定："但法律另有规定的除外。"

Q问 **231. 刑事裁判涉财产部分的裁判与执行中，对于查封、扣押、冻结财物的处理需要注意哪些问题？**

答 对查封、扣押、冻结财物判决后的执行问题，《解释》主要进行了两方面的完善：

1. 完善了财物无人认领时的处置程序。一是《解释》第三百六十六条第二款规定："判决返还被害人的涉案财物，应当通知被害人认领；无人认领的，应当公告通知；公告满三个月无人认领的，应当上缴国库；上缴国库后有人认领，经查证属实的，应当申请退库予以返还；原物已经拍卖、变卖的，应当返还价款。"

二是《解释》第三百六十六条第三款规定："对侵犯国有财产的案件，被害单位已经终止且没有权利义务继受人，或者损失已经被核销的，查封、扣押、冻结的财物及其孳息应当上缴国库。"贪污、挪用公款犯罪的对象并非仅系公共财物，还包括刑法第二百七十一条第二款、第二百七十二条第二款所涉及的非公共财产，此种情形下即使受委派的非国有单位已将被贪污、挪用的财物作为损失核销，也不应上缴国库，仍宜发还原单位，否则系"国家与民争利"，不利于最大限度地保护被害单位的财产，有违司法公正原则。

2. 完善了移送执行财产刑和赔偿损失的程序。《解释》第三百六十九条第二款规定："查封、扣押、冻结的财物属于被告人合法所有的，应当在赔偿被害人损失、执行财产刑后及时返还被告人；财物未随案移送的，应当通知查封、扣押、冻结机关将赔偿被害人损失、执行财产刑的部分移送人民法院。"

在《解释》基础上，《刑事财产执行规定》又对相关内容作了进一步规定，主要包括：

1. 人民法院刑事审判中可能判处被告人财产刑、责令退赔的，刑事审判部门应当依法对被告人的财产状况进行调查；发现可能隐匿、转移财产的，应当及时查封、扣押、冻结其相应财产。

2. 刑事审判或者执行中，对于侦查机关已经采取的查封、扣押、冻结，人民法院应当在期限届满前及时续行查封、扣押、冻结。人民法院续行查封、扣押、冻结的顺位与侦查机关查封、扣押、冻结的顺位相同。对侦查机关查封、扣押、冻结的财产，人民法院执行中可以直接裁定处置，无需侦查机关出具解除手续，但裁定中应当指明侦查机关查封、扣押、冻结的事实。

3. 刑事裁判涉财产部分的裁判内容，应当明确、具体。涉案财物或者被害人人数较多，不宜在判决主文中详细列明的，可以概括叙明并另附清单。判处没收部分财产的，应当明确没收的具体财物或者金额。判处追缴或者责令退赔的，应当明确追缴或者退赔的金额或财物的名称、数量等相关情况。

4. 人民法院可以向刑罚执行机关、社区矫正机构等有关单位调查被执行人的财产状况，并可以根据不同情形要求有关单位协助采取查封、扣押、冻结、划拨等执行措施。

5. 判处没收财产的，应当执行刑事裁判生效时被执行人合法所有的财产。执行没收财产或罚金刑，应当参照被扶养人住所地政府公布的上年度当地居民最低生活费标准，保留被执行人及其所扶养家属的生活必需费用。

6. 对赃款赃物及其收益，人民法院应当一并追缴。赃款赃物已被用于投资或者置业，对因此形成的财产及其收益，人民法院应予追缴。赃款赃物与其他合法财产共同投资或者置业，对因此形成的财产中与赃款赃物对应的份额及其收益，人民法院应予追缴。对于被害人的损失，应当按照刑事裁判认定的实际损失予以发还或者赔偿。

7. 刑事裁判认定为赃款赃物的涉案财物被用于清偿债务、转让或者设置其他权利负担，具有下列情形之一的，人民法院应予追缴：（1）第三人明知是涉案财物而接受的；（2）第三人无偿或者以明显低于市场的价格取得涉案财物的；（3）第三人通过非法债务清偿或者违法犯罪活动取得涉案财物的；（4）第三人通过其他恶意方式取得涉案财物的。第三人善意取得涉案财物的，不予追缴。作为原所有人的被害人对该涉案财物主张权利的，人民法院应当告知其通过诉讼程序处理。

8. 案外人或被害人认为刑事裁判中对涉案财物是否属于赃款赃物认定错误或者应予认定而未认定，向人民法院提出书面异议，可以通过裁定补正的，应当将异议材料移送原作出裁判的刑事审判部门处理；无法通过裁定补正的，应当告知异议人通过审判监督程序处理。

第十八章　审判监督程序

232. 《解释》对于有权申诉的主体范围是怎么规定的？

依照刑事诉讼法规定，我国审判监督程序的启动，分为三种情况，一是根据申诉主体的申诉，二是根据人民检察院的抗诉，三是根据人民法院的自行审查。当然，申诉主体的申诉，不像人民检察院的抗诉一样必然启动再审，还需经过人民法院的审查，符合刑事诉讼法第二百五十三条规定的情形之一的，才能启动再审。那么，哪些人可以成为申诉主体，对已经生效的判决、裁定进行申诉呢？对此，刑事诉讼法第二百五十二条明确规定："当事人及其法定代理人、近亲属，对已经发生法律效力的判决、裁定，可以向人民法院或者人民检察院提出申诉，但是不能停止判决、裁定的执行。"

根据上述规定，刑事诉讼法规定的申诉主体包括三类，即当事人、当事人的法定代理人、当事人的近亲属。依据刑事诉讼法第一百零八条规定，"当事人"是指"被害人、自诉人、犯罪嫌疑人、被告人、附带民事诉讼原告人和被告人"，但由于"犯罪嫌疑人"系侦查和审查起诉阶段对于涉嫌犯罪的人的一种称谓，案件起诉到人民法院后便称为"被告人"了，因而作为再审申诉主体的"当事人"就不再包括"犯罪嫌疑人"了；"法定代理人"是指"被代理人的父母、养父母、监护人和负有保护责任的机关、团体的代表"，当然，当事人成为被代理人的前提条件是当事人本身的行为能力确实受到限制，如系未成年人、间歇性精神病人或者尚未完全丧失辨认或者控制自己行为能力的精神病人等；"近亲属"是指当事人的"夫、妻、父、母、子、女、同胞兄弟姐妹。"正因为如此，《解释》第三百七十一条规定："当事人及其法定代理人、近亲属对已经发生法律效力的判决、裁定提出申诉的，人民法院应当审查处理。"

法律之所以规定当事人及其法定代理人、近亲属可以对已经发生法律效力的判决、裁定提出申诉，是因为当事人是与案件裁判结果存在直接利害关系的主体，裁判结果的内容对其有着直接的影响。特别是被告人作为刑事责任的直接承担者，生效裁判的内容的实现，要以被告人的付出为对应。而其法定代理人、近亲属，虽非生效裁判的直接利害关系主体，但也会不可避免地受到生效裁判的影响，况且，在不少情况下，由于当事人可能存在行为能力或者主张权利的能力等方面的限制或困难，不能切实有效地行使自己的申诉权，故授权其法定代理人、近亲属亦可以提出申诉。

然而，司法实践中，有的虽然不是当事人或者当事人的法定代理人、近亲属，但案件的处理结果也与其存在一定的利害关系，即已经发生法律效力的判决、裁定侵害了其合法权益，对于这样的主体能否提出申诉的问题，法律没有进行明确的规定。如，被告人某甲系某公司聘任的总经理，法定代表人，他代表单位在另一公司向银行的借款合同提供担保，后因该公司未能清偿借款本息而由某甲所在单位承担连带清偿责任，某甲同意用单位的某一财产来清偿，执行完毕后，某甲被以挪用资金罪追究刑事责任。因刑期不长，某甲在上诉被驳回后便不再申诉。因某甲被以挪用资金罪判刑，银行因某甲同意获得的其所在单位承担担保责任的财产便被作为赃款而要求执行回转。在这种情况下，不允许银行进行申诉，显然是不公平的。因此，为了弥补法律规定的不足，从保护公民及社会主体的权利出发，《解释》第三百七十一条第二款规定："案外人认为已经发生法律效力的判决、裁定侵害其合法权益，提出申诉的，人民法院应当审查处理。"这就是说，虽然作为当事人的某甲及其近亲属对其被判挪用资金罪的生效裁判不再申诉，但因该裁判而可能使其合法权益遭受侵害的银行也可以提出申诉，对于这种案外人的申诉，人民法院也应当审查处理。

233. 向人民法院进行刑事申诉，应当提交哪些材料？

《解释》第三百七十二条中明确规定："向人民法院申诉，应当提交以下材料：（一）申诉状。应当写明当事人的基本情况、联系方式以及申诉的事实与理由；（二）原一、二审判决书、裁定书等法律文书。经过人民法院复查或者再审的，应当附有驳回通知书、再审决定书、再审判决书、裁定书；（三）其他相关材料。以有新的证据证明原判决、裁定认定的事实确有错误为由申诉的，应当同时附有相关证据材料；申请人民法院调查取证的，应当附有相关线索或者材料。"同时规定："申诉不符合前款规定的，人民法院应当告知申诉人补充材料；申诉人对必要材料拒绝补充且无正当理由的，不予审查。"

Q问 **234. 人民法院对于刑事申诉的审查，应当注意哪些问题？**

答 根据《解释》第三百七十三条至三百七十六条规定看，在对刑事申诉进行审查时，应注意以下问题：

1. 关于由何级法院审查问题，原则上由终审法院审查，但第二审人民法院裁定准许撤回上诉的案件，申诉人对第一审判决提出申诉的，可以由第一审人民法院审查处理。作这样的规定，是因为案件经终审法院审理后发生法律效力，终审法院对于生效裁判的内容最了解，由其进行审查，更为适当。如果由终审法院的下级法院来审查，显然不利于有效纠错，而如果不分情况均由终审法院的上级法院来审查，不仅会过分加重上级法院的负担，而且也不见得更利于纠正其中的错误。所以，上一级人民法院对未经终审人民法院审查处理的申诉，可以告知申诉人向终审人民法院提出申诉，或者直接交终审人民法院审查处理，并告知申诉人。但是，对于已向上级法院提出申诉疑难、复杂、重大案件，也可以由上级法院直接审查。

对未经终审人民法院及其上一级人民法院审查处理，直接向上级人民法院申诉的，上级人民法院可以告知申诉人向下级人民法院提出。

2. 关于死刑案件申诉的审查作有特别规定，即由原核准的人民法院直接审查处理。因为原核准的人民法院是最后审理案件的法院，案件经核准审理后才交付执行，从时间上来讲，原核准法院是接触案件情况最近的法院，进行审查也更加便利。但是，如果原核准法院认为由原审人民法院审查更为适宜的，也可以交由原审人民法院审查，因为核准法院所核准的，毕竟是原审法院的裁判。但原审人民法院审查后，不能自行处理，应当写出审查报告，提出处理意见，层报原核准的人民法院审查处理。

3. 审查的时间有明确规定，即对于立案审查的申诉案件，应当在三个月内作出决定，至迟不得超过六个月。当然，这是对于立案审查的申诉案件而言的，对于未立案的申诉案件就不适用该时间规定了。那么，什么样的申诉案件是应当立案的申诉案件呢，对此，《解释》未明确规定，但可以将其理解为符合法定的申诉主体条件、提交了符合要求的申诉材料、符合《解释》规定的审查法院级别要求且此前未经审查法院立案审查过的案件。

4. 对于何为"新的证据"有了明确的界定。根据《解释》第三百七十六条规定，具有下列情形之一，可能改变原判决、裁定据以定罪量刑的事实的证据，应当认定为"新的证据"：（1）原判决、裁定生效后新发现的证据；（2）原判决、裁定生效前已经发现，但未予收集的证据；（3）原判决、裁定生效前已经收集，但未经质证的证据；（4）原判决、裁定所依据的鉴定意见，勘验、检查等笔录或者其他证据被改变或者否定的。

235.《解释》对于申诉案件重新审判的条件是如何规定的？

关于重新审判的条件，在刑事诉讼法第二百五十三条中，规定为五个方面：（1）有新的证据证明原判决、裁定认定的事实确有错误，可能影响定罪量刑的；（2）据以定罪量刑的证据不确实、不充分、依法应当予以排除，或者证明案件事实的主要证据之间存在矛盾的；（3）原判决、裁定适用法律确有错误的；（4）违反法律规定的诉讼程序，可能影响公正审判的；（5）审判人员在审理该案件的时候，有贪污受贿，徇私舞弊，枉法裁判行为的。《解释》借鉴 2002 年《再审立案意见》的规定，将其细化为九项条件。这九项条件分别为：（1）有新的证据证明原判决、裁定认定的事实确有错误，可能影响定罪量刑的；（2）据以定罪量刑的证据不确实、不充分、依法应当排除的；（3）证明案件事实的主要证据之间存在矛盾的；（4）主要事实依据被依法变更或者撤销的；（5）认定罪名错误的；（6）量刑明显不当的；（7）违反法律关于溯及力规定的；（8）违反法律规定的诉讼程序，可能影响公正裁判的；（9）审判人员在审理该案件时有贪污受贿、徇私舞弊、枉法裁判行为的。

另外，根据《解释》第三百二十五条第一款第七项规定，原判事实清楚，证据确实、充分，但判处的刑罚畸轻、应当适用附加刑而没有适用的，不得直接加重刑罚、适用附加刑，也不得以事实不清、证据不足为由发回第一审人民法院重新审判。必须依法改判的，应当在第二审判决、裁定生效后，依照审判监督程序重新审判。

236. 人民法院对于刑事申诉进行审查后，应如何处理？

根据《解释》第三百七十五条规定，对于立案审查的申诉案件，在 3 个月内（至迟不超过 6 个月）审查完毕后，符合重新审判条件的，作出重新审判的决定；不符合重新审判条件的，应当说服申诉人撤回申诉，不愿撤回申诉仍然坚持的，以书面通知驳回其申诉。

按照上述规定执行，可以使一些申诉理由成立、裁判确有错误的案件通过重新审判而得以纠正，实现审判监督程序的纠错价值，使一些申诉理由不能成立，生效裁判没有问题的案件得以继续维持，从而维护生效裁判的稳定性和权威性。

需要说明的是，申诉人对驳回申诉不服的，还可以向上一级人民法院申诉。上一级人民法院经审查认为申诉不符合刑事诉讼法第二百五十三条和本《解释》第三百七十五条第二款规定的，应当说服申诉人撤回申诉；对仍然坚持申诉的，应当驳回或者通知不予重新审判。

至于申诉人的申诉经终审法院的上级法院驳回后是否还可以申诉的问题，从理论上说，其申诉权仍然存在。但是为了避免无理申诉的无休无止，过多占用司法资源，《再审立案意见》第十五条规定，上级人民法院对经终审法院的上一级人民法院依照审判监督程序审理后维持原判或者经两级人民法院依照审判监督程序复查均驳回的申请再审或申诉案件，一般不予受理。但再审申请人或申诉人提出新的理由，且符合应当重新审判条件的，以及刑事案件的原审被告人可能被宣告无罪的除外。第十六条规定，最高人民法院再审裁判或者复查驳回的案件，再审申请人或申诉人仍不服提出再审申请或申诉的，不予受理。

Q问 237. 审判监督程序中可以指令哪个法院进行再审？

答　指令再审是指上级法院依法指示、命令下级人民法院重新审判案件的方式。刑事诉讼法第二百五十五条规定："上级人民法院指令下级人民法院再审的，应当指令原审人民法院以外的下级人民法院审理；由原审人民法院审理更为适宜的，也可以指令原审人民法院审理。"按照该规定，上级人民法院指令下级人民法院再审的，以指定原审法院以外的下级法院审理为原则，以指定原审人民法院审理为例外，只有在从案件再审的全面情况考虑，由别的法院审理可能会存在证据核查、当事人参加庭审等诸多方面的不便或困难，相比之下由原审人民法院审理更为适宜的，才能指定原审人民法院审理。这样规定，既有原则，又有例外，坚持了原则性与灵活性的统一，既解决了对原审人民法院审理可能相对难以纠错的担忧，又使一些不适于指定其他法院再审的案件也能有机会指定原审人民法院审理，因而是非常合理、科学的。

对此，《解释》于第三百七十九条第二款进一步规定："上级人民法院指令下级人民法院再审的，一般应当指令原审人民法院以外的下级人民法院审理"，只有"由原审人民法院审理更有利于查明案件事实、纠正裁判错误的"，才"可以指令原审人民法院审理"。

238. 人民法院对于人民检察院的抗诉是否一律都要立案再审？

刑事诉讼法第二百五十四条第三款规定："最高人民检察院对各级人民法院已经发生法律效力的判决和裁定，上级人民检察院对于对下级人民法院已经发生法律效力的判决和裁定，如果发现确有错误，有权按照审判监督程序向同级人民法院提出抗诉。"第四款规定："人民检察院抗诉的案件，接受抗诉的人民应当组成合议庭重新审理，对于原判决事实不清楚或者证据不足的，可以指令下级人民法院再审。"根据前述规定，人民检察院作为法律监督机关，依照法律规定向人民法院提出抗诉的，人民法院应当立案再审，但有一个前提条件，就是人民检察院的抗诉必须符合立案再审的条件。

实践中，存在一些不符合立案再审条件抗诉案件，造成人民法院和检察机关产生分歧，既不利于案件的依法妥善处理，同时，也带来司法资源的浪费。为了解决这一问题，《解释》第三百八十条规定："对人民检察院依照审判监督程序提出抗诉的案件，人民法院应当在收到抗诉书后一个月内立案。但是，有下列情形之一的，应当区别情况予以处理：（一）对不属于本院管辖的，应当将案件退回人民检察院；（二）按照抗诉书提供的住址无法向被抗诉的原审被告人送达抗诉书的，应当通知人民检察院在三日内重新提供原审被告人的住址；逾期未提供的，将案件退回人民检察院；（三）以有新的证据为由提出抗诉，但未附相关证据材料或者有关证据不是指向原起诉事实的，应当通知人民检察院在三日内补送相关材料；逾期未补送的，将案件退回人民检察院。"

239. 对于人民检察院依审判监督程序抗诉的案件，人民法院是否可以指令下级法院再审？

关于人民检察院依审判监督程序抗诉的案件，接受抗诉的人民法院是否可以指令下级法院再审的问题，一直存在不同看法。一种观点认为，从审理法院与支持公诉的检察机关的同级性以及排除案件纠错的阻力方面考虑，应当由接受抗诉的人民法院直接审理，而不应当再将案件指令下级人民法院再审。另一种观点认为，再审的目的是纠正错误，当案件由下级法院审理并不可能影响案件纠错，特别是对一些事实证据存在问题，需要进一步予以查证的案件，将案件指令下级法院审理，还会更有利于案件的妥善处理时，不应排除该指令下级法院再审的做法。

应该说，上述两种观点都有其正确的方面，也有其不足所在。将抗诉案件随意指令下级法院再审显然是不妥当的，但也不能完全排除指令下级法院的做法。正确的处理应该是以直接审理为原则，以指令再审为补充。《解释》第三百八十一条规定："对人民检察院依照审判监督程序提出抗诉的案件，接受抗诉的人民法院应当组成合议庭审理。对原判事实不清、证据不足，包括有新的证据证明原判可能有错误，需要指令下级人民法院再审的，应当在立案之日起一个月内作出决定，并将指令再审决定书送达抗诉的人民检察院。"

《解释》的这一规定，将指令下级法院再审的案件限定在"原判事实不清、证据不足，包括有新的证据证明原判可能有错误"的案件范围内，并要求指令再审必须"在立案之日起一个月内作出决定"，既坚持了抗诉案件审理的层次性、及时性，又照顾到少数案件的本身的特殊性、差异性，是完全科学的、可行的。

240. 人民法院按照审判监督程序再审的案件，在再审期间是否一律不能停止原判决、裁定的执行？

再审期间不停止原判决、裁定的执行，对于保障生效裁判的稳定性和权威性是很有意义的，但也过于绝对，没有照顾到审判监督程序是纠错程序的特殊性。因为启动再审程序不管是基于何种理由，其基本的原因是原生效裁判可能存在错误。不问具体情由而一律不停止原生效裁判的执行显然不科学。

司法实践中，对于一些已经有强力证据证明原审被告人明显无罪的特殊案件，如类似于佘祥林、赵作海等案件，即使快速启动再审程序并尽快进行审理，在上述期间内，仍不得不继续执行被告人的刑罚。即使按实践中的"换押"处理，将原审被告人从监狱转换到再审法院所在地的看守所关押，由于未宣告对原判刑罚先行停止执行，实际上原审被告人仍然是在继续执行刑罚，只不过改变了执行地点而已。这明显有违司法公正的基本价值，使已经清楚明确的错误进一步延续，也可能人为加大国家赔偿的负担。对于上述内容，为尽快实现对当事人合法权利的切实保护，有必要对已有确凿证据证明原审被告人无罪的特殊案件，可在启动再审程序的同时，裁定先行停止原判决的执行，避免原审被告人进一步受到原错误裁判的伤害。

基于上述考虑，刑事诉讼法第二百五十七条第二款规定："人民法院按照审判监督程序审判的案件，可以决定中止原判决、裁定的执行。"《解释》第三百八十二条中规定："再审期间不停止原判决、裁定的执行，但被告人可能经再审改判无罪，或者可能经再审减轻原判刑罚而致刑期届满的，可以决定中止原判决、裁定的执行，必要时，可以对被告人采取取保候审、监视居住措施。"

Q问 241. 人民法院按照审判监督程序重新审理的案件，是否都要进行全面审查？

答 全面查清案件事实，确保原判决、裁定中存在的错误得以有效纠正确实很有意义，但忽略了再审和二审之间的重点区别。且在再审中不分情况，不问需要地一切推倒重来，不可避免地会带来司法资源的浪费。由于再审所针对的是已经发生法律效力了的裁判，除非是确实为申诉、抗诉或自行审查中认为可能存在问题的事实，其他没有争议并已经由生效裁判确定了的事实就不一定要再成为审查的重点。如果不分轻重地全面审查，反而不利于有效地纠正错误。基于此，《解释》第三百八十三条规定："依照审判监督程序重新审判的案件，人民法院应当重点针对申诉、抗诉和决定再审的理由进行审理。必要时，应当对原判决、裁定认定的事实、证据和适用法律进行全面审查。"

Q问 242. 人民法院按照审判监督程序重新审理的案件，在审理方式上有何要求？

答 1. 关于审判组织，必须组成合议庭进行，不能进行独任审判；由原审人民法院审理的，应当另行组成合议庭进行，以防止因固有观点的影响，妨碍再审的有效纠错。

2. 关于审理程序的适用。刑事诉讼法第二百五十六条和《解释》第三百八十四条第二款均规定，原来是第一审案件，应当依照第一审程序进行审判，所作的判决、裁定可以上诉、抗诉；原来是第二审案件，或者是上级人民法院提审的案件，应当依照第二审程序进行审判，所作的判决、裁定是终审的判决、裁定。

3. 关于是否开庭审理，我国刑事诉讼法未作明确规定。《解释》中，未对哪些情况下必须开庭或者可以不开庭的问题进行全面规定，只在第三百八十四条第三款规定："对于原审被告人、原审自诉人已经死亡或者丧失行为能力的案件，可以不开庭审理。"对此，可以理解为原则上都要开庭审理。

问 243. 人民法院按照审判监督程序重新审理的案件，原审同案被告人是否都要出庭？

答　对于共同犯罪的案件，在按照审判监督程序重新进行开庭审理时，如果原审同案被告人不出庭可能影响案件公正审理的，当然应当出庭参加诉讼。当然，如果本身不涉及其他同案被告人的事实和责任改变，原审同案被告人不出庭也不影响案件公正审理的，要求其再出庭也就无必要了。特别是对于一些共同犯罪人较多的案件，如果再要求原审同案被告人都出庭，就会劳民伤财，极大地浪费司法资源。基于此，《解释》第三百八十五条规定："开庭审理的再审案件，再审决定书或者抗诉书只针对部分原审被告人，其他同案原审被告人不出庭不影响审理的，可以不出庭参加诉讼。"

问 244. 人民法院按照审判监督程序开庭审理的案件，人民检察院是否都要派员出庭？

答　人民法院开庭审理的案件，法庭审理的基本结构应由控、辩、审三方组成。这也是刑事事实的基本特征。对于公诉案件，应有检察机关派员出庭。一、二审如此，再审也应如此。刑事诉讼法第二百五十六条第二款规定："人民法院开庭审理的再审案件，同级人民检察院应当派员出席法庭。"《解释》第三百八十七条进一步规定："人民法院审理人民检察院抗诉的再审案件，人民检察院在开庭审理前撤回抗诉的，应当裁定准许；人民检察院接到出庭通知后不派员出庭，且未说明原因的，可以裁定按撤回抗诉处理，并通知诉讼参与人。"

问 245. 按照审判监督程序审判的案件是否可以加重原审被告人的刑罚？

答　法学界传统的观点认为：审判监督程序不同于第二审程序，它体现了实事求是和有错必纠的方针，重新审理后可以减轻被告人刑罚，也可以加重被告人刑罚。

然而近年来，不断有学者提出，不仅上诉不能加刑，而且再审也不应加刑。理由如下：第一，审判监督程序的设立宗旨，主要是救济被错判的原审被告人，如果规定再审后可以加刑，这就会使他们顾虑重重，不敢申诉，从而使错案难有纠正的机会，有违设立审判监督程序的初衷。第二，再审不加刑是确保上诉不加刑真正得以贯彻的一道屏障。我国刑事诉讼法第二百三十七条规定了上诉不加刑原则，但在实践中有的法院变相加刑，将量刑偏轻的案件在第二审维持原判后，再启动再审程序，加重被告人刑罚。这种做法的合理性值得研究。第三，再审不加刑符合国际上的刑事诉讼发展趋势。当前世界诸国刑事诉讼法典，大多规定了再审程序不得恶化被判决人的诉讼地位。如《日本刑事诉讼法》第四百五十二条条规定："再审后不得审判比原判决刑罚更重的刑罚。"有些国家即使允许再审加刑，也规定十分严格的条件，如《原联邦德国刑事诉讼法》第三百七十三条第二款规定："如果再审的申请是由公诉被告人单独提出的或者是检察官为公诉被告人的利益提出的，或者是公诉被告人的法定代理人提出的，在原判决判处刑罚的种类和量刑方面不得作出不利于被判刑人的变更。"

应该说，上述观点有一定的合理性，但不是所有的再审案件均不能加刑。对于人民检察院抗诉或者自诉人、被害人申诉而重新审判的案件，如果原判刑罚过轻的，应当可以加刑。基于此，《解释》第三百八十六条规定："除人民检察院抗诉的以外，再审一般不得加重原审被告人的刑罚。再审决定书或者抗诉书只针对部分原审被告人的，不得加重其他同案原审被告人的刑罚。"

Q问 246. 人民法院开庭审理再审刑事案件，在庭审前应进行哪些准备工作？

答 人民法院开庭审理再审刑事案件的庭前准备工作主要包括：

1. 确定合议庭的组成人员；将再审决定书，申诉书副本至迟在开庭30日前，重大、疑难案件至迟在开庭60日前送达同级人民检察院，并通知其查阅案卷和准备出庭。

2. 将再审决定书或抗诉书副本至迟在开庭30日以前送达原审被告人（原审上诉人），告知其可以委托辩护人，或者依法为其指定承担法律援助义务的律师担任辩护人。

3. 至迟在开庭15日前，重大、疑难案件至迟在开庭60日前，通知辩护人查阅案卷和准备出庭。

4. 将开庭的时间、地点在开庭 7 日以前通知人民检察院。人民法院审理人民检察院提出抗诉的再审案件，对人民检察院接到出庭通知后未出庭的，应当裁定按人民检察院撤回抗诉处理，并通知诉讼参与人。

5. 传唤当事人，通知辩护人、诉讼代理人、证人、鉴定人和翻译人员，传票和通知书至迟在开庭 7 日以前送达。

6. 公开审判的案件，在开庭 7 日以前先期公布案由、原审被告人（原审上诉人）姓名、开庭时间和地点。

7. 人民法院决定再审或者受理抗诉书后，原审被告人（原审上诉人）正在服刑的，人民法院依据再审决定书或者抗诉书及提押票等文书办理提押。

8. 如果原审被告人（原审上诉人）不在押，确有必要采取强制措施并符合法律规定采取强制措施条件的，人民法院决定再审的案件，由人民法院裁定中止执行原裁决后，依法决定采取强制措施；人民检察院抗诉的再审案件，由人民检察院依法决定采取强制措施；如果原审被告人（原审上诉人）在押，再审可能改判宣告无罪的，人民法院可以裁定中止原判决、裁定的执行，改采取取保候审措施。

9. 原审被告人（原审上诉人）收到再审决定书或者抗诉书后下落不明或者收到抗诉书后未到庭的，人民法院应当中止审理；原审被告人（原审上诉人）到案后，恢复审理；如果超过二年仍查无下落的，应当裁定终止审理。

10. 人民法院开庭审理的再审案件，同级人民检察院应当派员出席法庭。

11. 开庭审理前，合议庭应当核实原审被告人（原审上诉人）何时因何案被人民法院依法裁判，在服刑中有无重新犯罪，有无减刑、假释，何时刑满释放等情形。

12. 在开庭 30 日前通知人民检察院、当事人或者辩护人查阅、复制双方提交的新证据目录及新证据，在开庭 15 日前通知控辩双方查阅、复制人民法院调取的新证据。

247. 人民法院如何开庭审理再审刑事案件?

开庭审理再审刑事案件的程序大致如下:

开庭审理前,原审被告人(原审上诉人)到达开庭地点后,合议庭应当查明原审被告人(原审上诉人)基本情况,告知原审被告人(原审上诉人)享有辩护权和最后陈述权,制作笔录后,分别由该合议庭成员和书记员签名。

开庭审理时,审判长宣布合议庭组成人员及书记员,公诉人、辩护人、鉴定人和翻译人员的名单,并告知当事人、法定代理人享有申请回避的权利。

人民法院决定再审的,由合议庭组成人员宣读再审决定书。根据人民检察院提出抗诉进行再审的,由公诉人宣读抗诉书。当事人及其法定代理人、近亲属提出申诉的,由原审被告人及其辩护人陈述申诉理由。

在审判长主持下,控辩双方应就案件的事实、证据和适用法律等问题分别进行陈述。合议庭对控辩双方无争议和有争议的事实、证据及适用法律问题进行归纳,予以确认。在审判长主持下,就控辩双方有争议的问题,进行法庭调查和辩论。在审判长主持下,控辩双方对提出的新证据或者有异议的原审据以定罪量刑的证据进行质证。

进入辩论阶段,原审被告人及其法定代理人、近亲属提出申诉的,先由原审被告人及其辩护人发表辩护意见,然后由公诉人发言,被害人及其代理人发言。被害人及其法定代理人、近亲属提出申诉的,先由被害人及其代理人发言,公诉人发言,然后由原审被告人及其辩护人发表辩护意见。人民检察院提出抗诉的,先由公诉人发言,被害人及其代理人发言,然后由原审被告人及其辩护人发表辩护意见。既有申诉又有抗诉的,先由公诉人发言,后由申诉方当事人及其代理人或者辩护人发言或者发表辩护意见,然后由对方当事人及其代理人或辩护人发言或者发表辩护意见。公诉人、当事人和辩护人、诉讼代理人经审判长许可,可以互相辩论。

合议庭根据控辩双方举证、质证和辩论情况,可以当庭宣布认证结果。

248. 再审刑事案件经过重新审理后,如何处理?

《解释》第三百八十九条对再审案件经重新审理后的处理情形进行了规定。基本要求是根据案件的不同情况,分别作如下处理。具体包括:

1. 原判决、裁定认定事实和适用法律正确、量刑适当的，应当裁定驳回申诉或者抗诉，维持原判决、裁定；

2. 原判决、裁定定罪准确、量刑适当，但在认定事实、适用法律等方面有瑕疵的，应当裁定纠正并维持原判决、裁定；

3. 原判决、裁定认定事实没有错误，但适用法律错误，或者量刑不当的，应当撤销原判决、裁定，依法改判；

4. 依照第二审程序审理的案件，原判决、裁定事实不清或者证据不足的，可以在查清事实后改判，也可以裁定撤销原判，发回原审人民法院重新审判。

原判决、裁定事实不清或者证据不足，经审理事实已经查清的，应当根据查清的事实依法裁判；事实仍无法查清，证据不足，不能认定被告人有罪的，应当撤销原判决、裁定，判决宣告被告人无罪。

第十九章　涉外刑事案件的审理和司法协助

249. 哪些案件属于涉外刑事案件？

以下四类案件属于涉外刑事案件：

1. 在中华人民共和国领域内，外国人犯罪的或者我国公民侵犯外国人合法权利的刑事案件。需要注意的是：其一，根据刑法第六条的规定，犯罪的行为或者结果有一项发生在中华人民共和国领域内的，就认为是"在中华人民共和国领域内"犯罪。其二，此处的"外国人犯罪"，也包括外国单位犯罪。其三，对在中华人民共和国领域内，我国单位侵犯外国人合法权利刑事案件，以及我国单位侵犯外国人或者外国单位合法权利的刑事案件，也应当视为"我国公民侵犯外国人合法权利的刑事案件"。

2. 符合刑法第七条、第十条规定情形的我国公民在中华人民共和国领域外犯罪的案件。刑法第七条规定："中华人民共和国公民在中华人民共和国领域外犯本法规定之罪的，适用本法，但是按本法规定的最高刑为三年以下有期徒刑的，可以不予追究。中华人民共和国国家工作人员和军人在中华人民共和国领域外犯本法规定之罪的，适用本法。"第十条规定："凡在中华人民共和国领域外犯罪，依照本法应当负刑事责任的，虽然经过外国审判，仍然可以依照本法追究，但是在外国已经受过刑罚处罚的，可以免除或者减轻处罚。"理论上，将刑法第七条规定概括为属人管辖原则。属人管辖原则适用范围内的犯罪案件，也应纳入涉外刑事案件的范围。主要考虑：尽管这类犯罪的主体是中国公民，但其是在境外实施；侵害的对象既有可能是中国国家或者公民，也有可能是外国国家或者公民，也涉及境外证据的审查认定、外国领事官员旁听等事项，故也应作为涉外刑事案件审理。

3. 符合刑法第八条、第十条规定情形的外国人对中华人民共和国国家或者公民犯罪的案件。刑法第八条规定："外国人在中华人民共和国领域外对中华人民共和国国家或者公民犯罪，而按本法规定的最低刑为三年以上有期徒刑的，可以适用本法，但是按照犯罪地的法律不受处罚的除外。"理论上，将刑法第八条规定概括为保护管辖原则。属于保护管辖原则适用范围内的犯罪案件，被告人是外国人，犯罪是在中国领域外实施，无疑应作为涉外刑事案件审理。

4. 符合刑法第九条规定情形的中华人民共和国在所承担国际条约义务范围内行使管辖权的案件。刑法第九条规定："对于中华人民共和国缔结或者参加的国际条约所规定的罪行，中华人民共和国在所承担条约义务的范围内行使刑事管辖权的，适用本法。"理论上，将刑法第九条规定概括为普遍管辖原则。属于普遍管辖原则适用范围内的犯罪案件，被告人是外国人，犯罪是在中国领域外实施，侵害对象的也不是中国国家或者公民，显然应作为涉外刑事案件审理。[1] 需要注意的是：对根据普遍管辖原则所审理的犯罪，其实体法的适用根据仍是我国刑法，而非国际条约，因为国际条约没有对罪行规定法定刑，而是要求缔约国或者参加国将国际条约所列的罪行规定为国内刑法上的犯罪。[2]

250. 如何确定涉外刑事案件的级别管辖？

刑事诉讼法第二十一条对中级人民法院的管辖范围作出规定："中级人民法院管辖下列第一审刑事案件：（一）危害国家安全、恐怖活动案件；（二）可能判处无期徒刑、死刑的案件。"外国人犯罪的刑事案件，不再属于中级人民法院管辖的第一审刑事案件。据此：

1. 涉外刑事案件，除可能判处无期徒刑、死刑，或者案件是全省（自治区、直辖市）性，甚至全国性的重大刑事案件，依法应由中级以上人民法院一审的以外，原则上应由基层人民法院一审。

2. 考虑到涉外刑事案件相对敏感、复杂，而基层人民法院普遍欠缺审理此类案件的经验，中级人民法院可以根据辖区内基层人民法院受理涉外刑事案件的数量情况、有关基层人民法院的审判力量和经验等，指定若干基层人民法院集中管辖第一审涉外刑事案件。必要时，中级人民法院可以依照刑事诉讼法第二十四条的规定，向基层人民法院下达改变管辖决定书，直接审理基层人民法院管辖的第一审涉外刑事案件。

---

[1] 刑法第六条至第九条所规定的管辖原则有梯次关系，即凡符合前一个管辖原则的，就排除其他管辖原则的适用。因此，只有在被告人是外国人，犯罪是在我国领域外实施，侵害对象的也不是我国国家或者公民，而相关罪行是我国缔结或者参加的国际条约所规定的罪行的，我国才能在所承担条约义务的范围内，根据普遍管辖原则，对相关犯罪行使刑事管辖权。

[2] 参见张明楷：《刑法学》（第四版），法律出版社 2011 年版，第 79 页。

251. 如何确认涉外刑事案件中外国人的国籍？

外国人的国籍，根据其入境时的有效证件确认；国籍不明的，根据公安机关或者有关国家驻华使、领馆出具的证明确认。国籍无法查明的，以无国籍人对待，在裁判文书中写明"国籍不明"。应当注意的是：

1. 对外国籍被告人通过海关进入我国境内，但其拥有两国甚至多国护照的，应当以其通关时所持的护照确认其国籍。未经海关偷越国（边）境的，以其所持真实有效的证件确认其国籍，必要时需与外国使、领馆联系，根据外国使、领馆出具的证明确认其国籍。

2. 国籍法第三条明确规定："中华人民共和国不承认中国公民具有双重国籍。"对中国公民以购买等方式取得外国国籍且同时具有中国国籍的，应当根据国籍法第九条、第十一条的规定确认其国籍。也即，中国公民必须同时具备定居国外，以及自动加入或取得外国国籍两个条件，才自动丧失中国国籍，如非同时具备，则不能认定其具有外国国籍，而仍应认定其属于中国公民。国家工作人员和现役军人不得退出中国国籍。

3. 港澳居民具有中国国籍，同时持有英国、葡萄牙等国护照的，按照《全国人民代表大会常务委员会关于〈中华人民共和国国籍法〉在香港特别行政区实施的几个问题的解释》《全国人民代表大会常务委员会关于〈中华人民共和国国籍法〉在澳门特别行政区实施的几个问题的解释》等确认其国籍。

252. 审理涉外刑事案件，需将哪些事项通报人民政府外事主管部门，通知有关国家驻华使、领馆？如何通知有关国家驻华使、领馆？

涉外刑事案件涉及外国籍当事人，为保障案件审理过程中的有关问题得到及时、妥善处理，需要向人民政府外事主管部门通报有关事项。

此外，根据《维也纳领事关系公约》①和我国与有关国家签订的双边领事条约的规定，我国承担向外国籍当事人国籍国驻华使、领馆通知有关事项的义务。这是涉外刑事案件审理中的一项重要工作。不通知或者延误通知会引发外事交涉，甚至可能对我国与相关国家的关系造成影响。相关通知义务是双向的，我国若不能严格履行通知义务，将可能会影响我驻外使、领馆对境外中国公民、机构的有效保护。

涉外刑事案件的处理涉及侦查、审查起诉、审判和执行一系列工作环节。根据所处诉讼阶段和案件情况，人民法院在受理涉外刑事案件后，对下列事项，应当及时通报同级人民政府外事主管部门，并通知外国籍当事人国籍国驻华使、领馆：（1）对外国籍被告人采取强制措施的情况。这里的"对外国籍被告人采取强制措施"，仅限于人民法院决定采取强制措施时。如是公安、检察机关决定采取，已由公安、检察机关负责通报，无需重复通报。通报的内容包括该外国籍当事人的姓名（包括译名）、性别、入境时间、护照或者证件号码、采取的强制措施及法律依据、羁押地点等。（2）开庭的时间、地点、是否公开审理等事项。（3）宣判的时间、地点。此外，涉外刑事案件宣判后，应当及时将处理结果通报同级人民政府外事主管部门；对外国籍被告人执行死刑的，死刑裁决下达后执行前，应当通知其国籍国驻华使、领馆；外国籍被告人在案件审理中死亡的，应当将死亡的时间、地点、原因等及时通报同级人民政府外事主管部门，并通知有关国家驻华使、领馆；在规定的通报、通知期限内无法确定死亡原因的，应当在确定死亡原因后及时补充通报、通知。

需要向有关国家驻华使、领馆通知有关事项的，应当层报高级人民法院，一律由高级人民法院负责通知；必要时，高级人民法院可以请人民政府外事主管部门给予协助。通知按照下列规定办理：

1. 外国籍当事人国籍国与我国签订有双边领事条约的，根据条约规定

---

① 1963年4月24日订于维也纳，1967年3月19日生效，1979年7月3日我国政府向联合国秘书长交存加入书，同年8月1日对我生效。《维也纳领事关系公约》第三十六条规定："遇有领馆辖区内有派遣国国民受逮捕或监禁或羁押候审、或受任何其他方式之拘禁之情事，经其本人请求时，接受国主管当局应迅即通知派遣国领馆。受逮捕、监禁、羁押或拘禁之人致领馆之信件亦应由该当局迅予递交。该当局应将本款规定之权利迅即告知当事人。""领事官员有权探访受监禁、羁押或拘禁之派遣国国民，与之交谈或通讯，并代聘其法律代表。领事官员并有权探访其辖区内依判决而受监禁、羁押或拘禁之派遣国国民。但如受监禁、羁押或拘禁之国民明示反对为其采取行动时，领事官员应避免采取此种行动。"

办理；未与我国签订双边领事条约，但参加《维也纳领事关系公约》的，根据公约规定办理；未与我国签订领事条约，也未参加《维也纳领事关系公约》，但与我国有外交关系的，可以根据外事主管部门的意见，按照互惠原则，根据有关规定和国际惯例办理。

2. 在外国驻华领馆领区内发生的涉外刑事案件，通知有关外国驻该地区的领馆；在外国领馆领区外发生的涉外刑事案件，通知有关外国驻华使馆；与我国有外交关系，但未设使、领馆的国家，可以通知其代管国家驻华使、领馆；无代管国家、代管国家不明的，可以不通知。

3. 双边领事条约规定通知时限的，应当在规定的期限内通知；无双边领事条约规定的，应当根据或者参照《维也纳领事关系公约》和国际惯例尽快通知，至迟在 7 日内通知。

4. 双边领事条约没有规定必须通知，外国籍当事人要求不通知其国籍国驻华使、领馆的，可以不通知，但应当由其本人出具书面声明。根据我国与其他国家签订的双边领事条约，对外通知有强制性通知和非强制性通知之分。所谓强制性通知，是指涉外案件发生后，有关单位无需询问涉案人的意见，即通知其国籍国驻华使、领馆。我国与美国、英国、法国、俄罗斯、日本、印度等国家签订的双边领事条约中规定有强制通知条款。如这些国家的公民涉案，即使其本人不希望通知，也须向其国籍国驻华使、领馆通知有关事项。所谓非强制性通知，是指在我国与有关国家签订的双边领事条约中没有规定必须通知，如有关国家的公民涉案，其本人不希望通知，则我国可不予通知，但需由其本人出具《关于领事通报的声明书》。

253. 涉外刑事案件被告人享有哪些独特的诉讼权利？外国籍被告人在押，其国籍国驻华使、领馆或者监护人、近亲属要求探视、会见的，应当如何处理？

根据刑事诉讼法、《维也纳领事关系公约》及我国与有关国家签订的双边条约的规定，涉外刑事案件中，外国籍被告人享有一些独特的权利，包括与其国籍国驻华使、领馆联系，与其监护人、近亲属会见、通信，以及请求人民法院提供翻译。人民法院受理涉外刑事案件后，如外国籍被告人在押的，应当及时向其告知上述权利。除此之外，人民法院还应当依照本《解释》的有关规定，告知外国籍被告人有权委托辩护人或者获得法律援助，告知外国籍当事人有权申请回避、要求复议，告知外国籍被害人或者其法定代理人、近亲属有权提起附带民事诉讼等。

　　涉外刑事案件审判期间，外国籍被告人在押，其国籍国驻华使、领馆官员要求探视的，可以向受理案件的人民法院所在地的高级人民法院提出。人民法院应当根据我国与被告人国籍国签订的双边领事条约规定的时限予以安排；没有条约规定的，也应当根据互惠原则、参照国际惯例尽快安排。必要时，可以请人民政府外事主管部门协助。其监护人、近亲属申请会见的，可以向受理案件的人民法院所在地的高级人民法院提出，并提供与被告人关系的证明。证明必须经所在国公证机关证明，所在国外交部或者其授权机关认证，并经我国驻该国使、领馆认证，但我国与有关国家之间有互免认证协定的除外。对外国籍被告人监护人、近亲属提出的会见申请，人民法院经审查，认为不妨碍案件审判的，可以批准。

　　外国籍被告人拒绝接受国籍国驻华使、领馆官员探视或者拒绝会见其监护人、近亲属的，可以不予安排，但应当由其本人出具书面声明。探视、会见被告人应当遵守我国法律规定，违反规定的应当制止，并作相应处理。

254. 外国籍当事人国籍国驻华使、领馆官员要求旁听涉外刑事案件审理的，应当如何处理？

　　根据刑事诉讼法第一百八十八条的规定，有关国家秘密、个人隐私的案件，不公开审理；涉及商业秘密的案件，当事人申请不公开审理的，人民法院经审查同意的，不公开审理。涉外刑事案件，除属于以上三类案件的以外，均应当公开审理。

　　对于公开审理的涉外刑事案件，外国籍当事人国籍国驻华使、领馆官员要求旁听的，可以向受理案件的人民法院所在地的高级人民法院提出申请，人民法院应当安排。对于依照我国刑事诉讼法规定不公开审理的涉外刑事案件，任何人不得旁听，如外国驻华使、领馆官员要求旁听的，应当不予安排。

255. 外国籍当事人如何委托辩护人、诉讼代理人？

　　1. 律师制度是国家司法制度的重要组成部分。各国一般都不允许外国律师在本国参加诉讼活动，只有少数例外。我国历来不允许外国律师在我国开展业务。在我国参与诉讼的外国籍被告人委托律师辩护，或者外国籍附带民事诉讼原告人、自诉人委托律师代理诉讼的，应当委托具有中华人民共和国律师资格并依法取得执业证书的律师。

2. 根据《维也纳领事关系公约》第三十六条的规定，外国籍被告人在押的，其国籍国驻华使、领馆可以代为委托辩护人。根据刑事诉讼法第三十四条的规定，外国籍被告人在押的，其监护人、近亲属可以代为委托辩护人，但需提供与被告人关系的有效证明。

3. 根据刑事诉讼法第三十三条、第四十七条的规定，外国籍当事人有权委托其监护人、近亲属担任辩护人、诉讼代理人，但被委托人应当提供与当事人关系的有效证明。对委托监护人、近亲属担任辩护人、诉讼代理人的，人民法院应当进行审查，经审查，确系外国籍当事人的监护人、近亲属，且不是正在被执行刑罚或者处于缓刑、假释考验期间的人，不是依法被剥夺、限制人身自由的人，不是无行为能力或者限制行为能力的人，应当准许。

4. 考虑到涉外案件的特殊性，对外国籍被告人没有委托辩护人的，人民法院可以通知法律援助机构为其指派律师提供辩护。被告人拒绝辩护人辩护的，应当由其出具书面声明，或者将其口头声明记录在案。被告人属于应当提供法律援助情形的，人民法院应当查明原因。理由正当的，应当准许，但被告人须另行委托辩护人；被告人未另行委托辩护人的，人民法院应当通知法律援助机构另行指派律师为其提供辩护；重新开庭后再次当庭拒绝辩护人辩护的，不予准许。

5. 外国籍当事人从中华人民共和国领域外寄交或者托交给中国律师或者中国公民的委托书，以及外国籍当事人的监护人、近亲属提供的与当事人关系的证明，必须经所在国公证机关证明，所在国外交部或者其授权机关认证，并经我国驻该国使、领馆认证，但我国与该国之间有互免认证协定的除外。其中，"经所在国公证机关证明"与"所在国外交部或者其授权机关认证"不是选择关系，而是并列关系，换言之，二者必须同时具备。

Q问 **256. 决定限制涉外刑事案件的被告人出境，或者要求有关证人暂缓出境的，应当如何处理?**

答 为保障案件顺利审理，为依法追诉犯罪，根据外国人入境出境管理法、公民出境入境管理法的有关规定，对涉外刑事案件的被告人，人民法院可以决定限制出境；对开庭审理案件时必须到庭的证人，可以要求暂缓出境。限制出境的决定，应当通报同级公安机关或者国家安全机关；限制外国人出境的，应当同时通报同级人民政府外事主管部门和当事人国籍国驻华使、领馆。决定限制外国人和中国公民出境的，应当书面通知被限制出境的人在案件审理终结前不得离境，并可以采取扣留护照或者其他出入境证件的办法限制其出境。扣留证件的，应当履行必要手续，并发给本人扣留证件的证明。对需要在边防检查站阻止外国人和中国公民出境的，受理案件的人民法院应当层报高级人民法院，由高级人民法院填写口岸阻止人员出境通知书，向同级公安机关办理交控手续。控制口岸不在本省、自治区、直辖市的，应当通过有关省、自治区、直辖市公安机关办理交控手续。紧急情况下，确有必要的，也可以先向边防检查站交控，再补办交控手续。

限制出境应当依法谨慎使用。凡能尽早处理的，不要等到外国人或中国公民临出境时处理；凡可以通过其他方式处理的，不要采取扣留证件的办法限制出境；凡能在内地处理的，不要到出境口岸处理，应将确需在口岸阻止出境的人员控制在极少数。

257. 如何审查、认定来自境外的证据材料？

1. 根据刑事诉讼法的规定，可以用于证明案件事实的材料，都是证据。来自境外的证据材料，只要能够证明案件事实且符合刑事诉讼法规定的，就可以在刑事诉讼中作为证据使用。

2. 对来自境外的证据材料，人民法院应当依法进行审查。如有关证据材料是公安、司法机关通过司法协助等途径收集，应当审查检察机关移送的案卷、证据材料中是否附有有关证据材料来源、提供人、提供时间以及提取人、提取时间等的书面说明，如无相关说明的，可要求检察机关补充；如有关证据材料系由当事人及其辩护人、诉讼代理人提供，则应当审查是否经所在国公证机关证明，所在国外交部或者其授权机关认证，并经我国驻该国使、领馆认证。如未经证明、认证，不能作为证据使用。

3. 来自境外的证据材料，应当与其他证据一样，接受控辩双方质证。只有经法庭依法定程序查证属实的，才能作为定案的根据。如经法庭调查，材料来源不明或者其真实性无法确认的，不得作为定案的根据。

4. 对境外单位（含境外司法机构、政府机构、国际组织）或者个人提供的证据，如提供人或者我国与有关国家签订的双边条约对材料的使用范围有明确限制，如要求不得公开，不得作为庭审证据使用，或者不得作为对有关人员定罪判刑的依据等的，则不得直接在刑事审判中作为证据使用，可由侦查机关对相关证据进行形式转化，如针对原始证据材料的限制条件和特殊要求，由侦查机关将境外原始证据材料的取证过程和具体内容转换为工作说明，在加盖侦查机关印章后供庭审使用。

258. 人民法院与外国法院如何开展刑事司法协助？

刑事诉讼法第十八条规定："根据中华人民共和国缔结或者参加的国际条约，或者按照互惠原则，我国司法机关和外国司法机关可以相互请求刑事司法协助。"当前，随着国家间交往日益频繁，人员流动日益增多，跨国犯罪也呈增长趋势。建立和实行刑事司法协助，既有利于有效打击犯罪，也体现了对他国司法主权的尊重。自 1987 年以来，我国已与 40 多个国家签订了专门刑事司法协助条约或者含有刑事司法协助内容的双边条约，并参加了载有司法协助条款的《1961 年麻醉品单一公约》《1970 年海牙公约》《1971 年蒙特利尔公约》《1988 年联合国禁止非法贩卖麻醉药品和精神药品公约》等国际公约，目前正在起草《中华人民共和国刑事司法协助法（草案）》。对我国参加或者缔结的国际条约规定有刑事司法协助内容的，人民法院和外国法院可以相互请求刑事司法协助；如我国与有关国家没有缔结司法协助条约，也没有共同参加载有司法协助条款的国际公约的，人民法院与该国法院也可以按照互惠原则相互请求刑事司法协助。1990 年 2 月，我国向日本提出引渡劫机到日本的犯罪分子张振海，因当时两国间没有刑事司法协助协定，我国在提出引渡的同时，承诺在今后类似案件中，将向日方提供类似协助，这就是按照互惠原则开展的刑事司法协助。[①]

对外国法院请求人民法院提供刑事司法协助，应当进行审查，如请求的事项有损我国的主权、安全、社会公共利益的，应当不予协助。反之，则应当根据有关国际条约规定或者依照互惠原则办理，属于人民法院职权范围的，应当给予协助；不属于人民法院职权范围的，应当要求外交部或者有关部门转职能部门办理。需要说明的是，在我国与有关国家签订的司法协助条约中，对可拒绝提供协助的情形通常有具体规定。如《中华人民共和国政府和美利坚合众国政府关于刑事司法协助的协定》第三条规定："有下列情形之一的，被申请方中央机关可拒绝提供协助：（一）请求涉及的行为根据被请求方境内的法律不构成犯罪；但双方可以商定，就某一特定犯罪或特定

---

① 参见徐静村主编：《刑事诉讼法学》，法律出版社 2011 年版，第 373 页。

领域的犯罪提供协助，不论该行为是否根据双方境内的法律均构成犯罪；（二）请求涉及的犯罪纯属军事犯罪；（三）执行请求将会损害被请求方的主权、安全、公共秩序、重大公共政策或其他根本利益；（四）请求涉及政治犯罪，或请求系出于政治动机，或有充足理由认为，请求的目的是基于某人的种族、宗教、国籍或政治见解而对该人进行侦查、起诉、处罚或其他诉讼程序；（五）执行请求将有悖于被请求方宪法；（六）被请求方已经对请求所涉及的同一犯罪嫌疑人或被告人就同一犯罪作出最终裁决；（七）请求提供的协助与案件缺乏实质联系。""在根据本条拒绝协助前，被请求方中央机关应与请求方中央机关协商，考虑可否在其认为必要的条件下给予协助。如果请求方接受附加条件的协助，则应遵守这些条件。"对外国法院提出的协助请求，人民法院应当依照有关条约的具体规定进行认真审查。

259. 请求和提供司法协助，应当通过何种途径、方式进行？

1. 人民法院与外国法院相互请求和提供司法协助，应当依照中华人民共和国缔结或者参加的国际条约规定的途径进行；没有条约关系的，通过外交途径进行。在我国与有关国家签订的司法协助条约中，均对司法协助条约的联系途径有明确约定，如《中华人民共和国和乌克兰关于民事和刑事司法协助的条约》第二条规定："一、除本条另有规定外，缔约双方的法院和其他主管机关相互请求和提供民事和刑事司法协助，应通过各自的中央机关进行联系。二、第一款中的中央机关，在中华人民共和国方面系指中华人民共和国司法部、中华人民共和国最高人民法院和中华人民共和国最高人民检察院；在乌克兰方面系指乌克兰司法部、乌克兰最高法院和乌克兰总检察院。"在我国缔结或者参加的国际公约中，通常也要求指定负责办理司法协助事项的中央机关。如《联合国禁止非法贩运麻醉药品和精神药物公约》第七条第八款规定："缔约国应指定一个当局或在必要时指定若干当局，使之负责和有权执行关于相互法律协助的请求或将该请求转交主管当局加以执行。应将为此目的指定的当局通知秘书长。"请求和提供司法协助，应当依照中华人民共和国缔结或者参加的国际条约规定的途径进行；没有条约关系的，则应当通过外交途径进行，即应当通过各自的外交部门提出、接受司法协助请求，反馈执行协助请求的结果。

2. 人民法院请求外国提供司法协助的，应当经高级人民法院审查后报最高人民法院审核同意；外国法院请求我国提供司法协助，属于人民法院职权范围的，经最高人民法院审核同意后转有关人民法院办理。

3. 人民法院请求外国提供司法协助的请求书及其所附文件，应当附有该国文字译本或者国际条约规定的其他文字文本；外国法院请求我国提供司法协助的请求书及其所附文件，应当附有中文译本或者国际条约规定的其他文字文本。在我国与有关国家签订的司法协助条约中对请求书的内容均有规定，如《中华人民共和国政府和法兰西共和国政府关于刑事司法协助的协定》第四条规定："请求应当包含以下内容：（一）提出请求机关的名称；（二）关于请求的目的和需要提供协助的性质的说明；（三）关于侦查、起诉、犯罪或者刑事案件的性质的说明；（四）关于相关法律和事实的简要陈述；（五）各项保密要求；（六）请求方希望采取的任何特殊程序的详细说明；（七）执行请求的期限；（八）执行请求所需的其他任何材料。"人民法院在请求外国提供司法协助时，应按照条约规定，同时，结合请求事项的具体性质，撰写请求书，并附相关文件，以方便外国按照我方要求，及时执行协助事项。

260. 人民法院向在中华人民共和国领域外居住的当事人送达刑事诉讼文书的，可以使用哪些方式？

可以采取下列方式：（1）根据受送达人所在国与中华人民共和国缔结或者共同参加的国际条约规定的方式送达；（2）通过外交途径送达；（3）对中国籍当事人，可以委托我国驻受送达人所在国的使、领馆代为送达；（4）当事人是自诉案件的自诉人或者附带民事诉讼原告人的，可以向有权代其接受送达的诉讼代理人送达；（5）当事人是外国单位的，可以向其在中华人民共和国领域内设立的代表机构或者有权接受送达的分支机构、业务代办人送达；（6）受送达人所在国的法律允许的，可以邮寄送达；自邮寄之日起满三个月，送达回证未退回，但根据各种情况足以认定已经送达的，视为送达；（7）受送达人所在国的法律允许的，可以采用传真、电子邮件等能够确认受送达人收悉的方式送达。

261. 人民法院与外国法院如何通过外交途径相互请求送达刑事诉讼文书？

1. 人民法院通过外交途径向在中华人民共和国领域外居住的受送达人送达刑事诉讼文书的，所送达的文书应当经高级人民法院审查后报最高人民法院审核。最高人民法院认为可以发出的，由最高人民法院交外交部主管部门转递。需要说明的是：根据《1998 年解释》的规定，对外国法院通过外交途径请求我国法院送达刑事诉讼文书的，我国外交部主管部门收到后，直接转递有关高级人民法院；我国法院通过外交途径请求外国法院送达文书的，也是由高级人民法院审查后交外交部主管部门转递。考虑到按此操作，不符合国际司法协助一般应通过最高司法机关开展的国际惯例；不利于最高人民法院统一掌握相关情况；由于有关高级人民法院缺乏足够经验，执行中也容易出现问题，《解释》明确对人民法院与外国法院通过外交途径相互请求送达刑事诉讼文书的，一律需经最高人民法院审核。

2. 外国法院通过外交途径请求人民法院送达刑事诉讼文书的，由该国驻华使馆将法律文书交我国外交部主管部门转最高人民法院。最高人民法院审核后认为属于人民法院职权范围，且可以代为送达的，应当转有关人民法院办理。

第二十章　执　行

Q 问 **262. 刑罚的种类和刑罚执行的机关、依据、特点有哪些？**

答 1. 根据刑法的规定，刑罚分为主刑和附加刑。主刑包括：管制、拘役、有期徒刑、无期徒刑、死刑（死刑立即执行和死刑缓期执行），主刑不能附加适用。附加刑包括：罚金、剥夺政治权利、没收财产，附加刑可以独立适用。对于犯罪的外国人，可以独立适用或者附加适用驱逐出境。

2. 刑罚执行的机关包括：人民法院负责死刑立即执行、罚金、没收财产刑的执行；监狱机关负责死刑缓期二年执行、无期徒刑、有期徒刑的执行；社区矫正机构负责管制、宣告缓刑、假释、暂予监外执行罪犯的执行或监督考察；公安机关负责有期徒刑剩余刑期在三个月以下、拘役、剥夺政治权利以及驱逐出境罪犯的刑罚执行。

3. 刑罚执行的依据是发生法律效力的判决和裁定。刑事诉讼法第二百五十九条规定："判决和裁定在发生法律效力后执行。下列判决和裁定是发生法律效力的判决和裁定：（一）已过法定期限没有上诉、抗诉的判决和裁定；（二）终审的判决和裁定；（三）最高人民法院核准的死刑的判决和高级人民法院核准的死刑缓期二年执行的判决。"根据以上规定，发生法律效力的判决和裁定有以下几种：一是已过法定期限没有上诉、抗诉的地方各级人民法院的第一审的判决和裁定。二是终审的判决和裁定，包括中级、高级、最高人民法院第二审和最高人民法院第一审的判决和裁定。三是最高人民法院核准的死刑判决。四是高级人民法院核准的死刑缓期二年执行的判决。

4. 刑罚执行的主要特点包括：一是合法性。刑罚执行是一项刑事司法活动，必须严格依照生效的裁判和法律的有关规定进行，执行机关在执行时必须严格依法办事，不能任意变更。二是及时性。判决和裁定一经发生法律效力，必须立即依法执行，任何机关和个人不得以任何借口拖延执行。三是强制性。已生效的判决裁定对被告人以及一切机关和个人都有约束力，不管其对判决或裁定是否同意，都必须执行。

263. 对死刑缓期执行罪犯在死刑缓期执行期间执行刑罚，应注意哪些问题？

刑事诉讼法第二百六十一条第二款规定："被判处死刑缓期二年执行的罪犯，在死刑缓期执行期间，如果没有故意犯罪，死刑缓期执行期满，应当予以减刑的，由执行机关提出书面意见，报请高级人民法院裁定；如果故意犯罪，情节恶劣，查证属实，应当执行死刑的，由高级人民法院报请最高人民法院核准；对于故意犯罪未执行死刑的，死刑缓期执行的期间重新计算，并报最高人民法院备案。"《解释》第四百一十五条第一款规定："被判处死刑缓期执行的罪犯，在死刑缓期执行期间故意犯罪的，应当由罪犯服刑地的中级人民法院依法审判，所作的判决可以上诉、抗诉。"第四百一十六条规定："死刑缓期执行的期间，从判决或者裁定核准死刑缓期执行的法律文书宣告或者送达之日起计算。死刑缓期执行期满，依法应当减刑的，人民法院应当及时减刑。死刑缓期执行期满减为无期徒刑、有期徒刑的，刑期自死刑缓期执行期满之日起计算。"

根据以上规定，对死刑缓期执行罪犯在死刑缓期执行期间执行刑罚，应注意以下问题：

1. 在死刑缓期执行期间没有故意犯罪的，缓期执行期满，由执行机关提出书面意见，报请高级人民法院裁定减刑。根据刑法第五十条的规定，没有故意犯罪的，减为无期徒刑；确有重大立功表现的，二年期满后，减为二十五年有期徒刑。

2. 在死刑缓期执行期间故意犯罪的，由罪犯服刑地的中级人民法院依法审判，所作的判决可以上诉、抗诉。认定构成故意犯罪的判决、裁定发生法律效力后，不必一律层报请最高人民法院核准死刑，而是分两种情况处理：其一，故意犯罪，情节恶劣，查证属实，应当执行死刑的，由高级人民法院报请最高人民法院核准死刑。其二，对于故意犯罪未执行死刑的，死刑缓期执行的期间重新计算，并报最高人民法院备案。这里的"故意犯罪未执行死刑"，具体包括两种情况，一是高级人民法院依法认为不应当判处被告人死刑，而未报请最高人民法院核准死刑的；二是最高人民法院依法未核准被告人死刑的。

3. 如果死缓罪犯在缓期执行期间脱逃后犯罪，在犯罪地被抓获并发现了其实施的犯罪的，应由何地人民法院管辖呢？《解释》第十一条第三款规定："罪犯在脱逃期间犯罪的，由服刑地的人民法院管辖；在犯罪地抓获罪犯并发现其在脱逃期间的犯罪的，由犯罪地的人民法院管辖。"我们认为，死缓期间脱逃后犯罪的管辖属于特别规定，如果故意犯罪情节恶劣，查证属实，应当执行死刑的，从对罪犯所犯罪行的总体把握和层报核准死刑的便利考虑，由服刑地中级人民法院管辖更为妥当。

4. 死刑缓期执行的期间，从判决或者裁定核准死刑缓期执行的法律文书宣告或者送达之日起计算。死刑缓期执行期满减为无期徒刑、有期徒刑的，刑期自死刑缓期执行期满之日起计算。

5. 关于《解释》第四百一十五条第二款"认定构成故意犯罪的判决、裁定发生法律效力后，应当层报最高人民法院核准执行死刑"，根据修改后刑事诉讼法第二百六十一条第二款、《刑法修正案（九）》第二条的规定，不再执行。

Q问 264. 人民法院遇有哪些情形可以暂停执行死刑？

答 《解释》第四百一十八条规定："第一审人民法院在接到执行死刑命令后、执行前，发现有下列情形之一的，应当暂停执行，并立即将请求停止执行死刑的报告和相关材料层报最高人民法院：（一）罪犯可能有其他犯罪的；（二）共同犯罪的其他犯罪嫌疑人到案，可能影响罪犯量刑的；（三）共同犯罪的其他罪犯被暂停或者停止执行死刑，可能影响罪犯量刑的；（四）罪犯揭发重大犯罪事实或者有其他重大立功表现，可能需要改判的；（五）罪犯怀孕的；（六）判决、裁定可能有影响定罪量刑的其他错误的。""最高人民法院经审查，认为可能影响罪犯定罪量刑的，应当裁定停止执行死刑；认为不影响的，应当决定继续执行死刑。"第四百一十九条规定："最高人民法院在执行死刑命令签发后、执行前，发现有前条第一款规定情形的，应当立即裁定停止执行死刑，并将有关材料移交下级人民法院。"

Q问 265. 人民法院对暂停执行死刑的案件如何处理？

答 1. 执行死刑的人民法院发现有暂停执行死刑情形的，应当立即将请求停止执行死刑的报告和相关材料层报最高人民法院。《解释》第四百一十八条第二款规定："最高人民法院经审查，认为可能影响罪犯定罪量刑的，应当裁定停止执行死刑；认为不影响的，应当决定继续执行死刑。"

2. 最高人民法院在执行死刑命令签发后、执行前，发现有应当停止执行死刑情形的，应当立即裁定停止执行死刑，并将有关材料移交下级人民法院。

3. 最高人民法院停止执行死刑的裁定移交下级人民法院后，下级人民法院应当会同有关部门调查核实，并及时将调查结果和意见层报最高人民法院。《解释》第四百二十条规定："下级人民法院接到最高人民法院停止执行死刑的裁定后，应当会同有关部门调查核实停止执行死刑的事由，并及时将调查结果和意见层报最高人民法院审核。"

4. 对下级人民法院报送的停止执行死刑的调查结果和意见，由最高人民法院原作出核准死刑判决、裁定的合议庭负责审查，必要时，另行组成合议庭进行审查。

5. 《解释》第四百二十二条规定，最高人民法院对停止执行死刑的案件，应当按照下列情形分别处理：（1）确认罪犯怀孕的，应当改判；（2）确认罪犯有其他犯罪，依法应当追诉的，应当裁定不予核准死刑，撤销原判，发回重新审判；（3）确认原判决、裁定有错误或者罪犯有重大立功表现，需要改判的，应当裁定不予核准死刑，撤销原判，发回重新审判；（4）确认原判决、裁定没有错误，罪犯没有重大立功表现，或者重大立功表现不影响原判决、裁定执行的，应当裁定继续执行死刑，并由院长重新签发执行死刑的命令。

Q问 266. 人民法院执行死刑应当注意哪些问题？

答 1. 执行死刑前，应依法允许罪犯与其近亲属会见。《解释》第四百二十三条规定："第一审人民法院在执行死刑前，应当告知罪犯有权会见其近亲属。罪犯申请会见并提供具体联系方式的，人民法院应当通知其近亲属。罪犯近亲属申请会见的，人民法院应当准许，并及时安排会见。"死刑执行前允许罪犯会见近亲属，是司法实践的一贯做法，充分体现了司法的人道主义精神。需要说明两个问题：其一，对于近亲属申请会见，但罪犯不同意会见的，应当对罪犯予以劝说，劝说无效的，原则上应当充分考虑罪犯的意见，一般不安排会见。其二，近亲属以外的亲友甚至辩护人等能否会见？我们认为，从人道主义的角度，在确保效果良好的情况下，可以安排会见，但这样做与《解释》的规定不符，而且参与会见的人员范围也不好掌握，因此，在没有新的规定前，安排近亲属以外的人会见，应当慎重。

2. 人民法院将罪犯交付执行死刑，应当在交付执行三日前通知同级人民检察院派员临场监督。

3. 死刑采用枪决或者注射等方法执行。采用注射方法执行死刑的，应当在指定的刑场或者羁押场所内执行。具体程序，依照有关规定执行。采用枪决、注射以外的其他方法执行死刑的，应当事先报请最高人民法院批准。

4. 执行死刑前，指挥执行的审判人员对罪犯应当验明正身，询问有无遗言、信札，并制作笔录，然后交付执行人员执行死刑。

5. 执行死刑应当公布，禁止游街示众或者其他有辱被执行人人格的行为。

6. 执行死刑后，应当由法医验明罪犯确实死亡，在场书记员制作笔录。负责执行的人民法院应当在执行死刑后 15 日内将执行情况，包括罪犯被执行死刑前后的照片，上报最高人民法院。

7. 执行死刑后，负责执行的人民法院应当办理以下事项：（1）对罪犯的遗书、遗言笔录，应当及时审查；涉及财产继承、债务清偿、家事嘱托等内容的，将遗书、遗言笔录交给家属，同时复制附卷备查；涉及案件线索等问题的，抄送有关机关；（2）通知罪犯家属在限期内领取罪犯骨灰；没有火化条件或者因民族、宗教等原因不宜火化的，通知领取尸体；过期不领取的，由人民法院通知有关单位处理，并要求有关单位出具处理情况的说明；对罪犯骨灰或者尸体的处理情况，应当记录在案；（3）对外国籍罪犯执行死刑后，通知外国驻华使、领馆的程序和时限，根据有关规定办理。

267. 人民法院将死刑缓期执行、无期徒刑、有期徒刑、拘役罪犯将交付执行需注意哪些问题？

1. 被判处死刑缓期执行、无期徒刑、有期徒刑的罪犯，交付执行时在押的，第一审人民法院应当在判决、裁定生效后 10 日内，将判决书、裁定书、起诉书副本、自诉状复印件、执行通知书、结案登记表送达看守所，由公安机关将罪犯交付执行。上述文件不齐全或者记载有误的，作出生效判决的人民法院应当及时补充齐全或者作出更正。

2. 对于判处拘役的罪犯，在判决、裁定生效后 10 日以内，由交付执行的人民法院将判决书、裁定书、人民检察院的起诉书副本、自诉状复印件、执行通知书、结案登记表及时送达公安机关。

3. 同案审理的案件中，部分被告人被判处死刑，对未被判处死刑的同案被告人需要羁押执行刑罚的，应当在其判决、裁定生效后10日内交付执行。但是，该同案被告人参与实施有关死刑之罪的，应当在最高人民法院复核讯问被判处死刑的被告人后交付执行。规定"最高人民法院复核讯问被判处死刑的被告人后"的限制性条件，主要是考虑到死刑案件事关人命，应绝对确保质量。

4. 执行通知书回执经看守所盖章后，应当附卷备查。

268. 人民法院决定对罪犯暂予监外执行应注意哪些问题？

1. 罪犯符合刑事诉讼法规定的暂予监外执行条件。根据刑事诉讼法第二百六十五条的规定，被判处有期徒刑或者拘役的罪犯，属于有严重疾病需要保外就医的，或怀孕或者正在哺乳自己婴儿的妇女，或生活不能自理、适用暂予监外执行不致危害社会的情形之一的，可以暂予监外执行；怀孕或者正在哺乳自己婴儿的妇女被判处无期徒刑的，也可以暂予监外执行。刑事诉讼法第二百六十五条同时还规定，适用保外就医可能有社会危险性的罪犯，或者自伤自残的罪犯，不得保外就医。对于罪犯确有严重疾病，必须保外就医的，由省级人民政府指定的医院诊断并开具证明文件。

2. 人民法院决定暂予监外执行的，应当制作暂予监外执行决定书，写明罪犯基本情况、判决确定的罪名和刑罚、决定暂予监外执行的原因、依据等。

3. 交付执行前罪犯被羁押的，暂予监外执行决定作出后由公安机关依照有关规定办理移交。判决、裁定生效前未被羁押的，由人民法院通知罪犯居住地的县级司法行政机关派员办理交接手续。人民法院应当在作出暂予监外执行决定后5个工作日内，将暂予监外执行决定书和判决书、裁定书、执行通知书等法律文书送达公安机关和罪犯居住地县级司法行政机关，并抄送罪犯居住地的人民检察院。

4. 人民检察院认为人民法院的暂予监外执行决定不当，在法定期限内提出书面意见的，人民法院应当立即对该决定重新核查，并在一个月内作出决定。

5. 人民法院因罪犯需要保外就医而决定对其暂予监外执行的，应当责令罪犯提出保证人或者交纳保证金。保证人的条件及应履行的保证义务可以参照取保候审保证人的相关规定确定。

6. 对于人民法院在交付执行前决定暂予监外执行的，由人民法院负责组织病情诊断、妊娠检查和生活不能自理的鉴别等工作。根据暂予监外执行的有关规定，对于确有严重疾病符合暂予监外执行条件的，应当由省级人民政府指定的医院诊断；对于怀孕的妇女，应当出具妊娠检查结果；对于生活不能自理的，应当组织进行鉴别。对于人民法院在交付执行前决定暂予监外执行的，由哪个机关负责组织病情诊断、妊娠检查和生活不能自理的鉴别，曾经存在较大争议，实践的做法不一。对此，《全国人民代表大会常务委员会关于〈中华人民共和国刑事诉讼法〉第二百五十四条第五款、第二百五十七条第二款的解释》规定："罪犯在被交付执行前，因有严重疾病、怀孕或者正在哺乳自己婴儿的妇女、生活不能自理的原因，依法提出暂予监外执行的申请的，有关病情诊断、妊娠检查和生活不能自理的鉴别，由人民法院负责组织进行。"明确了由人民法院负责组织相关诊断、检查或者鉴别等工作。如此规定的主要考虑是：刑事诉讼法已明确在交付执行前，暂予监外执行由交付执行的人民法院决定，既然由人民法院决定，自然应当由人民法院负责组织病情诊断、妊娠检查和生活不能自理的鉴别。特别需要注意的是，刑事诉讼法第二百六十四条"人民法院在判决生效后十日以内将有关的法律文书送达……执行机关"的规定，同样适用于人民法院在交付执行前决定暂予监外执行的情形，据此，人民法院在决定暂予监外执行时，应当及时做好相关诊断、检查或者鉴别等工作，确保在判决生效后十日以内，向执行机关送达有关法律文书。

Q问 269. 人民法院决定对暂予监外执行的罪犯收监执行应注意哪些问题？

答 1. 对暂予监外执行的罪犯，具有下列情形之一的，应当及时收监执行：（1）不符合暂予监外执行条件的；（2）未经批准离开所居住的市、县，经警告拒不改正，或者拒不报告行踪，脱离监管的；（3）因违反监督管理规定受到治安管理处罚，仍不改正的；（4）受到执行机关两次警告，仍不改正的；（5）保外就医期间不按规定提交病情复查情况，经警告拒不改正的；（6）暂予监外执行的情形消失后，刑期未满的；（7）保证人丧失保证条件或者因不履行义务被取消保证人资格，不能在规定期限内提出新的保证人的；（8）违反法律、行政法规和监督管理规定，情节严重的其他情形。

2. 原作出暂予监外执行决定的人民法院，应当在收到执行机关的收监执行建议书后十五日内，作出收监执行的决定。

3. 人民法院收监执行决定书，一经作出，立即生效。

4. 不符合暂予监外执行条件的罪犯通过贿赂等非法手段被暂予监外执行的，在监外执行的期间不计入执行刑期；罪犯在暂予监外执行期间脱逃的，脱逃的期间也不计入执行刑期。人民法院应当在作出收监决定时，确定不计入执行刑期的具体时间。

5. 人民法院决定暂予监外执行的罪犯的收监由公安机关交付执行。根据《全国人民代表大会常务委员会关于〈中华人民共和国刑事诉讼法〉第二百五十四条第五款、第二百五十七条第二款的解释》的规定，应当由公安机关依照刑事诉讼法第二百六十四条第二款的规定送交执行刑罚。据此，《解释》第四百三十四条规定的由县级司法行政机关根据有关规定将罪犯交付执行"的规定，不再执行，而是由公安机关交付执行。

270. 人民法院对被判处管制、宣告缓刑、单处剥夺政治权利罪犯交付执行时应注意哪些问题？

1. 对被判处管制、宣告缓刑的罪犯，人民法院应当核实其居住地。宣判时，应当书面告知罪犯到居住地县级司法行政机关报到的期限和不按期报到的后果。

2. 判决、裁定生效后 10 日内，人民法院应当将判决书、裁定书、执行通知书等法律文书送达罪犯居住地的县级司法行政机关，同时，抄送罪犯居住地的县级人民检察院。

3. 对单处剥夺政治权利的罪犯，人民法院应当在判决、裁定生效后 10 日内，将判决书、裁定书、执行通知书等法律文书送达罪犯居住地的县级公安机关，并抄送罪犯居住地的县级人民检察院。

271. 财产刑的执行机关和执行依据有哪些？ 可以采纳哪些措施？

1. 第一审人民法院负责裁判执行的机构是财产刑的执行机构。

2. 财产刑的执行依据是本院或者上级人民法院作出的生效刑事判决、裁定；委托执行的，委托人民法院的生效判决、裁定也是执行的依据。

3. 人民法院应当依法对被执行人的财产状况进行调查，发现有可供执行的财产，需要查封、扣押、冻结的，应当及时采取查封、扣押、冻结等强制执行措施。

272. 罚金刑的执行具有哪些特点？

刑事诉讼法第二百七十一条规定："被判处罚金的罪犯，期满不缴纳的，人民法院应当强制缴纳；如果由于遭遇不能抗拒的灾祸等原因缴纳确实有困难的，经人民法院裁定，可以延期缴纳、酌情减少或者免除。"《解释》第四百三十九条规定："罚金在判决规定的期限内一次或者分期缴纳。期满无故不缴纳或者未足额缴纳的，人民法院应当强制缴纳。经强制缴纳仍不能全部缴纳的，在任何时候，包括主刑执行完毕后，发现被执行人有可供执行的财产的，应当追缴。行政机关对被告人就同一事实已经处以罚款的，人民法院判处罚金时应当折抵，扣除行政处罚已执行的部分。判处没收财产的，判决生效后，应当立即执行。"

根据本条并结合刑法、刑事诉讼法的相关规定，罚金刑特点主要包括：

1. 罚金刑的执行方式：

（1）可以限期一次或者分期缴纳。人民法院根据犯罪人的经济状况，可以规定在指定的期限内一次缴纳或者分期缴纳罚金。对于经济条件较好的犯罪人，可以限期一次缴纳，即在判决所确定的期限内，强制犯罪人一次性地将判决所确定的罚金额全部交齐。对于经济条件稍差但具有缴纳能力的犯罪人，可以判处限定在一定期限内分期缴纳。

（2）强制缴纳。强制缴纳是指犯罪人有缴纳能力而故意不缴纳，人民法院在期满后强制犯罪人缴纳。罚金的强制缴纳有两种情况：一是犯罪人拥有足额的金钱，却拒不缴纳。例如，有些犯罪人在银行拥有存款，足以缴纳罚金，但却故意隐瞒自己的经济状况，借口无钱而拒不缴纳。在这种情况下，人民法院可以要求银行予以协助，从犯罪人的银行存款中扣划罚金。二是犯罪人虽然没有现金，但拥有其他财产，完全可以变卖财产缴纳罚金，但却拒不缴纳。有些犯罪人甚至将财产转移到第三人处抗拒执行。这种情况下，人民法院可以查封犯罪人的财产或追回转移出去的财产，并折价变卖其中的一部分用以折抵罚金。强制缴纳的方式，根据民事诉讼法的相关规定，主要有：查封、扣押、变卖、冻结、划拨、扣划工资等。

（3）随时追缴。对于不能全部缴纳罚金的，人民法院在任何时候发现被执行人有可以执行的财产，应当随时追缴。不论是在判决的罚金缴纳期限内还是已过缴纳罚金的期限，只要犯罪分子没有全部缴纳罚金，人民法院一且发现被执行人有可以执行的财产，都应当随时追缴。这一强制性规定进一步完善了对罚金的强制执行方法，不给犯罪人以可乘之机，为解决罚金刑执行难提供了有力手段。

（4）延期缴纳。延期缴纳是《刑法修正案（九）》第三条增加的一项罚金缴纳方式，是对不具有缴纳能力的罪犯设立的变通性措施。罚金刑的执行难问题，长期困扰司法实践。归根结底，原因无外乎两个：一是罪犯主观上不愿意缴纳，二是罪犯客观上没有缴纳能力。对于罪犯主观上不愿意缴纳的，可以通过限期一次或者分期缴纳、强制缴纳或者随时追缴予以有效解决；但对于罪犯客观上没有缴纳能力的，上述方式显然难以妥善解决。实践中，对于罪犯确实没有缴纳能力的，要么把案件束之高阁，长期"挂账"，久拖不决；要么减免罚金，但如此削弱了刑罚的惩罚效果和生效裁判的公信力。增加延期缴纳，一方面可以使刑事诉讼法与刑法更好地协调衔接，另一方面增加罚金刑的执行手段，可以有效缓解罚金刑执行难。

2. 符合法定条件的，罚金刑可以延期缴纳或者酌情减免。《解释》第四百四十六条规定："因遭遇不能抗拒的灾祸缴纳罚金确有困难，被执行人申请减少或者免除罚金的，应当提交相关证明材料。人民法院应当在收到申请后一个月内作出裁定。符合法定减免条件的，应当准许；不符合条件的，驳回申请。"根据刑事诉讼法及刑法第五十三条的规定，延期缴纳或者酌情减免，必须具备以下条件：（1）遭受不能抗拒的灾祸等原因，这是前提条件，不能抗拒的灾祸是指火灾、地震、车祸、严重疾病等犯罪人无法避免的天灾人祸等。（2）由于灾祸而致缴纳有困难，这是本质条件。（3）不能抗拒的灾祸只能发生在判决所指定的期限内。如果这三个条件都同时具备，可以考虑延期缴纳或者酌情减免。延期缴纳或者酌情减免由被执行人提出申请，执行法院经审查认为符合法定条件的，应当依法作出裁定准予；认为不符合法定条件的，裁定驳回申请。在具体确定延期缴纳或者酌情减免数额时，人民法院应当根据不可抗拒的灾祸对犯罪人造成的经济困难的大小，酌情决定减少罚金数额或免除全部罚金。

3. 因同一事实被行政机关处以的罚款可以折抵罚金。关于犯罪分子被判处罚金之前，因同一事实被行政机关已经处以罚款的，能否将犯罪分子已缴纳的罚款抵扣罚金，刑法与刑事诉讼法均没有明确规定。实践中大多认为，犯罪分子被判处罚金刑之前，因同一事实被行政机关已经处以罚款的，罚款可以抵扣罚金刑数额。行政处罚法第二十八条第二款规定："违法行为构成犯罪，人民法院判处罚金时，行政机关已经给予当事人罚款的，应当折抵相应罚金。"据此，《解释》第四百三十九条第二款规定："行政机关对被告人就同一事实已经处以罚款的，人民法院判处罚金时应当折抵，扣除行政处罚已执行的部分。"

273. 可以没收的财产的范围有哪些？

1. 没收财产是财产刑中最严厉的一种刑罚。根据《解释》《刑事财产执行规定》等的规定，可以没收财产的范围是：（1）限于被执行人个人所有的合法财产，不包括被执行人家属的财产；（2）限于刑事裁判生效时被执行人已有的财产，对现有财产实行一次性没收，不包括被执行人服刑期间或是刑满释放后所取得的财产；（3）限于生效刑事裁判明确没收的具体财物或者金额，原则上不包括生效刑事裁判未明确的具体财物或者金额；（4）刑法第五十九条规定："没收全部财产的，应当对被执行人及其扶养的家属保留必需的生活费用。"这里的"必需的生活费用"，根据《刑事财产执行规定》的规定，"应当参照被扶养人住所地政府公布的上年度当地居民最低生活费标准"掌握。

2. 没收财产刑中可以没收的财产包括：（1）公民的合法收入；（2）公民的储蓄、房屋、汽车和生活用品；（3）公民的文物、图书资料；（4）公民的林木、牲畜和家禽；（5）法律允许公民所有的生产资料；（6）公民依法享有的著作权、专利权、商标权、科技成果权中的财产性权利；（7）公民依法所有的股份、股票、债券等有价证券；（8）个体户和私营企业的合法财产；（9）公民的其他合法财产。在确定了犯罪人个人所有财产的范围之后，如犯罪人个人所有的财产与他人的财产发生联系，还应当对共有财产进行分割。在分割财产时，可以从有利于生产和生活的实际需要出发，以不损害财产的效用为原则，采取折价、拍卖、适当补偿等方法处理。

274. 人民法院执行财产刑应注意哪些问题？

1. 关于刑事裁判涉财产部分适用委托执行的情形。《解释》第四百四十二条规定："被执行人或者被执行财产在外地的，可以委托当地人民法院执行。"据此，不仅财产在外地，而且执行人在外地的，都可以委托执行。但是，这里的"当地人民法院"如何理解，是否包括被执行人所在地人民法院等，存在争议。对此，《刑事财产执行规定》第二条规定："第一审人民法院可以委托财产所在地的同级人民法院执行。"据此，"当地人民法院"仅指"财产所在地的同级人民法院"，不包括被执行所在地的人民法院执行或者其他人民法院执行。这是因为，财产刑的执行标的主要是财产，由财产所在地人民法院受托执行更为适宜。

受托法院执行财产刑后，应当及时将执行的财产上缴国库。受托人民法院应当将执行情况连同上缴国库凭据送达委托人民法院；不能执行到位的，应当及时告知委托人民法院；需要退赔的，由委托人民法院处理。

2. 执行财产刑和附带民事裁判过程中，案外人对被执行财产提出权属异议的，人民法院应当参照民事诉讼有关执行异议的规定以及《刑事财产执行规定》中的明确内容进行审查并作出处理。

3. 被判处财产刑，同时又承担附带民事赔偿责任的被执行人，人民法院可以责令其先履行民事赔偿责任。判处财产刑之前被执行人所负正当债务，需要以被执行的财产偿还的，经债权人请求，应当偿还。

4. 执行财产刑过程中，具有下列情形之一的，人民法院应当裁定中止执行：（1）执行标的物系人民法院或者仲裁机构正在审理案件的争议标的物，需等待该案件审理完毕确定权属的；（2）案外人对执行标的物提出异议的；（3）应当中止执行的其他情形。中止执行的原因消除后，应当恢复执行。

5. 执行财产刑过程中，具有下列情形之一的，人民法院应当裁定终结执行：（1）据以执行的判决、裁定被撤销的；（2）被执行人死亡或者被执行死刑，且无财产可供执行的；（3）被判处罚金的单位终止，且无财产可供执行的；（4）依照刑法第五十三条规定免除罚金的；（5）应当终结执行的其他情形。裁定终结执行后，发现被执行人的财产有被隐匿、转移等情形的，应当追缴。

6. 财产刑全部或者部分被撤销的，人民法院应当将已经执行的财产全部或者部分返还被执行人；无法返还的，应当赔偿。

7. 刑事裁判涉财产部分的执行期限一般为六个月。执行期限的问题，最高人民法院先后出台了多个司法解释，《最高人民法院关于严格执行案件审理期限制度的若干规定》（法释〔2000〕29号）第五条规定："刑事案件没收财产刑应当即时执行。""刑事案件罚金刑，应当在判决、裁定发生法律效力后三个月内执行完毕，至迟不超过六个月。"《最高人民法院关于人民法院办理执行案件若干期限的规定》（法释〔2006〕298号）第一条规定："被执行人有财产可供执行的案件，一般应当在立案之日起六个月内执结……有特殊情况须延长执行期限的，应当报请本院院长或副院长批准。"第十四条规定："法律或司法解释对办理期限有明确规定的，按照法律或司法解释规定执行。"为此，《刑事财产执行规定》第三条规定："人民法院办理刑事裁判涉财产部分执行案件的期限为六个月。有特殊情况需要延长的，经本院院长批准，可以延长。"

8. 刑事裁判文书应当写明罚金、没收财产等的具体内容。《刑事财产执行规定》规定，刑事裁判涉财产部分的裁判内容，应当明确、具体。这是因为，判决是执行的基础和依据，判项内容必须明确、具体，具有可执行性。《刑事财产执行规定》规定，判处没收部分财产的，应当明确没收的具体财物或者金额。

9. 关于刑事裁判涉财产部分案件的移送立案与执行。其一，《刑事财产执行规定》规定，由人民法院执行机构负责执行的刑事裁判涉财产部分，刑事审判部门应当及时移送立案部门审查立案。据此，涉及附带民事部分的执行或者返还被害人财产的执行，无需附带民事诉讼原告人、被害人申请执行，刑事审判部门应当依职权移送立案执行。其二，刑事诉讼法第二百六十四条规定，人民法院在判决生效后10日以内将有关的法律文书送达执行机关。这一规定既适用于主刑，也适用于附加刑。《刑事财产执行规定》规定，第一审人民法院刑事审判部门应当在本院作出的刑事判决生效后或者收到上级人民法院生效的刑事裁判后，10日内将执行事项移送立案部门审查立案。立案部门经审查，认为属于移送范围且移送材料齐全的，应当在7日内立案，并移送执行机构。

10. 关于罚金与没收部分财产的执行顺位。刑法第六十九条第三款规定："数罪中有判处附加刑的，附加刑仍须执行，其中附加刑种类相同的，合并执行，种类不同的，分别执行。"根据《刑事财产执行规定》的规定，应当先执行罚金，后执行没收财产。

11. 对罪犯积极履行财产刑和附带民事裁判义务，以及积极退赃、退赔的，人民法院在审理减刑、假释案件时，可以认定为有悔改表现，在减刑、假释时从宽掌握；确有履行能力而不履行的，在减刑、假释时从严掌握。

275. 人民法院受理减刑、假释案件，应当审查执行机关移送的哪些材料？

人民法院受理减刑、假释案件，应当审查执行机关移送的材料是否包括下列内容：（1）减刑、假释建议书；（2）终审法院的裁判文书、执行通知书、历次减刑裁定书的复制件；（3）罪犯确有悔改、立功或者重大立功表现的具体事实的书面证明材料；（4）罪犯评审鉴定表、奖惩审批表等；（5）罪犯假释后对所居住社区影响的调查评估报告；（6）根据案件情况需要移送的其他材料。人民检察院对提请减刑、假释案件提出的检察意见，应当一并移送。经审查，材料不全的，应当通知提请减刑、假释的执行机关补送。

276. 人民法院审理减刑、假释案件是否需要开庭审理？

人民法院审理减刑、假释案件，应当组成合议庭采用书面的方式审理，但下列案件应当开庭审理：（1）因罪犯有重大立功表现提请减刑的；（2）提请减刑的起始时间、间隔时间或者减刑幅度不符合一般规定的；（3）社会影响重大或者社会关注度高的；（4）公示期间收到投诉意见的；（5）人民检察院有异议的；（6）有必要开庭审理的其他案件。开庭审理减刑、假释案件可以在罪犯服刑的监狱进行。

277. 审理减刑、假释案件是否可以公示？哪些内容可以公示？如何公示？

审理减刑、假释案件，可以对案件的有些情况予以公示。可以公示的内容主要包括：（1）罪犯的姓名、年龄等个人基本情况；（2）原判认定的罪名和刑期；（3）罪犯历次减刑情况；（4）执行机关的减刑、假释建议和依据。公示应当写明公示期限和提出意见的方式。公示地点为罪犯服刑场所的公共区域；有条件的地方，可以面向社会公示。

278. 人民法院对执行机关提请减刑、假释的案件如何处理？

根据《解释》第四百四十八条、第四百四十九条、第四百五十四至第四百五十六条的规定，人民法院对减刑、假释案件按照下列情形分别处理：

1. 对于被判处死刑缓期二年执行的罪犯的减刑，由罪犯服刑地的高级人民法院根据省、自治区、直辖市监狱管理机关审核同意的监狱减刑建议书裁定。在死刑缓期二年执行期间，如果没有故意犯罪，死刑缓期二年执行期满后，即应当裁定减刑。如果死刑缓期二年执行期满后尚未裁定减刑前又犯新罪的，应当依法减刑后对其所犯新罪另行审判。

2. 对于被判处死刑缓期二年执行并被限制减刑罪犯的减刑，由罪犯服刑地的高级人民法院根据省、自治区、直辖市监狱管理机关审核同意的监狱减刑建议书，结合犯罪性质等因素综合裁判。死刑缓期执行期满后依法被减为无期徒刑的，或者因有重大立功表现被减为二十五年有期徒刑的，应当比照未被限制减刑的死刑缓期执行罪犯在减刑的起始时间、间隔时间和减刑幅度上从严掌握。

3. 对于被判处无期徒刑的罪犯的减刑、假释，由罪犯服刑地的高级人民法院根据省、自治区、直辖市监狱管理机关审核同意的监狱减刑、假释建议书裁定。高级人民法院应当自收到减刑、假释建议书之日起一个月内依法裁定；案情复杂或者情况特殊的，可以延长一个月。

4. 对于被判处有期徒刑（包括减为有期徒刑）的罪犯的减刑、假释，由罪犯服刑地的中级人民法院根据当地执行机关提出的减刑、假释建议书裁定。中级人民法院应当自收到减刑、假释建议书之日起一个月内依法裁定；案情复杂或者情况特殊的，可以延长一个月。

5. 对于被判处拘役的罪犯的减刑，由罪犯服刑地的中级人民法院根据当地同级执行机关提出的减刑建议书裁定。人民法院应当自收到减刑建议书之日起一个月内依法裁定。

6. 对于被判处管制的罪犯的减刑，应当由负责执行的社区矫正机构提出书面意见，由罪犯服刑地的中级人民法院根据当地同级执行机关提出的减刑建议书裁定。人民法院应当自收到减刑建议书之日起一个月内依法裁定。

7. 对于公安机关看守所监管的罪犯的减刑、假释，由罪犯所在的看守所提出意见，由当地中级人民法院根据当地同级执行机关提出的减刑、假释建议书裁定。人民法院应当自收到减刑建议书之日起一个月内依法裁定。

人民法院作出减刑、假释裁定后，应当在7日内送达提请减刑、假释的执行机关、同级人民检察院以及罪犯本人。人民检察院认为减刑、假释裁定不当，在法定期限内提出书面纠正意见的，人民法院应当在收到意见后另行组成合议庭审理，并在一个月内作出裁定。减刑、假释裁定作出前，执行机关书面提请撤回减刑、假释建议的，是否准许，由人民法院决定。人民法院发现本院已经生效的减刑、假释裁定确有错误的，应当另行组成合议庭审理；发现下级人民法院已经生效的减刑、假释裁定确有错误的，可以指令下级人民法院另行组成合议庭审理。

8. 关于宣告缓刑的能否减刑？有人持否定观点，主要考虑是，缓刑是有条件的不执行原判刑罚，缓刑考验期间不是刑罚执行期间，法律并没有规定对宣告缓刑的可以予以减刑。如确有必要，应由法律作出规定，司法解释予以规定不妥。有人持肯定观点，主要考虑有：一是缓刑考验实际也带有执行性质，如刑事诉讼法第二百六十九条规定："对被判处管制、宣告缓刑、假释或者暂予监外执行的罪犯，依法实行社区矫正，由社区矫正机构负责执行。"而根据刑法第七十八条规定，被判处管制、拘役、有期徒刑的犯罪分子，"在执行期间"有悔改或立功表现的，可予减刑。鉴此，规定缓刑犯可以减刑，并不违反法律规定。二是实践中，个别缓刑犯确有重大立功表现，如不能对其减刑，不利于体现刑罚公正，也不利于获得好的矫正效果。我们认为，虽然法律确实没有对此作出明确规定，但是实践中，对于确有重大立功表现的，可以考虑减刑并相应缩短缓刑考验期。

Q问 279. 人民法院撤销缓刑、假释应注意哪些问题？

答 根据《解释》第四百五十七条、第四百五十八条等规定，应注意以下问题：

1. 发现罪犯有漏罪或者在考验期内又犯新罪，应当撤销缓刑、假释的，由审判新罪的人民法院撤销原判决、裁定宣告的缓刑、假释，并书面通知原审人民法院和执行机关。

如果原来是上级人民法院判决、裁定宣告缓刑、假释的，审判新罪的下级人民法院，能否撤销原判决、裁定宣告的缓刑、假释？一种观点认为，允许下级法院撤销上级法院的判决、裁定似有不妥。一种观点持赞同意见，理由是：其一，此种情形属于特殊情形，法律并无禁止性规定，由下级法院撤销上级法院的裁判，不会影响案件公正审理。其二，如交由原宣告缓刑、假释的上级人民法院撤销或者经上级法院许可后撤销，则会导致审判新罪或者漏罪判决的上诉审形同虚设。其三，当前因流窜犯罪而导致异地服刑的情况较为普遍，如规定由宣告缓刑、假释的上级人民法院撤销或者许可，则会严重影响效率，司法成本也将大幅度提高。我们认为，由于此种情形的特殊性以及此类案件相对较少，下级法院可以撤销上级法院关于缓刑、假释的判决、裁定。《1998 年解释》第三百五十六条就规定："如果原来是上级人民法院判决、裁定宣告缓刑、假释的，审判新罪的下级人民法院也可以撤销原判决、裁定宣告的缓刑、假释。"

2. 罪犯在考验期内违反相关的监督管理规定，情节严重的，原作出缓刑、假释判决、裁定的人民法院应当在收到执行机关的撤销缓刑、假释建议书后一个月内，作出撤销缓刑、假释的裁定。罪犯具有下列情形的，应当撤销：（1）违反禁止令，情节严重的；（2）无正当理由不按规定时间报到或者接受社区矫正期间脱离监管，超过一个月的；（3）因违反监督管理规定受到治安管理处罚，仍不改正的；（4）受到执行机关三次警告仍不改正的；（5）违反有关法律、行政法规和监督管理规定，情节严重的其他情形。

3. 人民法院撤销缓刑、假释的裁定，一经作出，立即生效。人民法院应当将撤销缓刑、假释裁定书送交罪犯居住地的县级司法行政机关，由其根据有关规定将罪犯交付执行。撤销缓刑、假释裁定书应当同时抄送罪犯居住地的同级人民检察院和公安机关。

4. 新罪、漏罪在缓刑、假释考验期期满后才发现的应如何处理？对此问题，目前有三种观点：一是认为对缓刑、假释应一律撤销，与新罪或者漏罪数罪并罚；二是认为仅对新罪或者漏罪进行处理，缓刑、假释所附属的刑罚视为执行完毕；三是认为应根据新罪、漏罪是否已过追诉期限分别处理，未过的应一律撤销，已过的可以不撤销假释。我们认为，根据刑法的规定，新罪根据"行为时"、漏罪根据"发现时"作出相应决定，即对于新罪，不论是在缓刑、假释考验期内还是在期满后发现，只要在考验期内发生，表明罪犯在考验期内没有悔罪认罪，就应当撤销缓刑、假释，将新罪与未执行的刑罚并罚。对于漏罪，如在考验期满后发现，缓刑、假释所依附的刑罚即视为执行完毕，仅对漏罪作出处理即可。当然，新罪或者漏罪都必须在追诉期内才可以追究刑事责任。

第二十一章 未成年人刑事案件诉讼程序

Q问 **280. 如何科学设置少年法庭机构？**

答 刑事诉讼法第二百七十七条对有关司法工作人员提出了要求，其中第二款规定办理未成年人刑事案件应当由熟悉未成年人身心特点的人员承办。虽然没有对人民法院的少年法庭机构作明确规定，但机构是保证专业少年审判队伍的基础和前提，是做好少年审判各项工作的重要保障，机构设置问题一直以来都是少年司法改革的核心问题之一。《审理未成年人刑事案件规定》第六条规定："中级人民法院和基层人民法院可以建立未成年人刑事审判庭。条件尚不具备的地方，应当在刑事审判庭内设立未成年人刑事案件合议庭或者由专人负责办理未成年人刑事案件。高级人民法院可以在刑事审判庭内设立未成年人刑事案件合议庭。"但该规定已不能适应少年法庭工作发展的需要，存在很大的局限性，主要体现在：该规定只是就未成年人刑事审判工作而言的，所称少年法庭仅指未成年人刑事审判庭和未成年人刑事案件合议庭，不包括未成年人案件综合审判庭。2006 年 8 月，最高人民法院发布《关于在部分中级人民法院开展设立独立建制的未成年人案件综合审判庭试点工作的通知》，决定在全国 17 个中级法院开展设立独立建制的未成年人案件综合审判庭的试点工作，少年法庭审理案件的范围也由原来的以未成年人为被告人的刑事案件扩展到未成年人的刑事、民事、行政案件以及未成年罪犯的减刑、假释案件。少年法庭机构和工作内容均发生较大变化。根据形势变化，2010 年最高人民法院出台的《少年法庭意见》对少年法庭机构设置作了相应的规范和调整，主要体现在以下几方面：一是对最高人民法院设立少年法庭指导小组和"少年法庭工作办公室"以及机构职责进行规范，使最高人民法院少年法庭机构设置有了政策依据。二是明确了高级人民法院少年法庭指导小组的组成人员；明确规定高级法院少年法庭指导小组应下设"少年法庭工作办公室"，不再实行设专人负责具体指导工作的规定；明确规定高级法院不仅可以在刑事审判庭内设立未成年人案件合议庭，也可以在民事审判庭内设未成年人案件合议庭。三是明确规定除最高人民法院确定的试点中院以外，有条件的其他中院和有条件的基层院也可以内设独立建制的未成年人案件综合审判庭，未内设独立建制少年审判庭的中院和基层院不仅应在刑事审判庭内设立未成年人案件合议庭，而且也应在民事审判庭内设立未成年人案件合议庭。

2012 年 9 月，中央政法委批示同意《最高人民法院关于扩大中级人民法院设立独立建制未成年人案件审判庭试点范围的请示》，根据批示精神，最高人民法院将开展扩大试点工作，少年法庭机构建设将得到进一步发展。因此，《解释》第四百六十二条在《审理未成年人刑事案件规定》和《少年法庭意见》的基础上，对机构设置作出更全面科学的界定："中级人民法院和基层人民法院可以设立独立建制的未成年人案件审判庭。尚不具备条件的，应当在刑事审判庭内设立未成年人刑事案件合议庭，或者由专人负责审理未成年人刑事案件。高级人民法院应当在刑事审判庭内设立未成年人刑事案件合议庭。具备条件的，可以设立独立建制的未成年人案件审判庭。未成年人案件审判庭和未成年人刑事案件合议庭统称少年法庭。"这一规定，肯定了少年法庭多元化发展的现状，也为未来发展留出了空间。

281. 如何科学界定少年法庭审理案件的范围？

《审理未成年人刑事案件规定》第十条对少年法庭受理案件的范围作了规定："少年法庭审理案件的范围：（一）被告人在实施被指控的犯罪时不满十八周岁的案件；（二）被告人在实施被指控的犯罪时不满十八周岁，并被指控为首要分子或主犯的共同犯罪案件。其他共同犯罪案件有未成年被告人的，或者其他涉及未成年人的刑事案件是否由少年法庭审理，由人民法院院长根据少年法庭工作实际情况决定。"这里规定的"其他涉及未成年人的刑事案件"，主要是指被害人是未成年人的刑事案件。应当说，该规定充分考虑了目前未成年人刑事案件数量、少年法庭审判力量等客观情况，是符合实际的。但是，该规定没有明确犯罪时未成年、审判时已成年的案件是否由少年法庭审理。《解释》充分考虑少年法庭工作实际，采纳实践中多数意见，规定了被告人在实施被指控的犯罪时不满 18 周岁的案件、人民法院立案时不满 20 周岁的犯罪案件以及被指控为首要分子或者主犯的共同犯罪案件，由少年法庭审理；其他有关案件是否由少年法庭审理，由院长根据情况决定。

Q问 282. 做好分案审理工作，人民法院应当注意哪些问题？

答 分案审理，是指在既有成年犯又有未成年犯的共同犯罪案件中，将成年犯和未成年犯分开审理的制度。对同一案件中的成年犯和未成年犯实行分案审理，既可以避免交叉询问、质证等不利因素的影响，也有利于诉讼参与人各司其职，对未成年人进行法庭教育，充分保护未成年人的合法权益。目前，很多地方检察院、法院都在试行分案起诉、分案审理制度，取得良好效果。最高人民检察院 2006 年 12 月出台的《办理未成年人刑事案件的规定》第二十三条规定："人民检察院审查未成年人与成年人共同犯罪案件，一般应当将未成年人与成年人分案起诉。"《审理未成年人刑事案件规定》对此未作相应规定，为明确人民法院分案审理的程序，保证认定案件事实证据的一致性以及量刑的公平性，避免重复劳动和司法资源的浪费，《解释》第四百六十四条作了如下规定："对分案起诉至同一人民法院的未成年人与成年人共同犯罪案件，可以由同一个审判组织审理；不宜由同一个审判组织审理的，可以分别由少年法庭、刑事审判庭审理。未成年人与成年人共同犯罪案件，由不同人民法院或者不同审判组织分别审理的，有关人民法院或者审判组织应当互相了解共同犯罪被告人的审判情况，注意全案量刑平衡。"

Q问 283. 如何理解未成年人刑事案件指定管辖制度？

答 刑事诉讼法第二十七条规定："上级人民法院可以指定下级人民法院审判管辖不明的案件，也可以指定下级人民法院将案件移送其他人民法院审判。"指定管辖对于少年法庭是一项非常重要的制度，自 1998 年 5 月江苏省连云港市首创未成年人案件指定管辖模式后，这一模式在江苏、上海、广东、山东、黑龙江等省市推广多年，取得积极成效。指定管辖模式具有以下优势：一是有利于解决案源不足和机构闲置的矛盾，稳固少年审判机构；二是有利于统一司法尺度，实现定罪量刑的平衡；三是有利于积累少年审判经验，形成较为成熟的少年审判队伍。目前看来，指定管辖模式已经成为一些大中城市少年法庭机构建设的发展趋势。根据实践需要，《解释》四百六十五条规定："对于未成年人刑事案件，必要时，上级人民法院可以根据刑事诉讼法第二十六条（注：修改后刑事诉讼法第二十七条）的规定，指定下级人民法院将案件移送其他人民法院审判。"这一规定，旨在肯定并鼓励实践中指定管辖的做法，将进一步推动少年法庭的机构发展。

284. 如何理解未成年人情况调查的性质和地位作用？

未成年人情况调查，也称社会调查，是指在办理未成年人刑事案件时，对涉案未成年人的学习、就业、家庭状况、案前表现等情况进行调查，形成报告或者书面材料。在办理未成年人案件时进行社会调查，了解未成年人的生活背景，分析其犯罪原因，可以有针对性地采取相应措施，对其施以教育矫治，从而取得更好的办案效果。刑事诉讼法第二百七十九条对此明确规定："公安机关、人民检察院、人民法院办理未成年人刑事案件，根据情况可以对未成年犯罪嫌疑人、被告人的成长经历、犯罪原因、监护教育等情况进行调查。"这一规定，从立法层面肯定并倡导了未成年人刑事案件情况调查工作制度，具有重要意义。

就审判环节来说，对未成年被告人的有关情况进行调查，是针对未成年人身心特点开展审判的前提，是对其判处刑罚时需要考虑的重要因素，也是对其开展法庭教育所需要的背景资料。《审理未成年人刑事案件规定》第二十一条规定，控辩双方可以对未成年被告人的情况进行调查，并制作书面材料，必要时法院也可以委托调查或者自行调查。

目前，对未成年人情况调查制度的理解，还存在一些问题，主要集中在三个方面：

1. 关于调查主体。这里所讲的调查主体分为启动调查的主体和接受委托的调查主体。关于启动调查的主体，根据刑事诉讼法第二百七十九条的规定，公检法机关都有权启动调查；除此之外，根据修改后刑事诉讼法第四十一条有关律师取证的一般规定，辩护律师也应当有权开展情况调查。从以前的实践情况看，启动调查的主体主要是法院，检察机关和公安机关自行开展或者委托开展情况调查的相对较少。关于接受委托的调查主体，法律没有规定。《未成年人刑事案件配套工作意见》规定，情况调查"由未成年犯罪嫌疑人、被告人户籍所在地或居住地的司法行政机关社区矫正工作部门负责"。但调研发现，实践中做法并不统一，接受委托的主体既有司法行政部门，也有其他社会团体，且司法行政机关开展调查的数量较少。配套体系的规定没有完全落实，主要原因在于，司法行政机关负责情况调查工作的部门是社区矫正部门，由于社区矫正部门工作任务重，人手不足，很难全面开展情况调查工作。

从工作衔接角度看，调查最适宜的时间是在审判前，即在侦查、审查起诉阶段进行。因为：其一，大量的未成年人刑事案件适用的是简易程序，审限一般仅有 20 天，在如此短的时间内，人民法院很难自行或者委托部门提供一份客观全面、确有价值的调查报告，容易导致调查流于形式，甚至失真失实。其二，根据量刑程序指导意见，检察机关可以提出量刑建议，对于未成年人刑事案件，检察机关提出量刑建议的，就应当同时提供调查报告，因为这是其提出量刑建议的重要参考。但这一问题还要与公安、检察机关会商解决。各地在实践中，可以根据刑事诉讼法第二百七十九条的规定，主动与本地公安、检察机关沟通、协调，促使他们能更多地承担未成年被告人情况调查报告工作。

从调查的规范性和统一性来讲，对于委托调查的，接受委托的调查主体应当统一，不适合由不同部门或组织来承担，因为各部门所处的地位和职责要求不同，出具的情况调查报告在调查内容、客观描述、主观判断分析等方面均会不同，势必影响调查效果，并进而影响适当量刑。但在现阶段，统一委托司法行政机关社区矫正部门开展情况调查，确实不符合实际；应当也可以委托共青团组织以及其他社会团体、组织开展调查。实践中，一些法院实行聘请社会调查员工作机制的做法可资借鉴。

考虑到上述情况，《解释》第四百七十六条对《审理未成年人刑事案件规定》第二十一条进行了调整，规定："对人民检察院移送的关于未成年被告人性格特点、家庭情况、社会交往、成长经历、犯罪原因、犯罪前后的表现、监护教育等情况的调查报告，以及辩护人提交的反映未成年被告人上述情况的书面材料，法庭应当接受。必要时，人民法院可以委托未成年被告人居住地的县级司法行政机关、共青团组织以及其他社会团体组织对未成年被告人的上述情况进行调查，或者自行调查。"

2. 关于调查程序。调查的工作程序没有统一规定，调查报告的样式、内容，在实践中各不相同。从调查方式看，有实地走访的，有发信函的，有打电话的；从报告样式看，有采用公文报告形式的，有采用调查表格或调查笔录样式的；从调查内容看，一般是围绕未成年人的性格特点、文化程度、家庭环境、成长经历、社会交往及实施被指控犯罪前后表现等情况展开，但也有的纳入了心理评估、非羁押措施风险评估等内容，还有的就如何量刑、如何帮教提出具体建议等等。由于各地开展调查工作的人力、物力不尽相同，调查程序也无法完全统一，最高人民法院还将就这一问题继续与有关部门沟通、协调，争取早日形成统一规范。

3. 关于情况调查的性质及使用。调查报告是否属于证据、是否应当质证？对此，存在认识分歧，有两种截然相反的意见。一种意见认为，作为证据材料乃至定案根据的不仅限于法律明确规定的八类证据，如破案报告尽管不在八类证据之列，但无疑也是证据的一种。未成年人调查报告与公检法机关、辩护律师提取的其他证据具有相同的形式要件，且是量刑的重要参考材料，也应属于广义证据的一种，应当在庭审中出示，控辩双方对调查报告所反映的、对定罪量刑有影响的有关事实问题存在异议的，法庭应当组织双方对报告进行质证、辩论。另一种意见认为，调查报告不属于证据，但可以作为量刑的参考。我们同意后一种意见，主要考虑：（1）刑事诉讼法第五十条规定："可以用于证明案件事实的材料，都是证据。"未成年人调查报告是针对未成年人性格特点、家庭情况、社会交往、成长经历、犯罪原因、监护条件以及实施被指控的犯罪前后的表现等情况进行调查形成的材料，并非证明案件事实的材料，因此，不属于证据。（2）调查报告一定程度上反映了未成年被告人的主观恶性、人身危险性和监护帮教条件，对于人民法院有针对性地进行法庭教育和准确适用刑罚，有重要的参考作用。（3）为落实量刑公开原则，人民法院应当全面审查调查报告的内容，并充分听取控辩双方的意见。控辩双方对调查报告所反映的、对定罪量刑有影响的有关事实问题存在异议的，法庭可以组织双方对报告进行质证、辩论。（4）如果在量刑时以报告所反映的情况作为参考的，在裁判文书中，还可以对报告的采纳情况及其理由作出相应说明。《解释》也采纳了调查报告非证据说，第四百八十四条规定："对未成年被告人情况的调查报告，以及辩护人提交的有关未成年被告人情况的书面材料，法庭应当审查并听取控辩双方意见。上述报告和材料可以作为法庭教育和量刑的参考。"

285. 如何理解和适用心理疏导和心理测评机制？

心理疏导和心理测评，是指通过对涉案未成年人进行心理疏导和测评，有针对性地缓解未成年人的紧张情绪，矫正其心理，促进诉讼活动顺利进行，为法院的科学裁判提供科学参考，也为判后对未成年犯进行个性化的矫治提供依据。在未成年人案件审判中引入心理疏导和测评机制，是少年法庭为贯彻未成年人保护法对未成年人"特殊、优先"保护的原则、保障未成年人在诉讼中各项合法权益的一项特色工作机制，具有重要的意义。

心理疏导可以由法官进行，也可以由专业心理咨询师进行，心理测评则通常由专业心理咨询师进行。对未成年人开展心理测评，涉及未成年人的个人信息和个人隐私，为落实刑事诉讼法关于未成年人案件不公开审理、轻罪犯罪记录封存等规定，心理测评应当严格保密。因此，《解释》规定了人民法院根据需要，可以对未成年被告人开展心理疏导；进行心理测评的，则需经未成年被告人及其法定代理人同意。对于心理测评形成的报告，人民法院根据情况，可以作为法庭教育的参考。

Q问 286. 实践中法定代理人、合适成年人出庭应注意哪些问题？

答 刑事诉讼法第二百八十一条第一款规定："对于未成年人刑事案件，在讯问和审判的时候，应当通知未成年犯罪嫌疑人、被告人的法定代理人到场。无法通知、法定代理人不能到场或者法定代理人是共犯的，也可以通知未成年犯罪嫌疑人、被告人的其他成年亲属，所在学校、单位或者居住地的村民委员会、居民委员会、未成年人保护组织的代表到场，并将有关情况记录在案。到场的法定代理人可以代为行使未成年犯罪嫌疑人、被告人的诉讼权利。"这一修改，进一步强化了对未成年犯罪嫌疑人、被告人诉讼权利的保障。《审理未成年人刑事案件规定》第十九条规定："开庭审理前，应当通知未成年被告人的法定代理人出庭。法定代理人无法出庭或确实不适宜出庭的，应另行通知其他监护人或者其他成年近亲属出庭。"《未成年人刑事案件配套工作意见》也明确："在未成年犯罪嫌疑人、被告人被讯问或者开庭审理时，应当通知其法定代理人到场。法定代理人无法或不宜到场的，可以经未成年犯罪嫌疑人、被告人同意或按其意愿通知其他关系密切的亲属朋友、社会工作者、教师、律师等合适成年人到场。"

在法定代理人无法到庭、不宜到庭或拒绝到庭情况下，合适成年人则是良好的替代人选。我国从2003年起引入合适成年人制度，并在昆明、上海、厦门等地进行试点，取得良好成效。刑事诉讼法中虽然没有采纳这一概念，但从其人员范围来看，基本与合适成年人范围相同。合适成年人并非诉讼参与人，他们享有何种诉讼权利？《解释》根据刑事诉讼法规定，吸收了《审理未成年人刑事案件规定》和《未成年人刑事案件配套工作意见》的内容，规定到场的其他成年亲属或者代表，除享有法律明确规定的对司法机关工作人员侵犯未成年人权益的行为提出意见、阅读法庭笔录等权利外，经过法庭允许，还可以向法庭发表意见，参与对未成年被告人的法庭教育等工作；适用简易程序审理的未成年人刑事案件，在法定代理人无法通知、不能到场的情况下，也应当通知上述人员到场，同时通知辩护人出庭。

如果未成年被告人拒绝法定代理人或者合适成年人到场，法院应当如何处理？法律和相关解释、规范性文件均未作出明确规定。我们认为，根据《联合国少年司法最低限度标准规则》第15.2条的规定"父母或监护人应有权参加诉讼。主管当局可要求他们为了少年的利益参加诉讼。但是如果有理由认为，为了保护少年的利益必须排除他们参加诉讼，则主管当局可拒绝他们参加"，虽然父母或监护人参与诉讼的权利应被视为对未成年人心理上和感情上的援助，但如果父母或监护人到场起了反作用，例如，他们对未成年人表现出仇视的态度，法院可以根据情况，排除或者限制他们到场。

开庭时已满十八周岁的被告人，是否应当通知其原法定代理人到庭，原法定代理人在诉讼中享有何种诉讼权利？1991年《最高人民法院研究室关于未成年人犯罪案件法定代理人出庭及上诉问题的电话答复》对此虽然规定应通知原法定代理人到场，但没有规定其诉讼权利，实践中各地法院做法也不尽相同。有少年法庭法官反映，对于开庭年龄较大的被告人，完全可以自行辩护，通知其原法定代理人没有实际意义，且增加法院的工作负担，没有必要一律通知。我们认为，审判时已满18周岁的被告人，已能够独立行使诉讼权利，可以不必通知其原法定代理人到场。但对于犯罪时未成年、开庭时不满20周岁的被告人，为更充分保护他们的权益，结合少年法庭审理案件的范围，一般应当通知其近亲属到庭，经法庭同意，近亲属可以发表意见；对于开庭时超过20周岁的被告人，则不必再通知近亲属到庭。

Q问 287. 在案件审理过程中，如何充分保障未成年人的辩护权？

答 获得辩护是被告人最为重要的权利，对于诉讼能力尚有欠缺的未成年人而言，辩护人的参与有助于弥补其诉讼能力的不足，避免诉讼过程中未成年被告人合法权益的无法得到充分保障，体现了对未成年人的特殊保护。在诉讼阶段为未成年被告人提供辩护是国外立法通例，也是我国刑诉法所确立的一项基本原则。刑事诉讼法吸收了这一原则，第二百七十七条第二款、第二百七十八条规定人民法院应当保障开庭时不满18周岁的未成年被告人获得辩护的权利，对未成年被告人获得辩护的权利予以强化。

保障未成年人的辩护权，《审理未成年人刑事案件规定》有细化明确的规定，第十五条、第二十六条分别规定了人民法院应当为没有委托辩护人的未成年人被告人指定辩护律师，对其拒绝辩护的情形加以明确，并对未成年被告人拒绝委托或指定辩护人辩护的情况分别作出规定。《解释》在《审理未成年人刑事案件规定》的基础上进行了完善，规定：未成年被告人及其法定代理人当庭拒绝委托或者指派的辩护人辩护，要求另行委托辩护人或者指派律师的，法庭应当准许。重新开庭后，未成年被告人或者其法定代理人再次当庭拒绝辩护人辩护的，不予准许。重新开庭时被告人已满18周岁的，可以准许，但不得再另行委托辩护人或者要求另行指派律师，由其自行辩护。

288. 如何对未成年人严格限制适用羁押措施？

减少、减弱刑罚的色彩，着力于教育、感化和挽救，已成为加强未成年人司法保护的发展趋势，逮捕作为最严厉的强制措施，若不慎用必将对未成年人身心产生极大的负面影响。刑事诉讼法第二百八十条规定："对未成年犯罪嫌疑人、被告人应当严格限制适用逮捕措施。人民检察院审查批准逮捕和人民法院决定逮捕，应当讯问未成年犯罪嫌疑人、被告人，听取辩护律师的意见。对被拘留、逮捕和执行刑罚的未成年人与成年人应当分别关押、分别管理、分别教育。"

我们认为，为更加慎重适用未成年人羁押措施，同时，也避免对应当适用羁押措施而未羁押的情形，人民法院在审判中，应当注重审查是否符合逮捕的条件和是否有继续羁押的必要。被逮捕的未成年被告人有以下情形之一的，人民法院应当及时变更强制措施或者解除逮捕：一是可能对未成年被告人免除处罚、宣告缓刑或者独立适用附加刑的；二是证明未成年被告人有罪的证据可能不充分的；三是其他没有继续羁押必要或者不符合逮捕条件的情形。

此外，对于起诉时未被逮捕的未成年被告人，在审理期间出现符合逮捕条件的情况，且情节严重、确有逮捕必要的，人民法院应当采取逮捕措施。

289. 如何正确理解未成年人案件不公开审理制度？

对于未成年人刑事案件实行不公开审理的原则，已经为世界上绝大多数国家所确立。审判公开是审理成年人刑事案件必须坚持的原则，其目的在于防止司法专断。对未成年人犯罪的案件实行不公开审理，是为了减少对未成年人的不利影响，是贯彻"教育为主，惩罚为辅"的少年刑事司法理念的体现。对于不公开审理是否应当为一种绝对性规定，存在不同意见。在实践中，未成年人案件的不公开审理，导致未成年被告人的法定代理人以外的其他近亲属以及有利于教育挽救未成年人的学校和未成年人保护组织无法派员参与庭审，或导致共同犯罪案件中的成年被告人家属无法旁听庭审，影响教育挽救效果或有碍公平原则。我国台湾地区的"少年事件处理法"第六十八条规定："审判得不公开之。少年当事人之直系尊亲属或其监护人，请求公开审判者，法院不得拒绝。"因此，为了教育矫治和公正审判理念的平衡，法律应当赋予未成年被告人及其监护人申请公开审理的权利。

刑事诉讼法将适用不公开审理的范围扩大至审判时未满十八周岁的未成年人刑事案件，更加体现了对未成年人的特殊保护原则。同时吸收了未成年人被告人及其法定代理人同意后可以旁听的原则，在第二百八十五条规定："审判的时候被告人不满十八周岁的案件，不公开审理。但是，经未成年被告人及其法定代理人同意，未成年被告人所在学校和未成年人保护组织可以派代表到场。"

我们认为，在适用刑事诉讼法第二百八十五条时应当注意：（1）刑事诉讼法中的"审判时"应当理解为"开庭、讯问时"。（2）之所以对未成年人犯罪的案件实行不公开审理，是为了尽可能减少对未成年人日后回归社会产生不利影响，避免其因犯罪受到歧视。刑事诉讼法同时考虑到，如果对未成年人刑事案件采取完全封闭的绝对不公开方式进行审理，会导致未成年人所在学校、保护组织等无法派员参与庭审，协助法庭做好对未成年被告人的教育、感化、挽救工作，规定了经未成年被告人及其法定代理人同意，未成年被告人所在学校、未成年人保护组织可以派代表到场。但是，为全面保护未成年被告人的合法权益，避免其罪犯身份出现在更多公众视野中，对到场代表的范围和人数，应当有所限制，需要经过法庭批准。（3）根据法律规定，对于开庭审理被告人犯罪时未成年、开庭时已成年的案件，以及宣告未成年人刑事案件，都应当公开进行，但对于需要封存犯罪记录的案件，在公开审判和宣判时，法庭不得组织旁听，以保障刑法规定的轻罪免除前科报告义务制度、刑事诉讼法规定的轻罪犯罪记录封存制度，能得以切实落实。

Q问 **290. 如何适用未成年人刑事案件圆桌审判方式?**

答 实行圆桌审判的宗旨,主要是营造宽松、和谐的庭审氛围,消除未成年被告人的恐惧和抵触心理,促使其顺利接受量刑和教育改造。目前,许多法院少年法庭都实行了圆桌审判,但是哪些案件应当适用圆桌审判,没有具体规定,对圆桌审判的适用范围作出规定,是非常必要的,通过圆桌审判的未成年被告人基本上被判处轻刑、缓刑或免予刑事处罚。而对那些主观恶性深,多次犯罪且手段极端,社会危害性大,后果非常严重,犯罪行为产生了恶劣社会影响的未成年被告人,就不宜适用圆桌审判,对这部分未成年被告人,应当体现法律和法庭的威严,惩戒应当成为对其进行教育改造的必要手段。据此,《解释》第四百七十九条第二款规定:"审理可能判处五年有期徒刑以下刑罚或者过失犯罪的未成年人刑事案件,可以采取适合未成年人特点的方式设置法庭席位。"这里的"适合未成年人特点的方式设置法庭席位",主要就是指圆桌审判方式。

Q问 **291. 在未成年人刑事案件中,如何做好法庭教育工作?**

答 法庭教育是我国少年法庭创立之初即已开展的特色工作,是落实教育、感化、挽救方针和教育为主、惩罚为辅原则的重要举措。法庭教育作为我国未成年人刑事案件审判极具中国特色的一项制度,近年来,随着我国对外交流活动的频繁开展,一些西方少年审判法官对这项制度也是赞誉有加。

法庭教育在什么阶段进行更为合适?《审理未成年人刑事案件规定》明确应在判决有罪后进行。从近年来的实践看,这一规定的实施效果不是太理想。实际上,在法庭审理过程中对未成年被告人进行教育,效果往往更好:一是诉讼参与人均在场,便于各方共同教育;二是在庭审过程中进行教育,更容易使未成年被告人认识到行为的危害性;三是在庭审中教育有利于促成被告人和被害人达成和解。鉴此,《解释》四百八十五条规定:"法庭辩论结束后,法庭可以根据案件情况,对未成年被告人进行教育;判决未成年被告人有罪的,宣判后,应当对未成年被告人进行教育。对未成年被告人进行教育,可以邀请诉讼参与人、刑事诉讼法第二百七十条(注:修改后刑事诉讼法第二百八十一条)第一款规定的其他成年亲属、代表以及社会调查员、心理咨询师等参加。适用简易程序审理的案件,对未成年被告人进行法庭教育，适用前两款的规定。"这一规定，明确了法庭教育的时间、可以参与教育的人员，具有很强的可操作性。

292. 在未成年人刑事案件审理过程中，如何贯彻快速审理原则？

快速审理是未成年人刑事案件审理的一个基本原则和首要问题，减少诉讼对未成年人所产生的不必要的伤害是我们必须考虑的。《联合国少年司法最低限度标准规则》第二十条规定："每一案件从一开始就应迅速处理，不应有任何不必要的拖延。"《联合国保护被剥夺自由少年规则》第十七条规定："在不得已采取预防性拘留的情况下，少年法院和调查机构应给予最优先处理，以最快捷方式处理此类案件，以保证尽可能缩短拘留时间。"

快速审理未成年人案件，有利于尽快恢复被告人生活的安定性。一般来说，未决犯和已决犯的心理稳定状态相差很大，未决犯前途未卜，未来充满不确定性，内心充满焦虑，而已决犯已经知道案件结果，心理相对稳定。快速审理可以尽快解除未决犯的焦虑状态。快速审理未成年人案件，有利于体现刑罚的确定性。意大利著名刑法学家贝卡利亚指出："犯罪与刑罚之间的时间隔得越短，在人们心中，犯罪与刑罚这两个概念的联系就越突出、越持续，因而，人们很自然地把犯罪看作起因，把刑罚看作不可缺少的必然结果。"快速审理将犯罪与刑罚更加紧密地衔接，增强了刑罚的确定性，有利于犯罪的预防和控制。此外，快速审理未成年人案件，还有利于节约司法资源。因此，人民法院在审理事实清楚、证据确实充分、被告人自愿认罪的未成年人刑事案件时，一般应当采取快速审理的原则进行。

简易程序就是根据案件的复杂、难易程度予以科学分流，使简单的案件适用简易程序简易审，复杂、疑难案件适用普通程序严格审，从而保证有限司法资源的科学配置。未成年人犯罪案件，由于未成年人特殊的生理、心理特征，更需要教育、感化、挽救，必然要求提高诉讼效率。因此，对未成年人犯罪案件，能够适用简易程序的，应尽量适用简易程序。但是，如果审判未成年人犯罪案件的简易程序在某些方面过于简化，过于追求诉讼效率，而忽略了其他方面，这样的程序就欠缺根本上的正当性，也就不能达到立法要求的教育、感化、挽救的目的。对未成年人犯罪案件适用简易程序应当注意以下几个问题：一是公诉人应当一律出庭，充分发挥公诉职能，在法庭上共同做好教育工作，让未成年人更清楚地认识到自己行为的社会危害性，促使其早日改过自新；二是保证未成年被告人的辩护权，法定代理人、辩护人应当到庭参加诉讼；三是对需要进行情况调查的案件，仍然应当做好审前调查工作；四是法庭教育不能被"简易"掉。

此外，此次刑事诉讼法修改增加了"认罪认罚从宽"制度。刑事诉讼法第一百七十四条规定，犯罪嫌疑人自愿认罪，同意量刑建议和程序适用的，应当在辩护人或者值班律师在场的情况下签署认罪认罚具结书。但如果犯罪嫌疑人系未成年人，其本人认罪认罚，但其法定代理人或辩护人对该认罪认罚有异议的，不需要签署认罪认罚具结书。这同样是考虑到未成年人心智不够成熟，加强对未成年人的司法保护。

293. 如何理解未成年人轻罪犯罪记录封存制度，实践中如何操作？

2008 年 11 月，中共中央通过了《中央政法委员会关于深化司法体制和工作机制改革若干问题的意见》，首次以中央文件的形式确认了"未成年人轻罪犯罪记录消灭制度"这一提法。根据中央司法改革意见，最高人民法院于 2009 年 3 月发布了《人民法院第三个五年改革纲要》（以下简称《纲要》），《纲要》提出："人民法院配合有关部门有条件地建立未成年人轻罪犯罪记录消灭制度，明确其条件、期限、程序和法律后果。"至此，"未成年人轻罪犯罪记录消灭制度"作为人民法院一项重要的改革项目和措施被确定下来。

未成年犯与成年犯相比，有其特殊性，未成年犯的身心发育尚不健全，价值观和人生观还未成型，具有很强的可塑性，规定对于未成年时有轻罪犯罪记录的人，免除其前科报告义务，有利于他们摆脱犯罪记录的影响，防止被"标签"化，更好地重新回归社会，从而实现对未成年人的"教育、感化、挽救"的刑事政策，巩固教育改造成果，也契合世界各国未成年人刑事立法的潮流和改革趋势。目前在很多国家，都是通过法律明文规定的形式加以确定的，内容明确，便于执行。如德国、日本、澳大利亚、美国、瑞士等。

推行该项制度的意义：（1）犯罪记录的存在给未成年人贴上了犯罪的标签，不仅影响未成年人的心理矫正，而且导致其在再社会化过程中容易受到社会和他人的歧视或不理解。（2）未成年人犯在升学、就业和生活等方面所面临的困难和歧视，严重阻碍了他们回归社会的道路，让未成年犯逐渐丧失生活的信心，破罐子破摔，甚至被迫转化为反社会者。（3）未成年犯与成年犯相比，有其特殊性，未成年犯的身心发育尚不健全，价值观和人生观还未成型，具有很强的可塑性，实行有条件的犯罪记录消灭不仅有利于实现对未成年人的"教育、感化、挽救"的刑事政策，巩固教育改造成果，也契合世界各国未成年人刑事立法的潮流和改革趋势。

对于前科封存制度，在理解和适用中应当注意以下几个问题：

1. 未成年人轻罪犯罪记录封存制度的适用范围，包括未成年被告人被判处五年以下有期徒刑、拘役、管制、单处罚金、驱逐出境以及免除刑事处罚的情形。需要注意的是，对于判决依法不负刑事责任、裁定终止审理的未成年人的记录，虽然不是犯罪记录，也应当封存。

行为人在年满十八周岁前后实施数个行为，构成一罪或者数罪的，是否适用前科封存的规定？我们认为，不能适用前科封存的规定。理由主要有三点：一是行为人连续实施数个行为构成一罪的，如盗窃、诈骗或者抢劫等，犯罪数额累积计算，定罪量刑是综合衡量数个行为后作出的，其18周岁之前的行为没有作单独评价，无法对其单独封存。二是行为人的行为构成数罪的，从理论上讲，可以免除18周岁之前被判处五年有期徒刑以下刑罚的报告义务，但实践中却行不通。因为数罪是一并审理、一并宣判，量刑是根据数罪并罚的规定作出的，在同一份判决书中，对部分犯罪记录进行封存，没有可操作性。三是行为人实施数个行为构成一罪或者数罪的，表明其人身危险性较一般的初犯、偶犯要大，对他们在前科封存方面作出相对严格的要求，有利于更好地保护社会利益，体现刑法惩罚犯罪、保护人民的目的。

犯罪时不满18周岁，被判处五年有期徒刑以下刑罚，并且正在管制服刑期间或者缓刑、假释考验期内的人，其人身自由没有被剥夺，只是受到一定限制，可能面临上学、就业的问题，在此期间是否报告所受刑事处罚对行为人有重大影响。此种情况下前科记录是否应当封存，刑事诉讼法没有作出明确规定，我们认为，为最大程度消除刑事处罚给未成年人带来的不利影响，其犯罪记录也应当封存，有关单位可以根据国家规定进行查询。例如，《中华人民共和国兵役法》第十七条规定："应征公民正在被依法侦查、起诉、审判的或者被判处有期徒刑、拘役、管制正在服刑的，不征集。"据此，正在管制服刑期间，缓刑、假释考验期内的行为人入伍的，部队可以依法查询相关犯罪记录；但缓刑、假释考验期满后入伍的，部队不得进行查询。

2. 前科封存制度也是有限制的，行为人前科被封存后，司法机关为办案需要，或者有关单位根据国家规定，可以提请查询。这里的"国家规定"有严格的限定，必须按照刑法第九十六条的规定把握，即仅指全国人民代表大会及其常委会制定的法律和决定，国务院制定的行政法规、规定的行政措施、发布的决定和命令，不包括部门规章和地方性法规。需要说明的是，对行为人的犯罪记录进行封存，并非是消灭犯罪记录，司法机关在办案过程中，为更清楚查明案件事实，更全面掌握行为人的人身危险性、行为特点等，需要查询行为人前科情况的，可以查询。现行有效的公务员法、法官法、检察官法、警察法、律师法、教师法、职业医师法等法律以及相关法规、规定，对曾受过刑事处罚的人就业作出严格的限制性规定，上述职业都涉及重要的社会公共利益，从而对从业人员提出更高要求。因此，对免除报告义务的行为人权益保护不能与现行有效的法律冲突，保护行为人权益与保护社会公共利益要并重，不得有失偏颇。

3. 为保证前科封存的效果，人民法院审理未成年人刑事案件，应当尊重未成年被告人的人格尊严，不得向新闻媒体、网络公司、影视机构、出版机构等提供未成年被告人的姓名、住所、照片、图像等信息，包括可能推断出该未成年被告人身份的其他资料。对于需要封存犯罪记录的案件，公开审理、宣判时不得组织学生等人员旁听，并告知旁听人员不得传播案件信息。

4. 有条件的人民法院，可以建立专门的未成年犯罪人案卷资料库，对应当封存的案卷标注密级，单独管理。司法机关为办案需要，或者有关单位根据国家规定提请查询犯罪记录的，经人民法院审查后，可以查询相关记录。需要注意的是，查询的是犯罪记录，而不是案卷材料。

5. 对于 2012 年 12 月 31 日以前审结的案件，符合封存条件的未成年人犯罪记录，也应当封存。当然，封存的方式可以灵活掌握，考虑到现实情况，案卷可以不必一律单独存放或者单独标记，只需做到对犯罪记录严格保密，非因法定事由，不提供查询即可。

294. 审判实践中如何更好地保障未成年被害人、证人的权益？

刑事诉讼法第二百八十一条对询问未成年被害人、证人作出了规定，但仍未能全面保障未成年被害人、证人的权益。《未成年人刑事案件配套工作意见》中就未成年被害人的询问方式、法律援助、隐私保护、出庭作证、推动和解等作出专门规定，较为全面地保障了未成年被害人、证人的合法权益。《解释》吸收了《未成年人刑事案件配套工作意见》的部分内容，第四百七十三条规定："未成年被害人及其法定代理人因经济困难或者其他原因没有委托诉讼代理人的，人民法院应当帮助其申请法律援助。"第四百六十八条规定："确有必要通知未成年被害人、证人出庭作证的，人民法院应当根据案件情况采取相应的保护措施。有条件的，可以采取视频等方式对其陈述、证言进行质证。"

我们认为，人民法院落实刑事诉讼法及《解释》的规定，需要注意以下问题：询问未成年被害人、证人时，应当依法选择有利于保护未成年人的场所，采取和缓的方式进行，并通知法定代理人或者合适成年人到场。对未成年被害人、证人，除非其陈述、证言对定罪量刑具有关键性影响，不可替代，且控辩双方存有异议的，一般情况下，不应通知其出庭作证。对确有必要出庭的未成年被害人、证人，为了避免其受到伤害，可以采取不暴露身份信息、不暴露外貌、真实声音等特殊保护措施；条件具备的，还可以采取远程视频等方式作证。对于性侵犯、虐待、暴力伤害等可能会给未成年被害人的心理造成很大压力和痛苦、严重影响被害人身心健康的案件，未成年人有权不出庭。

人民法院应当充分保障未成年被害人附带民事诉讼权利。未成年刑事被告人及其监护人，没有被追究刑事责任的其他未成年共同致害人及其监护人，案件审结前已死亡的未成年被告人的遗产继承人，依法负有赔偿责任。未成年被告人的犯罪行为以及其他未成年共同致害人的致害行为造成他人物质损失的，未成年人与其监护人共同承担赔偿责任。监护人尽到监护责任的，可以减轻其赔偿责任。有财产的未成年人造成他人物质损失的，从本人财产中支付赔偿费用。不足部分，由监护人赔偿，但单位担任监护人的除外。实践中，经常发生作为附带民事诉讼被告人的法定代理人无法通知或拒不到庭的情况，致使案件审理时间过长，为保证未成年人案件审判及时高效，防止案件过分拖延，应当规定：附带民事诉讼被告人无法通知或者因故不能到庭的，为了防止刑事案件审判的过分拖延，附带民事诉讼可以在刑事案件审判后，由同一审判组织继续审理。如果同一审判组织的成员无法继续参加审判的，可以更换审判组织成员。

人民法院还应当积极推动未成年被告人和被害人之间的和解，可以将赔偿经济损失、取得被害人谅解等情况作为酌情从轻处罚的依据。在司法实践中，被害人未能从犯罪分子那里获得足够补偿而生活陷入困境的现象很多，在犯罪分子不能或者无力承担责任的情况下，国家应当承担一定的责任。有条件的地区，应当积极推进完善未成年被害人的国家补偿制度。2018 年 2 月 27 日，最高人民检察院发布《最高人民检察院关于全面加强未成年人国家司法救助工作的意见》，规定对下列未成年人，案件管辖地检察机关应当给予救助：（1）受到犯罪侵害致使身体出现伤残或者心理遭受严重创伤，因不能及时获得有效赔偿，造成生活困难的；（2）受到犯罪侵害急需救治，其家庭无力承担医疗救治费用的；（3）抚养人受到犯罪侵害致死，因不能及时获得有效赔偿，造成生活困难的；（4）家庭财产受到犯罪侵害遭受重大损失，因不能及时获得有效赔偿，且未获得合理补偿、救助，造成生活困难的；（5）因举报、作证受到打击报复，致使身体受到伤害或者家庭财产遭受重大损失，因不能及时获得有效赔偿，造成生活困难的；（6）追索抚育费，因被执行人没有履行能力，造成生活困难的；（7）因道路交通事故等民事侵权行为造成人身伤害，无法通过诉讼获得有效赔偿，造成生活困难的；（8）其他因案件造成生活困难，认为需要救助的。《最高人民检察院关于全面加强未成年人国家司法救助工作的意见》同时确定了救助标准，确保救助金专款专用。检察机关决定对未成年人支付救助金的，应当根据未成年人家庭的经济状况，综合考虑其学习成长所需的合理费用，以案件管辖地所在省、自治区、直辖市上一年度职工月平均工资为基准确定救助金，一般不超过三十六个月的工资总额。对身体重伤或者严重残疾、家庭生活特别困难的未成年人，以及需要长期进行心理治疗或者身体康复的未成年人，可以突破救助限额，并依照有关规定报批。相关法律文书需要向社会公开的，应当隐去未成年人及其法定代理人、监护人的身份信息。《最高人民检察院关于全面加强未成年人国家司法救助工作的意见》还确定了多元救助方式，针对未成年人的具体情况，依托有关单位，借助专业力量，因人施策，精准帮扶，切实突出长远救助效果。

295. 如何做好判后回访帮教工作？

对未成年罪犯判后跟踪帮教是少年审判的一项优良传统，《审理未成年人刑事案件规定》第三十八条至第四十三条规定人民法院可以对未成年罪犯进行跟踪帮教，有助于推动少年审判延伸工作的开展。

实践中，有些法院坚持判后回访，了解案件执行情况和未成年人生活、学习状况，协调解决未成年人的生活困难，取得了很好的效果。《解释》全面吸收了《审理未成年人刑事案件规定》的内容，规定：少年法庭可以通过多种形式与未成年犯管教所等未成年罪犯服刑场所建立联系，了解未成年罪犯的改造情况，协助做好帮教、改造工作；并可以对正在服刑的未成年罪犯进行回访考察。少年法庭认为有必要时，可以敦促被收监服刑的未成年罪犯的父母或者其他监护人及时探视，以使未成年罪犯获得家庭和社会的关怀，增强改造的信心。对于判处管制、宣告缓刑，裁决假释和暂予监外执行的未成年罪犯，少年法庭可以协助社区矫正机构同其所在学校、单位、街道、居民委员会、村民委员会、监护人等制定帮教措施。少年法庭可以适时走访被判处管制、宣告缓刑、裁定假释、免除刑事处罚等的未成年罪犯及其家庭，了解对未成年罪犯的管理和教育情况，以引导未成年罪犯的家庭正确地承担管教责任，为未成年罪犯改过自新创造良好的环境。对于判处管制、宣告缓刑、裁定假释、免除刑事处罚等的未成年罪犯具备上学就业条件的，人民法院可以就其安置问题向有关部门提出司法建议，并且附送必要的材料。对于执行机关依法提出给未成年罪犯减刑或者假释的书面意见，人民法院应当及时予以审核、裁定。

为进一步做好适用社区矫正的未成年罪犯的衔接工作，少年法庭应当核实其居住地，在向其宣判时，书面告知其到居住地县级司法行政机关报到的时间以及逾期报到的后果。在判决、裁定生效起三个工作日内，向其居住地县级司法行政机关送达判决书、裁定书、决定书、执行通知书等法律文书，并附送有关未成年罪犯的调查材料及其在案件审理中的表现材料，同时，抄送其居住地县级人民检察院和公安机关。

第二十二章　当事人和解的公诉案件诉讼程序

Q 问　**296. 如何理解当事人和解程序设立的目的和意义?**

答　1996 年刑事诉讼法并未规定公诉案件中的当事人可以进行和解。一些司法实务部门，最初主要是一些基层检察机关积极借鉴国外经验，率先以各种形式开展了公诉案件当事人和解（当时一般称为"刑事和解"）的制度改革尝试，并探索在轻微刑事案件中鼓励被告人和被害人开展和解工作。为了充分发挥当事人和解结案的特殊功能，最高人民法院在总结前期实践经验的基础上，于 2010 年出台了《最高人民法院关于进一步贯彻"调解优先、调判结合"工作原则的若干意见》（以下简称《调解意见》），第五条专门要求，"积极探索刑事案件调解、和解工作。要在依法惩罚犯罪的同时，按照宽严相济刑事政策的要求，通过积极有效的调解工作，化解当事人恩怨和对抗情绪，促进社会和谐。"除了刑事自诉案件之外，"对民间纠纷引发的轻伤害等轻微刑事案件，诉至法院后当事人自行和解的，应当准许并记录在案。也可以在不违反法律规定的前提下，对此类案件尝试做一些促进和解的工作。"经过一段时间的改革探索，一些地方司法机关出台了有关公诉案件当事人和解工作的规范性文件，并立足于已有的规范性文件和政策指引，积极探索在公诉案件（主要是轻微刑事案件）中促成当事人和解。实践证明，通过当事人和解形式结案，能够较好地维护被害人的权利，进而更好地处理社会矛盾，降低司法成本，积极地实现案结事了，促进社会和谐。这表明在公诉案件中开展当事人和解不仅是必要的，也是可行的。刑事诉讼法立足我国国情，总结司法实践成果，审慎设立了当事人和解的公诉案件诉讼程序。设立该程序有助于被害人及时获得充分赔偿，有利于贯彻宽严相济刑事政策，也有助于及时有效化解社会矛盾，契合了恢复性司法的国际潮流。

Q 问　**297. 如何理解当事人和解程序的适用条件?**

答　早在各地司法机关积极探索公诉案件当事人和解的过程中，就有意见认为当事人和解存在"花钱买刑"的嫌疑，有违正当程序的理念，且当事人的经济实力对能否达成和解具有决定性的影响，不符合正义的要求。我们认为，将当事人和解等同于"花钱买刑"，是对当事人和解程序的极大误解。根据刑事诉讼法的规定，并非犯罪嫌疑人、被告人"花钱"就可以与被害人达成和解，只有被告人自愿真诚悔罪，并且通过向被害人赔偿损失、赔礼道歉等方式获得被害人谅解，被害人自愿和解的，才符合和解条件。此外，当事人和解虽与当事人的经济实力有一定关系，但并非完全取决于当事人的经济实力。如果被告人不悔罪，或者虽然悔罪并愿意赔偿损失，但未能取得被害人谅解的，都不具备和解的适用条件，不能进行和解。同时，即使被告人经济实力较差，但其自愿真诚悔罪，通过赔礼道歉等方式获得被害人的谅解，被害人自愿和解，双方当事人也可以进行和解。对于获得被害人谅解的方式，刑事诉讼法规定了赔偿损失、赔礼道歉的方式，在司法实践中，也可以采用其他的方式，例如为被害人提供特定的辅助、帮助抚养被害人家属乃至做义工、进行社区劳动等合法方式，都可以视为获得被害人谅解的方式。

特别指出的是，对于适用当事人和解程序的案件，还应当满足事实清楚、证据确实充分的要求。我们认为，根据刑事诉讼法的规定，当事人和解在刑事诉讼的侦查、起诉和审判阶段都可以适用。从确保案件质量的角度，为了避免出现错误，应当要求当事人和解满足一定的事实、证据要求。即使是国外的辩诉交易制度，也有事实基础方面的要求。具体而言，考虑到适用当事人和解程序的案件，均是被告人认罪的案件，因此，可以参照刑事诉讼法有关简易程序适用条件的规定，即"案件事实清楚，证据充分"。如果证据不足，不能认定被告人有罪的，不能适用当事人和解程序。

Q问 298. 如何理解当事人和解程序的适用范围？

答 刑事诉讼法有关当事人和解程序适用范围的规定，体现了宽严相济刑事政策的基本要求。最高人民法院 2010 年《关于贯彻宽严相济刑事政策的若干意见》明确规定："贯彻宽严相济刑事政策，要根据犯罪的具体情况，实行区别对待，做到该宽则宽，当严则严，宽严相济，罚当其罪。"可见，区分不同类型的案件具体适用"从宽"或者"从严"的政策，是宽严相济刑事政策的精髓所在。为了避免滥用当事人和解导致不良后果，立足宽严相济刑事政策的基本要求，刑事诉讼法从犯罪的社会危害性与犯罪人的人身危险性两个层面对当事人和解程序的适用范围作出了必要的限定，即只有因民间纠纷引起的主要侵害个体法益的轻罪案件（即涉嫌刑法分则第四章、第五章规定的犯罪案件，可能判处三年有期徒刑以下刑罚的）以及除渎职犯罪以外的可能判处七年有期徒刑以下刑罚的过失犯罪案件，才可以适用当事人和解程序。此外，如果被告人在五年以内曾经故意犯罪的，也不适用当事人和解程序。

1. 对于因民间纠纷引起的，涉嫌刑法分则第四章、第五章规定的犯罪案件，可能判处三年有期徒刑以下刑罚的情形。由于该类犯罪侵害的主要是个体法益而非国家或者公共利益，通过当事人之间达成和解而对被告人从宽处罚，既有助于妥善化解当事人之间的矛盾纠纷，促进社会和谐，也不至于对国家刑罚权的运作产生不良影响。刑事诉讼法将当事人和解程序的适用范围限定于轻罪案件，充分考虑人民群众的安全感以及惩治犯罪的实际需要。实践证明，对于因民间纠纷引发的轻微刑事案件适用当事人和解程序，有助于恢复邻里关系和社会秩序，社会公众也容易接受，能够取得较好的成效。

对于什么是"民间纠纷"，我们认为，若从民事角度对民间纠纷进行明确界定，反而不利于部分刑事案件的处理。比如盗窃案件，可能并不涉及公民之间有关人身、财产权益和其他日常生活中发生的纠纷，但如果双方当事人达成和解，似也可从宽处理。因此，不对民间纠纷予以明确，为法官留下解释空间，更有利于化解矛盾，促进和谐。

对于如何理解"可能判处三年有期徒刑以下的刑罚"，应当结合案件具体情节以及司法审判惯例进行评价，而不能仅以法定最高刑是否为三年为标准。一般而言，在不考虑和解的情况下，根据被告人的犯罪事实、情节，应当判处的刑罚在三年有期徒刑以下的，就可以适用和解程序。比如，被告人参与故意伤害犯罪致人重伤，法定刑是三年以上十年以下有期徒刑，但其系从犯，依法应当判处的刑罚是二年有期徒刑左右，此时，对该被告人就可适用和解程序。

2. 对于除渎职犯罪以外的可能判处七年有期徒刑以下刑罚的过失犯罪案件。由于该类过失犯罪案件行为人主观恶性不深、人身危险性较小，同时该类犯罪与其他故意犯罪相比当事人之间的矛盾和对抗较小，通过当事人之间达成和解而对被告人从宽处罚，有助于教育、感化和挽救被告人，也容易得到社会的认可，进而最大限度地减少社会对立面。在司法实践中，大量符合该条件的交通肇事案件都是通过当事人和解的方式处理的，通过和解有助于确保被害方及时获得赔偿，同时也节约了司法资源，案件处理效果较好。

而过失的渎职犯罪案件因涉及公权力的行使，无论罪行轻重，一律不适用和解程序。

Q问 299. 人民法院能否主持协商以达成和解？

答 刑事诉讼法第二百八十九条规定，双方当事人和解的，人民法院应当听取当事人和其他有关人员的意见，对和解的自愿性、合法性进行审查，并主持制作和解协议书。既然需要人民法院主持制作和解协议书，那么，人民法院能否主持协商以达成和解？经研究，我们认为，原则上应当可以。为此，《解释》第四百九十六条第一款规定："对符合刑事诉讼法第二百七十七条（注：修改后刑事诉讼法第二百八十八条）规定的公诉案件，事实清楚、证据充分的，人民法院应当告知当事人可以自行和解；当事人提出申请的，人民法院可以主持双方当事人协商以达成和解。"主要考虑：

1. 符合立法精神。刑事诉讼法规定公检法机关应当主持制作和解协议书，而主持制作和解协议书的过程，实质上也包含了主持双方进行有效沟通，促成双方达成和解协议，并对协议具体内容进行审查把关的内容。规定双方当事人可以申请人民法院主持协商以达成和解，并未违法。而且，全国人大法工委刑法室编著的《〈关于修改刑事诉讼法的决定〉的释解与适用》一书中，也认为："公安机关、人民检察院、人民法院可以向犯罪嫌疑人、被告人或者被害人告知对方的和解意向、和解的相关规定以及双方当事人各自的权利、义务，由双方当事人自行协商，公安机关、人民检察院、人民法院也可以在各自的诉讼阶段作为中立的第三方积极促成当事人之间的沟通、会面、交谈，组织和主持双方当事人协商以达成和解。在和解的过程中，主持者应保持客观、中立，不得偏袒或欺瞒任何一方。""双方当事人如果是在公安机关、人民检察院、人民法院的主持下达成和解的，公安机关、人民检察院、人民法院应当对双方当事人的自愿性进行确认，并审查和解的内容是否违反法律的强制性规定，是否损害国家、社会利益和他人的合法权益。"①

2. 符合现实国情。在当前现实国情下，刑事案件的加害方和被害方往往缺乏有效沟通的渠道，且有些还处于对立状态，缺乏互信，如果审判人员

---

① 王尚新、李寿伟主编：《〈关于修改刑事诉讼法的决定〉释解与适用》，人民法院出版社2012年版，第284～285页。

没有释法明理，没有从中斡旋、调和，不能有效增进双方的理解和信任的话，双方当事人很难自行和解。起码在现阶段，法院主持协商以达成和解仍然是必要的，这也是人民法院践行能动司法理念、促进社会矛盾化解、充分发挥刑事和解程序功能作用的重要体现。同时，明确审判人员可以主持双方当事人协商以达成调解，也可以解除审判人员的顾虑，放手做当事人的和解工作。

同时，我们也强调，人民法院主持协商以达成和解，应当坚持自愿、合法原则，应当恪守中立，充分发挥人民调解员、辩护人、诉讼代理人、当事人亲友等的作用，尽可能由第三方而不是由法院促成双方当事人和解。为此，《解释》第四百九十六条第二款规定："根据案件情况，人民法院可以邀请人民调解员、辩护人、诉讼代理人、当事人亲友等参与促成双方当事人和解。"

我们认为，刑事诉讼法第二百八十九条只是要求和解协议必须在公检法机关主持下制作，并未限定在促成和解过程中不能借助社会力量；鉴于以往的实践经验，对符合条件的案件，可以继续邀请人民调解员、基层组织代表等参与协商工作，促成双方当事人和解。但是，鉴于公诉案件的和解与刑事处罚密切相关，人民法院不宜将案件委托给人民调解组织处理，而自己撒手不管。在人民调解员、辩护人、诉讼代理人、当事人亲友等参与促成下，双方当事人达成和解的，应当按照法律规定，由审判人员在听取当事人和其他有关人员意见的基础上，对和解的自愿性、合法性进行审查，并主持制作和解协议书。

Q问 300. 如何把握和解的主体与代为和解？

答　根据刑事诉讼法的规定，和解的主体是犯罪嫌疑人、被告人与被害人。当事人和解，原则上应当在双方当事人直接参与的情况下进行。但因各种主客观条件的限制，一些当事人可能无法亲自到场或者无法实际参与和解程序，这就涉及当事人和解的代理问题。《解释》第四百九十七条规定："符合刑事诉讼法第二百七十七条（注：修改后刑事诉讼法第二百八十八条）规定的公诉案件，被害人死亡的，其近亲属可以与被告人和解。近亲属有多人的，达成和解协议，应当经处于同一继承顺序的所有近亲属同意。被害人系无行为能力或者限制行为能力人的，其法定代理人、近亲属可以代为和解。"第四百九十八条规定："被告人的近亲属经被告人同意，可以代为和解。……被告人系限制行为能力人的，其法定代理人可以代为和解。""被告人的法定代理人、近亲属依照前两款规定代为和解的，和解协议约定的赔礼道歉等事项，应当由被告人本人履行。"

1. 被害方代为和解的情形。（1）如果被害人死亡的，可以由他的近亲属作为当事人进行和解。近亲属有多人的，达成和解协议，应当经处于同一继承顺序的所有近亲属同意。实践中比较常见的情况是，被害人死亡后，其妻子和父母，一方愿意和解而另一方反对，或者对和解内容意见不一，此时应当尽量协调解决，经协商后仍然有人坚决反对的，就不宜达成和解协议。（2）被害人丧失行为能力或者系限制责任能力人的，可以由他的法定代理人或者近亲属代为和解。

2. 被告方代为和解的情形。（1）被告人的近亲属，经被告人同意，可以代为和解。如果被告人被羁押，其往往无法到场协商，此时，经被告人同意，可以由其近亲属代为协商以达成和解。（2）被告人系限制行为能力人的，其法定代理人依法可以代为和解，此时无须征得被告人同意。（3）被告人的法定代理人、近亲属代为和解的，和解协议约定的赔礼道歉等事项，应当由被告人本人履行。当然，被告人本人履行赔礼道歉等事项，并不影响被告人家属向被害人赔礼道歉。

另外，对于共同犯罪案件，被害人可以与所有被告人和解，也可以与部分被告人和解。相应地，对于被告人实施多起犯罪，且符合和解条件的，被告人可以同所有犯罪中的被害人和解，也可以同部分犯罪中的被害人和解。

301. 如何审查和解协议？

就当事人和解的基本原则而言，和解应当自愿、合法，不损害国家、集体和其他公民的合法利益。由于刑事案件在性质和种类上的复杂性，为了避免当事人违法达成和解协议，或者达成和解协议的内容违法，根据刑事诉讼法的规定，公安、司法机关需要对当事人和解的自愿性、合法性进行审查，并主持制作和解协议书。自愿性是当事人和解的根本前提。当事人之间达成的和解协议涉及双方的切身利益，因此，公安、司法机关应当确保当事人双方的和解具有自愿性，可以促成当事人双方和解，但不能代替、诱导或者强迫当事人达成和解。同时，当事人和解也必须具有合法性，当事人和解的程序必须符合法律规定，和解协议的内容也必须合法。

就具体的审查程序而言，需要区分以下两种情况：第一，对于双方当事人在公安机关、人民检察院、人民法院主持下达成和解协议并制作和解协议书的，由于公安机关、人民检察院或者人民法院见证了双方当事人签署和解协议书的全过程，能够确保和解协议的自愿性、合法性以及和解协议内容的真实性。第二，对于双方当事人自行达成和解协议的，公安机关、人民检察院、人民法院为了确保和解协议的法律效力，应当听取当事人和其他有关人员的意见，确保和解协议的自愿性、合法性，同时还应当主持制作和解协议书。

公安检察机关在相应诉讼阶段经审查后主持制作的和解协议书，人民检察院应当在提起公诉时随案卷材料一并移送。人民检察院在提起公诉时没有移送和解协议书的，人民法院应当通知人民检察院补送。对于双方当事人在侦查、起诉阶段达成的和解协议，案件进入审判阶段后，当事人提出异议的，人民法院应当对和解协议的自愿性、合法性进行审查。据此，《解释》第四百九十九条规定："对公安机关、人民检察院主持制作的和解协议书，当事人提出异议的，人民法院应当审查。经审查，和解自愿、合法的，予以确认，无需重新制作和解协议书；和解不具有自愿性、合法性的，应当认定无效。和解协议被认定无效后，双方当事人重新达成和解的，人民法院应当主持制作新的和解协议书。"

需要强调的是，对公安机关、人民检察院主持制作的和解协议书，人民法院经审查和解不具有自愿性、合法性，从而认定无效的，无须制作专门法律文书认定和解无效或者撤销和解协议，只需在裁判文书中客观叙述，不认定双方当事人已达成和解协议即可。

302. 已经达成和解协议后能否再提起附带民事诉讼？

对于双方当事人在侦查、审查起诉期间已经达成和解协议，被害人或者其法定代理人、近亲属又提起附带民事诉讼的，人民法院能否受理，有不同意见。一种意见认为：对于双方当事人在侦查、审查起诉阶段达成和解协议，被告人已经根据和解协议赔偿被害人的全部物质损失，被害人又提起附带民事诉讼的，人民法院不予受理；反之，如被告人并未对被害人作出实际赔偿，或者协议约定被告人赔偿的数额尚不能弥补被害人遭受的全部物质损失，在进入审判环节后，被害人又提起附带民事诉讼的，人民法院应当受理。另一种意见则认为：双方当事人在侦查、审查起诉阶段已经和解，案件起诉到人民法院后，被害人又提起附带民事诉讼的，人民法院仍应受理。

主要理由是：其一，和解协议毕竟只是双方当事人的合意，法律并未明确和解协议签署后不得反悔，不能再提起附带民事诉讼；其二，未经审理就无从准确判断被告人是否已对被害人作出足额赔偿，若对被害人的诉求不予受理，就限制、剥夺了被害人的诉权，也不利于矛盾化解；其三，经过审理查明，被告人已经赔偿被害人全部物质损失的，基于民事法律上自愿处分的原则，被害人的诉讼请求不应支持，可以依法驳回。

《解释》规定，双方当事人在侦查、审查起诉期间已经达成和解协议并全部履行，被害人或者其法定代理人、近亲属又提起附带民事诉讼的，人民法院不予受理，但有证据证明和解违反自愿、合法原则的除外。主要考虑：一是和解后还到人民法院起诉违背了诚信原则，易被钻法律漏洞，增加法院不必要的工作量，不利于双方当事人在公安、检察阶段早和解、早化解矛盾，也会挫伤公安、检察人员主持和解的积极性，故原则上不予支持；二是不予受理的前提条件是已经全部履行和解协议约定的赔偿义务。是否已经全部履行和解协议约定的赔偿义务，在立案审查时就可以审查判断。如果要求赔偿"被害人的全部物质损失"，在立案时就难以判断，只有经过法庭审理，才能确定是否已经赔偿了被害人的全部物质损失。这必将导致产生是否立案的争议。三是如果被害人提出证据证明和解确实违反了自愿、合法原则，则法院可以受理。

需要说明的是，如果出现了签署和解协议时不能预见的情况，比如当时伤情稳定，但后来伤情恶化，增加了大量医疗费，被害人以新的事实起诉要求增加赔偿费用的，人民法院可以受理；如果和解协议确实显失公平，被害人以和解违反合法原则起诉的，人民法院也可以受理。

Q问 303. 人民法院如何制作和解协议书？

答 在审判案件过程中，包括一审、二审阶段，双方当事人和解的，人民法院应当听取当事人及其法定代理人等有关人员的意见，对和解的自愿性、合法性进行审查，经审查，和解自愿、合法的，应当主持制作和解协议书。由于当事人和解是重要的量刑情节，和解协议书原则上应当在法庭上出示，并进行质证、认证后作为量刑的证据使用。但是，对于双方当事人在开庭后才达成和解的，可以庭外征求人民检察院的意见，而不必再次开庭质证。

对于和解协议书的具体内容及相关要求，《解释》第五百零一条作了详细规定，主要包括：

1. 和解协议书应当包括的内容：和解协议书应当首先写明案由、当事人双方的基本情况，写明协议是在审判人员主持下制作，其后要写明以下内容：（1）被告人承认自己所犯罪行，对犯罪事实没有异议，并真诚悔罪；（2）被告人通过向被害人赔礼道歉、赔偿损失等方式获得被害人谅解；涉及赔偿损失的，应当写明赔偿的数额、方式等；提起附带民事诉讼的，由附带民事诉讼原告人撤回附带民事诉讼；（3）被害人自愿和解，请求或者同意对被告人依法从宽处罚。

对于和解协议中能否涉及被告人的量刑问题，有的主张和解协议中应当包含被害人对被告人表示谅解并同意对其从宽处罚的内容；而反对意见认为，量刑是司法机关的权限，不容许当事人之间协商。经研究认为，和解与量刑密切相关，双方当事人有权就赔偿与量刑的关系问题进行协商，和解协议中也可以包含被害人请求或者同意对被告人从宽处罚的内容，但双方当事人对量刑作出的约定，对司法机关没有约束力。

2. 和解协议书是否由审判人员签名？主持制作和解协议书的审判人员确实应当以制作人员的身份签名或者署名，以示负责，也表明和解协议书的真实性、合法性。

3. 和解协议书是否加盖人民法院印章？有意见认为，既然和解协议书是由人民法院主持制作的，就应当加盖人民法院印章，以凸显和解协议的严肃性和权威性；加盖人民法院印章后，和解协议在性质上就属于裁判文书的一种，可以作为强制执行的对象。经研究，我们认为，尽管法律规定和解协议必须在公检法机关主持下制作，但和解毕竟是双方当事人的行为，不能加盖人民法院印章，也不能作为强制执行的依据，否则，便混淆了和解与调解的界限。和解协议系经公检法机关主持制作，可以通过在协议中写明主持制作协议书的公安、司法人员姓名的方式加以解决；为确保和解协议约定的赔偿损失等内容能得到切实履行，可规定和解协议必须即时履行。据此，《解释》第五百零一条第二款规定："和解协议书应当由双方当事人和审判人员签名，但不加盖人民法院印章。"

4. 和解协议内容是否可以保密？从实践情况看，和解赔偿的数额确实普遍比判决赔偿的数额要高，法律也因此对和解从宽作了特别规定。只要双方完全出于自愿，被告人经济条件允许，就不宜作过多限制、干涉，以充分保障被害人合法权益。但是，为避免被害人漫天要价，互相攀比，也避免被社会误读为"花钱买刑",《解释》第五百零一条第四款规定:"对和解协议中的赔偿损失内容,双方当事人要求保密的,人民法院应当准许,并采取相应的保密措施。"也就是说,予以保密的内容,仅限于赔偿数额,对于双方当事人达成和解协议这一事实,不能保密。

304. 和解协议何时生效?

对于双方当事人自行和解,公安、司法机关经审查后确认和解协议具有自愿性、合法性,并主持制作和解协议书的,该和解协议是否自动生效,在司法实践中存在不同意见。有意见认为,和解协议需要经过当庭质证才具有法律效力。还有意见认为,对于经过第三方,如人民调解委员会调解达成和解协议的,当事人可以向人民法院起诉请求确认和解协议书的效力。我们认为,公安、司法机关经审查认为和解协议具有自愿性、合法性的,其生效问题可以参照民事契约的规定,即和解协议书自双方当事人签名之日起生效,无需通过庭审质证或者其他方式确认其生效。实际上,对于人民检察院根据当事人之间达成的和解协议而决定不起诉的案件,也无需且无法通过法院的庭审环节来确认和解协议的效力。实践中,如果双方当事人事先达成了口头的和解协议,但在公安、司法机关主持制作和解协议书的过程中,一方当事人反悔并拒绝在和解协议书上签字的,应当认为双方当事人未达成和解协议。

305. 和解协议应当何时履行?

和解协议约定的赔礼道歉等内容,无疑应当在协议签订之前或者之时就要履行完毕,这是表明被告人真诚悔罪的基础。但和解协议中的赔偿损失内容,应当何时履行?对此问题存在较大认识分歧:一种观点认为,和解协议约定的赔偿损失内容,一般应当即时履行,但被害方自愿接受延期履行、分期履行的,也应当允许;另一种观点认为,和解协议应当即时履行,至迟应当在第一审判决宣告前履行完毕;第二审期间达成和解协议的,至迟应当在第二审判决宣告前履行完毕。经研究,我们认为,和解协议约定的赔偿内容应当在协议签署后即时履行。主要理由是:

1. 和解协议应当即时履行,对被告人从宽处罚就有牢固的基础。和解是重要的量刑情节,必须确定无疑。如果允许延期履行、分期履行和解协议约定的赔偿损失内容,将会使人民法院对被告人的从宽处罚建立在不确定的基础上，也会使被害方的合法权益难以得到切实保障；一旦被告人获得从宽处罚后，拒不履行或者不全部履行赔偿义务，受上诉不加刑原则所限，二审法院不能加重其刑罚；同时，由于是当事人之间达成的和解协议，也不能作为强制执行的依据，这样，无疑会损害裁判权威，引发被害方申诉、上访等问题，使法院工作陷入被动。

2. 和解协议应当即时履行，可以更好发挥公检法机关化解社会矛盾的合力。如果双方当事人在侦查、审查起诉阶段达成和解协议且即时履行完毕，被害方通常就不会在审判环节又提起附带民事诉讼。这无疑有助于减少不必要的重复劳动，减轻审判环节的负担。

3. 和解协议应当即时履行，可以有效杜绝反悔现象。和解协议应当即时履行，原则上就要求赔偿款到位后再签署和解协议，这就可以有效杜绝反悔现象，也可以在很大程度上解决如何看待和解协议的效力、和解协议能否作为强制执行依据等问题。

Q问 306. 和解协议签署后能否反悔？

答 对此问题也存在较大认识分歧。从审判实践角度看，当然希望当事人双方达成和解协议后，能信守协议，不随意反悔；但从理论上说，和解协议毕竟只是双方当事人的合意，无法绝对禁止反悔。我们认为，法律、司法解释应当坚持正确的价值取向，大力鼓励、倡导诚信，只要和解协议已经全部履行，原则上就不得反悔。据此，《解释》第五百零二条第二款明确规定："和解协议已经全部履行，当事人反悔的，人民法院不予支持，但有证据证明和解违反自愿、合法原则的除外。"

明确规定只要全部履行和解协议后就不得反悔，不仅有利于倡导诚信，遏制个别被害人投机取巧的心理，有利于被告人尽快筹措资金，及早履行赔偿义务，有利于各方积极促成和解，及时化解矛盾纠纷，也有利于减少法官的顾虑，增强法官做好刑事和解及赔偿工作的积极性、主动性，以尽快恢复和谐的社会关系。

Q问 307. 当事人和解对案件的实体处理结果有哪些影响？

答 根据刑事诉讼法的规定，对于达成和解协议的案件，在不同的诉讼阶段，需要根据实际情况对案件作出相应的处理。具体而言，公安机关可以向人民检察院提出从宽处理的建议。人民检察院可以向人民法院提出从宽处罚的建议；对于犯罪情节轻微，不需要判处刑罚的，可以作出不起诉的决定。人民法院可以依法对被告人从宽处罚。

在审判实践中，为贯彻对被告人从宽处罚的立法精神，《解释》第五百零五条第一款规定："对达成和解协议的案件，人民法院应当对被告人从轻处罚；符合非监禁刑适用条件的，应当适用非监禁刑；判处法定最低刑仍然过重的，可以减轻处罚；综合全案认为犯罪情节轻微不需要判处刑罚的，可以免除刑事处罚。"

Q问 308. 如何把握共同犯罪的量刑均衡问题？

答 在司法实践中，对于共同犯罪经常会遇到这种情形，即共同犯罪的主从犯均自愿认罪，但只有部分被告人积极赔偿被害人损失，其他被告人没有赔偿能力。此种情况下，如果被害人得到部分被告人的赔偿后仅对该部分被告人予以谅解，对其他被告人不予谅解，那么法院在量刑时就只能对与被害人达成和解的被告人从宽处罚。如果与被害人达成和解的是主犯，法院在量刑时就需要注意主犯与从犯之间的量刑均衡，通常不能仅仅基于当事人和解就对主犯判处轻于从犯的刑罚，否则，就可能会因量刑不均衡而引发争议。如果被害人得到部分被告人的赔偿后对全部被告人予以谅解，那么，法院在量刑时就有必要加以区分，对实际赔偿的被告人给予更大幅度的从宽处罚。实践中有些司法机关对该情形区分积极赔偿和被害人谅解两个量刑情节，对积极赔偿并获得被害人谅解的被告人同时适用两个量刑情节，而对未予赔偿也获得被害人谅解的同案被告人则仅适用被害人谅解一个量刑情节。这种做法有助于实现共同犯罪的量刑均衡，具有一定的合理性。为此，第五百零五条第二款明确规定："共同犯罪案件，部分被告人与被害人达成和解协议的，可以依法对该部分被告人从宽处罚，但应当注意全案的量刑平衡。"

Q问 309. 如何在裁判文书中体现和解协议的内容？

答 在刑事诉讼法明确规定当事人和解程序的基础上，对于适用该程序处理的案件，应当在裁判文书中体现相关内容，这不仅是依法办理该类案件的必然要求，也是确保当事人服判息诉的重要保障。据此，《解释》第五百零六条明确规定："达成和解协议的，裁判文书应当作出叙述，并援引刑事诉讼法的相关条文。"具体而言，在案件裁判文书的裁判理由部分，可以采用如下方式进行表述：被告人自愿真诚悔罪，通过向被害人赔偿损失、赔礼道歉（或其他方式）获得被害人谅解，被害人自愿和解，双方当事人达成了和解协议，故依法对被告人从轻处罚（或减轻处罚，或免予刑事处罚）。在裁判依据部分，应当援引刑事诉讼法第二百九十条。

310. 如何理解刑事和解与附带民事诉讼调解的关系？

当事人和解与附带民事诉讼调解在功能上具有一定的趋同性，两者都有助于促使双方当事人化解矛盾纠纷，促进案结事了；同时，在采用赔偿损失的方式达成和解的情况下，两者都有助于确保被害人获得相应的损害赔偿。但是应当认识到，当事人和解与附带民事诉讼调解存在差异，两者不能简单替代。

1. 从性质和程序上讲，附带民事诉讼是被害人针对犯罪行为导致的物质损失单独提起的诉讼，其本质上是一种民事诉讼，因此以被害人等权利人提起附带民事诉讼为前提条件。而当事人和解是被害人与被告人私人之间的和解，并非一种诉讼形式，当事人和解可以在侦查、起诉、审判的任一阶段达成。

2. 从方式和范围上看，附带民事诉讼主要涉及的是损失赔偿问题，刑事诉讼法还专门限定了赔偿的范围，法院可以进行调解，并根据物质损失情况作出裁决。而当事人和解则是双方当事人合意的产物，其解决的并非单纯的损害赔偿问题。显然，如果被告人自愿真诚悔罪，并通过赔礼道歉的方式获得被害人谅解，被害人自愿和解，进而达成和解协议的，根本不涉及损害赔偿问题。仅就损害赔偿而言，当事人和解程序并未对赔偿的范围作出限定，双方当事人可以协商确定赔偿的数额。

3. 从效果上看，当事人和解可以在侦查、起诉、审判的任一阶段达成，且对于达成和解协议的案件，犯罪情节轻微，不需要判处刑罚的，检察机关可以做出不起诉的决定，而附带民事诉讼通常是在审判阶段提起。此外，附带民事赔偿与量刑的关系问题，刑事诉讼法并未做出明确规定，而对于达成和解协议的案件，刑事诉讼法作了明确规定。可见，当事人和解对案件处理及量刑的影响已经得到了法律的确认，具有了明确的法律依据，这也是该程序相对于附带民事诉讼具有独特价值的重要表现。

4. 从制度功能上讲，当事人和解与附带民事诉讼调解作为两种行之有效的纠纷解决方式，具有各自独特的适用范围，是并行不悖的。但对于被害人在审判阶段提起附带民事诉讼后，又与被告人和解的，应当如何处理，目前认识不一。经研究，我们认为，对于双方达成和解协议且即时履行的，应当在和解协议中写明由附带民事诉讼原告人撤回附带民事诉讼；双方虽然愿意和解，但被告人不能即时履行全部赔偿义务的，人民法院不宜制作和解协议书，而是应当制作附带民事调解书。

我们认为，设立和解制度后，人民法院应当继续重视、以更大力度做好附带民事调解和矛盾化解工作。基于方方面面的考虑，刑事诉讼法对刑事和解程序的规定体现了既积极又慎重的精神，对刑事和解程序的适用范围、适用条件有较为严格的限制。对在刑事和解程序适用范围之外的犯罪案件，仍应重视做好附带民事调解工作，对经调解，被告人积极赔偿被害人物质损失，特别是获得被害方谅解的，应当继续按照有关司法解释的规定，作为量刑情节予以考虑，以充分发挥附带民事调解在化解社会矛盾、维护被害方合法权益、贯彻宽严相济刑事政策等方面的重要作用；对属于可以和解的犯罪，双方当事人未能达成和解协议，但被告人积极赔偿被害人物质损失的，也应作为量刑情节予以考虑。

第二十三章　缺席审判程序

Q问 311. 适用缺席审判程序的案件范围是什么？

答 根据刑事诉讼法第二百九十一条、第二百九十六条、第二百九十七条的规定，适用缺席审判程序的案件范围包括以下两大类：

（1）特定的犯罪类型。具体需要符合以下几个要件：①属于贪污贿赂犯罪案件，以及需要及时进行审判，经最高人民检察院核准的严重的危害国家安全犯罪、恐怖活动犯罪案件。参照《国家监察委员会管辖规定（试行）》中的有关规定，贪污贿赂类犯罪共涉及刑法条文 24 条，包括 17 个罪名。其中包括刑法第八章中条文 22 条 14 个罪名，与非国家工作人员犯罪中刑法条文 2 条 3 个罪名，即刑法第一百六十三条非国家工作人员受贿罪、刑法第一百六十四条中对非国家工作人员行贿罪、对外国公职人员、国际公共组织官员行贿罪。②犯罪嫌疑人、被告人在境外。当然，对于有可能缉捕到案的，尽量不适用缺席审判程序。③监察机关、公安机关移送起诉，人民检察院认为犯罪事实已经查清，证据确实、充分，依法应当追究刑事责任，有必要向人民法院提起公诉。④人民法院进行审查后认为起诉书中有明确的指控犯罪事实，符合缺席审判程序适用条件。

（2）特定的犯罪人类型。具体分为两种情况：一是被告人患有严重疾病无法出庭中止审理超过六个月，被告人仍无法出庭，被告人及其法定代理人、近亲属申请或者同意恢复审理的；二是被告人死亡，但有证据证明被告人无罪的；或者按照审判监督程序重新审判的案件，被告人死亡的。

Q问 312. 人民检察院对外逃人员提起公诉的，人民法院在审查时需要注意哪些事项？

答 经初步研究，人民检察院对被告人潜逃境外的案件提起公诉的，人民法院应当在收到起诉书和案卷、证据后，审查以下内容：（1）是否属于本院管辖；（2）起诉书是否写明被告人的基本情况、案由及案件由来、被告人涉嫌犯罪的事实及证据材料、涉案财产的查封、扣押、冻结情况、起诉的理由和法律依据等情况。（3）是否移送证明犯罪事实的证据材料；（4）

是否移送证明潜逃境外的证据材料；（5）是否查封、扣押、冻结被告人的违法所得或者其他涉案财物，并附相关的证据材料；（6）是否列明被告人有无近亲属及被告人近亲属姓名、身份、住址、联系方式等情况；（7）上述材料需要翻译件的，人民检察院是否将翻译件随起诉书一并移送人民法院；（8）其他依法需要审查的内容和材料。

对人民检察院提起的公诉案件是否适用缺席审判程序，我们认为，人民法院一般应在三十日内审查完毕，并按照下列情形分别处理：（1）属于本院管辖，且材料齐全，有证据证明有犯罪事实，符合缺席审判程序适用条件的，应当予以立案受理。根据刑事诉讼法第二百九十一条第二款的规定，此类案件由犯罪地、被告人离境前居住地或者最高人民法院指定的中级人民法院组成合议庭审理。（2）不属于本院管辖或者不符合缺席审判程序适用条件的，应当退回人民检察院；（3）材料不全的，应当通知人民检察院在七日内补送，七日内不能补送的，应当退回人民检察院。

313. 人民法院如何向外逃人员送达传票和起诉书副本？

根据刑事诉讼法第二百九十二条的规定，人民法院应当通过有关国际条约规定的或者外交途径提出的司法协助方式，或者被告人所在地法律允许的其他方式，将传票和人民检察院的起诉书副本送达被告人。送达方式可以按照《解释》第四百一十二条关于向境外当事人送达刑事诉讼文书方式执行。请求刑事司法协助的时间不计入审理期限。另外，人民法院向被告人送达的同时，应当将起诉书副本送达被告人近亲属，通知被告人近亲属敦促被告人归案，告知被告人近亲属有权代被告人委托辩护人参加诉讼。

314. 缺席审判程序中，被告人如何行使辩护权？

根据刑事诉讼法第二百九十三条的规定，人民法院缺席审判案件，被告人有权委托辩护人，被告人的近亲属可以代为委托辩护人。被告人及其近亲属没有委托辩护人的，人民法院应当通知法律援助机构指派律师为其提供辩护。

为了有效保障被告人的辩护权，平衡控辩双方的力量，缺席审判程序采取强制辩护制度。如果被告人及其近亲属拒绝法律援助机构指派的律师为其辩护的，人民法院应当查明原因。理由正当的，应当准许，并通知法律援助机构另行指派律师为其辩护。被告人及其近亲属无正当理由再次拒绝的，人民法院不予准许。

315. 缺席审判的第一审程序如何操作？

答 对外逃人员，由犯罪地或者被告人离境前居住地的中级人民法院组成合议庭进行开庭审理。刑事诉讼法没有对缺席审判的具体程序作规定。经研究，初步认为基本上可以参照普通程序一审庭审流程。具体而言：（1）审判长宣布法庭调查开始后，先由公诉人宣读起诉书，辩护人可以代为发表被告人的陈述意见，后由辩护人发表意见；（2）法庭依次就起诉书指控的犯罪事实进行调查，调查时，先由公诉人出示有关证据，辩护人发表意见；后由辩护人出示证据，公诉人发表意见；（3）法庭辩论阶段，先由公诉人发言，后由辩护人发言，并进行辩论；（4）辩护人可以代为发表被告人的最后陈述意见。

316. 人民法院对被告人缺席的案件开庭审理后如何处理？

答 经研究认为，对被告人缺席的案件，人民法院开庭审理后，一般按照下列情形分别作出判决和裁定：（1）起诉指控的事实清楚，证据确实、充分，依据法律认定指控被告人的罪名成立的，应当作出有罪判决；（2）证据不足，不能认定被告人有罪的，应当以证据不足、指控的犯罪不能成立，判决宣告被告人无罪；（3）起诉指控的事实清楚，证据确实、充分，指控的罪名与审理的罪名不一致的，如果审理认定的罪名属于刑事诉讼法第二百九十一条第一款规定的案件类型的，应当按照审理认定的罪名作为有罪判决；如果不属于刑事诉讼法第二百九十一条第一款规定的案件类型的，应当裁定终止审理；（4）案件部分事实清楚，证据确实、充分的，且审理认定的罪名属于刑事诉讼法第二百九十一条第一款规定的案件类型的，应当作出有罪或者无罪的判决；不属于上述案件类型的，不予认定；对事实不清、证据不足部分，不予认定。

根据刑事诉讼法第二百九十四条的规定，人民法院应当将判决书送达被告人及其近亲属、辩护人。被告人或者其近亲属不服判决的，有权向上一级人民法院上诉。辩护人经被告人或者其近亲属同意，可以提出上诉。人民检察院认为人民法院的判决确有错误的，应当向上一级人民法院提出抗诉。

Q 问 **317. 被告人归案的，如何处理？**

答 被告人归案分为两种情形：（1）在审理过程中归案。这种情形下，不论被告人自动投案还是被抓获的，人民法院都应当重新审理。如果是在第二审审理过程中被告人自动投案或者被抓获的，人民法院应当裁定撤销原判决，发回重审，适用第一审普通程序审理。（2）在判决、裁定生效后归案。这种情形下，人民法院应当将罪犯交付执行刑罚。交付执行刑罚前，人民法院应当告知罪犯有权对判决、裁定提出异议。罪犯对判决、裁定提出异议的，人民法院应当重新审理。

人民法院重新审理判决后，人民法院依照原生效判决、裁定对罪犯的财产进行处理确有错误的，已经没收的财产，应当及时返还，财产已经上缴国库的，由原没收机关从财政机关中申请退库；原物已经出卖、拍卖的，应当退还价款；造成财产损失的，应当依法予以赔偿。

第二十四章 犯罪嫌疑人、被告人逃匿、死亡案件违法所得的没收程序

Q问 **318. 如何把握违法所得没收程序的适用条件和范围？**

答 刑事诉讼法第二百九十八条第一款规定："对于贪污贿赂犯罪、恐怖活动犯罪等重大犯罪案件，犯罪嫌疑人、被告人逃匿，在通缉一年后不能到案，或者犯罪嫌疑人、被告人死亡，依照刑法规定应当追缴其违法所得及其他涉案财产的，人民检察院可以向人民法院提出没收违法所得的申请。"据此，适用违法所得没收程序的，分为两种情况：

1. 贪污贿赂犯罪、恐怖活动犯罪等重大犯罪案件的违法所得没收程序，必须同时具备以下三个条件：

（1）属于贪污贿赂犯罪、恐怖活动犯罪等重大犯罪案件。

①关于"贪污贿赂犯罪"和"恐怖活动犯罪"的认定。是否刑法分则第八章"贪污贿赂罪"规定的所有犯罪都可以适用没收程序？一种意见认为，单位受贿罪、对单位行贿罪、单位行贿罪、介绍贿赂罪、隐瞒境外存款罪、私分国有资产罪和私分罚没财物罪，基本上属于轻罪，不属于"重大犯罪案件"，不宜适用没收程序。另一种意见认为，现实情况较为复杂，上述所列各罪虽然法定刑较轻，但有时违法所得财产数额巨大，如果不适用没收程序，可能让被告人及其家属从犯罪中获利，因此，不宜具体列举罪名，由司法机关在实践中掌握。根据《没收程序规定》第一条第一款规定，将刑事诉讼法规定的贪污贿赂、恐怖活动犯罪等案件确定为：第一类以占有型、挪用型贪污等犯罪为主，具体包括贪污、挪用公款、巨额财产来源不明、隐瞒境外存款、私分国有资产、私分罚没财物等犯罪；第二类贿赂类犯罪，具体包括受贿、单位受贿、利用影响力受贿、行贿、对有影响力的人行贿、对单位行贿、介绍贿赂、单位行贿等犯罪；第三类恐怖活动犯罪，具体包括组织、领导、参加恐怖组织，帮助恐怖活动，准备实施恐怖活动，宣扬恐怖主义、极端主义、煽动实施恐怖活动，利用极端主义破坏法律实施，强制穿戴宣扬恐怖主义、极端主义服饰、标志，非法持有宣扬恐怖主义、极端主义物品犯罪案件；第四类是洗钱罪及其上游犯罪，具体包括危害国家安

全、走私、洗钱、金融诈骗、黑社会性质的组织、毒品犯罪案件。

②关于"等"的理解。对此理解仍存在认识分歧，需要在实践中不断探索。《没收程序规定》第一条第二款规定，电信诈骗、网络诈骗犯罪案件，依照刑事诉讼法第二百九十八条第一款规定的"犯罪案件"处理。

③关于"重大"的理解。刑事诉讼法规定，只有贪污贿赂犯罪、恐怖活动犯罪等"重大犯罪案件"，才能适用没收程序。表明并非对任何贪污贿赂犯罪、恐怖活动犯罪，不论情节轻重、需要没收的财产多少，均可启动没收程序，而是还有一定"度"的要求。这主要也是由没收程序的特殊性决定的，同时，也有功利方面的考虑，如行为人受贿数额只有几万元，便轻易启动没收程序，无疑是得不偿失的。基于此，《解释》第五百零八条将刑事诉讼法第二百九十八条规定中的"重大"界定为犯罪嫌疑人、被告人可能被判处无期徒刑以上刑罚；案件在本省、自治区、直辖市或者全国范围内有较大影响；或者其他重大犯罪案件。"案件在本省、自治区、直辖市或者全国范围内有较大影响"是软性条件，可以根据个案情况，适当灵活掌握；"其他重大犯罪案件"是兜底条款，可以适用其他未尽情形。对于法定最高刑就是有期徒刑的案件，可以根据其是否属于"在本省、自治区、直辖市或者全国范围内有较大影响等情形"认定是否属于重大犯罪案件，进而确定是否适用违法所得没收程序。

另外，根据《没收程序规定》第二条规定，犯罪嫌疑人、被告人逃匿境外的，应当认定为刑事诉讼法第二百九十八条第一款规定的"重大"。考虑到犯罪嫌疑人、被告人逃匿境外，特别是"红通人员"，在本省、自治区、直辖市甚至在全国范围内都具有重大影响，这也是刑事诉讼法增设违法所得没收程序最主要的动因，故将"逃匿境外"作为"重大"的一项认定标准。

（2）必须是犯罪嫌疑人、被告人逃匿，在通缉一年后不能到案的。对于犯罪嫌疑人、被告人逃匿的案件，刑事诉讼法规定必须是"通缉一年后不能到案"，人民检察院才可以向人民法院提出没收违法所得的申请。

①关于"逃匿"。犯罪嫌疑人、被告人为逃避侦查和刑事追究潜逃、隐匿，或者在刑事诉讼过程中脱逃的，应当认定为刑事诉讼法第二百九十八条第一款规定的"逃匿"。其客观方面为"犯罪嫌疑人、被告人潜逃、隐匿"，主观方面则为"逃避侦查和刑事追究"。犯罪嫌疑人、被告人离开居住地、工作地，逃避侦查和刑事追究的，属于最典型的"逃匿"情形；犯罪嫌疑

人、被告人未离开居住地、工作地，在原地隐匿起来逃避侦查和刑事追究的，亦属于"逃匿"情形；犯罪嫌疑人、被告人为逃避侦查和刑事追究逃匿境外，因各种原因不愿回国受审的，亦应视为"逃匿"情形。考虑到在刑事诉讼过程中，"脱逃"的性质与"逃匿"类似，故将犯罪嫌疑人、被告人"在刑事诉讼过程中脱逃"情形认定为"逃匿"。犯罪嫌疑人、被告人因意外事故下落不明满二年，或者因意外事故下落不明，经有关机关证明其不可能生存的，也依照上述规定处理。

②关于"通缉"的含义。公安机关发布通缉令或者公安部通过国际刑警组织发布红色国际通报，应当认定为刑事诉讼法第二百九十八条第一款规定的"通缉"。"网上追逃""内部通报"等措施不属于"通缉"范围。鉴于向国际刑警组织请求发布蓝色通报无需凭逮捕证，发布蓝色通报后相关国家亦不会采取临时羁押措施，故不将国际刑警组织发布的蓝色通报纳入"通缉"的认定范围。

③关于"一年"的起止时间，应是指从发布通缉令通缉的第二日起，至人民检察院向人民法院提出没收违法所得的申请之日止。

（3）依照刑法规定应当追缴犯罪嫌疑人、被告人的违法所得及其他涉案财产。

①关于"违法所得及其他涉案财产"的认定。有意见认为，《联合国反腐败公约》规定："犯罪所得"系指通过实施犯罪而直接或间接产生或者获得的所有财产。"财产"系指各种资产，不论是物质的还是非物质的、动产还是不动产、有形的还是无形的，以及证明对这种资产的产权或者权益的法律文件或者文书。据此，建议规定："违法所得"，是指犯罪嫌疑人、被告人通过实施犯罪活动直接或者间接取得的所有财产；"其他涉案财产"，是指除违法所得以外的与犯罪有关的款物、作案工具和非法持有的违禁品等。经研究，《联合国反腐败公约》定义的违法所得的范围大于我国现行法律、规范性文件的规定。刑法第六十四条规定："犯罪分子违法所得的一切财物，应当予以追缴或者责令退赔；对被害人的合法财产，应当及时返还；违禁品和供犯罪所用的本人财物，应当予以没收。"《人民检察院扣押、冻结涉案款物工作规定》第二条规定："本规定所称扣押、冻结的涉案款物，是指人民检察院在依法行使检察职权过程中扣押、冻结的违法所得、其他可能与犯罪有关的款物、作案工具、非法持有的违禁品等。犯罪嫌疑人、被告人实施违法犯罪行为所取得的财物及其孳息属于违法所得。"据此，《解释》

规定，"违法所得"，是指实施犯罪行为所取得的财物及其孳息。"其他涉案财产"，是指供犯罪所用的本人财物、非法持有的违禁品。其中，"孳息"应是指法定孳息和自然孳息；"供犯罪所用的本人财物"应是直接、专门用于犯罪的财物，多表现为对犯罪完成有决定性或促进性作用的犯罪工具，对偶然用于犯罪的财物和在犯罪完成之后为保有犯罪效果的财物不宜认定为供犯罪所用的财物。

在《解释》基础上，《没收程序规定》进一步规定，通过实施犯罪直接或者间接产生、获得的任何财产，应当认定为刑事诉讼法第二百九十八条第一款规定的"违法所得"。违法所得已经部分或者全部转变、转化为其他财产的，转变、转化后的财产应当视为"违法所得"。来自违法所得转变、转化后的财产收益，或者来自已经与违法所得相混合财产中违法所得相应部分的收益，应当视为"违法所得"。

②关于违法所得的数额标准。有意见认为，应当在违法所得的数额上设置适用违法所得没收程序的起点标准，如果违法所得不多，就不值得启动没收程序，否则就"得不偿失"，比如可将起点标准定为50万元。也有意见认为，设置具体的数额标准相当困难，比如50万元的标准，对于追缴在国内的违法所得而言，起点太高；而对于追缴在国外的违法所得而言，起点又可能太低。因此，不宜规定具体标准，可由司法机关参照各罪数额巨大、情节严重等的标准，并综合考虑公正、功利等因素后酌情决定。经研究，我们赞成不规定具体数额标准，但同时强调，违法所得及其他涉案财产必须具有相当数量，才值得启动违法所得没收程序，才不会浪费有限的司法资源。

2. 犯罪嫌疑人、被告人死亡案件的违法所得没收程序

《最高人民法院、最高人民检察院、公安部、国家安全部、司法部、全国人大常委会法制工作委员会关于实施刑事诉讼法若干问题的规定》第三十七条明确规定："对于犯罪嫌疑人、被告人死亡，依照刑法规定应当追缴其违法所得及其他涉案财产的，适用刑事诉讼法第五编第三章规定的程序，由人民检察院向人民法院提出没收违法所得的申请。"也就是说，对于犯罪嫌疑人、被告人死亡的，不限于贪污贿赂犯罪、恐怖活动犯罪，也不限于重大犯罪案件，只要有违法所得及其他涉案财产需要追缴的，均可适用违法所得没收程序。当然，有一个现实难题不得不面对，即可能有一些违法所得不多的轻罪案件，由于犯罪嫌疑人、被告人死亡，需要追缴违法所得的，根据刑事诉讼法第二百九十九条的规定，人民检察院依法也只能向中级人民法院

提出申请，中级人民法院原则上还应当开庭审理，这显然加大了中级人民法院的办案压力，也与中级人民法院管辖重大复杂案件的原则相冲突。尤其是对于被告人在基层人民法院审理过程中死亡，依法应当追缴其财产的案件，如果均需改由中级人民法院审理，显然是本末倒置，有悖立法精神。因此，这个问题有待在实践中充分暴露后，再研究提出一般性对策。作为个案处理，中级法院可以考虑将类似小案指定给下级人民法院管辖。

单位实施刑事诉讼法第二百九十八条规定的重大犯罪案件后被撤销、注销，单位直接负责的主管人员和其他直接责任人员逃匿、死亡，导致案件无法适用刑事诉讼普通程序进行审理的，依照犯罪嫌疑人、被告人死亡的情形处理。

319. 人民法院对没收违法所得的申请如何审查和处理？

人民法院对人民检察院提起的没收违法所得申请，应当由审判员进行审查，并在 30 日内作出处理。

1. 对没收违法所得申请的审查。人民检察院向人民法院提出没收违法所得的申请，应当制作没收违法所得申请书，并载明以下内容：（1）犯罪嫌疑人、被告人的基本情况；（2）案由及案件来源；（3）犯罪嫌疑人、被告人涉嫌犯罪的事实及相关证据材料；（4）犯罪嫌疑人、被告人逃匿、被通缉、脱逃、下落不明、死亡的情况；（5）申请没收的财产的种类、数量、价值、所在地以及已查封、扣押、冻结财产清单和相关法律手续；（6）申请没收的财产属于违法所得及其他涉案财产的相关事实及证据材料；（7）提出没收违法所得申请的理由和法律依据；（8）有无利害关系人以及利害关系人的姓名、身份、住址、联系方式；（9）其他应当载明的内容。上述材料需要翻译件的，人民检察院应当将翻译件随没收违法所得申请书一并移送人民法院。根据《解释》第五百一十条的规定，对人民检察院提出的没收违法所得申请，人民法院应当审查以下内容：（1）是否属于本院管辖；（2）是否写明犯罪嫌疑人、被告人涉嫌有关犯罪的情况，并附相关证据材料；（3）是否附有通缉令或者死亡证明；（4）是否列明违法所得及其他涉案财产的种类、数量、所在地，并附相关证据材料；（5）是否附有查封、扣押、冻结违法所得及其他涉案财产的清单和相关法律手续；（6）是否写明犯罪嫌疑人、被告人的近亲属和其他利害关系人的姓名、住址、联系方式及其要求等情况；（7）是否写明申请没收的理由和法律依据。

需要说明的是：一是对于公安机关、人民检察院没有掌握犯罪嫌疑人、被告人的近亲属和其他利害关系人的情况的，可以不列明；二是对于已经被转移至境外的违法所得，可以不要求提供查封、扣押、冻结财产的情况。

2. 对没收违法所得申请进行审查后的处理。对于没收违法所得的申请，人民法院应当在 30 日内审查完毕，并按照下列情形分别处理：（1）属于没收违法所得申请受案范围和本院管辖，且材料齐全、有证据证明有犯罪事实的，应当受理。（2）不属于没收违法所得申请受案范围或者本院管辖的，应当退回人民检察院。（3）对于没收违法所得申请不符合"有证据证明有犯罪事实"标准要求的，应当通知人民检察院撤回申请，人民检察院应当撤回。同时具备以下情形的，应当认定为"有证据证明有犯罪事实"：有证据证明发生了犯罪事实；有证据证明该犯罪事实是犯罪嫌疑人、被告人实施的；证明犯罪嫌疑人、被告人实施犯罪行为的证据真实、合法。（4）材料不全的，应当通知人民检察院在 7 日内补送，7 日内不能补送的，应当退回人民检察院。人民检察院尚未查封、扣押、冻结申请没收的财产或者查封、扣押、冻结期限即将届满，涉案财产有被隐匿、转移或者毁损、灭失危险的，人民法院可以查封、扣押、冻结申请没收的财产。

Q问 320. 如何把握没收程序案件的管辖法院及审判部门？

答 刑事诉讼法第二百九十九条规定："没收违法所得的申请，由犯罪地或者犯罪嫌疑人、被告人居住地的中级人民法院组成合议庭进行审理。"之所以规定由中级人民法院审理，不仅因为这些案件都是重大犯罪案件，而且还考虑到这些案件往往具有涉外因素，需要将这些案件的裁判文书提供给其他国家作为刑事司法协助的依据。

有人认为，没收程序是被告人不在案情况下仅对其违法所得财产进行没收的一种程序，应当借鉴民事诉讼法第三十三条"因不动产纠纷提起的诉讼，由不动产所在地人民法院管辖"以及"因继承遗产纠纷提起的诉讼，由被继承人死亡时住所地或者主要遗产所在地人民法院管辖"的专属管辖规定，如果由违法所得财产所在地的人民法院审判更为适宜的，可以由违法所得财产所在地的中级人民法院管辖。我们认为，由违法所得财产所在地人民法院管辖的法律依据不足。没收案件虽然审理的是财产，但实质上涉及对犯罪嫌疑人、被告人犯罪事实的审理，且该案件是根据刑事诉讼程序进行审理的，因此，没收违法所得案件应由人民法院的刑事审判庭进行审理。

为确保案件审理效果，加强对利害关系人合法财产权利的保护，避免因独任审判对裁定结果考虑不周，人民法院应当由合议庭审理没收违法所得申请案件。

321. 没收违法所得公告的内容及方式？

刑事诉讼法第二百九十九条第二款规定："人民法院受理没收违法所得的申请后，应当发出公告。公告期间为六个月。犯罪嫌疑人、被告人的近亲属和其他利害关系人有权申请参加诉讼，也可以委托诉讼代理人参加诉讼。"发出公告，有利于犯罪嫌疑人、被告人的近亲属和其他利害关系人知悉财产的基本情况，以及参加诉讼的权利义务，同时兼具督促犯罪嫌疑人、被告人及时归案、参与诉讼的程序意义。但对于人民法院受理申请后多长时间内发出公告，公告的具体内容及发布方式，刑事诉讼法没有具体规定。《解释》第五百一十二条规定，人民法院决定受理没收违法所得的申请后，应当在 15 日内发出公告，公告期为 6 个月。公告期间不适用中止、中断、延长的规定。公告应当写明以下内容：（1）案由、案件来源以及属于本院管辖；（2）犯罪嫌疑人、被告人的基本情况；（3）犯罪嫌疑人、被告人涉嫌犯罪的事实；（4）犯罪嫌疑人、被告人逃匿、被通缉、脱逃、下落不明、死亡的情况；（5）申请没收的财产的种类、数量、价值、所在地以及已查封、扣押、冻结财产的清单和相关法律手续；（6）申请没收的财产属于违法所得及其他涉案财产的相关事实；（7）申请没收的理由和法律依据；（8）利害关系人申请参加诉讼的期限、方式以及未按照该期限、方式申请参加诉讼可能承担的不利法律后果；（9）其他应当公告的情况。

公告应当在全国公开发行的报纸、信息网络等媒体和最高人民法院的官方网站刊登、发布，并在人民法院公告栏张贴。必要时，公告可以在犯罪地、犯罪嫌疑人、被告人居住地或者被申请没收财产所在地张贴。公告最后被刊登、发布、张贴日期为公告日期。人民法院张贴公告的，应当采取拍照、录像等方式记录张贴过程。

人民法院已经掌握境内利害关系人联系方式的，应当直接送达含有公告内容的通知；直接送达有困难的，可以委托代为送达、邮寄送达。经受送达人同意的，可以采用传真、电子邮件等能够确认其收悉的方式告知其公告内容，并记录在案；人民法院已经掌握境外犯罪嫌疑人、被告人、利害关系人联系方式，经受送达人同意的，可以采用传真、电子邮件等能够确认其收悉的方式告知其公告内容，并记录在案；受送达人未作出同意意思表示，或者人民法院未掌握境外犯罪嫌疑人、被告人、利害关系人联系方式，其所在地国（区）主管机关明确提出应当向受送达人送达含有公告内容的通知的，受理没收违法所得申请案件的人民法院可以决定是否送达。决定送达的，应当将公告内容层报最高人民法院，由最高人民法院依照刑事司法协助条约、多边公约，或者按照对等互惠原则，请求受送达人所在地国（区）的主管机关协助送达。

关于公告的样式，可以考虑为："××市人民检察院申请没收××犯罪嫌疑人（或者被告人）×××（在逃或已死亡）的违法所得一案，本院决定受理，现依法予以公告。申请没收的违法所得如下：（分别列出房产、股票、现金等财产情况）。犯罪嫌疑人（或者被告人）的近亲属和上述财产的利害关系人应自公告之日起六个月内，向本院（联系人及联系方式）申报权利并提供相关证据材料，可以申请参加诉讼或者委托诉讼代理人参加诉讼。×××中级人民法院。"

322. 如何把握利害关系人的认定及其申请参加诉讼的要求？

1. 利害关系人的认定。利害关系人包括犯罪嫌疑人、被告人的近亲属和其他对申请没收的财产主张权利的自然人和单位。具体而言：（1）犯罪嫌疑人、被告人的近亲属是当然的利害关系人；（2）其他利害关系人。即上述利害关系人中的"其他对申请没收的财产主张权利的自然人和单位"。除了对财物主张所有权的自然人和单位之外，还包括主张部分物权的情形，如主张留置权、担保物权的自然人和单位。对犯罪嫌疑人、被告人享有正当债权，需要以申请没收的财产偿还的人，是否属于这里的"其他利害关系人"？经研究认为，没收程序的适用对象是违法所得及其他涉案财产，这些财产在性质上都不属被告人合法所有，而是应当上缴国库或者返还被害人，不能用以偿还被告人所负债务，故对犯罪嫌疑人、被告人享有正当债权的人参加诉讼并无实际意义，即使其提出申请，也不应准许。

2. 利害关系人申请参加诉讼的要求。（1）犯罪嫌疑人、被告人的近亲属申请参加诉讼的，应当提供其与犯罪嫌疑人、被告人关系的证明材料；其他利害关系人申请参加诉讼的，应当提供证明其可以对违法所得及其他涉案财产主张权利的证据材料；（2）犯罪嫌疑人、被告人的近亲属和其他利害关系人申请参加诉讼的，应当在公告期间提出；（3）利害关系人可以委托诉讼代理人参加诉讼。利害关系人在境外委托的，应当委托具有中华人民共和国律师资格并依法取得执业证书的律师，依照《解释》第四百零三条的规定对授权委托进行公证、认证。

3. 利害关系人在公告期满后申请参加诉讼的处理。利害关系人在公告期满后申请参加诉讼的，对于能够合理说明原因，并提供证明申请没收的财产系其所有的证据材料的，人民法院应当准许。主要考虑：没收程序中的公告期间与民事诉讼中的除斥期间或者诉讼时效有本质区别。刑事诉讼法第三百零一条第二款明确规定："没收犯罪嫌疑人、被告人财产确有错误的，应当予以返还、赔偿。"据此，在裁判生效后，利害关系人提出权利主张，如经查属实，还需要对已生效的没收裁定进行纠正。那么，在诉讼过程中，利害关系人提出权利主张和证据，申请参加诉讼的，显然不能仅因其已过公告期就置之不理，否则势必会人为造成错误的、日后需要再行纠正的没收裁定。

323. 没收违法所得案件的审理程序是怎样的？

1. 没收违法所得案件的审理方式。刑事诉讼法第二百九十九条第三款规定："利害关系人参加诉讼的，人民法院应当开庭审理。"犯罪嫌疑人、被告人的近亲属未对申请没收的财产提出异议，只是为了跟踪了解诉讼情况而参加诉讼的，人民法院也应当开庭审理。但鉴于其对没收财产的申请没有异议，法庭审理可以适当简化。

对于没有利害关系人参加诉讼的案件，人民法院是否应当开庭审理，刑事诉讼法未作规定。我们认为，没有利害关系人申请参加诉讼的，可以不开庭审理。因为在这种情形下，由于缺少讼争、对抗的一方，开庭并无实质意义。当然，不开庭审理的，合议庭成员必须认真阅卷、审查全部证据材料，必要时，还应依法对相关疑点问题进行调查核实，之后，依法作出裁定。

2. 犯罪嫌疑人、被告人逃匿境外，委托诉讼代理人申请参加诉讼，且违法所得或者其他涉案财产所在地国（区）主管机关明确提出意见予以支持的，人民法院可以准许。人民法院准许参加诉讼的，犯罪嫌疑人、被告人的诉讼代理人依照关于利害关系人的诉讼代理人的相关规定行使诉讼权利。

3. 没收违法所得案件的开庭准备。人民法院确定开庭日期后，应当将开庭的时间、地点通知人民检察院、利害关系人及其诉讼代理人、证人、鉴定人员、翻译人员。通知书应当至迟在开庭审理 3 日前送达；受送达人在境外的，至迟在开庭审理 30 日前送达。

4. 没收违法所得案件的开庭程序。对此问题，刑事诉讼法未作规定，《解释》第五百一十五条规定："开庭审理申请没收违法所得的案件，按照下列程序进行：（一）审判长宣布法庭调查开始后，先由检察员宣读申请书，后由利害关系人、诉讼代理人发表意见；（二）法庭应当依次就犯罪嫌疑人、被告人是否实施了贪污贿赂犯罪、恐怖活动犯罪等重大犯罪并已经通缉一年不能到案，或者是否已经死亡，以及申请没收的财产是否依法应当追缴进行调查；调查时，先由检察员出示有关证据，后由利害关系人发表意见、出示有关证据，并进行质证；（三）法庭辩论阶段，先由检察员发言，后由利害关系人及其诉讼代理人发言，并进行辩论。利害关系人接到通知后无正当理由拒不到庭，或者未经法庭许可中途退庭的，可以转为不开庭审理，但还有其他利害关系人参加诉讼的除外。"

Q问 324. 人民法院审理没收程序案件后应当如何处理？

答 人民法院审理没收程序案件后应当如何处理，刑事诉讼法第三百条第一款规定："人民法院经审理，对经查证属于违法所得及其他涉案财产，除依法返还被害人的以外，应当裁定予以没收；对不属于应当追缴的财产的，应当裁定驳回申请，解除查封、扣押、冻结措施。"对此，需要注意两个问题：

1. 人民法院审理没收程序案件的证明标准。没收程序案件的证明标准是什么？刑事诉讼法没有明确规定，只是使用了"经查证"三个字。对于没收程序案件的证明标准，一些英美法系国家，如英国、美国、澳大利亚等，其以追缴违法所得为目的的民事没收制度，适用"优势证据"的民事证明标准，而非"排除合理怀疑"的刑事证明标准；另外一些国家、地区在规定追缴违法所得等涉案财物的单独没收程序时，大都规定适用刑事证明标准。如《加拿大刑事法典》相关法条规定：在提起公诉的情况下，如果被告人死亡或逃匿，只要法官认为"某项财产无合理怀疑地属于犯罪收益的"，则应当将该财产收归国有并根据总检察长的指示予以处理。新加坡《没收贪污所得法》也专门规定了行为人已潜逃或死亡时的贪污所得的没收，其主要内容为：行为人如果因涉嫌贪污行为而逃亡，应推定其构成贪污罪。被推定构成贪污罪之人，如果在调查证据前即已逃亡的，或者在法院调查所有证据后，有充分证据认定行为人构成贪污犯罪的，基于检察官的申请，法院应发布没收行为人贪污所得的命令。

经研究，《没收程序规定》在违法所得没收程序中借鉴了优势证据证明标准，在第十七条第一款规定："申请没收的财产具有高度可能属于违法所得及其他涉案财产的，应当认定为本规定第十六条规定的'申请没收的财产属于违法所得及其他涉案财产'。"第十七条第二款规定："巨额财产来源不明犯罪案件中，没有利害关系人对违法所得及其他涉案财产主张权利，或者利害关系人对违法所得及其他涉案财产虽然主张权利但提供的相关证据没有达到相应证明标准的，应当视为本规定第十六条规定的'申请没收的财产属于违法所得及其他涉案财产'。"

2. 人民法院审理没收程序案件后的处理。根据《解释》第五百一十六条规定，对申请没收违法所得的案件，人民法院审理后，应当按照下列情形分别处理：（1）案件事实清楚，证据确实、充分，申请没收的财产确属违法所得及其他涉案财产的，除依法返还被害人的以外，应当裁定没收；（2）不符合《解释》第五百零七条规定的条件的，应当裁定驳回申请。

需要强调指出，人民法院对申请没收的财产应当逐项审查，对利害关系人提出的主张也应当逐个审查，对于依法认定属于应当追缴的财产部分，应当裁定予以没收，对于依法认定不属于应当追缴的财产部分，或者证据不足，不能认定属于应当追缴的财产部分，应当裁定驳回申请。

325. 没收程序案件的第二审程序如何操作？

刑事诉讼法第三百条第二款规定，犯罪嫌疑人、被告人的近亲属和其他利害关系人或者人民检察院可以对没收违法所得的裁定提出上诉、抗诉。但对于第二审程序如何操作没有作出具体规定。

1. 关于不服裁定的上诉、抗诉期限。在没收程序案件中，参加诉讼的犯罪嫌疑人、被告人的近亲属和其他利害关系人具有类似于当事人的主体资格，其对没收违法所得的裁定有权提出上诉、抗诉，但上诉、抗诉的期限如何确定呢？有意见认为，刑事诉讼法之所以将不服判决的上诉和抗诉的期限规定为10日，而将不服裁定的上诉和抗诉的期限规定为5日，主要在于第一审程序中的判决涉及实体权利的处理，需要更充裕的时间决定是否提出上诉、抗诉，而裁定仅涉及程序权利的处理，相对更为简单，故上诉、抗诉期限可以更短。但在违法所得没收程序中，不管是实体问题还是程序问题，均以裁定形式作出处理。因此，对于实体问题作出的予以没收或者驳回申请的裁定，其上诉、抗诉期限宜规定为 10 日；而对于程序问题作出的其他裁定，其上诉、抗诉期限仍为 5 日。还有意见认为，对于实体问题作出的予以没收或者驳回申请的裁定，其上诉、抗诉期限宜参照民事诉讼法规定为 15 日。经研究，我们认为，刑事诉讼法明确规定"不服裁定的上诉和抗诉的期限为 5 日"，鉴于违法所得没收程序未对上诉、抗诉期限作出特别规定，因此，其上诉、抗诉期限也应当为 5 日。

2. 关于二审的审理程序。人民检察院、利害关系人对第一审裁定认定的事实、证据没有争议的，第二审人民法院可以不开庭审理。第二审人民法院决定开庭审理的，应当将开庭的时间、地点书面通知同级人民检察院和利害关系人。第二审人民法院应当就上诉、抗诉请求的有关事实和适用法律进行审查。

3. 关于二审审理后的处理。第二审人民法院对不服第一审裁定的上诉、抗诉案件，经审理，应当按照下列情形分别处理：（1）第一审裁定认定事实清楚和适用法律正确的，应当驳回上诉或者抗诉，维持原裁定；（2）第一审裁定认定事实清楚，但适用法律有错误的，应当改变原裁定；（3）第一审裁定认定事实不清的，可以在查清事实后改变原裁定，也可以撤销原裁定，发回原审人民法院重新审判；（4）第一审裁定违反法定诉讼程序，可能影响公正审判的，应当撤销原裁定，发回原审人民法院重新审判。另外，鉴于违法所得没收程序是基于财产处理而设计，根据不告不理原则，利害关系人、检察机关在第二审宣判前，要求撤回上诉、抗诉的，人民法院应当准许。

第一审人民法院对于依照前款第三项规定发回重新审判的案件作出裁定后，第二审人民法院对不服第一审人民法院裁定的上诉、抗诉，应当依法作出裁定，不得再发回原审人民法院重新审判。

4. 利害关系人非因故意或者重大过失在第一审期间未参加诉讼，在第二审期间申请参加诉讼的，人民法院应当准许，并发回原审人民法院重新审判。

326. 哪些情况下可以终止没收程序案件的审理？

出现下列两种情况，可以终止没收程序案件的审理：

1. 根据刑事诉讼法的规定，在法庭审理过程中，不管是一审还是二审，在逃的犯罪嫌疑人、被告人自动投案或者被抓获的，人民法院应当终止审理。

2. 人民检察院申请没收的违法所得及其他涉案财产由于客观原因全部灭失，并且没有其他财产可以没收的，人民法院也应当终止审理。比如，犯罪嫌疑人的违法所得是一仓库的布料，由于雷电导致仓库失火，全部布料都被烧毁，且没有任何保险和赔偿，也就是说，没有所有财产可以没收了，失去了标的，当然就应当终止审理。

327. 刑事案件审理过程中如何启动违法所得没收程序？

在刑事案件审理过程中被告人死亡或者脱逃，依法应当追缴其违法所得的，能否直接裁定没收违法所得？《解释》第五百二十条规定，在审理案件过程中，被告人死亡或者脱逃，符合刑事诉讼法第二百九十八条第一款规定的，人民检察院可以向人民法院提出没收违法所得的申请。人民检察院向原受理案件的人民法院提出申请的，可以由同一审判组织依照违法所得没收程序审理。

328. 没收程序案件的审理期限如何？

刑事诉讼法没有规定没收程序案件的审理期限。《解释》第五百二十一条规定："审理申请没收违法所得案件的期限，参照公诉案件第一审普通程序和第二审程序的审理期限执行。公告期间和请求刑事司法协助的时间不计入审理期限。"

329. 违法所得没收程序有怎样的救济制度？

"无救济即无权利"，建立违法所得没收程序的救济制度是正当程序原则的基本要求。刑事诉讼法第三百零一条第二款明确规定："没收犯罪嫌疑人、被告人财产确有错误的，应当予以返还、赔偿。"《解释》第五百二十二条进一步明确规定："没收违法所得裁定生效后，犯罪嫌疑人、被告人到案并对没收裁定提出异议，人民检察院向原作出裁定的人民法院提起公诉的，可以由同一审判组织审理。人民法院经审理，应当按照下列情形分别处理：（一）原裁定正确的，予以维持，不再对涉案财产作出判决；（二）原裁定确有错误的，应当撤销原裁定，并在判决中对有关涉案财产一并作出处理。人民法院生效的没收裁定确有错误的，除第一款规定的情形外，应当依照审判监督程序予以纠正。已经没收的财产，应当及时返还；财产已经上缴国库的，由原没收机关从财政机关申请退库，予以返还；原物已经出售、拍卖的，应当退还价款；造成犯罪嫌疑人、被告人以及利害关系人财产损失的，应当依法赔偿。"据此，对于没收财产确有错误的，应当分别情况进行处理：

1. 犯罪嫌疑人、被告人到案后，对人民法院作出的生效没收裁定提出异议的，人民法院可以在审理被告人犯罪案件时直接对原没收裁定进行审查。原裁定正确的，予以维持，不再对涉案财产作出判决；原裁定确有错误的，应当撤销原裁定，并在判决中对有关涉案财产一并作出处理。主要考虑：如果这种情况也应当通过审判监督程序予以纠正，不利于及时作出裁判、节约司法资源。另外，这里的"确有错误"，是指经裁定没收的财产，并不属于依法应当追缴的违法所得或者其他涉案财产，而是第三人或者被告人合法所有的财产。

2. 对于其他情形下，发现人民法院生效没收裁定确有错误的，应当依照刑事诉讼法规定审判监督程序处理。比如，案外人确因不可归责于其本人原因而没有看到公告，未能参加诉讼的，对于其民事权利不能当然剥夺。再如，利害关系人虽然参加了诉讼，但裁定生效后出现了新的证据，证明原裁定认定的事实确有错误等情形的，也应当允许利害关系人通过审判监督程序予以纠正。

330. 违法所得或者其他涉案财产在境外的，没收程序有哪些特殊要求？

违法所得或者其他涉案财产在境外的，刑事诉讼法和《解释》没有作出具体规定。根据《没收程序规定》，需要注意以下两个方面问题：

1. 违法所得或者其他涉案财产在境外的，负责职务犯罪调查的监察机关、负责立案侦查的公安机关、检察机关等机关应当制作查封、扣押、冻结的法律文书以及协助执行查封、扣押、冻结的请求函，层报监察、公安、检察院等各系统最高上级机关后，由监察、公安、检察院等各系统最高上级机关依照刑事司法协助条约、多边公约，或者按照对等互惠原则，向违法所得或者其他涉案财产所在地国（区）的主管机关请求协助执行。

实践中，有些国家的司法制度要求扣押、冻结等限制措施的发文机关必须是法院。因此，被请求国（区）的主管机关提出，查封、扣押、冻结法律文书的制发主体必须是法院的，负责职务犯罪调查的监察机关、负责立案侦查的公安机关、检察机关等机关可以向同级人民法院提出查封、扣押、冻结的申请，人民法院经审查同意后制作查封、扣押、冻结令以及协助执行查封、扣押、冻结令的请求函，层报最高人民法院后，由最高人民法院依照刑事司法协助条约、多边公约，或者按照对等互惠原则，向违法所得或者其他涉案财产所在地国（区）的主管机关请求协助执行。

请求函应当载明以下内容：（1）案由以及查封、扣押、冻结法律文书的发布主体是否具有管辖权；（2）犯罪嫌疑人、被告人涉嫌犯罪的事实及相关证据，但可能妨碍正在或者即将进行的刑事侦查的证据除外；（3）已发布公告的，发布公告情况、通知利害关系人参加诉讼以及保障诉讼参与人依法行使诉讼权利等情况；（4）请求查封、扣押、冻结的财产的种类、数量、价值、所在地等情况以及相关法律手续；（5）请求查封、扣押、冻结的财产属于违法所得及其他涉案财产的相关事实及证据材料；（6）请求查封、扣押、冻结财产的理由和法律依据；（7）被请求国（区）要求载明的其他内容。

2. 违法所得或者其他涉案财产在境外，受理没收违法所得申请案件的人民法院经审理裁定没收的，应当制作没收令以及协助执行没收令的请求函，层报最高人民法院后，由最高人民法院依照刑事司法协助条约、多边公约，或者按照对等互惠原则，向违法所得或者其他涉案财产所在地国（区）的主管机关请求协助执行。请求函应当载明以下内容：（1）案由以及没收令发布主体具有管辖权；（2）属于生效裁定；（3）犯罪嫌疑人、被告人涉嫌犯罪的事实及相关证据，但可能妨碍正在或者即将进行的刑事侦查的证据除外；（4）犯罪嫌疑人、被告人逃匿、被通缉、脱逃、死亡的基本情况；（5）发布公告情况、通知利害关系人参加诉讼以及保障诉讼参与人依法行使诉讼权利等情况；（6）请求没收违法所得及其他涉案财产的种类、数量、价值、所在地等情况以及查封、扣押、冻结相关法律手续；（7）请求没收的财产属于违法所得及其他涉案财产的相关事实及证据材料；（8）请求没收财产的理由和法律依据；（9）被请求国（区）要求载明的其他内容。

第二十五章 依法不负刑事责任的
精神病人的强制医疗程序

Q问 **331. 为什么要在刑事诉讼法中设置强制医疗程序？**

答 刑事诉讼法在特别程序中增设了"依法不负刑事责任的精神病人的强制医疗程序"（以下简称"强制医疗程序"），主要是基于以下三方面的考虑：

1. 保护人民群众生命财产安全免受精神病人侵害和使精神病人得到妥善处置的需要。研究数据显示，当前，我国精神疾病患者人数不断攀升，我国重性精神病患人数已超过了 1600 万。近年来，精神疾病患者行凶杀人的报道不断见诸报端，已经严重威胁人民群众的生命财产安全。从多年案例来看，造成恶性事件的精神病患者主要是具有暴力倾向的青壮年，具有较强的暴力性和攻击性，手段残忍，暴力程度高，造成了较为严重的后果，给被害人亲属及周围群众造成极大的心理伤害。由此可见，精神疾病已经不仅仅是卫生问题，目前已越来越成为一个较为严重的社会问题。对精神病患者缺乏及时的救治和有效的监管有可能会给精神病患者的家庭和社会带来巨大的威胁和现实的危险，因此，有必要在刑事诉讼法中规定强制医疗程序，将实施暴力行为，危害公共安全或者严重危害公民人身安全并有继续危害社会可能的精神病人，予以强制医疗。

2. 落实刑法相关规定的需要。我国刑法第十八条第一款规定："精神病人在不能辨认或者不能控制自己行为的时候造成危害结果，经法定程序鉴定确定的，不负刑事责任，但是应当责令他的家属或者监护人严加看管和医疗；在必要的时候，由政府强制医疗。"刑法只规定了在"必要的时候"对造成危害结果的精神病人实施强制医疗，但没有规定强制医疗的条件和程序，较为笼统。刑事诉讼法作为程序法，是刑法执行的保障法。因此，为了保障刑法中强制医疗制度得以有效执行，有必要在刑事诉讼法中对强制医疗的程序予以规范。

3. 保障公民权利不受非法侵害的需要。强制医疗程序涉及对公民人身自由的限制，对公民予以强制医疗必须遵循严格的法律程序。目前强制医疗主要依据刑法的规定，由公安机关作出对精神病人适用强制医疗的决定。在这个过程中，公安机关既是调查者，也是最终的决定者，缺乏有效的制约。而被采取强制医疗措施的公民及其代理人无法有效参与到这一过程中去，并且一旦决定作出后，监督、救济程序也不是特别完善。因此，对于强制医疗这一限制、剥夺公民人身自由权利的处置措施，仅仅由公安机关通过行政程序予以决定，似不完全符合法治的要求，而应当按照严格的司法审查程序由中立的司法机关作出决定。因此，刑事诉讼法设置了强制医疗程序，将强制医疗纳入严格的司法审查程序中，并规定了有效的救济程序，从而有效保障公民的合法权益。

332. 对哪些精神病人可以适用强制医疗？

为有效落实刑法中对精神病人强制医疗的规定，刑事诉讼法第三百零二条规定："实施暴力行为，危害公共安全或者严重危害公民人身安全，经法定程序鉴定依法不负刑事责任的精神病人，有继续危害社会可能的，可以予以强制医疗。"刑事诉讼法的上述规定确定了适用强制医疗程序所需具备的几个条件：

1. 精神病人实施暴力行为，危害公共安全或者严重危害公民人身安全。并非所有的精神病人都适用强制医疗程序，只有实施了暴力行为，危害公共安全或者严重危害公民人身安全的精神病人才可以适用强制医疗。这样的规定，一方面，与刑法规定相适应，刑法第十八条第一款规定只有精神病人的行为造成危害结果，才能在必要时予以强制医疗；另一方面，强制医疗是限制公民人身权利和自由的较为严厉的预防性、保护性、约束性措施，适用起来需要特别慎重，只有精神病人对公共安全或者他人人身安全存在现实威胁的情况下，才有必要对精神病人进行强制医疗，否则也会造成有限社会资源的浪费。因此，刑事诉讼法以实施了足以"危害公共安全或者严重危害公民人身安全"的"暴力行为"作为适用强制医疗程序的条件之一。"危害公共安全或者严重危害公民人身安全"的"暴力行为"主要集中在刑法分则第二章危害公共安全罪和第四章侵犯公民人身权利罪中，主要包括放火、决水、爆炸、投放危险物质、破坏交通工具、交通设施、劫持航空器、船只、汽车等危害公共安全的犯罪以及杀人、伤害、强奸、绑架、抢劫等侵犯公民人身权利的犯罪。对"暴力行为"达到何种程度才能予以强制医疗的问题，刑法规定的条件是造成"危害结果"，刑事诉讼法规定的条件是"危害公共安全或者严重危害公民人身安全"，因此，被申请人实施的暴力行为只有造成了危害公共安全或者严重危害公民人身安全的危害结果，才可以予以强制医疗。

至于造成的危害结果达到什么程度以上，才符合强制医疗的条件，规定不明确。立法对此也是不断斟酌，如从"或者致人死亡、重伤"，修改为"或者严重危害公民人身安全"，条件有所放宽，至少表明不是非"致人死亡、重伤"不可。但是，如果仅致人轻微伤，则依法不构成犯罪，不符合适用强制医疗的条件。因此，《解释》第五百二十四条明确，实施暴力行为，危害公共安全或者严重危害公民人身安全，社会危害性必须"已经达到犯罪程度"，才可以适用强制医疗程序。需要注意的是，"已经达到犯罪程度"是适用强制医疗程序的必要条件之一，而非充分条件，不能认为只要"达到犯罪程度"，就一律适用强制医疗程序。

2. 经法定程序鉴定依法不负刑事责任的精神病人。具有完全刑事责任能力的人或者犯罪时精神正常的间歇性精神病人实施了危害行为，应当依法追究其刑事责任。只有经法定程序鉴定，实施危害行为时不能辨认或者控制自己行为的精神病人，不具有刑事责任能力的，才可以适用强制医疗。证实精神病人是否负刑事责任的鉴定应当严格依法进行。根据《全国人大常委会关于司法鉴定管理问题的决定》及司法部《司法鉴定程序通则》的规定，对精神病鉴定等法医类鉴定应当委托列入省级人民政府司法行政部门编制的名册中的鉴定机构及二名或二名以上无利害关系的鉴定人共同进行鉴定并作出鉴定意见。

3. 有继续危害社会可能的。"有继续危害社会可能"也是适用强制医疗的条件之一。强制医疗的目的并不是对实施暴力行为的被强制医疗人的惩戒和制裁，而是对被强制医疗的人采取的保护性措施，并给予其必要的治疗，使其尽快解除痛苦，恢复健康，同时避免继续危害社会。因此，如果精神病人虽然实施了暴力行为，但不再具有继续危害社会可能的，如已经严重残疾等，丧失了继续危害社会的能力，就不必对其实施强制医疗。如果精神病人实施暴力行为后，由其监护人或者单位将其送医治疗，精神病人的病情得到有效控制，从而不具有继续危害社会可能的，也没有必要进行强制医疗。

Q问 333. 如何把握强制医疗程序的启动主体？

答 刑事诉讼法第三百零三条第二款规定："公安机关发现精神病人符合强制医疗条件的，应当写出强制医疗意见书，移送人民检察院。对于公安机关移送的或者在审查起诉过程中发现的精神病人符合强制医疗条件的，人民检察院应当向人民法院提出强制医疗的申请。人民法院在审理案件过程中发现被告人符合强制医疗条件的，可以作出强制医疗的决定。"根据刑事诉讼法的上述规定，可以启动强制医疗程序的主体主要包括公安机关，人民检察院和人民法院，上述机构在依法行使职权过程中发现精神病人符合强制医疗条件的，可以启动强制医疗程序。

1. 公安机关是启动强制医疗程序最主要的机关。公安机关发现精神病人实施暴力行为，应当收集精神病人实施暴力行为以及精神状态方面的证据，如果认为精神病人有继续危害社会可能的，应拟写强制医疗意见书，移送人民检察院进行审查。如果公安机关对于已经立案的犯罪事实进行侦查过程中发现犯罪嫌疑人属于作案时无法辨认或者控制自己行为的精神病人，不负刑事责任的，应当撤销案件。如果需要对精神病人予以强制医疗的，应按照上述程序移送人民检察院审查。如果人民检察院认为精神病人符合强制医疗条件的，依法向人民法院提出强制医疗的申请。

2. 人民检察院在审查起诉过程中发现犯罪嫌疑人属于作案时无法辨认或者控制自己行为的精神病人，不负刑事责任的，应当作出不起诉的决定。人民检察院经审查认为精神病人符合强制医疗条件的，应当直接启动强制医疗程序，收集精神病人实施暴力行为以及精神状态方面的证据，依法向人民法院提出强制医疗的申请。

3. 人民法院在审理案件中发现被告人符合强制医疗条件的，可以启动强制医疗程序。包括两种情况：（1）各级人民法院在审理普通程序的刑事案件过程中发现被告人在实施犯罪行为时没有辨认或者控制自己行为的能力，不负刑事责任的，应当宣告被告人不负刑事责任；被告人符合强制医疗条件的，无须由人民检察院提出强制医疗的申请，可以直接作出强制医疗的决定。（2）如果被告人在实施犯罪行为时具有辨认和控制自己行为的能力，但在实施犯罪行为后患精神疾病，又实施了暴力行为，符合强制医疗的条件，在这种情况下，被告人属于刑事诉讼法第二百零六条第一项规定的"被告人患有严重疾病，无法出庭的"情形，人民法院应当依法中止审理并作出对其强制医疗的决定。被告人经强制医疗后可以接受审判的，人民法院应依法对被告人实施的犯罪行为恢复审理并作出判决。

334. 如何把握强制医疗程序案件的管辖和审判组织?

1. 强制医疗程序案件的管辖。刑事诉讼法没有特别规定强制医疗程序案件的管辖，故可以参照一般案件的管辖规定执行。

（1）地域管辖。审理精神病人强制医疗程序案件，由被申请人实施危害行为地的人民法院管辖，如果由被申请人的居住地或者接受医疗所在地的人民法院管辖更为适宜的，可以由被申请人居住地或者接受医疗所在地的人民法院审理。

（2）级别管辖。审理精神病人强制医疗程序案件，由基层人民法院审理。根据刑事诉讼法第三百零三条有关"人民法院在审理案件过程中发现被告人符合强制医疗条件的，可以作出强制医疗的决定"的规定，对于中级以上人民法院在审理案件过程中，包括第二审程序和死刑复核程序中，发现被告人符合强制医疗条件的，可以不再移交基层人民法院审理，也不再发回原审人民法院重新审理，而是直接作出强制医疗的决定。

2. 审理强制医疗程序案件的审判组织。人民检察院申请对依法不负刑事责任的精神病人强制医疗的案件，由人民法院的刑事审判庭组成合议庭进行审理。独任审判员在简易程序案件审理过程中发现被告人符合强制医疗条件的，能否根据刑事诉讼法第三百零三条的规定，直接作出强制医疗的决定? 法律对此没有明确规定。经研究，我们认为，这种情况下，案件变得更为复杂，应当转为普通程序审理。

335. 对精神病人强制医疗申请的审查和处理?

《解释》规定，对人民检察院提出的强制医疗申请，人民法院应当审查以下内容：（1）是否属于本院管辖；（2）是否写明被申请人的身份、实施暴力行为的时间、地点、手段、所造成的损害等情况，并附相关证据材料；（3）是否附有法医精神病鉴定意见和其他证明被申请人属于依法不负刑事责任的精神病人的证据材料；（4）是否列明被申请人的法定代理人的姓名、住址、联系方式；（5）需要审查的其他事项。

对人民检察院提出的强制医疗申请，人民法院应当在七日内审查完毕，并按照下列情形分别处理：（1）不属于本院管辖的，应当退回人民检察院；

（2）材料不全的，应当通知人民检察院在三日内补送；（3）属于强制医疗程序受案范围和本院管辖，且材料齐全的，应当受理。

336. 审理强制医疗案件是否应当开庭和会见被申请人？

1. 审理强制医疗案件原则上应当开庭。刑事诉讼法没有明确规定强制医疗案件的审理方式。有观点认为，对于强制医疗程序案件，原则上不需要开庭审理。主要理由是：（1）根据刑事诉讼法规定，法院审理强制医疗案件后作出的是"决定"，而不是"判决"或者"裁定"，且决定一经作出立即生效。鉴于强制医疗案件的案情一般较为清楚，争议不大，且被申请人又系无民事行为能力人，不能出庭行使诉讼权利，开庭审理的可行性、必要性不大。（2）刑事诉讼法规定，人民法院审理强制医疗案件，应当通知被申请人的法定代理人"到场"，而不是"到庭"，说明立法本意也是不开庭审理。因此，强制医疗案件原则上不实行普通意义上的开庭审理，确有必要时才开庭审理。

我们认为，对于强制医疗案件，原则上应当开庭审理。当然，作为例外，被申请人、被告人的法定代理人请求不开庭审理，并经人民法院审查同意的，可以不开庭审理。主要理由是：（1）对精神病人强制医疗势必在一定程度上限制或剥夺被申请人的人身自由，因此，应当赋予其不低于普通程序中被告人的诉讼权利。（2）开庭时，虽然被申请人不能出庭，但根据刑事诉讼法规定，应当通知其法定代理人到场，且如果被申请人没有委托诉讼代理人的，人民法院应当通知法律援助机构指派律师为其提供法律帮助，担任其诉讼代理人。加之申请人必须到场，因此，具有一定的抗辩性，适宜开庭审理。

另外，开庭审理强制医疗案件的，是否应当公开开庭？精神卫生法第四条第三款规定："有关单位和个人应当对精神障碍患者的姓名、肖像、住址、工作单位、病历资料以及其他可能推断出其身份的信息予以保密；但是，依法履行职责需要公开的除外。"司法实践中也一般将精神病病情作为个人隐私加以保护。[1] 因此，人民法院审理强制医疗程序案件，依据刑事诉

---

[1] 红十字会北郊医院在没有征得患者同意的情况下，仅因患者所在单位北京市木材贸易中心要求就出具原告患人格障碍的诊断证明。木材贸易中心在一起劳动仲裁案件审理时将原告的隐私公之于众。二单位都侵犯了原告的名誉权。北京市海淀区法院判决二被告赔偿原告 6000 元损失费。见《患精神病隐私被公开》，http://www.people.com.cn/GB/paper1787/13514/1210246.html。

讼法第一百八十八条的规定，原则上不公开审理。

2. 审理强制医疗案件应当会见被申请人。对于人民法院审理人民检察院申请强制医疗的案件，是否应当会见、询问被申请人？对此问题，刑事诉讼法也没有规定。我们认为，强制医疗案件的基础、核心问题是被申请人是否确属依法不负刑事责任、且有继续危害社会可能的精神病人；对这一问题，如仅依靠听取其法定代理人意见、审查书面鉴定意见等作出判断，容易出现问题。为体现程序的公正和慎重，防止"被精神病"或假冒精神病人逃避刑事处罚的情况发生，无论是否开庭审理，都应当会见被申请人，通过与其直接接触、交谈，了解其精神状况。

337. 如何开庭审理强制医疗案件？

根据《解释》规定，开庭审理申请强制医疗的案件，应当注意以下问题：

1. 出庭人员。人民法院开庭审理申请强制医疗的案件，应当在开庭三日以前通知人民检察院、被申请人的法定代表人及其诉讼代理人出庭；并原则上应当通知鉴定人出庭作证。强制医疗案件中最核心的证据就是精神病医学鉴定，为了保证案件质量，鉴定人原则上应当出庭作证，并回答被申请人的法定代理人、诉讼代理人的发问。另外，被申请人要求出庭，人民法院经审查其身体和精神状态，认为可以出庭的，应当准许。出庭的被申请人，在法庭调查、辩论阶段，可以发表意见。

2. 审理程序。（1）审判长宣布法庭调查开始后，先由检察员宣读申请书，后由被申请人的法定代理人、诉讼代理人发表意见；（2）法庭依次就被申请人是否实施了危害公共安全或者严重危害公民人身安全的暴力行为、是否属于依法不负刑事责任的精神病人、是否有继续危害社会的可能进行调查；调查时，先由检察员出示有关证据，后由被申请人的法定代理人、诉讼代理人发表意见、出示有关证据，并进行质证；（3）法庭辩论阶段，先由检察员发言，后由被申请人的法定代理人、诉讼代理人发言，并进行辩论。

3. 程序简化。参照简易程序的规定，检察员宣读申请书后，被申请人的法定代理人、诉讼代理人无异议的，法庭调查可以简化。

4. 特殊情况。被申请人的法定代理人经通知后拒不到场，或者未经法庭许可中途退庭的，应当如何处理，刑事诉讼法没有规定。此时能否强制被申请人的法定代理人到庭？我们认为不可，被申请人的法定代理人及其诉讼代理人均不到庭的，不影响人民法院开庭审理，人民法院认为事实清楚，证据确实、充分的，可以转为不开庭审理。

338. 如何评估"继续危害社会可能"？

人民法院在审理强制医疗程序案件中，应当对被申请人是否具有继续危害社会的可能进行评估，从而作出是否对其强制医疗的决定。由于法官并非精神疾病的专家，对精神疾病的专业知识了解较少，如何对"有继续危害社会可能"进行判断比较复杂，我们认为，可以从以下几个方面进行：

1. 被申请人所患精神疾病的类型。根据精神病学的分类，精神病患者分为冲动攻击型、极度妄想型和社会能力衰退型三种类型。一般来说，以冲动攻击型精神病患者对社会危害最大。攻击型精神病人有妄想、复仇心理，同时敏感、多疑、猜忌，很容易冲动实施报复性的毁物、纵火、杀人、伤害等攻击性的行为。攻击型精神病患者在肇事时多处于无自知力和病态的心理状态，情绪异常激动，行为狂暴，常常持尖刀、利斧等器械作案，造成的破坏远比一般刑事犯罪严重得多。① 对于此类精神病人，如果没有得到有效治疗，其再次危害社会的可能性就比较大。

2. 被申请人实施暴力行为的起因、过程。现实生活中，精神病人的暴力行为并非是由其病情而是由外界刺激引发的，如果能得到有效监管其再次危害社会的可能性就较低。如果精神病人实施暴力行为时，主要针对物体进行侵害，那么，其危害社会的程度就较小，如果主要针对人进行侵害，其危害社会的程度就较大，这也是判断被申请人有无继续危害社会可能的标准之一。

3. 被申请人有无接受治疗的条件。对于监护条件较好的精神病人，如果具备治疗的条件，得到正规精神病医疗机构的治疗，并随着病情的变化由医疗机构采取不同的防护措施，并得到监护人有效的监管，其再次危害社会的可能性自然就较小。在这种情况下，被申请人已经在进行医疗，就没有必要再进行强制医疗，以免造成社会资源不必要的浪费。对于精神病人的家属或者监护人愿意并且有能力、有条件严加看管和医疗，保证其不会继续危害社会的，是否就可认定为没有继续危害社会可能，从而不予强制医疗？经研

① 《频频伤人的攻击型精神病人》，载 http://www.153nk.com/yydt/10530542032.html。

究，需要具体情况具体分析，司法解释中不作一般性规定。

鉴于精神疾病的复杂性和专业性，法官对被申请人是否有继续危害社会可能的评估，可以在咨询专家和专业医疗人员的意见后，依法作出判断。

339. 审理强制医疗程序案件后如何处理？

《解释》第五百三十一条规定："对申请强制医疗的案件，人民法院审理后，应当按照下列情形分别处理：（一）符合刑事诉讼法第二百八十四条（注：修改后刑事诉讼法第三百零二条）规定的强制医疗条件的，应当作出对被申请人强制医疗的决定；（二）被申请人属于依法不负刑事责任的精神病人，但不符合强制医疗条件的，应当作出驳回强制医疗申请的决定；被申请人已经造成危害结果的，应当同时责令其家属或者监护人严加看管和医疗；（三）被申请人具有完全或者部分刑事责任能力，依法应当追究刑事责任的，应当作出驳回强制医疗申请的决定，并退回人民检察院依法处理。"

需要说明的是，人民法院作出强制医疗的决定时不宜规定强制医疗期限。主要考虑：强制医疗主要是为了使精神病人不致再危害社会，达到这个目的后，就可以解除强制医疗措施。可何时能够达到这个目的，在作出强制医疗的决定时难以判断，且即使是精神科专家也无法准确预计。刑事诉讼法第三百零六条规定了对被强制医疗的精神病人予以定期诊断评估的制度，一旦被强制医疗的精神病人经治疗后已不具有人身危险性，不再需要强制医疗时，不仅医疗机构应当及时提出解除意见，被强制医疗的人及其近亲属也有权申请解除强制医疗，人民法院届时可依法作出是否解除强制医疗的决定。

340. 人民法院在审理案件过程中作出强制医疗决定的程序是什么？

1. 人民法院应当按照强制医疗的相关程序进行审理。刑事诉讼法第三百零三条第二款规定："人民法院在审理案件过程中发现被告人符合强制医疗条件的，可以作出强制医疗的决定。"有意见认为，人民法院在审理刑事案件过程中，如果认为不负刑事责任的精神病人符合强制医疗条件的，可以不再按照强制医疗的相关程序进行审理，直接作出强制医疗的决定。因为，在普通程序刑事案件审理过程中，已经对证据进行了充分的举证、质证，相关事实已经调查清楚，无须再参照强制医疗程序再审理一遍。经研究，我们认为，人民法院在审理刑事案件过程中发现被告人可能属于不负刑事责任的精神病人的，不需要将该案退回人民检察院，由人民检察院提出强制医疗的申请，而是在审理刑事案件过程中一并解决，以提高审判效率。但为了更好地维护被告人的诉讼权利和其他合法权益，在确认被告人属于依法不负刑事责任的精神病人后，不宜径行作出强制医疗的决定，而是应当通知被告人的法定代理人到场，参与被告人是否符合强制医疗条件的审理，具体程序参照强制医疗审理程序进行。主要考虑：其一，强制医疗有其特定的适用条件，原来的庭审不可能对相关事实、证据作出全面审查；其二，刑事诉讼法有关通知法定代理人到场、通知法律援助机构指派律师提供法律帮助的规定，不只适用于人民检察院申请强制医疗的案件，也应当适用于人民法院自行决定强制医疗的案件；其三，此类案件原是由人民检察院按照被告人具有完全或者部分刑事责任能力提出有罪指控的，如不按强制医疗程序进行审理，直接作出强制医疗决定，势必会严重影响决定的法律效果和社会效果。

据此，《解释》第五百三十二条规定："第一审人民法院在审理案件过程中发现被告人可能符合强制医疗条件的，应当依照法定程序对被告人进行法医精神病鉴定。经鉴定，被告人属于依法不负刑事责任的精神病人的，应当适用强制医疗程序，对案件进行审理。开庭审理前款规定的案件，应当先由合议庭组成人员宣读对被告人的法医精神病鉴定意见，说明被告人可能符合强制医疗的条件，后依次由公诉人和被告人的法定代理人、诉讼代理人发表意见。经审判长许可，公诉人和被告人的法定代理人、诉讼代理人可以进行辩论。"第五百三十四条规定："人民法院在审理第二审刑事案件过程中，发现被告人可能符合强制医疗条件的，可以依照强制医疗程序对案件作出处理，也可以裁定发回原审人民法院重新审判。"另外，在复核死刑或者死刑缓期二年执行案件过程中，发现被告人可能符合强制医疗条件的，应当裁定撤销原判，发回原审人民法院重新审理。

2. 审理后的处理。《解释》第五百三十三条规定："对前条规定的案件，人民法院审理后，应当按照下列情形分别处理：（一）被告人符合强制医疗条件的，应当判决宣告被告人不负刑事责任，同时作出对被告人强制医疗的决定；（二）被告人属于依法不负刑事责任的精神病人，但不符合强制医疗条件的，应当判决宣告被告人无罪或者不负刑事责任；被告人已经造成危害结果的，应当同时责令其家属或者监护人严加看管和医疗；（三）被告人具有完全或者部分刑事责任能力，依法应当追究刑事责任的，应当依照普通程序继续审理。"

Q问 341. 对强制医疗决定有怎样的救济程序？

答 1. 申请复议的主体及申请复议的期限。根据刑事诉讼法第三百零五条第二款的规定，对人民法院作出的强制医疗决定，可以向上一级人民法院申请复议的主体，只有"被决定强制医疗的人、被害人及其法定代理人、近亲属"，没有规定人民检察院也可以申请复议。《解释》第五百三十六条进一步明确："被决定强制医疗的人、被害人及其法定代理人、近亲属对强制医疗决定不服的，可以自收到决定书之日起五日内向上一级人民法院申请复议。复议期间不停止执行强制医疗的决定。"而根据《人民检察院刑事诉讼规则（试行）》第五百五十条第二款的规定，人民检察院认为人民法院作出的强制医疗决定或者驳回强制医疗申请的决定不当，应当在收到决定书副本后二十日以内向人民法院提出书面纠正意见。

2. 上一级人民法院的复议程序。由于刑事诉讼法规定强制医疗程序案件应当组成合议庭进行审理，那么，对强制医疗决定进行复议也应当由合议庭进行审理，但原则上采取书面形式审理，必要时，可以会见被决定强制医疗的人，听取被决定强制医疗的人的监护人、法定代理人、诉讼代理人、被害人及其诉讼代理人、同级人民检察院以及其他申请复议的人的意见。对于具体的复议期限及其处理，《解释》第五百三十七条规定："对不服强制医疗决定的复议申请，上一级人民法院应当组成合议庭审理，并在一个月内，按照下列情形分别作出复议决定：（一）被决定强制医疗的人符合强制医疗条件的，应当驳回复议申请，维持原决定；（二）被决定强制医疗的人不符合强制医疗条件的，应当撤销原决定；（三）原审违反法定诉讼程序，可能影响公正审判的，应当撤销原决定，发回原审人民法院重新审判。"第五百四十三条规定："人民检察院认为强制医疗决定或者解除强制医疗决定不当，在收到决定书后二十日内提出书面纠正意见的，人民法院应当另行组成合议庭审理，并在一个月内作出决定。"

3. 对判决中的强制医疗决定不服的救济程序。《解释》第五百三十三条第一项规定，被告人符合强制医疗条件的，应当判决宣告被告人不负刑事责任，并在判决书中同时作出对被告人强制医疗的决定。《解释》第五百三十八条规定："对本解释第五百三十三条第一项规定的判决、决定，人民检察院提出抗诉，同时被决定强制医疗的人、被害人及其法定代理人、近亲属申请复议的，上一级人民法院应当依照第二审程序一并处理。"另外，对于法院在判决被告人不负刑事责任的同时作出对被告人强制医疗的决定，被害人一般不会对强制医疗的决定不服，其不服的往往是宣告被告人不负刑事责任的部分，而对这部分判决，被害人是无权申请复议的，只能通过请求检察机关抗诉来救济。

342. 强制医疗决定的交付执行？

刑事诉讼法对强制医疗的执行机构及交付强制医疗的期限未予明确。刑法第十八条第一款也只是规定"由政府强制医疗"。精神卫生法仍未明确强制医疗机构①。2004年发布的《卫生部、教育部、公安部、民政部、司法部、财政部、中国残联关于进一步加强精神卫生工作的指导意见》规定："公安机关要了解掌握本地区内可能肇事肇祸精神疾病患者的有关情况，督促家属落实日常监管和治疗措施，对严重肇事肇祸精神疾病患者实施强制治疗，安康医院负责做好治疗工作；没有安康医院的省、自治区、直辖市要尽快建立。司法部门要结合监管场所的医疗卫生工作，做好被监管人员精神疾病的治疗与康复工作。"根据这一规定，强制医疗的执行主体为公安机关属下的安康医院。安康医院是依法对危害社会治安的精神病人进行强制医疗的专门机构，具有治安管理和医疗的双重职能，其性质是行政执法机构和精神病专科医院，是目前强制医疗的执行机构。因此，《解释》第五百三十五条规定："人民法院决定强制医疗的，应当在作出决定后5日内，向公安机关送达强制医疗决定书和强制医疗执行通知书，由公安机关将被决定强制医疗的人送交强制医疗。"另外，当前每个省（区、市）一般只设一所强制医疗场所，因此，考虑到当前强制医疗场所的建设情况，必要时，可以异地执行。

---

① 《精神卫生法》第六十一条规定："省、自治区、直辖市人民政府根据本行政区域的实际情况，统筹规划，整合资源，建设和完善精神卫生服务体系，加强精神障碍预防、治疗和康复服务能力建设。""县级人民政府根据本行政区域的实际情况，统筹规划，建立精神障碍患者社区康复机构。""县级以上地方人民政府应当采取措施，鼓励和支持社会力量举办从事精神障碍诊断、治疗的医疗机构和精神障碍患者康复机构。"

Q问 343. 强制医疗的解除程序是什么?

答 根据刑事诉讼法及其司法解释的相关规定,解除强制医疗的具体程序是:

1. 提出解除强制医疗的主体及其要求。

(1) 强制医疗机构。根据刑事诉讼法的规定,强制医疗机构应当定期对被强制医疗的人进行诊断评估。对于已不具有人身危险性,不需要继续强制医疗的,应当及时提出解除意见,报决定强制医疗的人民法院批准。强制医疗机构作出的定期诊断评估报告,是判断被强制医疗人精神恢复情况的重要依据,而且进行定期诊断评估是强制医疗机构的法定职责,因此,在其向法院提出解除意见时,必须提交诊断评估报告,否则,人民法院不予受理。

(2) 被强制医疗的精神病人及其近亲属。如果被强制医疗的精神病人及其近亲属认为被强制医疗者的精神病情痊愈,已经不再具有危害社会的危险的,可以向强制医疗机构提出申请,要求其作出诊断评估,提出解除意见,报请决定强制医疗的人民法院批准;直接向作出强制医疗决定的人民法院提出解除强制医疗申请,强制医疗机构未提供诊断评估报告的,申请人可以申请人民法院调取。必要时,人民法院可以委托鉴定机构对被强制医疗的人进行鉴定。

为避免反复、没有充分理由的申请,被强制医疗的人及其近亲属提出的解除强制医疗申请被人民法院驳回后六个月内,不得再次提出申请,否则人民法院不予受理。当然,如果强制医疗机构认为可以解除强制医疗措施的,随时可以,而且应当及时提出申请。

(3) 人民检察院。根据刑事诉讼法的规定,人民检察院对强制医疗机构的执行活动是否合法实行监督。如果人民检察院对医疗机构的强制医疗活动进行监督过程中,发现被强制医疗的人已经符合解除条件但强制医疗机构怠于提出解除意见时,可以责令该医疗机构改正,如果该医疗机构拒不改正的,人民检察院可以直接向人民法院提出解除强制医疗的申请。

2. 对解除强制医疗意见、申请的审理处理。强制医疗机构提出解除强制医疗意见,或者被强制医疗的人及其近亲属申请解除强制医疗的,人民法院应当组成合议庭进行审查,并在一个月内,按照下列情形分别处理:(1)被强制医疗的人已不具有人身危险性,不需要继续强制医疗的,应当作出解除强制医疗的决定,并可责令被强制医疗的人的家属严加看管和医疗;(2)被强制医疗的人仍具有人身危险性,需要继续强制医疗的,应当作出继续强制医疗的决定。

人民法院应当在作出决定后五日内，将决定书送达强制医疗机构、申请解除强制医疗的人、被决定强制医疗的人和人民检察院。决定解除强制医疗的，人民法院应当通知强制医疗机构在收到决定书的当日对被强制医疗的人解除强制医疗。为了给强制医疗机构一定的准备时间，人民法院应当在作出决定后及时通知强制医疗机构做好解除强制医疗的准备。

Q 问
344. 对应负刑事责任的精神病人应如何处理？

答　具有完全刑事责任能力的人或者作案时并未发病的精神病人在作案后患有精神病时应如何处理，应根据案件所处的不同阶段，采取不同的处理措施。

1. 对于应负刑事责任的人在作案后、判决生效前出现精神病，且丧失诉讼行为能力的，如果其发病后未实施危害社会的暴力行为的，致使案件在较长时间内无法继续审理的，根据刑事诉讼法第二百零六条第一款第一项的规定，应当中止审理。需要注意的是，根据刑事诉讼法第二百九十六条的规定，如果中止审理超过六个月，被告人仍无法出庭，被告人及其法定代理人申请或者同意恢复审理的，可以缺席审理，依法作出判决。这样规定，主要是为了防止案件久拖不决，及时落实国家刑罚权。如果其发病后实施了危害社会的暴力行为，司法机关不仅要中止刑事追诉程序，如果符合强制医疗条件的，还应当启动强制医疗程序。

2. 对于在监狱中服刑的患有精神病的犯人。根据刑事诉讼法第二百六十五条和1990年司法部、最高人民检察院、公安部发布的《罪犯保外就医执行办法》的相关规定，被判处有期徒刑或者拘役的罪犯患有精神病，如精神分裂症、躁狂忧郁症、周期性精神病等，未实施危害社会的暴力行为的，可准予保外就医，也可由监狱所属的医疗机构予以治疗。如果发病后实施了危害社会的暴力行为，且达到犯罪程度的，是否应当由人民检察院向人民法院提出强制医疗的申请？经研究，我们认为应当分别处理：其一，未予保外就医的，由于行为人系正在执行刑罚的罪犯，其人身自由已经被剥夺，不具有继续危害社会的可能，不符合强制医疗条件，应当由监狱负责医疗并继续执行刑罚。其二，如果送至强制医疗机构医疗的，医疗期间应当计算在执行的刑期内。此外，达到犯罪程度的危害社会的暴力行为，是在保外就医期间实施的，根据刑事诉讼法第二百六十八条的规定，应当及时收监。

第二十六章 附 则

Ｑ问 345. 能否采取视频方式讯问被告人和开庭审理案件？

答 当前，人民法院案多人少的矛盾较为突出，有必要在诉讼活动中应用现代科学技术，以提高审判效率。而且，二审法院开庭审理上诉、抗诉案件，为最大程度地方便当事人和其他诉讼参与人，经常需要到距离二审法院较远的案件发生地或者原审人民法院所在地进行。而如果运用视频方式开庭审理案件，可以减少提押罪犯的工作量和潜在风险，最大程度地节约司法资源、提高审判效率。但是也有意见认为：对于讯问被告人、特别情况下的询问证人，可以采取视频的方式进行；对于减刑、假释案件的开庭审理，也可以采取视频方式进行。但是，开庭审理案件不宜采取视频方式进行，否则有损庭审的严肃性，不利于对被告人权益的维护。综合各方意见，《解释》第五百四十四条规定："人民法院讯问被告人，宣告判决，审理减刑、假释案件，根据案件情况，可以采取视频方式进行。"此外，关于证人视频作证问题，《解释》第二百零六条已作明确规定。对于身患严重疾病或行动极不方便、居所远离开庭地点交通极不便的，身处国外短期无法回国以及其他客观原因无法出庭的证人，可以通过视频方式作证。

需要说明的是，除减刑、假释外的其他案件，仍可继续探索尝试视频开庭的方式，包括通过视频方式对证人证言、鉴定意见等证据进行质证，不断总结经验、完善规则。同时，在视频开庭方式下，必须注重对被告人和其他当事人权益的维护，切实保障程序公正。

Ｑ问 346. 能否以口头形式向人民法院提出诉求、申请等？

答 刑事诉讼法只明确规定，报案、控告、举报和上诉，可以口头提出。当前，社会经济文化发展水平有了较大提高，法律援助范围也逐步扩大，有必要确立以书面形式提出为原则。同时，鉴于确实仍有个别当事人书写困难，为充分保障其诉讼权利，也应当允许其口头提出。据此，《解释》第五百四十五条规定："向人民法院提出自诉、上诉、申诉、申请等的，应当以书面形式提出。书写有困难的，除另有规定的以外，可以口头提出，由人民法院工作人员制作笔录或者记录在案，并向口述人宣读或者交其阅读。"实践中应注意三点：一是法律、司法解释明确规定应当以书面形式提出的，不得以口头形式提出，比如涉外刑事案件审判中规定："被告人拒绝接受探视、会见的，可以不予安排，但应当由其本人出具书面声明。"二是对于书写有困难，也无人帮忙代写的，由人民法院工作人员制作笔录或者记录在案，并向口述人宣读或者交其阅读后由其签名。三是对于"制作笔录或者记录在案"的理解。"制作笔录"往往是指制作形成单独或者专门的笔录，而"记录在案"则无此要求，可以在其他笔录中顺带记录。

Q问 347. 对签名、盖章、捺指印有何统一的规范？

答 刑事诉讼法及相关司法解释条文中，频频出现"签名、盖章""签名或者盖章""签名、盖章、捺指印"等，其适用条件和含义究竟有无区别，签名、盖章的人员范围应当如何掌握，当事人拒绝签名的如何处理等等。为了条文简洁，统一规范，《解释》第五百四十六条规定："诉讼期间制作、形成的工作记录、告知笔录等材料，应当由制作人员和其他有关人员签名、盖章。宣告或者送达裁决书、裁定书、决定书、通知书等诉讼文书的，应当由接受宣告或者送达的人在诉讼文书、送达回证上签名、盖章。诉讼参与人未签名、盖章的，应当捺指印；刑事被告人除签名、盖章外，还应当捺指印。当事人拒绝签名、盖章、捺指印的，办案人员应当在诉讼文书或者笔录材料中注明情况，有相关见证人见证，或者有录音录像证明的，不影响相关诉讼文书或者笔录材料的法律效力。"实践中应注意三点：一是对于自然人，应当签名，不要求盖章。未签名的，应当捺指印。自然人盖章的，也还应当捺指印，因为个人印章往往没有备案，难以鉴定其真伪。二是对于单位，应当盖章，可不要求其法定代表人或者其他个人签名，除非另有规定，因为此系一贯做法，且单位印章一般有备案，容易鉴定其真伪。三是根据审判实践通常做法，对刑事被告人作出特殊要求，即除签名外，还应当捺指印。如果是被告单位，则可只盖章，不要求其法定代表人或者其他个人捺指印。

同时，随着信息化技术在办理刑事案件中的应用，电子签名和电子指纹捺印的法律效力等问题亟待明确和规范。经研究认为，在条件成熟的情况下，当事人在电子笔录等材料使用电子签名、电子指纹捺印，与其在纸质笔录等材料手写签名、指纹捺印具有同等法律效力。人民法院应用电子签名、电子指纹捺印技术，应当符合安全规范的要求并通过安全认证，确保不可复制、不可篡改、不被盗用。对当事人进行电子签名、电子指纹捺印的过程，应当同步录音录像。

附　录

全国人民代表大会常务委员会
关于修改《中华人民共和国
刑事诉讼法》的决定

（2018 年 10 月 26 日第十三届全国人民代表大会
常务委员会第六次会议通过）

第十三届全国人民代表大会常务委员会第六次会议决定对《中华人民共和国刑事诉讼法》作如下修改：

一、增加一条，作为第十五条："犯罪嫌疑人、被告人自愿如实供述自己的罪行，承认指控的犯罪事实，愿意接受处罚的，可以依法从宽处理。"

二、将第十八条改为第十九条，第二款修改为："人民检察院在对诉讼活动实行法律监督中发现的司法工作人员利用职权实施的非法拘禁、刑讯逼供、非法搜查等侵犯公民权利、损害司法公正的犯罪，可以由人民检察院立案侦查。对于公安机关管辖的国家机关工作人员利用职权实施的重大犯罪案件，需要由人民检察院直接受理的时候，经省级以上人民检察院决定，可以由人民检察院立案侦查。"

三、将第三十二条改为第三十三条，增加一款，作为第三款："被开除公职和被吊销律师、公证员执业证书的人，不得担任辩护人，但系犯罪嫌疑人、被告人的监护人、近亲属的除外。"

四、增加一条，作为第三十六条："法律援助机构可以在人民法院、看守所等场所派驻值班律师。犯罪嫌疑人、被告人没有委托辩护人，法律援助机构没有指派律师为其提供辩护的，由值班律师为犯罪嫌疑人、被告人提供法律咨询、程序选择建议、申请变更强制措施、对案件处理提出意见等法律帮助。

"人民法院、人民检察院、看守所应当告知犯罪嫌疑人、被告人有权约见值班律师，并为犯罪嫌疑人、被告人约见值班律师提供便利。"

五、将第三十七条改为第三十九条，第三款修改为："危害国家安全犯罪、恐怖活动犯罪案件，在侦查期间辩护律师会见在押的犯罪嫌疑人，应当经侦查机关许可。上述案件，侦查机关应当事先通知看守所。"

六、将第七十三条改为第七十五条，第一款修改为："监视居住应当在犯罪嫌疑人、被告人的住处执行；无固定住处的，可以在指定的居所执行。对于涉嫌危害国家安全犯罪、恐怖活动犯罪，在住处执行可能有碍侦查的，经上一级公安机关批准，也可以在指定的居所执行。但是，不得在羁押场所、专门的办案场所执行。"

七、将第七十九条改为第八十一条，增加一款，作为第二款："批准或者决定逮捕，应当将犯罪嫌疑人、被告人涉嫌犯罪的性质、情节，认罪认罚等情况，作为是否可能发生社会危险性的考虑因素。"

八、将第一百零六条改为第一百零八条，第一项修改为："（一）'侦查'是指公安机关、人民检察院对于刑事案件，依照法律进行的收集证据、查明案情的工作和有关的强制性措施"。

九、将第一百一十八条改为第一百二十条，第二款修改为："侦查人员在讯问犯罪嫌疑人的时候，应当告知犯罪嫌疑人享有的诉讼权利，如实供述自己罪行可以从宽处理和认罪认罚的法律规定。"

十、将第一百四十八条改为第一百五十条，第二款修改为："人民检察院在立案后，对于利用职权实施的严重侵犯公民人身权利的重大犯罪案件，根据侦查犯罪的需要，经过严格的批准手续，可以采取技术侦查措施，按照规定交有关机关执行。"

十一、将第一百六十条改为第一百六十二条，增加一款，作为第二款："犯罪嫌疑人自愿认罪的，应当记录在案，随案移送，并在起诉意见书中写明有关情况。"

十二、增加一条，作为第一百七十条："人民检察院对于监察机关移送起诉的案件，依照本法和监察法的有关规定进行审查。人民检察院经审查，认为需要补充核实的，应当退回监察机关补充调查，必要时可以自行补充侦查。

"对于监察机关移送起诉的已采取留置措施的案件，人民检察院应当对犯罪嫌疑人先行拘留，留置措施自动解除。人民检察院应当在拘留后的十日以内作出是否逮捕、取保候审或者监视居住的决定。在特殊情况下，决定的时间可以延长一日至四日。人民检察院决定采取强制措施的期间不计入审查起诉期限。"

十三、将第一百六十九条改为第一百七十二条，第一款修改为："人民检察院对于监察机关、公安机关移送起诉的案件，应当在一个月以内作出决定，重大、复杂的案件，可以延长十五日；犯罪嫌疑人认罪认罚，符合速裁程序适用条件的，应当在十日以内作出决定，对可能判处的有期徒刑超过一年的，可以延长至十五日。"

十四、将第一百七十条改为第一百七十三条，修改为："人民检察院审查案件，应当讯问犯罪嫌疑人，听取辩护人或者值班律师、被害人及其诉讼代理人的意见，并记录在案。辩护人或者值班律师、被害人及其诉讼代理人提出书面意见的，应当附卷。

"犯罪嫌疑人认罪认罚的，人民检察院应当告知其享有的诉讼权利和认罪认罚的法律规定，听取犯罪嫌疑人、辩护人或者值班律师、被害人及其诉讼代理人对下列事项的意见，并记录在案：

"（一）涉嫌的犯罪事实、罪名及适用的法律规定；

"（二）从轻、减轻或者免除处罚等从宽处罚的建议；

"（三）认罪认罚后案件审理适用的程序；

"（四）其他需要听取意见的事项。

"人民检察院依照前两款规定听取值班律师意见的，应当提前为值班律师了解案件有关情况提供必要的便利。"

十五、增加一条，作为第一百七十四条："犯罪嫌疑人自愿认罪，同意量刑建议和程序适用的，应当在辩护人或者值班律师在场的情况下签署认罪认罚具结书。

"犯罪嫌疑人认罪认罚，有下列情形之一的，不需要签署认罪认罚具结书：

"（一）犯罪嫌疑人是盲、聋、哑人，或者是尚未完全丧失辨认或者控制自己行为能力的精神病人的；

"（二）未成年犯罪嫌疑人的法定代理人、辩护人对未成年人认罪认罚有异议的；

"（三）其他不需要签署认罪认罚具结书的情形。"

十六、将第一百七十二条改为第一百七十六条，增加一款，作为第二款："犯罪嫌疑人认罪认罚的，人民检察院应当就主刑、附加刑、是否适用缓刑等提出量刑建议，并随案移送认罪认罚具结书等材料。"

十七、将第一百七十三条改为第一百七十七条，第三款修改为："人民检察院决定不起诉的案件，应当同时对侦查中查封、扣押、冻结的财物解除查封、扣押、冻结。对被不起诉人需要给予行政处罚、处分或者需要没收其违法所得的，人民检察院应当提出检察意见，移送有关主管机关处理。有关主管机关应当将处理结果及时通知人民检察院。"

十八、第二编第三章增加一条，作为第一百八十二条："犯罪嫌疑人自愿如实供述涉嫌犯罪的事实，有重大立功或者案件涉及国家重大利益的，经最高人民检察院核准，公安机关可以撤销案件，人民检察院可以作出不起诉决定，也可以对涉嫌数罪中的一项或者多项不起诉。

"根据前款规定不起诉或者撤销案件的，人民检察院、公安机关应当及时对查封、扣押、冻结的财物及其孳息作出处理。"

十九、将第一百七十八条改为第一百八十三条，修改为："基层人民法院、中级人民法院审判第一审案件，应当由审判员三人或者由审判员和人民陪审员共三人或者七人组成合议庭进行，但是基层人民法院适用简易程序、速裁程序的案件可以由审判员一人独任审判。

"高级人民法院审判第一审案件，应当由审判员三人至七人或者由审判员和人民陪审员共三人或者七人组成合议庭进行。

"最高人民法院审判第一审案件，应当由审判员三人至七人组成合议庭进行。

"人民法院审判上诉和抗诉案件，由审判员三人或者五人组成合议庭进行。

"合议庭的成员人数应当是单数。"

二十、将第一百八十五条改为第一百九十条，增加一款，作为第二款："被告人认罪认罚的，审判长应当告知被告人享有的诉讼权利和认罪认罚的法律规定，审查认罪认罚的自愿性和认罪认罚具结书内容的真实性、合法性。"

二十一、增加一条，作为第二百零一条："对于认罪认罚案件，人民法院依法作出判决时，一般应当采纳人民检察院指控的罪名和量刑建议，但有下列情形的除外：

"（一）被告人的行为不构成犯罪或者不应当追究其刑事责任的；

"（二）被告人违背意愿认罪认罚的；

"（三）被告人否认指控的犯罪事实的；

"（四）起诉指控的罪名与审理认定的罪名不一致的；

"（五）其他可能影响公正审判的情形。

"人民法院经审理认为量刑建议明显不当，或者被告人、辩护人对量刑建议提出异议的，人民检察院可以调整量刑建议。人民检察院不调整量刑建议或者调整量刑建议后仍然明显不当的，人民法院应当依法作出判决。"

二十二、第三编第二章增加一节，作为第四节：

"第四节　速裁程序

"第二百二十二条　基层人民法院管辖的可能判处三年有期徒刑以下刑罚的案件，案件事实清楚，证据确实、充分，被告人认罪认罚并同意适用速裁程序的，可以适用速裁程序，由审判员一人独任审判。

"人民检察院在提起公诉的时候，可以建议人民法院适用速裁程序。

"第二百二十三条　有下列情形之一的，不适用速裁程序：

"（一）被告人是盲、聋、哑人，或者是尚未完全丧失辨认或者控制自己行为能力的精神病人的；

"（二）被告人是未成年人的；

"（三）案件有重大社会影响的；

"（四）共同犯罪案件中部分被告人对指控的犯罪事实、罪名、量刑建议或者适用速裁程序有异议的；

"（五）被告人与被害人或者其法定代理人没有就附带民事诉讼赔偿等事项达成调解或者和解协议的；

"（六）其他不宜适用速裁程序审理的。

"第二百二十四条　适用速裁程序审理案件，不受本章第一节规定的送达期限的限制，一般不进行法庭调查、法庭辩论，但在判决宣告前应当听取辩护人的意见和被告人的最后陈述意见。

"适用速裁程序审理案件，应当当庭宣判。

"第二百二十五条　适用速裁程序审理案件，人民法院应当在受理后十日以内审结；对可能判处的有期徒刑超过一年的，可以延长至十五日。

　　"第二百二十六条　人民法院在审理过程中，发现有被告人的行为不构成犯罪或者不应当追究其刑事责任、被告人违背意愿认罪认罚、被告人否认指控的犯罪事实或者其他不宜适用速裁程序审理的情形的，应当按照本章第一节或者第三节的规定重新审理。"

　　二十三、将第二百五十条改为第二百六十一条，第二款修改为："被判处死刑缓期二年执行的罪犯，在死刑缓期执行期间，如果没有故意犯罪，死刑缓期执行期满，应当予以减刑的，由执行机关提出书面意见，报请高级人民法院裁定；如果故意犯罪，情节恶劣，查证属实，应当执行死刑的，由高级人民法院报请最高人民法院核准；对于故意犯罪未执行死刑的，死刑缓期执行的期间重新计算，并报最高人民法院备案。"

　　二十四、将第二百六十条改为第二百七十一条，修改为："被判处罚金的罪犯，期满不缴纳的，人民法院应当强制缴纳；如果由于遭遇不能抗拒的灾祸等原因缴纳确实有困难的，经人民法院裁定，可以延期缴纳、酌情减少或者免除。"

　　二十五、第五编增加一章，作为第三章：

　　"第三章　缺席审判程序

　　"第二百九十一条　对于贪污贿赂犯罪案件，以及需要及时进行审判，经最高人民检察院核准的严重危害国家安全犯罪、恐怖活动犯罪案件，犯罪嫌疑人、被告人在境外，监察机关、公安机关移送起诉，人民检察院认为犯罪事实已经查清，证据确实、充分，依法应当追究刑事责任的，可以向人民法院提起公诉。人民法院进行审查后，对于起诉书中有明确的指控犯罪事实，符合缺席审判程序适用条件的，应当决定开庭审判。

　　"前款案件，由犯罪地、被告人离境前居住地或者最高人民法院指定的中级人民法院组成合议庭进行审理。

　　"第二百九十二条　人民法院应当通过有关国际条约规定的或者外交途径提出的司法协助方式，或者被告人所在地法律允许的其他方式，将传票和人民检察院的起诉书副本送达被告人。传票和起诉书副本送达后，被告人未按要求到案的，人民法院应当开庭审理，依法作出判决，并对违法所得及其他涉案财产作出处理。

　　"第二百九十三条　人民法院缺席审判案件，被告人有权委托辩护人，被告人的近亲属可以代为委托辩护人。被告人及其近亲属没有委托辩护人的，人民法院应当通知法律援助机构指派律师为其提供辩护。

　　"第二百九十四条　人民法院应当将判决书送达被告人及其近亲属、辩护人。被告人或者其近亲属不服判决的，有权向上一级人民法院上诉。辩护人经被告人或者其近亲属同意，可以提出上诉。

　　"人民检察院认为人民法院的判决确有错误的，应当向上一级人民法院提出抗诉。

　　"第二百九十五条　在审理过程中，被告人自动投案或者被抓获的，人民法院应当重新审理。

　　"罪犯在判决、裁定发生法律效力后到案的，人民法院应当将罪犯交付执行刑罚。交付执行刑罚前，人民法院应当告知罪犯有权对判决、裁定提出异议。罪犯对判决、裁定提出异议的，人民法院应当重新审理。

"依照生效判决、裁定对罪犯的财产进行的处理确有错误的，应当予以返还、赔偿。

"第二百九十六条 因被告人患有严重疾病无法出庭，中止审理超过六个月，被告人仍无法出庭，被告人及其法定代理人、近亲属申请或者同意恢复审理的，人民法院可以在被告人不出庭的情况下缺席审理，依法作出判决。

"第二百九十七条 被告人死亡的，人民法院应当裁定终止审理，但有证据证明被告人无罪，人民法院经缺席审理确认无罪的，应当依法作出判决。

"人民法院按照审判监督程序重新审判的案件，被告人死亡的，人民法院可以缺席审理，依法作出判决。"

二十六、将第二百九十条改为第三百零八条，修改为："军队保卫部门对军队内部发生的刑事案件行使侦查权。

"中国海警局履行海上维权执法职责，对海上发生的刑事案件行使侦查权。

"对罪犯在监狱内犯罪的案件由监狱进行侦查。

"军队保卫部门、中国海警局、监狱办理刑事案件，适用本法的有关规定。"

刑事诉讼法的有关章节及条文序号，根据本决定作相应调整。

本决定自公布之日起施行。

《中华人民共和国刑事诉讼法》根据本决定作相应修改，重新公布。

中华人民共和国刑事诉讼法

(1979 年 7 月 1 日第五届全国人民代表大会第二次会议通过
根据 1996 年 3 月 17 日第八届全国人民代表大会第四次会议
《关于修改〈中华人民共和国刑事诉讼法〉的决定》第一次修
正 根据 2012 年 3 月 14 日第十一届全国人民代表大会第五次
会议《关于修改〈中华人民共和国刑事诉讼法〉的决定》第
二次修正 根据 2018 年 10 月 26 日第十三届全国人民代表大
会常务委员会第六次会议《关于修改〈中华人民共和国刑事
诉讼法〉的决定》第三次修正)

目 录

第一编　总　　则

第一章　任务和基本原则

第一条　为了保证刑法的正确实施，惩罚犯罪，保护人民，保障国家安全和社会公共安全，维护社会主义社会秩序，根据宪法，制定本法。

第二条　中华人民共和国刑事诉讼法的任务，是保证准确、及时地查明犯罪事实，正确应用法律，惩罚犯罪分子，保障无罪的人不受刑事追究，教育公民自觉遵守法律，积极同犯罪行为作斗争，维护社会主义法制，尊重和保障人权，保护公民的人身权利、财产权利、民主权利和其他权利，保障社会主义建设事业的顺利进行。

第三条 对刑事案件的侦查、拘留、执行逮捕、预审，由公安机关负责。检察、批准逮捕、检察机关直接受理的案件的侦查、提起公诉，由人民检察院负责。审判由人民法院负责。除法律特别规定的以外，其他任何机关、团体和个人都无权行使这些权力。

人民法院、人民检察院和公安机关进行刑事诉讼，必须严格遵守本法和其他法律的有关规定。

第四条 国家安全机关依照法律规定，办理危害国家安全的刑事案件，行使与公安机关相同的职权。

第五条 人民法院依照法律规定独立行使审判权，人民检察院依照法律规定独立行使检察权，不受行政机关、社会团体和个人的干涉。

第六条 人民法院、人民检察院和公安机关进行刑事诉讼，必须依靠群众，必须以事实为根据，以法律为准绳。对于一切公民，在适用法律上一律平等，在法律面前，不允许有任何特权。

第七条 人民法院、人民检察院和公安机关进行刑事诉讼，应当分工负责，互相配合，互相制约，以保证准确有效地执行法律。

第八条 人民检察院依法对刑事诉讼实行法律监督。

第九条 各民族公民都有用本民族语言文字进行诉讼的权利。人民法院、人民检察院和公安机关对于不通晓当地通用的语言文字的诉讼参与人，应当为他们翻译。

在少数民族聚居或者多民族杂居的地区，应当用当地通用的语言进行审讯，用当地通用的文字发布判决书、布告和其他文件。

第十条 人民法院审判案件，实行两审终审制。

第十一条 人民法院审判案件，除本法另有规定的以外，一律公开进行。被告人有权获得辩护，人民法院有义务保证被告人获得辩护。

第十二条 未经人民法院依法判决，对任何人都不得确定有罪。

第十三条 人民法院审判案件，依照本法实行人民陪审员陪审的制度。

第十四条 人民法院、人民检察院和公安机关应当保障犯罪嫌疑人、被告人和其他诉讼参与人依法享有的辩护权和其他诉讼权利。

诉讼参与人对于审判人员、检察人员和侦查人员侵犯公民诉讼权利和人身侮辱的行为，有权提出控告。

第十五条 犯罪嫌疑人、被告人自愿如实供述自己的罪行，承认指控的犯罪事实，愿意接受处罚的，可以依法从宽处理。

第十六条 有下列情形之一的，不追究刑事责任，已经追究的，应当撤销案件，或者不起诉，或者终止审理，或者宣告无罪：

（一）情节显著轻微、危害不大，不认为是犯罪的；

（二）犯罪已过追诉时效期限的；

（三）经特赦令免除刑罚的；

（四）依照刑法告诉才处理的犯罪，没有告诉或者撤回告诉的；

（五）犯罪嫌疑人、被告人死亡的；

（六）其他法律规定免予追究刑事责任的。

第十七条　对于外国人犯罪应当追究刑事责任的，适用本法的规定。

对于享有外交特权和豁免权的外国人犯罪应当追究刑事责任的，通过外交途径解决。

第十八条　根据中华人民共和国缔结或者参加的国际条约，或者按照互惠原则，我国司法机关和外国司法机关可以相互请求刑事司法协助。

第二章　管　辖

第十九条　刑事案件的侦查由公安机关进行，法律另有规定的除外。

人民检察院在对诉讼活动实行法律监督中发现的司法工作人员利用职权实施的非法拘禁、刑讯逼供、非法搜查等侵犯公民权利、损害司法公正的犯罪，可以由人民检察院立案侦查。对于公安机关管辖的国家机关工作人员利用职权实施的重大犯罪案件，需要由人民检察院直接受理的时候，经省级以上人民检察院决定，可以由人民检察院立案侦查。

自诉案件，由人民法院直接受理。

第二十条　基层人民法院管辖第一审普通刑事案件，但是依照本法由上级人民法院管辖的除外。

第二十一条　中级人民法院管辖下列第一审刑事案件：

（一）危害国家安全、恐怖活动案件；

（二）可能判处无期徒刑、死刑的案件。

第二十二条　高级人民法院管辖的第一审刑事案件，是全省（自治区、直辖市）性的重大刑事案件。

第二十三条　最高人民法院管辖的第一审刑事案件，是全国性的重大刑事案件。

第二十四条　上级人民法院在必要的时候，可以审判下级人民法院管辖的第一审刑事案件；下级人民法院认为案情重大、复杂需要由上级人民法院审判的第一审刑事案件，可以请求移送上一级人民法院审判。

第二十五条　刑事案件由犯罪地的人民法院管辖。如果由被告人居住地的人民法院审判更为适宜的，可以由被告人居住地的人民法院管辖。

第二十六条　几个同级人民法院都有权管辖的案件，由最初受理的人民法院审判。在必要的时候，可以移送主要犯罪地的人民法院审判。

第二十七条　上级人民法院可以指定下级人民法院审判管辖不明的案件，也可以指定下级人民法院将案件移送其他人民法院审判。

第二十八条　专门人民法院案件的管辖另行规定。

第三章　回　避

第二十九条　审判人员、检察人员、侦查人员有下列情形之一的，应当自行回避，当事人及其法定代理人也有权要求他们回避：

（一）是本案的当事人或者是当事人的近亲属的；

（二）本人或者他的近亲属和本案有利害关系的；

（三）担任过本案的证人、鉴定人、辩护人、诉讼代理人的；

（四）与本案当事人有其他关系，可能影响公正处理案件的。

第三十条　审判人员、检察人员、侦查人员不得接受当事人及其委托的人的请客送礼，不得违反规定会见当事人及其委托的人。

审判人员、检察人员、侦查人员违反前款规定的，应当依法追究法律责任。当事人及其法定代理人有权要求他们回避。

第三十一条　审判人员、检察人员、侦查人员的回避，应当分别由院长、检察长、公安机关负责人决定；院长的回避，由本院审判委员会决定；检察长和公安机关负责人的回避，由同级人民检察院检察委员会决定。

对侦查人员的回避作出决定前，侦查人员不能停止对案件的侦查。

对驳回申请回避的决定，当事人及其法定代理人可以申请复议一次。

第三十二条　本章关于回避的规定适用于书记员、翻译人员和鉴定人。

辩护人、诉讼代理人可以依照本章的规定要求回避、申请复议。

第四章　辩护与代理

第三十三条　犯罪嫌疑人、被告人除自己行使辩护权以外，还可以委托一至二人作为辩护人。下列的人可以被委托为辩护人：

（一）律师；

（二）人民团体或者犯罪嫌疑人、被告人所在单位推荐的人；

（三）犯罪嫌疑人、被告人的监护人、亲友。

正在被执行刑罚或者依法被剥夺、限制人身自由的人，不得担任辩护人。

被开除公职和被吊销律师、公证员执业证书的人，不得担任辩护人，但系犯罪嫌疑人、被告人的监护人、近亲属的除外。

第三十四条 犯罪嫌疑人自被侦查机关第一次讯问或者采取强制措施之日起，有权委托辩护人；在侦查期间，只能委托律师作为辩护人。被告人有权随时委托辩护人。

侦查机关在第一次讯问犯罪嫌疑人或者对犯罪嫌疑人采取强制措施的时候，应当告知犯罪嫌疑人有权委托辩护人。人民检察院自收到移送审查起诉的案件材料之日起三日以内，应当告知犯罪嫌疑人有权委托辩护人。人民法院自受理案件之日起三日以内，应当告知被告人有权委托辩护人。犯罪嫌疑人、被告人在押期间要求委托辩护人的，人民法院、人民检察院和公安机关应当及时转达其要求。

犯罪嫌疑人、被告人在押的，也可以由其监护人、近亲属代为委托辩护人。

辩护人接受犯罪嫌疑人、被告人委托后，应当及时告知办理案件的机关。

第三十五条 犯罪嫌疑人、被告人因经济困难或者其他原因没有委托辩护人的，本人及其近亲属可以向法律援助机构提出申请。对符合法律援助条件的，法律援助机构应当指派律师为其提供辩护。

犯罪嫌疑人、被告人是盲、聋、哑人，或者是尚未完全丧失辨认或者控制自己行为能力的精神病人，没有委托辩护人的，人民法院、人民检察院和公安机关应当通知法律援助机构指派律师为其提供辩护。

犯罪嫌疑人、被告人可能被判处无期徒刑、死刑，没有委托辩护人的，人民法院、人民检察院和公安机关应当通知法律援助机构指派律师为其提供辩护。

第三十六条 法律援助机构可以在人民法院、看守所等场所派驻值班律师。犯罪嫌疑人、被告人没有委托辩护人，法律援助机构没有指派律师为其提供辩护的，由值班律师为犯罪嫌疑人、被告人提供法律咨询、程序选择建议、申请变更强制措施、对案件处理提出意见等法律帮助。

人民法院、人民检察院、看守所应当告知犯罪嫌疑人、被告人有权约见值班律师，并为犯罪嫌疑人、被告人约见值班律师提供便利。

第三十七条 辩护人的责任是根据事实和法律，提出犯罪嫌疑人、被告人无罪、罪轻或者减轻、免除其刑事责任的材料和意见，维护犯罪嫌疑人、被告人的诉讼权利和其他合法权益。

第三十八条 辩护律师在侦查期间可以为犯罪嫌疑人提供法律帮助；代理申诉、控告；申请变更强制措施；向侦查机关了解犯罪嫌疑人涉嫌的罪名和案件有关情况，提出意见。

第三十九条 辩护律师可以同在押的犯罪嫌疑人、被告人会见和通信。其他辩护人经人民法院、人民检察院许可，也可以同在押的犯罪嫌疑人、被告人会见和通信。

辩护律师持律师执业证书、律师事务所证明和委托书或者法律援助公函要求会见在押的犯罪嫌疑人、被告人的，看守所应当及时安排会见，至迟不得超过四十八小时。

危害国家安全犯罪、恐怖活动犯罪案件，在侦查期间辩护律师会见在押的犯罪嫌疑人，应当经侦查机关许可。上述案件，侦查机关应当事先通知看守所。

　　辩护律师会见在押的犯罪嫌疑人、被告人，可以了解案件有关情况，提供法律咨询等；自案件移送审查起诉之日起，可以向犯罪嫌疑人、被告人核实有关证据。辩护律师会见犯罪嫌疑人、被告人时不被监听。

　　辩护律师同被监视居住的犯罪嫌疑人、被告人会见、通信，适用第一款、第三款、第四款的规定。

　　第四十条　辩护律师自人民检察院对案件审查起诉之日起，可以查阅、摘抄、复制本案的案卷材料。其他辩护人经人民法院、人民检察院许可，也可以查阅、摘抄、复制上述材料。

　　第四十一条　辩护人认为在侦查、审查起诉期间公安机关、人民检察院收集的证明犯罪嫌疑人、被告人无罪或者罪轻的证据材料未提交的，有权申请人民检察院、人民法院调取。

　　第四十二条　辩护人收集的有关犯罪嫌疑人不在犯罪现场、未达到刑事责任年龄、属于依法不负刑事责任的精神病人的证据，应当及时告知公安机关、人民检察院。

　　第四十三条　辩护律师经证人或者其他有关单位和个人同意，可以向他们收集与本案有关的材料，也可以申请人民检察院、人民法院收集、调取证据，或者申请人民法院通知证人出庭作证。

　　辩护律师经人民检察院或者人民法院许可，并且经被害人或者其近亲属、被害人提供的证人同意，可以向他们收集与本案有关的材料。

　　第四十四条　辩护人或者其他任何人，不得帮助犯罪嫌疑人、被告人隐匿、毁灭、伪造证据或者串供，不得威胁、引诱证人作伪证以及进行其他干扰司法机关诉讼活动的行为。

　　违反前款规定的，应当依法追究法律责任，辩护人涉嫌犯罪的，应当由办理辩护人所承办案件的侦查机关以外的侦查机关办理。辩护人是律师的，应当及时通知其所在的律师事务所或者所属的律师协会。

　　第四十五条　在审判过程中，被告人可以拒绝辩护人继续为他辩护，也可以另行委托辩护人辩护。

　　第四十六条　公诉案件的被害人及其法定代理人或者近亲属，附带民事诉讼的当事人及其法定代理人，自案件移送审查起诉之日起，有权委托诉讼代理人。自诉案件的自诉人及其法定代理人，附带民事诉讼的当事人及其法定代理人，有权随时委托诉讼代理人。

　　人民检察院自收到移送审查起诉的案件材料之日起三日以内，应当告知被害人及其法定代理人或者其近亲属、附带民事诉讼的当事人及其法定代理人有权委托诉讼代理人。人民法院自受理自诉案件之日起三日以内，应当告知自诉人及其法定代理人、附带民事诉讼的当事人及其法定代理人有权委托诉讼代理人。

　　第四十七条　委托诉讼代理人，参照本法第三十三条的规定执行。

第四十八条 辩护律师对在执业活动中知悉的委托人的有关情况和信息,有权予以保密。但是,辩护律师在执业活动中知悉委托人或者其他人,准备或者正在实施危害国家安全、公共安全以及严重危害他人人身安全的犯罪的,应当及时告知司法机关。

第四十九条 辩护人、诉讼代理人认为公安机关、人民检察院、人民法院及其工作人员阻碍其依法行使诉讼权利的,有权向同级或者上一级人民检察院申诉或者控告。人民检察院对申诉或者控告应当及时进行审查,情况属实的,通知有关机关予以纠正。

第五章 证 据

第五十条 可以用于证明案件事实的材料,都是证据。

证据包括:

(一)物证;

(二)书证;

(三)证人证言;

(四)被害人陈述;

(五)犯罪嫌疑人、被告人供述和辩解;

(六)鉴定意见;

(七)勘验、检查、辨认、侦查实验等笔录;

(八)视听资料、电子数据。

证据必须经过查证属实,才能作为定案的根据。

第五十一条 公诉案件中被告人有罪的举证责任由人民检察院承担,自诉案件中被告人有罪的举证责任由自诉人承担。

第五十二条 审判人员、检察人员、侦查人员必须依照法定程序,收集能够证实犯罪嫌疑人、被告人有罪或者无罪、犯罪情节轻重的各种证据。严禁刑讯逼供和以威胁、引诱、欺骗以及其他非法方法收集证据,不得强迫任何人证实自己有罪。必须保证一切与案件有关或者了解案情的公民,有客观地充分地提供证据的条件,除特殊情况外,可以吸收他们协助调查。

第五十三条 公安机关提请批准逮捕书、人民检察院起诉书、人民法院判决书,必须忠实于事实真象。故意隐瞒事实真象的,应当追究责任。

第五十四条 人民法院、人民检察院和公安机关有权向有关单位和个人收集、调取证据。有关单位和个人应当如实提供证据。

行政机关在行政执法和查办案件过程中收集的物证、书证、视听资料、电子数据等证据材料,在刑事诉讼中可以作为证据使用。

对涉及国家秘密、商业秘密、个人隐私的证据,应当保密。

凡是伪造证据、隐匿证据或者毁灭证据的,无论属于何方,必须受法律追究。

第五十五条　对一切案件的判处都要重证据，重调查研究，不轻信口供。只有被告人供述，没有其他证据的，不能认定被告人有罪和处以刑罚；没有被告人供述，证据确实、充分的，可以认定被告人有罪和处以刑罚。

证据确实、充分，应当符合以下条件：

（一）定罪量刑的事实都有证据证明；

（二）据以定案的证据均经法定程序查证属实；

（三）综合全案证据，对所认定事实已排除合理怀疑。

第五十六条　采用刑讯逼供等非法方法收集的犯罪嫌疑人、被告人供述和采用暴力、威胁等非法方法收集的证人证言、被害人陈述，应当予以排除。收集物证、书证不符合法定程序，可能严重影响司法公正的，应当予以补正或者作出合理解释；不能补正或者作出合理解释的，对该证据应当予以排除。

在侦查、审查起诉、审判时发现有应当排除的证据的，应当依法予以排除，不得作为起诉意见、起诉决定和判决的依据。

第五十七条　人民检察院接到报案、控告、举报或者发现侦查人员以非法方法收集证据的，应当进行调查核实。对于确有以非法方法收集证据情形的，应当提出纠正意见；构成犯罪的，依法追究刑事责任。

第五十八条　法庭审理过程中，审判人员认为可能存在本法第五十六条规定的以非法方法收集证据情形的，应当对证据收集的合法性进行法庭调查。

当事人及其辩护人、诉讼代理人有权申请人民法院对以非法方法收集的证据依法予以排除。申请排除以非法方法收集的证据的，应当提供相关线索或者材料。

第五十九条　在对证据收集的合法性进行法庭调查的过程中，人民检察院应当对证据收集的合法性加以证明。

现有证据材料不能证明证据收集的合法性的，人民检察院可以提请人民法院通知有关侦查人员或者其他人员出庭说明情况；人民法院可以通知有关侦查人员或者其他人员出庭说明情况。有关侦查人员或者其他人员也可以要求出庭说明情况。经人民法院通知，有关人员应当出庭。

第六十条　对于经过法庭审理，确认或者不能排除存在本法第五十六条规定的以非法方法收集证据情形的，对有关证据应当予以排除。

第六十一条　证人证言必须在法庭上经过公诉人、被害人和被告人、辩护人双方质证并且查实以后，才能作为定案的根据。法庭查明证人有意作伪证或者隐匿罪证的时候，应当依法处理。

第六十二条　凡是知道案件情况的人，都有作证的义务。

生理上、精神上有缺陷或者年幼，不能辨别是非、不能正确表达的人，不能作证人。

第六十三条　人民法院、人民检察院和公安机关应当保障证人及其近亲属的安全。

对证人及其近亲属进行威胁、侮辱、殴打或者打击报复，构成犯罪的，依法追究刑事责任；尚不够刑事处罚的，依法给予治安管理处罚。

第六十四条 对于危害国家安全犯罪、恐怖活动犯罪、黑社会性质的组织犯罪、毒品犯罪等案件，证人、鉴定人、被害人因在诉讼中作证，本人或者其近亲属的人身安全面临危险的，人民法院、人民检察院和公安机关应当采取以下一项或者多项保护措施：

（一）不公开真实姓名、住址和工作单位等个人信息；

（二）采取不暴露外貌、真实声音等出庭作证措施；

（三）禁止特定的人员接触证人、鉴定人、被害人及其近亲属；

（四）对人身和住宅采取专门性保护措施；

（五）其他必要的保护措施。

证人、鉴定人、被害人认为因在诉讼中作证，本人或者其近亲属的人身安全面临危险的，可以向人民法院、人民检察院、公安机关请求予以保护。

人民法院、人民检察院、公安机关依法采取保护措施，有关单位和个人应当配合。

第六十五条 证人因履行作证义务而支出的交通、住宿、就餐等费用，应当给予补助。证人作证的补助列入司法机关业务经费，由同级政府财政予以保障。

有工作单位的证人作证，所在单位不得克扣或者变相克扣其工资、奖金及其他福利待遇。

第六章　强制措施

第六十六条 人民法院、人民检察院和公安机关根据案件情况，对犯罪嫌疑人、被告人可以拘传、取保候审或者监视居住。

第六十七条 人民法院、人民检察院和公安机关对有下列情形之一的犯罪嫌疑人、被告人，可以取保候审：

（一）可能判处管制、拘役或者独立适用附加刑的；

（二）可能判处有期徒刑以上刑罚，采取取保候审不致发生社会危险性的；

（三）患有严重疾病、生活不能自理，怀孕或者正在哺乳自己婴儿的妇女，采取取保候审不致发生社会危险性的；

（四）羁押期限届满，案件尚未办结，需要采取取保候审的。

取保候审由公安机关执行。

第六十八条 人民法院、人民检察院和公安机关决定对犯罪嫌疑人、被告人取保候审，应当责令犯罪嫌疑人、被告人提出保证人或者交纳保证金。

第六十九条 保证人必须符合下列条件：

（一）与本案无牵连；

（二）有能力履行保证义务；

（三）享有政治权利，人身自由未受到限制；

（四）有固定的住处和收入。

第七十条　保证人应当履行以下义务：

（一）监督被保证人遵守本法第七十一条的规定；

（二）发现被保证人可能发生或者已经发生违反本法第七十一条规定的行为的，应当及时向执行机关报告。

被保证人有违反本法第七十一条规定的行为，保证人未履行保证义务的，对保证人处以罚款，构成犯罪的，依法追究刑事责任。

第七十一条　被取保候审的犯罪嫌疑人、被告人应当遵守以下规定：

（一）未经执行机关批准不得离开所居住的市、县；

（二）住址、工作单位和联系方式发生变动的，在二十四小时以内向执行机关报告；

（三）在传讯的时候及时到案；

（四）不得以任何形式干扰证人作证；

（五）不得毁灭、伪造证据或者串供。

人民法院、人民检察院和公安机关可以根据案件情况，责令被取保候审的犯罪嫌疑人、被告人遵守以下一项或者多项规定：

（一）不得进入特定的场所；

（二）不得与特定的人员会见或者通信；

（三）不得从事特定的活动；

（四）将护照等出入境证件、驾驶证件交执行机关保存。

被取保候审的犯罪嫌疑人、被告人违反前两款规定，已交纳保证金的，没收部分或者全部保证金，并且区别情形，责令犯罪嫌疑人、被告人具结悔过、重新交纳保证金、提出保证人，或者监视居住、予以逮捕。

对违反取保候审规定，需要予以逮捕的，可以对犯罪嫌疑人、被告人先行拘留。

第七十二条　取保候审的决定机关应当综合考虑保证诉讼活动正常进行的需要，被取保候审人的社会危险性，案件的性质、情节，可能判处刑罚的轻重，被取保候审人的经济状况等情况，确定保证金的数额。

提供保证金的人应当将保证金存入执行机关指定银行的专门账户。

第七十三条　犯罪嫌疑人、被告人在取保候审期间未违反本法第七十一条规定的，取保候审结束的时候，凭解除取保候审的通知或者有关法律文书到银行领取退还的保证金。

第七十四条　人民法院、人民检察院和公安机关对符合逮捕条件，有下列情形之一的犯罪嫌疑人、被告人，可以监视居住：

（一）患有严重疾病、生活不能自理的；

（二）怀孕或者正在哺乳自己婴儿的妇女；

（三）系生活不能自理的人的唯一扶养人；

（四）因为案件的特殊情况或者办理案件的需要，采取监视居住措施更为适宜的；

（五）羁押期限届满，案件尚未办结，需要采取监视居住措施的。

对符合取保候审条件，但犯罪嫌疑人、被告人不能提出保证人，也不交纳保证金的，可以监视居住。

监视居住由公安机关执行。

第七十五条 监视居住应当在犯罪嫌疑人、被告人的住处执行；无固定住处的，可以在指定的居所执行。对于涉嫌危害国家安全犯罪、恐怖活动犯罪，在住处执行可能有碍侦查的，经上一级公安机关批准，也可以在指定的居所执行。但是，不得在羁押场所、专门的办案场所执行。

指定居所监视居住的，除无法通知的以外，应当在执行监视居住后二十四小时以内，通知被监视居住人的家属。

被监视居住的犯罪嫌疑人、被告人委托辩护人，适用本法第三十四条的规定。

人民检察院对指定居所监视居住的决定和执行是否合法实行监督。

第七十六条 指定居所监视居住的期限应当折抵刑期。被判处管制的，监视居住一日折抵刑期一日；被判处拘役、有期徒刑的，监视居住二日折抵刑期一日。

第七十七条 被监视居住的犯罪嫌疑人、被告人应当遵守以下规定：

（一）未经执行机关批准不得离开执行监视居住的处所；

（二）未经执行机关批准不得会见他人或者通信；

（三）在传讯的时候及时到案；

（四）不得以任何形式干扰证人作证；

（五）不得毁灭、伪造证据或者串供；

（六）将护照等出入境证件、身份证件、驾驶证件交执行机关保存。

被监视居住的犯罪嫌疑人、被告人违反前款规定，情节严重的，可以予以逮捕；需要予以逮捕的，可以对犯罪嫌疑人、被告人先行拘留。

第七十八条 执行机关对被监视居住的犯罪嫌疑人、被告人，可以采取电子监控、不定期检查等监视方法对其遵守监视居住规定的情况进行监督；在侦查期间，可以对被监视居住的犯罪嫌疑人的通信进行监控。

第七十九条 人民法院、人民检察院和公安机关对犯罪嫌疑人、被告人取保候审最长不得超过十二个月，监视居住最长不得超过六个月。

在取保候审、监视居住期间，不得中断对案件的侦查、起诉和审理。对于发现不应当追究刑事责任或者取保候审、监视居住期限届满的，应当及时解除取保候审、监视居住。解除取保候审、监视居住，应当及时通知被取保候审、监视居住人和有关单位。

第八十条 逮捕犯罪嫌疑人、被告人，必须经过人民检察院批准或者人民法院决定，由公安机关执行。

第八十一条　对有证据证明有犯罪事实，可能判处徒刑以上刑罚的犯罪嫌疑人、被告人，采取取保候审尚不足以防止发生下列社会危险性的，应当予以逮捕：

（一）可能实施新的犯罪的；

（二）有危害国家安全、公共安全或者社会秩序的现实危险的；

（三）可能毁灭、伪造证据，干扰证人作证或者串供的；

（四）可能对被害人、举报人、控告人实施打击报复的；

（五）企图自杀或者逃跑的。

批准或者决定逮捕，应当将犯罪嫌疑人、被告人涉嫌犯罪的性质、情节、认罪认罚等情况，作为是否可能发生社会危险性的考虑因素。

对有证据证明有犯罪事实，可能判处十年有期徒刑以上刑罚的，或者有证据证明有犯罪事实，可能判处徒刑以上刑罚，曾经故意犯罪或者身份不明的，应当予以逮捕。

被取保候审、监视居住的犯罪嫌疑人、被告人违反取保候审、监视居住规定，情节严重的，可以予以逮捕。

第八十二条　公安机关对于现行犯或者重大嫌疑分子，如果有下列情形之一的，可以先行拘留：

（一）正在预备犯罪、实行犯罪或者在犯罪后即时被发觉的；

（二）被害人或者在场亲眼看见的人指认他犯罪的；

（三）在身边或者住处发现有犯罪证据的；

（四）犯罪后企图自杀、逃跑或者在逃的；

（五）有毁灭、伪造证据或者串供可能的；

（六）不讲真实姓名、住址，身份不明的；

（七）有流窜作案、多次作案、结伙作案重大嫌疑的。

第八十三条　公安机关在异地执行拘留、逮捕的时候，应当通知被拘留、逮捕人所在地的公安机关，被拘留、逮捕人所在地的公安机关应当予以配合。

第八十四条　对于有下列情形的人，任何公民都可以立即扭送公安机关、人民检察院或者人民法院处理：

（一）正在实行犯罪或者在犯罪后即时被发觉的；

（二）通缉在案的；

（三）越狱逃跑的；

（四）正在被追捕的。

第八十五条　公安机关拘留人的时候，必须出示拘留证。

拘留后，应当立即将被拘留人送看守所羁押，至迟不得超过二十四小时。除无法通知或者涉嫌危害国家安全犯罪、恐怖活动犯罪通知可能有碍侦查的情形以外，应当在拘留后二十四小时以内，通知被拘留人的家属。有碍侦查的情形消失以后，应当立即通知被拘留人的家属。

第八十六条 公安机关对被拘留的人,应当在拘留后的二十四小时以内进行讯问。在发现不应当拘留的时候,必须立即释放,发给释放证明。

第八十七条 公安机关要求逮捕犯罪嫌疑人的时候,应当写出提请批准逮捕书,连同案卷材料、证据,一并移送同级人民检察院审查批准。必要的时候,人民检察院可以派人参加公安机关对于重大案件的讨论。

第八十八条 人民检察院审查批准逮捕,可以讯问犯罪嫌疑人;有下列情形之一的,应当讯问犯罪嫌疑人:

(一)对是否符合逮捕条件有疑问的;

(二)犯罪嫌疑人要求向检察人员当面陈述的;

(三)侦查活动可能有重大违法行为的。

人民检察院审查批准逮捕,可以询问证人等诉讼参与人,听取辩护律师的意见;辩护律师提出要求的,应当听取辩护律师的意见。

第八十九条 人民检察院审查批准逮捕犯罪嫌疑人由检察长决定。重大案件应当提交检察委员会讨论决定。

第九十条 人民检察院对于公安机关提请批准逮捕的案件进行审查后,应当根据情况分别作出批准逮捕或者不批准逮捕的决定。对于批准逮捕的决定,公安机关应当立即执行,并且将执行情况及时通知人民检察院。对于不批准逮捕的,人民检察院应当说明理由,需要补充侦查的,应当同时通知公安机关。

第九十一条 公安机关对被拘留的人,认为需要逮捕的,应当在拘留后的三日以内,提请人民检察院审查批准。在特殊情况下,提请审查批准的时间可以延长一日至四日。

对于流窜作案、多次作案、结伙作案的重大嫌疑分子,提请审查批准的时间可以延长至三十日。

人民检察院应当自接到公安机关提请批准逮捕书后的七日以内,作出批准逮捕或者不批准逮捕的决定。人民检察院不批准逮捕的,公安机关应当在接到通知后立即释放,并且将执行情况及时通知人民检察院。对于需要继续侦查,并且符合取保候审、监视居住条件的,依法取保候审或者监视居住。

第九十二条 公安机关对人民检察院不批准逮捕的决定,认为有错误的时候,可以要求复议,但是必须将被拘留的人立即释放。如果意见不被接受,可以向上一级人民检察院提请复核。上级人民检察院应当立即复核,作出是否变更的决定,通知下级人民检察院和公安机关执行。

第九十三条 公安机关逮捕人的时候,必须出示逮捕证。

逮捕后,应当立即将被逮捕人送看守所羁押。除无法通知的以外,应当在逮捕后二十四小时以内,通知被逮捕人的家属。

第九十四条 人民法院、人民检察院对于各自决定逮捕的人,公安机关对于经人民检察院批准逮捕的人，都必须在逮捕后的二十四小时以内进行讯问。在发现不应当逮捕的时候，必须立即释放，发给释放证明。

第九十五条　犯罪嫌疑人、被告人被逮捕后，人民检察院仍应当对羁押的必要性进行审查。对不需要继续羁押的，应当建议予以释放或者变更强制措施。有关机关应当在十日以内将处理情况通知人民检察院。

第九十六条　人民法院、人民检察院和公安机关如果发现对犯罪嫌疑人、被告人采取强制措施不当的，应当及时撤销或者变更。公安机关释放被逮捕的人或者变更逮捕措施的，应当通知原批准的人民检察院。

第九十七条　犯罪嫌疑人、被告人及其法定代理人、近亲属或者辩护人有权申请变更强制措施。人民法院、人民检察院和公安机关收到申请后，应当在三日以内作出决定；不同意变更强制措施的，应当告知申请人，并说明不同意的理由。

第九十八条　犯罪嫌疑人、被告人被羁押的案件，不能在本法规定的侦查羁押、审查起诉、一审、二审期限内办结的，对犯罪嫌疑人、被告人应当予以释放；需要继续查证、审理的，对犯罪嫌疑人、被告人可以取保候审或者监视居住。

第九十九条　人民法院、人民检察院或者公安机关对被采取强制措施法定期限届满的犯罪嫌疑人、被告人，应当予以释放、解除取保候审、监视居住或者依法变更强制措施。犯罪嫌疑人、被告人及其法定代理人、近亲属或者辩护人对于人民法院、人民检察院或者公安机关采取强制措施法定期限届满的，有权要求解除强制措施。

第一百条　人民检察院在审查批准逮捕工作中，如果发现公安机关的侦查活动有违法情况，应当通知公安机关予以纠正，公安机关应当将纠正情况通知人民检察院。

第七章　附带民事诉讼

第一百零一条　被害人由于被告人的犯罪行为而遭受物质损失的，在刑事诉讼过程中，有权提起附带民事诉讼。被害人死亡或者丧失行为能力的，被害人的法定代理人、近亲属有权提起附带民事诉讼。

如果是国家财产、集体财产遭受损失的，人民检察院在提起公诉的时候，可以提起附带民事诉讼。

第一百零二条　人民法院在必要的时候，可以采取保全措施，查封、扣押或者冻结被告人的财产。附带民事诉讼原告人或者人民检察院可以申请人民法院采取保全措施。人民法院采取保全措施，适用民事诉讼法的有关规定。

第一百零三条　人民法院审理附带民事诉讼案件，可以进行调解，或者根据物质损失情况作出判决、裁定。

第一百零四条　附带民事诉讼应当同刑事案件一并审判，只有为了防止刑事案件审判的过分迟延，才可以在刑事案件审判后，由同一审判组织继续审理附带民事诉讼。

第八章 期间、送达

第一百零五条 期间以时、日、月计算。

期间开始的时和日不算在期间以内。

法定期间不包括路途上的时间。上诉状或者其他文件在期满前已经交邮的，不算过期。

期间的最后一日为节假日的，以节假日后的第一日为期满日期，但犯罪嫌疑人、被告人或者罪犯在押期间，应当至期满之日为止，不得因节假日而延长。

第一百零六条 当事人由于不能抗拒的原因或者有其他正当理由而耽误期限的，在障碍消除后五日以内，可以申请继续进行应当在期满以前完成的诉讼活动。

前款申请是否准许，由人民法院裁定。

第一百零七条 送达传票、通知书和其他诉讼文件应当交给收件人本人；如果本人不在，可以交给他的成年家属或者所在单位的负责人员代收。

收件人本人或者代收人拒绝接收或者拒绝签名、盖章的时候，送达人可以邀请他的邻居或者其他见证人到场，说明情况，把文件留在他的住处，在送达证上记明拒绝的事由、送达的日期，由送达人签名，即认为已经送达。

第九章 其他规定

第一百零八条 本法下列用语的含意是：

（一）"侦查"是指公安机关、人民检察院对于刑事案件，依照法律进行的收集证据、查明案情的工作和有关的强制性措施；

（二）"当事人"是指被害人、自诉人、犯罪嫌疑人、被告人、附带民事诉讼的原告人和被告人；

（三）"法定代理人"是指被代理人的父母、养父母、监护人和负有保护责任的机关、团体的代表；

（四）"诉讼参与人"是指当事人、法定代理人、诉讼代理人、辩护人、证人、鉴定人和翻译人员；

（五）"诉讼代理人"是指公诉案件的被害人及其法定代理人或者近亲属、自诉案件的自诉人及其法定代理人委托代为参加诉讼的人和附带民事诉讼的当事人及其法定代理人委托代为参加诉讼的人；

（六）"近亲属"是指夫、妻、父、母、子、女、同胞兄弟姊妹。

第二编 立案、侦查和提起公诉

第一章 立 案

第一百零九条 公安机关或者人民检察院发现犯罪事实或者犯罪嫌疑人，应当按照管辖范围，立案侦查。

第一百一十条 任何单位和个人发现有犯罪事实或者犯罪嫌疑人，有权利也有义务向公安机关、人民检察院或者人民法院报案或者举报。

被害人对侵犯其人身、财产权利的犯罪事实或者犯罪嫌疑人，有权向公安机关、人民检察院或者人民法院报案或者控告。

公安机关、人民检察院或者人民法院对于报案、控告、举报，都应当接受。对于不属于自己管辖的，应当移送主管机关处理，并且通知报案人、控告人、举报人；对于不属于自己管辖而又必须采取紧急措施的，应当先采取紧急措施，然后移送主管机关。

犯罪人向公安机关、人民检察院或者人民法院自首的，适用第三款规定。

第一百一十一条 报案、控告、举报可以用书面或者口头提出。接受口头报案、控告、举报的工作人员，应当写成笔录，经宣读无误后，由报案人、控告人、举报人签名或者盖章。

接受控告、举报的工作人员，应当向控告人、举报人说明诬告应负的法律责任。但是，只要不是捏造事实，伪造证据，即使控告、举报的事实有出入，甚至是错告的，也要和诬告严格加以区别。

公安机关、人民检察院或者人民法院应当保障报案人、控告人、举报人及其近亲属的安全。报案人、控告人、举报人如果不愿公开自己的姓名和报案、控告、举报的行为，应当为他保守秘密。

第一百一十二条 人民法院、人民检察院或者公安机关对于报案、控告、举报和自首的材料，应当按照管辖范围，迅速进行审查，认为有犯罪事实需要追究刑事责任的时候，应当立案；认为没有犯罪事实，或者犯罪事实显著轻微，不需要追究刑事责任的时候，不予立案，并且将不立案的原因通知控告人。控告人如果不服，可以申请复议。

第一百一十三条 人民检察院认为公安机关对应当立案侦查的案件而不立案侦查的，或者被害人认为公安机关对应当立案侦查的案件而不立案侦查，向人民检察院提出的，人民检察院应当要求公安机关说明不立案的理由。人民检察院认为公安机关不立案理由不能成立的，应当通知公安机关立案，公安机关接到通知后应当立案。

第一百一十四条 对于自诉案件，被害人有权向人民法院直接起诉。被害人死亡或者丧失行为能力的，被害人的法定代理人、近亲属有权人民法院起诉。人民法院应当依法受理。

第二章　侦　查

第一节　一般规定

第一百一十五条　公安机关对已经立案的刑事案件，应当进行侦查，收集、调取犯罪嫌疑人有罪或者无罪、罪轻或者罪重的证据材料。对现行犯或者重大嫌疑分子可以依法先行拘留，对符合逮捕条件的犯罪嫌疑人，应当依法逮捕。

第一百一十六条　公安机关经过侦查，对有证据证明有犯罪事实的案件，应当进行预审，对收集、调取的证据材料予以核实。

第一百一十七条　当事人和辩护人、诉讼代理人、利害关系人对于司法机关及其工作人员有下列行为之一的，有权向该机关申诉或者控告：

（一）采取强制措施法定期限届满，不予以释放、解除或者变更的；

（二）应当退还取保候审保证金不退还的；

（三）对与案件无关的财物采取查封、扣押、冻结措施的；

（四）应当解除查封、扣押、冻结不解除的；

（五）贪污、挪用、私分、调换、违反规定使用查封、扣押、冻结的财物的。

受理申诉或者控告的机关应当及时处理。对处理不服的，可以向同级人民检察院申诉；人民检察院直接受理的案件，可以向上一级人民检察院申诉。人民检察院对申诉应当及时进行审查，情况属实的，通知有关机关予以纠正。

第二节　讯问犯罪嫌疑人

第一百一十八条　讯问犯罪嫌疑人必须由人民检察院或者公安机关的侦查人员负责进行。讯问的时候，侦查人员不得少于二人。

犯罪嫌疑人被送交看守所羁押以后，侦查人员对其进行讯问，应当在看守所内进行。

第一百一十九条　对不需要逮捕、拘留的犯罪嫌疑人，可以传唤到犯罪嫌疑人所在市、县内的指定地点或到他的住处进行讯问，但是应当出示人民检察院或者公安机关的证明文件。对在现场发现的犯罪嫌疑人，经出示工作证件，可以口头传唤，但应当在讯问笔录中注明。

传唤、拘传持续的时间不得超过十二小时；案情特别重大、复杂，需要采取拘留、逮捕措施的，传唤、拘传持续的时间不得超过二十四小时。

不得以连续传唤、拘传的形式变相拘禁犯罪嫌疑人。传唤、拘传犯罪嫌疑人，应当保证犯罪嫌疑人的饮食和必要的休息时间。

第一百二十条　侦查人员在讯问犯罪嫌疑人的时候，应当首先讯问犯罪嫌疑人是否有犯罪行为，让他陈述有罪的情节或者无罪的辩解，然后向他提出问题。犯罪嫌疑人对侦查人员的提问，应当如实回答。但是对与本案无关的问题，有拒绝回答的权利。

侦查人员在讯问犯罪嫌疑人的时候，应当告知犯罪嫌疑人享有的诉讼权利，如实供述自己罪行可以从宽处理和认罪认罚的法律规定。

第一百二十一条　讯问聋、哑的犯罪嫌疑人，应当有通晓聋、哑手势的人参加，并且将这种情况记明笔录。

第一百二十二条　讯问笔录应当交犯罪嫌疑人核对，对于没有阅读能力的，应当向他宣读。如果记载有遗漏或者差错，犯罪嫌疑人可以提出补充或者改正。犯罪嫌疑人承认笔录没有错误后，应当签名或者盖章。侦查人员也应当在笔录上签名。犯罪嫌疑人请求自行书写供述的，应当准许。必要的时候，侦查人员也可以要犯罪嫌疑人亲笔书写供词。

第一百二十三条　侦查人员在讯问犯罪嫌疑人的时候，可以对讯问过程进行录音或者录像；对于可能判处无期徒刑、死刑的案件或者其他重大犯罪案件，应当对讯问过程进行录音或者录像。

录音或者录像应当全程进行，保持完整性。

第三节　询问证人

第一百二十四条　侦查人员询问证人，可以在现场进行，也可以到证人所在单位、住处或者证人提出的地点进行，在必要的时候，可以通知证人到人民检察院或者公安机关提供证言。在现场询问证人，应当出示工作证件，到证人所在单位、住处或者证人提出的地点询问证人，应当出示人民检察院或者公安机关的证明文件。

询问证人应当个别进行。

第一百二十五条　询问证人，应当告知他应当如实地提供证据、证言和有意作伪证或者隐匿罪证要负的法律责任。

第一百二十六条　本法第一百二十二条的规定，也适用于询问证人。

第一百二十七条　询问被害人，适用本节各条规定。

第四节　勘验、检查

第一百二十八条　侦查人员对于与犯罪有关的场所、物品、人身、尸体应当进行勘验或者检查。在必要的时候，可以指派或者聘请具有专门知识的人，在侦查人员的主持下进行勘验、检查。

第一百二十九条　任何单位和个人，都有义务保护犯罪现场，并且立即通知公安机关派员勘验。

第一百三十条　侦查人员执行勘验、检查，必须持有人民检察院或者公安机关的证明文件。

第一百三十一条 对于死因不明的尸体,公安机关有权决定解剖,并且通知死者家属到场。

第一百三十二条 为了确定被害人、犯罪嫌疑人的某些特征、伤害情况或者生理状态,可以对人身进行检查,可以提取指纹信息,采集血液、尿液等生物样本。

犯罪嫌疑人如果拒绝检查,侦查人员认为必要的时候,可以强制检查。

检查妇女的身体,应当由女工作人员或者医师进行。

第一百三十三条 勘验、检查的情况应当写成笔录,由参加勘验、检查的人和见证人签名或者盖章。

第一百三十四条 人民检察院审查案件的时候,对公安机关的勘验、检查,认为需要复验、复查时,可以要求公安机关复验、复查,并且可以派检察人员参加。

第一百三十五条 为了查明案情,在必要的时候,经公安机关负责人批准,可以进行侦查实验。

侦查实验的情况应当写成笔录,由参加实验的人签名或者盖章。

侦查实验,禁止一切足以造成危险、侮辱人格或者有伤风化的行为。

第五节 搜 查

第一百三十六条 为了收集犯罪证据、查获犯罪人,侦查人员可以对犯罪嫌疑人以及可能隐藏罪犯或者犯罪证据的人的身体、物品、住处和其他有关的地方进行搜查。

第一百三十七条 任何单位和个人,有义务按照人民检察院和公安机关的要求,交出可以证明犯罪嫌疑人有罪或者无罪的物证、书证、视听资料等证据。

第一百三十八条 进行搜查,必须向被搜查人出示搜查证。

在执行逮捕、拘留的时候,遇有紧急情况,不另用搜查证也可以进行搜查。

第一百三十九条 在搜查的时候,应当有被搜查人或者他的家属,邻居或者其他见证人在场。

搜查妇女的身体,应当由女工作人员进行。

第一百四十条 搜查的情况应当写成笔录,由侦查人员和被搜查人或者他的家属,邻居或者其他见证人签名或者盖章。如果被搜查人或者他的家属在逃或者拒绝签名、盖章,应当在笔录上注明。

第六节 查封、扣押物证、书证

第一百四十一条 在侦查活动中发现的可用以证明犯罪嫌疑人有罪或者无罪的各种财物、文件,应当查封、扣押;与案件无关的财物、文件,不得查封、扣押。

对查封、扣押的财物、文件,要妥善保管或者封存,不得使用、调换或者损毁。

第一百四十二条 对查封、扣押的财物、文件,应当会同在场见证人和被查封、扣押财物、文件持有人查点清楚，当场开列清单一式二份，由侦查人员、见证人和持有人签名或者盖章，一份交给持有人，另一份附卷备查。

第一百四十三条　侦查人员认为需要扣押犯罪嫌疑人的邮件、电报的时候，经公安机关或者人民检察院批准，即可通知邮电机关将有关的邮件、电报检交扣押。

不需要继续扣押的时候，应即通知邮电机关。

第一百四十四条　人民检察院、公安机关根据侦查犯罪的需要，可以依照规定查询、冻结犯罪嫌疑人的存款、汇款、债券、股票、基金份额等财产。有关单位和个人应当配合。

犯罪嫌疑人的存款、汇款、债券、股票、基金份额等财产已被冻结的，不得重复冻结。

第一百四十五条　对查封、扣押的财物、文件、邮件、电报或者冻结的存款、汇款、债券、股票、基金份额等财产，经查明确实与案件无关的，应当在三日以内解除查封、扣押、冻结，予以退还。

第七节　鉴　　定

第一百四十六条　为了查明案情，需要解决案件中某些专门性问题的时候，应当指派、聘请有专门知识的人进行鉴定。

第一百四十七条　鉴定人进行鉴定后，应当写出鉴定意见，并且签名。

鉴定人故意作虚假鉴定的，应当承担法律责任。

第一百四十八条　侦查机关应当将用作证据的鉴定意见告知犯罪嫌疑人、被害人。如果犯罪嫌疑人、被害人提出申请，可以补充鉴定或者重新鉴定。

第一百四十九条　对犯罪嫌疑人作精神病鉴定的期间不计入办案期限。

第八节　技术侦查措施

第一百五十条　公安机关在立案后，对于危害国家安全犯罪、恐怖活动犯罪、黑社会性质的组织犯罪、重大毒品犯罪或者其他严重危害社会的犯罪案件，根据侦查犯罪的需要，经过严格的批准手续，可以采取技术侦查措施。

人民检察院在立案后，对于利用职权实施的严重侵犯公民人身权利的重大犯罪案件，根据侦查犯罪的需要，经过严格的批准手续，可以采取技术侦查措施，按照规定交有关机关执行。

追捕被通缉或者批准、决定逮捕的在逃的犯罪嫌疑人、被告人，经过批准，可以采取追捕所必需的技术侦查措施。

第一百五十一条　批准决定应当根据侦查犯罪的需要，确定采取技术侦查措施的种类和适用对象。批准决定自签发之日起三个月以内有效。对于不需要继续采取技术侦查措施的，应当及时解除；对于复杂、疑难案件，期限届满仍有必要继续采取技术侦查措施的，经过批准，有效期可以延长，每次不得超过三个月。

第一百五十二条 采取技术侦查措施，必须严格按照批准的措施种类、适用对象和期限执行。

侦查人员对采取技术侦查措施过程中知悉的国家秘密、商业秘密和个人隐私，应当保密；对采取技术侦查措施获取的与案件无关的材料，必须及时销毁。

采取技术侦查措施获取的材料，只能用于对犯罪的侦查、起诉和审判，不得用于其他用途。

公安机关依法采取技术侦查措施，有关单位和个人应当配合，并对有关情况予以保密。

第一百五十三条 为了查明案情，在必要的时候，经公安机关负责人决定，可以由有关人员隐匿其身份实施侦查。但是，不得诱使他人犯罪，不得采用可能危害公共安全或者发生重大人身危险的方法。

对涉及给付毒品等违禁品或者财物的犯罪活动，公安机关根据侦查犯罪的需要，可以依照规定实施控制下交付。

第一百五十四条 依照本节规定采取侦查措施收集的材料在刑事诉讼中可以作为证据使用。如果使用该证据可能危及有关人员的人身安全，或者可能产生其他严重后果的，应当采取不暴露有关人员身份、技术方法等保护措施，必要的时候，可以由审判人员在庭外对证据进行核实。

第九节 通 缉

第一百五十五条 应当逮捕的犯罪嫌疑人如果在逃，公安机关可以发布通缉令，采取有效措施，追捕归案。

各级公安机关在自己管辖的地区以内，可以直接发布通缉令；超出自己管辖的地区，应当报请有权决定的上级机关发布。

第十节 侦查终结

第一百五十六条 对犯罪嫌疑人逮捕后的侦查羁押期限不得超过二个月。案情复杂、期限届满不能终结的案件，可以经上一级人民检察院批准延长一个月。

第一百五十七条 因为特殊原因，在较长时间内不宜交付审判的特别重大复杂的案件，由最高人民检察院报请全国人民代表大会常务委员会批准延期审理。

第一百五十八条 下列案件在本法第一百五十六条规定的期限届满不能侦查终结的，经省、自治区、直辖市人民检察院批准或者决定，可以延长二个月：

（一）交通十分不便的边远地区的重大复杂案件；

（二）重大的犯罪集团案件；

（三）流窜作案的重大复杂案件；

（四）犯罪涉及面广，取证困难的重大复杂案件。

第一百五十九条　对犯罪嫌疑人可能判处十年有期徒刑以上刑罚，依照本法第一百五十八条规定延长期限届满，仍不能侦查终结的，经省、自治区、直辖市人民检察院批准或者决定，可以再延长二个月。

第一百六十条　在侦查期间，发现犯罪嫌疑人另有重要罪行的，自发现之日起依照本法第一百五十六条的规定重新计算侦查羁押期限。

犯罪嫌疑人不讲真实姓名、住址，身份不明的，应当对其身份进行调查，侦查羁押期限自查清其身份之日起计算，但是不得停止对其犯罪行为的侦查取证。对于犯罪事实清楚，证据确实、充分，确实无法查明其身份的，也可以按其自报的姓名起诉、审判。

第一百六十一条　在案件侦查终结前，辩护律师提出要求的，侦查机关应当听取辩护律师的意见，并记录在案。辩护律师提出书面意见的，应当附卷。

第一百六十二条　公安机关侦查终结的案件，应当做到犯罪事实清楚，证据确实、充分，并且写出起诉意见书，连同案卷材料、证据一并移送同级人民检察院审查决定；同时将案件移送情况告知犯罪嫌疑人及其辩护律师。

犯罪嫌疑人自愿认罪的，应当记录在案，随案移送，并在起诉意见书中写明有关情况。

第一百六十三条　在侦查过程中，发现不应对犯罪嫌疑人追究刑事责任的，应当撤销案件；犯罪嫌疑人已被逮捕的，应当立即释放，发给释放证明，并且通知原批准逮捕的人民检察院。

第十一节　人民检察院对直接受理的案件的侦查

第一百六十四条　人民检察院对直接受理的案件的侦查适用本章规定。

第一百六十五条　人民检察院直接受理的案件中符合本法第八十一条、第八十二条第四项、第五项规定情形，需要逮捕、拘留犯罪嫌疑人的，由人民检察院作出决定，由公安机关执行。

第一百六十六条　人民检察院对直接受理的案件中被拘留的人，应当在拘留后的二十四小时以内进行讯问。在发现不应当拘留的时候，必须立即释放，发给释放证明。

第一百六十七条　人民检察院对直接受理的案件中被拘留的人，认为需要逮捕的，应当在十四日以内作出决定。在特殊情况下，决定逮捕的时间可以延长一日至三日。对不需要逮捕的，应当立即释放；对需要继续侦查，并且符合取保候审、监视居住条件的，依法取保候审或者监视居住。

第一百六十八条　人民检察院侦查终结的案件，应当作出提起公诉、不起诉或者撤销案件的决定。

第三章 提起公诉

第一百六十九条 凡需要提起公诉的案件，一律由人民检察院审查决定。

第一百七十条 人民检察院对于监察机关移送起诉的案件，依照本法和监察法的有关规定进行审查。人民检察院经审查，认为需要补充核实的，应当退回监察机关补充调查，必要时可以自行补充侦查。

对于监察机关移送起诉的已采取留置措施的案件，人民检察院应当对犯罪嫌疑人先行拘留，留置措施自动解除。人民检察院应当在拘留后的十日以内作出是否逮捕、取保候审或者监视居住的决定。在特殊情况下，决定的时间可以延长一日至四日。人民检察院决定采取强制措施的期间不计入审查起诉期限。

第一百七十一条 人民检察院审查案件的时候，必须查明：

（一）犯罪事实、情节是否清楚，证据是否确实、充分，犯罪性质和罪名的认定是否正确；

（二）有无遗漏罪行和其他应当追究刑事责任的人；

（三）是否属于不应追究刑事责任的；

（四）有无附带民事诉讼；

（五）侦查活动是否合法。

第一百七十二条 人民检察院对于监察机关、公安机关移送起诉的案件，应当在一个月以内作出决定，重大、复杂的案件，可以延长十五日；犯罪嫌疑人认罪认罚，符合速裁程序适用条件的，应当在十日以内作出决定，对可能判处的有期徒刑超过一年的，可以延长至十五日。

人民检察院审查起诉的案件，改变管辖的，从改变后的人民检察院收到案件之日起计算审查起诉期限。

第一百七十三条 人民检察院审查案件，应当讯问犯罪嫌疑人，听取辩护人或者值班律师、被害人及其诉讼代理人的意见，并记录在案。辩护人或者值班律师、被害人及其诉讼代理人提出书面意见的，应当附卷。

犯罪嫌疑人认罪认罚的，人民检察院应当告知其享有的诉讼权利和认罪认罚的法律规定，听取犯罪嫌疑人、辩护人或者值班律师、被害人及其诉讼代理人对下列事项的意见，并记录在案：

（一）涉嫌的犯罪事实、罪名及适用的法律规定；

（二）从轻、减轻或者免除处罚等从宽处罚的建议；

（三）认罪认罚后案件审理适用的程序；

（四）其他需要听取意见的事项。

人民检察院依照前两款规定听取值班律师意见的，应当提前为值班律师了解案件有关情况提供必要的便利。

第一百七十四条 犯罪嫌疑人自愿认罪，同意量刑建议和程序适用的，应当在辩护人或者值班律师在场的情况下签署认罪认罚具结书。

犯罪嫌疑人认罪认罚，有下列情形之一的，不需要签署认罪认罚具结书：

（一）犯罪嫌疑人是盲、聋、哑人，或者是尚未完全丧失辨认或者控制自己行为能力的精神病人的；

（二）未成年犯罪嫌疑人的法定代理人、辩护人对未成年人认罪认罚有异议的；

（三）其他不需要签署认罪认罚具结书的情形。

第一百七十五条 人民检察院审查案件，可以要求公安机关提供法庭审判所必需的证据材料；认为可能存在本法第五十六条规定的以非法方法收集证据情形的，可以要求其对证据收集的合法性作出说明。

人民检察院审查案件，对于需要补充侦查的，可以退回公安机关补充侦查，也可以自行侦查。

对于补充侦查的案件，应当在一个月以内补充侦查完毕。补充侦查以二次为限。补充侦查完毕移送人民检察院后，人民检察院重新计算审查起诉期限。

对于二次补充侦查的案件，人民检察院仍然认为证据不足，不符合起诉条件的，应当作出不起诉的决定。

第一百七十六条 人民检察院认为犯罪嫌疑人的犯罪事实已经查清，证据确实、充分，依法应当追究刑事责任的，应当作出起诉决定，按照审判管辖的规定，向人民法院提起公诉，并将案卷材料、证据移送人民法院。

犯罪嫌疑人认罪认罚的，人民检察院应当就主刑、附加刑、是否适用缓刑等提出量刑建议，并随案移送认罪认罚具结书等材料。

第一百七十七条 犯罪嫌疑人没有犯罪事实，或者有本法第十六条规定的情形之一的，人民检察院应当作出不起诉决定。

对于犯罪情节轻微，依照刑法规定不需要判处刑罚或者免除刑罚的，人民检察院可以作出不起诉决定。

人民检察院决定不起诉的案件，应当同时对侦查中查封、扣押、冻结的财物解除查封、扣押、冻结。对被不起诉人需要给予行政处罚、处分或者需要没收其违法所得的，人民检察院应当提出检察意见，移送有关主管机关处理。有关主管机关应当将处理结果及时通知人民检察院。

第一百七十八条 不起诉的决定，应当公开宣布，并且将不起诉决定书送达被不起诉人和他的所在单位。如果被不起诉人在押，应当立即释放。

第一百七十九条 对于公安机关移送起诉的案件，人民检察院决定不起诉的，应当将不起诉决定书送达公安机关。公安机关认为不起诉的决定有错误的时候，可以要求复议，如果意见不被接受，可以向上一级人民检察院提请复核。

第一百八十条 对于有被害人的案件，决定不起诉的，人民检察院应当将不起诉决定书送达被害人。被害人如果不服，可以自收到决定书后七日以内向上一级人民检察院申诉，请求提起公诉。人民检察院应当将复查决定告知被害人。对人民检察院维持不起诉决定的，被害人可以向人民法院起诉。被害人也可以不经申诉，直接向人民法院起诉。人民法院受理案件后，人民检察院应当将有关案件材料移送人民法院。

第一百八十一条 对于人民检察院依照本法第一百七十七条第二款规定作出的不起诉决定，被不起诉人如果不服，可以自收到决定书后七日以内向人民检察院申诉。人民检察院应当作出复查决定，通知被不起诉的人，同时抄送公安机关。

第一百八十二条 犯罪嫌疑人自愿如实供述涉嫌犯罪的事实，有重大立功或者案件涉及国家重大利益的，经最高人民检察院核准，公安机关可以撤销案件，人民检察院可以作出不起诉决定，也可以对涉嫌数罪中的一项或者多项不起诉。

根据前款规定不起诉或者撤销案件的，人民检察院、公安机关应当及时对查封、扣押、冻结的财物及其孳息作出处理。

第三编 审 判

第一章 审判组织

第一百八十三条 基层人民法院、中级人民法院审判第一审案件，应当由审判员三人或者由审判员和人民陪审员共三人或者七人组成合议庭进行，但是基层人民法院适用简易程序、速裁程序的案件可以由审判员一人独任审判。

高级人民法院审判第一审案件，应当由审判员三人至七人或者由审判员和人民陪审员共三人或者七人组成合议庭进行。

最高人民法院审判第一审案件，应当由审判员三人至七人组成合议庭进行。

人民法院审判上诉和抗诉案件，由审判员三人或者五人组成合议庭进行。

合议庭的成员人数应当是单数。

第一百八十四条 合议庭进行评议的时候，如果意见分歧，应当按多数人的意见作出决定，但是少数人的意见应当写入笔录。评议笔录由合议庭的组成人员签名。

第一百八十五条 合议庭开庭审理并且评议后，应当作出判决。对于疑难、复杂、重大的案件，合议庭认为难以作出决定的，由合议庭提请院长决定提交审判委员会讨论决定。审判委员会的决定，合议庭应当执行。

第二章　第一审程序

第一节　公诉案件

第一百八十六条 人民法院对提起公诉的案件进行审查后，对于起诉书中有明确的指控犯罪事实的，应当决定开庭审判。

第一百八十七条 人民法院决定开庭审判后，应当确定合议庭的组成人员，将人民检察院的起诉书副本至迟在开庭十日以前送达被告人及其辩护人。

在开庭以前，审判人员可以召集公诉人、当事人和辩护人、诉讼代理人，对回避、出庭证人名单、非法证据排除等与审判相关的问题，了解情况，听取意见。

人民法院确定开庭日期后，应当将开庭的时间、地点通知人民检察院，传唤当事人，通知辩护人、诉讼代理人、证人、鉴定人和翻译人员，传票和通知书至迟在开庭三日以前送达。公开审判的案件，应当在开庭三日以前先期公布案由、被告人姓名、开庭时间和地点。

上述活动情形应当写入笔录，由审判人员和书记员签名。

第一百八十八条 人民法院审判第一审案件应当公开进行。但是有关国家秘密或者个人隐私的案件，不公开审理；涉及商业秘密的案件，当事人申请不公开审理的，可以不公开审理。

不公开审理的案件，应当当庭宣布不公开审理的理由。

第一百八十九条 人民法院审判公诉案件，人民检察院应当派员出席法庭支持公诉。

第一百九十条 开庭的时候，审判长查明当事人是否到庭，宣布案由；宣布合议庭的组成人员、书记员、公诉人、辩护人、诉讼代理人、鉴定人和翻译人员的名单；告知当事人有权对合议庭组成人员、书记员、公诉人、鉴定人和翻译人员申请回避；告知被告人享有辩护权利。

被告人认罪认罚的，审判长应当告知被告人享有的诉讼权利和认罪认罚的法律规定，审查认罪认罚的自愿性和认罪认罚具结书内容的真实性、合法性。

第一百九十一条 公诉人在法庭上宣读起诉书后，被告人、被害人可以就起诉书指控的犯罪进行陈述，公诉人可以讯问被告人。

被害人、附带民事诉讼的原告人和辩护人、诉讼代理人，经审判长许可，可以向被告人发问。

审判人员可以讯问被告人。

第一百九十二条 公诉人、当事人或者辩护人、诉讼代理人对证人证言有异议，且该证人证言对案件定罪量刑有重大影响，人民法院认为证人有必要出庭作证的，证人应当出庭作证。

人民警察就其执行职务时目击的犯罪情况作为证人出庭作证，适用前款规定。

公诉人、当事人或者辩护人、诉讼代理人对鉴定意见有异议，人民法院认为鉴定人有必要出庭的，鉴定人应当出庭作证。经人民法院通知，鉴定人拒不出庭作证的，鉴定意见不得作为定案的根据。

第一百九十三条 经人民法院通知，证人没有正当理由不出庭作证的，人民法院可以强制其到庭，但是被告人的配偶、父母、子女除外。

证人没有正当理由拒绝出庭或者出庭后拒绝作证的，予以训诫，情节严重的，经院长批准，处以十日以下的拘留。被处罚人对拘留决定不服的，可以向上一级人民法院申请复议。复议期间不停止执行。

第一百九十四条 证人作证，审判人员应当告知他要如实地提供证言和有意作伪证或者隐匿罪证要负的法律责任。公诉人、当事人和辩护人、诉讼代理人经审判长许可，可以对证人、鉴定人发问。审判长认为发问的内容与案件无关的时候，应当制止。

审判人员可以询问证人、鉴定人。

第一百九十五条 公诉人、辩护人应当向法庭出示物证，让当事人辨认，对未到庭的证人的证言笔录、鉴定人的鉴定意见、勘验笔录和其他作为证据的文书，应当当庭宣读。审判人员应当听取公诉人、当事人和辩护人、诉讼代理人的意见。

第一百九十六条 法庭审理过程中，合议庭对证据有疑问的，可以宣布休庭，对证据进行调查核实。

人民法院调查核实证据，可以进行勘验、检查、查封、扣押、鉴定和查询、冻结。

第一百九十七条 法庭审理过程中，当事人和辩护人、诉讼代理人有权申请通知新的证人到庭，调取新的物证，申请重新鉴定或者勘验。

公诉人、当事人和辩护人、诉讼代理人可以申请法庭通知有专门知识的人出庭，就鉴定人作出的鉴定意见提出意见。

法庭对于上述申请，应当作出是否同意的决定。

第二款规定的有专门知识的人出庭，适用鉴定人的有关规定。

第一百九十八条 法庭审理过程中，对与定罪、量刑有关的事实、证据都应当进行调查、辩论。

经审判长许可，公诉人、当事人和辩护人、诉讼代理人可以对证据和案件情况发表意见并且可以互相辩论。

审判长在宣布辩论终结后，被告人有最后陈述的权利。

第一百九十九条 在法庭审判过程中，如果诉讼参与人或者旁听人员违反法庭秩序，审判长应当警告制止。对不听制止的，可以强行带出法庭；情节严重的，处以一千元以下的罚款或者十五日以下的拘留。罚款、拘留必须经院长批准。被处罚人对罚款、拘留的决定不服的，可以向上一级人民法院申请复议。复议期间不停止执行。

对聚众哄闹、冲击法庭或者侮辱、诽谤、威胁、殴打司法工作人员或者诉讼参与人，严重扰乱法庭秩序，构成犯罪的，依法追究刑事责任。

第二百条　在被告人最后陈述后，审判长宣布休庭，合议庭进行评议，根据已经查明的事实、证据和有关的法律规定，分别作出以下判决：

（一）案件事实清楚，证据确实、充分，依据法律认定被告人有罪的，应当作出有罪判决；

（二）依据法律认定被告人无罪的，应当作出无罪判决；

（三）证据不足，不能认定被告人有罪的，应当作出证据不足、指控的犯罪不能成立的无罪判决。

第二百零一条　对于认罪认罚案件，人民法院依法作出判决时，一般应当采纳人民检察院指控的罪名和量刑建议，但有下列情形的除外：

（一）被告人的行为不构成犯罪或者不应当追究其刑事责任的；

（二）被告人违背意愿认罪认罚的；

（三）被告人否认指控的犯罪事实的；

（四）起诉指控的罪名与审理认定的罪名不一致的；

（五）其他可能影响公正审判的情形。

人民法院经审理认为量刑建议明显不当，或者被告人、辩护人对量刑建议提出异议的，人民检察院可以调整量刑建议。人民检察院不调整量刑建议或者调整量刑建议后仍然明显不当的，人民法院应当依法作出判决。

第二百零二条　宣告判决，一律公开进行。

当庭宣告判决的，应当在五日以内将判决书送达当事人和提起公诉的人民检察院；定期宣告判决的，应当在宣告后立即将判决书送达当事人和提起公诉的人民检察院。判决书应当同时送达辩护人、诉讼代理人。

第二百零三条　判决书应当由审判人员和书记员署名，并且写明上诉的期限和上诉的法院。

第二百零四条　在法庭审判过程中，遇有下列情形之一，影响审判进行的，可以延期审理：

（一）需要通知新的证人到庭，调取新的物证，重新鉴定或者勘验的；

（二）检察人员发现提起公诉的案件需要补充侦查，提出建议的；

（三）由于申请回避而不能进行审判的。

第二百零五条　依照本法第二百零四条第二项的规定延期审理的案件，人民检察院应当在一个月以内补充侦查完毕。

第二百零六条　在审判过程中，有下列情形之一，致使案件在较长时间内无法继续审理的，可以中止审理：

（一）被告人患有严重疾病，无法出庭的；

（二）被告人脱逃的；

（三）自诉人患有严重疾病，无法出庭，未委托诉讼代理人出庭的；

（四）由于不能抗拒的原因。

中止审理的原因消失后，应当恢复审理。中止审理的期间不计入审理期限。

第二百零七条　法庭审判的全部活动，应当由书记员写成笔录，经审判长审阅后，由审判长和书记员签名。

法庭笔录中的证人证言部分，应当当庭宣读或者交给证人阅读。证人在承认没有错误后，应当签名或者盖章。

法庭笔录应当交给当事人阅读或者向他宣读。当事人认为记载有遗漏或者差错的，可以请求补充或者改正。当事人承认没有错误后，应当签名或者盖章。

第二百零八条　人民法院审理公诉案件，应当在受理后二个月以内宣判，至迟不得超过三个月。对于可能判处死刑的案件或者附带民事诉讼的案件，以及有本法第一百五十八条规定情形之一的，经上一级人民法院批准，可以延长三个月；因特殊情况还需要延长的，报请最高人民法院批准。

人民法院改变管辖的案件，从改变后的人民法院收到案件之日起计算审理期限。

人民检察院补充侦查的案件，补充侦查完毕移送人民法院后，人民法院重新计算审理期限。

第二百零九条　人民检察院发现人民法院审理案件违反法律规定的诉讼程序，有权向人民法院提出纠正意见。

第二节　自诉案件

第二百一十条　自诉案件包括下列案件：

（一）告诉才处理的案件；

（二）被害人有证据证明的轻微刑事案件；

（三）被害人有证据证明对被告人侵犯自己人身、财产权利的行为应当依法追究刑事责任，而公安机关或者人民检察院不予追究被告人刑事责任的案件。

第二百一十一条　人民法院对于自诉案件进行审查后，按照下列情形分别处理：

（一）犯罪事实清楚，有足够证据的案件，应当开庭审判；

（二）缺乏罪证的自诉案件，如果自诉人提不出补充证据，应当说服自诉人撤回自诉，或者裁定驳回。

自诉人经两次依法传唤，无正当理由拒不到庭的，或者未经法庭许可中途退庭的，按撤诉处理。

法庭审理过程中，审判人员对证据有疑问，需要调查核实的，适用本法第一百九十六条的规定。

第二百一十二条　人民法院对自诉案件，可以进行调解；自诉人在宣告判决前，可以同被告人自行和解或者撤回自诉。本法第二百一十条第三项规定的案件不适用调解。

人民法院审理自诉案件的期限，被告人被羁押的，适用本法第二百零八条第一款、第二款的规定；未被羁押的，应当在受理后六个月以内宣判。

第二百一十三条　自诉案件的被告人在诉讼过程中，可以对自诉人提起反诉。反诉适用自诉的规定。

第三节　简易程序

第二百一十四条　基层人民法院管辖的案件，符合下列条件的，可以适用简易程序审判：

（一）案件事实清楚、证据充分的；

（二）被告人承认自己所犯罪行，对指控的犯罪事实没有异议的；

（三）被告人对适用简易程序没有异议的。

人民检察院在提起公诉的时候，可以建议人民法院适用简易程序。

第二百一十五条　有下列情形之一的，不适用简易程序：

（一）被告人是盲、聋、哑人，或者是尚未完全丧失辨认或者控制自己行为能力的精神病人的；

（二）有重大社会影响的；

（三）共同犯罪案件中部分被告人不认罪或者对适用简易程序有异议的；

（四）其他不宜适用简易程序审理的。

第二百一十六条　适用简易程序审理案件，对可能判处三年有期徒刑以下刑罚的，可以组成合议庭进行审判，也可以由审判员一人独任审判；对可能判处的有期徒刑超过三年的，应当组成合议庭进行审判。

适用简易程序审理公诉案件，人民检察院应当派员出席法庭。

第二百一十七条　适用简易程序审理案件，审判人员应当询问被告人对指控的犯罪事实的意见，告知被告人适用简易程序审理的法律规定，确认被告人是否同意适用简易程序审理。

第二百一十八条　适用简易程序审理案件，经审判人员许可，被告人及其辩护人可以同公诉人、自诉人及其诉讼代理人互相辩论。

第二百一十九条　适用简易程序审理案件，不受本章第一节关于送达期限、讯问被告人、询问证人、鉴定人、出示证据、法庭辩论程序规定的限制。但在判决宣告前应当听取被告人的最后陈述意见。

第二百二十条　适用简易程序审理案件，人民法院应当在受理后二十日以内审结；对可能判处的有期徒刑超过三年的，可以延长至一个半月。

第二百二十一条　人民法院在审理过程中，发现不宜适用简易程序的，应当按照本章第一节或者第二节的规定重新审理。

第四节　速裁程序

第二百二十二条　基层人民法院管辖的可能判处三年有期徒刑以下刑罚的案件，案件事实清楚，证据确实、充分，被告人认罪认罚并同意适用速裁程序的，可以适用速裁程序，由审判员一人独任审判。

人民检察院在提起公诉的时候，可以建议人民法院适用速裁程序。

第二百二十三条　有下列情形之一的，不适用速裁程序：

（一）被告人是盲、聋、哑人，或者是尚未完全丧失辨认或者控制自己行为能力的精神病人的；

（二）被告人是未成年人的；

（三）案件有重大社会影响的；

（四）共同犯罪案件中部分被告人对指控的犯罪事实、罪名、量刑建议或者适用速裁程序有异议的；

（五）被告人与被害人或者其法定代理人没有就附带民事诉讼赔偿等事项达成调解或者和解协议的；

（六）其他不宜适用速裁程序审理的。

第二百二十四条　适用速裁程序审理案件，不受本章第一节规定的送达期限的限制，一般不进行法庭调查、法庭辩论，但在判决宣告前应当听取辩护人的意见和被告人的最后陈述意见。

适用速裁程序审理案件，应当当庭宣判。

第二百二十五条　适用速裁程序审理案件，人民法院应当在受理后十日以内审结；对可能判处的有期徒刑超过一年的，可以延长至十五日。

第二百二十六条　人民法院在审理过程中，发现有被告人的行为不构成犯罪或者不应当追究其刑事责任、被告人违背意愿认罪认罚、被告人否认指控的犯罪事实或者其他不宜适用速裁程序审理的情形的，应当按照本章第一节或者第三节的规定重新审理。

第三章　第二审程序

第二百二十七条　被告人、自诉人和他们的法定代理人，不服地方各级人民法院第一审的判决、裁定，有权用书状或者口头向上一级人民法院上诉。被告人的辩护人和近亲属，经被告人同意，可以提出上诉。

附带民事诉讼的当事人和他们的法定代理人，可以对地方各级人民法院第一审的判决、裁定中的附带民事诉讼部分，提出上诉。

对被告人的上诉权，不得以任何借口加以剥夺。

第二百二十八条　地方各级人民检察院认为本级人民法院第一审的判决、裁定确有错误的时候，应当向上一级人民法院提出抗诉。

第二百二十九条　被害人及其法定代理人不服地方各级人民法院第一审的判决的，自收到判决书后五日以内，有权请求人民检察院提出抗诉。人民检察院自收到被害人及其法定代理人的请求后五日以内，应当作出是否抗诉的决定并且答复请求人。

第二百三十条　不服判决的上诉和抗诉的期限为十日，不服裁定的上诉和抗诉的期限为五日，从接到判决书、裁定书的第二日起算。

第二百三十一条　被告人、自诉人、附带民事诉讼的原告人和被告人通过原审人民法院提出上诉的，原审人民法院应当在三日以内将上诉状连同案卷、证据移送上一级人民法院，同时将上诉状副本送交同级人民检察院和对方当事人。

被告人、自诉人、附带民事诉讼的原告人和被告人直接向第二审人民法院提出上诉的，第二审人民法院应当在三日以内将上诉状交原审人民法院送交同级人民检察院和对方当事人。

第二百三十二条　地方各级人民检察院对同级人民法院第一审判决、裁定的抗诉，应当通过原审人民法院提出抗诉书，并且将抗诉书抄送上一级人民检察院。原审人民法院应当将抗诉书连同案卷、证据移送上一级人民法院，并且将抗诉书副本送交当事人。

上级人民检察院如果认为抗诉不当，可以向同级人民法院撤回抗诉，并且通知下级人民检察院。

第二百三十三条　第二审人民法院应当就第一审判决认定的事实和适用法律进行全面审查，不受上诉或者抗诉范围的限制。

共同犯罪的案件只有部分被告人上诉的，应当对全案进行审查，一并处理。

第二百三十四条　第二审人民法院对于下列案件，应当组成合议庭，开庭审理：

（一）被告人、自诉人及其法定代理人对第一审认定的事实、证据提出异议，可能影响定罪量刑的上诉案件；

（二）被告人被判处死刑的上诉案件；

（三）人民检察院抗诉的案件；

（四）其他应当开庭审理的案件。

第二审人民法院决定不开庭审理的，应当讯问被告人，听取其他当事人、辩护人、诉讼代理人的意见。

第二审人民法院开庭审理上诉、抗诉案件，可以到案件发生地或者原审人民法院所在地进行。

第二百三十五条　人民检察院提出抗诉的案件或者第二审人民法院开庭审理的公诉案件，同级人民检察院都应当派员出席法庭。第二审人民法院应当在决定开庭审理后及时通知人民检察院查阅案卷。人民检察院应当在一个月以内查阅完毕。人民检察院查阅案卷的时间不计人审理期限。

第二百三十六条 第二审人民法院对不服第一审判决的上诉、抗诉案件，经过审理后，应当按照下列情形分别处理：

（一）原判决认定事实和适用法律正确、量刑适当的，应当裁定驳回上诉或者抗诉，维持原判；

（二）原判决认定事实没有错误，但适用法律有错误，或者量刑不当的，应当改判；

（三）原判决事实不清楚或者证据不足的，可以在查清事实后改判；也可以裁定撤销原判，发回原审人民法院重新审判。

原审人民法院对于依照前款第三项规定发回重新审判的案件作出判决后，被告人提出上诉或者人民检察院提出抗诉的，第二审人民法院应当依法作出判决或者裁定，不得再发回原审人民法院重新审判。

第二百三十七条 第二审人民法院审理被告人或者他的法定代理人、辩护人、近亲属上诉的案件，不得加重被告人的刑罚。第二审人民法院发回原审人民法院重新审判的案件，除有新的犯罪事实，人民检察院补充起诉的以外，原审人民法院也不得加重被告人的刑罚。

人民检察院提出抗诉或者自诉人提出上诉的，不受前款规定的限制。

第二百三十八条 第二审人民法院发现第一审人民法院的审理有下列违反法律规定的诉讼程序的情形之一的，应当裁定撤销原判，发回原审人民法院重新审判：

（一）违反本法有关公开审判的规定的；

（二）违反回避制度的；

（三）剥夺或者限制了当事人的法定诉讼权利，可能影响公正审判的；

（四）审判组织的组成不合法的；

（五）其他违反法律规定的诉讼程序，可能影响公正审判的。

第二百三十九条 原审人民法院对于发回重新审判的案件，应当另行组成合议庭，依照第一审程序进行审判。对于重新审判后的判决，依照本法第二百二十七条、第二百二十八条、第二百二十九条的规定可以上诉、抗诉。

第二百四十条 第二审人民法院对不服第一审裁定的上诉或者抗诉，经过审查后，应当参照本法第二百三十六条、第二百三十八条和第二百三十九条的规定，分别情形用裁定驳回上诉、抗诉，或者撤销、变更原裁定。

第二百四十一条 第二审人民法院发回原审人民法院重新审判的案件，原审人民法院从收到发回的案件之日起，重新计算审理期限。

第二百四十二条 第二审人民法院审判上诉或者抗诉案件的程序，除本章已有规定的以外，参照第一审程序的规定进行。

第二百四十三条 第二审人民法院受理上诉、抗诉案件，应当在二个月以内审结。对于可能判处死刑的案件或者附带民事诉讼的案件，以及有本法第一百五十八条规定情形之一的，经省、自治区、直辖市高级人民法院批准或者决定，可以延长二个月；因特殊情况还需要延长的，报请最高人民法院批准。

最高人民法院受理上诉、抗诉案件的审理期限，由最高人民法院决定。

第二百四十四条　第二审的判决、裁定和最高人民法院的判决、裁定，都是终审的判决、裁定。

第二百四十五条　公安机关、人民检察院和人民法院对查封、扣押、冻结的犯罪嫌疑人、被告人的财物及其孳息，应当妥善保管，以供核查，并制作清单，随案移送。任何单位和个人不得挪用或者自行处理。对被害人的合法财产，应当及时返还。对违禁品或者不宜长期保存的物品，应当依照国家有关规定处理。

对作为证据使用的实物应当随案移送，对不宜移送的，应当将其清单、照片或者其他证明文件随案移送。

人民法院作出的判决，应当对查封、扣押、冻结的财物及其孳息作出处理。

人民法院作出的判决生效以后，有关机关应当根据判决对查封、扣押、冻结的财物及其孳息进行处理。对查封、扣押、冻结的赃款赃物及其孳息，除依法返还被害人的以外，一律上缴国库。

司法工作人员贪污、挪用或者私自处理查封、扣押、冻结的财物及其孳息的，依法追究刑事责任；不构成犯罪的，给予处分。

第四章　死刑复核程序

第二百四十六条　死刑由最高人民法院核准。

第二百四十七条　中级人民法院判处死刑的第一审案件，被告人不上诉的，应当由高级人民法院复核后，报请最高人民法院核准。高级人民法院不同意判处死刑的，可以提审或者发回重新审判。

高级人民法院判处死刑的第一审案件被告人不上诉的，和判处死刑的第二审案件，都应当报请最高人民法院核准。

第二百四十八条　中级人民法院判处死刑缓期二年执行的案件，由高级人民法院核准。

第二百四十九条　最高人民法院复核死刑案件，高级人民法院复核死刑缓期执行的案件，应当由审判员三人组成合议庭进行。

第二百五十条　最高人民法院复核死刑案件，应当作出核准或者不核准死刑的裁定。对于不核准死刑的，最高人民法院可以发回重新审判或者予以改判。

第二百五十一条　最高人民法院复核死刑案件，应当讯问被告人，辩护律师提出要求的，应当听取辩护律师的意见。

在复核死刑案件过程中，最高人民检察院可以向最高人民法院提出意见。最高人民法院应当将死刑复核结果通报最高人民检察院。

第五章　审判监督程序

第二百五十二条　当事人及其法定代理人、近亲属，对已经发生法律效力的判决、裁定，可以向人民法院或者人民检察院提出申诉，但是不能停止判决、裁定的执行。

第二百五十三条　当事人及其法定代理人、近亲属的申诉符合下列情形之一的，人民法院应当重新审判：

（一）有新的证据证明原判决、裁定认定的事实确有错误，可能影响定罪量刑的；

（二）据以定罪量刑的证据不确实、不充分、依法应当予以排除，或者证明案件事实的主要证据之间存在矛盾的；

（三）原判决、裁定适用法律确有错误的；

（四）违反法律规定的诉讼程序，可能影响公正审判的；

（五）审判人员在审理该案件的时候，有贪污受贿，徇私舞弊，枉法裁判行为的。

第二百五十四条　各级人民法院院长对本院已经发生法律效力的判决和裁定，如果发现在认定事实上或者在适用法律上确有错误，必须提交审判委员会处理。

最高人民法院对各级人民法院已经发生法律效力的判决和裁定，上级人民法院对下级人民法院已经发生法律效力的判决和裁定，如果发现确有错误，有权提审或者指令下级人民法院再审。

最高人民检察院对各级人民法院已经发生法律效力的判决和裁定，上级人民检察院对下级人民法院已经发生法律效力的判决和裁定，如果发现确有错误，有权按照审判监督程序向同级人民法院提出抗诉。

人民检察院抗诉的案件，接受抗诉的人民法院应当组成合议庭重新审理，对于原判决事实不清楚或者证据不足的，可以指令下级人民法院再审。

第二百五十五条　上级人民法院指令下级人民法院再审的，应当指令原审人民法院以外的下级人民法院审理；由原审人民法院审理更为适宜的，也可以指令原审人民法院审理。

第二百五十六条　人民法院按照审判监督程序重新审判的案件，由原审人民法院审理的，应当另行组成合议庭进行。如果原来是第一审案件，应当依照第一审程序进行审判，所作的判决、裁定，可以上诉、抗诉；如果原来是第二审案件，或者是上级人民法院提审的案件，应当依照第二审程序进行审判，所作的判决、裁定，是终审的判决、裁定。

人民法院开庭审理的再审案件，同级人民检察院应当派员出席法庭。

第二百五十七条　人民法院决定再审的案件，需要对被告人采取强制措施的，由人民法院依法决定；人民检察院提出抗诉的再审案件，需要对被告人采取强制措施的，由人民检察院依法决定。

人民法院按照审判监督程序审判的案件，可以决定中止原判决、裁定的执行。

第二百五十八条　人民法院按照审判监督程序重新审判的案件，应当在作出提审、再审决定之日起三个月以内审结，需要延长期限的，不得超过六个月。

接受抗诉的人民法院按照审判监督程序审判抗诉的案件，审理期限适用前款规定；对需要指令下级人民法院再审的，应当自接受抗诉之日起一个月以内作出决定，下级人民法院审理案件的期限适用前款规定。

第四编　执　　行

第二百五十九条　判决和裁定在发生法律效力后执行。

下列判决和裁定是发生法律效力的判决和裁定：

（一）已过法定期限没有上诉、抗诉的判决和裁定；

（二）终审的判决和裁定；

（三）最高人民法院核准的死刑的判决和高级人民法院核准的死刑缓期二年执行的判决。

第二百六十条　第一审人民法院判决被告人无罪、免除刑事处罚的，如果被告人在押，在宣判后应当立即释放。

第二百六十一条　最高人民法院判处和核准的死刑立即执行的判决，应当由最高人民法院院长签发执行死刑的命令。

被判处死刑缓期二年执行的罪犯，在死刑缓期执行期间，如果没有故意犯罪，死刑缓期执行期满，应当予以减刑的，由执行机关提出书面意见，报请高级人民法院裁定；如果故意犯罪，情节恶劣，查证属实，应当执行死刑的，由高级人民法院报请最高人民法院核准；对于故意犯罪未执行死刑的，死刑缓期执行的期间重新计算，并报最高人民法院备案。

第二百六十二条　下级人民法院接到最高人民法院执行死刑的命令后，应当在七日以内交付执行。但是发现有下列情形之一的，应当停止执行，并且立即报告最高人民法院，由最高人民法院作出裁定：

（一）在执行前发现判决可能有错误的；

（二）在执行前罪犯揭发重大犯罪事实或者有其他重大立功表现，可能需要改判的；

（三）罪犯正在怀孕。

前款第一项、第二项停止执行的原因消失后，必须报请最高人民法院院长再签发执行死刑的命令才能执行；由于前款第三项原因停止执行的，应当报请最高人民法院依法改判。

第二百六十三条　人民法院在交付执行死刑前，应当通知同级人民检察院派员临场监督。

死刑采用枪决或者注射等方法执行。

死刑可以在刑场或者指定的羁押场所内执行。

指挥执行的审判人员，对罪犯应当验明正身，讯问有无遗言、信札，然后交付执行人员执行死刑。在执行前，如果发现可能有错误，应当暂停执行，报请最高人民法院裁定。

执行死刑应当公布，不应示众。

执行死刑后，在场书记员应当写成笔录。交付执行的人民法院应当将执行死刑情况报告最高人民法院。

执行死刑后，交付执行的人民法院应当通知罪犯家属。

第二百六十四条 罪犯被交付执行刑罚的时候，应当由交付执行的人民法院在判决生效后十日以内将有关的法律文书送达公安机关、监狱或者其他执行机关。

对被判处死刑缓期二年执行、无期徒刑、有期徒刑的罪犯，由公安机关依法将该罪犯送交监狱执行刑罚。对被判处有期徒刑的罪犯，在被交付执行刑罚前，剩余刑期在三个月以下的，由看守所代为执行。对被判处拘役的罪犯，由公安机关执行。

对未成年犯应当在未成年犯管教所执行刑罚。

执行机关应当将罪犯及时收押，并且通知罪犯家属。

判处有期徒刑、拘役的罪犯，执行期满，应当由执行机关发给释放证明书。

第二百六十五条 对被判处有期徒刑或者拘役的罪犯，有下列情形之一的，可以暂予监外执行：

（一）有严重疾病需要保外就医的；

（二）怀孕或者正在哺乳自己婴儿的妇女；

（三）生活不能自理，适用暂予监外执行不致危害社会的。

对被判处无期徒刑的罪犯，有前款第二项规定情形的，可以暂予监外执行。

对适用保外就医可能有社会危险性的罪犯，或者自伤自残的罪犯，不得保外就医。

对罪犯确有严重疾病，必须保外就医的，由省级人民政府指定的医院诊断并开具证明文件。

在交付执行前，暂予监外执行由交付执行的人民法院决定；在交付执行后，暂予监外执行由监狱或者看守所提出书面意见，报省级以上监狱管理机关或者设区的市一级以上公安机关批准。

第二百六十六条 监狱、看守所提出暂予监外执行的书面意见的，应当将书面意见的副本抄送人民检察院。人民检察院可以向决定或者批准机关提出书面意见。

第二百六十七条 决定或者批准暂予监外执行的机关应当将暂予监外执行决定抄送人民检察院。人民检察院认为暂予监外执行不当的，应当自接到通知之日起一个月以内将书面意见送交决定或者批准暂予监外执行的机关，决定或者批准暂予监外执行的机关接到人民检察院的书面意见后，应当立即对该决定进行重新核查。

第二百六十八条　对暂予监外执行的罪犯，有下列情形之一的，应当及时收监：

（一）发现不符合暂予监外执行条件的；

（二）严重违反有关暂予监外执行监督管理规定的；

（三）暂予监外执行的情形消失后，罪犯刑期未满的。

对于人民法院决定暂予监外执行的罪犯应当予以收监的，由人民法院作出决定，将有关的法律文书送达公安机关、监狱或者其他执行机关。

不符合暂予监外执行条件的罪犯通过贿赂等非法手段被暂予监外执行的，在监外执行的期间不计入执行刑期。罪犯在暂予监外执行期间脱逃的，脱逃的期间不计入执行刑期。

罪犯在暂予监外执行期间死亡的，执行机关应当及时通知监狱或者看守所。

第二百六十九条　对被判处管制、宣告缓刑、假释或者暂予监外执行的罪犯，依法实行社区矫正，由社区矫正机构负责执行。

第二百七十条　对被判处剥夺政治权利的罪犯，由公安机关执行。执行期满，应当由执行机关书面通知本人及其所在单位、居住地基层组织。

第二百七十一条　被判处罚金的罪犯，期满不缴纳的，人民法院应当强制缴纳；如果由于遭遇不能抗拒的灾祸等原因缴纳确实有困难的，经人民法院裁定，可以延期缴纳、酌情减少或者免除。

第二百七十二条　没收财产的判决，无论附加适用或者独立适用，都由人民法院执行；在必要的时候，可以会同公安机关执行。

第二百七十三条　罪犯在服刑期间又犯罪的，或者发现了判决的时候所没有发现的罪行，由执行机关移送人民检察院处理。

被判处管制、拘役、有期徒刑或者无期徒刑的罪犯，在执行期间确有悔改或者立功表现，应当依法予以减刑、假释的时候，由执行机关提出建议书，报请人民法院审核裁定，并将建议书副本抄送人民检察院。人民检察院可以向人民法院提出书面意见。

第二百七十四条　人民检察院认为人民法院减刑、假释的裁定不当，应当在收到裁定书副本后二十日以内，向人民法院提出书面纠正意见。人民法院应当在收到纠正意见后一个月以内重新组成合议庭进行审理，作出最终裁定。

第二百七十五条　监狱和其他执行机关在刑罚执行中，如果认为判决有错误或者罪犯提出申诉，应当转请人民检察院或者原判人民法院处理。

第二百七十六条　人民检察院对执行机关执行刑罚的活动是否合法实行监督。如果发现有违法的情况，应当通知执行机关纠正。

第五编　特别程序

第一章　未成年人刑事案件诉讼程序

第二百七十七条　对犯罪的未成年人实行教育、感化、挽救的方针，坚持教育为主、惩罚为辅的原则。

人民法院、人民检察院和公安机关办理未成年人刑事案件，应当保障未成年人行使其诉讼权利，保障未成年人得到法律帮助，并由熟悉未成年人身心特点的审判人员、检察人员、侦查人员承办。

第二百七十八条　未成年犯罪嫌疑人、被告人没有委托辩护人的，人民法院、人民检察院、公安机关应当通知法律援助机构指派律师为其提供辩护。

第二百七十九条　公安机关、人民检察院、人民法院办理未成年人刑事案件，根据情况可以对未成年犯罪嫌疑人、被告人的成长经历、犯罪原因、监护教育等情况进行调查。

第二百八十条　对未成年犯罪嫌疑人、被告人应当严格限制适用逮捕措施。人民检察院审查批准逮捕和人民法院决定逮捕，应当讯问未成年犯罪嫌疑人、被告人，听取辩护律师的意见。

对被拘留、逮捕和执行刑罚的未成年人与成年人应当分别关押、分别管理、分别教育。

第二百八十一条　对于未成年人刑事案件，在讯问和审判的时候，应当通知未成年犯罪嫌疑人、被告人的法定代理人到场。无法通知、法定代理人不能到场或者法定代理人是共犯的，也可以通知未成年犯罪嫌疑人、被告人的其他成年亲属，所在学校、单位、居住地基层组织或者未成年人保护组织的代表到场，并将有关情况记录在案。到场的法定代理人可以代为行使未成年犯罪嫌疑人、被告人的诉讼权利。

到场的法定代理人或者其他人员认为办案人员在讯问、审判中侵犯未成年人合法权益的，可以提出意见。讯问笔录、法庭笔录应当交给到场的法定代理人或者其他人员阅读或者向他宣读。

讯问女性未成年犯罪嫌疑人，应当有女工作人员在场。

审判未成年人刑事案件，未成年被告人最后陈述后，其法定代理人可以进行补充陈述。

询问未成年被害人、证人，适用第一款、第二款、第三款的规定。

第二百八十二条　对于未成年人涉嫌刑法分则第四章、第五章、第六章规定的犯罪，可能判处一年有期徒刑以下刑罚，符合起诉条件，但有悔罪表现的，人民检察院可以作出附条件不起诉的决定。人民检察院在作出附条件不起诉的决定以前，应当听取公安机关、被害人的意见。

对附条件不起诉的决定，公安机关要求复议、提请复核或者被害人申诉的，适用本法第一百七十九条、第一百八十条的规定。

未成年犯罪嫌疑人及其法定代理人对人民检察院决定附条件不起诉有异议的，人民检察院应当作出起诉的决定。

第二百八十三条　在附条件不起诉的考验期内，由人民检察院对被附条件不起诉的未成年犯罪嫌疑人进行监督考察。未成年犯罪嫌疑人的监护人，应当对未成年犯罪嫌疑人加强管教，配合人民检察院做好监督考察工作。

附条件不起诉的考验期为六个月以上一年以下，从人民检察院作出附条件不起诉的决定之日起计算。

被附条件不起诉的未成年犯罪嫌疑人，应当遵守下列规定：

（一）遵守法律法规，服从监督；

（二）按照考察机关的规定报告自己的活动情况；

（三）离开所居住的市、县或者迁居，应当报经考察机关批准；

（四）按照考察机关的要求接受矫治和教育。

第二百八十四条　被附条件不起诉的未成年犯罪嫌疑人，在考验期内有下列情形之一的，人民检察院应当撤销附条件不起诉的决定，提起公诉：

（一）实施新的犯罪或者发现决定附条件不起诉以前还有其他犯罪需要追诉的；

（二）违反治安管理规定或者考察机关有关附条件不起诉的监督管理规定，情节严重的。

被附条件不起诉的未成年犯罪嫌疑人，在考验期内没有上述情形，考验期满的，人民检察院应当作出不起诉的决定。

第二百八十五条　审判的时候被告人不满十八周岁的案件，不公开审理。但是，经未成年被告人及其法定代理人同意，未成年被告人所在学校和未成年人保护组织可以派代表到场。

第二百八十六条　犯罪的时候不满十八周岁，被判处五年有期徒刑以下刑罚的，应当对相关犯罪记录予以封存。

犯罪记录被封存的，不得向任何单位和个人提供，但司法机关为办案需要或者有关单位根据国家规定进行查询的除外。依法进行查询的单位，应当对被封存的犯罪记录的情况予以保密。

第二百八十七条　办理未成年人刑事案件，除本章已有规定的以外，按照本法的其他规定进行。

第二章　当事人和解的公诉案件诉讼程序

第二百八十八条　下列公诉案件，犯罪嫌疑人、被告人真诚悔罪，通过向被害人赔偿损失、赔礼道歉等方式获得被害人谅解，被害人自愿和解的，双方当事人可以和解：

（一）因民间纠纷引起，涉嫌刑法分则第四章、第五章规定的犯罪案件，可能判处三年有期徒刑以下刑罚的；

（二）除渎职犯罪以外的可能判处七年有期徒刑以下刑罚的过失犯罪案件。

犯罪嫌疑人、被告人在五年以内曾经故意犯罪的，不适用本章规定的程序。

第二百八十九条　双方当事人和解的，公安机关、人民检察院、人民法院应当听取当事人和其他有关人员的意见，对和解的自愿性、合法性进行审查，并主持制作和解协议书。

第二百九十条　对于达成和解协议的案件，公安机关可以向人民检察院提出从宽处理的建议。人民检察院可以向人民法院提出从宽处罚的建议；对于犯罪情节轻微，不需要判处刑罚的，可以作出不起诉的决定。人民法院可以依法对被告人从宽处罚。

第三章　缺席审判程序

第二百九十一条　对于贪污贿赂犯罪案件，以及需要及时进行审判，经最高人民检察院核准的严重危害国家安全犯罪、恐怖活动犯罪案件，犯罪嫌疑人、被告人在境外，监察机关、公安机关移送起诉，人民检察院认为犯罪事实已经查清，证据确实、充分，依法应当追究刑事责任的，可以向人民法院提起公诉。人民法院进行审查后，对于起诉书中有明确的指控犯罪事实，符合缺席审判程序适用条件的，应当决定开庭审判。

前款案件，由犯罪地、被告人离境前居住地或者最高人民法院指定的中级人民法院组成合议庭进行审理。

第二百九十二条　人民法院应当通过有关国际条约规定的或者外交途径提出的司法协助方式，或者被告人所在地法律允许的其他方式，将传票和人民检察院的起诉书副本送达被告人。传票和起诉书副本送达后，被告人未按要求到案的，人民法院应当开庭审理，依法作出判决，并对违法所得及其他涉案财产作出处理。

第二百九十三条　人民法院缺席审判案件，被告人有权委托辩护人，被告人的近亲属可以代为委托辩护人。被告人及其近亲属没有委托辩护人的，人民法院应当通知法律援助机构指派律师为其提供辩护。

第二百九十四条　人民法院应当将判决书送达被告人及其近亲属、辩护人。被告人或者其近亲属不服判决的，有权向上一级人民法院上诉。辩护人经被告人或者其近亲属同意，可以提出上诉。

人民检察院认为人民法院的判决确有错误的，应当向上一级人民法院提出抗诉。

第二百九十五条　在审理过程中，被告人自动投案或者被抓获的，人民法院应当重新审理。

罪犯在判决、裁定发生法律效力后到案的，人民法院应当将罪犯交付执行刑罚。交付执行刑罚前，人民法院应当告知罪犯有权对判决、裁定提出异议。罪犯对判决、裁定提出异议的，人民法院应当重新审理。

依照生效判决、裁定对罪犯的财产进行的处理确有错误的，应当予以返还、赔偿。

第二百九十六条　因被告人患有严重疾病无法出庭，中止审理超过六个月，被告人仍无法出庭，被告人及其法定代理人、近亲属申请或者同意恢复审理的，人民法院可以在被告人不出庭的情况下缺席审理，依法作出判决。

第二百九十七条　被告人死亡的，人民法院应当裁定终止审理，但有证据证明被告人无罪，人民法院经缺席审理确认无罪的，应当依法作出判决。

人民法院按照审判监督程序重新审判的案件，被告人死亡的，人民法院可以缺席审理，依法作出判决。

第四章　犯罪嫌疑人、被告人逃匿、死亡案件违法所得的没收程序

第二百九十八条　对于贪污贿赂犯罪、恐怖活动犯罪等重大犯罪案件，犯罪嫌疑人、被告人逃匿，在通缉一年后不能到案，或者犯罪嫌疑人、被告人死亡，依照刑法规定应当追缴其违法所得及其他涉案财产的，人民检察院可以向人民法院提出没收违法所得的申请。

公安机关认为有前款规定情形的，应当写出没收违法所得意见书，移送人民检察院。

没收违法所得的申请应当提供与犯罪事实、违法所得相关的证据材料，并列明财产的种类、数量、所在地及查封、扣押、冻结的情况。

人民法院在必要的时候，可以查封、扣押、冻结申请没收的财产。

第二百九十九条　没收违法所得的申请，由犯罪地或者犯罪嫌疑人、被告人居住地的中级人民法院组成合议庭进行审理。

人民法院受理没收违法所得的申请后，应当发出公告。公告期间为六个月。犯罪嫌疑人、被告人的近亲属和其他利害关系人有权申请参加诉讼，也可以委托诉讼代理人参加诉讼。

人民法院在公告期满后对没收违法所得的申请进行审理。利害关系人参加诉讼的，人民法院应当开庭审理。

第三百条　人民法院经审理，对经查证属于违法所得及其他涉案财产，除依法返还被害人的以外，应当裁定予以没收；对不属于应当追缴的财产的，应当裁定驳回申请，解除查封、扣押、冻结措施。

对于人民法院依照前款规定作出的裁定，犯罪嫌疑人、被告人的近亲属和其他利害关系人或者人民检察院可以提出上诉、抗诉。

第三百零一条　在审理过程中，在逃的犯罪嫌疑人、被告人自动投案或者被抓获的，人民法院应当终止审理。

没收犯罪嫌疑人、被告人财产确有错误的，应当予以返还、赔偿。

第五章　依法不负刑事责任的精神病人的强制医疗程序

第三百零二条　实施暴力行为，危害公共安全或者严重危害公民人身安全，经法定程序鉴定依法不负刑事责任的精神病人，有继续危害社会可能的，可以予以强制医疗。

第三百零三条　根据本章规定对精神病人强制医疗的，由人民法院决定。

公安机关发现精神病人符合强制医疗条件的，应当写出强制医疗意见书，移送人民检察院。对于公安机关移送的或者在审查起诉过程中发现的精神病人符合强制医疗条件的，人民检察院应当向人民法院提出强制医疗的申请。人民法院在审理案件过程中发现被告人符合强制医疗条件的，可以作出强制医疗的决定。

对实施暴力行为的精神病人，在人民法院决定强制医疗前，公安机关可以采取临时的保护性约束措施。

第三百零四条　人民法院受理强制医疗的申请后，应当组成合议庭进行审理。

人民法院审理强制医疗案件，应当通知被申请人或者被告人的法定代理人到场。被申请人或者被告人没有委托诉讼代理人的，人民法院应当通知法律援助机构指派律师为其提供法律帮助。

第三百零五条　人民法院经审理，对于被申请人或者被告人符合强制医疗条件的，应当在一个月以内作出强制医疗的决定。

被决定强制医疗的人、被害人及其法定代理人、近亲属对强制医疗决定不服的，可以向上一级人民法院申请复议。

第三百零六条　强制医疗机构应当定期对被强制医疗的人进行诊断评估。对于已不具有人身危险性，不需要继续强制医疗的，应当及时提出解除意见，报决定强制医疗的人民法院批准。

被强制医疗的人及其近亲属有权申请解除强制医疗。

第三百零七条　人民检察院对强制医疗的决定和执行实行监督。

附　　则

第三百零八条　军队保卫部门对军队内部发生的刑事案件行使侦查权。

中国海警局履行海上维权执法职责，对海上发生的刑事案件行使侦查权。

对罪犯在监狱内犯罪的案件由监狱进行侦查。

军队保卫部门、中国海警局、监狱办理刑事案件，适用本法的有关规定。

全国人民代表大会常务委员会
关于《中华人民共和国刑事诉讼法》
第七十九条第三款的解释

（2014 年 4 月 24 日第十二届全国人民代表大会常务委员会第八次会议通过）

全国人民代表大会常务委员会根据司法实践中遇到的情况，讨论了刑事诉讼法第七十九条第三款关于违反取保候审、监视居住规定情节严重可以逮捕的规定，是否适用于可能判处徒刑以下刑罚的犯罪嫌疑人、被告人的问题，解释如下：

根据刑事诉讼法第七十九条第三款的规定，对于被取保候审、监视居住的可能判处徒刑以下刑罚的犯罪嫌疑人、被告人，违反取保候审、监视居住规定，严重影响诉讼活动正常进行的，可以予以逮捕。

现予公告。

全国人民代表大会常务委员会
关于《中华人民共和国刑事诉讼法》第二百五十四条第五款、第二百五十七条第二款的解释

（2014 年 4 月 24 日第十二届全国人民代表大会常务委员会第八次会议通过）

全国人民代表大会常务委员会根据司法实践中遇到的情况，讨论了刑事诉讼法第二百五十四条第五款、第二百五十七条第二款的含义及人民法院决定暂予监外执行的案件，由哪个机关负责组织病情诊断、妊娠检查和生活不能自理的鉴别和由哪个机关对予以收监执行的罪犯送交执行刑罚的问题，解释如下：

罪犯在被交付执行前，因有严重疾病、怀孕或者正在哺乳自己婴儿的妇女、生活不能自理的原因，依法提出暂予监外执行的申请的，有关病情诊断、妊娠检查和生活不能自理的鉴别，由人民法院负责组织进行。

根据刑事诉讼法第二百五十七条第二款的规定，对人民法院决定暂予监外执行的罪犯，有刑事诉讼法第二百五十七条第一款规定的情形，依法应当予以收监的，在人民法院作出决定后，由公安机关依照刑事诉讼法第二百五十三条第二款的规定送交执行刑罚。

现予公告。

最高人民法院
关于适用《中华人民共和国
刑事诉讼法》的解释

法释〔2012〕21号

(2012年11月5日最高人民法院审判委员会第1559次会议通过
2012年12月20日最高人民法院公告公布 自2013年1月1日起施行)

目 录

2012 年 3 月 14 日，第十一届全国人民代表大会第五次会议通过了《关于修改〈中华人民共和国刑事诉讼法〉的决定》。为正确理解和适用修改后的刑事诉讼法，结合人民法院审判工作实际，制定本解释。

第一章　管　辖

第一条　人民法院直接受理的自诉案件包括：

（一）告诉才处理的案件：

1. 侮辱、诽谤案（刑法第二百四十六条规定的，但严重危害社会秩序和国家利益的除外）；

2. 暴力干涉婚姻自由案（刑法第二百五十七条第一款规定的）；

3. 虐待案（刑法第二百六十条第一款规定的）；

4. 侵占案（刑法第二百七十条规定的）。

（二）人民检察院没有提起公诉，被害人有证据证明的轻微刑事案件：

1. 故意伤害案（刑法第二百三十四条第一款规定的）；

2. 非法侵入住宅案（刑法第二百四十五条规定的）；

3. 侵犯通信自由案（刑法第二百五十二条规定的）；

4. 重婚案（刑法第二百五十八条规定的）；

5. 遗弃案（刑法第二百六十一条规定的）；

6. 生产、销售伪劣商品案（刑法分则第三章第一节规定的，但严重危害社会秩序和国家利益的除外）；

7. 侵犯知识产权案（刑法分则第三章第七节规定的，但严重危害社会秩序和国家利益的除外）；

8. 刑法分则第四章、第五章规定的，对被告人可能判处三年有期徒刑以下刑罚的案件。

本项规定的案件，被害人直接向人民法院起诉的，人民法院应当依法受理。对其中证据不足、可以由公安机关受理的，或者认为对被告人可能判处三年有期徒刑以上刑罚的，应当告知被害人向公安机关报案，或者移送公安机关立案侦查。

（三）被害人有证据证明对被告人侵犯自己人身、财产权利的行为应当依法追究刑事责任，且有证据证明曾经提出控告，而公安机关或者人民检察院不予追究被告人刑事责任的案件。

第二条　犯罪地包括犯罪行为发生地和犯罪结果发生地。

针对或者利用计算机网络实施的犯罪，犯罪地包括犯罪行为发生地的网站服务器所在地，网络接入地，网站建立者、管理者所在地，被侵害的计算机信息系统及其管理者所在地，被告人、被害人使用的计算机信息系统所在地，以及被害人财产遭受损失地。

第三条　被告人的户籍地为其居住地。经常居住地与户籍地不一致的，经常居住地为其居住地。经常居住地为被告人被追诉前已连续居住一年以上的地方，但住院就医的除外。

被告单位登记的住所地为其居住地。主要营业地或者主要办事机构所在地与登记的住所地不一致的，主要营业地或者主要办事机构所在地为其居住地。

第四条　在中华人民共和国领域外的中国船舶内的犯罪，由该船舶最初停泊的中国口岸所在地的人民法院管辖。

第五条　在中华人民共和国领域外的中国航空器内的犯罪，由该航空器在中国最初降落地的人民法院管辖。

第六条　在国际列车上的犯罪，根据我国与相关国家签订的协定确定管辖；没有协定的，由该列车最初停靠的中国车站所在地或者目的地的铁路运输法院管辖。

第七条　中国公民在中国驻外使、领馆内的犯罪，由其主管单位所在地或者原户籍地的人民法院管辖。

第八条　中国公民在中华人民共和国领域外的犯罪，由其入境地或者离境前居住地的人民法院管辖；被害人是中国公民的，也可由被害人离境前居住地的人民法院管辖。

第九条 外国人在中华人民共和国领域外对中华人民共和国国家或者公民犯罪，根据《中华人民共和国刑法》应当受处罚的，由该外国人入境地、入境后居住地或者被害中国公民离境前居住地的人民法院管辖。

第十条 对中华人民共和国缔结或者参加的国际条约所规定的罪行，中华人民共和国在所承担条约义务的范围内，行使刑事管辖权的，由被告人被抓获地的人民法院管辖。

第十一条 正在服刑的罪犯在判决宣告前还有其他罪没有判决的，由原审地人民法院管辖；但罪犯服刑地或者犯罪地的人民法院审判更为适宜的，可以由罪犯服刑地或者犯罪地的人民法院管辖。

罪犯在服刑期间又犯罪的，由服刑地的人民法院管辖。

罪犯在脱逃期间犯罪的，由服刑地的人民法院管辖。但是，在犯罪地抓获罪犯并发现其在脱逃期间的犯罪的，由犯罪地的人民法院管辖。

第十二条 人民检察院认为可能判处无期徒刑、死刑，向中级人民法院提起公诉的案件，中级人民法院受理后，认为不需要判处无期徒刑、死刑的，应当依法审判，不再交基层人民法院审判。

第十三条 一人犯数罪、共同犯罪和其他需要并案审理的案件，其中一人或者一罪属于上级人民法院管辖的，全案由上级人民法院管辖。

第十四条 上级人民法院决定审判下级人民法院管辖的第一审刑事案件的，应当向下级人民法院下达改变管辖决定书，并书面通知同级人民检察院。

第十五条 基层人民法院对可能判处无期徒刑、死刑的第一审刑事案件，应当移送中级人民法院审判。

基层人民法院对下列第一审刑事案件，可以请求移送中级人民法院审判：

（一）重大、复杂案件；

（二）新类型的疑难案件；

（三）在法律适用上具有普遍指导意义的案件。

需要将案件移送中级人民法院审判的，应当在报请院长决定后，至迟于案件审理期限届满十五日前书面请求移送。中级人民法院应当在接到申请后十日内作出决定。不同意移送的，应当下达不同意移送决定书，由请求移送的人民法院依法审判；同意移送的，应当下达同意移送决定书，并书面通知同级人民检察院。

第十六条 有管辖权的人民法院因案件涉及本院院长需要回避等原因，不宜行使管辖权的，可以请求移送上一级人民法院管辖。上一级人民法院可以管辖，也可以指定与提出请求的人民法院同级的其他人民法院管辖。

第十七条 两个以上同级人民法院都有管辖权的案件，由最初受理的人民法院审判。必要时，可以移送被告人主要犯罪地的人民法院审判。

管辖权发生争议的，应当在审理期限内协商解决；协商不成的，由争议的人民法院分别层报共同的上级人民法院指定管辖。

第十八条 上级人民法院在必要时，可以指定下级人民法院将其管辖的案件移送其他下级人民法院审判。

第十九条 上级人民法院指定管辖，应当将指定管辖决定书分别送达被指定管辖的人民法院和其他有关的人民法院。

第二十条 原受理案件的人民法院在收到上级人民法院改变管辖决定书、同意移送决定书或者指定其他人民法院管辖决定书后，对公诉案件，应当书面通知同级人民检察院，并将案卷材料退回，同时书面通知当事人；对自诉案件，应当将案卷材料移送被指定管辖的人民法院，并书面通知当事人。

第二十一条 第二审人民法院发回重新审判的案件，人民检察院撤回起诉后，又向原第一审人民法院的下级人民法院重新提起公诉的，下级人民法院应当将有关情况层报原第二审人民法院。原第二审人民法院根据具体情况，可以决定将案件移送原第一审人民法院或者其他人民法院审判。

第二十二条 军队和地方互涉刑事案件，按照有关规定确定管辖。

第二章 回 避

第二十三条 审判人员具有下列情形之一的，应当自行回避，当事人及其法定代理人有权申请其回避：

（一）是本案的当事人或者是当事人的近亲属的；

（二）本人或者其近亲属与本案有利害关系的；

（三）担任过本案的证人、鉴定人、辩护人、诉讼代理人、翻译人员的；

（四）与本案的辩护人、诉讼代理人有近亲属关系的；

（五）与本案当事人有其他利害关系，可能影响公正审判的。

第二十四条 审判人员违反规定，具有下列情形之一的，当事人及其法定代理人有权申请其回避：

（一）违反规定会见本案当事人、辩护人、诉讼代理人的；

（二）为本案当事人推荐、介绍辩护人、诉讼代理人，或者为律师、其他人员介绍办理本案的；

（三）索取、接受本案当事人及其委托人的财物或者其他利益的；

（四）接受本案当事人及其委托人的宴请，或者参加由其支付费用的活动的；

（五）向本案当事人及其委托人借用款物的；

（六）有其他不正当行为，可能影响公正审判的。

第二十五条 参与过本案侦查、审查起诉工作的侦查、检察人员，调至人民法院工作的，不得担任本案的审判人员。

在一个审判程序中参与过本案审判工作的合议庭组成人员或者独任审判员，不得再参与本案其他程序的审判。但是，发回重新审判的案件，在第一审人民法院作出裁判后又进入第二审程序或者死刑复核程序的，原第二审程序或者死刑复核程序中的合议庭组成人员不受本款规定的限制。

第二十六条 人民法院应当依法告知当事人及其法定代理人有权申请回避，并告知其合议庭组成人员、独任审判员、书记员等人员的名单。

第二十七条　审判人员自行申请回避，或者当事人及其法定代理人申请审判人员回避的，可以口头或者书面提出，并说明理由，由院长决定。

院长自行申请回避，或者当事人及其法定代理人申请院长回避的，由审判委员会讨论决定。审判委员会讨论时，由副院长主持，院长不得参加。

第二十八条　当事人及其法定代理人依照刑事诉讼法第二十九条和本解释第二十四条规定申请回避，应当提供证明材料。

第二十九条　应当回避的审判人员没有自行回避，当事人及其法定代理人也没有申请其回避的，院长或者审判委员会应当决定其回避。

第三十条　对当事人及其法定代理人提出的回避申请，人民法院可以口头或者书面作出决定，并将决定告知申请人。

当事人及其法定代理人申请回避被驳回的，可以在接到决定时申请复议一次。不属于刑事诉讼法第二十八条、第二十九条规定情形的回避申请，由法庭当庭驳回，并不得申请复议。

第三十一条　当事人及其法定代理人申请出庭的检察人员回避的，人民法院应当决定休庭，并通知人民检察院。

第三十二条　本章所称的审判人员，包括人民法院院长、副院长、审判委员会委员、庭长、副庭长、审判员、助理审判员和人民陪审员。

第三十三条　书记员、翻译人员和鉴定人适用审判人员回避的有关规定，其回避问题由院长决定。

第三十四条　辩护人、诉讼代理人可以依照本章的有关规定要求回避、申请复议。

第三章　辩护与代理

第三十五条　人民法院审判案件，应当充分保障被告人依法享有的辩护权利。

被告人除自己行使辩护权以外，还可以委托辩护人辩护。下列人员不得担任辩护人：

（一）正在被执行刑罚或者处于缓刑、假释考验期间的人；

（二）依法被剥夺、限制人身自由的人；

（三）无行为能力或者限制行为能力的人；

（四）人民法院、人民检察院、公安机关、国家安全机关、监狱的现职人员；

（五）人民陪审员；

（六）与本案审理结果有利害关系的人；

（七）外国人或者无国籍人。

前款第四项至第七项规定的人员，如果是被告人的监护人、近亲属，由被告人委托担任辩护人的，可以准许。

第三十六条　审判人员和人民法院其他工作人员从人民法院离任后二年内，不得以律师身份担任辩护人。

审判人员和人民法院其他工作人员从人民法院离任后,不得担任原任职法院所审理案件的辩护人,但作为被告人的监护人、近亲属进行辩护的除外。

审判人员和人民法院其他工作人员的配偶、子女或者父母不得担任其任职法院所审理案件的辩护人,但作为被告人的监护人、近亲属进行辩护的除外。

第三十七条 律师、人民团体、被告人所在单位推荐的人,或者被告人的监护人、亲友被委托为辩护人的,人民法院应当核实其身份证明和授权委托书。

第三十八条 一名被告人可以委托一至二人作为辩护人。

一名辩护人不得为两名以上的同案被告人,或者未同案处理但犯罪事实存在关联的被告人辩护。

第三十九条 被告人没有委托辩护人的,人民法院自受理案件之日起三日内,应当告知其有权委托辩护人;被告人因经济困难或者其他原因没有委托辩护人的,应当告知其可以申请法律援助;被告人属于应当提供法律援助情形的,应当告知其将依法通知法律援助机构指派律师为其提供辩护。

告知可以采取口头或者书面方式。

第四十条 审判期间,在押的被告人要求委托辩护人的,人民法院应当在三日内向其监护人、近亲属或者其指定的人员转达要求。被告人应当提供有关人员的联系方式。有关人员无法通知的,应当告知被告人。

第四十一条 人民法院收到在押被告人提出的法律援助申请,应当在二十四小时内转交所在地的法律援助机构。

第四十二条 对下列没有委托辩护人的被告人,人民法院应当通知法律援助机构指派律师为其提供辩护:

(一) 盲、聋、哑人;

(二) 尚未完全丧失辨认或者控制自己行为能力的精神病人;

(三) 可能被判处无期徒刑、死刑的人。

高级人民法院复核死刑案件,被告人没有委托辩护人的,应当通知法律援助机构指派律师为其提供辩护。

第四十三条 具有下列情形之一,被告人没有委托辩护人的,人民法院可以通知法律援助机构指派律师为其提供辩护:

(一) 共同犯罪案件中,其他被告人已经委托辩护人;

(二) 有重大社会影响的案件;

(三) 人民检察院抗诉的案件;

(四) 被告人的行为可能不构成犯罪;

(五) 有必要指派律师提供辩护的其他情形。

第四十四条 人民法院通知法律援助机构指派律师提供辩护的,应当将法律援助通知书、起诉书副本或者判决书送达法律援助机构;决定开庭审理的,除适用简易程序审理的以外,应当在开庭十五日前将上述材料送达法律援助机构。

法律援助通知书应当写明案由、被告人姓名、提供法律援助的理由、审判人员的姓名和联系方式;已确定开庭审理的,应当写明开庭的时间、地点。

第四十五条　被告人拒绝法律援助机构指派的律师为其辩护，坚持自己行使辩护权的，人民法院应当准许。

属于应当提供法律援助的情形，被告人拒绝指派的律师为其辩护的，人民法院应当查明原因。理由正当的，应当准许，但被告人须另行委托辩护人；被告人未另行委托辩护人的，人民法院应当在三日内书面通知法律援助机构另行指派律师为其提供辩护。

第四十六条　审判期间，辩护人接受被告人委托的，应当在接受委托之日起三日内，将委托手续提交人民法院。

法律援助机构决定为被告人指派律师提供辩护的，承办律师应当在接受指派之日起三日内，将法律援助手续提交人民法院。

第四十七条　辩护律师可以查阅、摘抄、复制案卷材料。其他辩护人经人民法院许可，也可以查阅、摘抄、复制案卷材料。合议庭、审判委员会的讨论记录以及其他依法不公开的材料不得查阅、摘抄、复制。

辩护人查阅、摘抄、复制案卷材料的，人民法院应当提供方便，并保证必要的时间。

复制案卷材料可以采用复印、拍照、扫描等方式。

第四十八条　辩护律师可以同在押的或者被监视居住的被告人会见和通信。其他辩护人经人民法院许可，也可以同在押的或者被监视居住的被告人会见和通信。

第四十九条　辩护人认为在侦查、审查起诉期间公安机关、人民检察院收集的证明被告人无罪或者罪轻的证据材料未随案移送，申请人民法院调取的，应当以书面形式提出，并提供相关线索或者材料。人民法院接受申请后，应当向人民检察院调取。人民检察院移送相关证据材料后，人民法院应当及时通知辩护人。

第五十条　辩护律师申请向被害人及其近亲属、被害人提供的证人收集与本案有关的材料，人民法院认为确有必要的，应当签发准许调查书。

第五十一条　辩护律师向证人或者有关单位、个人收集、调取与本案有关的证据材料，因证人或者有关单位、个人不同意，申请人民法院收集、调取，或者申请通知证人出庭作证，人民法院认为确有必要的，应当同意。

第五十二条　辩护律师直接申请人民法院向证人或者有关单位、个人收集、调取证据材料，人民法院认为确有收集、调取必要，且不宜或者不能由辩护律师收集、调取的，应当同意。人民法院收集、调取证据材料时，辩护律师可以在场。

人民法院向有关单位收集、调取的书面证据材料，必须由提供人签名，并加盖单位印章；向个人收集、调取的书面证据材料，必须由提供人签名。

人民法院对有关单位、个人提供的证据材料，应当出具收据，写明证据材料的名称、收到的时间、件数、页数以及是否为原件等，由书记员或者审判人员签名。

收集、调取证据材料后，应当及时通知辩护律师查阅、摘抄、复制，并告知人民检察院。

第五十三条　本解释第五十条至第五十二条规定的申请，应当以书面形式提出，并说明理由，写明需要收集、调取证据材料的内容或者需要调查问题的提纲。

对辩护律师的申请，人民法院应当在五日内作出是否准许、同意的决定，并通知申请人；决定不准许、不同意的，应当说明理由。

第五十四条 人民法院自受理自诉案件之日起三日内，应当告知自诉人及其法定代理人、附带民事诉讼当事人及其法定代理人，有权委托诉讼代理人，并告知如果经济困难的，可以申请法律援助。

第五十五条 当事人委托诉讼代理人的，参照适用刑事诉讼法第三十二条和本解释的有关规定。

第五十六条 诉讼代理人有权根据事实和法律，维护被害人、自诉人或者附带民事诉讼当事人的诉讼权利和其他合法权益。

第五十七条 经人民法院许可，诉讼代理人可以查阅、摘抄、复制本案的案卷材料。

律师担任诉讼代理人，需要收集、调取与本案有关的证据材料的，参照适用本解释第五十一条至第五十三条的规定。

第五十八条 诉讼代理人接受当事人委托或者法律援助机构指派后，应当在三日内将委托手续或者法律援助手续提交人民法院。

第五十九条 辩护人、诉讼代理人复制案卷材料的，人民法院只收取工本费；法律援助律师复制必要的案卷材料的，应当免收或者减收费用。

第六十条 辩护律师向人民法院告知其委托人或者其他人准备实施、正在实施危害国家安全、公共安全以及严重危害他人人身安全犯罪的，人民法院应当记录在案，立即转告主管机关依法处理，并为反映有关情况的辩护律师保密。

第四章　证　据

第一节　一般规定

第六十一条 认定案件事实，必须以证据为根据。

第六十二条 审判人员应当依照法定程序收集、审查、核实、认定证据。

第六十三条 证据未经当庭出示、辨认、质证等法庭调查程序查证属实，不得作为定案的根据，但法律和本解释另有规定的除外。

第六十四条 应当运用证据证明的案件事实包括：

（一）被告人、被害人的身份；

（二）被指控的犯罪是否存在；

（三）被指控的犯罪是否为被告人所实施；

（四）被告人有无刑事责任能力，有无罪过，实施犯罪的动机、目的；

（五）实施犯罪的时间、地点、手段、后果以及案件起因等；

（六）被告人在共同犯罪中的地位、作用；

（七）被告人有无从重、从轻、减轻、免除处罚情节；

（八）有关附带民事诉讼、涉案财物处理的事实；

（九）有关管辖、回避、延期审理等的程序事实；

（十）与定罪量刑有关的其他事实。

认定被告人有罪和对被告人从重处罚，应当适用证据确实、充分的证明标准。

第六十五条 行政机关在行政执法和查办案件过程中收集的物证、书证、视听资料、电子数据等证据材料，在刑事诉讼中可以作为证据使用；经法庭查证属实，且收集程序符合有关法律、行政法规规定的，可以作为定案的根据。

根据法律、行政法规规定行使国家行政管理职权的组织，在行政执法和查办案件过程中收集的证据材料，视为行政机关收集的证据材料。

第六十六条 人民法院依照刑事诉讼法第一百九十一条的规定调查核实证据，必要时，可以通知检察人员、辩护人、自诉人及其法定代理人到场。上述人员未到场的，应当记录在案。

人民法院调查核实证据时，发现对定罪量刑有重大影响的新的证据材料的，应当告知检察人员、辩护人、自诉人及其法定代理人。必要时，也可以直接提取，并及时通知检察人员、辩护人、自诉人及其法定代理人查阅、摘抄、复制。

第六十七条 下列人员不得担任刑事诉讼活动的见证人：

（一）生理上、精神上有缺陷或者年幼，不具有相应辨别能力或者不能正确表达的人；

（二）与案件有利害关系，可能影响案件公正处理的人；

（三）行使勘验、检查、搜查、扣押等刑事诉讼职权的公安、司法机关的工作人员或者其聘用的人员。

由于客观原因无法由符合条件的人员担任见证人的，应当在笔录材料中注明情况，并对相关活动进行录像。

第六十八条 公开审理案件时，公诉人、诉讼参与人提出涉及国家秘密、商业秘密或者个人隐私的证据的，法庭应当制止。有关证据确与本案有关的，可以根据具体情况，决定将案件转为不公开审理，或者对相关证据的法庭调查不公开进行。

第二节 物证、书证的审查与认定

第六十九条 对物证、书证应当着重审查以下内容：

（一）物证、书证是否为原物、原件，是否经过辨认、鉴定；物证的照片、录像、复制品或者书证的副本、复制件是否与原物、原件相符，是否由二人以上制作，有无制作人关于制作过程以及原物、原件存放于何处的文字说明和签名；

（二）物证、书证的收集程序、方式是否符合法律、有关规定；经勘验、检查、搜查提取、扣押的物证、书证，是否附有相关笔录、清单，笔录、清单是否经侦查人员、物品持有人、见证人签名，没有物品持有人签名的，是否注明原因；物品的名称、特征、数量、质量等是否注明清楚；

（三）物证、书证在收集、保管、鉴定过程中是否受损或者改变；

（四）物证、书证与案件事实有无关联；对现场遗留与犯罪有关的具备鉴定条件的血迹、体液、毛发、指纹等生物样本、痕迹、物品，是否已作 DNA 鉴定、指纹鉴定等，并与被告人或者被害人的相应生物检材、生物特征、物品等比对；

（五）与案件事实有关联的物证、书证是否全面收集。

第七十条　据以定案的物证应当是原物。原物不便搬运，不易保存，依法应当由有关部门保管、处理，或者依法应当返还的，可以拍摄、制作足以反映原物外形和特征的照片、录像、复制品。

物证的照片、录像、复制品，不能反映原物的外形和特征的，不得作为定案的根据。

物证的照片、录像、复制品，经与原物核对无误、经鉴定为真实或者以其他方式确认为真实的，可以作为定案的根据。

第七十一条　据以定案的书证应当是原件。取得原件确有困难的，可以使用副本、复制件。

书证有更改或者更改迹象不能作出合理解释，或者书证的副本、复制件不能反映原件及其内容的，不得作为定案的根据。

书证的副本、复制件，经与原件核对无误、经鉴定为真实或者以其他方式确认为真实的，可以作为定案的根据。

第七十二条　对与案件事实可能有关联的血迹、体液、毛发、人体组织、指纹、足迹、字迹等生物样本、痕迹和物品，应当提取而没有提取，应当检验而没有检验，导致案件事实存疑的，人民法院应当向人民检察院说明情况，由人民检察院依法补充收集、调取证据或者作出合理说明。

第七十三条　在勘验、检查、搜查过程中提取、扣押的物证、书证，未附笔录或者清单，不能证明物证、书证来源的，不得作为定案的根据。

物证、书证的收集程序、方式有下列瑕疵，经补正或者作出合理解释的，可以采用：

（一）勘验、检查、搜查、提取笔录或者扣押清单上没有侦查人员、物品持有人、见证人签名，或者对物品的名称、特征、数量、质量等注明不详的；

（二）物证的照片、录像、复制品，书证的副本、复制件未注明与原件核对无异，无复制时间，或者无被收集、调取人签名、盖章的；

（三）物证的照片、录像、复制品，书证的副本、复制件没有制作人关于制作过程和原物、原件存放地点的说明，或者说明中无签名的；

（四）有其他瑕疵的。

对物证、书证的来源、收集程序有疑问，不能作出合理解释的，该物证、书证不得作为定案的根据。

第三节　证人证言、被害人陈述的审查与认定

第七十四条　对证人证言应当着重审查以下内容：

（一）证言的内容是否为证人直接感知；

（二）证人作证时的年龄，认知、记忆和表达能力，生理和精神状态是否影响作证；

（三）证人与案件当事人、案件处理结果有无利害关系；

（四）询问证人是否个别进行；

（五）询问笔录的制作、修改是否符合法律、有关规定，是否注明询问的起止时间和地点，首次询问时是否告知证人有关作证的权利义务和法律责任，证人对询问笔录是否核对确认；

（六）询问未成年证人时，是否通知其法定代理人或者有关人员到场，其法定代理人或者有关人员是否到场；

（七）证人证言有无以暴力、威胁等非法方法收集的情形；

（八）证言之间以及与其他证据之间能否相互印证，有无矛盾。

第七十五条 处于明显醉酒、中毒或者麻醉等状态，不能正常感知或者正确表达的证人所提供的证言，不得作为证据使用。

证人的猜测性、评论性、推断性的证言，不得作为证据使用，但根据一般生活经验判断符合事实的除外。

第七十六条 证人证言具有下列情形之一的，不得作为定案的根据：

（一）询问证人没有个别进行的；

（二）书面证言没有经证人核对确认的；

（三）询问聋、哑人，应当提供通晓聋、哑手势的人员而未提供的；

（四）询问不通晓当地通用语言、文字的证人，应当提供翻译人员而未提供的。

第七十七条 证人证言的收集程序、方式有下列瑕疵，经补正或者作出合理解释的，可以采用；不能补正或者作出合理解释的，不得作为定案的根据：

（一）询问笔录没有填写询问人、记录人、法定代理人姓名以及询问的起止时间、地点的；

（二）询问地点不符合规定的；

（三）询问笔录没有记录告知证人有关作证的权利义务和法律责任的；

（四）询问笔录反映出在同一时段，同一询问人员询问不同证人的。

第七十八条 证人当庭作出的证言，经控辩双方质证、法庭查证属实的，应当作为定案的根据。

证人当庭作出的证言与其庭前证言矛盾，证人能够作出合理解释，并有相关证据印证的，应当采信其庭审证言；不能作出合理解释，而其庭前证言有相关证据印证的，可以采信其庭前证言。

经人民法院通知，证人没有正当理由拒绝出庭或者出庭后拒绝作证，法庭对其证言的真实性无法确认的，该证人证言不得作为定案的根据。

第七十九条 对被害人陈述的审查与认定，参照适用本节的有关规定。

第四节 被告人供述和辩解的审查与认定

第八十条 对被告人供述和辩解应当着重审查以下内容：

（一）讯问的时间、地点，讯问人的身份、人数以及讯问方式等是否符合法律、有关规定；

（二）讯问笔录的制作、修改是否符合法律、有关规定，是否注明讯问的具体起止时间和地点，首次讯问时是否告知被告人相关权利和法律规定，被告人是否核对确认；

（三）讯问未成年被告人时，是否通知其法定代理人或者有关人员到场，其法定代理人或者有关人员是否到场；

（四）被告人的供述有无以刑讯逼供等非法方法收集的情形；

（五）被告人的供述是否前后一致，有无反复以及出现反复的原因；被告人的所有供述和辩解是否均已随案移送；

（六）被告人的辩解内容是否符合案情和常理，有无矛盾；

（七）被告人的供述和辩解与同案被告人的供述和辩解以及其他证据能否相互印证，有无矛盾。

必要时，可以调取讯问过程的录音录像、被告人进出看守所的健康检查记录、笔录，并结合录音录像、记录、笔录对上述内容进行审查。

第八十一条 被告人供述具有下列情形之一的，不得作为定案的根据：

（一）讯问笔录没有经被告人核对确认的；

（二）讯问聋、哑人，应当提供通晓聋、哑手势的人员而未提供的；

（三）讯问不通晓当地通用语言、文字的被告人，应当提供翻译人员而未提供的。

第八十二条 讯问笔录有下列瑕疵，经补正或者作出合理解释的，可以采用；不能补正或者作出合理解释的，不得作为定案的根据：

（一）讯问笔录填写的讯问时间、讯问人、记录人、法定代理人等有误或者存在矛盾的；

（二）讯问人没有签名的；

（三）首次讯问笔录没有记录告知被讯问人相关权利和法律规定的。

第八十三条 审查被告人供述和辩解，应当结合控辩双方提供的所有证据以及被告人的全部供述和辩解进行。

被告人庭审中翻供，但不能合理说明翻供原因或者其辩解与全案证据矛盾，而其庭前供述与其他证据相互印证的，可以采信其庭前供述。

被告人庭前供述和辩解存在反复，但庭审中供认，且与其他证据相互印证的，可以采信其庭审供述；被告人庭前供述和辩解存在反复，庭审中不供认，且无其他证据与庭前供述印证的，不得采信其庭前供述。

第五节 鉴定意见的审查与认定

第八十四条 对鉴定意见应当着重审查以下内容：

（一）鉴定机构和鉴定人是否具有法定资质；

（二）鉴定人是否存在应当回避的情形；

（三）检材的来源、取得、保管、送检是否符合法律、有关规定，与相关提取笔录、扣押物品清单等记载的内容是否相符，检材是否充足、可靠；

（四）鉴定意见的形式要件是否完备，是否注明提起鉴定的事由、鉴定委托人、鉴定机构、鉴定要求、鉴定过程、鉴定方法、鉴定日期等相关内容，是否由鉴定机构加盖司法鉴定专用章并由鉴定人签名、盖章；

（五）鉴定程序是否符合法律、有关规定；

（六）鉴定的过程和方法是否符合相关专业的规范要求；

（七）鉴定意见是否明确；

（八）鉴定意见与案件待证事实有无关联；

（九）鉴定意见与勘验、检查笔录及相关照片等其他证据是否矛盾；

（十）鉴定意见是否依法及时告知相关人员，当事人对鉴定意见有无异议。

第八十五条 鉴定意见具有下列情形之一的，不得作为定案的根据：

（一）鉴定机构不具备法定资质，或者鉴定事项超出该鉴定机构业务范围、技术条件的；

（二）鉴定人不具备法定资质，不具有相关专业技术或者职称，或者违反回避规定的；

（三）送检材料、样本来源不明，或者因污染不具备鉴定条件的；

（四）鉴定对象与送检材料、样本不一致的；

（五）鉴定程序违反规定的；

（六）鉴定过程和方法不符合相关专业的规范要求的；

（七）鉴定文书缺少签名、盖章的；

（八）鉴定意见与案件待证事实没有关联的；

（九）违反有关规定的其他情形。

第八十六条 经人民法院通知，鉴定人拒不出庭作证的，鉴定意见不得作为定案的根据。

鉴定人由于不能抗拒的原因或者有其他正当理由无法出庭的，人民法院可以根据情况决定延期审理或者重新鉴定。

对没有正当理由拒不出庭作证的鉴定人，人民法院应当通报司法行政机关或者有关部门。

第八十七条 对案件中的专门性问题需要鉴定，但没有法定司法鉴定机构，或者法律、司法解释规定可以进行检验的，可以指派、聘请有专门知识的人进行检验，检验报告可以作为定罪量刑的参考。

对检验报告的审查与认定，参照适用本节的有关规定。

经人民法院通知，检验人拒不出庭作证的，检验报告不得作为定罪量刑的参考。

第六节　勘验、检查、辨认、侦查实验等笔录的审查与认定

第八十八条 对勘验、检查笔录应当着重审查以下内容：

（一）勘验、检查是否依法进行，笔录的制作是否符合法律、有关规定，勘验、检查人员和见证人是否签名或者盖章；

（二）勘验、检查笔录是否记录了提起勘验、检查的事由，勘验、检查的时间、地点，在场人员、现场方位、周围环境等，现场的物品、人身、尸体等的位置、特征等情况，以及勘验、检查、搜查的过程；文字记录与实物或者绘图、照片、录像是否相符；现场、物品、痕迹等是否伪造、有无破坏；人身特征、伤害情况、生理状态有无伪装或者变化等；

（三）补充进行勘验、检查的，是否说明了再次勘验、检查的原由，前后勘验、检查的情况是否矛盾。

第八十九条 勘验、检查笔录存在明显不符合法律、有关规定的情形，不能作出合理解释或者说明的，不得作为定案的根据。

第九十条 对辨认笔录应当着重审查辨认的过程、方法，以及辨认笔录的制作是否符合有关规定。

辨认笔录具有下列情形之一的，不得作为定案的根据：

（一）辨认不是在侦查人员主持下进行的；

（二）辨认前使辨认人见到辨认对象的；

（三）辨认活动没有个别进行的；

（四）辨认对象没有混杂在具有类似特征的其他对象中，或者供辨认的对象数量不符合规定的；

（五）辨认中给辨认人明显暗示或者明显有指认嫌疑的；

（六）违反有关规定、不能确定辨认笔录真实性的其他情形。

第九十一条 对侦查实验笔录应当着重审查实验的过程、方法，以及笔录的制作是否符合有关规定。

侦查实验的条件与事件发生时的条件有明显差异，或者存在影响实验结论科学性的其他情形的，侦查实验笔录不得作为定案的根据。

第七节　视听资料、电子数据的审查与认定

第九十二条 对视听资料应当着重审查以下内容：

（一）是否附有提取过程的说明，来源是否合法；

（二）是否为原件，有无复制及复制份数；是复制件的，是否附有无法调取原件的原因、复制件制作过程和原件存放地点的说明，制作人、原视听资料持有人是否签名或者盖章；

（三）制作过程中是否存在威胁、引诱当事人等违反法律、有关规定的情形；

（四）是否写明制作人、持有人的身份，制作的时间、地点、条件和方法；

（五）内容和制作过程是否真实，有无剪辑、增加、删改等情形；

（六）内容与案件事实有无关联。

对视听资料有疑问的，应当进行鉴定。

第九十三条 对电子邮件、电子数据交换、网上聊天记录、博客、微博客、手机短信、电子签名、域名等电子数据，应当着重审查以下内容：

（一）是否随原始存储介质移送；在原始存储介质无法封存、不便移动或者依法应当由有关部门保管、处理、返还时，提取、复制电子数据是否由二人以上进行，是否足以保证电子数据的完整性，有无提取、复制过程及原始存储介质存放地点的文字说明和签名；

（二）收集程序、方式是否符合法律及有关技术规范；经勘验、检查、搜查等侦查活动收集的电子数据，是否附有笔录、清单，并经侦查人员、电子数据持有人、见证人

签名；没有持有人签名的，是否注明原因；远程调取境外或者异地的电子数据的，是否注明相关情况；对电子数据的规格、类别、文件格式等注明是否清楚；

（三）电子数据内容是否真实，有无删除、修改、增加等情形；

（四）电子数据与案件事实有无关联；

（五）与案件事实有关联的电子数据是否全面收集。

对电子数据有疑问的，应当进行鉴定或者检验。

第九十四条　视听资料、电子数据具有下列情形之一的，不得作为定案的根据：

（一）经审查无法确定真伪的；

（二）制作、取得的时间、地点、方式等有疑问，不能提供必要证明或者作出合理解释的。

第八节　非法证据排除

第九十五条　使用肉刑或者变相肉刑，或者采用其他使被告人在肉体上或者精神上遭受剧烈疼痛或者痛苦的方法，迫使被告人违背意愿供述的，应当认定为刑事诉讼法第五十四条规定的"刑讯逼供等非法方法"。

认定刑事诉讼法第五十四条规定的"可能严重影响司法公正"，应当综合考虑收集物证、书证违反法定程序以及所造成后果的严重程度等情况。

第九十六条　当事人及其辩护人、诉讼代理人申请人民法院排除以非法方法收集的证据的，应当提供涉嫌非法取证的人员、时间、地点、方式、内容等相关线索或者材料。

第九十七条　人民法院向被告人及其辩护人送达起诉书副本时，应当告知其申请排除非法证据的，应当在开庭审理前提出，但在庭审期间才发现相关线索或者材料的除外。

第九十八条　开庭审理前，当事人及其辩护人、诉讼代理人申请人民法院排除非法证据的，人民法院应当在开庭前及时将申请书或者申请笔录及相关线索、材料的复制件送交人民检察院。

第九十九条　开庭审理前，当事人及其辩护人、诉讼代理人申请排除非法证据，人民法院经审查，对证据收集的合法性有疑问的，应当依照刑事诉讼法第一百八十二条第二款的规定召开庭前会议，就非法证据排除等问题了解情况，听取意见。人民检察院可以通过出示有关证据材料等方式，对证据收集的合法性加以说明。

第一百条　法庭审理过程中，当事人及其辩护人、诉讼代理人申请排除非法证据的，法庭应当进行审查。经审查，对证据收集的合法性有疑问的，应当进行调查；没有疑问的，应当当庭说明情况和理由，继续法庭审理。当事人及其辩护人、诉讼代理人以相同理由再次申请排除非法证据的，法庭不再进行审查。

对证据收集合法性的调查，根据具体情况，可以在当事人及其辩护人、诉讼代理人提出排除非法证据的申请后进行，也可以在法庭调查结束前一并进行。

法庭审理过程中，当事人及其辩护人、诉讼代理人申请排除非法证据，人民法院经审查，不符合本解释第九十七条规定的，应当在法庭调查结束前一并进行审查，并决定是否进行证据收集合法性的调查。

第一百零一条 法庭决定对证据收集的合法性进行调查的，可以由公诉人通过出示、宣读讯问笔录或者其他证据，有针对性地播放讯问过程的录音录像，提请法庭通知有关侦查人员或者其他人员出庭说明情况等方式，证明证据收集的合法性。

公诉人提交的取证过程合法的说明材料，应当经有关侦查人员签名，并加盖公章。未经有关侦查人员签名的，不得作为证据使用。上述说明材料不能单独作为证明取证过程合法的根据。

第一百零二条 经审理，确认或者不能排除存在刑事诉讼法第五十四条规定的以非法方法收集证据情形的，对有关证据应当排除。

人民法院对证据收集的合法性进行调查后，应当将调查结论告知公诉人、当事人和辩护人、诉讼代理人。

第一百零三条 具有下列情形之一的，第二审人民法院应当对证据收集的合法性进行审查，并根据刑事诉讼法和本解释的有关规定作出处理：

（一）第一审人民法院对当事人及其辩护人、诉讼代理人排除非法证据的申请没有审查，且以该证据作为定案根据的；

（二）人民检察院或者被告人、自诉人及其法定代理人不服第一审人民法院作出的有关证据收集合法性的调查结论，提出抗诉、上诉的；

（三）当事人及其辩护人、诉讼代理人在第一审结束后才发现相关线索或者材料，申请人民法院排除非法证据的。

第九节 证据的综合审查与运用

第一百零四条 对证据的真实性，应当综合全案证据进行审查。

对证据的证明力，应当根据具体情况，从证据与待证事实的关联程度、证据之间的联系等方面进行审查判断。

证据之间具有内在联系，共同指向同一待证事实，不存在无法排除的矛盾和无法解释的疑问的，才能作为定案的根据。

第一百零五条 没有直接证据，但间接证据同时符合下列条件的，可以认定被告人有罪：

（一）证据已经查证属实；

（二）证据之间相互印证，不存在无法排除的矛盾和无法解释的疑问；

（三）全案证据已经形成完整的证明体系；

（四）根据证据认定案件事实足以排除合理怀疑，结论具有唯一性；

（五）运用证据进行的推理符合逻辑和经验。

第一百零六条 根据被告人的供述、指认提取到了隐蔽性很强的物证、书证，且被告人的供述与其他证明犯罪事实发生的证据相互印证，并排除串供、逼供、诱供等可能性的，可以认定被告人有罪。

第一百零七条 采取技术侦查措施收集的证据材料，经当庭出示、辨认、质证等法庭调查程序查证属实的，可以作为定案的根据。

使用前款规定的证据可能危及有关人员的人身安全，或者可能产生其他严重后果的，法庭应当采取不暴露有关人员身份、技术方法等保护措施，必要时，审判人员可以在庭外核实。

第一百零八条 对侦查机关出具的被告人到案经过、抓获经过等材料，应当审查是否有出具该说明材料的办案人、办案机关的签名、盖章。

对到案经过、抓获经过或者确定被告人有重大嫌疑的根据有疑问的，应当要求侦查机关补充说明。

第一百零九条 下列证据应当慎重使用，有其他证据印证的，可以采信：

（一）生理上、精神上有缺陷，对案件事实的认知和表达存在一定困难，但尚未丧失正确认知、表达能力的被害人、证人和被告人所作的陈述、证言和供述；

（二）与被告人有亲属关系或者其他密切关系的证人所作的有利被告人的证言，或者与被告人有利害冲突的证人所作的不利被告人的证言。

第一百一十条 证明被告人自首、坦白、立功的证据材料，没有加盖接受被告人投案、坦白、检举揭发等的单位的印章，或者接受人员没有签名的，不得作为定案的根据。

对被告人及其辩护人提出有自首、坦白、立功的事实和理由，有关机关未予认定，或者有关机关提出被告人有自首、坦白、立功表现，但证据材料不全的，人民法院应当要求有关机关提供证明材料，或者要求相关人员作证，并结合其他证据作出认定。

第一百一十一条 证明被告人构成累犯、毒品再犯的证据材料，应当包括前罪的裁判文书、释放证明等材料；材料不全的，应当要求有关机关提供。

第一百一十二条 审查被告人实施被指控的犯罪时或者审判时是否达到相应法定责任年龄，应当根据户籍证明、出生证明文件、学籍卡、人口普查登记、无利害关系人的证言等证据综合判断。

证明被告人已满十四周岁、十六周岁、十八周岁或者不满七十五周岁的证据不足的，应当认定被告人不满十四周岁、不满十六周岁、不满十八周岁或者已满七十五周岁。

第五章　强制措施

第一百一十三条 人民法院审判案件，根据情况，对被告人可以决定拘传、取保候审、监视居住或者逮捕。

对被告人采取、撤销或者变更强制措施的，由院长决定。

第一百一十四条 对经依法传唤拒不到庭的被告人，或者根据案件情况有必要拘传的被告人，可以拘传。

拘传被告人，应当由院长签发拘传票，由司法警察执行，执行人员不得少于二人。

拘传被告人，应当出示拘传票。对抗拒拘传的被告人，可以使用戒具。

第一百一十五条 拘传被告人，持续的时间不得超过十二小时；案情特别重大、复杂，需要采取逮捕措施的，持续的时间不得超过二十四小时。不得以连续拘传的形式变相拘禁被告人。应当保证被拘传人的饮食和必要的休息时间。

第一百一十六条 被告人具有刑事诉讼法第六十五条第一款规定情形之一的，人民法院可以决定取保候审。

对被告人决定取保候审的，应当责令其提出保证人或者交纳保证金，不得同时使用保证人保证与保证金保证。

第一百一十七条 对下列被告人决定取保候审的，可以责令其提出一至二名保证人：

（一）无力交纳保证金的；

（二）未成年或者已满七十五周岁的；

（三）不宜收取保证金的其他被告人。

第一百一十八条 人民法院应当审查保证人是否符合法定条件。符合条件的，应当告知其必须履行的义务，并由其出具保证书。

第一百一十九条 对决定取保候审的被告人使用保证金保证的，应当依照刑事诉讼法第七十条第一款的规定确定保证金的具体数额，并责令被告人或者为其提供保证金的单位、个人将保证金一次性存入公安机关指定银行的专门账户。

第一百二十条 人民法院向被告人宣布取保候审决定后，应当将取保候审决定书等相关材料送交当地同级公安机关执行；被告人不在本地居住的，送交其居住地公安机关执行。

对被告人使用保证金保证的，应当在核实保证金已经存入公安机关指定银行的专门账户后，将银行出具的收款凭证一并送交公安机关。

第一百二十一条 被告人被取保候审期间，保证人不愿继续履行保证义务或者丧失履行保证义务能力的，人民法院应当在收到保证人的申请或者公安机关的书面通知后三日内，责令被告人重新提出保证人或者交纳保证金，或者变更强制措施，并通知公安机关。

第一百二十二条 根据案件事实和法律规定，认为已经构成犯罪的被告人在取保候审期间逃匿的，如果系保证人协助被告人逃匿，或者保证人明知被告人藏匿地点但拒绝向司法机关提供，对保证人应当依法追究刑事责任。

第一百二十三条 人民法院发现使用保证金保证的被取保候审人违反刑事诉讼法第六十九条第一款、第二款规定的，应当提出没收部分或者全部保证金的书面意见，连同有关材料一并送交负责执行的公安机关处理。

人民法院收到公安机关已经没收保证金的书面通知或者变更强制措施的建议后，应当区别情形，在五日内责令被告人具结悔过，重新交纳保证金或者提出保证人，或者变更强制措施，并通知公安机关。

人民法院决定对被依法没收保证金的被告人继续取保候审的，取保候审的期限连续计算。

第一百二十四条 对被取保候审的被告人的判决、裁定生效后，应当解除取保候审、退还保证金的，如果保证金属于其个人财产，人民法院可以书面通知公安机关将保证金移交人民法院，用以退赔被害人、履行附带民事赔偿义务或者执行财产刑，剩余部分应当退还被告人。

第一百二十五条 对具有刑事诉讼法第七十二条第一款、第二款规定情形的被告人，人民法院可以决定监视居住。

人民法院决定对被告人监视居住的，应当核实其住处；没有固定住处的，应当为其指定居所。

第一百二十六条 人民法院向被告人宣布监视居住决定后，应当将监视居住决定书等相关材料送交被告人住处或者指定居所所在地的同级公安机关执行。

对被告人指定居所监视居住后，人民法院应当在二十四小时内，将监视居住的原因和处所通知其家属；确实无法通知的，应当记录在案。

第一百二十七条 人民检察院、公安机关已经对犯罪嫌疑人取保候审、监视居住，案件起诉至人民法院后，需要继续取保候审、监视居住或者变更强制措施的，人民法院应当在七日内作出决定，并通知人民检察院、公安机关。

决定继续取保候审、监视居住的，应当重新办理手续，期限重新计算；继续使用保证金保证的，不再收取保证金。

人民法院不得对被告人重复采取取保候审、监视居住措施。

第一百二十八条 对具有刑事诉讼法第七十九条第一款、第二款规定情形的被告人，人民法院应当决定逮捕。

第一百二十九条 被取保候审的被告人具有下列情形之一的，人民法院应当决定逮捕：

（一）故意实施新的犯罪的；

（二）企图自杀、逃跑的；

（三）毁灭、伪造证据，干扰证人作证或者串供的；

（四）对被害人、举报人、控告人实施打击报复的；

（五）经传唤，无正当理由不到案，影响审判活动正常进行的；

（六）擅自改变联系方式或者居住地，导致无法传唤，影响审判活动正常进行的；

（七）未经批准，擅自离开所居住的市、县，影响审判活动正常进行，或者两次未经批准，擅自离开所居住的市、县的；

（八）违反规定进入特定场所、与特定人员会见或者通信、从事特定活动，影响审判活动正常进行，或者两次违反有关规定的；

（九）依法应当决定逮捕的其他情形。

第一百三十条 被监视居住的被告人具有下列情形之一的，人民法院应当决定逮捕：

（一）具有前条第一项至第五项规定情形之一的；

（二）未经批准，擅自离开执行监视居住的处所，影响审判活动正常进行，或者两次未经批准，擅自离开执行监视居住的处所的；

（三）未经批准，擅自会见他人或者通信，影响审判活动正常进行，或者两次未经批准，擅自会见他人或者通信的；

（四）对因患有严重疾病、生活不能自理，或者因怀孕、正在哺乳自己婴儿而未予

逮捕的被告人,疾病痊愈或者哺乳期已满的;

(五)依法应当决定逮捕的其他情形。

第一百三十一条 人民法院作出逮捕决定后,应当将逮捕决定书等相关材料送交同级公安机关执行,并将逮捕决定书抄送人民检察院。逮捕被告人后,人民法院应当将逮捕的原因和羁押的处所,在二十四小时内通知其家属;确实无法通知的,应当记录在案。

第一百三十二条 人民法院对决定逮捕的被告人,应当在逮捕后二十四小时内讯问。发现不应当逮捕的,应当变更强制措施或者立即释放。

第一百三十三条 被逮捕的被告人具有下列情形之一的,人民法院可以变更强制措施:

(一)患有严重疾病、生活不能自理的;

(二)怀孕或者正在哺乳自己婴儿的;

(三)系生活不能自理的人的唯一扶养人。

第一百三十四条 第一审人民法院判决被告人无罪、不负刑事责任或者免除刑事处罚,被告人在押的,应当在宣判后立即释放。

被逮捕的被告人具有下列情形之一的,人民法院应当变更强制措施或者予以释放:

(一)第一审人民法院判处管制、宣告缓刑、单独适用附加刑,判决尚未发生法律效力的;

(二)被告人被羁押的时间已到第一审人民法院对其判处的刑期期限的;

(三)案件不能在法律规定的期限内审结的。

第一百三十五条 人民法院决定变更强制措施或者释放被告人的,应当立即将变更强制措施决定书或者释放通知书送交公安机关执行。

第一百三十六条 对人民法院决定逮捕的被告人,人民检察院建议释放或者变更强制措施的,人民法院应当在收到建议后十日内将处理情况通知人民检察院。

第一百三十七条 被告人及其法定代理人、近亲属或者辩护人申请变更强制措施的,应当说明理由。人民法院收到申请后,应当在三日内作出决定。同意变更强制措施的,应当依照本解释规定处理;不同意的,应当告知申请人,并说明理由。

第六章 附带民事诉讼

第一百三十八条 被害人因人身权利受到犯罪侵犯或者财物被犯罪分子毁坏而遭受物质损失的,有权在刑事诉讼过程中提起附带民事诉讼;被害人死亡或者丧失行为能力的,其法定代理人、近亲属有权提起附带民事诉讼。

因受到犯罪侵犯,提起附带民事诉讼或者单独提起民事诉讼要求赔偿精神损失的,人民法院不予受理。

第一百三十九条 被告人非法占有、处置被害人财产的,应当依法予以追缴或者责令退赔。被害人提起附带民事诉讼的,人民法院不予受理。追缴、退赔的情况,可以作为量刑情节考虑。

第一百四十条　国家机关工作人员在行使职权时，侵犯他人人身、财产权利构成犯罪，被害人或者其法定代理人、近亲属提起附带民事诉讼的，人民法院不予受理，但应当告知其可以依法申请国家赔偿。

第一百四十一条　人民法院受理刑事案件后，对符合刑事诉讼法第九十九条和本解释第一百三十八条第一款规定的，可以告知被害人或者其法定代理人、近亲属有权提起附带民事诉讼。

有权提起附带民事诉讼的人放弃诉讼权利的，应当准许，并记录在案。

第一百四十二条　国家财产、集体财产遭受损失，受损失的单位未提起附带民事诉讼，人民检察院在提起公诉时提起附带民事诉讼的，人民法院应当受理。

人民检察院提起附带民事诉讼的，应当列为附带民事诉讼原告人。

被告人非法占有、处置国家财产、集体财产的，依照本解释第一百三十九条的规定处理。

第一百四十三条　附带民事诉讼中依法负有赔偿责任的人包括：

（一）刑事被告人以及未被追究刑事责任的其他共同侵害人；

（二）刑事被告人的监护人；

（三）死刑罪犯的遗产继承人；

（四）共同犯罪案件中，案件审结前死亡的被告人的遗产继承人；

（五）对被害人的物质损失依法应当承担赔偿责任的其他单位和个人。

附带民事诉讼被告人的亲友自愿代为赔偿的，应当准许。

第一百四十四条　被害人或者其法定代理人、近亲属仅对部分共同侵害人提起附带民事诉讼的，人民法院应当告知其可以对其他共同侵害人，包括没有被追究刑事责任的共同侵害人，一并提起附带民事诉讼，但共同犯罪案件中同案犯在逃的除外。

被害人或者其法定代理人、近亲属放弃对其他共同侵害人的诉讼权利的，人民法院应当告知其相应法律后果，并在裁判文书中说明其放弃诉讼请求的情况。

第一百四十五条　附带民事诉讼的起诉条件是：

（一）起诉人符合法定条件；

（二）有明确的被告人；

（三）有请求赔偿的具体要求和事实、理由；

（四）属于人民法院受理附带民事诉讼的范围。

第一百四十六条　共同犯罪案件，同案犯在逃的，不应列为附带民事诉讼被告人。逃跑的同案犯到案后，被害人或者其法定代理人、近亲属可以对其提起附带民事诉讼，但已经从其他共同犯罪人处获得足额赔偿的除外。

第一百四十七条　附带民事诉讼应当在刑事案件立案后及时提起。

提起附带民事诉讼应当提交附带民事起诉状。

第一百四十八条　侦查、审查起诉期间，有权提起附带民事诉讼的人提出赔偿要求，经公安机关、人民检察院调解，当事人双方已经达成协议并全部履行，被害人或者其法定代理人、近亲属又提起附带民事诉讼的，人民法院不予受理，但有证据证明调解违反自愿、合法原则的除外。

第一百四十九条 被害人或者其法定代理人、近亲属提起附带民事诉讼的，人民法院应当在七日内决定是否立案。符合刑事诉讼法第九十九条以及本解释有关规定的，应当受理；不符合的，裁定不予受理。

第一百五十条 人民法院受理附带民事诉讼后，应当在五日内将附带民事起诉状副本送达附带民事诉讼被告人及其法定代理人，或者将口头起诉的内容及时通知附带民事诉讼被告人及其法定代理人，并制作笔录。

人民法院送达附带民事起诉状副本时，应当根据刑事案件的审理期限，确定被告人及其法定代理人提交附带民事答辩状的时间。

第一百五十一条 附带民事诉讼当事人对自己提出的主张，有责任提供证据。

第一百五十二条 人民法院对可能因被告人的行为或者其他原因，使附带民事判决难以执行的案件，根据附带民事诉讼原告人的申请，可以裁定采取保全措施，查封、扣押或者冻结被告人的财产；附带民事诉讼原告人未提出申请的，必要时，人民法院也可以采取保全措施。

有权提起附带民事诉讼的人因情况紧急，不立即申请保全将会使其合法权益受到难以弥补的损害的，可以在提起附带民事诉讼前，向被保全财产所在地、被申请人居住地或者对案件有管辖权的人民法院申请采取保全措施。申请人在人民法院受理刑事案件后十五日内未提起附带民事诉讼的，人民法院应当解除保全措施。

人民法院采取保全措施，适用民事诉讼法第一百条至第一百零五条的有关规定，但民事诉讼法第一百零一条第三款的规定除外。

第一百五十三条 人民法院审理附带民事诉讼案件，可以根据自愿、合法的原则进行调解。经调解达成协议的，应当制作调解书。调解书经双方当事人签收后，即具有法律效力。

调解达成协议并即时履行完毕的，可以不制作调解书，但应当制作笔录，经双方当事人、审判人员、书记员签名或者盖章后即发生法律效力。

第一百五十四条 调解未达成协议或者调解书签收前当事人反悔的，附带民事诉讼应当同刑事诉讼一并判决。

第一百五十五条 对附带民事诉讼作出判决，应当根据犯罪行为造成的物质损失，结合案件具体情况，确定被告人应当赔偿的数额。

犯罪行为造成被害人人身损害的，应当赔偿医疗费、护理费、交通费等为治疗和康复支付的合理费用，以及因误工减少的收入。造成被害人残疾的，还应当赔偿残疾生活辅助具费等费用；造成被害人死亡的，还应当赔偿丧葬费等费用。

驾驶机动车致人伤亡或者造成公私财产重大损失，构成犯罪的，依照《中华人民共和国道路交通安全法》第七十六条的规定确定赔偿责任。

附带民事诉讼当事人就民事赔偿问题达成调解、和解协议的，赔偿范围、数额不受第二款、第三款规定的限制。

第一百五十六条 人民检察院提起附带民事诉讼的，人民法院经审理，认为附带民事诉讼被告人依法应当承担赔偿责任的，应当判令附带民事诉讼被告人直接向遭受损失的单位作出赔偿；遭受损失的单位已经终止，有权利义务继受人的，应当判令其向继受人作出赔偿；没有权利义务继受人的，应当判令其向人民检察院交付赔偿款，由人民检察院上缴国库。

第一百五十七条　审理刑事附带民事诉讼案件，人民法院应当结合被告人赔偿被害人物质损失的情况认定其悔罪表现，并在量刑时予以考虑。

第一百五十八条　附带民事诉讼原告人经传唤，无正当理由拒不到庭，或者未经法庭许可中途退庭的，应当按撤诉处理。

刑事被告人以外的附带民事诉讼被告人经传唤，无正当理由拒不到庭，或者未经法庭许可中途退庭的，附带民事部分可以缺席判决。

第一百五十九条　附带民事诉讼应当同刑事案件一并审判，只有为了防止刑事案件审判的过分迟延，才可以在刑事案件审判后，由同一审判组织继续审理附带民事诉讼；同一审判组织的成员确实不能继续参与审判的，可以更换。

第一百六十条　人民法院认定公诉案件被告人的行为不构成犯罪，对已经提起的附带民事诉讼，经调解不能达成协议的，应当一并作出刑事附带民事判决。

人民法院准许人民检察院撤回起诉的公诉案件，对已经提起的附带民事诉讼，可以进行调解；不宜调解或者经调解不能达成协议的，应当裁定驳回起诉，并告知附带民事诉讼原告人可以另行提起民事诉讼。

第一百六十一条　第一审期间未提起附带民事诉讼，在第二审期间提起的，第二审人民法院可以依法进行调解；调解不成的，告知当事人可以在刑事判决、裁定生效后另行提起民事诉讼。

第一百六十二条　人民法院审理附带民事诉讼案件，不收取诉讼费。

第一百六十三条　人民法院审理附带民事诉讼案件，除刑法、刑事诉讼法以及刑事司法解释已有规定的以外，适用民事法律的有关规定。

第一百六十四条　被害人或者其法定代理人、近亲属在刑事诉讼过程中未提起附带民事诉讼，另行提起民事诉讼的，人民法院可以进行调解，或者根据物质损失情况作出判决。

第七章　期间、送达、审理期限

第一百六十五条　以月计算的期限，自本月某日至下月同日为一个月。期限起算日为本月最后一日的，至下月最后一日为一个月。下月同日不存在的，自本月某日至下月最后一日为一个月。半个月一律按十五日计算。

第一百六十六条　当事人由于不能抗拒的原因或者有其他正当理由而耽误期限，依法申请继续进行应当在期满前完成的诉讼活动的，人民法院查证属实后，应当裁定准许。

第一百六十七条　送达诉讼文书，应当由收件人签收。收件人不在的，可以由其成年家属或者所在单位负责收件的人员代收。

收件人或者代收人在送达回证上签收的日期为送达日期。

收件人或者代收人拒绝签收的，送达人可以邀请见证人到场，说明情况，在送达回证上注明拒收的事由和日期，由送达人、见证人签名或者盖章，将诉讼文书留在收件人、代收人的住处或者单位；也可以把诉讼文书留在受送达人的住处，并采用拍照、录像等方式记录送达过程，即视为送达。

第一百六十八条 直接送达诉讼文书有困难的，可以委托收件人所在地的人民法院代为送达，或者邮寄送达。

第一百六十九条 委托送达的，应当将委托函、委托送达的诉讼文书及送达回证寄送受托法院。受托法院收到后，应当登记，在十日内送达收件人，并将送达回证寄送委托法院；无法送达的，应当告知委托法院，并将诉讼文书及送达回证退回。

第一百七十条 邮寄送达的，应当将诉讼文书、送达回证挂号邮寄给收件人。挂号回执上注明的日期为送达日期。

第一百七十一条 诉讼文书的收件人是军人的，可以通过其所在部队团级以上单位的政治部门转交。

收件人正在服刑的，可以通过执行机关转交。

收件人正在被采取强制性教育措施的，可以通过强制性教育机构转交。

由有关部门、单位代为转交诉讼文书的，应当请有关部门、单位收到后立即交收件人签收，并将送达回证及时寄送人民法院。

第一百七十二条 指定管辖案件的审理期限，自被指定管辖的人民法院收到指定管辖决定书和有关案卷、证据材料之日起计算。

第一百七十三条 申请上级人民法院批准延长审理期限，应当在期限届满十五日前层报。有权决定的人民法院不同意延长的，应当在审理期限届满五日前作出决定。

因特殊情况申请最高人民法院批准延长审理期限，最高人民法院经审查，予以批准的，可以延长审理期限一至三个月。期限届满案件仍然不能审结的，可以再次提出申请。

第一百七十四条 审判期间，对被告人作精神病鉴定的时间不计入审理期限。

第八章　审判组织

第一百七十五条 审判长由审判员担任。助理审判员由本院院长提出，经审判委员会通过，可以临时代行审判员职务，并可以担任审判长。

第一百七十六条 开庭审理和评议案件，应当由同一合议庭进行。合议庭成员在评议案件时，应当独立表达意见并说明理由。意见分歧的，应当按多数意见作出决定，但少数意见应当记入笔录。评议笔录由合议庭的组成人员在审阅确认无误后签名。评议情况应当保密。

第一百七十七条 审判员依法独任审判时，行使与审判长相同的职权。

第一百七十八条 合议庭审理、评议后，应当及时作出判决、裁定。

拟判处死刑的案件、人民检察院抗诉的案件，合议庭应当提请院长决定提交审判委员会讨论决定。

对合议庭成员意见有重大分歧的案件、新类型案件、社会影响重大的案件以及其他疑难、复杂、重大的案件，合议庭认为难以作出决定的，可以提请院长决定提交审判委员会讨论决定。

人民陪审员可以要求合议庭将案件提请院长决定是否提交审判委员会讨论决定。

对提请院长决定提交审判委员会讨论决定的案件，院长认为不必要的，可以建议合议庭复议一次。

独任审判的案件，审判员认为有必要的，也可以提请院长决定提交审判委员会讨论决定。

第一百七十九条 审判委员会的决定，合议庭、独任审判员应当执行；有不同意见的，可以建议院长提交审判委员会复议。

第九章 公诉案件第一审普通程序

第一节 审查受理与庭前准备

第一百八十条 对提起公诉的案件，人民法院应当在收到起诉书（一式八份，每增加一名被告人，增加起诉书五份）和案卷、证据后，指定审判人员审查以下内容：

（一）是否属于本院管辖；

（二）起诉书是否写明被告人的身份，是否受过或者正在接受刑事处罚，被采取强制措施的种类、羁押地点，犯罪的时间、地点、手段、后果以及其他可能影响定罪量刑的情节；

（三）是否移送证明指控犯罪事实的证据材料，包括采取技术侦查措施的批准决定和所收集的证据材料；

（四）是否查封、扣押、冻结被告人的违法所得或者其他涉案财物，并附证明相关财物依法应当追缴的证据材料；

（五）是否列明被害人的姓名、住址、联系方式；是否附有证人、鉴定人名单；是否申请法庭通知证人、鉴定人、有专门知识的人出庭，并列明有关人员的姓名、性别、年龄、职业、住址、联系方式；是否附有需要保护的证人、鉴定人、被害人名单；

（六）当事人已委托辩护人、诉讼代理人，或者已接受法律援助的，是否列明辩护人、诉讼代理人的姓名、住址、联系方式；

（七）是否提起附带民事诉讼；提起附带民事诉讼的，是否列明附带民事诉讼当事人的姓名、住址、联系方式，是否附有相关证据材料；

（八）侦查、审查起诉程序的各种法律手续和诉讼文书是否齐全；

（九）有无刑事诉讼法第十五条第二项至第六项规定的不追究刑事责任的情形。

第一百八十一条 人民法院对提起公诉的案件审查后，应当按照下列情形分别处理：

（一）属于告诉才处理的案件，应当退回人民检察院，并告知被害人有权提起自诉；

（二）不属于本院管辖或者被告人不在案的，应当退回人民检察院；

（三）不符合前条第二项至第八项规定之一，需要补充材料的，应当通知人民检察院在三日内补送；

（四）依照刑事诉讼法第一百九十五条第三项规定宣告被告人无罪后，人民检察院根据新的事实、证据重新起诉的，应当依法受理；

（五）依照本解释第二百四十二条规定裁定准许撤诉的案件，没有新的事实、证据，重新起诉的，应当退回人民检察院；

（六）符合刑事诉讼法第十五条第二项至第六项规定情形的，应当裁定终止审理或者退回人民检察院；

（七）被告人真实身份不明，但符合刑事诉讼法第一百五十八条第二款规定的，应当依法受理。

对公诉案件是否受理，应当在七日内审查完毕。

第一百八十二条 开庭审理前，人民法院应当进行下列工作：

（一）确定审判长及合议庭组成人员；

（二）开庭十日前将起诉书副本送达被告人、辩护人；

（三）通知当事人、法定代理人、辩护人、诉讼代理人在开庭五日前提供证人、鉴定人名单，以及拟当庭出示的证据；申请证人、鉴定人、有专门知识的人出庭的，应当列明有关人员的姓名、性别、年龄、职业、住址、联系方式；

（四）开庭三日前将开庭的时间、地点通知人民检察院；

（五）开庭三日前将传唤当事人的传票和通知辩护人、诉讼代理人、法定代理人、证人、鉴定人等出庭的通知书送达；通知有关人员出庭，也可以采取电话、短信、传真、电子邮件等能够确认对方收悉的方式；

（六）公开审理的案件，在开庭三日前公布案由、被告人姓名、开庭时间和地点。

上述工作情况应当记录在案。

第一百八十三条 案件具有下列情形之一的，审判人员可以召开庭前会议：

（一）当事人及其辩护人、诉讼代理人申请排除非法证据的；

（二）证据材料较多、案情重大复杂的；

（三）社会影响重大的；

（四）需要召开庭前会议的其他情形。

召开庭前会议，根据案件情况，可以通知被告人参加。

第一百八十四条 召开庭前会议，审判人员可以就下列问题向控辩双方了解情况，听取意见：

（一）是否对案件管辖有异议；

（二）是否申请有关人员回避；

（三）是否申请调取在侦查、审查起诉期间公安机关、人民检察院收集但未随案移送的证明被告人无罪或者罪轻的证据材料；

（四）是否提供新的证据；

（五）是否对出庭证人、鉴定人、有专门知识的人的名单有异议；

（六）是否申请排除非法证据；

（七）是否申请不公开审理；

（八）与审判相关的其他问题。

审判人员可以询问控辩双方对证据材料有无异议，对有异议的证据，应当在庭审时重点调查；无异议的，庭审时举证、质证可以简化。

被害人或者其法定代理人、近亲属提起附带民事诉讼的，可以调解。

庭前会议情况应当制作笔录。

第一百八十五条 开庭审理前，合议庭可以拟出法庭审理提纲，提纲一般包括下列内容：

（一）合议庭成员在庭审中的分工；

（二）起诉书指控的犯罪事实的重点和认定案件性质的要点；

（三）讯问被告人时需了解的案情要点；

（四）出庭的证人、鉴定人、有专门知识的人、侦查人员的名单；

（五）控辩双方申请当庭出示的证据的目录；

（六）庭审中可能出现的问题及应对措施。

第一百八十六条 审判案件应当公开进行。

案件涉及国家秘密或者个人隐私的，不公开审理；涉及商业秘密，当事人提出申请的，法庭可以决定不公开审理。

不公开审理的案件，任何人不得旁听，但法律另有规定的除外。

第一百八十七条 精神病人、醉酒的人、未经人民法院批准的未成年人以及其他不宜旁听的人不得旁听案件审理。

第一百八十八条 被害人、诉讼代理人经传唤或者通知未到庭，不影响开庭审理的，人民法院可以开庭审理。

辩护人经通知未到庭，被告人同意的，人民法院可以开庭审理，但被告人属于应当提供法律援助情形的除外。

第一百八十九条 开庭审理前，书记员应当依次进行下列工作：

（一）受审判长委托，查明公诉人、当事人、证人及其他诉讼参与人是否到庭；

（二）宣读法庭规则；

（三）请公诉人及相关诉讼参与人入庭；

（四）请审判长、审判员（人民陪审员）入庭；

（五）审判人员就座后，向审判长报告开庭前的准备工作已经就绪。

第二节 宣布开庭与法庭调查

第一百九十条 审判长宣布开庭，传被告人到庭后，应当查明被告人的下列情况：

（一）姓名、出生日期、民族、出生地、文化程度、职业、住址，或者被告单位的名称、住所地、诉讼代表人的姓名、职务；

（二）是否受过法律处分及处分的种类、时间；

（三）是否被采取强制措施及强制措施的种类、时间；

（四）收到起诉书副本的日期；有附带民事诉讼的，附带民事诉讼被告人收到附带民事起诉状的日期。

被告人较多的，可以在开庭前查明上述情况，但开庭时审判长应当作出说明。

第一百九十一条 审判长宣布案件的来源、起诉的案由、附带民事诉讼当事人的姓名及是否公开审理；不公开审理的，应当宣布理由。

第一百九十二条 审判长宣布合议庭组成人员、书记员、公诉人名单及辩护人、鉴定人、翻译人员等诉讼参与人的名单。

第一百九十三条 审判长应当告知当事人及其法定代理人、辩护人、诉讼代理人在法庭审理过程中依法享有下列诉讼权利：

（一）可以申请合议庭组成人员、书记员、公诉人、鉴定人和翻译人员回避；

（二）可以提出证据，申请通知新的证人到庭、调取新的证据，申请重新鉴定或者勘验、检查；

（三）被告人可以自行辩护；

（四）被告人可以在法庭辩论终结后作最后陈述。

第一百九十四条 审判长应当询问当事人及其法定代理人、辩护人、诉讼代理人是否申请回避、申请何人回避和申请回避的理由。

当事人及其法定代理人、辩护人、诉讼代理人申请回避的，依照刑事诉讼法及本解释的有关规定处理。

同意或者驳回回避申请的决定及复议决定，由审判长宣布，并说明理由。必要时，也可以由院长到庭宣布。

第一百九十五条 审判长宣布法庭调查开始后，应当先由公诉人宣读起诉书；有附带民事诉讼的，再由附带民事诉讼原告人或者其法定代理人、诉讼代理人宣读附带民事起诉状。

第一百九十六条 起诉书指控的被告人的犯罪事实为两起以上的，法庭调查一般应当分别进行。

第一百九十七条 在审判长主持下，被告人、被害人可以就起诉书指控的犯罪事实分别陈述。

第一百九十八条 在审判长主持下，公诉人可以就起诉书指控的犯罪事实讯问被告人。

经审判长准许，被害人及其法定代理人、诉讼代理人可以就公诉人讯问的犯罪事实补充发问；附带民事诉讼原告人及其法定代理人、诉讼代理人可以就附带民事部分的事实向被告人发问；被告人的法定代理人、辩护人，附带民事诉讼被告人及其法定代理人、诉讼代理人可以在控诉一方就某一问题讯问完毕后向被告人发问。

第一百九十九条 讯问同案审理的被告人，应当分别进行。必要时，可以传唤同案被告人等到庭对质。

第二百条 经审判长准许，控辩双方可以向被害人、附带民事诉讼原告人发问。

第二百零一条 审判人员可以讯问被告人。必要时，可以向被害人、附带民事诉讼当事人发问。

第二百零二条 公诉人可以提请审判长通知证人、鉴定人出庭作证，或者出示证据。被害人及其法定代理人、诉讼代理人，附带民事诉讼原告人及其诉讼代理人也可以提出申请。

在控诉一方举证后，被告人及其法定代理人、辩护人可以提请审判长通知证人、鉴定人出庭作证，或者出示证据。

第二百零三条　控辩双方申请证人出庭作证，出示证据，应当说明证据的名称、来源和拟证明的事实。法庭认为有必要的，应当准许；对方提出异议，认为有关证据与案件无关或者明显重复、不必要，法庭经审查异议成立的，可以不予准许。

第二百零四条　已经移送人民法院的证据，控辩双方需要出示的，可以向法庭提出申请。法庭同意的，应当指令值庭法警出示、播放；需要宣读的，由值庭法警交由申请人宣读。

第二百零五条　公诉人、当事人或者辩护人、诉讼代理人对证人证言有异议，且该证人证言对定罪量刑有重大影响，或者对鉴定意见有异议，申请法庭通知证人、鉴定人出庭作证，人民法院认为有必要的，应当通知证人、鉴定人出庭；无法通知或者证人、鉴定人拒绝出庭的，应当及时告知申请人。

第二百零六条　证人具有下列情形之一，无法出庭作证的，人民法院可以准许其不出庭：

（一）在庭审期间身患严重疾病或者行动极为不便的；

（二）居所远离开庭地点且交通极为不便的；

（三）身处国外短期无法回国的；

（四）有其他客观原因，确实无法出庭的。

具有前款规定情形的，可以通过视频等方式作证。

第二百零七条　证人出庭作证所支出的交通、住宿、就餐等费用，人民法院应当给予补助。

第二百零八条　强制证人出庭的，应当由院长签发强制证人出庭令。

第二百零九条　审判危害国家安全犯罪、恐怖活动犯罪、黑社会性质的组织犯罪、毒品犯罪等案件，证人、鉴定人、被害人因出庭作证，本人或者其近亲属的人身安全面临危险的，人民法院应当采取不公开其真实姓名、住址和工作单位等个人信息，或者不暴露其外貌、真实声音等保护措施。

审判期间，证人、鉴定人、被害人提出保护请求的，人民法院应当立即审查；认为确有保护必要的，应当及时决定采取相应保护措施。

第二百一十条　决定对出庭作证的证人、鉴定人、被害人采取不公开个人信息的保护措施的，审判人员应当在开庭前核实其身份，对证人、鉴定人如实作证的保证书不得公开，在判决书、裁定书等法律文书中可以使用化名等代替其个人信息。

第二百一十一条　证人、鉴定人到庭后，审判人员应当核实其身份、与当事人以及本案的关系，并告知其有关作证的权利义务和法律责任。

证人、鉴定人作证前，应当保证向法庭如实提供证言、说明鉴定意见，并在保证书上签名。

第二百一十二条　向证人、鉴定人发问，应当先由提请通知的一方进行；发问完毕后，经审判长准许，对方也可以发问。

第二百一十三条　向证人发问应当遵循以下规则：

（一）发问的内容应当与本案事实有关；

（二）不得以诱导方式发问；

（三）不得威胁证人；

（四）不得损害证人的人格尊严。

前款规定适用于对被告人、被害人、附带民事诉讼当事人、鉴定人、有专门知识的人的讯问、发问。

第二百一十四条　控辩双方的讯问、发问方式不当或者内容与本案无关的，对方可以提出异议，申请审判长制止，审判长应当判明情况予以支持或者驳回；对方未提出异议的，审判长也可以根据情况予以制止。

第二百一十五条　审判人员认为必要时，可以询问证人、鉴定人、有专门知识的人。

第二百一十六条　向证人、鉴定人、有专门知识的人发问应当分别进行。证人、鉴定人、有专门知识的人经控辩双方发问或者审判人员询问后，审判长应当告知其退庭。

证人、鉴定人、有专门知识的人不得旁听对本案的审理。

第二百一十七条　公诉人、当事人及其辩护人、诉讼代理人申请法庭通知有专门知识的人出庭，就鉴定意见提出意见的，应当说明理由。法庭认为有必要的，应当通知有专门知识的人出庭。

申请有专门知识的人出庭，不得超过二人。有多种类鉴定意见的，可以相应增加人数。

有专门知识的人出庭，适用鉴定人出庭的有关规定。

第二百一十八条　举证方当庭出示证据后，由对方进行辨认并发表意见。控辩双方可以互相质问、辩论。

第二百一十九条　当庭出示的证据，尚未移送人民法院的，应当在质证后移交法庭。

第二百二十条　法庭对证据有疑问的，可以告知公诉人、当事人及其法定代理人、辩护人、诉讼代理人补充证据或者作出说明；必要时，可以宣布休庭，对证据进行调查核实。

对公诉人、当事人及其法定代理人、辩护人、诉讼代理人补充的和法庭外调查核实取得的证据，应当经过当庭质证才能作为定案的根据。但是，经庭外征求意见，控辩双方没有异议的除外。

有关情况，应当记录在案。

第二百二十一条　公诉人申请出示开庭前未移送人民法院的证据，辩护方提出异议的，审判长应当要求公诉人说明理由；理由成立并确有出示必要的，应当准许。

辩护方提出需要对新的证据作辩护准备的，法庭可以宣布休庭，并确定准备辩护的时间。

辩护方申请出示开庭前未提交的证据，参照适用前两款的规定。

第二百二十二条　法庭审理过程中，当事人及其辩护人、诉讼代理人申请通知新的证人到庭，调取新的证据，申请重新鉴定或者勘验的，应当提供证人的姓名、证据的存放地点，说明拟证明的案件事实，要求重新鉴定或者勘验的理由。法庭认为有必要的，应当同意，并宣布延期审理；不同意的，应当说明理由并继续审理。

延期审理的案件，符合刑事诉讼法第二百零二条第一款规定的，可以报请上级人民法院批准延长审理期限。

人民法院同意重新鉴定申请的，应当及时委托鉴定，并将鉴定意见告知人民检察院、当事人及其辩护人、诉讼代理人。

第二百二十三条 审判期间，公诉人发现案件需要补充侦查，建议延期审理的，合议庭应当同意，但建议延期审理不得超过两次。

人民检察院将补充收集的证据移送人民法院的，人民法院应当通知辩护人、诉讼代理人查阅、摘抄、复制。

补充侦查期限届满后，经法庭通知，人民检察院未将案件移送人民法院，且未说明原因的，人民法院可以决定按人民检察院撤诉处理。

第二百二十四条 人民法院向人民检察院调取需要调查核实的证据材料，或者根据被告人、辩护人的申请，向人民检察院调取在侦查、审查起诉期间收集的有关被告人无罪或者罪轻的证据材料，应当通知人民检察院在收到调取证据材料决定书后三日内移交。

第二百二十五条 法庭审理过程中，对与量刑有关的事实、证据，应当进行调查。

人民法院除应当审查被告人是否具有法定量刑情节外，还应当根据案件情况审查以下影响量刑的情节：

（一）案件起因；

（二）被害人有无过错及过错程度，是否对矛盾激化负有责任及责任大小；

（三）被告人的近亲属是否协助抓获被告人；

（四）被告人平时表现，有无悔罪态度；

（五）退赃、退赔及赔偿情况；

（六）被告人是否取得被害人或者其近亲属谅解；

（七）影响量刑的其他情节。

第二百二十六条 审判期间，合议庭发现被告人可能有自首、坦白、立功等法定量刑情节，而人民检察院移送的案卷中没有相关证据材料的，应当通知人民检察院移送。

审判期间，被告人提出新的立功线索的，人民法院可以建议人民检察院补充侦查。

第二百二十七条 对被告人认罪的案件，在确认被告人了解起诉书指控的犯罪事实和罪名，自愿认罪且知悉认罪的法律后果后，法庭调查可以主要围绕量刑和其他有争议的问题进行。

对被告人不认罪或者辩护人作无罪辩护的案件，法庭调查应当在查明定罪事实的基础上，查明有关量刑事实。

第三节 法庭辩论与最后陈述

第二百二十八条 合议庭认为案件事实已经调查清楚的，应当由审判长宣布法庭调查结束，开始就定罪、量刑的事实、证据和适用法律等问题进行法庭辩论。

第二百二十九条　法庭辩论应当在审判长的主持下，按照下列顺序进行：

（一）公诉人发言；

（二）被害人及其诉讼代理人发言；

（三）被告人自行辩护；

（四）辩护人辩护；

（五）控辩双方进行辩论。

第二百三十条　人民检察院可以提出量刑建议并说明理由，量刑建议一般应当具有一定的幅度。当事人及其辩护人、诉讼代理人可以对量刑提出意见并说明理由。

第二百三十一条　对被告人认罪的案件，法庭辩论时，可以引导控辩双方主要围绕量刑和其他有争议的问题进行。

对被告人不认罪或者辩护人作无罪辩护的案件，法庭辩论时，可以引导控辩双方先辩论定罪问题，后辩论量刑问题。

第二百三十二条　附带民事部分的辩论应当在刑事部分的辩论结束后进行，先由附带民事诉讼原告人及其诉讼代理人发言，后由附带民事诉讼被告人及其诉讼代理人答辩。

第二百三十三条　法庭辩论过程中，审判长应当充分听取控辩双方的意见，对控辩双方与案件无关、重复或者指责对方的发言应当提醒、制止。

第二百三十四条　法庭辩论过程中，合议庭发现与定罪、量刑有关的新的事实，有必要调查的，审判长可以宣布暂停辩论，恢复法庭调查，在对新的事实调查后，继续法庭辩论。

第二百三十五条　审判长宣布法庭辩论终结后，合议庭应当保证被告人充分行使最后陈述的权利。被告人在最后陈述中多次重复自己的意见的，审判长可以制止。陈述内容蔑视法庭、公诉人，损害他人及社会公共利益，或者与本案无关的，应当制止。

在公开审理的案件中，被告人最后陈述的内容涉及国家秘密、个人隐私或者商业秘密的，应当制止。

第二百三十六条　被告人在最后陈述中提出新的事实、证据，合议庭认为可能影响正确裁判的，应当恢复法庭调查；被告人提出新的辩解理由，合议庭认为可能影响正确裁判的，应当恢复法庭辩论。

第四节　评议案件与宣告判决

第二百三十七条　被告人最后陈述后，审判长应当宣布休庭，由合议庭进行评议。

第二百三十八条　开庭审理的全部活动，应当由书记员制作笔录；笔录经审判长审阅后，分别由审判长和书记员签名。

第二百三十九条　法庭笔录应当在庭审后交由当事人、法定代理人、辩护人、诉讼代理人阅读或者向其宣读。

法庭笔录中的出庭证人、鉴定人、有专门知识的人的证言、意见部分，应当在庭审后分别交由有关人员阅读或者向其宣读。

前两款所列人员认为记录有遗漏或者差错的，可以请求补充或者改正；确认无误后，应当签名；拒绝签名的，应当记录在案；要求改变庭审中陈述的，不予准许。

第二百四十条 合议庭评议案件，应当根据已经查明的事实、证据和有关法律规定，在充分考虑控辩双方意见的基础上，确定被告人是否有罪、构成何罪，有无从重、从轻、减轻或者免除处罚情节，应否处以刑罚、判处何种刑罚，附带民事诉讼如何解决，查封、扣押、冻结的财物及其孳息如何处理等，并依法作出判决、裁定。

第二百四十一条 对第一审公诉案件，人民法院审理后，应当按照下列情形分别作出判决、裁定：

（一）起诉指控的事实清楚，证据确实、充分，依据法律认定指控被告人的罪名成立的，应当作出有罪判决；

（二）起诉指控的事实清楚，证据确实、充分，指控的罪名与审理认定的罪名不一致的，应当按照审理认定的罪名作出有罪判决；

（三）案件事实清楚，证据确实、充分，依据法律认定被告人无罪的，应当判决宣告被告人无罪；

（四）证据不足，不能认定被告人有罪的，应当以证据不足、指控的犯罪不能成立，判决宣告被告人无罪；

（五）案件部分事实清楚，证据确实、充分的，应当作出有罪或者无罪的判决；对事实不清、证据不足部分，不予认定；

（六）被告人因不满十六周岁，不予刑事处罚的，应当判决宣告被告人不负刑事责任；

（七）被告人是精神病人，在不能辨认或者不能控制自己行为时造成危害结果，不予刑事处罚的，应当判决宣告被告人不负刑事责任；

（八）犯罪已过追诉时效期限且不是必须追诉，或者经特赦令免除刑罚的，应当裁定终止审理；

（九）被告人死亡的，应当裁定终止审理；根据已查明的案件事实和认定的证据，能够确认无罪的，应当判决宣告被告人无罪。

具有前款第二项规定情形的，人民法院应当在判决前听取控辩双方的意见，保障被告人、辩护人充分行使辩护权。必要时，可以重新开庭，组织控辩双方围绕被告人的行为构成何罪进行辩论。

第二百四十二条 宣告判决前，人民检察院要求撤回起诉的，人民法院应当审查撤回起诉的理由，作出是否准许的裁定。

第二百四十三条 审判期间，人民法院发现新的事实，可能影响定罪的，可以建议人民检察院补充或者变更起诉；人民检察院不同意或者在七日内未回复意见的，人民法院应当就起诉指控的犯罪事实，依照本解释第二百四十一条的规定作出判决、裁定。

第二百四十四条 对依照本解释第一百八十一条第一款第四项规定受理的案件，人民法院应当在判决中写明被告人曾被人民检察院提起公诉，因证据不足，指控的犯罪不能成立，被人民法院依法判决宣告无罪的情况；前案依照刑事诉讼法第一百九十五条第三项规定作出的判决不予撤销。

第二百四十五条　合议庭成员应当在评议笔录上签名，在判决书、裁定书等法律文书上署名。

第二百四十六条　裁判文书应当写明裁判依据，阐释裁判理由，反映控辩双方的意见并说明采纳或者不予采纳的理由。

第二百四十七条　当庭宣告判决的，应当在五日内送达判决书。定期宣告判决的，应当在宣判前，先期公告宣判的时间和地点，传唤当事人并通知公诉人、法定代理人、辩护人和诉讼代理人；判决宣告后，应当立即送达判决书。

判决书应当送达人民检察院、当事人、法定代理人、辩护人、诉讼代理人，并可以送达被告人的近亲属。判决生效后，还应当送达被告人的所在单位或者原户籍地的公安派出所，或者被告单位的注册登记机关。

第二百四十八条　宣告判决，一律公开进行。公诉人、辩护人、诉讼代理人、被害人、自诉人或者附带民事诉讼原告人未到庭的，不影响宣判的进行。

宣告判决结果时，法庭内全体人员应当起立。

第五节　法庭纪律与其他规定

第二百四十九条　法庭审理过程中，诉讼参与人、旁听人员应当遵守以下纪律：

（一）服从法庭指挥，遵守法庭礼仪；

（二）不得鼓掌、喧哗、哄闹、随意走动；

（三）不得对庭审活动进行录音、录像、摄影，或者通过发送邮件、博客、微博客等方式传播庭审情况，但经人民法院许可的新闻记者除外；

（四）旁听人员不得发言、提问；

（五）不得实施其他扰乱法庭秩序的行为。

第二百五十条　法庭审理过程中，诉讼参与人或者旁听人员扰乱法庭秩序的，审判长应当按照下列情形分别处理：

（一）情节较轻的，应当警告制止并进行训诫；

（二）不听制止的，可以指令法警强行带出法庭；

（三）情节严重的，报经院长批准后，可以对行为人处一千元以下的罚款或者十五日以下的拘留；

（四）未经许可录音、录像、摄影或者通过邮件、博客、微博客等方式传播庭审情况的，可以暂扣存储介质或者相关设备。

诉讼参与人、旁听人员对罚款、拘留的决定不服的，可以直接向上一级人民法院申请复议，也可以通过决定罚款、拘留的人民法院向上一级人民法院申请复议。通过决定罚款、拘留的人民法院申请复议的，该人民法院应当自收到复议申请之日起三日内，将复议申请、罚款或者拘留决定书和有关事实、证据材料一并报上一级人民法院复议。复议期间，不停止决定的执行。

第二百五十一条　担任辩护人、诉讼代理人的律师严重扰乱法庭秩序，被强行带出法庭或者被处以罚款、拘留的，人民法院应当通报司法行政机关，并可以建议依法给予相应处罚。

第二百五十二条 聚众哄闹、冲击法庭或者侮辱、诽谤、威胁、殴打司法工作人员或者诉讼参与人，严重扰乱法庭秩序，构成犯罪的，应当依法追究刑事责任。

第二百五十三条 辩护人严重扰乱法庭秩序，被强行带出法庭或者被处以罚款、拘留，被告人自行辩护的，庭审继续进行；被告人要求另行委托辩护人，或者被告人属于应当提供法律援助情形的，应当宣布休庭。

第二百五十四条 被告人当庭拒绝辩护人辩护，要求另行委托辩护人或者指派律师的，合议庭应当准许。被告人拒绝辩护人辩护后，没有辩护人的，应当宣布休庭；仍有辩护人的，庭审可以继续进行。

有多名被告人的案件，部分被告人拒绝辩护人辩护后，没有辩护人的，根据案件情况，可以对该被告人另案处理，对其他被告人的庭审继续进行。

重新开庭后，被告人再次当庭拒绝辩护人辩护的，可以准许，但被告人不得再次另行委托辩护人或者要求另行指派律师，由其自行辩护。

被告人属于应当提供法律援助的情形，重新开庭后再次当庭拒绝辩护人辩护的，不予准许。

第二百五十五条 法庭审理过程中，辩护人拒绝为被告人辩护的，应当准许；是否继续庭审，参照适用前条的规定。

第二百五十六条 依照前两条规定另行委托辩护人或者指派律师的，自案件宣布休庭之日起至第十五日止，由辩护人准备辩护，但被告人及其辩护人自愿缩短时间的除外。

第二百五十七条 有多名被告人的案件，部分被告人具有刑事诉讼法第二百条第一款规定情形的，人民法院可以对全案中止审理；根据案件情况，也可以对该部分被告人中止审理，对其他被告人继续审理。

对中止审理的部分被告人，可以根据案件情况另案处理。

第二百五十八条 人民检察院认为人民法院审理案件违反法定程序，在庭审后提出书面纠正意见，人民法院认为正确的，应当采纳。

第十章 自诉案件第一审程序

第二百五十九条 人民法院受理自诉案件必须符合下列条件：
（一）符合刑事诉讼法第二百零四条、本解释第一条的规定；
（二）属于本院管辖；
（三）被害人告诉；
（四）有明确的被告人、具体的诉讼请求和证明被告人犯罪事实的证据。

第二百六十条 本解释第一条规定的案件，如果被害人死亡、丧失行为能力或者因受强制、威吓等无法告诉，或者是限制行为能力人以及因年老、患病、盲、聋、哑等不能亲自告诉，其法定代理人、近亲属告诉或者代为告诉的，人民法院应当依法受理。

被害人的法定代理人、近亲属告诉或者代为告诉，应当提供与被害人关系的证明和被害人不能亲自告诉的原因的证明。

第二百六十一条 提起自诉应当提交刑事自诉状；同时提起附带民事诉讼的，应当提交刑事附带民事自诉状。

第二百六十二条 自诉状应当包括以下内容：

（一）自诉人（代为告诉人）、被告人的姓名、性别、年龄、民族、出生地、文化程度、职业、工作单位、住址、联系方式；

（二）被告人实施犯罪的时间、地点、手段、情节和危害后果等；

（三）具体的诉讼请求；

（四）致送的人民法院和具状时间；

（五）证据的名称、来源等；

（六）证人的姓名、住址、联系方式等。

对两名以上被告人提出告诉的，应当按照被告人的人数提供自诉状副本。

第二百六十三条 对自诉案件，人民法院应当在十五日内审查完毕。经审查，符合受理条件的，应当决定立案，并书面通知自诉人或者代为告诉人。

具有下列情形之一的，应当说服自诉人撤回起诉；自诉人不撤回起诉的，裁定不予受理：

（一）不属于本解释第一条规定的案件的；

（二）缺乏罪证的；

（三）犯罪已过追诉时效期限的；

（四）被告人死亡的；

（五）被告人下落不明的；

（六）除因证据不足而撤诉的以外，自诉人撤诉后，就同一事实又告诉的；

（七）经人民法院调解结案后，自诉人反悔，就同一事实再行告诉的。

第二百六十四条 对已经立案，经审查缺乏罪证的自诉案件，自诉人提不出补充证据的，人民法院应当说服其撤回起诉或者裁定驳回起诉；自诉人撤回起诉或者被驳回起诉后，又提出了新的足以证明被告人有罪的证据，再次提起自诉的，人民法院应当受理。

第二百六十五条 自诉人对不予受理或者驳回起诉的裁定不服的，可以提起上诉。

第二审人民法院查明第一审人民法院作出的不予受理裁定有错误的，应当在撤销原裁定的同时，指令第一审人民法院立案受理；查明第一审人民法院驳回起诉裁定有错误的，应当在撤销原裁定的同时，指令第一审人民法院进行审理。

第二百六十六条 自诉人明知有其他共同侵害人，但只对部分侵害人提起自诉的，人民法院应当受理，并告知其放弃告诉的法律后果；自诉人放弃告诉，判决宣告后又对其他共同侵害人就同一事实提起自诉的，人民法院不予受理。

共同被害人中只有部分人告诉的，人民法院应当通知其他被害人参加诉讼，并告知其不参加诉讼的法律后果。被通知人接到通知后表示不参加诉讼或者不出庭的，视为放弃告诉。第一审宣判后，被通知人就同一事实又提起自诉的，人民法院不予受理。但是，当事人另行提起民事诉讼的，不受本解释限制。

第二百六十七条 被告人实施两个以上犯罪行为，分别属于公诉案件和自诉案件，人民法院可以一并审理。对自诉部分的审理，适用本章的规定。

第二百六十八条　自诉案件当事人因客观原因不能取得的证据，申请人民法院调取的，应当说明理由，并提供相关线索或者材料。人民法院认为有必要的，应当及时调取。

第二百六十九条　对犯罪事实清楚，有足够证据的自诉案件，应当开庭审理。

第二百七十条　自诉案件，符合简易程序适用条件的，可以适用简易程序审理。

不适用简易程序审理的自诉案件，参照适用公诉案件第一审普通程序的有关规定。

第二百七十一条　人民法院审理自诉案件，可以在查明事实、分清是非的基础上，根据自愿、合法的原则进行调解。调解达成协议的，应当制作刑事调解书，由审判人员和书记员署名，并加盖人民法院印章。调解书经双方当事人签收后，即具有法律效力。调解没有达成协议，或者调解书签收前当事人反悔的，应当及时作出判决。

刑事诉讼法第二百零四条第三项规定的案件不适用调解。

第二百七十二条　判决宣告前，自诉案件的当事人可以自行和解，自诉人可以撤回自诉。

人民法院经审查，认为和解、撤回自诉确属自愿的，应当裁定准许；认为系被强迫、威吓等，并非出于自愿的，不予准许。

第二百七十三条　裁定准许撤诉或者当事人自行和解的自诉案件，被告人被采取强制措施的，人民法院应当立即解除。

第二百七十四条　自诉人经两次传唤，无正当理由拒不到庭，或者未经法庭准许中途退庭的，人民法院应当裁定按撤诉处理。

部分自诉人撤诉或者被裁定按撤诉处理的，不影响案件的继续审理。

第二百七十五条　被告人在自诉案件审判期间下落不明的，人民法院应当裁定中止审理。被告人到案后，应当恢复审理，必要时应当对被告人依法采取强制措施。

第二百七十六条　对自诉案件，应当参照刑事诉讼法第一百九十五条和本解释第二百四十一条的有关规定作出判决；对依法宣告无罪的案件，其附带民事部分应当依法进行调解或者一并作出判决。

第二百七十七条　告诉才处理和被害人有证据证明的轻微刑事案件的被告人或者其法定代理人在诉讼过程中，可以对自诉人提起反诉。反诉必须符合下列条件：

（一）反诉的对象必须是本案自诉人；

（二）反诉的内容必须是与本案有关的行为；

（三）反诉的案件必须符合本解释第一条第一项、第二项的规定。

反诉案件适用自诉案件的规定，应当与自诉案件一并审理。自诉人撤诉的，不影响反诉案件的继续审理。

第十一章　单位犯罪案件的审理

第二百七十八条　人民法院受理单位犯罪案件，除依照本解释第一百八十条的有关规定进行审查外，还应当审查起诉书是否列明被告单位的名称、住所地、联系方式，法定代表人、主要负责人以及代表被告单位出庭的诉讼代表人的姓名、职务、联系方式。需要人民检察院补充材料的，应当通知人民检察院在三日内补送。

第二百七十九条 被告单位的诉讼代表人，应当是法定代表人或者主要负责人；法定代表人或者主要负责人被指控为单位犯罪直接负责的主管人员或者因客观原因无法出庭的，应当由被告单位委托其他负责人或者职工作为诉讼代表人。但是，有关人员被指控为单位犯罪的其他直接责任人员或者知道案件情况、负有作证义务的除外。

第二百八十条 开庭审理单位犯罪案件，应当通知被告单位的诉讼代表人出庭；没有诉讼代表人参与诉讼的，应当要求人民检察院确定。

被告单位的诉讼代表人不出庭的，应当按照下列情形分别处理：

（一）诉讼代表人系被告单位的法定代表人或者主要负责人，无正当理由拒不出庭的，可以拘传其到庭；因客观原因无法出庭，或者下落不明的，应当要求人民检察院另行确定诉讼代表人；

（二）诉讼代表人系被告单位的其他人员的，应当要求人民检察院另行确定诉讼代表人出庭。

第二百八十一条 被告单位的诉讼代表人享有刑事诉讼法规定的有关被告人的诉讼权利。开庭时，诉讼代表人席位置于审判台前左侧，与辩护人席并列。

第二百八十二条 被告单位委托辩护人，参照适用本解释的有关规定。

第二百八十三条 对应当认定为单位犯罪的案件，人民检察院只作为自然人犯罪起诉的，人民法院应当建议人民检察院对犯罪单位补充起诉。人民检察院仍以自然人犯罪起诉的，人民法院应当依法审理，按照单位犯罪中的直接负责的主管人员或者其他直接责任人员追究刑事责任，并援引刑法分则关于追究单位犯罪中直接负责的主管人员和其他直接责任人员刑事责任的条款。

第二百八十四条 被告单位的违法所得及其孳息，尚未被依法追缴或者查封、扣押、冻结的，人民法院应当决定追缴或者查封、扣押、冻结。

第二百八十五条 为保证判决的执行，人民法院可以先行查封、扣押、冻结被告单位的财产，或者由被告单位提出担保。

第二百八十六条 审判期间，被告单位被撤销、注销、吊销营业执照或者宣告破产的，对单位犯罪直接负责的主管人员和其他直接责任人员应当继续审理。

第二百八十七条 审判期间，被告单位合并、分立的，应当将原单位列为被告单位，并注明合并、分立情况。对被告单位所判处的罚金以其在新单位的财产及收益为限。

第二百八十八条 审理单位犯罪案件，本章没有规定的，参照适用本解释的有关规定。

第十二章　简易程序

第二百八十九条 基层人民法院受理公诉案件后，经审查认为案件事实清楚、证据充分的，在将起诉书副本送达被告人时，应当询问被告人对指控的犯罪事实的意见，告知其适用简易程序的法律规定。被告人对指控的犯罪事实没有异议并同意适用简易程序的，可以决定适用简易程序，并在开庭前通知人民检察院和辩护人。

对人民检察院建议适用简易程序审理的案件，依照前款的规定处理；不符合简易程序适用条件的，应当通知人民检察院。

第二百九十条　具有下列情形之一的，不适用简易程序：

（一）被告人是盲、聋、哑人；

（二）被告人是尚未完全丧失辨认或者控制自己行为能力的精神病人；

（三）有重大社会影响的；

（四）共同犯罪案件中部分被告人不认罪或者对适用简易程序有异议的；

（五）辩护人作无罪辩护的；

（六）被告人认罪但经审查认为可能不构成犯罪的；

（七）不宜适用简易程序审理的其他情形。

第二百九十一条　适用简易程序审理的案件，符合刑事诉讼法第三十四条第一款规定的，人民法院应当告知被告人及其近亲属可以申请法律援助。

第二百九十二条　适用简易程序审理案件，人民法院应当在开庭三日前，将开庭的时间、地点通知人民检察院、自诉人、被告人、辩护人，也可以通知其他诉讼参与人。

通知可以采用简便方式，但应当记录在案。

第二百九十三条　适用简易程序审理案件，被告人有辩护人的，应当通知其出庭。

第二百九十四条　适用简易程序审理案件，审判长或者独任审判员应当当庭询问被告人对指控的犯罪事实的意见，告知被告人适用简易程序审理的法律规定，确认被告人是否同意适用简易程序。

第二百九十五条　适用简易程序审理案件，可以对庭审作如下简化：

（一）公诉人可以摘要宣读起诉书；

（二）公诉人、辩护人、审判人员对被告人的讯问、发问可以简化或者省略；

（三）对控辩双方无异议的证据，可以仅就证据的名称及所证明的事项作出说明；对控辩双方有异议，或者法庭认为有必要调查核实的证据，应当出示，并进行质证；

（四）控辩双方对与定罪量刑有关的事实、证据没有异议的，法庭审理可以直接围绕罪名确定和量刑问题进行。

适用简易程序审理案件，判决宣告前应当听取被告人的最后陈述。

第二百九十六条　适用简易程序独任审判过程中，发现对被告人可能判处的有期徒刑超过三年的，应当转由合议庭审理。

第二百九十七条　适用简易程序审理案件，一般应当当庭宣判。

第二百九十八条　适用简易程序审理案件，在法庭审理过程中，有下列情形之一的，应当转为普通程序审理：

（一）被告人的行为可能不构成犯罪的；

（二）被告人可能不负刑事责任的；

（三）被告人当庭对起诉指控的犯罪事实予以否认的；

（四）案件事实不清、证据不足的；

（五）不应当或者不宜适用简易程序的其他情形。

转为普通程序审理的案件，审理期限应当从决定转为普通程序之日起计算。

第十三章　第二审程序

第二百九十九条　地方各级人民法院在宣告第一审判决、裁定时，应当告知被告人、自诉人及其法定代理人不服判决、裁定的，有权在法定期限内以书面或者口头形式，通过本院或者直接向上一级人民法院提出上诉；被告人的辩护人、近亲属经被告人同意，也可以提出上诉；附带民事诉讼当事人及其法定代理人，可以对判决、裁定中的附带民事部分提出上诉。

被告人、自诉人、附带民事诉讼当事人及其法定代理人是否提出上诉，以其在上诉期满前最后一次的意思表示为准。

第三百条　人民法院受理的上诉案件，一般应当有上诉状正本及副本。

上诉状内容应当包括：第一审判决书、裁定书的文号和上诉人收到的时间，第一审人民法院的名称，上诉的请求和理由，提出上诉的时间。被告人的辩护人、近亲属经被告人同意提出上诉的，还应当写明其与被告人的关系，并应当以被告人作为上诉人。

第三百零一条　上诉、抗诉必须在法定期限内提出。不服判决的上诉、抗诉的期限为十日；不服裁定的上诉、抗诉的期限为五日。上诉、抗诉的期限，从接到判决书、裁定书的第二日起计算。

对附带民事判决、裁定的上诉、抗诉期限，应当按照刑事部分的上诉、抗诉期限确定。附带民事部分另行审判的，上诉期限也应当按照刑事诉讼法规定的期限确定。

第三百零二条　上诉人通过第一审人民法院提出上诉的，第一审人民法院应当审查。上诉符合法律规定的，应当在上诉期满后三日内将上诉状连同案卷、证据移送上一级人民法院，并将上诉状副本送交同级人民检察院和对方当事人。

第三百零三条　上诉人直接向第二审人民法院提出上诉的，第二审人民法院应当在收到上诉后三日内将上诉状交第一审人民法院。第一审人民法院应当审查上诉是否符合法律规定。符合法律规定的，应当在接到上诉状后三日内将上诉状连同案卷、证据移送上一级人民法院，并将上诉状副本送交同级人民检察院和对方当事人。

第三百零四条　上诉人在上诉期限内要求撤回上诉的，人民法院应当准许。

第三百零五条　上诉人在上诉期满后要求撤回上诉的，第二审人民法院应当审查。经审查，认为原判认定事实和适用法律正确，量刑适当的，应当裁定准许撤回上诉；认为原判事实不清、证据不足或者将无罪判为有罪、轻罪重判等的，应当不予准许，继续按照上诉案件审理。

被判处死刑立即执行的被告人提出上诉，在第二审开庭后宣告裁判前申请撤回上诉的，应当不予准许，继续按照上诉案件审理。

第三百零六条　地方各级人民检察院对同级人民法院第一审判决、裁定的抗诉，应当通过第一审人民法院提交抗诉书。第一审人民法院应当在抗诉期满后三日内将抗诉书连同案卷、证据移送上一级人民法院，并将抗诉书副本送交当事人。

第三百零七条　人民检察院在抗诉期限内撤回抗诉的，第一审人民法院不再向上一级人民法院移送案件；在抗诉期满后第二审人民法院宣告裁判前撤回抗诉的，第二审人民法院可以裁定准许，并通知第一审人民法院和当事人。

第三百零八条　在上诉、抗诉期满前撤回上诉、抗诉的，第一审判决、裁定在上诉、抗诉期满之日起生效。在上诉、抗诉期满后要求撤回上诉、抗诉，第二审人民法院裁定准许的，第一审判决、裁定应当自第二审裁定书送达上诉人或者抗诉机关之日起生效。

第三百零九条　第二审人民法院对第一审人民法院移送的上诉、抗诉案卷、证据，应当审查是否包括下列内容：

（一）移送上诉、抗诉案件函；

（二）上诉状或者抗诉书；

（三）第一审判决书、裁定书八份（每增加一名被告人增加一份）及其电子文本；

（四）全部案卷、证据，包括案件审理报告和其他应当移送的材料。

前款所列材料齐全的，第二审人民法院应当收案；材料不全的，应当通知第一审人民法院及时补送。

第三百一十条　第二审人民法院审理上诉、抗诉案件，应当就第一审判决、裁定认定的事实和适用法律进行全面审查，不受上诉、抗诉范围的限制。

第三百一十一条　共同犯罪案件，只有部分被告人提出上诉，或者自诉人只对部分被告人的判决提出上诉，或者人民检察院只对部分被告人的判决提出抗诉的，第二审人民法院应当对全案进行审查，一并处理。

第三百一十二条　共同犯罪案件，上诉的被告人死亡，其他被告人未上诉的，第二审人民法院仍应对全案进行审查。经审查，死亡的被告人不构成犯罪的，应当宣告无罪；构成犯罪的，应当终止审理。对其他同案被告人仍应作出判决、裁定。

第三百一十三条　刑事附带民事诉讼案件，只有附带民事诉讼当事人及其法定代理人上诉的，第二审人民法院应当对全案进行审查。经审查，第一审判决的刑事部分并无不当的，第二审人民法院只需就附带民事部分作出处理；第一审判决的附带民事部分事实清楚，适用法律正确的，应当以刑事附带民事裁定维持原判，驳回上诉。

第三百一十四条　刑事附带民事诉讼案件，只有附带民事诉讼当事人及其法定代理人上诉的，第一审刑事部分的判决在上诉期满后即发生法律效力。

应当送监执行的第一审刑事被告人是第二审附带民事诉讼被告人的，在第二审附带民事诉讼案件审结前，可以暂缓送监执行。

第三百一十五条　对上诉、抗诉案件，应当着重审查下列内容：

（一）第一审判决认定的事实是否清楚，证据是否确实、充分；

（二）第一审判决适用法律是否正确，量刑是否适当；

（三）在侦查、审查起诉、第一审程序中，有无违反法定诉讼程序的情形；

（四）上诉、抗诉是否提出新的事实、证据；

（五）被告人的供述和辩解情况；

（六）辩护人的辩护意见及采纳情况；

（七）附带民事部分的判决、裁定是否合法、适当；

（八）第一审人民法院合议庭、审判委员会讨论的意见。

第三百一十六条 第二审期间，被告人除自行辩护外，还可以继续委托第一审辩护人或者另行委托辩护人辩护。

共同犯罪案件，只有部分被告人提出上诉，或者自诉人只对部分被告人的判决提出上诉，或者人民检察院只对部分被告人的判决提出抗诉的，其他同案被告人也可以委托辩护人辩护。

第三百一十七条 下列案件，根据刑事诉讼法第二百二十三条第一款的规定，应当开庭审理：

（一）被告人、自诉人及其法定代理人对第一审认定的事实、证据提出异议，可能影响定罪量刑的上诉案件；

（二）被告人被判处死刑立即执行的上诉案件；

（三）人民检察院抗诉的案件；

（四）应当开庭审理的其他案件。

被判处死刑立即执行的被告人没有上诉，同案的其他被告人上诉的案件，第二审人民法院应当开庭审理。

被告人被判处死刑缓期执行的上诉案件，虽不属于第一款第一项规定的情形，有条件的，也应当开庭审理。

第三百一十八条 对上诉、抗诉案件，第二审人民法院经审查，认为原判事实不清、证据不足，或者具有刑事诉讼法第二百二十七条规定的违反法定诉讼程序情形，需要发回重新审判的，可以不开庭审理。

第三百一十九条 第二审期间，人民检察院或者被告人及其辩护人提交新证据的，人民法院应当及时通知对方查阅、摘抄或者复制。

第三百二十条 开庭审理第二审公诉案件，应当在决定开庭审理后及时通知人民检察院查阅案卷。自通知后的第二日起，人民检察院查阅案卷的时间不计入审理期限。

第三百二十一条 开庭审理上诉、抗诉的公诉案件，应当通知同级人民检察院派员出庭。

抗诉案件，人民检察院接到开庭通知后不派员出庭，且未说明原因的，人民法院可以裁定按人民检察院撤回抗诉处理，并通知第一审人民法院和当事人。

第三百二十二条 开庭审理上诉、抗诉案件，除参照适用第一审程序的有关规定外，应当按照下列规定进行：

（一）法庭调查阶段，审判人员宣读第一审判决书、裁定书后，上诉案件由上诉人或者辩护人先宣读上诉状或者陈述上诉理由，抗诉案件由检察员先宣读抗诉书；既有上诉又有抗诉的案件，先由检察员宣读抗诉书，再由上诉人或者辩护人宣读上诉状或者陈述上诉理由；

（二）法庭辩论阶段，上诉案件，先由上诉人、辩护人发言，后由检察员、诉讼代理人发言；抗诉案件，先由检察员、诉讼代理人发言，后由被告人、辩护人发言；既有上诉又有抗诉的案件，先由检察员、诉讼代理人发言，后由上诉人、辩护人发言。

第三百二十三条 开庭审理上诉、抗诉案件，可以重点围绕对第一审判决、裁定有争议的问题或者有疑问的部分进行。根据案件情况，可以按照下列方式审理：

（一）宣读第一审判决书，可以只宣读案由、主要事实、证据名称和判决主文等；

（二）法庭调查应当重点围绕对第一审判决提出异议的事实、证据以及提交的新的证据等进行；对没有异议的事实、证据和情节，可以直接确认；

（三）对同案审理案件中未上诉的被告人，未被申请出庭或者人民法院认为没有必要到庭的，可以不再传唤到庭；

（四）被告人犯有数罪的案件，对其中事实清楚且无异议的犯罪，可以不在庭审时审理。

同案审理的案件，未提出上诉、人民检察院也未对其判决提出抗诉的被告人要求出庭的，应当准许。出庭的被告人可以参加法庭调查和辩论。

第三百二十四条 第二审案件依法不开庭审理的，应当讯问被告人，听取其他当事人、辩护人、诉讼代理人的意见。合议庭全体成员应当阅卷，必要时应当提交书面阅卷意见。

第三百二十五条 审理被告人或者其法定代理人、辩护人、近亲属提出上诉的案件，不得加重被告人的刑罚，并应当执行下列规定：

（一）同案审理的案件，只有部分被告人上诉的，既不得加重上诉人的刑罚，也不得加重其他同案被告人的刑罚；

（二）原判事实清楚，证据确实、充分，只是认定的罪名不当的，可以改变罪名，但不得加重刑罚；

（三）原判对被告人实行数罪并罚的，不得加重决定执行的刑罚，也不得加重数罪中某罪的刑罚；

（四）原判对被告人宣告缓刑的，不得撤销缓刑或者延长缓刑考验期；

（五）原判没有宣告禁止令的，不得增加宣告；原判宣告禁止令的，不得增加内容、延长期限；

（六）原判对被告人判处死刑缓期执行没有限制减刑的，不得限制减刑；

（七）原判事实清楚，证据确实、充分，但判处的刑罚畸轻、应当适用附加刑而没有适用的，不得直接加重刑罚、适用附加刑，也不得以事实不清、证据不足为由发回第一审人民法院重新审判。必须依法改判的，应当在第二审判决、裁定生效后，依照审判监督程序重新审判。

人民检察院抗诉或者自诉人上诉的案件，不受前款规定的限制。

第三百二十六条 人民检察院只对部分被告人的判决提出抗诉，或者自诉人只对部分被告人的判决提出上诉的，第二审人民法院不得对其他同案被告人加重刑罚。

第三百二十七条 被告人或者其法定代理人、辩护人、近亲属提出上诉的案件，第二审人民法院发回重新审判后，除有新的犯罪事实，人民检察院补充起诉的以外，原审人民法院不得加重被告人的刑罚。

第三百二十八条 原判事实不清、证据不足，第二审人民法院发回重新审判的案件，原审人民法院重新作出判决后，被告人上诉或者人民检察院抗诉的，第二审人民法院应当依法作出判决、裁定，不得再发回重新审判。

第三百二十九条　第二审人民法院发现原审人民法院在重新审判过程中，有刑事诉讼法第二百二十七条规定的情形之一，或者违反第二百二十八条规定的，应当裁定撤销原判，发回重新审判。

第三百三十条　第二审人民法院审理对刑事部分提出上诉、抗诉，附带民事部分已经发生法律效力的案件，发现第一审判决、裁定中的附带民事部分确有错误的，应当依照审判监督程序对附带民事部分予以纠正。

第三百三十一条　第二审人民法院审理对附带民事部分提出上诉，刑事部分已经发生法律效力的案件，发现第一审判决、裁定中的刑事部分确有错误的，应当依照审判监督程序对刑事部分进行再审，并将附带民事部分与刑事部分一并审理。

第三百三十二条　第二审期间，第一审附带民事诉讼原告人增加独立的诉讼请求或者第一审附带民事诉讼被告人提出反诉的，第二审人民法院可以根据自愿、合法的原则进行调解；调解不成的，告知当事人另行起诉。

第三百三十三条　对第二审自诉案件，必要时可以调解，当事人也可以自行和解。调解结案的，应当制作调解书，第一审判决、裁定视为自动撤销；当事人自行和解的，应当裁定准许撤回自诉，并撤销第一审判决、裁定。

第三百三十四条　第二审期间，自诉案件的当事人提出反诉的，应当告知其另行起诉。

第三百三十五条　第二审人民法院可以委托第一审人民法院代为宣判，并向当事人送达第二审判决书、裁定书。第一审人民法院应当在代为宣判后五日内将宣判笔录送交第二审人民法院，并在送达完毕后及时将送达回证送交第二审人民法院。

委托宣判的，第二审人民法院应当直接向同级人民检察院送达第二审判决书、裁定书。

第十四章　在法定刑以下判处刑罚和特殊假释的核准

第三百三十六条　报请最高人民法院核准在法定刑以下判处刑罚的案件，应当按照下列情形分别处理：

（一）被告人未上诉、人民检察院未抗诉的，在上诉、抗诉期满后三日内报请上一级人民法院复核。上一级人民法院同意原判的，应当书面层报最高人民法院核准；不同意的，应当裁定发回重新审判，或者改变管辖按照第一审程序重新审理。原判是基层人民法院作出的，高级人民法院可以指定中级人民法院按照第一审程序重新审理；

（二）被告人上诉或者人民检察院抗诉的，应当依照第二审程序审理。第二审维持原判，或者改判后仍在法定刑以下判处刑罚的，应当依照前项规定层报最高人民法院核准。

第三百三十七条　报请最高人民法院核准在法定刑以下判处刑罚的案件，应当报送判决书、报请核准的报告各五份，以及全部案卷、证据。

第三百三十八条　对在法定刑以下判处刑罚的案件，最高人民法院予以核准的，应当作出核准裁定书；不予核准的，应当作出不核准裁定书，并撤销原判决、裁定，发回原审人民法院重新审判或者指定其他下级人民法院重新审判。

第三百三十九条　依照本解释第三百三十六条、第三百三十八条规定发回第二审人民法院重新审判的案件，第二审人民法院可以直接改判；必须通过开庭查清事实、核实证据或者纠正原审程序违法的，应当开庭审理。

第三百四十条　最高人民法院和上级人民法院复核在法定刑以下判处刑罚案件的审理期限，参照适用刑事诉讼法第二百三十二条的规定。

第三百四十一条　报请最高人民法院核准因罪犯具有特殊情况，不受执行刑期限制的假释案件，应当按照下列情形分别处理：

（一）中级人民法院依法作出假释裁定后，应当报请高级人民法院复核。高级人民法院同意的，应当书面报请最高人民法院核准；不同意的，应当裁定撤销中级人民法院的假释裁定；

（二）高级人民法院依法作出假释裁定的，应当报请最高人民法院核准。

第三百四十二条　报请最高人民法院核准因罪犯具有特殊情况，不受执行刑期限制的假释案件，应当报送报请核准的报告、罪犯具有特殊情况的报告、假释裁定书各五份，以及全部案卷。

第三百四十三条　对因罪犯具有特殊情况，不受执行刑期限制的假释案件，最高人民法院予以核准的，应当作出核准裁定书；不予核准的，应当作出不核准裁定书，并撤销原裁定。

第十五章　死刑复核程序

第三百四十四条　报请最高人民法院核准死刑案件，应当按照下列情形分别处理：

（一）中级人民法院判处死刑的第一审案件，被告人未上诉、人民检察院未抗诉的，在上诉、抗诉期满后十日内报请高级人民法院复核。高级人民法院同意判处死刑的，应当在作出裁定后十日内报请最高人民法院核准；不同意的，应当依照第二审程序提审或者发回重新审判；

（二）中级人民法院判处死刑的第一审案件，被告人上诉或者人民检察院抗诉，高级人民法院裁定维持的，应当在作出裁定后十日内报请最高人民法院核准；

（三）高级人民法院判处死刑的第一审案件，被告人未上诉、人民检察院未抗诉的，应当在上诉、抗诉期满后十日内报请最高人民法院核准。

高级人民法院复核死刑案件，应当讯问被告人。

第三百四十五条　中级人民法院判处死刑缓期执行的第一审案件，被告人未上诉、人民检察院未抗诉的，应当报请高级人民法院核准。

高级人民法院复核死刑缓期执行案件，应当讯问被告人。

第三百四十六条　报请复核的死刑、死刑缓期执行案件，应当一案一报。报送的材料包括报请复核的报告，第一、二审裁判文书，死刑案件综合报告各五份以及全部案卷、证据。死刑案件综合报告，第一、二审裁判文书和审理报告应当附送电子文本。

同案审理的案件应当报送全案案卷、证据。

曾经发回重新审判的案件，原第一、二审案卷应当一并报送。

第三百四十七条 报请复核的报告，应当写明案由、简要案情、审理过程和判决结果。

死刑案件综合报告应当包括以下内容：

（一）被告人、被害人的基本情况。被告人有前科或者曾受过行政处罚的，应当写明；

（二）案件的由来和审理经过。案件曾经发回重新审判的，应当写明发回重新审判的原因、时间、案号等；

（三）案件侦破情况。通过技术侦查措施抓获被告人、侦破案件，以及与自首、立功认定有关的情况，应当写明；

（四）第一审审理情况。包括控辩双方意见，第一审认定的犯罪事实，合议庭和审判委员会意见；

（五）第二审审理或者高级人民法院复核情况。包括上诉理由、检察机关意见，第二审审理或者高级人民法院复核认定的事实，证据采信情况及理由，控辩双方意见及采纳情况；

（六）需要说明的问题。包括共同犯罪案件中另案处理的同案犯的定罪量刑情况，案件有无重大社会影响，以及当事人的反应等情况；

（七）处理意见。写明合议庭和审判委员会的意见。

第三百四十八条 复核死刑、死刑缓期执行案件，应当全面审查以下内容：

（一）被告人的年龄，被告人有无刑事责任能力、是否系怀孕的妇女；

（二）原判认定的事实是否清楚，证据是否确实、充分；

（三）犯罪情节、后果及危害程度；

（四）原判适用法律是否正确，是否必须判处死刑，是否必须立即执行；

（五）有无法定、酌定从重、从轻或者减轻处罚情节；

（六）诉讼程序是否合法；

（七）应当审查的其他情况。

第三百四十九条 高级人民法院复核死刑缓期执行案件，应当按照下列情形分别处理：

（一）原判认定事实和适用法律正确、量刑适当、诉讼程序合法的，应当裁定核准；

（二）原判认定的某一具体事实或者引用的法律条款等存在瑕疵，但判处被告人死刑缓期执行并无不当的，可以在纠正后作出核准的判决、裁定；

（三）原判认定事实正确，但适用法律有错误，或者量刑过重的，应当改判；

（四）原判事实不清、证据不足的，可以裁定不予核准，并撤销原判，发回重新审判，或者依法改判；

（五）复核期间出现新的影响定罪量刑的事实、证据的，可以裁定不予核准，并撤销原判，发回重新审判，或者依照本解释第二百二十条规定审理后依法改判；

（六）原审违反法定诉讼程序，可能影响公正审判的，应当裁定不予核准，并撤销原判，发回重新审判。

高级人民法院复核死刑缓期执行案件，不得加重被告人的刑罚。

第三百五十条　最高人民法院复核死刑案件，应当按照下列情形分别处理：

（一）原判认定事实和适用法律正确、量刑适当、诉讼程序合法的，应当裁定核准；

（二）原判认定的某一具体事实或者引用的法律条款等存在瑕疵，但判处被告人死刑并无不当的，可以在纠正后作出核准的判决、裁定；

（三）原判事实不清、证据不足的，应当裁定不予核准，并撤销原判，发回重新审判；

（四）复核期间出现新的影响定罪量刑的事实、证据的，应当裁定不予核准，并撤销原判，发回重新审判；

（五）原判认定事实正确，但依法不应当判处死刑的，应当裁定不予核准，并撤销原判，发回重新审判；

（六）原审违反法定诉讼程序，可能影响公正审判的，应当裁定不予核准，并撤销原判，发回重新审判。

第三百五十一条　对一人有两罪以上被判处死刑的数罪并罚案件，最高人民法院复核后，认为其中部分犯罪的死刑判决、裁定事实不清、证据不足的，应当对全案裁定不予核准，并撤销原判，发回重新审判；认为其中部分犯罪的死刑判决、裁定认定事实正确，但依法不应当判处死刑的，可以改判，并对其他应当判处死刑的犯罪作出核准死刑的判决。

第三百五十二条　对有两名以上被告人被判处死刑的案件，最高人民法院复核后，认为其中部分被告人的死刑判决、裁定事实不清、证据不足的，应当对全案裁定不予核准，并撤销原判，发回重新审判；认为其中部分被告人的死刑判决、裁定认定事实正确，但依法不应当判处死刑的，可以改判，并对其他应当判处死刑的被告人作出核准死刑的判决。

第三百五十三条　最高人民法院裁定不予核准死刑的，根据案件情况，可以发回第二审人民法院或者第一审人民法院重新审判。

第一审人民法院重新审判的，应当开庭审理。第二审人民法院重新审判的，可以直接改判；必须通过开庭查清事实、核实证据或者纠正原审程序违法的，应当开庭审理。

第三百五十四条　高级人民法院依照复核程序审理后报请最高人民法院核准死刑，最高人民法院裁定不予核准，发回高级人民法院重新审判的，高级人民法院可以依照第二审程序提审或者发回重新审判。

第三百五十五条　最高人民法院裁定不予核准死刑，发回重新审判的案件，原审人民法院应当另行组成合议庭审理，但本解释第三百五十条第四项、第五项规定的案件除外。

第三百五十六条　死刑复核期间，辩护律师要求当面反映意见的，最高人民法院有关合议庭应当在办公场所听取其意见，并制作笔录；辩护律师提出书面意见的，应当附卷。

第三百五十七条　死刑复核期间，最高人民检察院提出意见的，最高人民法院应当审查，并将采纳情况及理由反馈最高人民检察院。

第三百五十八条　最高人民法院应当根据有关规定向最高人民检察院通报死刑案件复核结果。

第十六章　查封、扣押、冻结财物及其处理

第三百五十九条　人民法院对查封、扣押、冻结的被告人财物及其孳息，应当妥善保管，并制作清单，附卷备查；对人民检察院随案移送的被告人财物及其孳息，应当根据清单核查后妥善保管。任何单位和个人不得挪用或者自行处理。

查封不动产、车辆、船舶、航空器等财物，应当扣押其权利证书，经拍照或者录像后原地封存，或者交持有人、被告人的近亲属保管，登记并写明财物的名称、型号、权属、地址等详细情况，并通知有关财物的登记、管理部门办理查封登记手续。

扣押物品，应当登记并写明物品名称、型号、规格、数量、重量、质量、成色、纯度、颜色、新旧程度、缺损特征和来源等。扣押货币、有价证券，应当登记并写明货币、有价证券的名称、数额、面额等，货币应当存入银行专门账户，并登记银行存款凭证的名称、内容。扣押文物、金银、珠宝、名贵字画等贵重物品以及违禁品，应当拍照，需要鉴定的，应当及时鉴定。对扣押的物品应当根据有关规定及时估价。

冻结存款、汇款、债券、股票、基金份额等财产，应当登记并写明编号、种类、面值、张数、金额等。

第三百六十条　对被害人的合法财产，权属明确的，应当依法及时返还，但须经拍照、鉴定、估价，并在案卷中注明返还的理由，将原物照片、清单和被害人的领取手续附卷备查；权属不明的，应当在人民法院判决、裁定生效后，按比例返还被害人，但已获退赔的部分应予扣除。

第三百六十一条　审判期间，权利人申请出卖被扣押、冻结的债券、股票、基金份额等财产，人民法院经审查，认为不损害国家利益、被害人利益，不影响诉讼正常进行的，以及扣押、冻结的汇票、本票、支票有效期即将届满的，可以在判决、裁定生效前依法出卖，所得价款由人民法院保管，并及时告知当事人或者其近亲属。

第三百六十二条　对作为证据使用的实物，包括作为物证的货币、有价证券等，应当随案移送。第一审判决、裁定宣告后，被告人上诉或者人民检察院抗诉的，第一审人民法院应当将上述证据移送第二审人民法院。

第三百六十三条　对不宜移送的实物，应当根据情况，分别审查以下内容：

（一）大宗的、不便搬运的物品，查封、扣押机关是否随案移送查封、扣押清单，并附原物照片和封存手续，注明存放地点等；

（二）易腐烂、霉变和不易保管的物品，查封、扣押机关变卖处理后，是否随案移送原物照片、清单、变价处理的凭证（复印件）等；

（三）枪支弹药、剧毒物品、易燃易爆物品以及其他违禁品、危险物品，查封、扣押机关根据有关规定处理后，是否随案移送原物照片和清单等。

上述不宜移送的实物，应当依法鉴定、估价的，还应当审查是否附有鉴定、估价意见。

对查封、扣押的货币、有价证券等未移送的，应当审查是否附有原物照片、清单或者其他证明文件。

第三百六十四条　法庭审理过程中，对查封、扣押、冻结的财物及其孳息，应当调查其权属情况，是否属于违法所得或者依法应当追缴的其他涉案财物。

案外人对查封、扣押、冻结的财物及其孳息提出权属异议的，人民法院应当审查并依法处理。

经审查，不能确认查封、扣押、冻结的财物及其孳息属于违法所得或者依法应当追缴的其他涉案财物的，不得没收。

第三百六十五条　对查封、扣押、冻结的财物及其孳息，应当在判决书中写明名称、金额、数量、存放地点及其处理方式等。涉案财物较多，不宜在判决主文中详细列明的，可以附清单。

涉案财物未随案移送的，应当在判决书中写明，并写明由查封、扣押、冻结机关负责处理。

第三百六十六条　查封、扣押、冻结的财物及其孳息，经审查，确属违法所得或者依法应当追缴的其他涉案财物的，应当判决返还被害人，或者没收上缴国库，但法律另有规定的除外。

判决返还被害人的涉案财物，应当通知被害人认领；无人认领的，应当公告通知；公告满三个月无人认领的，应当上缴国库；上缴国库后有人认领，经查证属实的，应当申请退库予以返还；原物已经拍卖、变卖的，应当返还价款。

对侵犯国有财产的案件，被害单位已经终止且没有权利义务继受人，或者损失已经被核销的，查封、扣押、冻结的财物及其孳息应当上缴国库。

第三百六十七条　随案移送的或者人民法院查封、扣押的财物及其孳息，由第一审人民法院在判决生效后负责处理。

涉案财物未随案移送的，人民法院应当在判决生效后十日内，将判决书、裁定书送达查封、扣押机关，并告知其在一个月内将执行回单送回。

第三百六十八条　对冻结的存款、汇款、债券、股票、基金份额等财产判决没收的，第一审人民法院应当在判决生效后，将判决书、裁定书送达相关金融机构和财政部门，通知相关金融机构依法上缴国库并在接到执行通知书后十五日内，将上缴国库的凭证、执行回单送回。

第三百六十九条　查封、扣押、冻结的财物与本案无关但已列入清单的，应当由查封、扣押、冻结机关依法处理。

查封、扣押、冻结的财物属于被告人合法所有的，应当在赔偿被害人损失、执行财产刑后及时返还被告人；财物未随案移送的，应当通知查封、扣押、冻结机关将赔偿被害人损失、执行财产刑的部分移送人民法院。

第三百七十条　查封、扣押、冻结财物及其处理，本解释没有规定的，参照适用法律、其他司法解释的有关规定。

第十七章　审判监督程序

第三百七十一条　当事人及其法定代理人、近亲属对已经发生法律效力的判决、裁定提出申诉的，人民法院应当审查处理。

案外人认为已经发生法律效力的判决、裁定侵害其合法权益，提出申诉的，人民法院应当审查处理。

申诉可以委托律师代为进行。

第三百七十二条　向人民法院申诉，应当提交以下材料：

（一）申诉状。应当写明当事人的基本情况、联系方式以及申诉的事实与理由；

（二）原一、二审判决书、裁定书等法律文书。经过人民法院复查或者再审的，应当附有驳回通知书、再审决定书、再审判决书、裁定书；

（三）其他相关材料。以有新的证据证明原判决、裁定认定的事实确有错误为由申诉的，应当同时附有相关证据材料；申请人民法院调查取证的，应当附有相关线索或者材料。

申诉不符合前款规定的，人民法院应当告知申诉人补充材料；申诉人对必要材料拒绝补充且无正当理由的，不予审查。

第三百七十三条　申诉由终审人民法院审查处理。但是，第二审人民法院裁定准许撤回上诉的案件，申诉人对第一审判决提出申诉的，可以由第一审人民法院审查处理。

上一级人民法院对未经终审人民法院审查处理的申诉，可以告知申诉人向终审人民法院提出申诉，或者直接交终审人民法院审查处理，并告知申诉人；案件疑难、复杂、重大的，也可以直接审查处理。

对未经终审人民法院及其上一级人民法院审查处理，直接向上级人民法院申诉的，上级人民法院可以告知申诉人向下级人民法院提出。

第三百七十四条　对死刑案件的申诉，可以由原核准的人民法院直接审查处理，也可以交由原审人民法院审查。原审人民法院应当写出审查报告，提出处理意见，层报原核准的人民法院审查处理。

第三百七十五条　对立案审查的申诉案件，应当在三个月内作出决定，至迟不得超过六个月。

经审查，具有下列情形之一的，应当根据刑事诉讼法第二百四十二条的规定，决定重新审判：

（一）有新的证据证明原判决、裁定认定的事实确有错误，可能影响定罪量刑的；

（二）据以定罪量刑的证据不确实、不充分、依法应当排除的；

（三）证明案件事实的主要证据之间存在矛盾的；

（四）主要事实依据被依法变更或者撤销的；

（五）认定罪名错误的；

（六）量刑明显不当的；

（七）违反法律关于溯及力规定的；

（八）违反法律规定的诉讼程序，可能影响公正裁判的；

（九）审判人员在审理该案件时有贪污受贿、徇私舞弊、枉法裁判行为的。

申诉不具有上述情形的，应当说服申诉人撤回申诉；对仍然坚持申诉的，应当书面通知驳回。

第三百七十六条　具有下列情形之一，可能改变原判决、裁定据以定罪量刑的事实的证据，应当认定为刑事诉讼法第二百四十二条第一项规定的"新的证据"：

（一）原判决、裁定生效后新发现的证据；

（二）原判决、裁定生效前已经发现，但未予收集的证据；

（三）原判决、裁定生效前已经收集，但未经质证的证据；

（四）原判决、裁定所依据的鉴定意见，勘验、检查等笔录或者其他证据被改变或者否定的。

第三百七十七条　申诉人对驳回申诉不服的，可以向上一级人民法院申诉。上一级人民法院经审查认为申诉不符合刑事诉讼法第二百四十二条和本解释第三百七十五条第二款规定的，应当说服申诉人撤回申诉；对仍然坚持申诉的，应当驳回或者通知不予重新审判。

第三百七十八条　各级人民法院院长发现本院已经发生法律效力的判决、裁定确有错误的，应当提交审判委员会讨论决定是否再审。

第三百七十九条　上级人民法院发现下级人民法院已经发生法律效力的判决、裁定确有错误的，可以指令下级人民法院再审；原判决、裁定认定事实正确但适用法律错误，或者案件疑难、复杂、重大，或者有不宜由原审人民法院审理情形的，也可以提审。

上级人民法院指令下级人民法院再审的，一般应当指令原审人民法院以外的下级人民法院审理；由原审人民法院审理更有利于查明案件事实、纠正裁判错误的，可以指令原审人民法院审理。

第三百八十条　对人民检察院依照审判监督程序提出抗诉的案件，人民法院应当在收到抗诉书后一个月内立案。但是，有下列情形之一的，应当区别情况予以处理：

（一）对不属于本院管辖的，应当将案件退回人民检察院；

（二）按照抗诉书提供的住址无法向被抗诉的原审被告人送达抗诉书的，应当通知人民检察院在三日内重新提供原审被告人的住址；逾期未提供的，将案件退回人民检察院；

（三）以有新的证据为由提出抗诉，但未附相关证据材料或者有关证据不是指向原起诉事实的，应当通知人民检察院在三日内补送相关材料；逾期未补送的，将案件退回人民检察院。

决定退回的抗诉案件，人民检察院经补充相关材料后再次抗诉，经审查符合受理条件的，人民法院应当受理。

第三百八十一条　对人民检察院依照审判监督程序提出抗诉的案件，接受抗诉的人民法院应当组成合议庭审理。对原判事实不清、证据不足，包括有新的证据证明原判可能有错误，需要指令下级人民法院再审的，应当在立案之日起一个月内作出决定，并将指令再审决定书送达抗诉的人民检察院。

第三百八十二条 对决定依照审判监督程序重新审判的案件，除人民检察院抗诉的以外，人民法院应当制作再审决定书。再审期间不停止原判决、裁定的执行，但被告人可能经再审改判无罪，或者可能经再审减轻原判刑罚而致刑期届满的，可以决定中止原判决、裁定的执行，必要时，可以对被告人采取取保候审、监视居住措施。

第三百八十三条 依照审判监督程序重新审判的案件，人民法院应当重点针对申诉、抗诉和决定再审的理由进行审理。必要时，应当对原判决、裁定认定的事实、证据和适用法律进行全面审查。

第三百八十四条 原审人民法院审理依照审判监督程序重新审判的案件，应当另行组成合议庭。

原来是第一审案件，应当依照第一审程序进行审判，所作的判决、裁定可以上诉、抗诉；原来是第二审案件，或者是上级人民法院提审的案件，应当依照第二审程序进行审判，所作的判决、裁定是终审的判决、裁定。

对原审被告人、原审自诉人已经死亡或者丧失行为能力的再审案件，可以不开庭审理。

第三百八十五条 开庭审理的再审案件，再审决定书或者抗诉书只针对部分原审被告人，其他同案原审被告人不出庭不影响审理的，可以不出庭参加诉讼。

第三百八十六条 除人民检察院抗诉的以外，再审一般不得加重原审被告人的刑罚。再审决定书或者抗诉书只针对部分原审被告人的，不得加重其他同案原审被告人的刑罚。

第三百八十七条 人民法院审理人民检察院抗诉的再审案件，人民检察院在开庭审理前撤回抗诉的，应当裁定准许；人民检察院接到出庭通知后不派员出庭，且未说明原因的，可以裁定按撤回抗诉处理，并通知诉讼参与人。

人民法院审理申诉人申诉的再审案件，申诉人在再审期间撤回申诉的，应当裁定准许；申诉人经依法通知无正当理由拒不到庭，或者未经法庭许可中途退庭的，应当裁定按撤回申诉处理，但申诉人不是原审当事人的除外。

第三百八十八条 开庭审理的再审案件，系人民法院决定再审的，由合议庭组成人员宣读再审决定书；系人民检察院抗诉的，由检察人员宣读抗诉书；系申诉人申诉的，由申诉人或者其辩护人、诉讼代理人陈述申诉理由。

第三百八十九条 再审案件经过重新审理后，应当按照下列情形分别处理：

（一）原判决、裁定认定事实和适用法律正确、量刑适当的，应当裁定驳回申诉或者抗诉，维持原判决、裁定；

（二）原判决、裁定定罪准确、量刑适当，但在认定事实、适用法律等方面有瑕疵的，应当裁定纠正并维持原判决、裁定；

（三）原判决、裁定认定事实没有错误，但适用法律错误，或者量刑不当的，应当撤销原判决、裁定，依法改判；

（四）依照第二审程序审理的案件，原判决、裁定事实不清或者证据不足的，可以在查清事实后改判，也可以裁定撤销原判，发回原审人民法院重新审判。

原判决、裁定事实不清或者证据不足，经审理事实已经查清的，应当根据查清的事实依法裁判；事实仍无法查清，证据不足，不能认定被告人有罪的，应当撤销原判决、裁定，判决宣告被告人无罪。

第三百九十条　原判决、裁定认定被告人姓名等身份信息有误，但认定事实和适用法律正确、量刑适当的，作出生效判决、裁定的人民法院可以通过裁定对有关信息予以更正。

第三百九十一条　对再审改判宣告无罪并依法享有申请国家赔偿权利的当事人，人民法院宣判时，应当告知其在判决发生法律效力后可以依法申请国家赔偿。

第十八章　涉外刑事案件的审理和司法协助

第三百九十二条　本解释所称的涉外刑事案件是指：

（一）在中华人民共和国领域内，外国人犯罪的或者我国公民侵犯外国人合法权利的刑事案件；

（二）符合刑法第七条、第十条规定情形的我国公民在中华人民共和国领域外犯罪的案件；

（三）符合刑法第八条、第十条规定情形的外国人对中华人民共和国国家或者公民犯罪的案件；

（四）符合刑法第九条规定情形的中华人民共和国在所承担国际条约义务范围内行使管辖权的案件。

第三百九十三条　第一审涉外刑事案件，除刑事诉讼法第二十条至第二十二条规定的以外，由基层人民法院管辖。必要时，中级人民法院可以指定辖区内若干基层人民法院集中管辖第一审涉外刑事案件，也可以依照刑事诉讼法第二十三条的规定，审理基层人民法院管辖的第一审涉外刑事案件。

第三百九十四条　外国人的国籍，根据其入境时的有效证件确认；国籍不明的，根据公安机关或者有关国家驻华使、领馆出具的证明确认。

国籍无法查明的，以无国籍人对待，适用本章有关规定，在裁判文书中写明"国籍不明"。

第三百九十五条　在刑事诉讼中，外国籍当事人享有我国法律规定的诉讼权利并承担相应义务。

第三百九十六条　涉外刑事案件审判期间，人民法院应当将下列事项及时通报同级人民政府外事主管部门，并通知有关国家驻华使、领馆：

（一）人民法院决定对外国籍被告人采取强制措施的情况，包括外国籍当事人的姓名（包括译名）、性别、入境时间、护照或者证件号码、采取的强制措施及法律依据、羁押地点等；

（二）开庭的时间、地点、是否公开审理等事项；

（三）宣判的时间、地点。

涉外刑事案件宣判后，应当及时将处理结果通报同级人民政府外事主管部门。

对外国籍被告人执行死刑的，死刑裁决下达后执行前，应当通知其国籍国驻华使、领馆。

外国籍被告人在案件审理中死亡的，应当及时通报同级人民政府外事主管部门，并通知有关国家驻华使、领馆。

第三百九十七条 需要向有关国家驻华使、领馆通知有关事项的，应当层报高级人民法院，由高级人民法院按照下列规定通知：

（一）外国籍当事人国籍国与我国签订有双边领事条约的，根据条约规定办理；未与我国签订双边领事条约，但参加《维也纳领事关系公约》的，根据公约规定办理；未与我国签订领事条约，也未参加《维也纳领事关系公约》，但与我国有外交关系的，可以根据外事主管部门的意见，按照互惠原则，根据有关规定和国际惯例办理；

（二）在外国驻华领馆领区内发生的涉外刑事案件，通知有关外国驻该地区的领馆；在外国领馆领区外发生的涉外刑事案件，通知有关外国驻华使馆；与我国有外交关系，但未设使、领馆的国家，可以通知其代管国家驻华使、领馆；无代管国家或者代管国家不明的，可以不通知；

（三）双边领事条约规定通知时限的，应当在规定的期限内通知；无双边领事条约规定的，应当根据或者参照《维也纳领事关系公约》和国际惯例尽快通知，至迟不得超过七日；

（四）双边领事条约没有规定必须通知，外国籍当事人要求不通知其国籍国驻华使、领馆的，可以不通知，但应当由其本人出具书面声明。

高级人民法院向外国驻华使、领馆通知有关事项，必要时，可以请人民政府外事主管部门协助。

第三百九十八条 人民法院受理涉外刑事案件后，应当告知在押的外国籍被告人享有与其国籍国驻华使、领馆联系，与其监护人、近亲属会见、通信，以及请求人民法院提供翻译的权利。

第三百九十九条 涉外刑事案件审判期间，外国籍被告人在押，其国籍国驻华使、领馆官员要求探视的，可以向受理案件的人民法院所在地的高级人民法院提出。人民法院应当根据我国与被告人国籍国签订的双边领事条约规定的时限予以安排；没有条约规定的，应当尽快安排。必要时，可以请人民政府外事主管部门协助。

涉外刑事案件审判期间，外国籍被告人在押，其监护人、近亲属申请会见的，可以向受理案件的人民法院所在地的高级人民法院提出，并依照本解释第四百零三条的规定提供与被告人关系的证明。人民法院经审查认为不妨碍案件审判的，可以批准。

被告人拒绝接受探视、会见的，可以不予安排，但应当由其本人出具书面声明。

探视、会见被告人应当遵守我国法律规定。

第四百条 人民法院审理涉外刑事案件，应当公开进行，但依法不应公开审理的除外。

公开审理的涉外刑事案件，外国籍当事人国籍国驻华使、领馆官员要求旁听的，可以向受理案件的人民法院所在地的高级人民法院提出申请，人民法院应当安排。

第四百零一条 人民法院审判涉外刑事案件，使用中华人民共和国通用的语言、文字，应当为外国籍当事人提供翻译。

　　人民法院的诉讼文书为中文本。外国籍当事人不通晓中文的，应当附有外文译本，译本不加盖人民法院印章，以中文本为准。

　　外国籍当事人通晓中国语言、文字，拒绝他人翻译，或者不需要诉讼文书外文译本的，应当由其本人出具书面声明。

　　第四百零二条　外国籍被告人委托律师辩护，或者外国籍附带民事诉讼原告人、自诉人委托律师代理诉讼的，应当委托具有中华人民共和国律师资格并依法取得执业证书的律师。

　　外国籍被告人在押的，其监护人、近亲属或者其国籍国驻华使、领馆可以代为委托辩护人。其监护人、近亲属代为委托的，应当提供与被告人关系的有效证明。

　　外国籍当事人委托其监护人、近亲属担任辩护人、诉讼代理人的，被委托人应当提供与当事人关系的有效证明。经审查，符合刑事诉讼法、有关司法解释规定的，人民法院应当准许。

　　外国籍被告人没有委托辩护人的，人民法院可以通知法律援助机构为其指派律师提供辩护。被告人拒绝辩护人辩护的，应当由其出具书面声明，或者将其口头声明记录在案。被告人属于应当提供法律援助情形的，依照本解释第四十五条规定处理。

　　第四百零三条　外国籍当事人从中华人民共和国领域外寄交或者托交给中国律师或者中国公民的委托书，以及外国籍当事人的监护人、近亲属提供的与当事人关系的证明，必须经所在国公证机关证明，所在国中央外交主管机关或者其授权机关认证，并经我国驻该国使、领馆认证，但我国与该国之间有互免认证协定的除外。

　　第四百零四条　对涉外刑事案件的被告人，可以决定限制出境；对开庭审理案件时必须到庭的证人，可以要求暂缓出境。作出限制出境的决定，应当通报同级公安机关或者国家安全机关；限制外国人出境的，应当同时通报同级人民政府外事主管部门和当事人国籍国驻华使、领馆。

　　人民法院决定限制外国人和中国公民出境的，应当书面通知被限制出境的人在案件审理终结前不得离境，并可以采取扣留护照或者其他出入境证件的办法限制其出境；扣留证件的，应当履行必要手续，并发给本人扣留证件的证明。

　　对需要在边防检查站阻止外国人和中国公民出境的，受理案件的人民法院应当层报高级人民法院，由高级人民法院填写口岸阻止人员出境通知书，向同级公安机关办理交控手续。控制口岸不在本省、自治区、直辖市的，应当通过有关省、自治区、直辖市公安机关办理交控手续。紧急情况下，确有必要的，也可以先向边防检查站交控，再补办交控手续。

　　第四百零五条　对来自境外的证据材料，人民法院应当对材料来源、提供人、提供时间以及提取人、提取时间等进行审查。经审查，能够证明案件事实且符合刑事诉讼法规定的，可以作为证据使用，但提供人或者我国与有关国家签订的双边条约对材料的使用范围有明确限制的除外；材料来源不明或者其真实性无法确认的，不得作为定案的根据。

　　当事人及其辩护人、诉讼代理人提供来自境外的证据材料的，该证据材料应当经所在国公证机关证明，所在国中央外交主管机关或者其授权机关认证，并经我国驻该国使、领馆认证。

第四百零六条 涉外刑事案件，符合刑事诉讼法第二百零二条第一款、第二百三十二条规定的，经有关人民法院批准或者决定，可以延长审理期限。

第四百零七条 涉外刑事案件宣判后，外国籍当事人国籍国驻华使、领馆要求提供裁判文书的，可以向受理案件的人民法院所在地的高级人民法院提出，人民法院可以提供。

第四百零八条 根据中华人民共和国缔结或者参加的国际条约，或者按照互惠原则，人民法院和外国法院可以相互请求刑事司法协助。

外国法院请求的事项有损中华人民共和国的主权、安全、社会公共利益的，人民法院不予协助。

第四百零九条 请求和提供司法协助，应当依照中华人民共和国缔结或者参加的国际条约规定的途径进行；没有条约关系的，通过外交途径进行。

第四百一十条 人民法院请求外国提供司法协助的，应当经高级人民法院审查后报最高人民法院审核同意。

外国法院请求我国提供司法协助，属于人民法院职权范围的，经最高人民法院审核同意后转有关人民法院办理。

第四百一十一条 人民法院请求外国提供司法协助的请求书及其所附文件，应当附有该国文字译本或者国际条约规定的其他文字文本。

外国法院请求我国提供司法协助的请求书及其所附文件，应当附有中文译本或者国际条约规定的其他文字文本。

第四百一十二条 人民法院向在中华人民共和国领域外居住的当事人送达刑事诉讼文书，可以采用下列方式：

（一）根据受送达人所在国与中华人民共和国缔结或者共同参加的国际条约规定的方式送达；

（二）通过外交途径送达；

（三）对中国籍当事人，可以委托我国驻受送达人所在国的使、领馆代为送达；

（四）当事人是自诉案件的自诉人或者附带民事诉讼原告人的，可以向有权代其接受送达的诉讼代理人送达；

（五）当事人是外国单位的，可以向其在中华人民共和国领域内设立的代表机构或者有权接受送达的分支机构、业务代办人送达；

（六）受送达人所在国法律允许的，可以邮寄送达；自邮寄之日起满三个月，送达回证未退回，但根据各种情况足以认定已经送达的，视为送达；

（七）受送达人所在国法律允许的，可以采用传真、电子邮件等能够确认受送达收悉的方式送达。

第四百一十三条 人民法院通过外交途径向在中华人民共和国领域外居住的受送达人送达刑事诉讼文书的，所送达的文书应当经高级人民法院审查后报最高人民法院审核。最高人民法院认为可以发出的，由最高人民法院交外交部主管部门转递。

外国法院通过外交途径请求人民法院送达刑事诉讼文书的，由该国驻华使馆将法律文书交我国外交部主管部门转最高人民法院。最高人民法院审核后认为属于人民法院职权范围，且可以代为送达的，应当转有关人民法院办理。

第四百一十四条　涉外刑事案件审理过程中的其他事宜，依照法律、司法解释和其他有关规定办理。

第十九章　执行程序

第一节　死刑的执行

第四百一十五条　被判处死刑缓期执行的罪犯，在死刑缓期执行期间故意犯罪的，应当由罪犯服刑地的中级人民法院依法审判，所作的判决可以上诉、抗诉。

认定构成故意犯罪的判决、裁定发生法律效力后，应当层报最高人民法院核准执行死刑。

第四百一十六条　死刑缓期执行的期间，从判决或者裁定核准死刑缓期执行的法律文书宣告或者送达之日起计算。

死刑缓期执行期满，依法应当减刑的，人民法院应当及时减刑。死刑缓期执行期满减为无期徒刑、有期徒刑的，刑期自死刑缓期执行期满之日起计算。

第四百一十七条　最高人民法院的执行死刑命令，由高级人民法院交付第一审人民法院执行。第一审人民法院接到执行死刑命令后，应当在七日内执行。

在死刑缓期执行期间故意犯罪，最高人民法院核准执行死刑的，由罪犯服刑地的中级人民法院执行。

第四百一十八条　第一审人民法院在接到执行死刑命令后、执行前，发现有下列情形之一的，应当暂停执行，并立即将请求停止执行死刑的报告和相关材料层报最高人民法院：

（一）罪犯可能有其他犯罪的；

（二）共同犯罪的其他犯罪嫌疑人到案，可能影响罪犯量刑的；

（三）共同犯罪的其他罪犯被暂停或者停止执行死刑，可能影响罪犯量刑的；

（四）罪犯揭发重大犯罪事实或者有其他重大立功表现，可能需要改判的；

（五）罪犯怀孕的；

（六）判决、裁定可能有影响定罪量刑的其他错误的。

最高人民法院经审查，认为可能影响罪犯定罪量刑的，应当裁定停止执行死刑；认为不影响的，应当决定继续执行死刑。

第四百一十九条　最高人民法院在执行死刑命令签发后、执行前，发现有前条第一款规定情形的，应当立即裁定停止执行死刑，并将有关材料移交下级人民法院。

第四百二十条　下级人民法院接到最高人民法院停止执行死刑的裁定后，应当会同有关部门调查核实停止执行死刑的事由，并及时将调查结果和意见层报最高人民法院审核。

第四百二十一条 对下级人民法院报送的停止执行死刑的调查结果和意见，由最高人民法院原作出核准死刑判决、裁定的合议庭负责审查，必要时，另行组成合议庭进行审查。

第四百二十二条 最高人民法院对停止执行死刑的案件，应当按照下列情形分别处理：

（一）确认罪犯怀孕的，应当改判；

（二）确认罪犯有其他犯罪，依法应当追诉的，应当裁定不予核准死刑，撤销原判，发回重新审判；

（三）确认原判决、裁定有错误或者罪犯有重大立功表现，需要改判的，应当裁定不予核准死刑，撤销原判，发回重新审判；

（四）确认原判决、裁定没有错误，罪犯没有重大立功表现，或者重大立功表现不影响原判决、裁定执行的，应当裁定继续执行死刑，并由院长重新签发执行死刑的命令。

第四百二十三条 第一审人民法院在执行死刑前，应当告知罪犯有权会见其近亲属。罪犯申请会见并提供具体联系方式的，人民法院应当通知其近亲属。罪犯近亲属申请会见的，人民法院应当准许，并及时安排会见。

第四百二十四条 第一审人民法院在执行死刑三日前，应当通知同级人民检察院派员临场监督。

第四百二十五条 死刑采用枪决或者注射等方法执行。

采用注射方法执行死刑的，应当在指定的刑场或者羁押场所内执行。

采用枪决、注射以外的其他方法执行死刑的，应当事先层报最高人民法院批准。

第四百二十六条 执行死刑前，指挥执行的审判人员对罪犯应当验明正身，讯问有无遗言、信札，并制作笔录，再交执行人员执行死刑。

执行死刑应当公布，禁止游街示众或者其他有辱罪犯人格的行为。

第四百二十七条 执行死刑后，应当由法医验明罪犯确实死亡，在场书记员制作笔录。负责执行的人民法院应当在执行死刑后十五日内将执行情况，包括罪犯被执行死刑前后的照片，上报最高人民法院。

第四百二十八条 执行死刑后，负责执行的人民法院应当办理以下事项：

（一）对罪犯的遗书、遗言笔录，应当及时审查；涉及财产继承、债务清偿、家事嘱托等内容的，将遗书、遗言笔录交给家属，同时复制附卷备查；涉及案件线索等问题的，抄送有关机关；

（二）通知罪犯家属在限期内领取罪犯骨灰；没有火化条件或者因民族、宗教等原因不宜火化的，通知领取尸体；过期不领取的，由人民法院通知有关单位处理，并要求有关单位出具处理情况的说明；对罪犯骨灰或者尸体的处理情况，应当记录在案；

（三）对外国籍罪犯执行死刑后，通知外国驻华使、领馆的程序和时限，根据有关规定办理。

第二节 死刑缓期执行、无期徒刑、有期徒刑、拘役的交付执行

第四百二十九条 被判处死刑缓期执行、无期徒刑、有期徒刑、拘役的罪犯，交付

执行时在押的，第一审人民法院应当在判决、裁定生效后十日内，将判决书、裁定书、起诉书副本、自诉状复印件、执行通知书、结案登记表送达看守所，由公安机关将罪犯交付执行。

罪犯需要收押执行刑罚，而判决、裁定生效前未被羁押的，人民法院应当根据生效的判决书、裁定书将罪犯送交看守所羁押，并依照前款的规定办理执行手续。

第四百三十条　同案审理的案件中，部分被告人被判处死刑，对未被判处死刑的同案被告人需要羁押执行刑罚的，应当在其判决、裁定生效后十日内交付执行。但是，该同案被告人参与实施有关死刑之罪的，应当在最高人民法院复核讯问被判处死刑的被告人后交付执行。

第四百三十一条　执行通知书回执经看守所盖章后，应当附卷备查。

第四百三十二条　被判处无期徒刑、有期徒刑或者拘役的罪犯，符合刑事诉讼法第二百五十四条第一款、第二款的规定，人民法院决定暂予监外执行的，应当制作暂予监外执行决定书，写明罪犯基本情况、判决确定的罪名和刑罚、决定暂予监外执行的原因、依据等，通知罪犯居住地的县级司法行政机关派员办理交接手续，并将暂予监外执行决定书抄送罪犯居住地的县级人民检察院和公安机关。

人民检察院认为人民法院的暂予监外执行决定不当，在法定期限内提出书面意见的，人民法院应当立即对该决定重新核查，并在一个月内作出决定。

第四百三十三条　暂予监外执行的罪犯具有下列情形之一的，原作出暂予监外执行决定的人民法院，应当在收到执行机关的收监执行建议书后十五日内，作出收监执行的决定：

（一）不符合暂予监外执行条件的；

（二）未经批准离开所居住的市、县，经警告拒不改正，或者拒不报告行踪，脱离监管的；

（三）因违反监督管理规定受到治安管理处罚，仍不改正的；

（四）受到执行机关两次警告，仍不改正的；

（五）保外就医期间不按规定提交病情复查情况，经警告拒不改正的；

（六）暂予监外执行的情形消失后，刑期未满的；

（七）保证人丧失保证条件或者因不履行义务被取消保证人资格，不能在规定期限内提出新的保证人的；

（八）违反法律、行政法规和监督管理规定，情节严重的其他情形。

人民法院收监执行决定书，一经作出，立即生效。

第四百三十四条　人民法院应当将收监执行决定书送交罪犯居住地的县级司法行政机关，由其根据有关规定将罪犯交付执行。收监执行决定书应当同时抄送罪犯居住地的同级人民检察院和公安机关。

第四百三十五条　被收监执行的罪犯有不计入执行刑期情形的，人民法院应当在作出收监决定时，确定不计入执行刑期的具体时间。

第三节　管制、缓刑、剥夺政治权利的交付执行

第四百三十六条　对被判处管制、宣告缓刑的罪犯，人民法院应当核实其居住地。

宣判时，应当书面告知罪犯到居住地县级司法行政机关报到的期限和不按期报到的后果。判决、裁定生效后十日内，应当将判决书、裁定书、执行通知书等法律文书送达罪犯居住地的县级司法行政机关，同时抄送罪犯居住地的县级人民检察院。

第四百三十七条 对单处剥夺政治权利的罪犯，人民法院应当在判决、裁定生效后十日内，将判决书、裁定书、执行通知书等法律文书送达罪犯居住地的县级公安机关，并抄送罪犯居住地的县级人民检察院。

第四节 财产刑和附带民事裁判的执行

第四百三十八条 财产刑和附带民事裁判由第一审人民法院负责裁判执行的机构执行。

第四百三十九条 罚金在判决规定的期限内一次或者分期缴纳。期满无故不缴纳或者未足额缴纳的，人民法院应当强制缴纳。经强制缴纳仍不能全部缴纳的，在任何时候，包括主刑执行完毕后，发现被执行人有可供执行的财产的，应当追缴。

行政机关对被告人就同一事实已经处以罚款的，人民法院判处罚金时应当折抵，扣除行政处罚已执行的部分。

判处没收财产的，判决生效后，应当立即执行。

第四百四十条 执行财产刑和附带民事裁判过程中，案外人对被执行财产提出权属异议的，人民法院应当参照民事诉讼有关执行异议的规定进行审查并作出处理。

第四百四十一条 被判处财产刑，同时又承担附带民事赔偿责任的被执行人，应当先履行民事赔偿责任。

判处财产刑之前被执行人所负正当债务，需要以被执行的财产偿还的，经债权人请求，应当偿还。

第四百四十二条 被执行人或者被执行财产在外地的，可以委托当地人民法院执行。

受托法院在执行财产刑后，应当及时将执行的财产上缴国库。

第四百四十三条 执行财产刑过程中，具有下列情形之一的，人民法院应当裁定中止执行：

（一）执行标的物系人民法院或者仲裁机构正在审理案件的争议标的物，需等待该案件审理完毕确定权属的；

（二）案外人对执行标的物提出异议的；

（三）应当中止执行的其他情形。

中止执行的原因消除后，应当恢复执行。

第四百四十四条 执行财产刑过程中，具有下列情形之一的，人民法院应当裁定终结执行：

（一）据以执行的判决、裁定被撤销的；

（二）被执行人死亡或者被执行死刑，且无财产可供执行的；

（三）被判处罚金的单位终止，且无财产可供执行的；

（四）依照刑法第五十三条规定免除罚金的；

（五）应当终结执行的其他情形。

裁定终结执行后，发现被执行人的财产有被隐匿、转移等情形的，应当追缴。

第四百四十五条 财产刑全部或者部分被撤销的，已经执行的财产应当全部或者部分返还被执行人；无法返还的，应当依法赔偿。

第四百四十六条 因遭遇不能抗拒的灾祸缴纳罚金确有困难，被执行人申请减少或者免除罚金的，应当提交相关证明材料。人民法院应当在收到申请后一个月内作出裁定。符合法定减免条件的，应当准许；不符合条件的，驳回申请。

第四百四十七条 财产刑和附带民事裁判的执行，本解释没有规定的，参照适用民事执行的有关规定。

第五节 减刑、假释案件的审理

第四百四十八条 被判处死刑缓期执行的罪犯，在死刑缓期执行期间，没有故意犯罪的，死刑缓期执行期满后，应当裁定减刑；死刑缓期执行期满后，尚未裁定减刑前又犯罪的，应当依法减刑后对其所犯新罪另行审判。

第四百四十九条 对减刑、假释案件，应当按照下列情形分别处理：

（一）对被判处死刑缓期执行的罪犯的减刑，由罪犯服刑地的高级人民法院根据同级监狱管理机关审核同意的减刑建议书裁定；

（二）对被判处无期徒刑的罪犯的减刑、假释，由罪犯服刑地的高级人民法院，在收到同级监狱管理机关审核同意的减刑、假释建议书后一个月内作出裁定，案情复杂或者情况特殊的，可以延长一个月；

（三）对被判处有期徒刑和被减为有期徒刑的罪犯的减刑、假释，由罪犯服刑地的中级人民法院，在收到执行机关提出的减刑、假释建议书后一个月内作出裁定，案情复杂或者情况特殊的，可以延长一个月；

（四）对被判处拘役、管制的罪犯的减刑，由罪犯服刑地中级人民法院，在收到同级执行机关审核同意的减刑、假释建议书后一个月内作出裁定。

对暂予监外执行罪犯的减刑，应当根据情况，分别适用前款的有关规定。

第四百五十条 受理减刑、假释案件，应当审查执行机关移送的材料是否包括下列内容：

（一）减刑、假释建议书；

（二）终审法院的裁判文书、执行通知书、历次减刑裁定书的复制件；

（三）证明罪犯确有悔改、立功或者重大立功表现具体事实的书面材料；

（四）罪犯评审鉴定表、奖惩审批表等；

（五）罪犯假释后对所居住社区影响的调查评估报告；

（六）根据案件情况需要移送的其他材料。

经审查，材料不全的，应当通知提请减刑、假释的执行机关补送。

第四百五十一条 审理减刑、假释案件，应当审查财产刑和附带民事裁判的执行情况，以及罪犯退赃、退赔情况。罪犯积极履行判决确定的义务的，可以认定有悔改表现，在减刑、假释时从宽掌握；确有履行能力而不履行的，在减刑、假释时从严掌握。

第四百五十二条 审理减刑、假释案件，应当对以下内容予以公示：

（一）罪犯的姓名、年龄等个人基本情况；

（二）原判认定的罪名和刑期；

（三）罪犯历次减刑情况；

（四）执行机关的减刑、假释建议和依据。

公示应当写明公示期限和提出意见的方式。公示地点为罪犯服刑场所的公共区域；有条件的地方，可以面向社会公示。

第四百五十三条 审理减刑、假释案件，应当组成合议庭，可以采用书面审理的方式，但下列案件应当开庭审理：

（一）因罪犯有重大立功表现提请减刑的；

（二）提请减刑的起始时间、间隔时间或者减刑幅度不符合一般规定的；

（三）社会影响重大或者社会关注度高的；

（四）公示期间收到投诉意见的；

（五）人民检察院有异议的；

（六）有必要开庭审理的其他案件。

第四百五十四条 人民法院作出减刑、假释裁定后，应当在七日内送达提请减刑、假释的执行机关、同级人民检察院以及罪犯本人。人民检察院认为减刑、假释裁定不当，在法定期限内提出书面纠正意见的，人民法院应当在收到意见后另行组成合议庭审理，并在一个月内作出裁定。

第四百五十五条 减刑、假释裁定作出前，执行机关书面提请撤回减刑、假释建议的，是否准许，由人民法院决定。

第四百五十六条 人民法院发现本院已经生效的减刑、假释裁定确有错误的，应当另行组成合议庭审理；发现下级人民法院已经生效的减刑、假释裁定确有错误的，可以指令下级人民法院另行组成合议庭审理。

第六节 缓刑、假释的撤销

第四百五十七条 罪犯在缓刑、假释考验期限内犯新罪或者被发现在判决宣告前还有其他罪没有判决，应当撤销缓刑、假释的，由审判新罪的人民法院撤销原判决、裁定宣告的缓刑、假释，并书面通知原审人民法院和执行机关。

第四百五十八条 罪犯在缓刑、假释考验期限内，有下列情形之一的，原作出缓刑、假释判决、裁定的人民法院应当在收到执行机关的撤销缓刑、假释建议书后一个月内，作出撤销缓刑、假释的裁定：

（一）违反禁止令，情节严重的；

（二）无正当理由不按规定时间报到或者接受社区矫正期间脱离监管，超过一个月的；

（三）因违反监督管理规定受到治安管理处罚，仍不改正的；

（四）受到执行机关三次警告仍不改正的；

（五）违反有关法律、行政法规和监督管理规定，情节严重的其他情形。

人民法院撤销缓刑、假释的裁定，一经作出，立即生效。

人民法院应当将撤销缓刑、假释裁定书送交罪犯居住地的县级司法行政机关，由其根据有关规定将罪犯交付执行。撤销缓刑、假释裁定书应当同时抄送罪犯居住地的同级人民检察院和公安机关。

第二十章　未成年人刑事案件诉讼程序

第一节　一般规定

第四百五十九条　人民法院审理未成年人刑事案件，应当贯彻教育、感化、挽救的方针，坚持教育为主、惩罚为辅的原则，加强对未成年人的特殊保护。

第四百六十条　人民法院应当加强同政府有关部门以及共青团、妇联、工会、未成年人保护组织等团体的联系，推动未成年人刑事案件人民陪审、情况调查、安置帮教等工作的开展，充分保障未成年人的合法权益，积极参与社会管理综合治理。

第四百六十一条　审理未成年人刑事案件，应当由熟悉未成年人身心特点、善于做未成年人思想教育工作的审判人员进行，并应当保持有关审判人员工作的相对稳定性。

未成年人刑事案件的人民陪审员，一般由熟悉未成年人身心特点、热心教育、感化、挽救失足未成年人工作，并经过必要培训的共青团、妇联、工会、学校、未成年人保护组织等单位的工作人员或者有关单位的退休人员担任。

第四百六十二条　中级人民法院和基层人民法院可以设立独立建制的未成年人案件审判庭。尚不具备条件的，应当在刑事审判庭内设立未成年人刑事案件合议庭，或者由专人负责审理未成年人刑事案件。

高级人民法院应当在刑事审判庭内设立未成年人刑事案件合议庭。具备条件的，可以设立独立建制的未成年人案件审判庭。

未成年人案件审判庭和未成年人刑事案件合议庭统称少年法庭。

第四百六十三条　下列案件由少年法庭审理：

（一）被告人实施被指控的犯罪时不满十八周岁、人民法院立案时不满二十周岁的案件；

（二）被告人实施被指控的犯罪时不满十八周岁、人民法院立案时不满二十周岁，并被指控为首要分子或者主犯的共同犯罪案件。

其他共同犯罪案件有未成年被告人的，或者其他涉及未成年人的刑事案件是否由少年法庭审理，由院长根据少年法庭工作的实际情况决定。

第四百六十四条　对分案起诉至同一人民法院的未成年人与成年人共同犯罪案件，可以由同一个审判组织审理；不宜由同一个审判组织审理的，可以分别由少年法庭、刑事审判庭审理。

未成年人与成年人共同犯罪案件，由不同人民法院或者不同审判组织分别审理的，有关人民法院或者审判组织应当互相了解共同犯罪被告人的审判情况，注意全案的量刑平衡。

第四百六十五条　对未成年人刑事案件，必要时，上级人民法院可以根据刑事诉讼法第二十六条的规定，指定下级人民法院将案件移送其他人民法院审判。

第四百六十六条　人民法院审理未成年人刑事案件，在讯问和开庭时，应当通知未成年被告人的法定代理人到场。法定代理人无法通知、不能到场或者是共犯的，也可以通知未成年被告人的其他成年亲属，所在学校、单位、居住地的基层组织或者未成年人保护组织的代表到场，并将有关情况记录在案。

到场的其他人员，除依法行使刑事诉讼法第二百七十条第二款规定的权利外，经法庭同意，可以参与对未成年被告人的法庭教育等工作。

适用简易程序审理未成年人刑事案件，适用前两款的规定。

询问未成年被害人、证人，适用第一款、第二款的规定。

第四百六十七条　开庭审理时被告人不满十八周岁的案件，一律不公开审理。经未成年被告人及其法定代理人同意，未成年被告人所在学校和未成年人保护组织可以派代表到场。到场代表的人数和范围，由法庭决定。到场代表经法庭同意，可以参与对未成年被告人的法庭教育工作。

对依法公开审理，但可能需要封存犯罪记录的案件，不得组织人员旁听。

第四百六十八条　确有必要通知未成年被害人、证人出庭作证的，人民法院应当根据案件情况采取相应的保护措施。有条件的，可以采取视频等方式对其陈述、证言进行质证。

第四百六十九条　审理未成年人刑事案件，不得向外界披露该未成年人的姓名、住所、照片以及可能推断出该未成年人身份的其他资料。

查阅、摘抄、复制的未成年人刑事案件的案卷材料，不得公开和传播。

被害人是未成年人的刑事案件，适用前两款的规定。

第四百七十条　审理未成年人刑事案件，本章没有规定的，适用本解释的有关规定。

第二节　开庭准备

第四百七十一条　人民法院向未成年被告人送达起诉书副本时，应当向其讲明被指控的罪行和有关法律规定，并告知其审判程序和诉讼权利、义务。

第四百七十二条　审判时不满十八周岁的未成年被告人没有委托辩护人的，人民法院应当通知法律援助机构指派律师为其提供辩护。

第四百七十三条　未成年被害人及其法定代理人因经济困难或者其他原因没有委托诉讼代理人的，人民法院应当帮助其申请法律援助。

第四百七十四条　对未成年人刑事案件，人民法院决定适用简易程序审理的，应当征求未成年被告人及其法定代理人、辩护人的意见。上述人员提出异议的，不适用简易程序。

第四百七十五条　被告人实施被指控的犯罪时不满十八周岁，开庭时已满十八周岁、不满二十周岁的，人民法院开庭时，一般应当通知其近亲属到庭。经法庭同意，近亲属可以发表意见。近亲属无法通知、不能到场或者是共犯的，应当记录在案。

第四百七十六条　对人民检察院移送的关于未成年被告人性格特点、家庭情况、社会交往、成长经历、犯罪原因、犯罪前后的表现、监护教育等情况的调查报告，以及辩护人提交的反映未成年被告人上述情况的书面材料，法庭应当接受。

必要时，人民法院可以委托未成年被告人居住地的县级司法行政机关、共青团组织以及其他社会团体组织对未成年被告人的上述情况进行调查，或者自行调查。

第四百七十七条　对未成年人刑事案件，人民法院根据情况，可以对未成年被告人进行心理疏导；经未成年被告人及其法定代理人同意，也可以对未成年被告人进行心理测评。

第四百七十八条　开庭前和休庭时，法庭根据情况，可以安排未成年被告人与其法定代理人或者刑事诉讼法第二百七十条第一款规定的其他成年亲属、代表会见。

第三节　审　判

第四百七十九条　人民法院应当在辩护台靠近旁听区一侧为未成年被告人的法定代理人或者刑事诉讼法第二百七十条第一款规定的其他成年亲属、代表设置席位。

审理可能判处五年有期徒刑以下刑罚或者过失犯罪的未成年人刑事案件，可以采取适合未成年人特点的方式设置法庭席位。

第四百八十条　在法庭上不得对未成年被告人使用戒具，但被告人人身危险性大，可能妨碍庭审活动的除外。必须使用戒具的，在现实危险消除后，应当立即停止使用。

第四百八十一条　未成年被告人或者其法定代理人当庭拒绝辩护人辩护的，适用本解释第二百五十四条第一款、第二款的规定。

重新开庭后，未成年被告人或者其法定代理人再次当庭拒绝辩护人辩护的，不予准许。重新开庭时被告人已满十八周岁的，可以准许，但不得再另行委托辩护人或者要求另行指派律师，由其自行辩护。

第四百八十二条　法庭审理过程中，审判人员应当根据未成年被告人的智力发育程度和心理状态，使用适合未成年人的语言表达方式。

发现有对未成年被告人诱供、训斥、讽刺或者威胁等情形的，审判长应当制止。

第四百八十三条　控辩双方提出对未成年被告人判处管制、宣告缓刑等量刑建议的，应当向法庭提供有关未成年被告人能够获得监护、帮教以及对所居住社区无重大不良影响的书面材料。

第四百八十四条　对未成年被告人情况的调查报告，以及辩护人提交的有关未成年被告人情况的书面材料，法庭应当审查并听取控辩双方意见。上述报告和材料可以作为法庭教育和量刑的参考。

第四百八十五条　法庭辩论结束后，法庭可以根据案件情况，对未成年被告人进行教育；判决未成年被告人有罪的，宣判后，应当对未成年被告人进行教育。

对未成年被告人进行教育，可以邀请诉讼参与人、刑事诉讼法第二百七十条第一款规定的其他成年亲属、代表以及社会调查员、心理咨询师等参加。

适用简易程序审理的案件，对未成年被告人进行法庭教育，适用前两款的规定。

第四百八十六条　未成年被告人最后陈述后，法庭应当询问其法定代理人是否补充陈述。

第四百八十七条 对未成年人刑事案件宣告判决应当公开进行，但不得采取召开大会等形式。

对依法应当封存犯罪记录的案件，宣判时，不得组织人员旁听；有旁听人员的，应当告知其不得传播案件信息。

第四百八十八条 定期宣告判决的未成年人刑事案件，未成年被告人的法定代理人无法通知、不能到庭或者是共犯的，法庭可以通知刑事诉讼法第二百七十条第一款规定的其他成年亲属、代表到庭，并在宣判后向未成年被告人的成年亲属送达判决书。

第四节 执 行

第四百八十九条 将未成年罪犯送监执行刑罚或者送交社区矫正时，人民法院应当将有关未成年罪犯的调查报告及其在案件审理中的表现材料，连同有关法律文书，一并送达执行机关。

第四百九十条 犯罪时不满十八周岁，被判处五年有期徒刑以下刑罚以及免除刑事处罚的未成年人的犯罪记录，应当封存。

2012年12月31日以前审结的案件符合前款规定的，相关犯罪记录也应当封存。

司法机关或者有关单位向人民法院申请查询封存的犯罪记录的，应当提供查询的理由和依据。对查询申请，人民法院应当及时作出是否同意的决定。

第四百九十一条 人民法院可以与未成年罪犯管教所等服刑场所建立联系，了解未成年罪犯的改造情况，协助做好帮教、改造工作，并可以对正在服刑的未成年罪犯进行回访考察。

第四百九十二条 人民法院认为必要时，可以督促被收监服刑的未成年罪犯的父母或者其他监护人及时探视。

第四百九十三条 对被判处管制、宣告缓刑、裁定假释、决定暂予监外执行的未成年罪犯，人民法院可以协助社区矫正机构制定帮教措施。

第四百九十四条 人民法院可以适时走访被判处管制、宣告缓刑、免除刑事处罚、裁定假释、决定暂予监外执行等的未成年罪犯及其家庭，了解未成年罪犯的管理和教育情况，引导未成年罪犯的家庭承担管教责任，为未成年罪犯改过自新创造良好环境。

第四百九十五条 被判处管制、宣告缓刑、免除刑事处罚、裁定假释、决定暂予监外执行等的未成年罪犯，具备就学、就业条件的，人民法院可以就其安置问题向有关部门提出司法建议，并附送必要的材料。

第二十一章 当事人和解的公诉案件诉讼程序

第四百九十六条 对符合刑事诉讼法第二百七十七条规定的公诉案件，事实清楚、证据充分的，人民法院应当告知当事人可以自行和解；当事人提出申请的，人民法院可以主持双方当事人协商以达成和解。

根据案件情况，人民法院可以邀请人民调解员、辩护人、诉讼代理人、当事人亲友等参与促成双方当事人和解。

第四百九十七条 符合刑事诉讼法第二百七十七条规定的公诉案件，被害人死亡的，其近亲属可以与被告人和解。近亲属有多人的，达成和解协议，应当经处于同一继承顺序的所有近亲属同意。

被害人系无行为能力或者限制行为能力人的，其法定代理人、近亲属可以代为和解。

第四百九十八条 被告人的近亲属经被告人同意，可以代为和解。

被告人系限制行为能力人的，其法定代理人可以代为和解。

被告人的法定代理人、近亲属依照前两款规定代为和解的，和解协议约定的赔礼道歉等事项，应当由被告人本人履行。

第四百九十九条 对公安机关、人民检察院主持制作的和解协议书，当事人提出异议的，人民法院应当审查。经审查，和解自愿、合法的，予以确认，无需重新制作和解协议书；和解不具有自愿性、合法性的，应当认定无效。和解协议被认定无效后，双方当事人重新达成和解的，人民法院应当主持制作新的和解协议书。

第五百条 审判期间，双方当事人和解的，人民法院应当听取当事人及其法定代理人等有关人员的意见。双方当事人在庭外达成和解的，人民法院应当通知人民检察院，并听取其意见。经审查，和解自愿、合法的，应当主持制作和解协议书。

第五百零一条 和解协议书应当包括以下内容：

（一）被告人承认自己所犯罪行，对犯罪事实没有异议，并真诚悔罪；

（二）被告人通过向被害人赔礼道歉、赔偿损失等方式获得被害人谅解；涉及赔偿损失的，应当写明赔偿的数额、方式等；提起附带民事诉讼的，由附带民事诉讼原告人撤回附带民事诉讼；

（三）被害人自愿和解，请求或者同意对被告人依法从宽处罚。

和解协议书应当由双方当事人和审判人员签名，但不加盖人民法院印章。

和解协议书一式三份，双方当事人各持一份，另一份交人民法院附卷备查。

对和解协议中的赔偿损失内容，双方当事人要求保密的，人民法院应当准许，并采取相应的保密措施。

第五百零二条 和解协议约定的赔偿损失内容，被告人应当在协议签署后即时履行。

和解协议已经全部履行，当事人反悔的，人民法院不予支持，但有证据证明和解违反自愿、合法原则的除外。

第五百零三条 双方当事人在侦查、审查起诉期间已经达成和解协议并全部履行，被害人或者其法定代理人、近亲属又提起附带民事诉讼的，人民法院不予受理，但有证据证明和解违反自愿、合法原则的除外。

第五百零四条 被害人或者其法定代理人、近亲属提起附带民事诉讼后，双方愿意和解，但被告人不能即时履行全部赔偿义务的，人民法院应当制作附带民事调解书。

第五百零五条 对达成和解协议的案件，人民法院应当对被告人从轻处罚；符合非监禁刑适用条件的，应当适用非监禁刑；判处法定最低刑仍然过重的，可以减轻处罚；

综合全案认为犯罪情节轻微不需要判处刑罚的，可以免除刑事处罚。

共同犯罪案件，部分被告人与被害人达成和解协议的，可以依法对该部分被告人从宽处罚，但应当注意全案的量刑平衡。

第五百零六条 达成和解协议的，裁判文书应当作出叙述，并援引刑事诉讼法的相关条文。

第二十二章 犯罪嫌疑人、被告人逃匿、死亡案件违法所得的没收程序

第五百零七条 依照刑法规定应当追缴违法所得及其他涉案财产，且符合下列情形之一的，人民检察院可以向人民法院提出没收违法所得的申请：

（一）犯罪嫌疑人、被告人实施了贪污贿赂犯罪、恐怖活动犯罪等重大犯罪后逃匿，在通缉一年后不能到案的；

（二）犯罪嫌疑人、被告人死亡的。

第五百零八条 具有下列情形之一的，应当认定为刑事诉讼法第二百八十条第一款规定的"重大犯罪案件"：

（一）犯罪嫌疑人、被告人可能被判处无期徒刑以上刑罚的；

（二）案件在本省、自治区、直辖市或者全国范围内有较大影响的；

（三）其他重大犯罪案件。

第五百零九条 实施犯罪行为所取得的财物及其孳息，以及被告人非法持有的违禁品、供犯罪所用的本人财物，应当认定为刑事诉讼法第二百八十条第一款规定的"违法所得及其他涉案财产"。

第五百一十条 对人民检察院提出的没收违法所得申请，人民法院应当审查以下内容：

（一）是否属于本院管辖；

（二）是否写明犯罪嫌疑人、被告人涉嫌有关犯罪的情况，并附相关证据材料；

（三）是否附有通缉令或者死亡证明；

（四）是否列明违法所得及其他涉案财产的种类、数量、所在地，并附相关证据材料；

（五）是否附有查封、扣押、冻结违法所得及其他涉案财产的清单和相关法律手续；

（六）是否写明犯罪嫌疑人、被告人的近亲属和其他利害关系人的姓名、住址、联系方式及其要求等情况；

（七）是否写明申请没收的理由和法律依据。

第五百一十一条 对没收违法所得的申请，人民法院应当在七日内审查完毕，并按照下列情形分别处理：

（一）不属于本院管辖的，应当退回人民检察院；

（二）材料不全的，应当通知人民检察院在三日内补送；

（三）属于违法所得没收程序受案范围和本院管辖，且材料齐全的，应当受理。

　　人民检察院尚未查封、扣押、冻结申请没收的财产或者查封、扣押、冻结期限即将届满，涉案财产有被隐匿、转移或者毁损、灭失危险的，人民法院可以查封、扣押、冻结申请没收的财产。

　　第五百一十二条　人民法院决定受理没收违法所得的申请后，应当在十五日内发出公告，公告期为六个月。公告应当写明以下内容：

　　（一）案由；

　　（二）犯罪嫌疑人、被告人通缉在逃或者死亡等基本情况；

　　（三）申请没收财产的种类、数量、所在地；

　　（四）犯罪嫌疑人、被告人的近亲属和其他利害关系人申请参加诉讼的期限、方式；

　　（五）应当公告的其他情况。

　　公告应当在全国公开发行的报纸或者人民法院的官方网站刊登，并在人民法院公告栏张贴、发布；必要时，可以在犯罪地、犯罪嫌疑人、被告人居住地、申请没收的不动产所在地张贴、发布。

　　人民法院已经掌握犯罪嫌疑人、被告人的近亲属和其他利害关系人的联系方式的，应当采取电话、传真、邮件等方式直接告知其公告内容，并记录在案。

　　第五百一十三条　对申请没收的财产主张所有权的人，应当认定为刑事诉讼法第二百八十一条第二款规定的"其他利害关系人"。

　　犯罪嫌疑人、被告人的近亲属和其他利害关系人申请参加诉讼的，应当在公告期间提出。犯罪嫌疑人、被告人的近亲属应当提供其与犯罪嫌疑人、被告人关系的证明材料，其他利害关系人应当提供申请没收的财产系其所有的证据材料。

　　犯罪嫌疑人、被告人的近亲属和其他利害关系人在公告期满后申请参加诉讼，能够合理说明原因，并提供证明申请没收的财产系其所有的证据材料的，人民法院应当准许。

　　第五百一十四条　公告期满后，人民法院应当组成合议庭对申请没收违法所得的案件进行审理。

　　利害关系人申请参加诉讼的，人民法院应当开庭审理。没有利害关系人申请参加诉讼的，可以不开庭审理。

　　第五百一十五条　开庭审理申请没收违法所得的案件，按照下列程序进行：

　　（一）审判长宣布法庭调查开始后，先由检察员宣读申请书，后由利害关系人、诉讼代理人发表意见；

　　（二）法庭应当依次就犯罪嫌疑人、被告人是否实施了贪污贿赂犯罪、恐怖活动犯罪等重大犯罪并已经通缉一年不能到案，或者是否已经死亡，以及申请没收的财产是否依法应当追缴进行调查；调查时，先由检察员出示有关证据，后由利害关系人发表意见、出示有关证据，并进行质证；

　　（三）法庭辩论阶段，先由检察员发言，后由利害关系人及其诉讼代理人发言，并进行辩论。

　　利害关系人接到通知后无正当理由拒不到庭，或者未经法庭许可中途退庭的，可以转为不开庭审理，但还有其他利害关系人参加诉讼的除外。

第五百一十六条　对申请没收违法所得的案件，人民法院审理后，应当按照下列情形分别处理：

（一）案件事实清楚，证据确实、充分，申请没收的财产确属违法所得及其他涉案财产的，除依法返还被害人的以外，应当裁定没收；

（二）不符合本解释第五百零七条规定的条件的，应当裁定驳回申请。

第五百一十七条　对没收违法所得或者驳回申请的裁定，犯罪嫌疑人、被告人的近亲属和其他利害关系人或者人民检察院可以在五日内提出上诉、抗诉。

第五百一十八条　对不服第一审没收违法所得或者驳回申请裁定的上诉、抗诉案件，第二审人民法院经审理，应当按照下列情形分别作出裁定：

（一）原裁定正确的，应当驳回上诉或者抗诉，维持原裁定；

（二）原裁定确有错误的，可以在查清事实后改变原裁定；也可以撤销原裁定，发回重新审判；

（三）原审违反法定诉讼程序，可能影响公正审判的，应当撤销原裁定，发回重新审判。

第五百一十九条　在审理申请没收违法所得的案件过程中，在逃的犯罪嫌疑人、被告人到案的，人民法院应当裁定终止审理。人民检察院向原受理申请的人民法院提起公诉的，可以由同一审判组织审理。

第五百二十条　在审理案件过程中，被告人死亡或者脱逃，符合刑事诉讼法第二百八十条第一款规定的，人民检察院可以向人民法院提出没收违法所得的申请。

人民检察院向原受理案件的人民法院提出申请的，可以由同一审判组织依照本章规定的程序审理。

第五百二十一条　审理申请没收违法所得案件的期限，参照公诉案件第一审普通程序和第二审程序的审理期限执行。

公告期间和请求刑事司法协助的时间不计入审理期限。

第五百二十二条　没收违法所得裁定生效后，犯罪嫌疑人、被告人到案并对没收裁定提出异议，人民检察院向原作出裁定的人民法院提起公诉的，可以由同一审判组织审理。

人民法院经审理，应当按照下列情形分别处理：

（一）原裁定正确的，予以维持，不再对涉案财产作出判决；

（二）原裁定确有错误的，应当撤销原裁定，并在判决中对有关涉案财产一并作出处理。

人民法院生效的没收裁定确有错误的，除第一款规定的情形外，应当依照审判监督程序予以纠正。已经没收的财产，应当及时返还；财产已经上缴国库的，由原没收机关从财政机关申请退库，予以返还；原物已经出卖、拍卖的，应当退还价款；造成犯罪嫌疑人、被告人以及利害关系人财产损失的，应当依法赔偿。

第五百二十三条　人民法院审理申请没收违法所得的案件，本章没有规定的，参照适用本解释的有关规定。

第二十三章　依法不负刑事责任的
精神病人的强制医疗程序

第五百二十四条 实施暴力行为，危害公共安全或者严重危害公民人身安全，社会危害性已经达到犯罪程度，但经法定程序鉴定依法不负刑事责任的精神病人，有继续危害社会可能的，可以予以强制医疗。

第五百二十五条 人民检察院申请对依法不负刑事责任的精神病人强制医疗的案件，由被申请人实施暴力行为所在地的基层人民法院管辖；由被申请人居住地的人民法院审判更为适宜的，可以由被申请人居住地的基层人民法院管辖。

第五百二十六条 对人民检察院提出的强制医疗申请，人民法院应当审查以下内容：

（一）是否属于本院管辖；

（二）是否写明被申请人的身份，实施暴力行为的时间、地点、手段、所造成的损害等情况，并附相关证据材料；

（三）是否附有法医精神病鉴定意见和其他证明被申请人属于依法不负刑事责任的精神病人的证据材料；

（四）是否列明被申请人的法定代理人的姓名、住址、联系方式；

（五）需要审查的其他事项。

第五百二十七条 对人民检察院提出的强制医疗申请，人民法院应当在七日内审查完毕，并按照下列情形分别处理：

（一）不属于本院管辖的，应当退回人民检察院；

（二）材料不全的，应当通知人民检察院在三日内补送；

（三）属于强制医疗程序受案范围和本院管辖，且材料齐全的，应当受理。

第五百二十八条 审理强制医疗案件，应当通知被申请人或者被告人的法定代理人到场。被申请人或者被告人没有委托诉讼代理人的，应当通知法律援助机构指派律师担任其诉讼代理人，为其提供法律帮助。

第五百二十九条 审理强制医疗案件，应当组成合议庭，开庭审理。但是，被申请人、被告人的法定代理人请求不开庭审理，并经人民法院审查同意的除外。

审理人民检察院申请强制医疗的案件，应当会见被申请人。

第五百三十条 开庭审理申请强制医疗的案件，按照下列程序进行：

（一）审判长宣布法庭调查开始后，先由检察员宣读申请书，后由被申请人的法定代理人、诉讼代理人发表意见；

（二）法庭依次就被申请人是否实施了危害公共安全或者严重危害公民人身安全的暴力行为、是否属于依法不负刑事责任的精神病人、是否有继续危害社会的可能进行调查；调查时，先由检察员出示有关证据，后由被申请人的法定代理人、诉讼代理人发表意见、出示有关证据，并进行质证；

（三）法庭辩论阶段，先由检察员发言，后由被申请人的法定代理人、诉讼代理人发言，并进行辩论。

被申请人要求出庭，人民法院经审查其身体和精神状态，认为可以出庭的，应当准许。出庭的被申请人，在法庭调查、辩论阶段，可以发表意见。

检察员宣读申请书后，被申请人的法定代理人、诉讼代理人无异议的，法庭调查可以简化。

第五百三十一条 对申请强制医疗的案件，人民法院审理后，应当按照下列情形分别处理：

（一）符合刑事诉讼法第二百八十四条规定的强制医疗条件的，应当作出对被申请人强制医疗的决定；

（二）被申请人属于依法不负刑事责任的精神病人，但不符合强制医疗条件的，应当作出驳回强制医疗申请的决定；被申请人已经造成危害结果的，应当同时责令其家属或者监护人严加看管和医疗；

（三）被申请人具有完全或者部分刑事责任能力，依法应当追究刑事责任的，应当作出驳回强制医疗申请的决定，并退回人民检察院依法处理。

第五百三十二条 第一审人民法院在审理案件过程中发现被告人可能符合强制医疗条件的，应当依照法定程序对被告人进行法医精神病鉴定。经鉴定，被告人属于依法不负刑事责任的精神病人的，应当适用强制医疗程序，对案件进行审理。

开庭审理前款规定的案件，应当先由合议庭组成人员宣读对被告人的法医精神病鉴定意见，说明被告人可能符合强制医疗的条件，后依次由公诉人和被告人的法定代理人、诉讼代理人发表意见。经审判长许可，公诉人和被告人的法定代理人、诉讼代理人可以进行辩论。

第五百三十三条 对前条规定的案件，人民法院审理后，应当按照下列情形分别处理：

（一）被告人符合强制医疗条件的，应当判决宣告被告人不负刑事责任，同时作出对被告人强制医疗的决定；

（二）被告人属于依法不负刑事责任的精神病人，但不符合强制医疗条件的，应当判决宣告被告人无罪或者不负刑事责任；被告人已经造成危害结果的，应当同时责令其家属或者监护人严加看管和医疗；

（三）被告人具有完全或者部分刑事责任能力，依法应当追究刑事责任的，应当依照普通程序继续审理。

第五百三十四条 人民法院在审理第二审刑事案件过程中，发现被告人可能符合强制医疗条件的，可以依照强制医疗程序对案件作出处理，也可以裁定发回原审人民法院重新审判。

第五百三十五条 人民法院决定强制医疗的，应当在作出决定后五日内，向公安机关送达强制医疗决定书和强制医疗执行通知书，由公安机关将被决定强制医疗的人送交强制医疗。

第五百三十六条 被决定强制医疗的人、被害人及其法定代理人、近亲属对强制医疗决定不服的，可以自收到决定书之日起五日内向上一级人民法院申请复议。复议期间不停止执行强制医疗的决定。

第五百三十七条　对不服强制医疗决定的复议申请，上一级人民法院应当组成合议庭审理，并在一个月内，按照下列情形分别作出复议决定：

（一）被决定强制医疗的人符合强制医疗条件的，应当驳回复议申请，维持原决定；

（二）被决定强制医疗的人不符合强制医疗条件的，应当撤销原决定；

（三）原审违反法定诉讼程序，可能影响公正审判的，应当撤销原决定，发回原审人民法院重新审判。

第五百三十八条　对本解释第五百三十三条第一项规定的判决、决定，人民检察院提出抗诉，同时被决定强制医疗的人、被害人及其法定代理人、近亲属申请复议的，上一级人民法院应当依照第二审程序一并处理。

第五百三十九条　审理强制医疗案件，本章没有规定的，参照适用公诉案件第一审普通程序和第二审程序的有关规定。

第五百四十条　被强制医疗的人及其近亲属申请解除强制医疗的，应当向决定强制医疗的人民法院提出。

被强制医疗的人及其近亲属提出的解除强制医疗申请被人民法院驳回，六个月后再次提出申请的，人民法院应当受理。

第五百四十一条　强制医疗机构提出解除强制医疗意见，或者被强制医疗的人及其近亲属申请解除强制医疗的，人民法院应当审查是否附有对被强制医疗的人的诊断评估报告。

强制医疗机构提出解除强制医疗意见，未附诊断评估报告的，人民法院应当要求其提供。

被强制医疗的人及其近亲属向人民法院申请解除强制医疗，强制医疗机构未提供诊断评估报告的，申请人可以申请人民法院调取。必要时，人民法院可以委托鉴定机构对被强制医疗的人进行鉴定。

第五百四十二条　强制医疗机构提出解除强制医疗意见，或者被强制医疗的人及其近亲属申请解除强制医疗的，人民法院应当组成合议庭进行审查，并在一个月内，按照下列情形分别处理：

（一）被强制医疗的人已不具有人身危险性，不需要继续强制医疗的，应当作出解除强制医疗的决定，并可责令被强制医疗的人的家属严加看管和医疗；

（二）被强制医疗的人仍具有人身危险性，需要继续强制医疗的，应当作出继续强制医疗的决定。

人民法院应当在作出决定后五日内，将决定书送达强制医疗机构、申请解除强制医疗的人、被决定强制医疗的人和人民检察院。决定解除强制医疗的，应当通知强制医疗机构在收到决定书的当日解除强制医疗。

第五百四十三条　人民检察院认为强制医疗决定或者解除强制医疗决定不当，在收到决定书后二十日内提出书面纠正意见的，人民法院应当另行组成合议庭审理，并在一个月内作出决定。

第二十四章　附　则

第五百四十四条　人民法院讯问被告人，宣告判决，审理减刑、假释案件，根据案件情况，可以采取视频方式进行。

第五百四十五条　向人民法院提出自诉、上诉、申诉、申请等的，应当以书面形式提出。书写有困难的，除另有规定的以外，可以口头提出，由人民法院工作人员制作笔录或者记录在案，并向口述人宣读或者交其阅读。

第五百四十六条　诉讼期间制作、形成的工作记录、告知笔录等材料，应当由制作人员和其他有关人员签名、盖章。宣告或者送达判决书、裁定书、决定书、通知书等诉讼文书的，应当由接受宣告或者送达的人在诉讼文书、送达回证上签名、盖章。

诉讼参与人未签名、盖章的，应当捺指印；刑事被告人除签名、盖章外，还应当捺指印。

当事人拒绝签名、盖章、捺指印的，办案人员应当在诉讼文书或者笔录材料中注明情况，有相关见证人见证，或者有录音录像证明的，不影响相关诉讼文书或者笔录材料的效力。

第五百四十七条　本解释的有关规定适用于军事法院、铁路运输法院等专门人民法院。

第五百四十八条　本解释自 2013 年 1 月 1 日起施行，最高人民法院 1998 年 9 月 2 日公布的《关于执行〈中华人民共和国刑事诉讼法〉若干问题的解释》同时废止；最高人民法院以前发布的司法解释和规范性文件，与本解释不一致的，以本解释为准。

最高人民法院
关于刑事裁判涉财产部分执行的若干规定

法释〔2014〕13 号

（2014 年 9 月 1 日最高人民法院审判委员会第 1625 次会议
通过　2014 年 10 月 30 日最高人民法院公告公布
自 2014 年 11 月 6 日起施行）

为进一步规范刑事裁判涉财产部分的执行，维护当事人合法权益，根据《中华人民共和国刑法》《中华人民共和国刑事诉讼法》等法律规定，结合人民法院执行工作实际，制定本规定。

第一条　本规定所称刑事裁判涉财产部分的执行，是指发生法律效力的刑事裁判主文确定的下列事项的执行：

（一）罚金、没收财产；

（二）责令退赔；

（三）处置随案移送的赃款赃物；

（四）没收随案移送的供犯罪所用本人财物；

（五）其他应当由人民法院执行的相关事项。

刑事附带民事裁判的执行，适用民事执行的有关规定。

第二条　刑事裁判涉财产部分，由第一审人民法院执行。第一审人民法院可以委托财产所在地的同级人民法院执行。

第三条　人民法院办理刑事裁判涉财产部分执行案件的期限为六个月。有特殊情况需要延长的，经本院院长批准，可以延长。

第四条　人民法院刑事审判中可能判处被告人财产刑、责令退赔的，刑事审判部门应当依法对被告人的财产状况进行调查；发现可能隐匿、转移财产的，应当及时查封、扣押、冻结其相应财产。

第五条　刑事审判或者执行中，对于侦查机关已经采取的查封、扣押、冻结，人民法院应当在期限届满前及时续行查封、扣押、冻结。人民法院续行查封、扣押、冻结的顺位与侦查机关查封、扣押、冻结的顺位相同。

对侦查机关查封、扣押、冻结的财产，人民法院执行中可以直接裁定处置，无需侦查机关出具解除手续，但裁定中应当指明侦查机关查封、扣押、冻结的事实。

第六条 刑事裁判涉财产部分的裁判内容，应当明确、具体。涉案财物或者被害人人数较多，不宜在判决主文中详细列明的，可以概括叙明并另附清单。

判处没收部分财产的，应当明确没收的具体财物或者金额。

判处追缴或者责令退赔的，应当明确追缴或者退赔的金额或财物的名称、数量等相关情况。

第七条 由人民法院执行机构负责执行的刑事裁判涉财产部分，刑事审判部门应当及时移送立案部门审查立案。

移送立案应当提交生效裁判文书及其附件和其他相关材料，并填写《移送执行表》。《移送执行表》应当载明以下内容：

（一）被执行人、被害人的基本信息；

（二）已查明的财产状况或者财产线索；

（三）随案移送的财产和已经处置财产的情况；

（四）查封、扣押、冻结财产的情况；

（五）移送执行的时间；

（六）其他需要说明的情况。

人民法院立案部门经审查，认为属于移送范围且移送材料齐全的，应当在七日内立案，并移送执行机构。

第八条 人民法院可以向刑罚执行机关、社区矫正机构等有关单位调查被执行人的财产状况，并可以根据不同情形要求有关单位协助采取查封、扣押、冻结、划拨等执行措施。

第九条 判处没收财产的，应当执行刑事裁判生效时被执行人合法所有的财产。

执行没收财产或罚金刑，应当参照被扶养人住所地政府公布的上年度当地居民最低生活费标准，保留被执行人及其所扶养家属的生活必需费用。

第十条 对赃款赃物及其收益，人民法院应当一并追缴。

被执行人将赃款赃物投资或者置业，对因此形成的财产及其收益，人民法院应予追缴。

被执行人将赃款赃物与其他合法财产共同投资或者置业，对因此形成的财产中与赃款赃物对应的份额及其收益，人民法院应予追缴。

对于被害人的损失，应当按照刑事裁判认定的实际损失予以发还或者赔偿。

第十一条 被执行人将刑事裁判认定为赃款赃物的涉案财物用于清偿债务、转让或者设置其他权利负担，具有下列情形之一的，人民法院应予追缴：

（一）第三人明知是涉案财物而接受的；

（二）第三人无偿或者以明显低于市场的价格取得涉案财物的；

（三）第三人通过非法债务清偿或者违法犯罪活动取得涉案财物的；

（四）第三人通过其他恶意方式取得涉案财物的。

第三人善意取得涉案财物的，执行程序中不予追缴。作为原所有人的被害人对该涉案财物主张权利的，人民法院应当告知其通过诉讼程序处理。

第十二条　被执行财产需要变价的，人民法院执行机构应当依法采取拍卖、变卖等变价措施。

涉案财物最后一次拍卖未能成交，需要上缴国库的，人民法院应当通知有关财政机关以该次拍卖保留价予以接收；有关财政机关要求继续变价的，可以进行无保留价拍卖。需要退赔被害人的，以该次拍卖保留价以物退赔；被害人不同意以物退赔的，可以进行无保留价拍卖。

第十三条　被执行人在执行中同时承担刑事责任、民事责任，其财产不足以支付的，按照下列顺序执行：

（一）人身损害赔偿中的医疗费用；

（二）退赔被害人的损失；

（三）其他民事债务；

（四）罚金；

（五）没收财产。

债权人对执行标的依法享有优先受偿权，其主张优先受偿的，人民法院应当在前款第（一）项规定的医疗费用受偿后，予以支持。

第十四条　执行过程中，当事人、利害关系人认为执行行为违反法律规定，或者案外人对执行标的主张足以阻止执行的实体权利，向执行法院提出书面异议的，执行法院应当依照民事诉讼法第二百二十五条的规定处理。

人民法院审查案外人异议、复议，应当公开听证。

第十五条　执行过程中，案外人或被害人认为刑事裁判中对涉案财物是否属于赃款赃物认定错误或者应予认定而未认定，向执行法院提出书面异议，可以通过裁定补正的，执行机构应当将异议材料移送刑事审判部门处理；无法通过裁定补正的，应当告知异议人通过审判监督程序处理。

第十六条　人民法院办理刑事裁判涉财产部分执行案件，刑法、刑事诉讼法及有关司法解释没有相应规定的，参照适用民事执行的有关规定。

第十七条　最高人民法院此前发布的司法解释与本规定不一致的，以本规定为准。

中华人民共和国人民法院法庭规则

法释〔2016〕7号

(1993年11月26日最高人民法院审判委员会第617次会议通过
根据2015年12月21日最高人民法院审判委员会第1673次会议
通过的《最高人民法院关于修改〈中华人民共和国
人民法院法庭规则〉的决定》修正)

第一条 为了维护法庭安全和秩序，保障庭审活动正常进行，保障诉讼参与人依法行使诉讼权利，方便公众旁听，促进司法公正，彰显司法权威，根据《中华人民共和国人民法院组织法》《中华人民共和国刑事诉讼法》《中华人民共和国民事诉讼法》《中华人民共和国行政诉讼法》等有关法律规定，制定本规则。

第二条 法庭是人民法院代表国家依法审判各类案件的专门场所。

法庭正面上方应当悬挂国徽。

第三条 法庭分设审判活动区和旁听区，两区以栏杆等进行隔离。

审理未成年人案件的法庭应当根据未成年人身心发展特点设置区域和席位。

有新闻媒体旁听或报道庭审活动时，旁听区可以设置专门的媒体记者席。

第四条 刑事法庭可以配置同步视频作证室，供依法应当保护或其他确有保护必要的证人、鉴定人、被害人在庭审作证时使用。

第五条 法庭应当设置残疾人无障碍设施；根据需要配备合议庭合议室，检察人员、律师及其他诉讼参与人休息室，被告人羁押室等附属场所。

第六条 进入法庭的人员应当出示有效身份证件，并接受人身及携带物品的安全检查。

持有效工作证件和出庭通知履行职务的检察人员、律师可以通过专门通道进入法庭。需要安全检查的，人民法院对检察人员和律师平等对待。

第七条 除经人民法院许可，需要在法庭上出示的证据外，下列物品不得携带进入法庭：

（一）枪支、弹药、管制刀具以及其他具有杀伤力的器具；

（二）易燃易爆物、疑似爆炸物；

（三）放射性、毒害性、腐蚀性、强气味性物质以及传染病病原体；

（四）液体及胶状、粉末状物品；

（五）标语、条幅、传单；

（六）其他可能危害法庭安全或妨害法庭秩序的物品。

第八条　人民法院应当通过官方网站、电子显示屏、公告栏等向公众公开各法庭的编号、具体位置以及旁听席位数量等信息。

第九条　公开的庭审活动，公民可以旁听。

旁听席位不能满足需要时，人民法院可以根据申请的先后顺序或者通过抽签、摇号等方式发放旁听证，但应当优先安排当事人的近亲属或其他与案件有利害关系的人旁听。

下列人员不得旁听：

（一）证人、鉴定人以及准备出庭提出意见的有专门知识的人；

（二）未获得人民法院批准的未成年人；

（三）拒绝接受安全检查的人；

（四）醉酒的人、精神病人或其他精神状态异常的人；

（五）其他有可能危害法庭安全或妨害法庭秩序的人。

依法有可能封存犯罪记录的公开庭审活动，任何单位或个人不得组织人员旁听。

依法不公开的庭审活动，除法律另有规定外，任何人不得旁听。

第十条　人民法院应当对庭审活动进行全程录像或录音。

第十一条　依法公开进行的庭审活动，具有下列情形之一的，人民法院可以通过电视、互联网或其他公共媒体进行图文、音频、视频直播或录播：

（一）公众关注度较高；

（二）社会影响较大；

（三）法治宣传教育意义较强。

第十二条　出庭履行职务的人员，按照职业着装规定着装。但是，具有下列情形之一的，着正装：

（一）没有职业着装规定；

（二）侦查人员出庭作证；

（三）所在单位系案件当事人。

非履行职务的出庭人员及旁听人员，应当文明着装。

第十三条　刑事在押被告人或上诉人出庭受审时，着正装或便装，不着监管机构的识别服。

人民法院在庭审活动中不得对被告人或上诉人使用戒具，但认为其人身危险性大，可能危害法庭安全的除外。

第十四条　庭审活动开始前，书记员应当宣布本规则第十七条规定的法庭纪律。

第十五条　审判人员进入法庭以及审判长或独任审判员宣告判决、裁定、决定时，全体人员应当起立。

第十六条 人民法院开庭审判案件应当严格按照法律规定的诉讼程序进行。

审判人员在庭审活动中应当平等对待诉讼各方。

第十七条 全体人员在庭审活动中应当服从审判长或独任审判员的指挥，尊重司法礼仪，遵守法庭纪律，不得实施下列行为：

（一）鼓掌、喧哗；

（二）吸烟、进食；

（三）拨打或接听电话；

（四）对庭审活动进行录音、录像、拍照或使用移动通信工具等传播庭审活动；

（五）其他危害法庭安全或妨害法庭秩序的行为。

检察人员、诉讼参与人发言或提问，应当经审判长或独任审判员许可。

旁听人员不得进入审判活动区，不得随意站立、走动，不得发言和提问。

媒体记者经许可实施第一款第四项规定的行为，应当在指定的时间及区域进行，不得影响或干扰庭审活动。

第十八条 审判长或独任审判员主持庭审活动时，依照规定使用法槌。

第十九条 审判长或独任审判员对违反法庭纪律的人员应当予以警告；对不听警告的，予以训诫；对训诫无效的，责令其退出法庭；对拒不退出法庭的，指令司法警察将其强行带出法庭。

行为人违反本规则第十七条第一款第四项规定的，人民法院可以暂扣其使用的设备及存储介质，删除相关内容。

第二十条 行为人实施下列行为之一，危及法庭安全或扰乱法庭秩序的，根据相关法律规定，予以罚款、拘留；构成犯罪的，依法追究其刑事责任：

（一）非法携带枪支、弹药、管制刀具或者爆炸性、易燃性、放射性、毒害性、腐蚀性物品以及传染病病原体进入法庭；

（二）哄闹、冲击法庭；

（三）侮辱、诽谤、威胁、殴打司法工作人员或诉讼参与人；

（四）毁坏法庭设施，抢夺、损毁诉讼文书、证据；

（五）其他危害法庭安全或扰乱法庭秩序的行为。

第二十一条 司法警察依照审判长或独任审判员的指令维持法庭秩序。

出现危及法庭内人员人身安全或者严重扰乱法庭秩序等紧急情况时，司法警察可以直接采取必要的处置措施。

人民法院依法对违反法庭纪律的人采取的扣押物品、强行带出法庭以及罚款、拘留等强制措施，由司法警察执行。

第二十二条 人民检察院认为审判人员违反本规则的，可以在庭审活动结束后向人民法院提出处理建议。

诉讼参与人、旁听人员认为审判人员、书记员、司法警察违反本规则的，可以在庭审活动结束后向人民法院反映。

第二十三条 检察人员违反本规则的，人民法院可以向人民检察院通报情况并提出处理建议。

第二十四条 律师违反本规则的，人民法院可以向司法行政机关及律师协会通报情况并提出处理建议。

第二十五条 人民法院进行案件听证、国家赔偿案件质证、网络视频远程审理以及在法院以外的场所巡回审判等，参照适用本规则。

第二十六条 外国人、无国籍人旁听庭审活动，外国媒体记者报道庭审活动，应当遵守本规则。

第二十七条 本规则自 2016 年 5 月 1 日起施行；最高人民法院此前发布的司法解释及规范性文件与本规则不一致的，以本规则为准。

最高人民法院　最高人民检察院　公安部
关于办理刑事案件收集提取和审查判断
电子数据若干问题的规定

2016 年 9 月 9 日　　　　　　　　　　法发〔2016〕22 号

为规范电子数据的收集提取和审查判断，提高刑事案件办理质量，根据《中华人民共和国刑事诉讼法》等有关法律规定，结合司法实际，制定本规定。

一、一般规定

第一条　电子数据是案件发生过程中形成的，以数字化形式存储、处理、传输的，能够证明案件事实的数据。

电子数据包括但不限于下列信息、电子文件：

（一）网页、博客、微博客、朋友圈、贴吧、网盘等网络平台发布的信息；

（二）手机短信、电子邮件、即时通信、通讯群组等网络应用服务的通信信息；

（三）用户注册信息、身份认证信息、电子交易记录、通信记录、登录日志等信息；

（四）文档、图片、音视频、数字证书、计算机程序等电子文件。

以数字化形式记载的证人证言、被害人陈述以及犯罪嫌疑人、被告人供述和辩解等证据，不属于电子数据。确有必要的，对相关证据的收集、提取、移送、审查，可以参照适用本规定。

第二条　侦查机关应当遵守法定程序，遵循有关技术标准，全面、客观、及时地收集、提取电子数据；人民检察院、人民法院应当围绕真实性、合法性、关联性审查判断电子数据。

第三条　人民法院、人民检察院和公安机关有权依法向有关单位和个人收集、调取电子数据。有关单位和个人应当如实提供。

第四条　电子数据涉及国家秘密、商业秘密、个人隐私的，应当保密。

第五条　对作为证据使用的电子数据，应当采取以下一种或者几种方法保护电子数据的完整性：

（一）扣押、封存电子数据原始存储介质；

（二）计算电子数据完整性校验值；

（三）制作、封存电子数据备份；

（四）冻结电子数据；

（五）对收集、提取电子数据的相关活动进行录像；

（六）其他保护电子数据完整性的方法。

第六条　初查过程中收集、提取的电子数据，以及通过网络在线提取的电子数据，可以作为证据使用。

二、电子数据的收集与提取

第七条　收集、提取电子数据，应当由二名以上侦查人员进行。取证方法应当符合相关技术标准。

第八条　收集、提取电子数据，能够扣押电子数据原始存储介质的，应当扣押、封存原始存储介质，并制作笔录，记录原始存储介质的封存状态。

封存电子数据原始存储介质，应当保证在不解除封存状态的情况下，无法增加、删除、修改电子数据。封存前后应当拍摄被封存原始存储介质的照片，清晰反映封口或者张贴封条处的状况。

封存手机等具有无线通信功能的存储介质，应当采取信号屏蔽、信号阻断或者切断电源等措施。

第九条　具有下列情形之一，无法扣押原始存储介质的，可以提取电子数据，但应当在笔录中注明不能扣押原始存储介质的原因、原始存储介质的存放地点或者电子数据的来源等情况，并计算电子数据的完整性校验值：

（一）原始存储介质不便封存的；

（二）提取计算机内存数据、网络传输数据等不是存储在存储介质上的电子数据的；

（三）原始存储介质位于境外的；

（四）其他无法扣押原始存储介质的情形。

对于原始存储介质位于境外或者远程计算机信息系统上的电子数据，可以通过网络在线提取。

为进一步查明有关情况，必要时，可以对远程计算机信息系统进行网络远程勘验。进行网络远程勘验，需要采取技术侦查措施的，应当依法经过严格的批准手续。

第十条　由于客观原因无法或者不宜依据第八条、第九条的规定收集、提取电子数据的，可以采取打印、拍照或者录像等方式固定相关证据，并在笔录中说明原因。

第十一条　具有下列情形之一的，经县级以上公安机关负责人或者检察长批准，可以对电子数据进行冻结：

（一）数据量大，无法或者不便提取的；

（二）提取时间长，可能造成电子数据被篡改或者灭失的；

（三）通过网络应用可以更为直观地展示电子数据的；

（四）其他需要冻结的情形。

第十二条 冻结电子数据，应当制作协助冻结通知书，注明冻结电子数据的网络应用账号等信息，送交电子数据持有人、网络服务提供者或者有关部门协助办理。解除冻结的，应当在三日内制作协助解除冻结通知书，送交电子数据持有人、网络服务提供者或者有关部门协助办理。

冻结电子数据，应当采取以下一种或者几种方法：

（一）计算电子数据的完整性校验值；

（二）锁定网络应用账号；

（三）其他防止增加、删除、修改电子数据的措施。

第十三条 调取电子数据，应当制作调取证据通知书，注明需要调取电子数据的相关信息，通知电子数据持有人、网络服务提供者或者有关部门执行。

第十四条 收集、提取电子数据，应当制作笔录，记录案由、对象、内容、收集、提取电子数据的时间、地点、方法、过程，并附电子数据清单，注明类别、文件格式、完整性校验值等，由侦查人员、电子数据持有人（提供人）签名或者盖章；电子数据持有人（提供人）无法签名或者拒绝签名的，应当在笔录中注明，由见证人签名或者盖章。有条件的，应当对相关活动进行录像。

第十五条 收集、提取电子数据，应当根据刑事诉讼法的规定，由符合条件的人员担任见证人。由于客观原因无法由符合条件的人员担任见证人的，应当在笔录中注明情况，并对相关活动进行录像。

针对同一现场多个计算机信息系统收集、提取电子数据的，可以由一名见证人见证。

第十六条 对扣押的原始存储介质或者提取的电子数据，可以通过恢复、破解、统计、关联、比对等方式进行检查。必要时，可以进行侦查实验。

电子数据检查，应当对电子数据存储介质拆封过程进行录像，并将电子数据存储介质通过写保护设备接入到检查设备进行检查；有条件的，应当制作电子数据备份，对备份进行检查；无法使用写保护设备且无法制作备份的，应当注明原因，并对相关活动进行录像。

电子数据检查应当制作笔录，注明检查方法、过程和结果，由有关人员签名或者盖章。进行侦查实验的，应当制作侦查实验笔录，注明侦查实验的条件、经过和结果，由参加实验的人员签名或者盖章。

第十七条 对电子数据涉及的专门性问题难以确定的，由司法鉴定机构出具鉴定意见，或者由公安部指定的机构出具报告。对于人民检察院直接受理的案件，也可以由最高人民检察院指定的机构出具报告。

具体办法由公安部、最高人民检察院分别制定。

三、电子数据的移送与展示

第十八条 收集、提取的原始存储介质或者电子数据，应当以封存状态随案移送，并制作电子数据的备份一并移送。

对网页、文档、图片等可以直接展示的电子数据，可以不随案移送打印件；人民法院、人民检察院因设备等条件限制无法直接展示电子数据的，侦查机关应当随案移送打印件，或者附展示工具和展示方法说明。

对冻结的电子数据，应当移送被冻结电子数据的清单，注明类别、文件格式、冻结主体、证据要点、相关网络应用账号，并附查看工具和方法的说明。

第十九条 对侵入、非法控制计算机信息系统的程序、工具以及计算机病毒等无法直接展示的电子数据，应当附电子数据属性、功能等情况的说明。

对数据统计量、数据同一性等问题，侦查机关应当出具说明。

第二十条 公安机关报请人民检察院审查批准逮捕犯罪嫌疑人，或者对侦查终结的案件移送人民检察院审查起诉的，应当将电子数据等证据一并移送人民检察院。人民检察院在审查批准逮捕和审查起诉过程中发现应当移送的电子数据没有移送或者移送的电子数据不符合相关要求的，应当通知公安机关补充移送或者进行补正。

对于提起公诉的案件，人民法院发现应当移送的电子数据没有移送或者移送的电子数据不符合相关要求的，应当通知人民检察院。

公安机关、人民检察院应当自收到通知后三日内移送电子数据或者补充有关材料。

第二十一条 控辩双方向法庭提交的电子数据需要展示的，可以根据电子数据的具体类型，借助多媒体设备出示、播放或者演示。必要时，可以聘请具有专门知识的人进行操作，并就相关技术问题作出说明。

四、电子数据的审查与判断

第二十二条 对电子数据是否真实，应当着重审查以下内容：

（一）是否移送原始存储介质；在原始存储介质无法封存、不便移动时，有无说明原因，并注明收集、提取过程及原始存储介质的存放地点或者电子数据的来源等情况；

（二）电子数据是否具有数字签名、数字证书等特殊标识；

（三）电子数据的收集、提取过程是否可以重现；

（四）电子数据如有增加、删除、修改等情形的，是否附有说明；

（五）电子数据的完整性是否可以保证。

第二十三条 对电子数据是否完整，应当根据保护电子数据完整性的相应方法进行验证：

（一）审查原始存储介质的扣押、封存状态；

（二）审查电子数据的收集、提取过程，查看录像；

（三）比对电子数据完整性校验值；

（四）与备份的电子数据进行比较；

（五）审查冻结后的访问操作日志；

（六）其他方法。

第二十四条 对收集、提取电子数据是否合法，应当着重审查以下内容：

（一）收集、提取电子数据是否由二名以上侦查人员进行，取证方法是否符合相关技术标准；

（二）收集、提取电子数据，是否附有笔录、清单，并经侦查人员、电子数据持有人（提供人）、见证人签名或者盖章；没有持有人（提供人）签名或者盖章的，是否注明原因；对电子数据的类别、文件格式等是否注明清楚；

（三）是否依照有关规定由符合条件的人员担任见证人，是否对相关活动进行录像；

（四）电子数据检查是否将电子数据存储介质通过写保护设备接入到检查设备；有条件的，是否制作电子数据备份，并对备份进行检查；无法制作备份且无法使用写保护设备的，是否附有录像。

第二十五条 认定犯罪嫌疑人、被告人的网络身份与现实身份的同一性，可以通过核查相关 IP 地址、网络活动记录、上网终端归属、相关证人证言以及犯罪嫌疑人、被告人供述和辩解等进行综合判断。

认定犯罪嫌疑人、被告人与存储介质的关联性，可以通过核查相关证人证言以及犯罪嫌疑人、被告人供述和辩解等进行综合判断。

第二十六条 公诉人、当事人或者辩护人、诉讼代理人对电子数据鉴定意见有异议，可以申请人民法院通知鉴定人出庭作证。人民法院认为鉴定人有必要出庭的，鉴定人应当出庭作证。

经人民法院通知，鉴定人拒不出庭作证的，鉴定意见不得作为定案的根据。对没有正当理由拒不出庭作证的鉴定人，人民法院应当通报司法行政机关或者有关部门。

公诉人、当事人或者辩护人、诉讼代理人可以申请法庭通知有专门知识的人出庭，就鉴定意见提出意见。

对电子数据涉及的专门性问题的报告，参照适用前三款规定。

第二十七条 电子数据的收集、提取程序有下列瑕疵，经补正或者作出合理解释的，可以采用；不能补正或者作出合理解释的，不得作为定案的根据：

（一）未以封存状态移送的；

（二）笔录或者清单上没有侦查人员、电子数据持有人（提供人）、见证人签名或者盖章的；

（三）对电子数据的名称、类别、格式等注明不清的；

（四）有其他瑕疵的。

第二十八条 电子数据具有下列情形之一的，不得作为定案的根据：

（一）电子数据系篡改、伪造或者无法确定真伪的；

（二）电子数据有增加、删除、修改等情形，影响电子数据真实性的；

（三）其他无法保证电子数据真实性的情形。

五、附 则

第二十九条 本规定中下列用语的含义：

（一）存储介质，是指具备数据信息存储功能的电子设备、硬盘、光盘、优盘、记忆棒、存储卡、存储芯片等载体。

（二）完整性校验值，是指为防止电子数据被篡改或者破坏，使用散列算法等特定算法对电子数据进行计算，得出的用于校验数据完整性的数据值。

（三）网络远程勘验，是指通过网络对远程计算机信息系统实施勘验，发现、提取与犯罪有关的电子数据，记录计算机信息系统状态，判断案件性质，分析犯罪过程，确定侦查方向和范围，为侦查破案、刑事诉讼提供线索和证据的侦查活动。

（四）数字签名，是指利用特定算法对电子数据进行计算，得出的用于验证电子数据来源和完整性的数据值。

（五）数字证书，是指包含数字签名并对电子数据来源、完整性进行认证的电子文件。

（六）访问操作日志，是指为审查电子数据是否被增加、删除或者修改，由计算机信息系统自动生成的对电子数据访问、操作情况的详细记录。

第三十条 本规定自 2016 年 10 月 1 日起施行。之前发布的规范性文件与本规定不一致的，以本规定为准。

最高人民法院 最高人民检察院

关于适用犯罪嫌疑人、被告人逃匿、
死亡案件违法所得没收程序若干问题的规定

法释〔2017〕1号

(2016 年 12 月 26 日最高人民法院审判委员会第 1705 次会议、
最高人民检察院第十二届检察委员会第 59 次会议通过
2017 年 1 月 4 日最高人民法院、最高人民检察院公告公布
自 2017 年 1 月 5 日起施行)

为依法适用犯罪嫌疑人、被告人逃匿、死亡案件违法所得没收程序,根据《中华人民共和国刑事诉讼法》《中华人民共和国刑法》《中华人民共和国民事诉讼法》等法律规定,现就办理相关案件具体适用法律若干问题规定如下:

第一条 下列犯罪案件,应当认定为刑事诉讼法第二百八十条第一款规定的"犯罪案件":

(一) 贪污、挪用公款、巨额财产来源不明、隐瞒境外存款、私分国有资产、私分罚没财物犯罪案件;

(二) 受贿、单位受贿、利用影响力受贿、行贿、对有影响力的人行贿、对单位行贿、介绍贿赂、单位行贿犯罪案件;

(三) 组织、领导、参加恐怖组织,帮助恐怖活动,准备实施恐怖活动,宣扬恐怖主义、极端主义、煽动实施恐怖活动,利用极端主义破坏法律实施,强制穿戴宣扬恐怖主义、极端主义服饰、标志,非法持有宣扬恐怖主义、极端主义物品犯罪案件;

(四) 危害国家安全、走私、洗钱、金融诈骗、黑社会性质的组织、毒品犯罪案件。

电信诈骗、网络诈骗犯罪案件,依照前款规定的犯罪案件处理。

第二条 在省、自治区、直辖市或者全国范围内具有较大影响,或者犯罪嫌疑人、被告人逃匿境外的,应当认定为刑事诉讼法第二百八十条第一款规定的"重大"。

第三条 犯罪嫌疑人、被告人为逃避侦查和刑事追究潜逃、隐匿,或者在刑事诉讼过程中脱逃的,应当认定为刑事诉讼法第二百八十条第一款规定的"逃匿"。

犯罪嫌疑人、被告人因意外事故下落不明满二年,或者因意外事故下落不明,经有

关机关证明其不可能生存的，依照前款规定处理。

第四条　犯罪嫌疑人、被告人死亡，依照刑法规定应当追缴其违法所得及其他涉案财产的，人民检察院可以向人民法院提出没收违法所得的申请。

第五条　公安机关发布通缉令或者公安部通过国际刑警组织发布红色国际通报，应当认定为刑事诉讼法第二百八十条第一款规定的"通缉"。

第六条　通过实施犯罪直接或者间接产生、获得的任何财产，应当认定为刑事诉讼法第二百八十条第一款规定的"违法所得"。

违法所得已经部分或者全部转变、转化为其他财产的，转变、转化后的财产应当视为前款规定的"违法所得"。

来自违法所得转变、转化后的财产收益，或者来自已经与违法所得相混合财产中违法所得相应部分的收益，应当视为第一款规定的"违法所得"。

第七条　刑事诉讼法第二百八十一条第三款规定的"利害关系人"包括犯罪嫌疑人、被告人的近亲属和其他对申请没收的财产主张权利的自然人和单位。

刑事诉讼法第二百八十一条第二款、第二百八十二条第二款规定的"其他利害关系人"是指前款规定的"其他对申请没收的财产主张权利的自然人和单位"。

第八条　人民检察院向人民法院提出没收违法所得的申请，应当制作没收违法所得申请书。

没收违法所得申请书应当载明以下内容：

（一）犯罪嫌疑人、被告人的基本情况；

（二）案由及案件来源；

（三）犯罪嫌疑人、被告人涉嫌犯罪的事实及相关证据材料；

（四）犯罪嫌疑人、被告人逃匿、被通缉、脱逃、下落不明、死亡的情况；

（五）申请没收的财产的种类、数量、价值、所在地以及已查封、扣押、冻结财产清单和相关法律手续；

（六）申请没收的财产属于违法所得及其他涉案财产的相关事实及证据材料；

（七）提出没收违法所得申请的理由和法律依据；

（八）有无利害关系人以及利害关系人的姓名、身份、住址、联系方式；

（九）其他应当载明的内容。

上述材料需要翻译件的，人民检察院应当将翻译件随没收违法所得申请书一并移送人民法院。

第九条　对于没收违法所得的申请，人民法院应当在三十日内审查完毕，并根据以下情形分别处理：

（一）属于没收违法所得申请受案范围和本院管辖，且材料齐全、有证据证明有犯罪事实的，应当受理；

（二）不属于没收违法所得申请受案范围或者本院管辖的，应当退回人民检察院；

（三）对于没收违法所得申请不符合"有证据证明有犯罪事实"标准要求的，应当通知人民检察院撤回申请，人民检察院应当撤回；

（四）材料不全的，应当通知人民检察院在七日内补送，七日内不能补送的，应当退回人民检察院。

第十条 同时具备以下情形的，应当认定为本规定第九条规定的"有证据证明有犯罪事实"：

（一）有证据证明发生了犯罪事实；

（二）有证据证明该犯罪事实是犯罪嫌疑人、被告人实施的；

（三）证明犯罪嫌疑人、被告人实施犯罪行为的证据真实、合法。

第十一条 人民法院受理没收违法所得的申请后，应当在十五日内发布公告，公告期为六个月。公告期间不适用中止、中断、延长的规定。

公告应当载明以下内容：

（一）案由、案件来源以及属于本院管辖；

（二）犯罪嫌疑人、被告人的基本情况；

（三）犯罪嫌疑人、被告人涉嫌犯罪的事实；

（四）犯罪嫌疑人、被告人逃匿、被通缉、脱逃、下落不明、死亡的情况；

（五）申请没收的财产的种类、数量、价值、所在地以及已查封、扣押、冻结财产的清单和相关法律手续；

（六）申请没收的财产属于违法所得及其他涉案财产的相关事实；

（七）申请没收的理由和法律依据；

（八）利害关系人申请参加诉讼的期限、方式以及未按照该期限、方式申请参加诉讼可能承担的不利法律后果；

（九）其他应当公告的情况。

第十二条 公告应当在全国公开发行的报纸、信息网络等媒体和最高人民法院的官方网站刊登、发布，并在人民法院公告栏张贴。必要时，公告可以在犯罪地、犯罪嫌疑人、被告人居住地或者被申请没收财产所在地张贴。公告最后被刊登、发布、张贴日期为公告日期。人民法院张贴公告的，应当采取拍照、录像等方式记录张贴过程。

人民法院已经掌握境内利害关系人联系方式的，应当直接送达含有公告内容的通知；直接送达有困难的，可以委托代为送达、邮寄送达。经受送达人同意的，可以采用传真、电子邮件等能够确认其收悉的方式告知其公告内容，并记录在案；人民法院已经掌握境外犯罪嫌疑人、被告人、利害关系人联系方式，经受送达人同意的，可以采用传真、电子邮件等能够确认其收悉的方式告知其公告内容，并记录在案；受送达人未作出同意意思表示，或者人民法院未掌握境外犯罪嫌疑人、被告人、利害关系人联系方式，其所在地国（区）主管机关明确提出应当向受送达人送达含有公告内容的通知的，受理没收违法所得申请案件的人民法院可以决定是否送达。决定送达的，应当将公告内容层报最高人民法院，由最高人民法院依照刑事司法协助条约、多边公约，或者按照对等互惠原则，请求受送达人所在地国（区）的主管机关协助送达。

第十三条　利害关系人申请参加诉讼的，应当在公告期间内提出，并提供与犯罪嫌疑人、被告人关系的证明材料或者证明其可以对违法所得及其他涉案财产主张权利的证据材料。

利害关系人可以委托诉讼代理人参加诉讼。利害关系人在境外委托的，应当委托具有中华人民共和国律师资格并依法取得执业证书的律师，依照《最高人民法院关于适用〈中华人民共和国刑事诉讼法〉的解释》第四百零三条的规定对授权委托进行公证、认证。

利害关系人在公告期满后申请参加诉讼，能够合理说明理由的，人民法院应当准许。

第十四条　人民法院在公告期满后由合议庭对没收违法所得申请案件进行审理。

利害关系人申请参加及委托诉讼代理人参加诉讼的，人民法院应当开庭审理。利害关系人及其诉讼代理人无正当理由拒不到庭，且无其他利害关系人和其他诉讼代理人参加诉讼的，人民法院可以不开庭审理。

人民法院对没收违法所得申请案件开庭审理的，人民检察院应当派员出席。

人民法院确定开庭日期后，应当将开庭的时间、地点通知人民检察院、利害关系人及其诉讼代理人、证人、鉴定人员、翻译人员。通知书应当依照本规定第十二条第二款规定的方式至迟在开庭审理三日前送达；受送达人在境外的，至迟在开庭审理三十日前送达。

第十五条　出庭的检察人员应当宣读没收违法所得申请书，并在法庭调查阶段就申请没收的财产属于违法所得及其他涉案财产等相关事实出示、宣读证据。

对于确有必要出示但可能妨碍正在或者即将进行的刑事侦查的证据，针对该证据的法庭调查不公开进行。

利害关系人及其诉讼代理人对申请没收的财产属于违法所得及其他涉案财产等相关事实及证据有异议的，可以提出意见；对申请没收的财产主张权利的，应当出示相关证据。

第十六条　人民法院经审理认为，申请没收的财产属于违法所得及其他涉案财产的，除依法应当返还被害人的以外，应当予以没收；申请没收的财产不属于违法所得或者其他涉案财产的，应当裁定驳回申请，解除查封、扣押、冻结措施。

第十七条　申请没收的财产具有高度可能属于违法所得及其他涉案财产的，应当认定为本规定第十六条规定的"申请没收的财产属于违法所得及其他涉案财产"。

巨额财产来源不明犯罪案件中，没有利害关系人对违法所得及其他涉案财产主张权利，或者利害关系人对违法所得及其他涉案财产虽然主张权利但提供的相关证据没有达到相应证明标准的，应当视为本规定第十六条规定的"申请没收的财产属于违法所得及其他涉案财产"。

第十八条 利害关系人非因故意或者重大过失在第一审期间未参加诉讼，在第二审期间申请参加诉讼的，人民法院应当准许，并发回原审人民法院重新审判。

第十九条 犯罪嫌疑人、被告人逃匿境外，委托诉讼代理人申请参加诉讼，且违法所得或者其他涉案财产所在地国（区）主管机关明确提出意见予以支持的，人民法院可以准许。

人民法院准许参加诉讼的，犯罪嫌疑人、被告人的诉讼代理人依照本规定关于利害关系人的诉讼代理人的规定行使诉讼权利。

第二十条 人民检察院、利害关系人对第一审裁定认定的事实、证据没有争议的，第二审人民法院可以不开庭审理。

第二审人民法院决定开庭审理的，应当将开庭的时间、地点书面通知同级人民检察院和利害关系人。

第二审人民法院应当就上诉、抗诉请求的有关事实和适用法律进行审查。

第二十一条 第二审人民法院对不服第一审裁定的上诉、抗诉案件，经审理，应当按照下列情形分别处理：

（一）第一审裁定认定事实清楚和适用法律正确的，应当驳回上诉或者抗诉，维持原裁定；

（二）第一审裁定认定事实清楚，但适用法律有错误的，应当改变原裁定；

（三）第一审裁定认定事实不清的，可以在查清事实后改变原裁定，也可以撤销原裁定，发回原审人民法院重新审判；

（四）第一审裁定违反法定诉讼程序，可能影响公正审判的，应当撤销原裁定，发回原审人民法院重新审判。

第一审人民法院对于依照前款第三项规定发回重新审判的案件作出裁定后，第二审人民法院对不服第一审人民法院裁定的上诉、抗诉，应当依法作出裁定，不得再发回原审人民法院重新审判。

第二十二条 违法所得或者其他涉案财产在境外的，负责立案侦查的公安机关、人民检察院等侦查机关应当制作查封、扣押、冻结的法律文书以及协助执行查封、扣押、冻结的请求函，层报公安、检察院等各系统最高上级机关后，由公安、检察院等各系统最高上级机关依照刑事司法协助条约、多边公约，或者按照对等互惠原则，向违法所得或者其他涉案财产所在地国（区）的主管机关请求协助执行。

被请求国（区）的主管机关提出，查封、扣押、冻结法律文书的制发主体必须是法院的，负责立案侦查的公安机关、人民检察院等侦查机关可以向同级人民法院提出查封、扣押、冻结的申请，人民法院经审查同意后制作查封、扣押、冻结令以及协助执行查封、扣押、冻结令的请求函，层报最高人民法院后，由最高人民法院依照刑事司法协助条约、多边公约，或者按照对等互惠原则，向违法所得或者其他涉案财产所在地国

（区）的主管机关请求协助执行。

请求函应当载明以下内容：

（一）案由以及查封、扣押、冻结法律文书的发布主体是否具有管辖权；

（二）犯罪嫌疑人、被告人涉嫌犯罪的事实及相关证据，但可能妨碍正在或者即将进行的刑事侦查的证据除外；

（三）已发布公告的，发布公告情况、通知利害关系人参加诉讼以及保障诉讼参与人依法行使诉讼权利等情况；

（四）请求查封、扣押、冻结的财产的种类、数量、价值、所在地等情况以及相关法律手续；

（五）请求查封、扣押、冻结的财产属于违法所得及其他涉案财产的相关事实及证据材料；

（六）请求查封、扣押、冻结财产的理由和法律依据；

（七）被请求国（区）要求载明的其他内容。

第二十三条 违法所得或者其他涉案财产在境外，受理没收违法所得申请案件的人民法院经审理裁定没收的，应当制作没收令以及协助执行没收令的请求函，层报最高人民法院后，由最高人民法院依照刑事司法协助条约、多边公约，或者按照对等互惠原则，向违法所得或者其他涉案财产所在地国（区）的主管机关请求协助执行。

请求函应当载明以下内容：

（一）案由以及没收令发布主体具有管辖权；

（二）属于生效裁定；

（三）犯罪嫌疑人、被告人涉嫌犯罪的事实及相关证据，但可能妨碍正在或者即将进行的刑事侦查的证据除外；

（四）犯罪嫌疑人、被告人逃匿、被通缉、脱逃、死亡的基本情况；

（五）发布公告情况、通知利害关系人参加诉讼以及保障诉讼参与人依法行使诉讼权利等情况；

（六）请求没收违法所得及其他涉案财产的种类、数量、价值、所在地等情况以及查封、扣押、冻结相关法律手续；

（七）请求没收的财产属于违法所得及其他涉案财产的相关事实及证据材料；

（八）请求没收财产的理由和法律依据；

（九）被请求国（区）要求载明的其他内容。

第二十四条 单位实施本规定第一条规定的犯罪后被撤销、注销，单位直接负责的主管人员和其他直接责任人员逃匿、死亡，导致案件无法适用刑事诉讼普通程序进行审理的，依照本规定第四条的规定处理。

第二十五条 本规定自 2017 年 1 月 5 日起施行。之前发布的司法解释与本规定不一致的，以本规定为准。

最高人民法院　最高人民检察院
公安部　国家安全部　司法部
关于办理刑事案件严格排除
非法证据若干问题的规定

2017 年 6 月 20 日　　　　　　　　　　法发〔2017〕15 号

为准确惩罚犯罪，切实保障人权，规范司法行为，促进司法公正，根据《中华人民共和国刑事诉讼法》及有关司法解释等规定，结合司法实际，制定如下规定。

一、一般规定

第一条　严禁刑讯逼供和以威胁、引诱、欺骗以及其他非法方法收集证据，不得强迫任何人证实自己有罪。对一切案件的判处都要重证据，重调查研究，不轻信口供。

第二条　采取殴打、违法使用戒具等暴力方法或者变相肉刑的恶劣手段，使犯罪嫌疑人、被告人遭受难以忍受的痛苦而违背意愿作出的供述，应当予以排除。

第三条　采用以暴力或者严重损害本人及其近亲属合法权益等进行威胁的方法，使犯罪嫌疑人、被告人遭受难以忍受的痛苦而违背意愿作出的供述，应当予以排除。

第四条　采用非法拘禁等非法限制人身自由的方法收集的犯罪嫌疑人、被告人供述，应当予以排除。

第五条　采用刑讯逼供方法使犯罪嫌疑人、被告人作出供述，之后犯罪嫌疑人、被告人受该刑讯逼供行为影响而作出的与该供述相同的重复性供述，应当一并排除，但下列情形除外：

（一）侦查期间，根据控告、举报或者自己发现等，侦查机关确认或者不能排除以非法方法收集证据而更换侦查人员，其他侦查人员再次讯问时告知诉讼权利和认罪的法律后果，犯罪嫌疑人自愿供述的；

（二）审查逮捕、审查起诉和审判期间，检察人员、审判人员讯问时告知诉讼权利和认罪的法律后果，犯罪嫌疑人、被告人自愿供述的。

第六条　采用暴力、威胁以及非法限制人身自由等非法方法收集的证人证言、被害人陈述，应当予以排除。

第七条　收集物证、书证不符合法定程序，可能严重影响司法公正的，应当予以补正或者作出合理解释；不能补正或者作出合理解释的，对有关证据应当予以排除。

二、侦查

　　第八条　侦查机关应当依照法定程序开展侦查，收集、调取能够证实犯罪嫌疑人有罪或者无罪、罪轻或者罪重的证据材料。

　　第九条　拘留、逮捕犯罪嫌疑人后，应当按照法律规定送看守所羁押。犯罪嫌疑人被送交看守所羁押后，讯问应当在看守所讯问室进行。因客观原因侦查机关在看守所讯问室以外的场所进行讯问的，应当作出合理解释。

　　第十条　侦查人员在讯问犯罪嫌疑人的时候，可以对讯问过程进行录音录像；对于可能判处无期徒刑、死刑的案件或者其他重大犯罪案件，应当对讯问过程进行录音录像。

　　侦查人员应当告知犯罪嫌疑人对讯问过程录音录像，并在讯问笔录中写明。

　　第十一条　对讯问过程录音录像，应当不间断进行，保持完整性，不得选择性地录制，不得剪接、删改。

　　第十二条　侦查人员讯问犯罪嫌疑人，应当依法制作讯问笔录。讯问笔录应当交犯罪嫌疑人核对，对于没有阅读能力的，应当向他宣读。对讯问笔录中有遗漏或者差错等情形，犯罪嫌疑人可以提出补充或者改正。

　　第十三条　看守所应当对提讯进行登记，写明提讯单位、人员、事由、起止时间以及犯罪嫌疑人姓名等情况。

　　看守所收押犯罪嫌疑人，应当进行身体检查。检查时，人民检察院驻看守所检察人员可以在场。检查发现犯罪嫌疑人有伤或者身体异常的，看守所应当拍照或者录像，分别由送押人员、犯罪嫌疑人说明原因，并在体检记录中写明，由送押人员、收押人员和犯罪嫌疑人签字确认。

　　第十四条　犯罪嫌疑人及其辩护人在侦查期间可以向人民检察院申请排除非法证据。对犯罪嫌疑人及其辩护人提供相关线索或者材料的，人民检察院应当调查核实。调查结论应当书面告知犯罪嫌疑人及其辩护人。对确有以非法方法收集证据情形的，人民检察院应当向侦查机关提出纠正意见。

　　侦查机关对审查认定的非法证据，应当予以排除，不得作为提请批准逮捕、移送审查起诉的根据。

　　对重大案件，人民检察院驻看守所检察人员应当在侦查终结前询问犯罪嫌疑人，核查是否存在刑讯逼供、非法取证情形，并同步录音录像。经核查，确有刑讯逼供、非法取证情形的，侦查机关应当及时排除非法证据，不得作为提请批准逮捕、移送审查起诉的根据。

　　第十五条　对侦查终结的案件，侦查机关应当全面审查证明证据收集合法性的证据材料，依法排除非法证据。排除非法证据后，证据不足的，不得移送审查起诉。侦查机关发现办案人员非法取证的，应当依法作出处理，并可另行指派侦查人员重新调查取证。

三、审查逮捕、审查起诉

第十六条 审查逮捕、审查起诉期间讯问犯罪嫌疑人，应当告知其有权申请排除非法证据，并告知诉讼权利和认罪的法律后果。

第十七条 审查逮捕、审查起诉期间，犯罪嫌疑人及其辩护人申请排除非法证据，并提供相关线索或者材料的，人民检察院应当调查核实。调查结论应当书面告知犯罪嫌疑人及其辩护人。

人民检察院在审查起诉期间发现侦查人员以刑讯逼供等非法方法收集证据的，应当依法排除相关证据并提出纠正意见，必要时人民检察院可以自行调查取证。

人民检察院对审查认定的非法证据，应当予以排除，不得作为批准或者决定逮捕、提起公诉的根据。被排除的非法证据应当随案移送，并写明为依法排除的非法证据。

第十八条 人民检察院依法排除非法证据后，证据不足，不符合逮捕、起诉条件的，不得批准或者决定逮捕、提起公诉。

对于人民检察院排除有关证据导致对涉嫌的重要犯罪事实未予认定，从而作出不批准逮捕、不起诉决定，或者对涉嫌的部分重要犯罪事实决定不起诉的，公安机关、国家安全机关可要求复议、提请复核。

四、辩护

第十九条 犯罪嫌疑人、被告人申请提供法律援助的，应当按照有关规定指派法律援助律师。

法律援助值班律师可以为犯罪嫌疑人、被告人提供法律帮助，对刑讯逼供、非法取证情形代理申诉、控告。

第二十条 犯罪嫌疑人、被告人及其辩护人申请排除非法证据，应当提供涉嫌非法取证的人员、时间、地点、方式、内容等相关线索或者材料。

第二十一条 辩护律师自人民检察院对案件审查起诉之日起，可以查阅、摘抄、复制讯问笔录、提讯登记、采取强制措施或者侦查措施的法律文书等证据材料。其他辩护人经人民法院、人民检察院许可，也可以查阅、摘抄、复制上述证据材料。

第二十二条 犯罪嫌疑人、被告人及其辩护人向人民法院、人民检察院申请调取公安机关、国家安全机关、人民检察院收集但未提交的讯问录音录像、体检记录等证据材料，人民法院、人民检察院经审查认为犯罪嫌疑人、被告人及其辩护人申请调取的证据材料与证明证据收集的合法性有联系的，应当予以调取；认为与证明证据收集的合法性没有联系的，应当决定不予调取并向犯罪嫌疑人、被告人及其辩护人说明理由。

五、审判

第二十三条　人民法院向被告人及其辩护人送达起诉书副本时，应当告知其有权申请排除非法证据。

被告人及其辩护人申请排除非法证据，应当在开庭审理前提出，但在庭审期间发现相关线索或者材料等情形除外。人民法院应当在开庭审理前将申请书和相关线索或者材料的复制件送交人民检察院。

第二十四条　被告人及其辩护人在开庭审理前申请排除非法证据，未提供相关线索或者材料，不符合法律规定的申请条件的，人民法院对申请不予受理。

第二十五条　被告人及其辩护人在开庭审理前申请排除非法证据，按照法律规定提供相关线索或者材料的，人民法院应当召开庭前会议。人民检察院应当通过出示有关证据材料等方式，有针对性地对证据收集的合法性作出说明。人民法院可以核实情况，听取意见。

人民检察院可以决定撤回有关证据，撤回的证据，没有新的理由，不得在庭审中出示。

被告人及其辩护人可以撤回排除非法证据的申请。撤回申请后，没有新的线索或者材料，不得再次对有关证据提出排除申请。

第二十六条　公诉人、被告人及其辩护人在庭前会议中对证据收集是否合法未达成一致意见，人民法院对证据收集的合法性有疑问的，应当在庭审中进行调查；人民法院对证据收集的合法性没有疑问，且没有新的线索或者材料表明可能存在非法取证的，可以决定不再进行调查。

第二十七条　被告人及其辩护人申请人民法院通知侦查人员或者其他人员出庭，人民法院认为现有证据材料不能证明证据收集的合法性，确有必要通知上述人员出庭作证或者说明情况的，可以通知上述人员出庭。

第二十八条　公诉人宣读起诉书后，法庭应当宣布开庭审理前对证据收集合法性的审查及处理情况。

第二十九条　被告人及其辩护人在开庭审理前未申请排除非法证据，在法庭审理过程中提出申请的，应当说明理由。

对前述情形，法庭经审查，对证据收集的合法性有疑问的，应当进行调查；没有疑问的，应当驳回申请。

法庭驳回排除非法证据申请后，被告人及其辩护人没有新的线索或者材料，以相同理由再次提出申请的，法庭不再审查。

第三十条　庭审期间，法庭决定对证据收集的合法性进行调查的，应当先行当庭调查。但为防止庭审过分迟延，也可以在法庭调查结束前进行调查。

第三十一条　公诉人对证据收集的合法性加以证明，可以出示讯问笔录、提讯登记、体检记录、采取强制措施或者侦查措施的法律文书、侦查终结前对讯问合法性的核查材料等证据材料，有针对性地播放讯问录音录像，提请法庭通知侦查人员或者其他人员出庭说明情况。

被告人及其辩护人可以出示相关线索或者材料，并申请法庭播放特定时段的讯问录音录像。

侦查人员或者其他人员出庭，应当向法庭说明证据收集过程，并就相关情况接受发问。对发问方式不当或者内容与证据收集的合法性无关的，法庭应当制止。

公诉人、被告人及其辩护人可以对证据收集的合法性进行质证、辩论。

第三十二条　法庭对控辩双方提供的证据有疑问的，可以宣布休庭，对证据进行调查核实。必要时，可以通知公诉人、辩护人到场。

第三十三条　法庭对证据收集的合法性进行调查后，应当当庭作出是否排除有关证据的决定。必要时，可以宣布休庭，由合议庭评议或者提交审判委员会讨论，再次开庭时宣布决定。

在法庭作出是否排除有关证据的决定前，不得对有关证据宣读、质证。

第三十四条　经法庭审理，确认存在本规定所规定的以非法方法收集证据情形的，对有关证据应当予以排除。法庭根据相关线索或者材料对证据收集的合法性有疑问，而人民检察院未提供证据或者提供的证据不能证明证据收集的合法性，不能排除存在本规定所规定的以非法方法收集证据情形的，对有关证据应当予以排除。

对依法予以排除的证据，不得宣读、质证，不得作为判决的根据。

第三十五条　人民法院排除非法证据后，案件事实清楚，证据确实、充分，依据法律认定被告人有罪的，应当作出有罪判决；证据不足，不能认定被告人有罪的，应当作出证据不足、指控的犯罪不能成立的无罪判决；案件部分事实清楚，证据确实、充分的，依法认定该部分事实。

第三十六条　人民法院对证据收集合法性的审查、调查结论，应当在裁判文书中写明，并说明理由。

第三十七条　人民法院对证人证言、被害人陈述等证据收集合法性的审查、调查，参照上述规定。

第三十八条　人民检察院、被告人及其法定代理人提出抗诉、上诉，对第一审人民法院有关证据收集合法性的审查、调查结论提出异议的，第二审人民法院应当审查。

被告人及其辩护人在第一审程序中未申请排除非法证据，在第二审程序中提出申请的，应当说明理由。第二审人民法院应当审查。

人民检察院在第一审程序中未出示证据证明证据收集的合法性，第一审人民法院依法排除有关证据的，人民检察院在第二审程序中不得出示之前未出示的证据，但在第一审程序后发现的除外。

第三十九条　第二审人民法院对证据收集合法性的调查，参照上述第一审程序的规定。

第四十条　第一审人民法院对被告人及其辩护人排除非法证据的申请未予审查，并以有关证据作为定案根据，可能影响公正审判的，第二审人民法院可以裁定撤销原判，发回原审人民法院重新审判。

第一审人民法院对依法应当排除的非法证据未予排除的，第二审人民法院可以依法排除非法证据。排除非法证据后，原判决认定事实和适用法律正确、量刑适当的，应当裁定驳回上诉或者抗诉，维持原判；原判决认定事实没有错误，但适用法律有错误，或者量刑不当的，应当改判；原判决事实不清楚或者证据不足的，可以裁定撤销原判，发回原审人民法院重新审判。

第四十一条　审判监督程序、死刑复核程序中对证据收集合法性的审查、调查，参照上述规定。

第四十二条　本规定自 2017 年 6 月 27 日起施行。

人民法院办理刑事案件庭前会议规程（试行）

2017 年 11 月 27 日 　　　　　　　　　　　　　　法发〔2017〕31 号

为贯彻落实最高人民法院、最高人民检察院、公安部、国家安全部、司法部《关于推进以审判为中心的刑事诉讼制度改革的意见》，完善庭前会议程序，确保法庭集中持续审理，提高庭审质量和效率，根据法律规定，结合司法实际，制定本规程。

第一条 人民法院适用普通程序审理刑事案件，对于证据材料较多、案情疑难复杂、社会影响重大或者控辩双方对事实证据存在较大争议等情形的，可以决定在开庭审理前召开庭前会议。

控辩双方可以申请人民法院召开庭前会议。申请召开庭前会议的，应当说明需要处理的事项。人民法院经审查认为有必要的，应当决定召开庭前会议；决定不召开庭前会议的，应当告知申请人。

被告人及其辩护人在开庭审理前申请排除非法证据，并依照法律规定提供相关线索或者材料的，人民法院应当召开庭前会议。

第二条 庭前会议中，人民法院可以就与审判相关的问题了解情况，听取意见，依法处理回避、出庭证人名单、非法证据排除等可能导致庭审中断的事项，组织控辩双方展示证据，归纳争议焦点，开展附带民事调解。

第三条 庭前会议由承办法官主持，其他合议庭成员也可以主持或者参加庭前会议。根据案件情况，承办法官可以指导法官助理主持庭前会议。

公诉人、辩护人应当参加庭前会议。根据案件情况，被告人可以参加庭前会议；被告人申请参加庭前会议或者申请排除非法证据等情形的，人民法院应当通知被告人到场；有多名被告人的案件，主持人可以根据案件情况确定参加庭前会议的被告人。

被告人申请排除非法证据，但没有辩护人的，人民法院应当通知法律援助机构指派律师为被告人提供帮助。

庭前会议中进行附带民事调解的，人民法院应当通知附带民事诉讼当事人到场。

第四条 被告人不参加庭前会议的，辩护人应当在召开庭前会议前就庭前会议处理事项听取被告人意见。

第五条 庭前会议一般不公开进行。

根据案件情况，庭前会议可以采用视频会议等方式进行。

第六条 根据案件情况，庭前会议可以在开庭审理前多次召开；休庭后，可以在再次开庭前召开庭前会议。

第七条　庭前会议应当在法庭或者其他办案场所召开。被羁押的被告人参加的，可以在看守所办案场所召开。

被告人参加庭前会议，应当有法警在场。

第八条　人民法院应当根据案件情况，综合控辩双方意见，确定庭前会议需要处理的事项，并在召开庭前会议三日前，将会议的时间、地点、人员和事项等通知参会人员。通知情况应当记录在案。

被告人及其辩护人在开庭审理前申请排除非法证据的，人民法院应当在召开庭前会议三日前，将申请书及相关线索或者材料的复制件送交人民检察院。

第九条　庭前会议开始后，主持人应当核实参会人员情况，宣布庭前会议需要处理的事项。有多名被告人参加庭前会议，涉及事实证据问题的，应当组织各被告人分别参加，防止串供。

第十条　庭前会议中，主持人可以就下列事项向控辩双方了解情况，听取意见：

（一）是否对案件管辖有异议；

（二）是否申请有关人员回避；

（三）是否申请不公开审理；

（四）是否申请排除非法证据；

（五）是否申请提供新的证据材料；

（六）是否申请重新鉴定或者勘验；

（七）是否申请调取在侦查、审查起诉期间公安机关、人民检察院收集但未随案移送的证明被告人无罪或者罪轻的证据材料；

（八）是否申请向证人或有关单位、个人收集、调取证据材料；

（九）是否申请证人、鉴定人、侦查人员、有专门知识的人出庭，是否对出庭人员名单有异议；

（十）与审判相关的其他问题。

对于前款规定中可能导致庭审中断的事项，人民法院应当依法作出处理，在开庭审理前告知处理决定，并说明理由。控辩双方没有新的理由，在庭审中再次提出有关申请或者异议的，法庭应当依法予以驳回。

第十一条　被告人及其辩护人对案件管辖提出异议，应当说明理由。人民法院经审查认为异议成立的，应当依法将案件退回人民检察院或者移送有管辖权的人民法院；认为本院不宜行使管辖权的，可以请求上一级人民法院处理。人民法院经审查认为异议不成立的，应当依法驳回异议。

第十二条　被告人及其辩护人申请审判人员、书记员、翻译人员、鉴定人回避，应当说明理由。人民法院经审查认为申请成立的，应当依法决定有关人员回避；认为申请不成立的，应当依法驳回申请。

被告人及其辩护人申请回避被驳回的，可以在接到决定时申请复议一次。对于不属于刑事诉讼法第二十八条、第二十九条规定情形的，回避申请被驳回后，不得申请复议。

被告人及其辩护人申请检察人员回避的，人民法院应当通知人民检察院。

第十三条 被告人及其辩护人申请不公开审理，人民法院经审查认为案件涉及国家秘密或者个人隐私的，应当准许；认为案件涉及商业秘密的，可以准许。

第十四条 被告人及其辩护人在开庭审理前申请排除非法证据，并依照法律规定提供相关线索或者材料的，人民检察院应当在庭前会议中通过出示有关证据材料等方式，有针对性地对证据收集的合法性作出说明。人民法院可以对有关证据材料进行核实；经控辩双方申请，可以有针对性地播放讯问录音录像。

人民检察院可以撤回有关证据，撤回的证据，没有新的理由，不得在庭审中出示。被告人及其辩护人可以撤回排除非法证据的申请，撤回申请后，没有新的线索或者材料，不得再次对有关证据提出排除申请。

控辩双方在庭前会议中对证据收集的合法性未达成一致意见，人民法院应当开展庭审调查，但公诉人提供的相关证据材料确实、充分，能够排除非法取证情形，且没有新的线索或者材料表明可能存在非法取证的，庭审调查举证、质证可以简化。

第十五条 控辩双方申请重新鉴定或者勘验，应当说明理由。人民法院经审查认为理由成立，有关证据材料可能影响定罪量刑且不能补正的，应当准许。

第十六条 被告人及其辩护人书面申请调取公安机关、人民检察院在侦查、审查起诉期间收集但未随案移送的证明被告人无罪或者罪轻的证据材料，并提供相关线索或者材料的，人民法院应当调取，并通知人民检察院在收到调取决定书后三日内移交。

被告人及其辩护人申请向证人或有关单位、个人收集、调取证据材料，应当说明理由。人民法院经审查认为有关证据材料可能影响定罪量刑的，应当准许；认为有关证据材料与案件无关或者明显重复、没有必要的，可以不予准许。

第十七条 控辩双方申请证人、鉴定人、侦查人员、有专门知识的人出庭，应当说明理由。人民法院经审查认为理由成立的，应当通知有关人员出庭。

控辩双方对出庭证人、鉴定人、侦查人员、有专门知识的人的名单有异议，人民法院经审查认为异议成立的，应当依法作出处理；认为异议不成立的，应当依法驳回。

人民法院通知证人、鉴定人、侦查人员、有专门知识的人等出庭后，应当告知控辩双方协助有关人员到庭。

第十八条 召开庭前会议前，人民检察院应当将全部证据材料移送人民法院。被告人及其辩护人应当将收集的有关被告人不在犯罪现场、未达到刑事责任年龄、属于依法不负刑事责任的精神病人等证明被告人无罪或者依法不负刑事责任的全部证据材料提交人民法院。

人民法院收到控辩双方移送或者提交的证据材料后，应当通知对方查阅、摘抄、复制。

第十九条 庭前会议中，对于控辩双方决定在庭审中出示的证据，人民法院可以组织展示有关证据，听取控辩双方对在案证据的意见，梳理存在争议的证据。

对于控辩双方在庭前会议中没有争议的证据材料，庭审时举证、质证可以简化。

人民法院组织展示证据的，一般应当通知被告人到场，听取被告人意见；被告人不到场的，辩护人应当在召开庭前会议前听取被告人意见。

第二十条 人民法院可以在庭前会议中归纳控辩双方的争议焦点。对控辩双方没有争议或者达成一致意见的事项，可以在庭审中简化审理。

人民法院可以组织控辩双方协商确定庭审的举证顺序、方式等事项，明确法庭调查的方式和重点。协商不成的事项，由人民法院确定。

第二十一条 对于被告人在庭前会议前不认罪，在庭前会议中又认罪的案件，人民法院核实被告人认罪的自愿性和真实性后，可以依法适用速裁程序或者简易程序审理。

第二十二条 人民法院在庭前会议中听取控辩双方对案件事实证据的意见后，对于明显事实不清、证据不足的案件，可以建议人民检察院补充材料或者撤回起诉。建议撤回起诉的案件，人民检察院不同意的，人民法院开庭审理后，没有新的事实和理由，一般不准许撤回起诉。

第二十三条 庭前会议情况应当制作笔录，由参会人员核对后签名。

庭前会议结束后应当制作庭前会议报告，说明庭前会议的基本情况、与审判相关的问题的处理结果、控辩双方的争议焦点以及就相关事项达成的一致意见等。

第二十四条 对于召开庭前会议的案件，在宣读起诉书后，法庭应当宣布庭前会议报告的主要内容；有多起犯罪事实的案件，可以在有关犯罪事实的法庭调查开始前，分别宣布庭前会议报告的相关内容；对庭前会议处理管辖异议、申请回避、申请不公开审理等事项的，法庭可以在告知当事人诉讼权利后宣布庭前会议报告的相关内容。

第二十五条 宣布庭前会议报告后，对于庭前会议中达成一致意见的事项，法庭向控辩双方核实后当庭予以确认；对于未达成一致意见的事项，法庭可以归纳控辩双方争议焦点，听取控辩双方意见，依法作出处理。

控辩双方在庭前会议中就有关事项达成一致意见，在庭审中反悔的，除有正当理由外，法庭一般不再进行处理。

第二十六条 第二审人民法院召开庭前会议的，参照上述规定。

第二十七条 本规程自 2018 年 1 月 1 日起试行。

人民法院办理刑事案件排除非法证据规程（试行）

2017 年 11 月 27 日 　　　　　　　　　　　法发〔2017〕31 号

为贯彻落实最高人民法院、最高人民检察院、公安部、国家安全部、司法部《关于推进以审判为中心的刑事诉讼制度改革的意见》和《关于办理刑事案件严格排除非法证据若干问题的规定》，规范非法证据排除程序，准确惩罚犯罪，切实保障人权，有效防范冤假错案，根据法律规定，结合司法实际，制定本规程。

第一条 采用下列非法方法收集的被告人供述，应当予以排除：

（一）采用殴打、违法使用戒具等暴力方法或者变相肉刑的恶劣手段，使被告人遭受难以忍受的痛苦而违背意愿作出的供述；

（二）采用以暴力或者严重损害本人及其近亲属合法权益等进行威胁的方法，使被告人遭受难以忍受的痛苦而违背意愿作出的供述；

（三）采用非法拘禁等非法限制人身自由的方法收集的被告人供述。

采用刑讯逼供方法使被告人作出供述，之后被告人受该刑讯逼供行为影响而作出的与该供述相同的重复性供述，应当一并排除，但下列情形除外：

（一）侦查期间，根据控告、举报或者自己发现等，侦查机关确认或者不能排除以非法方法收集证据而更换侦查人员，其他侦查人员再次讯问时告知诉讼权利和认罪的法律后果，被告人自愿供述的；

（二）审查逮捕、审查起诉和审判期间，检察人员、审判人员讯问时告知诉讼权利和认罪的法律后果，被告人自愿供述的。

第二条 采用暴力、威胁以及非法限制人身自由等非法方法收集的证人证言、被害人陈述，应当予以排除。

第三条 采用非法搜查、扣押等违反法定程序的方法收集物证、书证，可能严重影响司法公正的，应当予以补正或者作出合理解释；不能补正或者作出合理解释的，对有关证据应当予以排除。

第四条 依法予以排除的非法证据，不得宣读、质证，不得作为定案的根据。

第五条 被告人及其辩护人申请排除非法证据，应当提供相关线索或者材料。"线索"是指内容具体、指向明确的涉嫌非法取证的人员、时间、地点、方式等；"材料"是指能够反映非法取证的伤情照片、体检记录、医院病历、讯问笔录、讯问录音录像或者同监室人员的证言等。

被告人及其辩护人申请排除非法证据，应当向人民法院提交书面申请。被告人书写确有困难的，可以口头提出申请，但应当记录在案，并由被告人签名或者捺印。

第六条　证据收集合法性的举证责任由人民检察院承担。

人民检察院未提供证据，或者提供的证据不能证明证据收集的合法性，经过法庭审理，确认或者不能排除以非法方法收集证据情形的，对有关证据应当予以排除。

第七条　开庭审理前，承办法官应当阅卷，并对证据收集的合法性进行审查：

（一）被告人在侦查、审查起诉阶段是否提出排除非法证据申请；提出申请的，是否提供相关线索或者材料；

（二）侦查机关、人民检察院是否对证据收集的合法性进行调查核实；调查核实的，是否作出调查结论；

（三）对于重大案件，人民检察院驻看守所检察人员在侦查终结前是否核查讯问的合法性，是否对核查过程同步录音录像；进行核查的，是否作出核查结论；

（四）对于人民检察院在审查逮捕、审查起诉阶段排除的非法证据，是否随案移送并写明为依法排除的非法证据。

人民法院对证据收集的合法性进行审查后，认为需要补充证据材料的，应当通知人民检察院在三日内补送。

第八条　人民法院向被告人及其辩护人送达起诉书副本时，应当告知其有权在开庭审理前申请排除非法证据并同时提供相关线索或者材料。上述情况应当记录在案。

被告人申请排除非法证据，但没有辩护人的，人民法院应当通知法律援助机构指派律师为其提供辩护。

第九条　被告人及其辩护人申请排除非法证据，应当在开庭审理前提出，但在庭审期间发现相关线索或者材料等情形除外。

第十条　被告人及其辩护人申请排除非法证据，并提供相关线索或者材料的，人民法院应当召开庭前会议，并在召开庭前会议三日前将申请书和相关线索或者材料的复制件送交人民检察院。

被告人及其辩护人申请排除非法证据，未提供相关线索或者材料的，人民法院应当告知其补充提交。被告人及其辩护人未能补充的，人民法院对申请不予受理，并在开庭审理前告知被告人及其辩护人。上述情况应当记录在案。

第十一条　对于可能判处无期徒刑、死刑或者黑社会性质组织犯罪、严重毒品犯罪等重大案件，被告人在驻看守所检察人员对讯问的合法性进行核查询问时，明确表示侦查阶段没有刑讯逼供等非法取证情形，在审判阶段又提出排除非法证据申请的，应当说明理由。人民法院经审查对证据收集的合法性没有疑问的，可以驳回申请。

驻看守所检察人员在重大案件侦查终结前未对讯问的合法性进行核查询问，或者未对核查询问过程全程同步录音录像，被告人及其辩护人在审判阶段提出排除非法证据申请，提供相关线索或者材料，人民法院对证据收集的合法性有疑问的，应当依法进行调查。

第十二条　在庭前会议中，人民法院对证据收集的合法性进行审查的，一般按照以下步骤进行：

（一）被告人及其辩护人说明排除非法证据的申请及相关线索或者材料；

（二）公诉人提供证明证据收集合法性的证据材料；

（三）控辩双方对证据收集的合法性发表意见；

（四）控辩双方对证据收集的合法性未达成一致意见的，审判人员归纳争议焦点。

第十三条　在庭前会议中，人民检察院应当通过出示有关证据材料等方式，有针对性地对证据收集的合法性作出说明。人民法院可以对有关材料进行核实，经控辩双方申请，可以有针对性地播放讯问录音录像。

第十四条　在庭前会议中，人民检察院可以撤回有关证据。撤回的证据，没有新的理由，不得在庭审中出示。

被告人及其辩护人可以撤回排除非法证据的申请。撤回申请后，没有新的线索或者材料，不得再次对有关证据提出排除申请。

第十五条　控辩双方在庭前会议中对证据收集的合法性达成一致意见的，法庭应当在庭审中向控辩双方核实并当庭予以确认。对于一方在庭审中反悔的，除有正当理由外，法庭一般不再进行审查。

控辩双方在庭前会议中对证据收集的合法性未达成一致意见，人民法院应当在庭审中进行调查，但公诉人提供的相关证据材料确实、充分，能够排除非法取证情形，且没有新的线索或者材料表明可能存在非法取证的，庭审调查举证、质证可以简化。

第十六条　审判人员应当在庭前会议报告中说明证据收集合法性的审查情况，主要包括控辩双方的争议焦点以及就相关事项达成的一致意见等内容。

第十七条　被告人及其辩护人在开庭审理前未申请排除非法证据，在庭审过程中提出申请的，应当说明理由。人民法院经审查，对证据收集的合法性有疑问的，应当进行调查；没有疑问的，应当驳回申请。

人民法院驳回排除非法证据的申请后，被告人及其辩护人没有新的线索或者材料，以相同理由再次提出申请的，人民法院不再审查。

第十八条　人民法院决定对证据收集的合法性进行法庭调查的，应当先行当庭调查。对于被申请排除的证据和其他犯罪事实没有关联等情形，为防止庭审过分迟延，可以先调查其他犯罪事实，再对证据收集的合法性进行调查。

在对证据收集合法性的法庭调查程序结束前，不得对有关证据宣读、质证。

第十九条　法庭决定对证据收集的合法性进行调查的，一般按照以下步骤进行：

（一）召开庭前会议的案件，法庭应当在宣读起诉书后，宣布庭前会议中对证据收集合法性的审查情况，以及控辩双方的争议焦点；

（二）被告人及其辩护人说明排除非法证据的申请及相关线索或者材料；

（三）公诉人出示证明证据收集合法性的证据材料，被告人及其辩护人可以对相关证据进行质证，经审判长准许，公诉人、辩护人可以向出庭的侦查人员或者其他人员发问；

（四）控辩双方对证据收集的合法性进行辩论。

第二十条　公诉人对证据收集的合法性加以证明，可以出示讯问笔录、提讯登记、体检记录、采取强制措施或者侦查措施的法律文书、侦查终结前对讯问合法性的核查材料等证据材料，也可以针对被告人及其辩护人提出异议的讯问时段播放讯问录音录像，提请法庭通知侦查人员或者其他人员出庭说明情况。不得以侦查人员签名并加盖公章的说明材料替代侦查人员出庭。

庭审中，公诉人当庭不能举证或者为提供新的证据需要补充侦查，建议延期审理的，法庭可以同意。

第二十一条　被告人及其辩护人可以出示相关线索或者材料，并申请法庭播放特定讯问时段的讯问录音录像。

被告人及其辩护人向人民法院申请调取侦查机关、人民检察院收集但未提交的讯问录音录像、体检记录等证据材料，人民法院经审查认为该证据材料与证据收集的合法性有关的，应当予以调取；认为与证据收集的合法性无关的，应当决定不予调取，并向被告人及其辩护人说明理由。

被告人及其辩护人申请人民法院通知侦查人员或者其他人员出庭说明情况，人民法院认为确有必要的，可以通知上述人员出庭。

第二十二条　法庭对证据收集的合法性进行调查的，应当重视对讯问录音录像的审查，重点审查以下内容：

（一）讯问录音录像是否依法制作。对于可能判处无期徒刑、死刑的案件或者其他重大犯罪案件，是否对讯问过程进行录音录像；

（二）讯问录音录像是否完整。是否对每一次讯问过程录音录像，录音录像是否全程不间断进行，是否有选择性录制、剪接、删改等情形；

（三）讯问录音录像是否同步制作。录音录像是否自讯问开始时制作，至犯罪嫌疑人核对讯问笔录、签字确认后结束；讯问笔录记载的起止时间是否与讯问录音录像反映的起止时间一致；

（四）讯问录音录像与讯问笔录的内容是否存在差异。对与定罪量刑有关的内容，讯问笔录记载的内容与讯问录音录像是否存在实质性差异，存在实质性差异的，以讯问录音录像为准。

第二十三条　侦查人员或者其他人员出庭的，应当向法庭说明证据收集过程，并就相关情况接受发问。对发问方式不当或者内容与证据收集的合法性无关的，法庭应当制止。

经人民法院通知，侦查人员不出庭说明情况，不能排除以非法方法收集证据情形的，对有关证据应当予以排除。

第二十四条 人民法院对控辩双方提供的证据来源、内容等有疑问的，可以告知控辩双方补充证据或者作出说明；必要时，可以宣布休庭，对证据进行调查核实。法庭调查核实证据，可以通知控辩双方到场，并将核实过程记录在案。

对于控辩双方补充的和法庭庭外调查核实取得的证据，未经当庭出示、质证等法庭调查程序查证属实，不得作为证明证据收集合法性的根据。

第二十五条 人民法院对证据收集的合法性进行调查后，应当当庭作出是否排除有关证据的决定。必要时，可以宣布休庭，由合议庭评议或者提交审判委员会讨论，再次开庭时宣布决定。

第二十六条 经法庭审理，具有下列情形之一的，对有关证据应当予以排除：

（一）确认以非法方法收集证据的；

（二）应当对讯问过程录音录像的案件没有提供讯问录音录像，或者讯问录音录像存在选择性录制、剪接、删改等情形，现有证据不能排除以非法方法收集证据的；

（三）侦查机关除紧急情况外没有在规定的办案场所讯问，现有证据不能排除以非法方法收集证据的；

（四）驻看守所检察人员在重大案件侦查终结前未对讯问合法性进行核查，或者未对核查过程同步录音录像，或者录音录像存在选择性录制、剪接、删改情形，现有证据不能排除以非法方法收集证据的；

（五）其他不能排除存在以非法方法收集证据的。

第二十七条 人民法院对证人证言、被害人陈述、物证、书证等证据收集合法性的审查、调查程序，参照上述规定。

第二十八条 人民法院对证据收集合法性的审查、调查结论，应当在裁判文书中写明，并说明理由。

第二十九条 人民检察院、被告人及其法定代理人提出抗诉、上诉，对第一审人民法院有关证据收集合法性的审查、调查结论提出异议的，第二审人民法院应当审查。

第三十条 被告人及其辩护人在第一审程序中未提出排除非法证据的申请，在第二审程序中提出申请，有下列情形之一的，第二审人民法院应当审查：

（一）第一审人民法院没有依法告知被告人申请排除非法证据的权利的；

（二）被告人及其辩护人在第一审庭审后发现涉嫌非法取证的相关线索或者材料的。

第三十一条 人民检察院应当在第一审程序中全面出示证明证据收集合法性的证据材料。

人民检察院在第一审程序中未出示证明证据收集合法性的证据，第一审人民法院依法排除有关证据的，人民检察院在第二审程序中不得出示之前未出示的证据，但在第一审程序后发现的除外。

第三十二条 第二审人民法院对证据收集合法性的调查，参照上述第一审程序的规定。

第三十三条　第一审人民法院对被告人及其辩护人排除非法证据的申请未予审查，并以有关证据作为定案的根据，可能影响公正审判的，第二审人民法院应当裁定撤销原判，发回原审人民法院重新审判。

第三十四条　第一审人民法院对依法应当排除的非法证据未予排除的，第二审人民法院可以依法排除相关证据。排除非法证据后，应当按照下列情形分别作出处理：

（一）原判决认定事实和适用法律正确、量刑适当的，应当裁定驳回上诉或者抗诉，维持原判；

（二）原判决认定事实没有错误，但适用法律有错误，或者量刑不当的，应当改判；

（三）原判决事实不清或者证据不足的，可以在查清事实后改判；也可以裁定撤销原判，发回原审人民法院重新审判。

第三十五条　审判监督程序、死刑复核程序中对证据收集合法性的审查、调查，参照上述规定。

第三十六条　本规程自 2018 年 1 月 1 日起试行。

人民法院办理刑事案件第一审
普通程序法庭调查规程（试行）

2017 年 11 月 27 日 　　　　　　　　　　　法发〔2017〕31 号

为贯彻落实最高人民法院、最高人民检察院、公安部、国家安全部、司法部《关于推进以审判为中心的刑事诉讼制度改革的意见》，规范法庭调查程序，提高庭审质量和效率，确保诉讼证据出示在法庭、案件事实查明在法庭、诉辩意见发表在法庭、裁判结果形成在法庭，根据法律规定，结合司法实际，制定本规程。

一、一般规定

第一条 法庭应当坚持证据裁判原则。认定案件事实，必须以证据为根据。法庭调查应当以证据调查为中心，法庭认定并依法排除的非法证据，不得宣读、质证。证据未经当庭出示、宣读、辨认、质证等法庭调查程序查证属实，不得作为定案的根据。

第二条 法庭应当坚持程序公正原则。人民检察院依法承担被告人有罪的举证责任，被告人不承担证明自己无罪的责任。法庭应当居中裁判，严格执行法定的审判程序，确保控辩双方在法庭调查环节平等对抗，通过法庭审判的程序公正实现案件裁判的实体公正。

第三条 法庭应当坚持集中审理原则。规范庭前准备程序，避免庭审出现不必要的迟延和中断。承办法官应当在开庭前阅卷，确定法庭审理方案，并向合议庭通报开庭准备情况。召开庭前会议的案件，法庭可以依法处理可能导致庭审中断的事项，组织控辩双方展示证据，归纳控辩双方争议焦点。

第四条 法庭应当坚持诉权保障原则。依法保障当事人和其他诉讼参与人的知情权、陈述权、辩护辩论权、申请权、申诉权，依法保障辩护人发问、质证、辩论辩护等权利，完善便利辩护人参与诉讼的工作机制。

二、宣布开庭和讯问、发问程序

第五条 法庭宣布开庭后，应当告知当事人在法庭审理过程中依法享有的诉讼权利。

对于召开庭前会议的案件，在庭前会议中处理诉讼权利事项的，可以在开庭后告知诉讼权利的环节，一并宣布庭前会议对有关事项的处理结果。

第六条　公诉人宣读起诉书后，对于召开庭前会议的案件，法庭应当宣布庭前会议报告的主要内容。有多起犯罪事实的案件，法庭可以在有关犯罪事实的法庭调查开始前，分别宣布庭前会议报告的相关内容。

对于庭前会议中达成一致意见的事项，法庭可以向控辩双方核实后当庭予以确认；对于未达成一致意见的事项，法庭可以在庭审涉及该事项的环节归纳争议焦点，听取控辩双方意见，依法作出处理。

第七条　公诉人宣读起诉书后，审判长应当询问被告人对起诉书指控的犯罪事实是否有异议，听取被告人的供述和辩解。对于被告人当庭认罪的案件，应当核实被告人认罪的自愿性和真实性，听取其供述和辩解。

在审判长主持下，公诉人可以就起诉书指控的犯罪事实讯问被告人，为防止庭审过分迟延，就证据问题向被告人的讯问可在举证、质证环节进行。经审判长准许，被害人及其法定代理人、诉讼代理人可以就公诉人讯问的犯罪事实补充发问；附带民事诉讼原告人及其法定代理人、诉讼代理人可以就附带民事部分的事实向被告人发问；被告人的法定代理人、辩护人，附带民事诉讼被告人及其法定代理人、诉讼代理人可以在控诉一方就某一问题讯问完毕后向被告人发问。有多名被告人的案件，辩护人对被告人的发问，应当在审判长主持下，先由被告人本人的辩护人进行，再由其他被告人的辩护人进行。

第八条　有多名被告人的案件，对被告人的讯问应当分别进行。

被告人供述之间存在实质性差异的，法庭可以传唤有关被告人到庭对质。审判长可以分别讯问被告人，就供述的实质性差异进行调查核实。经审判长准许，控辩双方可以向被告人讯问、发问。审判长认为有必要的，可以准许被告人之间相互发问。

根据案件审理需要，审判长可以安排被告人与证人、被害人依照前款规定的方式进行对质。

第九条　申请参加庭审的被害人众多，且案件不属于附带民事诉讼范围的，被害人可以推选若干代表人参加或者旁听庭审，人民法院也可以指定若干代表人。

对被告人讯问、发问完毕后，其他证据出示前，在审判长主持下，参加庭审的被害人可以就起诉书指控的犯罪事实作出陈述。经审判长准许，控辩双方可以在被害人陈述后向被害人发问。

第十条　为解决被告人供述和辩解中的疑问，审判人员可以讯问被告人，也可以向被害人、附带民事诉讼当事人发问。

第十一条　有多起犯罪事实的案件，对被告人不认罪的事实，法庭调查一般应当分别进行。

被告人不认罪或者认罪后又反悔的案件，法庭应当对与定罪和量刑有关的事实、证据进行全面调查。

被告人当庭认罪的案件，法庭核实被告人认罪的自愿性和真实性，确认被告人知悉认罪的法律后果后，可以重点围绕量刑事实和其他有争议的问题进行调查。

三、出庭作证程序

第十二条 控辩双方可以申请法庭通知证人、鉴定人、侦查人员和有专门知识的人等出庭。

被害人及其法定代理人、诉讼代理人，附带民事诉讼原告人及其诉讼代理人也可以提出上述申请。

第十三条 控辩双方对证人证言、被害人陈述有异议，申请证人、被害人出庭，人民法院经审查认为证人证言、被害人陈述对案件定罪量刑有重大影响的，应当通知证人、被害人出庭。

控辩双方对鉴定意见有异议，申请鉴定人或者有专门知识的人出庭，人民法院经审查认为有必要的，应当通知鉴定人或者有专门知识的人出庭。

控辩双方对侦破经过、证据来源、证据真实性或者证据收集合法性等有异议，申请侦查人员或者有关人员出庭，人民法院经审查认为有必要的，应当通知侦查人员或者有关人员出庭。

为查明案件事实、调查核实证据，人民法院可以依职权通知上述人员到庭。

人民法院通知证人、被害人、鉴定人、侦查人员、有专门知识的人等出庭的，控辩双方协助有关人员到庭。

第十四条 应当出庭作证的证人，在庭审期间因身患严重疾病等客观原因确实无法出庭的，可以通过视频等方式作证。

证人视频作证的，发问、质证参照证人出庭作证的程序进行。

前款规定适用于被害人、鉴定人、侦查人员。

第十五条 人民法院通知出庭的证人，无正当理由拒不出庭的，可以强制其出庭，但是被告人的配偶、父母、子女除外。

强制证人出庭的，应当由院长签发强制证人出庭令，并由法警执行。必要时，可以商请公安机关协助执行。

第十六条 证人、鉴定人、被害人因出庭作证，本人或者其近亲属的人身安全面临危险的，人民法院应当采取不公开其真实姓名、住址和工作单位等个人信息，或者不暴露其外貌、真实声音等保护措施。

决定对出庭作证的证人、鉴定人、被害人采取不公开个人信息的保护措施的，审判人员应当在开庭前核实其身份，对证人、鉴定人如实作证的保证书不得公开，在判决书、裁定书等法律文书中可以使用化名等代替其个人信息。

审判期间，证人、鉴定人、被害人提出保护请求的，人民法院应当立即审查，确有必要的，应当及时决定采取相应的保护措施。必要时，可以商请公安机关采取专门性保护措施。

第十七条　证人、鉴定人和有专门知识的人出庭作证所支出的交通、住宿、就餐等合理费用，除由控辩双方支付的以外，列入出庭作证补助专项经费，在出庭作证后由人民法院依照规定程序发放。

第十八条　证人、鉴定人出庭，法庭应当当庭核实其身份、与当事人以及本案的关系，审查证人、鉴定人的作证能力、专业资质，并告知其有关作证的权利义务和法律责任。

证人、鉴定人作证前，应当保证向法庭如实提供证言、说明鉴定意见，并在保证书上签名。

第十九条　证人出庭后，先向法庭陈述证言，然后先由举证方发问；发问完毕后，对方也可以发问。根据案件审理需要，也可以先由申请方发问。

控辩双方向证人发问完毕后，可以发表本方对证人证言的质证意见。控辩双方如有新的问题，经审判长准许，可以再行向证人发问。

审判人员认为必要时，可以询问证人。法庭依职权通知证人出庭的情形，审判人员应当主导对证人的询问。经审判长准许，被告人可以向证人发问。

第二十条　向证人发问应当遵循以下规则：

（一）发问内容应当与案件事实有关；

（二）不得采用诱导方式发问；

（三）不得威胁或者误导证人；

（四）不得损害证人人格尊严；

（五）不得泄露证人个人隐私。

第二十一条　控辩一方发问方式不当或者内容与案件事实无关，违反有关发问规则的，对方可以提出异议。对方当庭提出异议的，发问方应当说明发问理由，审判长判明情况予以支持或者驳回；对方未当庭提出异议的，审判长也可以根据情况予以制止。

第二十二条　审判长认为证人当庭陈述的内容与案件事实无关或者明显重复的，可以进行必要的提示。

第二十三条　有多名证人出庭作证的案件，向证人发问应当分别进行。

多名证人出庭作证的，应当在法庭指定的地点等候，不得谈论案情，必要时可以采取隔离等候措施。证人出庭作证后，审判长应当通知法警引导其退庭。证人不得旁听对案件的审理。

被害人没有列为当事人参加法庭审理，仅出庭陈述案件事实的，参照适用前款规定。

第二十四条　证人证言之间存在实质性差异的，法庭可以传唤有关证人到庭对质。

审判长可以分别询问证人，就证言的实质性差异进行调查核实。经审判长准许，控辩双方可以向证人发问。审判长认为有必要的，可以准许证人之间相互发问。

第二十五条 证人出庭作证的，其庭前证言一般不再出示、宣读，但下列情形除外：

（一）证人出庭作证时遗忘或者遗漏庭前证言的关键内容，需要向证人作出必要提示的；

（二）证人的当庭证言与庭前证言存在矛盾，需要证人作出合理解释的。

为核实证据来源、证据真实性等问题，或者帮助证人回忆，经审判长准许，控辩双方可以在询问证人时向其出示物证、书证等证据。

第二十六条 控辩双方可以申请法庭通知有专门知识的人出庭，协助本方就鉴定意见进行质证。有专门知识的人可以与鉴定人同时出庭，在鉴定人作证后向鉴定人发问，并对案件中的专门性问题提出意见。

申请有专门知识的人出庭，应当提供人员名单，并不得超过二人。有多种类鉴定意见的，可以相应增加人数。

第二十七条 对被害人、鉴定人、侦查人员、有专门知识的人的发问，参照适用证人的有关规定。

同一鉴定意见由多名鉴定人作出，有关鉴定人以及对该鉴定意见进行质证的有专门知识的人，可以同时出庭，不受分别发问规则的限制。

四、举证、质证程序

第二十八条 开庭讯问、发问结束后，公诉人先行举证。公诉人举证完毕后，被告人及其辩护人举证。

公诉人出示证据后，经审判长准许，被告人及其辩护人可以有针对性地出示证据予以反驳。

控辩一方举证后，对方可以发表质证意见。必要时，控辩双方可以对争议证据进行多轮质证。

被告人及其辩护人认为公诉人出示的有关证据对本方诉讼主张有利的，可以在发表质证意见时予以认可，或者在发表辩护意见时直接援引有关证据。

第二十九条 控辩双方随案移送或者庭前提交，但没有当庭出示的证据，审判长可以进行必要的提示；对于其中可能影响定罪量刑的关键证据，审判长应当提示控辩双方出示。

对于案件中可能影响定罪量刑的事实、证据存在疑问，控辩双方没有提及的，审判长应当引导控辩双方发表质证意见，并依法调查核实。

第三十条 法庭应当重视对证据收集合法性的审查，对证据收集的合法性有疑问的，应当调查核实证明取证合法性的证据材料。

对于被告人及其辩护人申请排除非法证据，依法提供相关线索或者材料，法庭对证据收集的合法性有疑问，决定进行调查的，一般应当先行当庭调查。

第三十一条 对于可能影响定罪量刑的关键证据和控辩双方存在争议的证据，一般应当单独举证、质证，充分听取质证意见。

对于控辩双方无异议的非关键性证据，举证方可以仅就证据的名称及其证明的事项作出说明，对方可以发表质证意见。

召开庭前会议的案件，举证、质证可以按照庭前会议确定的方式进行。根据案件审理需要，法庭可以对控辩双方的举证、质证方式进行必要的提示。

第三十二条　物证、书证、视听资料、电子数据等证据，应当出示原物、原件。取得原物、原件确有困难的，可以出示照片、录像、副本、复制件等足以反映原物、原件外形和特征以及真实内容的材料，并说明理由。

对于鉴定意见和勘验、检查、辨认、侦查实验等笔录，应当出示原件。

第三十三条　控辩双方出示证据，应当重点围绕与案件事实相关的内容或者控辩双方存在争议的内容进行。

出示证据时，可以借助多媒体设备等方式出示、播放或者演示证据内容。

第三十四条　控辩双方对证人证言、被害人陈述、鉴定意见无异议，有关人员不需要出庭的，或者有关人员因客观原因无法出庭且无法通过视频等方式作证的，可以出示、宣读庭前收集的书面证据材料或者作证过程录音录像。

被告人当庭供述与庭前供述的实质性内容一致的，可以不再出示庭前供述；当庭供述与庭前供述存在实质性差异的，可以出示、宣读庭前供述中存在实质性差异的内容。

第三十五条　采用技术侦查措施收集的证据，应当当庭出示。当庭出示、辨认、质证可能危及有关人员的人身安全，或者可能产生其他严重后果的，应当采取不暴露有关人员身份、不公开技术侦查措施和方法等保护措施。

法庭决定在庭外对技术侦查证据进行核实的，可以召集公诉人和辩护律师到场。在场人员应当履行保密义务。

第三十六条　法庭对证据有疑问的，可以告知控辩双方补充证据或者作出说明；必要时，可以在其他证据调查完毕后宣布休庭，对证据进行调查核实。法庭调查核实证据，可以通知控辩双方到场，并将核实过程记录在案。

对于控辩双方补充的和法庭庭外调查核实取得的证据，应当经过庭审质证才能作为定案的根据。但是，对于不影响定罪量刑的非关键性证据和有利于被告人的量刑证据，经庭外征求意见，控辩双方没有异议的除外。

第三十七条　控辩双方申请出示庭前未移送或提交人民法院的证据，对方提出异议的，申请方应当说明理由，法庭经审查认为理由成立并确有出示必要的，应当准许。

对方提出需要对新的证据作辩护准备的，法庭可以宣布休庭，并确定准备的时间。

第三十八条　法庭审理过程中，控辩双方申请通知新的证人到庭，调取新的证据，申请重新鉴定或者勘验的，应当提供证人的基本信息、证据的存放地点，说明拟证明的案件事实、要求重新鉴定或者勘验的理由。法庭认为有必要的，应当同意，并宣布延期审理；不同意的，应当说明理由并继续审理。

第三十九条 公开审理案件时，控辩双方提出涉及国家秘密、商业秘密或者个人隐私的证据的，法庭应当制止。有关证据确与本案有关的，可以根据具体情况，决定将案件转为不公开审理，或者对相关证据的法庭调查不公开进行。

第四十条 审判期间，公诉人发现案件需要补充侦查，建议延期审理的，法庭可以同意，但建议延期审理不得超过两次。

人民检察院将补充收集的证据移送人民法院的，人民法院应当通知辩护人、诉讼代理人查阅、摘抄、复制。辩护方提出需要对补充收集的证据作辩护准备的，法庭可以宣布休庭，并确定准备的时间。

补充侦查期限届满后，经人民法院通知，人民检察院未建议案件恢复审理，且未说明原因的，人民法院可以决定按人民检察院撤诉处理。

第四十一条 人民法院向人民检察院调取需要调查核实的证据材料，或者根据被告人及其辩护人的申请，向人民检察院调取在侦查、审查起诉期间收集的有关被告人无罪或者罪轻的证据材料，应当通知人民检察院在收到调取证据材料决定书后三日内移交。

第四十二条 法庭除应当审查被告人是否具有法定量刑情节外，还应当根据案件情况审查以下影响量刑的情节：

（一）案件起因；

（二）被害人有无过错及过错程度，是否对矛盾激化负有责任及责任大小；

（三）被告人的近亲属是否协助抓获被告人；

（四）被告人平时表现，有无悔罪态度；

（五）退赃、退赔及赔偿情况；

（六）被告人是否取得被害人或者其近亲属谅解；

（七）影响量刑的其他情节。

第四十三条 审判期间，被告人及其辩护人提出有自首、坦白、立功等法定量刑情节，或者人民法院发现被告人可能有上述法定量刑情节，而人民检察院移送的案卷中没有相关证据材料的，应当通知人民检察院移送。

审判期间，被告人及其辩护人提出新的立功情节，并提供相关线索或者材料的，人民法院可以建议人民检察院补充侦查。

第四十四条 被告人当庭不认罪或者辩护人作无罪辩护的，法庭对定罪事实进行调查后，可以对与量刑有关的事实、证据进行调查。被告人及其辩护人可以当庭发表质证意见，出示证明被告人罪轻或者无罪的证据。被告人及其辩护人参加量刑事实、证据的调查，不影响无罪辩解或者辩护。

五、认证规则

第四十五条 经过控辩双方质证的证据，法庭应当结合控辩双方质证意见，从证据与待证事实的关联程度、证据之间的印证联系、证据自身的真实性程度等方面，综合判断证据能否作为定案的根据。

证据与待证事实没有关联，或者证据自身存在无法解释的疑问，或者证据与待证事实以及其他证据存在无法排除的矛盾的，不得作为定案的根据。

第四十六条　通过勘验、检查、搜查等方式收集的物证、书证等证据，未通过辨认、鉴定等方式确定其与案件事实的关联的，不得作为定案的根据。

法庭对鉴定意见有疑问的，可以重新鉴定。

第四十七条　收集证据的程序、方式不符合法律规定，严重影响证据真实性的，人民法院应当建议人民检察院予以补正或者作出合理解释；不能补正或者作出合理解释的，有关证据不得作为定案的根据。

第四十八条　证人没有出庭作证，其庭前证言真实性无法确认的，不得作为定案的根据。

证人当庭作出的证言与其庭前证言矛盾，证人能够作出合理解释，并与相关证据印证的，应当采信其庭审证言；不能作出合理解释，而其庭前证言与相关证据印证的，可以采信其庭前证言。

第四十九条　经人民法院通知，鉴定人拒不出庭作证的，鉴定意见不得作为定案的根据。

有专门知识的人当庭对鉴定意见提出质疑，鉴定人能够作出合理解释，并与相关证据印证的，应当采信鉴定意见；不能作出合理解释，无法确认鉴定意见可靠性的，有关鉴定意见不能作为定案的根据。

第五十条　被告人的当庭供述与庭前供述、自书材料存在矛盾，被告人能够作出合理解释，并与相关证据印证的，应当采信其当庭供述；不能作出合理解释，而其庭前供述、自书材料与相关证据印证的，可以采信其庭前供述、自书材料。

法庭应当结合讯问录音录像对讯问笔录进行全面审查。讯问笔录记载的内容与讯问录音录像存在实质性差异的，以讯问录音录像为准。

第五十一条　对于控辩双方提出的事实证据争议，法庭应当当庭进行审查，经审查后作出处理的，应当当庭说明理由，并在裁判文书中写明；需要庭后评议作出处理的，应当在裁判文书中说明理由。

第五十二条　法庭认定被告人有罪，必须达到犯罪事实清楚，证据确实、充分，对于定罪事实应当综合全案证据排除合理怀疑。定罪证据不足的案件，不能认定被告人有罪，应当作出证据不足、指控的犯罪不能成立的无罪判决。定罪证据确实、充分，量刑证据存疑的，应当作出有利于被告人的认定。

第五十三条　本规程自 2018 年 1 月 1 日起试行。

最高人民法院　司法部
关于依法保障律师诉讼权利和
规范律师参与庭审活动的通知

2018 年 4 月 21 日　　　　　　　　司发通〔2018〕36 号

各省、自治区、直辖市高级人民法院、司法厅（局），新疆维吾尔自治区高级人民法院生产建设兵团分院、新疆生产建设兵团司法局：

　　为进一步保障律师诉讼权利，规范律师参与庭审活动，充分发挥律师维护当事人合法权益、维护法律正确实施和司法公正的职能作用，现就有关事项通知如下。

　　一、各级人民法院及其工作人员要尊重和保障律师诉讼权利，严格执行法定程序，平等对待诉讼各方，合理分配各方发问、质证、陈述和辩论、辩护的时间，充分听取律师意见。对于律师在法庭上就案件事实认定和法律适用的正常发问、质证和发表的辩护代理意见，法官不随意打断或者制止；但是，攻击党和国家政治制度、法律制度的，发表的意见已在庭前会议达成一致、与案件无关或者侮辱、诽谤、威胁他人，故意扰乱法庭秩序的，审判长或者独任审判员可以根据情况予以制止。律师明显以诱导方式发问，公诉人提出异议的，审判长或者独任审判员审查确认后，可以制止。

　　二、律师参加庭审不得对庭审活动进行录音、录像、拍照或使用移动通信工具等传播庭审活动，不得进行其他违反法庭规则和不服从法庭指令的行为。律师对庭审活动进行录音、录像、拍照或使用移动通信工具等传播庭审活动的，人民法院可以暂扣其使用的设备及存储介质，删除相关内容。

　　三、法庭审理过程中，法官应当尊重律师，不得侮辱、嘲讽律师。审判长或者独任审判员认为律师在法庭审理过程中违反法庭规则、法庭纪律的，应当依法给予警告、训诫等，确有必要时可以休庭处置，除当庭攻击党和国家政治制度、法律制度等严重扰乱法庭秩序的，不采取责令律师退出法庭或者强行带出法庭措施。确需司法警察当庭对律师采取措施维持法庭秩序的，有关执法行为要规范、文明，保持必要、合理限度。律师被依法责令退出法庭、强行带出法庭或者被处以罚款后，具结保证书，保证服从法庭指令、不再扰乱法庭秩序的，经法庭许可，可以继续担任同一案件的辩护人、诉讼代理人；具有擅自退庭、无正当理由不按时出庭参加诉讼、被拘留或者具结保证书后再次被依法责令退出法庭、强行带出法庭的，不得继续担任同一案件的辩护人、诉讼代理人。

人民法院应当对庭审活动进行全程录像或录音，对律师在庭审活动中违反法定程序的情形应当记录在案。

四、律师认为法官在审判过程中有违法违规行为的，可以向相关人民法院或其上一级人民法院监察部门投诉、举报，人民法院应当依法作出处理并及时将处理情况答复律师本人，同时通报当地司法行政机关、律师协会。对社会高度关注的，应当公布结果。律师认为法官侵犯其诉讼权利的，应当在庭审结束后，向司法行政机关、律师协会申请维护执业权利，不得以维权为由干扰庭审的正常进行，不得通过网络以自己名义或通过其他人、媒体发表声明、公开信、敦促书等炒作案件。

五、人民法院认为律师有违法违规行为的，应当向司法行政机关、律师协会提出司法建议，并移交庭审录音录像、庭审记录等相关证据材料。对需要进一步调查核实的，应配合、协助司法行政机关、律师协会有关调查取证工作。司法行政机关、律师协会接到当事人投诉举报、人民法院司法建议书的，应当及时立案调查，对违法违规的要依法依规作出行政处罚或行业惩戒。处理结果应当及时书面告知当事人、人民法院。对公开谴责以上行业惩戒和行政处罚的决定一律向社会公开披露，各地司法行政机关、律师协会主动发现律师违法违规行为的，要及时立案查处。

六、司法行政机关应当会同人民法院、律师协会建立分级分类处理机制。对于发生在当地的律师维权和违法违规事件，由所在地人民法院、司法行政机关按有关要求依法及时作出处理能即时纠正的应当依法立即纠正。对于跨区域的律师维权和违法违规事件，行为发生地司法行政机关发现律师涉嫌违法违规执业的，应当向注册地司法行政机关提出处罚意见和建议，注册地司法行政机关收到意见建议后应当立案调查，并将查处结果反馈行为发生地司法行政机关。行为发生地司法行政机关不同意处罚意见的，应当报共同上级司法行政机关审查。上级司法行政机关应当对两地司法行政机关意见和相关证据材料进行审查，提出处理意见。跨省（区、市）的律师维权与违规交织等重大复杂事件，可以由司法部会同最高人民法院、全国律协，必要时商请事件发生地的省（区、市）党委政法委牵头组成联合调查组，负责事件调查处理工作。省（区、市）内跨区域重大复杂事件参照上述做法办理。

七、重大敏感复杂案件开庭审理时，根据人民法院通知，对律师具有管理监督职责的司法行政机关或律师协会应当派员旁听，进行现场指导监督。

八、各级人民法院，司法行政机关要注重发现宣传人民法院依法尊重、保障律师诉讼权利和律师尊重法庭权威，遵守庭审纪律的典型，大力表彰先进，发挥正面引领作用。同时，要通报人民法院、司法行政机关侵犯律师正当权利、处置律师违法违规行为不当以及律师违法违规执业受到处罚处分的典型，教育引导法官和律师自觉树立正确观念、彼此尊重、相互支持、相互监督，为法院依法审判、律师依法履职营造良好环境。

最高人民法院参与
刑事诉讼法修改的工作情况

　　刑事诉讼法是国家的基本法律。最高人民法院高度重视刑事诉讼法修改工作，积极配合立法机关做好有关工作。最高人民法院研究室牵头，会同院内相关审判庭，组织地方法院刑事审判一线法官，结合人民法院刑事审判工作实践，认真就刑事诉讼法修改完善提出意见建议。研究室刑事处负责联络沟通及相关具体工作。在院领导的领导下，在院内相关业务部门的大力协助下，经广泛征求、认真听取各方面意见，反复、深入调研论证，圆满完成了参与此次刑事诉讼法修改的有关工作。主要过程如下：

　　1. 2017 年 4 月 21 日，全国人大常委会法工委刑法室召开座谈会，就研究修改刑事诉讼法，建立刑事缺席审判制度有关问题，听取中央有关部门意见。会议由法工委刑法室王爱立主任、李寿伟副主任主持，中央纪委国际合作局、中央政法委法治建设室、最高人民检察院法律政策研究室、公安部法制局、司法部法制司、外交部条法司等部门有关同志参加会议。我院研究室胡伟新副主任（现已退休）等与会。

　　2. 2017 年 12 月 8 日，全国人大常委会法工委刑法室召开座谈会，研究认罪认罚从宽制度和速裁程序等问题。会议由法工委刑法室李寿伟副主任主持。我院刑一庭管应时副庭长、孟伟审判长和研究室有关同志与会。

　　3. 2018 年 1 月 25 日，全国人大常委会法工委刑法室召开座谈会，研究调整人民检察院的侦查权等问题。中央纪委法规室、中央政法委法治建设室、法工委国家法室、最高人民检察院法律政策研究室、公安部法制局等部门有关同志参加会议。我院研究室蒋明处长等与会。

　　4. 2018 年 3 月 5 日，全国人大常委会法工委就《刑事诉讼法修改初步方案（2018年 3 月 5 日稿）》向我院征求意见。遵照院领导指示，我院研究室组织力量进行认真研究，并征求立案庭、各刑庭、审监庭的意见，经报周强院长批准，向法工委报送了《最高人民法院办公厅关于〈刑事诉讼法修改初步方案〉的修改建议》。

　　5. 2018 年 3 月 12 日，全国人大法工委召开刑事诉讼法修改座谈会，进一步听取中央有关部门、全国律协和专家学者的意见。会议由法工委王超英副主任主持，中央纪委法规室、中央政法委法治建设室、最高人民检察院法律政策研究室、外交部条法司、公安部法制局、司法部法制司、全国律协刑事业务委员会等部门有关同志以及中国人民大学法学院、中国政法大学、浙江大学法学院的专家学者参加会议。我院胡云腾专委、研究室刑事处蒋明处长等与会。

6. 2018 年 4 月 25 日，全国人大常委会法工委刑法室组织召开座谈会，专题研究刑事缺席审判制度适用的案件范围。会议由法工委刑法室王爱立主任主持，中央纪委国际合作局、法规室、中央政法委法治建设室、最高人民检察院法律政策研究室、公安部法制局、司法部法制司、外交部条法司等部门有关同志参加会议。我院研究室颜茂昆主任（现任审监庭庭长）等与会。

7. 2018 年 4 月 25 日，十三届全国人大常委会二次会议首次审议《中华人民共和国刑事诉讼法（修正草案)》。

8. 2018 年 5 月 11 日，我院发出《最高人民法院办公厅关于就〈中华人民共和国刑事诉讼法修正案（草案)〉征求意见的通知》，要求各高级人民法院指定刑事审判庭牵头负责，充分听取中级、基层人民法院刑事审判部门，特别是一线审判人员的意见，就《中华人民共和国刑事诉讼法修正案（草案)》提出意见。

9. 2018 年 5 月 17 日，我院发出《关于就修改〈最高人民法院关于适用《中华人民共和国刑事诉讼法》的解释〉委托调研的通知》，委托二十余家高级人民法院和基层人民法院就《最高人民法院关于适用〈中华人民共和国刑事诉讼法〉的解释》（法释〔2012〕21 号）的修订开展前期调研，目前全部完成。按照工作规划，最高人民法院预计在 2019 年内完成《解释》的修订工作，并正式发布施行。

10. 2018 年 5 月 30 日，我院研究室召开院内有关部门座谈会，征求对《中华人民共和国刑事诉讼法修正案（草案)》的意见。我院研究室姜启波主任、周加海副主任主持会议，立案庭、各刑庭、审监庭、国际合作局等部门有关同志参加会议。

11. 2018 年 6 月 4 日，我院研究室召开地方法院系统座谈会，征求对《中华人民共和国刑事诉讼法修正案（草案)》的意见。我院研究室姜启波主任、周加海副主任主持会议，来自北京、上海、江苏、浙江、陕西、四川等地高中级法院和基层法院的十余名刑事审判一线法官和庭领导参加会议。

12. 2018 年 6 月，我院研究室经认真梳理院内有关部门和地方法院系统意见，就《中华人民共和国刑事诉讼法（修正草案)》提出修改意见。经报周强院长批准，于 6 月 7 日正式向全国人大常委会法工委报送了《最高人民法院关于〈中华人民共和国刑事诉讼法（修正草案)〉的修改建议》。

13. 2018 年 7 月 19 日，全国人大常委会法工委刑法室召开座谈会，就《刑事诉讼法修正草案修改方案（2018 年 7 月 19 日修改稿)》听取意见。会议由法工委刑法室王爱立主任主持，中央政法委法治建设室、监察和司法委员会司法室、最高人民检察院法律政策研究室、外交部条法司、公安部法制局、国家安全部法制办、司法部法制司等部门有关同志参加会议。我院研究室周加海副主任等与会。

14. 2018 年 8 月 2 日，根据周强院长指示，我院杨万明副院长带队到全国人大常委会法工委，就刑事诉讼法修改有关问题交换意见。法工委王超英副主任、刑法室王爱立主任等参加座谈。我院研究室周加海副主任、蒋明处长等与会。

15. 2018 年 8 月 27 日，十三届全国人大常委会五次会议第二次审议《中华人民共和国刑事诉讼法（修正草案）》。

16. 2018 年 9 月 18 日下午，全国人大常委会法工委召开座谈会，就《中华人民共和国刑事诉讼法（修正草案）（二次审议稿）》听取意见建议。会议由全国人大常委会委员、法工委原副主任王超英主持，中央纪委法规室、中央政法委法治局、全国人大监察和司法委员会司法室、最高人民检察院法律政策研究室、外交部条约法律司、公安部法制局、国家安全部法制办、司法部法制司等部门有关同志，以及中国人民大学陈卫东教授、北京师范大学宋英辉教授、浙江大学王敏远教授等参加会议。我院研究室周加海副主任等与会。

17. 2018 年 9 月 21 日，我院研究室经过认真研究，向全国人大常委会法工委报送了对《中华人民共和国刑事诉讼法修正草案（2018 年 9 月 19 日修改稿）》的修改建议。

18. 2018 年 10 月 26 日，十三届全国人大常委会六次会议第三次审议并表决通过《关于修改〈中华人民共和国刑事诉讼法〉的决定》，自 2018 年 10 月 26 日起施行。